Inhaltsverzeichnis

Vorwort 7

1. Theorie und Methode

Andreas Rödder
Wertewandel in historischer Perspektive
  Ein Forschungskonzept 17

Helmut Thome
Wandel gesellschaftlicher Wertvorstellungen
  aus der Sicht der empirischen Sozialforschung 41

Ernest Albert
Wertzustimmung und Wertbedeutung. Fortschritte und Desiderata
  sozialwissenschaftlicher Survey-Wertforschung 69

Norbert Grube
Seines Glückes Schmied? Entstehungs- und Verwendungskontexte
  von Allensbacher Umfragen zum Wertewandel 1947–2001 95

Michael Schäfer
„Bürgerliche Werte" im Wandel. Zur Begriffsbildung des Bürgerlichen
  in der historischen Bürgertumsforschung 121

2. Arbeit und Wirtschaft

Jörg Neuheiser
Der „Wertewandel" zwischen Diskurs und Praxis. Die Untersuchung von
  Wertvorstellungen zur Arbeit mit Hilfe von betrieblichen Fallstudien   141

Bernhard Dietz
Wertewandel in der Wirtschaft? Die leitenden Angestellten
  und die Konflikte um Mitbestimmung und Führungsstil
  in den siebziger Jahren 169

3. Familie National

Christopher Neumaier
Ringen um Familienwerte Die Reform des Ehescheidungsrechts
  in den 1960er/70er Jahren 201

Thomas Großbölting
Von der „heiligen Familie" zur Lebensgemeinschaft mit Kind(ern).
Religion, Familienideale und Wertewandel zwischen den 1950er
und 1970er Jahren 227

4. Familie International

Fiammetta Balestracci
Prozesse der Re-Normativierung in Italien. Normative Vorstellungen
von der Familie in der Kommunistischen Partei Italiens (1964–1974)   247

Isabel Heinemann
American Family Values and Social Change: Gab es den Wertewandel
in den USA? 269

Christina von Hodenberg
Fernsehrezeption, Frauenrolle und Wertewandel
in den 1970er Jahren: Das Beispiel „All in the Family" 285

Ann-Katrin Gembries
Von der Fortpflanzungspflicht zum Recht auf Abtreibung. Werte
und Wertewandel im Spiegel französischer Parlamentsdebatten
über Geburtenkontrolle 1920–1974. 307

5. Thematische Ausblicke

Anna Kranzdorf
Vom Leitbild zum Feindbild? Zum Bedeutungswandel des altsprachlichen
Unterrichts in den 1950er/1960er Jahren der Bundesrepublik
Deutschland 337

Dirk Thomaschke
„Eigenverantwortliche Reproduktion" Individualisierung
und Selbstbestimmung in der Humangenetik zwischen den 1950er
und 1980er Jahren in der BRD 363

Die Autorinnen und Autoren 389

Vorwort

In einem Interview mit dem „Tagesspiegel am Sonntag" meldete sich Bundesfinanzminister Wolfgang Schäuble Anfang März 2013 zur kontrovers geführten gesellschaftspolitischen Debatte über die rechtliche Gleichstellung von Homo-Ehen zu Wort: „Wir können nicht bloß sagen: Das ist gut, nur weil es immer schon so war und deshalb muss es so bleiben. Wenn viele Menschen das heute anders sehen, muss man nachdenken. [...] Wenn die CDU Volkspartei bleiben will, dann muss sie veränderte Realitäten zur Kenntnis nehmen. Denn wer glaubhaft für Werte einstehen will, muss sich immer auch fragen: Was heißt das Eintreten für diese Werte in einer veränderten Realität?"[1]

Schäubles Äußerungen reflektieren einen Prozess des Wandels von gesellschaftlichen Ordnungsvorstellungen: War Homosexualität bis 1969 strafbar und wurde sie auch danach noch gesellschaftlich diskriminiert, so spricht sich inzwischen eine große Mehrheit der Bundesbürger für die Gleichstellung von Homo-Ehen aus. Dass dies nicht unumstritten ist, sondern mit Widerspruch einhergeht, spricht nicht gegen die Feststellung eines Wandels – im Gegenteil: Es sind eben jene Kontroversen, die Grenzverschiebungen, jedenfalls in offenen Gesellschaften, sichtbar machen.

Diese Aushandlungsprozesse sind historisch zugänglich. Über das Studium von Quellen lässt sich untersuchen, wie Gesellschaften das Wünschens- und Erstrebenswerte debattiert haben, und im empirischen Vergleich lassen sich Veränderungen oder auch Kontinuitäten feststellen. Wenn Vorstellungen des Wünschenswerten mit der berühmten Definition von Clyde Kluckhohn als „Werte"[2] verstanden werden, und wenn allgemein akzeptierte Werte als grundlegende Ordnungsvorstellungen definiert werden, die explizit artikuliert oder implizit angenommen werden können, ohne auf grundsätzlichen öffentlichen Widerspruch zu stoßen oder mit Sanktionen belegt zu werden – dann lässt sich ein Werte-Wandel durch die Differenz zwischen dem zu zwei Zeitpunkten Sagbaren beziehungsweise Sanktionierten bestimmen.

Ein solcher Wertewandel vollzieht sich weder konfliktfrei, noch kann er von einer gesellschaftlichen Instanz verordnet werden. „Werte" konstituieren sich in offenen Gesellschaften vielmehr in einer wechselwirkenden Beziehung mit sozialen Praktiken und institutionellen Rahmenbedingungen. Zu den

---

[1] Der Tagesspiegel, 3.3.2013.
[2] Clyde Kluckhohn, Values and Value-Orientations in the Theory of Action. An Exploration in Definition and Classification, in: Talcott Parsons/Edward A. Shils (Hrsg.), Toward a General Theory of Action, Cambridge (MA) 1962, S. 388–433, hier S. 395: „a conception, explicit or implicit, distinctive of an individual or characteristic of a group, of the desirable which influences the selection from available modes, means and ends of action."

von Wolfgang Schäuble beschriebenen „veränderten Realitäten" gehören auch die tausenden eingetragenen Lebenspartnerschaften (soziale Praxis) und die Rechtsprechung des Bundesverfassungsgerichts (Institutionen). Veränderte Werte sind demnach nicht einfach direkte Folge von sozialstrukturellem Wandel. Vielmehr stehen kulturelle Werte, soziale Praxis und institutionelle Bedingungen in einem Wechselverhältnis zueinander.

Von dieser Grundannahme geht das Projekt einer Historischen Wertewandelsforschung aus, das am Historischen Seminar der Johannes Gutenberg-Universität in Mainz eingerichtet worden ist, und dessen konzeptionelle Grundlagen im einleitenden Beitrag von Andreas Rödder weiter unten entwickelt werden. Dieser historische Zugang unterscheidet sich von der sozialwissenschaftlichen Wertewandelsforschung der 1970er und 1980er Jahre[3]. Diese hat mit Hilfe von Umfragen Wertzustimmungen ermittelt, Wertbedeutungen ebenso wie das Verhältnis von kulturellen Werten und sozialer Praxis beziehungsweise institutionellen Bedingungen aber weitgehend unberücksichtigt gelassen. Vor allem aber ging es der sozialwissenschaftlichen Wertewandelsforschung nicht um *einen*, sondern um *den* Wertewandel – einen historisch vermeintlich einzigartigen „Wertewandlungsschub"[4] in der westlichen Welt zwischen den mittleren sechziger und den mittleren siebziger Jahren.

Dieser „Wertewandelsschub" ist auch gemeint, wenn in der Geschichtswissenschaft von „Wertewandel" die Rede ist. Kaum eine der Studien zur Geschichte der Bundesrepublik kommt ohne einen Rekurs auf Werte und Wertewandel aus[5]. Dabei wird der Wertewandel der späten 1960er und frühen 1970er Jahre

---

[3] Vgl. exemplarisch Ronald Inglehart, The Silent Revolution. Changing Values and Political Styles Among Western Publics, Princeton, N.J. 1977; Helmut Klages, Wertorientierungen im Wandel. Rückblick, Gegenwartsanalyse, Prognosen, Frankfurt am Main, New York 1984.
[4] Ebd., S. 20.
[5] Vgl. Manfred Görtemaker, Geschichte der Bundesrepublik Deutschland. Von der Gründung bis zur Gegenwart, München 1999, S. 621–626; Peter Graf Kielmansegg, Nach der Katastrophe. Eine Geschichte des geteilten Deutschlands, Berlin 2000, S. 428ff.; Andreas Rödder, Die Bundesrepublik Deutschland, 1969–1990, München 2004, S. 29, 207f.; Edgar Wolfrum, Die geglückte Demokratie. Geschichte der Bundesrepublik Deutschland von ihren Anfängen bis zur Gegenwart, Bonn 2007, S. 252–261, 415; Axel Schildt, Die Sozialgeschichte der Bundesrepublik Deutschland bis 1989/90, München 2007, S. 100f.; Hartmut Kaelble, Sozialgeschichte Europas. 1945 bis zur Gegenwart, Bonn 2007, S. 119–149; Anselm Doering-Manteuffel/Lutz Raphael, Nach dem Boom. Perspektiven auf die Zeitgeschichte seit 1970, Göttingen 2008, S. 61–67; Hans-Ulrich Wehler, Deutsche Gesellschaftsgeschichte. Fünfter Band: Bundesrepublik und DDR 1949–1990, München 2008, S. 291–294; Thomas Raithel/Andreas Rödder/Andreas Wirsching, Einleitung, in: Thomas Raithel/Andreas Rödder/Andreas Wirsching (Hrsg.), Auf dem Weg in eine neue Moderne? Die Bundesrepublik Deutschland in den siebziger und achtziger Jahren, München 2009, S. 7–14, hier S. 8; Andreas Rödder, Moderne – Postmoderne – Zweite Moderne. Deutungskategorien für die Geschichte der Bundesrepublik in den siebziger und achtziger Jahren, in: Thomas Raithel/Andreas Rödder/Andreas Wirsching (Hrsg.), Auf dem Weg in eine neue Moderne? Die

als eine von mehreren Erklärungen für die tief greifenden gesellschaftlichen Wandlungsprozesse im letzten Drittel des 20. Jahrhunderts verstanden. Dafür greifen Historiker auf die Ergebnisse der sozialwissenschaftlichen Forschung zurück, die für diese Zeit einen Wandel von „Pflicht- und Akzeptanzwerten" hin zu „Freiheits- und Selbstentfaltungswerten" (Helmut Klages) konstatiert hat. Problematisch ist dies freilich, wenn theoretisch-methodische Grundlagen der sozialwissenschaftlichen Erhebungen, ihre Analysekategorien oder der angenommene Umfang und die Einzigartigkeit des Vorgangs unhinterfragt als historische Wissensbestände übernommen werden[6].

Die kritische Auseinandersetzung mit den Leistungen und den Defiziten der sozialwissenschaftlichen Forschungen stand daher im Zentrum einer Tagung im Landesmuseum Mainz im April 2012, die Historiker und Sozialwissenschaftler zusammenführte und sich die folgenden Leitfragen stellte: Lassen sich sozialwissenschaftliche Kategorien der Wertewandelsforschung auf die Geschichtswissenschaft übertragen? Wie verhalten sich sozialwissenschaftliche und historische Perspektiven zueinander? Welche Rolle spielt die historische Bürgertumsforschung für die diachrone Analyse von „Werten" und „Wertewandel"? Welche Ergebnisse über Verläufe und Ursachen von Wertverschiebungen zeichnen sich ab? Welche Bedeutung kommt „Werten" für die Erklärung gesellschaftlichen Wandels zu?

Aus dieser Tagung ebenso wie aus einer Sektion auf dem 49. Deutschen Historikertag[7] ist der vorliegende Band hervorgegangen, für den die einzelnen Beiträge grundlegend überarbeitet und ergänzt worden sind. Sein Ziel liegt darin, die heuristischen Möglichkeiten einer genuin historischen Wertewandelsforschung auszuloten. Der eingangs angesprochene Mainzer Ansatz versteht sich dabei keineswegs als exklusiv. Vielmehr will dieser Band verschiedene theoretische und empirische Möglichkeiten aufzeigen, sich dem Phänomen des „Wertewandels" zu nähern. Als Ausgangspunkt dienen dabei immer wieder die klassischen sozialwissenschaftlichen Studien von Ronald Inglehart und Helmut Klages, auf die in vielen Beiträgen rekurriert wird. Dass es bei einer solchen multiperspektivischen Auseinandersetzung mit dem „Wertewandelsschub"

Bundesrepublik Deutschland in den siebziger und achtziger Jahren, München 2009, S. 181–201, hier S. 185; Eckart Conze, Die Suche nach Sicherheit. Eine Geschichte der Bundesrepublik Deutschland von 1949 bis in die Gegenwart, München 2009, S. 554–560.

[6] Zur Methodendiskussion vgl. Rüdiger Graf/Kim Christian Priemel, Zeitgeschichte in der Welt der Sozialwissenschaften. Legitimität und Originalität einer Disziplin, in: VfZ 59 (2011), H. 4, S. 479–508; Bernhard Dietz/Christopher Neumaier, Vom Nutzen der Sozialwissenschaften für die Zeitgeschichte. Werte und Wertewandel als Gegenstand historischer Forschung, in: VfZ 60 (2012), H. 2, S. 293–304.

[7] Vgl. Anna Kranzdorf, Tagungsbericht *HT 2012: Gab es den Wertewandel?* 25.09.2012–28.09.2012, Mainz, in: H-Soz-u-Kult, 18.10.2012, <http://hsozkult.geschichte.hu-berlin.de/tagungsberichte/id=4423>.

auch zu Wiederholungen kommen kann, liegt in der Natur der Sache und ist im Hinblick auf eine bündelnde Fragestellung durchaus beabsichtigt.

Der vorliegende Band gliedert sich in zwei Teile. Am Anfang stehen theoretisch-methodische Annäherungen an Bürgertum, Werte und sozialwissenschaftliche Analysen zu Werten und Wertverschiebungen. Im zweiten Teil wird die These vom „Wertewandelsschub" zwischen 1965 und 1975 anhand historisch-empirischer Beiträge kritisch überprüft, die unterschiedliche Facetten von Wertewandelsprozessen anhand von Fallbeispielen aus den Bereichen „Arbeit", „Familie" oder „Bildung" beleuchten.

In seinem einleitenden Beitrag fragt ANDREAS RÖDDER, wie der Wandel kollektiv akzeptierter normativer Ordnungsvorstellungen wissenschaftlich zu erfassen ist. Aus den Kapazitäten und Defiziten verschiedener sozial- und geisteswissenschaftlicher Ansätze, wie der Mentalitätsgeschichte, der sozialpsychologischen Rahmenanalyse oder der kommunikationswissenschaftlichen Theorie der öffentlichen Meinung, entwickelt er das Forschungskonzept einer „Historischen Wertewandelsforschung". Mit dem offenen Bild eines „Wertewandelsdreiecks", in dem Werte, soziale Praxis und institutionelle Strukturen aufeinander einwirken, grenzt er sich von funktionalistischen Modellen ab und stellt abschließend Forschungsthemen sowie tentative Ergebnisse der Historischen Wertewandelsforschung vor.

Mit der Zusammenfassung der Ansätze von Ronald Inglehart, Elisabeth Noelle-Neumann und Helmut Klages bietet HELMUT THOME einen Überblick über die drei prominentesten Beschreibungs- und Deutungsmodelle sozialwissenschaftlicher Wertewandelsforschung aus der Zeit des „Wertewandelsschubs". Er thematisiert die Schwierigkeiten von umfragebasierter Survey-Forschung bei der Untersuchung von Werten, aber auch die Missverständnisse zwischen den Disziplinen. Thome entkräftet die an die Soziologie gerichteten Vorwürfe der Simplifizierung sowie des Determinismus und tritt für eine stärkere Kooperation und wechselseitige Befruchtung von Sozial- und Geschichtswissenschaften ein.

Ausgehend von der Kritik an der sozialwissenschaftlichen surveybasierten Wertforschung beschäftigt sich der Beitrag von ERNEST ALBERT mit den methodischen Fortschritten ab den 1980er Jahren. Dabei geht er auf die Theorieschule des Sozialpsychologen Shalom Schwartz ein, die in Umfragen nicht nur Wertzustimmungen ermittelte, sondern auch Wertbedeutungen berücksichtigte, jedoch von einer Unkorreliertheit von Wertzustimmung und -bedeutung ausging. Diesen Zusammenhang zu klären, sieht Albert als eine wichtige Herausforderung der aktuellen Forschung. Um sich der Bedeutung von Werten und damit der Frage nach ihrem Wandel zu nähern, plädiert er für strikte Formulierungskonstanz in Fragebatterien und zeigt, wie dies auch ohne Festhalten an veralteten Messinstrumenten möglich ist.

Auf genuin historische Weise nähert sich NORBERT GRUBE der Frage nach „dem" Wertewandel: Er unterzieht die seit 1947 vom Allensbacher Institut für Demoskopie erhobenen Daten einer ersten quellenkritischen Analyse und ordnet sie in den historischen Kontext ein. In seinem Beitrag belegt Grube zum einen, dass die Wertstudien maßgeblich von katholisch-konservativen Kreisen initiiert und geprägt wurden. Zum anderen konstatiert er, dass die Allensbacher Forscher den für die 1970er behauptete Wertewandelsschub entgegen dem demoskopischen Prognoseanspruch nicht prospektiv erkannten, sondern erst nachträglich reklamierten. Schon in Umfragen, die in den 1950er und 1960er Jahren erhoben wurden, lassen sich, so Grube, Anzeichen für Wertewandelsprozesse feststellen – die Demoskopen interpretierten diese Veränderungen jedoch als Verbürgerlichung der Arbeiterschaft und nicht wie in den 1970er Jahren als Verfall bürgerlicher Werte.

Doch wie „bürgerlich" waren die Wertorientierungen, die die Allensbacher Chef-Demoskopin Elisabeth Noelle-Neumann damals abfragte? Und ist „Bürgerlichkeit" überhaupt eine sinnvolle Kategorie zur Analyse der kulturellen Umwälzungen seit den späten 1960er Jahren? Diesen Fragen geht MICHAEL SCHÄFER in seinem Beitrag nach. In seinem Abriss der historischen Bürgertumsforschung zeichnet er nach, wie vieldeutig, widersprüchlich und ideologisch aufgeladen das Konzept von „Bürgerlichkeit" ist, das als Forschungskonstrukt zwischen „Zivilität" und „Bourgeoisie" changiert. So kommt Schäfer zu dem Schluss, dass „Bürgerlichkeit" als analytischer Begriff für eine Geschichte des Wertewandels der 1960er und 1970er Jahre ungeeignet ist.

Den zweiten, historisch-empirischen Teil des vorliegenden Bandes, leitet der Beitrag von JÖRG NEUHEISER ein, der sich mit Arbeitswerten in der sozialen Praxis auseinandersetzt, ohne sich auf die Ergebnisse sozialwissenschaftlicher Umfrageforschung zu stützen. In einer Fallstudie zum Daimler-Benz-Werk in Untertürkheim untersucht er, ob sich in der Zeit der konstatierten „stillen Revolution" der Werte die Einstellungen zur Arbeit tatsächlich veränderten. Seine Analyse der diskursiven Aussagen in der Betriebszeitung „plakat" folgt einem praxeologischen Zugang. Im Gegensatz zu den Interpretationen der zeitgenössischen Demoskopie stellt Neuheiser fest, dass die Vorstellung der Werksarbeiter von „guter Arbeit" viel eher mit einem traditionellen auf spezifischen Fachkenntnissen, Würde der Arbeit und Stolz auf die erbrachte Leistung aufbauenden Verständnis in Einklang standen als mit postmaterialistischen Werten.

Ein starkes, aber kein traditionelles Arbeitsethos stellt BERNHARD DIETZ für die leitenden Angestellten der 1970er Jahre fest. Ihre Arbeitswerte und ökonomischen Leitbilder analysiert sein Beitrag auf der Ebene normativer Argumentationsstandards anhand von politischen und medialen Auseinandersetzungen über Betriebsverfassungs- und Mitbestimmungsrecht sowie anhand von Selbstverständigungsdiskursen der leitenden Angestellten. Das Selbstverständnis als Leistungselite und ein ausgeprägter Aufstiegswille verband sich, so Dietz, in den 1970er Jahren mit neuen Werten wie Mitbestimmung und Selbstverwirklichung. In ihrer Abwendung vom autoritären Führungsstil bei gleichzeitigem Festhalten an ökonomischen Orientierungen sieht Dietz die leitenden Angestellten als Avantgarde eines „neuen Geistes des Kapitalismus", und er plädiert damit dafür, eine *historische* Wertewandelsforschung nicht mit den Begriffen und Kategorien der *sozialwissenschaftlichen* Wertewandelsforschung der 1970er und 1980er Jahre zu betreiben.

Dass sich Wertewandel keineswegs als „stille Revolution" im Sinne Ingleharts, sondern als ein heftig debattierter, diskursiv vorangetriebener Prozess vollzog, stellt CHRISTOPHER NEUMAIER heraus. In seinem Beitrag, der den Themenblock „Familie" einleitet, analysiert er die politisch-gesellschaftliche Debatte über eine Reform des Ehescheidungsrechts. Hier tritt zutage, dass Vertreter der sozial-liberalen Koalition nicht nur eine rechtliche Erleichterung der Scheidung anstrebten, sondern in der geplanten Gesetzesreform auch eine Möglichkeit sahen, in der Bevölkerung weitere Wertewandelsprozesse wie etwa die Emanzipation der Frau voranzutreiben. Der explizite Verweis auf Wertvorstellungen, so Neumaier, erfüllte in unterschiedlichen Phasen der öffentlichen Diskussion unterschiedliche Funktionen, konnte zuerst konfliktfördernd, dann aber auch verschiedene Positionen integrierend wirken.

Die Institutionalisierung der Familie durch das katholische Milieu war ein Grund für seinen Niedergang seit den 1960er Jahren – so lautet die These von THOMAS GROSSBÖLTING. In seinem Beitrag beschreibt er, wie die Familie für die katholische Kirche erst im Laufe des 19. Jahrhunderts zum zentralen Ort von Frömmigkeit avancierte und sich ein Familienideal entwickelte, das voreheliche Keuschheit und strikte geschlechtsspezifische Rollenzuweisungen vorsah. Doch der Wandel der sozialen Praxis nach dem Zweiten Weltkrieg erzwang von den Gläubigen eine Doppelmoral, so dass sich schon in den 1950er Jahren viele innerlich von der Kirche abwandten und insbesondere junge Katholikinnen öffentlich ihren Unmut artikulierten. Im zweiten, theoretischen Teil des Aufsatzes schlussfolgert Großbölting, dass der Prozessbegriff „Wertewandel" für die Geschichtswissenschaften vor allem Ausgangspunkt sein sollte, um nach seinen Rahmenbedingungen, Folgen und zeitlichen Rhythmen zu fragen.

Nicht nur in Deutschland, auch in anderen europäischen Ländern und in den USA lässt sich in den 1960er und 70er Jahren ein Wertewandelsschub beobachten. FIAMMETTA BALESTRACCI analysiert die ambivalente Haltung der Kommunistischen Partei Italiens (PCI) gegenüber dem Wandel von Familienstrukturen und den damit verbundenen Veränderung von Moralvorstellungen und Geschlechternormen. Einerseits verschafften sich im Zuge der Debatte um das Ehescheidungsgesetz von 1970 die weiblichen Parteimitglieder zunehmend Gehör – die PCI begann ein auf Freiheit und Konsens beruhendes, partnerschaftliches Ehemodell zu propagieren. Andererseits aber betonte die Partei weiterhin die Bedeutung der Familie als Keimzelle des (kommunistischen) Staates und als Bollwerk gegen den Faschismus. Auf die gesellschaftliche Pluralisierung von Familienformen und (partielle) Liberalisierung von Werten antwortete die PCI mit Re-Normativierung und empfahl sich so auch den konservativen Italienern als Regierungspartei.

Dass der Wertewandel in den 1960er und 1970er Jahren eine umfassende und einmalige Entwicklung war, stellt ISABEL HEINEMANN in Frage. In einer „empirischen Probebohrung" untersucht sie das Familienideal in den USA anhand der kontrovers geführten öffentlichen Debatten über die Abschaffung der Schuldscheidung und die Legalisierung der Abtreibung in den 1970er Jahren. In der historischen Langzeitperspektive zeigt sich, dass Wertewandelsprozesse auch in den Jahrzehnten zuvor stattfanden und zu allen Zeiten von konservativen Gegentrends herausgefordert wurden. Auch galten die Veränderungen nicht für alle Amerikanerinnen gleichermaßen, es dominierte ein rassistischer Diskurs: Die eigene Reproduktion zu kontrollieren, blieb wohlhabenden, weißen Frauen vorbehalten, während afroamerikanische Mütter sich Diskriminierungen ausgesetzt sahen und einige zur Sterilisation gezwungen wurden.

Den Zusammenhang zwischen Fernsehen und beschleunigten Wertewandelsprozessen analysiert CHRISTINA VON HODENBERG mit Hilfe von medienwissenschaftlichen Konzepten. Ihr Beitrag untersucht die Entwicklung von Geschlechterrollen und das Aufkommen neuer weiblicher Lebensentwürfe am Beispiel der populären Unterhaltungsserie „All in the Family", die in den USA von 1971 bis 1979 ausgestrahlt wurde und in ähnlicher Form in Deutschland als „Ein Herz und eine Seele" (mit „Ekel Alfred") bekannt wurde. Der Emanzipationsprozess den die Hausfrau Edith, eine der Hauptfiguren, durchlebte, war dabei mehr als eine Spiegelung gesellschaftlichen Wertewandels. Die Produzenten verhalfen gemäßigten Positionen der liberalen Frauenbewegung zur Massentauglichkeit und behandelten Themen wie Brustkrebs und Vergewaltigung, mit denen sich zuvor nur gegenkulturelle Minderheiten auseinandergesetzt hatten.

ANN-KATRIN GEMBRIES beschreibt die sich wandelnde Bewertung von Geburtenkontrolle in Frankreich zwischen 1920 und 1974 als eine Verschiebung von kollektivistischen zu individualistischen Werten. Ihr Beitrag nähert sich Parlamentsdebatten rund um Gesetzesreformen zu Abtreibung und zur Verwendung von Verhütungsmitteln mittels eines diskursanalytischen Ansatzes. Während in den 1920er Jahren der Fortbestand der französischen Nation als Argument für Repressionsmaßnahmen gegen Geburtenkotrolle dominierte, wurde der Diskurs Mitte der 1960er Jahre durch den Verweis auf das Glück der Familie bestimmt. Als 1974 die Abtreibung legalisiert wurde, stand in den Parlamentsdebatten der Schutz des Individuums – sowohl der Frau als auch des ungeborenen Kindes – im Mittelpunkt. Für Gembries verweist die sich verändernde Haltung der Abgeordneten über das Thema Geburtenkontrolle hinaus auf eine vorsichtige Aussöhnung mit den zentralen Phänomenen der Moderne.

„Thematische Ausblicke" bieten die Aufsätze von ANNA KRANZDORF und DIRK THOMASCHKE. Kranzdorf befasst sich mit dem Wandel bildungspolitischer Leitvorstellungen in den 1950er und 1960er Jahren und dessen Auswirkungen auf die Bedeutung des altsprachlichen Unterrichts. Sie analysiert die im Zuge großer Bildungsreformen entstandenen Debatten und stellt fest, dass Veränderungen der Argumente für den altsprachlichen Unterricht mit einem Wandel des humanistischen Bildungsideals zusammenhingen. Wertewandelsprozesse setzten hier nicht erst in den 1960ern ein, sondern schon im vorherigen Jahrzehnt. Der Beitrag zeigt, wie sich die Leitmotive humanistischer Bildung von Elitenförderung zu umfassender Bildung für alle wandelten und die alten Sprachen als „Ausleseinstrument" nicht mehr gefragt waren. Dass die alten Philologien in den Schulen dennoch überlebten, so Kranzdorf, verdankten sie nicht zuletzt einer Anpassung an diese Veränderungen bildungspolitischer Leitvorstellungen.

Der Beitrag von DIRK THOMASCHKE wirft Schlaglichter auf ein von der historischen Wertewandelsforschung noch nicht bestelltes Feld: die Rolle des Individuums im humangenetischen Expertendiskurs in der Bundesrepublik der 1950er bis 1980er Jahre. Thomaschke macht hier drei Phasen aus: Galt es den Humangenetikern der 1950er und 1960er vor allem, einen Anstieg von Erbkrankheiten zum Wohle der Gesellschaft zu verhindern, argumentierten sie in den 1970er Jahren immer häufiger mit der Vermeidung individuellen Leids. Dennoch schien die zu dieser Zeit eingeführte Pränataldiagnostik den werdenden Eltern eine Entscheidung vorzugeben. Erst in den 1980er Jahren nahmen Humangenetiker den Fortschritt zunehmend als ambivalent wahr und diskutierten das individuelle „Recht auf Nicht-Wissen".

Allen hier genannten Beitragenden gilt unser herzlicher Dank für ihr Engagement und ihre Mitwirkung an dieser Publikation. Für die finanzielle Unterstützung sowohl der Tagung im April 2012 in Mainz als auch für diesen Band danken wir der Deutschen Forschungsgemeinschaft. Darüber hinaus möchten wir Frau Julia Fichtner und Herrn Manuel Dittrich für ihre redaktionelle Hilfe und technische Unterstützung danken. Unser ganz besonderer Dank gilt Frau Laura Weißkopf, die mit viel Akribie und großer Geduld dafür gesorgt hat, dass aus fünfzehn Manuskripten ein Buch geworden ist.

Mainz, im Juli 2013   Bernhard Dietz, Christopher Neumaier, Andreas Rödder

1. Theorie und Methode

Andreas Rödder
Wertewandel in historischer Perspektive
Ein Forschungskonzept

„Unsere Vereinigung ist Teil der europäischen Vereinigung. Wir verbinden mit unserer Vereinigung nicht den Anspruch auf mehr Macht." Als Hans-Dietrich Genscher am 5. Oktober 1990 vor dem Deutschen Bundestag ankündigte, die wiedergewonnene deutsche Souveränität „für eine neue Ordnung des Friedens in Europa und für eine neue Weltordnung" zu nutzen[1], stand er den zeitgenössischen Sozialdemokraten mit ihrem Bekenntnis zur „Friedensmacht Europa"[2] wesentlich näher als seinem liberalen Urahn Max Weber, der ein Jahrhundert zuvor die deutsche Einheit von 1871 nur als „Ausgangspunkt einer deutschen Weltmachtpolitik" hatte akzeptieren wollen[3].

Diese Diskrepanz lässt sich mit außenpolitischen Erfahrungen eines Jahrhunderts erklären. Zugleich markiert sie langfristige Veränderungen von grundlegenden Leitvorstellungen, wie sie auch in vielen anderen Lebensbereichen zu beobachten sind. Hatten im Jahr 1951 laut Emnid-Umfragen 25 Prozent der westdeutschen Eltern als wichtigste Erziehungsziele „Selbständigkeit und freier Wille" benannt, so taten dies im Jahr 1989 immerhin 67 Prozent, während die Zustimmung zu den Erziehungszielen „Gehorsam und Unterordnung" von 28 auf 8 Prozent zurückgegangen war[4]. Zur selben Zeit wurde die Vereinbarkeit von Kindererziehung und weiblicher Berufstätigkeit diskutiert. Dabei rief der Vorschlag der christdemokratischen Bundesfamilienministerin Ursula Lehr, Kindergartenplätze bereits für Zweijährige bereitzustellen, einen Sturm der Entrüstung in den eigenen Reihen hervor. Die Kritik des *Bayernkuriers*, Mütter würden „zur Frühablieferung ihrer Zweijährigen, vielleicht auch noch

---

[1] Verhandlungen des Deutschen Bundestages, 11. Wahlperiode. Stenographische Berichte, Bd. 154, 229. Sitzung vom 5. Oktober 1990, S. 18100.
[2] Marion Dillenburger u. a., It's Yourope! Plakatkampagnen der Parteien im Europawahlkampf 2004, in: Christina Holtz-Bacha (Hrsg.), Europawahl 2004. Die Massenmedien im Europawahlkampf, Wiesbaden 2005, S. 35–65, hier S. 38 und S. 50; vgl. auch das Europa-Manifest der SPD vom 16. November 2003, S. 6, http://library.fes.de/pdf-files/netzquelle/02088.pdf, gesehen am 06.09.2012.
[3] Vgl. Max Weber, Der Nationalstaat und die Volkswirtschaftspolitik. Akademische Antrittsrede, in: Max Weber Gesamtausgabe. Abteilung I: Schriften und Reden, Band 4, 2. Halbband: Rita Aldenhoff/Wolfgang J. Mommsen (Hrsg.), Max Weber. Landarbeiterfrage, Nationalstaat und Volkswirtschaftspolitik, Tübingen 1993, S. 571.
[4] Vgl. Emnid Informationen 1998, zit. nach Helmut Klages, Werte und Wertewandel, in: Bernhard Schäfers/Wolfgang Zapf (Hrsg.), Handwörterbuch zur Gesellschaft Deutschlands, Bonn ²2001, S. 730.

in Windeln"[5], ermuntert, stellte dabei nur eine Zuspitzung der weitverbreiteten Kritik an der außerfamiliären Betreuung von Kleinkindern dar. Zwei Jahrzehnte später hingegen konnte Ursula Lehr sich, ungeachtet konkreter politischer Entscheidungen, im Einklang mit der gesellschaftlich-politischen Mehrheitsmeinung wähnen, als sie vor der Einführung des „Betreuungsgeldes" für unter dreijährige Kinder warnte, die keine öffentliche Betreuungseinrichtung besuchten, weil es „Fehlanreize verstärken" würde[6]. Stattdessen forderte der vierte nationale Bildungsbericht von Bund und Ländern den weiteren Ausbau von außerfamiliären Betreuungseinrichtungen[7].

Ein anderes Beispiel ist der Umgang mit Elite und Auslese: Der Schulrat Alfred Roedl schrieb am 18. Oktober 1954 in einem Leserbrief an die *Frankfurter Allgemeine Zeitung*, „nur fünf Prozent der heutigen Jugend [sind] so begabt, daß sie zum Abitur reif werden können. Zehn Prozent kämen [...] für die mittlere Reife in Frage. Aus diesen Feststellungen ergeben sich wichtige Folgerungen für das Ausleseverfahren."[8] Im Jahr 2010 setzte sich die Europäische Union mit ihrem Programm Europa 2020 das Ziel, die Quote der Hochschulabsolventen im Alter von 30 bis 34 Jahren von derzeit 31 Prozent auf mindestens 40 Prozent zu steigern, um „intelligentes, nachhaltiges und integratives Wachstum" in Europa zu sichern[9]. Zugleich ließen sich vielfältige Beispiele dafür anführen, wie der Sprachgebrauch des Begriffs „Elite" in Deutschland über die Jahrzehnte hinweg zwischen humanistischem Bildungsideal, egalitärer Tabuisierung und wettbewerbsorientierter Exzellenzrhetorik wechselte.

Diese rhapsodisch zusammengestellten Äußerungen über Nation und Macht, Familien und Kindererziehung sowie Bildung und Elite bringen, auch ohne systematisch kontextualisiert oder auf ihre Repräsentativität geprüft zu sein, normative Vorstellungen über grundlegende Elemente sozialer Ordnung zum Ausdruck. Zugleich dokumentieren sie, dass sich in der Kommunikation darüber argumentative Bezugsrahmen verändert haben. Das ist an sich nicht überraschend, und doch erwachsen daraus für die historische Forschung bislang nicht systematisch gestellte Fragen: Wie lassen sich Veränderungsprozesse kollektiv akzeptierter normativer Ordnungsvorstellungen und Zielmaßstäbe menschlichen Handelns und ihre öffentliche Aushandlung systematisch er-

---

[5] Zit. nach Andreas Wirsching, Abschied vom Provisorium. Geschichte der Bundesrepublik Deutschland 1982–1990, München 2006, S. 347.
[6] Vgl. Christine Bergmann u. a., Tut das nicht! Vier ehemalige Ministerinnen, zwei Parteien, ein gemeinsames Urteil: Das Betreuungsgeld schadet den Familien, in: Die Zeit, 30. August 2012.
[7] Vgl. Autorengruppe Bildungsberichterstattung, Bildung in Deutschland 2012. Ein indikatorengestützter Bericht mit einer Analyse zur kulturellen Bildung im Lebenslauf, Bielefeld 2012, S. 47–57.
[8] Leserbrief an die Frankfurter Allgemeine Zeitung, 18.10.1954.
[9] Vgl. European Commission, Europe 2020, http://ec.europa.eu/europe2020/index_en.htm, gesehen am 06.09.2012.

fassen? Und worin liegt die Bedeutung solcher Sinnkonstruktionen und ihrer Veränderungen für den allgemeinen gesellschaftlichen Wandel?

Der folgende Beitrag möchte zunächst die verschiedenen historiographischen und sozialwissenschaftlichen Zugänge skizzieren, die bislang angewandt worden sind. Aus dieser Zusammenschau von Kapazitäten und Defiziten wird das Konzept einer „Historischen Wertewandelsforschung" gewonnen, dessen Grundlagen und Aussichten – ohne Verbindlichkeit für alle in diesem Band versammelten Beiträge zu beanspruchen – in einem zweiten und dritten Teil entfaltet werden.

Historiographische und sozialwissenschaftliche Forschungsansätze

Gruppen- und epochenspezifische Denkformen, kollektive Weltbilder und Vorstellungswelten oder alltagsweltlich verankerte Orientierungsmuster sind klassischerweise Gegenstand der *Mentalitäts- oder Mentalitätengeschichte*[10]. Sie thematisiert ein breites Spektrum von Gegenständen der *conditio humana* in ihrer subjektiv-kulturellen Dimension, einschließlich kognitiver und affektiver Dispositionen wie Zeit- und Raumverständnis, Wissenssysteme, Kriegs- und Gewalterfahrungen und spannt damit einen allgemeinen Rahmen, der die hier gestellte Forschungsfrage umschließt. In der historischen Forschungspraxis hat sich die Mentalitätsgeschichte dabei vorzugsweise auf das Mittelalter und besonders die Frühe Neuzeit konzentriert, während sie für die Moderne – nach einem Aufmerksamkeitsschub in den achtziger Jahren – konzeptionell wenig weiterentwickelt worden und allgemein hinter die konstruktivistische neue Kulturgeschichte zurückgetreten ist. Zudem weist Rudolf Schlögl darauf hin, dass die Mentalitätengeschichte verstärkt die „Spannung zwischen sozialen Strukturmustern, gesellschaftlichen Semantiken sowie individuellen Handlungs-und Orientierungsmustern"[11] erfassen müsste.

In diese Richtung zielt das sozialpsychologische Konzept der *Rahmenanalyse*. Ursprünglich von Erving Goffman entwickelt[12], hat es inzwischen so weite

---

[10] Vgl. dazu Martina Kessel, Mentalitätengeschichte, in: Christoph Cornelißen (Hrsg.), Geschichtswissenschaften. Eine Einführung, Frankfurt 2000, S. 235–246, bes. S. 241–243; Ute Daniel, Kompendium Kulturgeschichte. Theorien, Praxis, Schlüsselwörter, Frankfurt a.M. 2001, S. 221–229.
[11] Rudolf Schlögl, Mentalitätengeschichte, http://www.uni-konstanz.de/FuF/Philo/ Geschichte/Tutorium/Themenkomplexe/Grundlagen/Forschungsrichtungen/ Mentalitatengeschichte/mentalitatengeschichte.html, gesehen am 11.03.2013.
[12] Vgl. Erving Goffman, Rahmen-Analyse. Ein Versuch über die Organisation von Alltagserfahrungen, Frankfurt a.M. 1977, v.a. S. 9–30.

Verbreitung innerhalb der Sozialwissenschaften gefunden, dass es sich darüber bis zur Widersprüchlichkeit diversifiziert hat und kaum mehr präzise bestimmbar ist. In den Geschichtswissenschaften ist es demgegenüber nur selten zum Einsatz gekommen[13].

In der ursprünglichen Bedeutung sind mit „Rahmen" grundlegende kognitive Strukturen gemeint, die Vorstellungen von und Kommunikation über Realität leiten. Goffmans auf soziale Situationen bezogene Theorie bezieht sich dabei zunächst auf die Organisation von Alltagserfahrungen, sowohl auf der Ebene der Wahrnehmungen als auch auf der Ebene des Handelns, wenn sich beispielsweise Wartende (zumindest in England) in einer Schlange aufstellen, um in dieser Reihenfolge in den angekommenen Bus einzusteigen. Damit bezeichnet der Rahmen neben kollektivem Deutungswissen zugleich eine gemeinsame soziale Praxis, die sich durch Reproduktion permanent aktualisiert und somit bestätigt, aber auch auf dem Wege der Modulation verändern kann. Das Rahmen-Konzept verbindet mithin sowohl die individuelle und die kollektive Ebene als auch die Ebenen von Struktur und Handlung. Zugleich eröffnet es durch die Vorstellung der Veränderung durch Kommunikationsakte – den aktiven prozessualen Vorgang des Framings (frame bridging, frame amplification, frame extension, frame transformation)[14] – auch die Dimension des Wandels. Dass solche Rahmen in kommunikativen Prozessen unbewusst enthalten sind und vermittelt werden, nicht hingegen bewusst konstruiert werden, wirft allerdings das methodisch-operative Grundproblem auf, solche Rahmen zureichend zu identifizieren; als Indikatoren dafür bietet es sich an, Konflikte, das heißt Widerspruch und Sanktionen, heranzuziehen.

Ein weiterer Ansatz, der die aufgeworfenen Forschungsfragen thematisiert, ist die *historische Semantik*, die sich aus der Begriffsgeschichte heraus weiterentwickelt hat[15]. Es geht ihr grundsätzlich um Prozesse des semantischen Wandels im weiteren Sinne: um Veränderungen im regelhaften Gebrauch sprachlicher und anderer Zeichen, in der Beziehung dieser Zeichen zu kognitiven Korrelaten (Begriffen) sowie in der Referenz dieser Zeichen auf außersprachliche Sachverhalte. An die Stelle der Trennung zwischen Begriffs- und Realgeschichte, wie sie der klassischen Begriffsgeschichte zugrunde lag, ist dabei die

---

[13] Vgl. Harald Welzer, Täter. Wie aus ganz normalen Menschen Massenmörder werden, Frankfurt a.M. 2005; Sönke Neitzel/Harald Welzer, Soldaten. Protokolle vom Kämpfen, Töten und Sterben, Frankfurt a.M. 2011.
[14] Vgl. David A. Snow u. a., Frame Alignment Processes, Micromobilization, and Movement Participation, in: ASocRev 51 (1986), S. 464–481, bes. S. 467–476.
[15] Vgl. dazu und zum Folgenden Willibald Steinmetz, Vierzig Jahre Begriffsgeschichte – The State of the Art, in: Heidrun Kämper/Ludwig M. Eichinger (Hrsg.), Sprache – Kognition – Kultur. Sprache zwischen mentaler Struktur und kultureller Prägung, Berlin/New York 2008, S. 174–197, bes. S. 183, 187 und S. 189–191, die Zitate S. 189 und S. 191; vgl. auch Daniel, Kulturgeschichte, S. 345–359.

Annahme von der „ständige[n] Verfertigung sozialer, politischer, rechtlicher, ökonomischer und sonstiger Strukturen und Verhältnisse durch sprachliches Handeln" getreten (die in letzter Konsequenz freilich immer die Frage nach der Beschaffenheit der Realgeschichte außerhalb sprachlichen Handelns aufwirft). Verbunden ist damit eine Abkehr von übergreifenden Aussagen semantischer Entwicklungen zugunsten einer sowohl vielfältigeren als auch unbestimmteren „Mikrodiachronie": Die „großen, linearen Erzählungen der älteren Begriffsgeschichte lösen sich tendenziell auf in viele kleine Geschichten situationsbedingten Sprachgebrauchs, die keinen allgemeinen Verlaufsmustern mehr zu folgen scheinen." Wenn es darum geht, Veränderungen des strategischen Gebrauchswerts von Wörtern und Redeweisen in wiederkehrenden Kommunikationssituationen, Plausibilitätsverluste ebenso wie Bedeutungsgewinne zu bestimmen, die sich in der Regel durch „unbewusste Steuerung der Wortwahl durch kleine Erfolgs- oder Misserfolgserlebnisse im alltäglichen Kommunikationsfluss" vollziehen, dann berührt sich dies mit den Grundlagen der Rahmentheorie. Zugleich wird in beiden Fällen die Frage nach Akteuren und Interessen dieser Sprachhandlungen sowie nach Machtkonflikten nur eingeschränkt berücksichtigt.

Diese Frage wiederum liegt der kommunikationswissenschaftlichen *Theorie der öffentlichen Meinung* zugrunde, wie sie insbesondere Elisabeth Noelle-Neumann entwickelt hat. Wegen ihrer dezidiert kulturpessimistisch-konservativen politischen Umsetzung seit den siebziger Jahren wird sie in den Geschichtswissenschaften kaum rezipiert. Dadurch blieben allerdings nicht zu unterschätzende analytisch-kritische Potentiale dieses Konzepts ungenutzt, nicht zuletzt zur Machtdimension öffentlicher Kommunikation. „Öffentliche Meinung" definiert Noelle-Neumann als „Meinungen im kontroversen Bereich, die man öffentlich äußern kann, ohne sich zu isolieren"[16]. In Übereinstimmung mit der Rahmenanalyse und experimentbasierten sozialpsychologischen Grundannahmen[17] geht Noelle-Neumann davon aus, dass Menschen sich in

---

[16] Elisabeth Noelle-Neumann, Öffentliche Meinung. Die Entdeckung der Schweigespirale, Berlin/Frankfurt a.M. 1996, S. 91; ausführliche Definition S. 343f.: „Unter öffentlicher Meinung versteht man wertgeladene, insbesondere moralisch aufgeladene Meinungen und Verhaltensweisen, die man – wo es sich um festgewordene Übereinstimmung handelt, zum Beispiel Sitte, Dogma – öffentlich zeigen muß, wenn man sich nicht isolieren will; oder bei im Wandel begriffenem ‚flüssigen' (Tönnies) Zustand öffentlich zeigen kann, ohne sich zu isolieren. Meinung wird dabei auch als Einstellungen und Verhaltensweisen in wertbesetzten Bereichen verstanden. Öffentliche Meinung ist gegründet auf das unbewußte Bestreben von in einem Verband lebenden Menschen, zu einem gemeinsamen Urteil zu gelangen, zu einer Übereinstimmung, wie sie erforderlich ist, um handeln und wenn notwendig entscheiden zu können. Belohnt wird Konformität, bestraft wird der Verstoß gegen das übereinstimmende Urteil."
[17] Vgl. dazu neben dem berühmten Milgram-Experiment etwa das Experiment von Salomon Asch, bei dem eine Gruppe von Versuchspersonen die (leicht erkennbaren) Längen ihnen

sozialen Gruppen nicht isolieren wollen und daher an den angenommenen Mehrheitsverhältnissen ihrer Umwelt orientieren, also eine als Minderheitsmeinung empfundene Meinung tendenziell nicht öffentlich äußern. Dieser Effekt verstärkt sich durch massenmedial vermittelte Meinungen, die durch entsprechende Kommunikation zu „herrschenden Meinungen" werden, während konträre Meinungen als Minderheitsmeinungen wahrgenommen werden und der „Schweigespirale" verfallen[18].

Weniger um „herrschende Meinungen" im machtkritischen Sinne, als um das „System politisch relevanter Einstellungen und Werte" innerhalb bestimmter sozialer und politischer Einheiten geht es der *politischen Kulturforschung*. Dabei unterscheidet das klassische politikwissenschaftliche Konzept nach dem Grad der Generalisierung und der Konsistenz gleichsam zwischen drei konzentrischen Kreisen: peripheren und kurzfristig-fluiden „Meinungen" (beliefs), in der Mitte liegenden „Einstellungen" (attitudes) sowie zentralen und langfristig-beständigen „Werten" (values)[19]. Wird politische Kultur (in einem weiten Sinne des Politischen als der auf das Gemeinwesen bezogenen Angelegenheiten) als ein „mit Sinnbezügen gefüllter Rahmen" verstanden, „innerhalb dessen sich die [...] Lebenspraxis handelnder, denkender und fühlender politischer Akteure vollzieht"[20], dann fällt schon sprachlich die Nähe zum Konzept des „Rahmens" ins Auge. Und auch in diesem Falle wird die Verbindung von Struktur und Handlung, von Deutungskultur und Soziokultur konzipiert, die sich in einem Prozess der permanenten Reproduktion zugleich verändert[21]. Dieses politikwissenschaftliche Konzept ist von der Geschichtswissenschaft durchaus rezipiert und in den achtziger Jahren auch in Ansätzen operationalisiert, dann

gezeigter Linien vergleichen mussten. Dabei waren die Probanden nicht informiert, dass die anderen Mitglieder der Gruppe das Experiment kannten und eine falsche Einschätzung abgaben, während die Probanden ihre Einschätzung als letzte abzugeben hatten. Drei Viertel der Probanden richteten sich in ihrer Antwort nach der Mehrheit der zuvor abgegebenen Einschätzungen und gaben die offenkundig falsche Antwort, während sie die richtige Antwort gaben, wenn sie die Aufgabe individuell zu lösen hatten; vgl. Salomon E. Asch, Effects on group pressure upon the modification and distortion of judgements, in: Harold S. Guetzkow (Hrsg.), Groups, Leadership and Men, Pittsburgh 1951, S. 177–190.

[18] Vgl. Elisabeth Noelle-Neumann, Öffentliche Meinung, in: dies. u. a. (Hrsg.), Das Fischer Lexikon Publizistik, Massenkommunikation, Frankfurt a.M. ^{5}2009, S. 427–442; vgl. auch Uwe Sander, Theorie der Schweigespirale, in: ders. u. a. (Hrsg.), Handbuch Medienpädagogik, Wiesbaden 2008, S. 278–281 sowie Thomas Roessing, Öffentliche Meinung. Die Erforschung der Schweigespirale, Baden-Baden 2009, S. 21–29.

[19] Vgl. Dirk Berg-Schlosser, Politische Kultur, in: Wolfgang G. Mickel (Hrsg.), Handlexikon zur Politikwissenschaft, Bonn 1986, S. 385–388 (mit weiteren Verweisen), die Zitate S. 385f.

[20] Karl Rohe, Politische Kultur und ihre Analyse. Probleme und Perspektiven der politischen Kulturforschung, in: HZ 250 (1990), S. 322–346, hier S. 333.

[21] Vgl. ebenda, S. 333–340.

aber gegenüber der neuen konstruktivistischen Kulturgeschichte nicht weiterentwickelt worden. Fassen wir diese kurze Revue politik-, kommunikations- und geschichtswissenschaftlicher sowie sozialpsychologischer Zugänge zusammen, so thematisiert die Mentalitätsgeschichte kollektive Vorstellungswelten und grundlegende Ordnungsvorstellungen; die historische Semantik nimmt den Wandel des Gebrauchswerts und der Bedeutung von Begriffen und Redeweisen in der öffentlichen Kommunikation in den Blick; die Theorie der öffentlichen Meinung verweist auf die Machtdimension und das kontroverse Element öffentlicher Mehrheits- und Minderheitskommunikation; die Rahmenanalyse trägt das Verständnis der handlungsleitenden Wirksamkeit und der Veränderlichkeit kollektiver kognitiver Strukturen bei, und die politische Kultur unterscheidet zwischen Meinungen, Einstellungen und Werten in der öffentlichen Kommunikation und betont zugleich ihre Handlungsrelevanz. Die Fokussierung auf „Werte" als zentrale Dimension gesellschaftlich-kultureller Ordnung und die elaboriertesten empirischen Befunde zu ihrem Wandel seit den sechziger Jahren hat schließlich die *sozialwissenschaftliche Wertewandelsforschung* beigesteuert, die im Folgenden etwas eingehender inspiziert werden soll.

Ein Wandel von Werten[22] kann sich grundsätzlich auf mindestens zwei Arten vollziehen. Erstens können sich Sinn und Bedeutung eines Wertes wandeln; ein Beispiel dafür ist die Pluralisierung von Bedeutungskomponenten des Begriffs der „Gerechtigkeit" hin zu Leistungs-, Teilhabe-, Generationen-, Geschlechter-, Umwelt- oder globaler Gerechtigkeit[23].

Zweitens können Präferenzen von einem Wert bzw. Werteensemble zu einem anderen übergehen. Auf solche Vorgänge zielte die sozialwissenschaftliche Wertewandelsforschung seit den siebziger Jahren des 20. Jahrhunderts, und dazu hat sie viel zitierte Befunde vorgetragen[24]. Globale Prominenz gewann Ronald Ingleharts These von der „Stillen Revolution", die er als eine Verschiebung

---

[22] Zur Begriffsdefinition und zur theoretischen Konzeptualisierung vgl. unten Kap. II.

[23] Vgl. dazu: Roman Herzog Institut, Was ist Gerechtigkeit – und wie lässt sie sich verwirklichen? Antworten eines interdisziplinären Diskurses, München 2009.

[24] Die Geschichte der sozialwissenschaftlichen Wertewandelsforschung ist wiederholt rekapituliert worden und soll sich daher im Folgenden auf die für die historische Perspektive wesentlichen Aspekte beschränken. Als Forschungsabrisse: Karl-Heinz Hillmann, Zur Wertewandelsforschung: Einführung, Übersicht und Ausblick, in: Georg W. Oesterdiekhoff/Norbert Jegelka (Hrsg.), Werte und Wertewandel in westlichen Gesellschaften. Resultate und Perspektiven der Sozialwissenschaften, Opladen 2001, S. 15–39; Helmut Klages, Werte und Wertewandel, in: Bernhard Schäfers/Wolfgang Zapf (Hrsg.), Handwörterbuch zur Gesellschaft Deutschlands, Bonn ²2001, S. 726–738; J. Berthold, Wertewandel, Werteforschung, in: Historisches Wörterbuch der Philosophie, Bd. 12, Basel 2004, Sp. 609–611; Helmut Thome, Wertewandel in Europa aus der Sicht der empirischen Sozialforschung, in: Hans Joas/Klaus Wiegandt (Hrsg.), Die kulturellen Werte Europas, Frankfurt a.M. 2005, S. 386–443; Christian Welzel, Werte- und Wertewandelforschung, in: Viktoria

der gesamtgesellschaftlichen Prioritäten von traditionellen „materiellen Werten" (soziale Sicherheit und wirtschaftliches Wachstum) hin zu „postmateriellen Werten" (Mitspracherechte, Achtung und Selbstverwirklichung) auffasste[25].

Ähnlich erkannte auch Helmut Klages eine „Verschiebung" von Wertepräferenzen, in seiner Diktion von „Pflicht- und Akzeptanzwerten" (wie Disziplin, Gehorsam, Leistungsbereitschaft, Ordnung und Pflichterfüllung) zu „Freiheits- und Selbstentfaltungswerten", seien sie partizipatorischer Art wie Emanzipation von Autoritäten, Gleichbehandlung oder Demokratie, seien sie hedonistischer Art wie Genuss, Ungebundenheit und Abwechslung. Dabei ging er nicht von einer Priorisierung von Werten aus, sondern von der Möglichkeit unterschiedlicher und vielschichtiger Mischungsverhältnisse, die sich in verschiedenen „Wertsynthesen" bzw. Persönlichkeitstypen (Konventionalisten, perspektivlos Resignierte, aktive Realisten, hedonistische Materialisten und nonkonforme Idealisten) niederschlügen[26].

Eine dritte Kategorisierung hat in jüngerer Zeit Shalom Schwartz mit seinem „Wertekreis"-Konzept vorgelegt. Zunächst auf der Ebene individueller Werte gruppiert er zehn Werte um die Konfliktachsen Selbstorientierung vs. Selbsttranszendierung und Autonomie vs. Eingebundenheit, die er dann mit den Dichotomien Autonomie vs. Kollektivismus, Egalitarismus vs. Hierarchie und Einklang vs. Beherrschung auf kollektiver Ebene in Beziehung setzt[27].

Kaina/Andrea Römmele (Hrsg.), Politische Soziologie. Ein Studienbuch, Wiesbaden 2009, S. 109–139.

[25] Ingleharts These ging von Befragungen aus, in denen die vier Werte Preisstabilität (später ersetzt durch Kampf gegen Arbeitslosigkeit), Ruhe und Ordnung, freie Meinungsäußerung sowie politische Mitsprache priorisiert werden sollten. Inglehart hat dieses 4-Item-Schema später zu einer Batterie aus zwölf Items erweitert sowie der Dichotomie „materiell-postmateriell" eine weitere Achse „traditionell-säkular" hinzugefügt. Im Kern aber gehen seine – gegen alle Einwände mit großer Beharrungskraft behaupteten – Ergebnisse und Thesen auf das ursprüngliche 4-Item-Schema zurück. Ingleharts wichtigste Publikationen: The Silent Revolution. Changing Values and Political Styles Among Western Publics, Princeton (NJ) 1977; Kultureller Umbruch. Wertewandel in der westlichen Welt, Frankfurt a.M. 1989; Modernisierung und Postmodernisierung: Kultureller, wirtschaftlicher und gesellschaftlicher Wandel in 43 Gesellschaften, Frankfurt a.M. 1998. Vgl. dazu aus historiographischer Perspektive: Andreas Rödder, Vom Materialismus zum Postmaterialismus? Ronald Ingleharts Diagnosen des Wertewandels, ihre Grenzen und ihre Perspektiven, in: Zeithistorische Forschungen 3 (2006), S. 280–285 (mit Verweisen auf die sozialwissenschaftlichen Diskussionen um Ingleharts Forschungen).

[26] Vgl. Helmut Klages, Wertorientierungen im Wandel. Rückblick, Gegenwartsanalyse, Prognosen, Frankfurt a.M. 1984; ders., Traditionsbruch als Herausforderung. Perspektiven der Wertewandelsgesellschaft, Frankfurt a.M. 1993; ders., Entstehung, Bedeutung und Zukunft der Werteforschung, in: Erich C. Witte (Hrsg.), Sozialpsychologie und Werte, Lengerich 2008, S. 11–29.

[27] Vgl. Shalom H. Schwartz, Values: cultural and individual, in: Fons J.R. van de Vijver u. a. (Hrsg.), Fundamental Questions in cross-cultural Psychology, Cambridge 2011, S. 462–493, bes. S. 464–473; zuerst: ders., Universals in the Content and Structure of Values, in:

Während sich diese hoch spezifizierten und bewusst komplexitätsreduzierten Kategorien, die als Grundlage für standardisierte Umfragen in verschiedenen Ländern und Kulturkreisen dienen, auch in der sozialwissenschaftlichen Forschung sehr diversifiziert haben[28], herrscht zugleich nach wie vor weitgehender Konsens über den „Wertewandelsschub"[29] in den westlichen Gesellschaften zwischen den mittleren sechziger und den mittleren siebziger Jahren. Er gilt als „der vorläufige Schlußstein, der die inzwischen ausgereifte Moderne kennzeichnet"[30].

Ohne die sozialwissenschaftliche Wertewandelsforschung zu vereinfacht oder reduziert zu rezipieren, sind doch linear-modernisierungstheoretische Grundannahmen (von traditionalen bürgerlichen Werten zu postmaterialistischen Selbstentfaltungswerten) und ein tendenziell funktionalistisches Verständnis von Wertewandel als Folge sozialen Strukturwandels nicht zu verkennen[31]. Solche Annahmen stoßen ebenso auf habituelles Unbehagen einer qualifizierenden und differenzierenden historischen Forschung wie die methodische Festlegung auf Umfragedaten, die mindestens zwei gravierende Konsequenzen nach sich zieht. Erstens legt sie sich auf Sachverhalte fest, die durch standardisierte Fragen erhoben werden können; die damit verbundene methodenstrenge Komplexitätsreduktion wiederum macht kategoriale Vorfestlegungen erforderlich und führt im Ergebnis weithin zu statistischen Korrelierungen. Zweitens ist die sozialwissenschaftliche Wertewandelsforschung zeitlich auf ihre Gegenwart bzw. auf den Zeitraum festgelegt, für den vergleichbare Daten vorliegen. Solche langen Zeitreihen sind aber schon für den Zeitraum, in dem es überhaupt Umfragen gibt, nur eingeschränkt erhoben worden, und für die Zeit vor dem Beginn der Umfrageforschung nach dem Zweiten Weltkrieg existieren sie gar nicht. Somit kann die sozialwissenschaftliche Wertewandelsforschung ihre Thesen vom „Wertewandelsschub" nicht durch eine langfristige Aussage untermauern; geschieht dies doch, wie es häufig

---

Mark P. Zanna (Hrsg.), Advances in Social Psychology, New York 1992, S. 1–65. Vgl. auch Welzel, Werte- und Wertewandelforschung, S. 114–117 sowie W. Bilsky, Die Struktur der Werte und ihre Stabilität über Instrumente und Kulturen, in: Erich C. Witte (Hrsg.), Sozialpsychologie und Werte, Lengerich 2008, S. 63–89, hier 66–72. Für vereinbar erachtet Schwartz dabei nur benachbarte Werte, so dass Klages' Wertsynthesen, die unterschiedliche Pflicht- und Freiheitswerte kombinieren, mit seinem Konzept nicht kompatibel sind.

[28] Vgl. Wil Arts/Loek Halman (Hrsg.), European Values at the Turn of the Millennium, Leiden 2004, S. 1–23 und S. 37–49.
[29] Klages, Traditionsbruch, S. 45.
[30] Thomas Gensicke, Sozialer Wandel durch Modernisierung, Individualisierung und Wertewandel, in: APuZ 42/1996 (11. Oktober 1996), S. 3–17, hier S. 5.
[31] Vgl. Hans-Peter Müller, Werte, Milieus und Lebensstile. Zum Kulturwandel unserer Gesellschaft, in: Stefan Hradil (Hrsg.), Deutsche Verhältnisse. Eine Sozialkunde, Bonn 2012, S. 189–212, z. B. S. 190 sowie Welzel, Werte- und Wertewandelforschung, S. 110f.; kritisch dazu Arts/Halman, European Values, S. 28–32 und S. 50f.

der Fall ist, werden meist allzu vereinfachende historische Pauschalannahmen getätigt, zumal zeitnahe Wahrnehmungen offenkundig eine Tendenz zur Überzeichnung von Diskontinuitäten mit sich bringen.

Somit hinterlässt die sozialwissenschaftliche Wertewandelsforschung, die nach einer Welle öffentlicher Aufmerksamkeit in den siebziger und achtziger Jahren eher an den Rand gerückt ist[32], die zentrale offene Frage, ob es sich bei den gemessenen Ergebnissen „jeweils nur um kurzfristige Schwankungen oder in der Tat um einen langfristigen Wertewandel handelt"[33]. Darüber hinaus stellt sich zweitens die Frage, ob der „Wertewandelsschub" überhaupt historisch verifizierbar ist, zumal die sozialwissenschaftliche Forschung nur artikulierte Werthaltungen, das heißt Wertzustimmungen, aber keine Wertbedeutungen erhoben und die gemessenen Werthaltungen auch nie in Korrelation mit sozialer Praxis analysiert hat. So wurde beispielsweise zwar erhoben, dass der Kinderwunsch in der Bevölkerung in den neunziger Jahren des 20. Jahrhunderts angestiegen ist, ohne dass sich diese Werthaltung aber in einer sozialen Praxis steigender Geburtenraten niedergeschlagen hätte.

Eine andere Frage ist, wie die Geschichtswissenschaft mit diesen sozialwissenschaftlichen Forschungen umgehen soll. Theorie und Praxis bewegen sich dabei zwischen zwei grundsätzlich verschiedenen Positionen. Die eine liegt in der mehr oder weniger uneingeschränkten Übernahme sozialwissenschaftlicher Befunde als historische Erkenntnis (und ihrer Behandlung, gemäß der klassischen historiographischen Kategorisierung, als „Literatur")[34]. Eine andere zielt auf ihre Dekonstruktion als narrative Konstrukte zeitgenössischer Selbstbeobachtung und Selbstverständigung (und ihre Verwendung als „Quellen in einem ganz eingeschränkten Sinne"[35]), ohne sich auf die inhaltlichen Gegenstände weiter einzulassen.

Um diese Blockade zu überwinden, ist es hilfreich, zunächst idealtypisch zwischen zwei Ebenen der historischen Analyse von Wertewandel zu unterscheiden: der Beobachtung erster Ordnung (der Gegenstände der sozi-

---

[32] Vgl. Klages, Entstehung, S. 23.
[33] Berthold, Wertewandel, S. 611.
[34] So die Kritik an der historiographischen Praxis von Rüdiger Graf/Kim Christian Priemel, Zeitgeschichte in der Welt der Sozialwissenschaften. Legitimität und Originalität einer Disziplin, in: VfZ 59 (2011), S. 479–508, bes. S. 482–488.
[35] Benjamin Ziemann, Sozialgeschichte und Empirische Sozialforschung. Überlegungen zum Kontext und zum Ende einer Romanze, in: Pascal Meder u. a. (Hrsg.), Wozu noch Sozialgeschichte? Eine Disziplin im Umbruch, Göttingen 2012, S. 131–149, hier S. 137. Vgl. zu dieser Position auch Graf/Priemel, Zeitgeschichte, bes. S. 507f. Zur Diskussion vgl. die Antwort von Bernhard Dietz/Christopher Neumaier, Vom Nutzen der Sozialwissenschaften für die Zeitgeschichte. Werte und Wertewandel als Gegenstand historischer Forschung, in: VfZ 60 (2012), S. 293–304, bes. S. 294–297.

alwissenschaftlichen Forschung) und der Beobachtung zweiter Ordnung (der sozialwissenschaftlichen Forschung als Gegenstand).

Die Beobachtung zweiter Ordnung thematisiert als Beobachtung der Beobachter die zeitgenössische Selbstbeschreibung: Akteure und Auftraggeber, Organisation, Interessen, (politische) Nutzung und kommunikative Verbreitung der sozialwissenschaftlichen Forschung, etwa der Speyerer Wertewandelsforschung oder des Instituts für Demoskopie in Allensbach, und nicht zuletzt ihre analytischen Kategorien, die, so die konstruktivistische Erkenntnis, soziale Realität durch die Kategorien ihrer Wahrnehmung (mit)konstituieren. Denn die sozialwissenschaftliche Wertewandelsforschung ist selbst Akteur innerhalb der von ihr festgestellten Wertewandelsprozesse: Sie thematisiert und benennt, interpretiert und popularisiert den Gegenstand, sie formuliert Tendenzen und Prognosen und nimmt somit teil an der Konstruktion von gesellschaftlichen Wahrnehmungen und Normalitätsvorstellungen, das heißt an der kommunikativen Entstehung und Entwicklung derjenigen Phänomene, die sie selbst erforscht, zumal einzelne Sozialwissenschaftler und Forschungsinstitute zuweilen eng mit politischen Akteuren kooperierten[36].

Eine konsequent konstruktivistische Position zieht daraus die Konsequenz, sich auf die historische Analyse zeitgenössischer Selbstbeschreibungen, also auf die Beobachtung zweiter Ordnung zu beschränken und auf eine von den sozialwissenschaftlichen Befunden ausgehende Beobachtung erster Ordnung zu verzichten. Dann aber bliebe das von den Zeitgenossen (ja nicht ohne sachlichen Grund) Beobachtete historisch ungenutzt und unerforscht – dann würde, um ein zugespitztes sozialhistorisches Beispiel zu nennen, Arbeitslosigkeit als kulturelle Konstruktion durch die Zeitgenossen (Definitionen, Statistiken oder Diskurse) thematisiert, als materielles Phänomen aber nicht weiter erforscht werden können, weil es sich um eine zeitgenössische Zuschreibung handelt. Dass es damit nicht getan sein kann, liegt auf der Hand, auch was den Wertewandel betrifft.

Vielmehr ist eine in der Praxis nicht zu trennende Interdependenz zwischen den Ebenen erster und zweiter Ordnung anzutreffen: Begriff und Konzept des „Wertewandels" entstammen der zeitgenössischen Selbstbeobachtung durch die Sozialwissenschaften der siebziger und achtziger Jahre des zwanzigsten Jahrhunderts, und der Gegenstand hat sich in den zeitgenössischen gesellschaftlich-politischen Debatten konstituiert. Zugleich ist er nicht im luftleeren Raum entstanden. Vielmehr steht hinter dem Begriff eine Anschauung, steht hinter der Bezeichnung etwas Bezeichnetes, das sich der Geschichtswissenschaft als Untersuchungsgegenstand anbietet.

---

[36] Vgl. Anja Kruke, Demoskopie in der Bundesrepublik Deutschland. Meinungsforschung, Parteien und Medien 1949–1990, Düsseldorf 2007.

Vor diesem Hintergrund sind die zeitgenössischen sozialwissenschaftlichen Forschungen von dreifachem Interesse für die historische Erforschung[37] von Wertewandelsprozessen. Erstens dienen sie mit ihren Fragestellungen und Analysekategorien als konzeptioneller Ausgangspunkt für die historische Beobachtung, die nie voraussetzungsfrei ist, sondern stets von Vorannahmen ausgehen muss. In dieser Hinsicht sind sie (methodisch-theoretische) Literatur, die im Hinblick auf ihre historische Signifikanz und ihre historiographische Anwendbarkeit zu prüfen ist. Zweitens stellen sie empirische Daten und Befunde zur Verfügung, die freilich von geschichtswissenschaftlicher Seite mit besonders kritischer Sorgfalt und Expertise im Hinblick auf ihre Entstehungsbedingungen und Methoden, ihre Absichten und den Aussagewert ihrer Ergebnisse zu verwenden sind. Insofern sind die sozialwissenschaftlichen Forschungen als eine eigene Gattung zwischen Quellen und Literatur beziehungsweise als Verbindung von beidem anzusehen. Drittens sind die Sozialwissenschaften als Akteur und ihre Forschungen als Element des sozialen Prozesses selbst Gegenstand und Quelle der (in einem breiteren Sinne) wissenschaftsgeschichtlichen Beobachtung. Sie wirkt sich zugleich auf die historische Analyse des Wertewandels aus, indem sie mindestens für die Konstitutionsbedingungen der sozialwissenschaftlichen Befunde und ihre Rückwirkungen auf den historischen Prozess sensibilisiert.

Ohne sozialwissenschaftliche Forschungen somit uneingeschränkt als historische Aussagen zu übernehmen, lassen sich gleichwohl historische Erkenntnisse über den realen Verlauf von Wertewandelsprozessen gewinnen, die freilich eine eigene methodisch-theoretische Konzeption verlangen. Dies jedenfalls ist der Ansatz der Historischen Wertewandelsforschung, der sich ein DFG-gefördertes Projekt an der Johannes Gutenberg-Universität Mainz in Verbindung mit weiteren Universitäten und Forschungsinstituten widmet[38].

Historische Wertewandelsforschung

Was aber sind überhaupt „Werte"? Dass Werte keine absoluten, objektiv gegebenen Größen sind, liegt spätestens seit Friedrich Nietzsches Frage auf der Hand, „unter welchen Bedingungen [...] sich der Mensch jene Werturteile gut und

---

[37] Vgl. Lutz Raphael, Die Verwissenschaftlichung des Sozialen als methodische und konzeptionelle Herausforderung für eine Sozialgeschichte des 20. Jahrhunderts, in: GG 22 (1996), S. 165–193, bes. S. 188–191, sowie Anselm Doering-Manteuffel/Lutz Raphael, Nach dem Boom. Perspektiven auf die Zeitgeschichte seit 1970, Göttingen ²2010, S. 75–77.

[38] Vgl. http://www.geschichte.uni-mainz.de/neuestegeschichte/244.php, gesehen am 17.06.2013.

böse"[39] erfand. Werte sind kulturelle Artefakte oder „Sinnkonstruktionen"[40] (Niklas Luhmann), wobei Hans Joas das empirische „Faktum der Idealbildung" ebenso von präexistenter Setzung abgrenzt wie von willentlicher oder gar willkürlicher Erzeugung[41]. Jedenfalls sind Werte keine Gegenstände, sondern Vorstellungen, kulturgeschichtlich formuliert: nicht materielle Objekte, sondern kulturelle Repräsentationen[42].

Während die Zahl der Definitionen Legion ist[43], hat sich die sozialwissenschaftliche Forschung stets an der klassischen Formulierung von Clyde Kluckhohn als „conception of the desirable"[44] orientiert, wobei der „Wert" in der deutschen Übersetzung als „Vorstellungen des Wünschenswerten" unglücklicherweise als Definiendum ebenso wie als Definiens auftritt.

Nimmt man die verschiedenen Definitionen und Aspekte zusammen, dann lassen sich *„Werte"* als *allgemeine und grundlegende normative Ordnungsvorstellungen* auffassen, *die für das Denken, Reden und Handeln auf individueller und kollektiver Ebene Vorgaben machen und die explizit artikuliert oder implizit angenommen werden können.*

Eine Nebenbemerkung: Diese analytische Konzeption von „Werten" stößt auf ein hartnäckiges doppeltes Missverständnis, nicht nur in der gesellschaftlichen, sondern auch in der wissenschaftlichen Öffentlichkeit. Die Rede von Werten sei normativ, so ist immer wieder zu hören, und die Rede vom Wertewandel kulturpessimistisch-konservativ[45]. Abgesehen davon, dass dies zwar für Elisabeth Noelle-Neumann gelten mag, nicht hingegen für die zentralen Protagonisten der sozialwissenschaftlichen Wertewandelsforschung (Ronald Inglehart und Helmut Klages verfolgten vielmehr eine liberal-progressive Tendenz, Klages nicht zuletzt in Kooperation mit der Friedrich-Ebert-Stiftung), geht dieser

---

[39] Friedrich Nietzsche, Zur Genealogie der Moral. Eine Streitschrift (1887), in: Karl Schlechta (Hrsg.), Friedrich Nietzsche. Werke in drei Bänden, Bd. 2, München 1969, S. 765.
[40] Zit. nach Helmut Thome, Soziologische Werteforschung. Ein von Niklas Luhmann inspirierter Vorschlag für die engere Verknüpfung von Theorie und Empirie, in: Zeitschrift für Soziologie 32 (2003), S. 4–28, hier S. 12.
[41] Vgl. Hans Joas, Die Sakralität der Person. Eine neue Genealogie der Menschenrechte, Berlin 2011, S. 155.
[42] Vgl. Thome, Soziologische Werteforschung, S. 6.
[43] Zur Geschichte des Wertbegriffs vgl. den Artikel „Wert" im Historischen Wörterbuch der Philosophie, Sp. 556–583.
[44] Clyde Kluckhohn, Values and Value-Orientations in the Theory of Action. An Exploration in Definition and Classification, in: Talcott Parsons/Edward A. Shils (Hrsg.), Toward a General Theory of Action, Cambridge (MA) 1962, S. 388–433, hier S. 395: „a conception, explicit or implicit, distinctive of an individual or characteristic of a group, of the desirable which influences the selection from available modes, means and ends of action."
[45] Vgl. zu diesem Vorbehalt schon seit den Anfängen der Wertewandelsforschung Klages, Entstehung, S. 18f.; vgl. auch Hans Joas, Die Entstehung der Werte, Frankfurt a.M. 1999, S. 16–19.

Einwand am selbstverständlichen wissenschaftlichen Anspruch vorbei, die Erforschung des Wandels von grundlegenden normativen Ordnungsvorstellungen analytisch-wertfrei zu betreiben. Denn normativ sind Werte zwar als Gegenstand, nicht aber ihre Erforschung. Die Erforschung von Normen hat genau so wenig normativ (und die von Werten genau so wenig wertend) zu sein wie die Erforschung von Gewalt gewaltsam sein sollte[46].

Zurück zum analytischen Konzept: Im Anschluss an die eben vorgetragene Definition von Werten lassen sich allgemein akzeptierte Werte als grundlegende Orientierungsstandards definieren, die explizit artikuliert oder implizit angenommen werden können, ohne auf grundsätzlichen öffentlichen Widerspruch zu stoßen bzw. mit Sanktionen belegt zu werden. Somit lässt sich ein *Wertewandel* durch die *Differenz zwischen dem zu zwei Zeitpunkten Sagbaren bzw. Sanktionierten* bestimmen.

Werte sind demzufolge zentrale handlungsrelevante Faktoren sozialer Ordnung und zugleich Gegenstand von Machtkonflikten, die um Diskurshoheit geführt werden. *Widerspruch und Kontroversen* sind daher ein analytischer Ansatzpunkt, um Wertewandel zu erfassen, denn sie indizieren Aushandlungsprozesse und Grenzverschiebungen. Aus dieser Perspektive sind Werte, die auf der Mikroebene von Individuen, auf der Mesoebene gesellschaftlicher Gruppen und auf gesamtgesellschaftlicher Makroebene angesiedelt sind, insbesondere auf den beiden Ebenen gesamtgesellschaftlich akzeptierter bzw. verhandelter sowie gruppenspezifischer Werte von besonderem Interesse.

Vor diesem Hintergrund stellen sich einer historischen Wertewandelsforschung die leitenden Fragen:

Wann, wie, wodurch und warum änderten sich kollektive Wertsysteme?

Welche Rolle spielten sozialgruppenspezifische Zusammenhänge (wie Schicht, Milieu, Alter, Geschlecht, politische Richtung, Konfession, Nationalität bzw. Herkunft) für die Ausprägung von Wertvorstellungen?

Wer waren die Akteure von Machtkonflikten um Diskurshoheit, wo lagen ihre Interessen und welche Strategien verfolgten sie?

Gab es *den*, das heißt einen grundlegenden Wertewandel in der Bundesrepublik bzw. den westlichen Industriegesellschaften um 1970 oder sind alternative Entwicklungsmuster zu erkennen?

Und schließlich: Wie verhielten sich (kulturelle) Werte, soziale Praxis und institutionelle Strukturen in Wertewandelsprozessen zueinander?

Die letzte Frage zielt auf theoretisch-konzeptionelle Grundlagen des historischen Forschungsprogramms. Die umfragebasierte sozialwissenschaftliche Wertewandelsforschung hat sich, wie gezeigt, um das Verhältnis von kul-

---

[46] Zu diesem allgemeinen Problem geschichtswissenschaftlicher Erkenntnis vgl. ebenso klassisch wie zeitlos: Thomas Nipperdey, Kann Geschichte objektiv sein?, in: GWU 30 (1979), S. 329–342, hier S. 334.

Abbildung 1: Das Wertewandels-dreieck

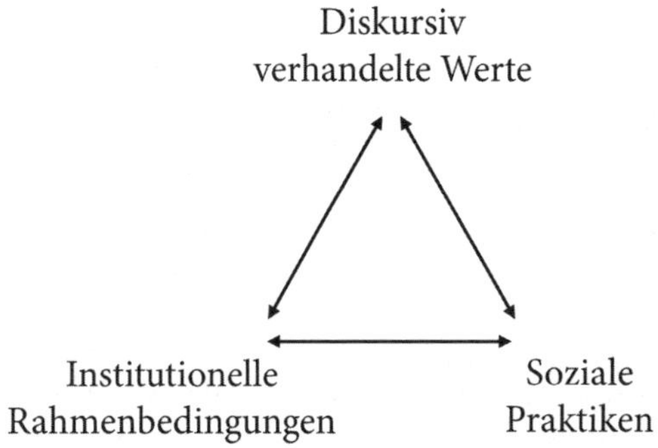

```
            Diskursiv
         verhandelte Werte
               /\
              /  \
             /    \
            /      \
           /        \
    ◄─────────────────►
  Institutionelle      Soziale
  Rahmenbedingungen    Praktiken
```

turellen Werten und sozialer Praxis bzw. strukturellen Bedingungen wenig gekümmert und ist zugleich von der impliziten Annahme einer Vorordnung des sozialstrukturellen Wandels ausgegangen, dem die Werte folgten. Einem solchen modernisierungstheoretisch-funktionalistischen Modell gegenüber scheint es angesichts zumindest punktueller historischer Empirie zweckmäßig, in Anlehnung an Hans Joas[47] von einem offeneren Konzept auszugehen: Der historischen Wertewandelsforschung liegt die Annahme zugrunde, dass sich „Werte" in offenen Gesellschaften in wechselwirkender Beziehung mit sozialen Praktiken und institutionellen Bedingungen – Institutionen verstanden in einem weiten sozialwissenschaftlichen Sinne von allgemeinen Regelwerken und Gesetzen im Besonderen, organisatorischen Einrichtungen wie zum Beispiel sozialstaatlichen Arrangements und materiellen Bedingungen[48] – konstituieren. Wie in einem Dreieck wirken Werte, Praktiken und institutionelle Strukturen aufeinander ein und verändern sich gegenseitig, ohne dass einer der Faktoren in diesem Wirkungsgefüge apriorisch vorgeordnet wäre. Vielmehr geht es gerade darum, wirkende Kausalitäten in historischer Perspektive zu ermitteln.

Dieses Wirkungsgefüge ist den Akteuren in aller Regel gar nicht bewusst. Wie gezeigt ist es die Rahmenanalyse, die auf die Implikation von normativen Orientierungsstandards in Normalitätsvorstellungen verweist, die durch Kommunikationsakte reproduziert und zugleich moduliert werden. So verbindet sie Werte mit sozialer Praxis und Struktur mit Handlung, und sie konzeptualisiert die Wandelbarkeit von Werten. Ihr operatives Problem, die unbewussten Rahmen zu identifizieren, lässt sich durch die Fokussierung auf Konflikte lösen. Denn sie bringen unterschiedliche Wertvorstellungen und ihre kollektive Akzeptanz zum Ausdruck und integrieren zugleich die konstitutive Machtdi-

---

[47] Vgl. Joas, Sakralität, S. 251.
[48] Vgl. Thomas Schwietring, Was ist Gesellschaft? Einführung in soziologische Grundbegriffe, Bonn 2011, S. 165f.

mension von Wertewandelsprozessen in das Forschungskonzept. Medium der Aushandlung von Werten sind somit Debatten (im Sinne konkreter Sprechakte) und Diskurse (im Sinne abstrahierter Regeln des Sprechens). Wertewandel bestimmt sich, wie erwähnt und in Anlehnung an die Theorie der öffentlichen Meinung, anhand der Differenz des zwischen zwei Zeitpunkten ohne substantiellen Widerspruch Sagbaren bzw. Sanktionierten.

Der historischen Wertewandelsforschung geht es methodisch daher im ersten Schritt darum, normative Argumentationsstandards in diskursiven Aushandlungsprozessen empirisch zu erheben und zu analysieren. Wie die historische Forschung es in allen ihren Teilgebieten bevorzugt, bieten sich auch dazu qualifizierende Verfahren der Hermeneutik und der Diskursanalyse an, also die quellenkritische Interpretation von Kommunikationsinhalten und die historisch-kritische beziehungsweise historisch-semantische Kontextualisierung von Sprachaussagen[49].

Gegenüber den sozialstatistischen Präferenzen der survey-basierten sozialwissenschaftlichen Wertewandelsforschung entspricht dies freilich nicht nur einer disziplinären Gewohnheit, sondern dem grundlegenden konzeptionellen Anspruch der historisch-empirischen Differenzierung und der Komplexitäts*rekonstruktion*. Dies bedeutet natürlich nicht, dass darüber keine allgemeinen Aussagen gewonnen werden sollen; vielmehr soll auf diese Weise bewusst die Vorfestlegung von Analysekategorien vermieden werden, die zur Vorbereitung standardisierter Umfragen erforderlich ist, um stattdessen der historisch-empirischen Vielfalt offen begegnen zu können. Statt mit Analysekategorien wie materialistisch-postmaterialistisch oder Pflicht- bzw. Freiheitswerten zu operieren, sollen die Kategorien der historischen Wertewandelsforschung gegenstandsspezifisch und im bewährten spiralförmigen hermeneutischen Verfahren induktiver Hypothesenbildung und ihrer deduktiven Überprüfung bzw. Modifikation gewonnen werden.

Von zentraler Bedeutung ist dabei die Auswahl repräsentativer Fallbeispiele, um diachrone Unterschiede und Veränderungen des Sagbaren bzw. Sanktionierten zu bestimmen. Dies verbindet die historische Wertewandelsforschung mit der historischen Semantik, die auch besonders zu beachten hilft, ob gleichbleibende Wörter sich semantisch verändern – und umgekehrt: ob veränderte, zumal umfrageerhobene Begrifflichkeiten nicht auch konstante inhaltliche Werthaltungen (und soziale Praktiken) transportieren.

Diesem ersten Schritt eigener empirischer Erhebung und Auswertung auf unterschiedlichen Kommunikationsebenen von Eliten-, Fach-, politischen und

---

[49] Statistische Verfahren werden dadurch nicht ausgeschlossen, werden aber nur subsidiär verwendet. In diesem Zusammenhang lässt sich auch auf die Rohdaten der sozialwissenschaftlichen Forschung zwecks Neuauswertung unter historischen Fragestellungen zurückgreifen.

Breitendiskursen folgt in einem zweiten Schritt die Korrelation mit sozialer Praxis (nicht zuletzt in Form von Habitus, der ähnlich wie der „Rahmen" immanente Werte transportiert) und institutionellen Bedingungen. Dies kann unter Rückgriff auf die Ergebnisse der Sozialgeschichte, der Sozialstrukturanalyse, der Rechtsgeschichte et cetera geschehen, analysiert jedenfalls den Zusammenhang von diskursiven Handlungen und sozio-politischen Kontexten im Hinblick auf „die Gesamtheit des Handelns und Sprechens konkreter historischer Akteure"[50] und führt die Aspekte schließlich in einer eigenen Perspektive interpretatorisch zusammen. Das Ziel ist, Abläufe, Mechanismen und möglichst gar Ursachen von Wertewandelsprozessen zu erkennen.

Historische Wertewandelsforschung nimmt verschiedene Forschungsansätze auf und knüpft thematisch vor allem an die sozialwissenschaftliche Wertewandelsforschung an, die sie kritisch reflektiert und in vierfacher Hinsicht substantiell erweitert bzw. in historischer Perspektive modifiziert, wobei sie offener und breiter, allerdings auch weniger spezifiziert operiert als die methodenstreng sozialstatistische und zugleich komplexitätsreduzierte sozialwissenschaftliche Herangehensweise. Methodisch bringt die historische Wertewandelsforschung qualifizierend-textauslegende Zugänge ein; thematisch erschließt sie Gegenstandsbereiche und Bedeutungsräume, die standardisiert-umfragebasierten Erhebungen unzugänglich bleiben; konzeptionell orientiert sie sich an der Interaktion von Werten mit sozialer Praxis und institutionellen Strukturen; schließlich eröffnet sie in zeitlicher Hinsicht die diachrone Dimension, im konkreten Fall den gesamten Zeitraum der Moderne bzw. der sogenannten Hochmoderne seit dem ausgehenden 19. Jahrhundert.

Phänomenologisch trifft sie dort auf die historische Bürgertumsforschung. Denn es sind gerade die „bürgerlichen Werte"[51], die seitens der sozialwissenschaftlichen Wertewandelsforschung als Gegenstandsbereiche des Wertewandels im letzten Drittel des zwanzigsten Jahrhunderts identifiziert wurden: Arbeit und Leistungsbereitschaft, Selbständigkeit und Individualität, Familie, Bildung, Religiosität und Sozialmoral. Indem die „bürgerlichen Werte" in der Geschichtswissenschaft hinsichtlich ihrer Konsistenz und Geltung kontrovers diskutiert worden sind[52], eröffnen sie den historischen Blick auf

---

[50] Vgl. den Beitrag von Jörg Neuheiser in diesem Band, dort auch nähere Ausführungen zu einem praxeologischen Zugriff auf Wertewandelsprozesse.
[51] Vgl. Andreas Schulz, Lebenswelt und Kultur des Bürgertums im 19. und 20. Jahrhundert (= Enzyklopädie deutscher Geschichte 75), München 2005 sowie Jürgen Kocka, Bürgertum und bürgerliche Gesellschaft im 19. Jahrhundert. Europäische Entwicklungen und deutsche Eigenarten, in: ders. (Hrsg.), Bürgertum im 19. Jahrhundert. Deutschland im europäischen Vergleich, Bd. 1, München 1988, S. 11–76, hier S. 27f.
[52] Skeptisch: Andreas Schulz, „Bürgerliche Werte", in: Andreas Rödder/Wolfgang Elz (Hrsg.), Alte Werte – Neue Werte. Schlaglichter des Wertewandels, Göttingen 2008, S. 29–36 sowie Hans Werner Hahn/Dieter Hein, Bürgerliche Werte um 1800. Zur Einführung: dies.

das komplexe Spannungsverhältnis zwischen Wert-Ideal und gesellschaftlicher Wirklichkeit und damit den Zugang zu jenen Konflikten, an denen sich Wertewandelsprozesse ablesen lassen. Zugleich erschließen sie auf phänomenologischer Ebene und als (wertfreie) Analysekategorien die Möglichkeit, Ansätze der historischen Bürgertumsforschung und der sozialwissenschaftlichen Wertewandelsforschung in einer eigenen historischen Perspektive zu verbinden und somit zugleich einen Beitrag zu den neueren Forschungen zur Bürgerlichkeit im zwanzigsten Jahrhundert und insbesondere nach 1945 zu leisten.

Im Falle des Mainzer Forschungsprojekts[53] und seiner benachbarten Forschungsvorhaben werden in diesem Sinne beispielsweise der Wandel familialer und familiärer Werte in Deutschland zwischen 1880 und 1990 sowie Wertediskurse über Geburtenkontrolle in Deutschland und Frankreich oder die transnationale Entwicklung des Konzepts des *gender mainstreaming* von einem Randphänomen des Diskurses zu einer gesamtgesellschaftlich akzeptierten Querschnittsaufgabe untersucht. Im Bereich der Arbeit stehen Werte und Wertewandel sowohl auf Seiten der abhängig Beschäftigten als auch in den Führungsetagen der deutschen Wirtschaft im Längsschnitt des zwanzigsten Jahrhunderts sowie Arbeitswerte im Spiegel von Migrationsdiskursen in der Bundesrepublik im Blickfeld. Im Bereich der Bildung wird die Entwicklung des humanistischen Bildungsideals in Deutschland vom Kaiserreich bis zur Bundesrepublik thematisiert, und im Hinblick auf die Sozialmoral werden deutsche und britische Diskurse über soziale Gerechtigkeit nach 1945 verglichen.

Über diesen an bestehende Forschungstraditionen anknüpfenden Zugang hinaus nimmt die Historische Wertewandelsforschung aber auch andere Gegenstandsbereiche normativer Ordnungsvorstellungen und Argumentationsstandards in den Blick[54], etwa Zivilität und Tapferkeit, den Wert des Lebens, Sicherheit oder Heimat. Die ursprüngliche Konzentration auf Deutschland erklärt sich dabei aus der Notwendigkeit empirischer Pionierarbeit, da eine fundierte Längsschnittperspektive nicht in beliebiger räumlicher Ausdehnung zu leisten ist. Daher liegen die Schwerpunkte künftiger Arbeiten neben

---

(Hrsg.), Bürgerliche Werte um 1800, Köln u. a. 2005, S. 9–27; optimistischer: Manfred Hettling/Stefan-Ludwig Hoffmann, Der bürgerliche Werthimmel. Zum Problem individueller Lebensführung im 19. Jahrhundert, in: GG 23 (1997), S. 333–359 sowie dies., Zur Historisierung bürgerlicher Werte, in: dies. (Hrsg.), Der bürgerliche Werthimmel. Innenansichten des 19. Jahrhunderts, Göttingen 2000, S. 7–21.

[53] Vgl. dazu Dietz/Neumaier, Nutzen, S. 301–303. Für ein benachbartes Forschungsprojekt vgl. Isabel Heinemann (Hrsg.), Inventing the Modern American Family. Family Values and Social Change in 20th Century United States, Frankfurt a.M. 2012.

[54] Vgl. auch Welzel, Werte und Wertewandelsforschung, S. 109: „Als Wert kommt jede Zielorientierung in Frage, die das Handeln der Menschen motivieren kann."

der Erforschung weiterer Gegenstandsbereiche vor allem in der Erschließung transnationaler bzw. interkultureller Perspektiven sowie in systematischen sozialgruppenspezifischen Differenzierungen. Ziel und Anspruch der historischen Wertewandelsforschung ist es dabei erstens, diskursiv verhandelte normative Ordnungsvorstellungen, also Werte im historischen Wandel empirisch zu erheben und zu analysieren, und zweitens, wirkende Kausalitäten zwischen Werten, sozialer Praxis und institutionellen Strukturen in historischer Perspektive zu ermitteln und somit zu einer empirisch fundierten Theoriebildung über Mechanismen des Wertewandels beizutragen.

Ausblick

Das Projekt einer historischen Wertewandelsforschung geht nicht von Hypothesen aus, die es zu überprüfen gälte, sondern von offenen Forschungsfragen. Dieser Weg zu Ergebnissen ist weiter, und so lassen sich einstweilen erst Umrisse formulieren.

Erkennbar wird *erstens* nicht ein hauptsächlicher, nicht „der" Wertwandel, vielmehr sind verschiedene Wertewandelsprozesse zu beobachten. Und so lässt sich auch um 1970 kein allgemeiner, gar uniformer, sondern eher ein sektoraler Wertewandel feststellen[55]. Im Bereich der Arbeit zum Beispiel dienten traditionelle Werte „guter Arbeit" wie fachliche Erfolge und Stolz auf die erbrachte Leistung in Gewerkschaften und Arbeiterschaft nach wie vor als Bezugsrahmen der innerbetrieblichen Argumentation und Kommunikation, während leitende Angestellte eine besondere Leistungsorientierung als Kennzeichen ihres sich neu formierenden Berufsstandes kommunizierten. Unterdessen legt ein Vergleich der öffentlichen Aussagen Elisabeth Noelle-Neumanns mit den erhobenen Umfragedaten die Schlussfolgerung nahe, dass ihre These von der „Proletarisierung" eher auf subjektive politische Wahrnehmungen denn auf systematische sozialstatistische Evidenz zurückgeht.

Demgegenüber lassen sich im Bereich der Familie durchaus Elemente eines Wertewandels in einem spezifischen Verhältnis zur sozialen Praxis beobachten. Hier stellen, aufs Ganze gesehen und zumal in Deutschland, eher die fünfziger denn die siebziger Jahre eine Besonderheit dar. Dabei stehen sie grundsätzlich in der Tradition der für die klassische Moderne seit dem

---

[55] Zu den folgenden Ausführungen vgl. insbes. die Beiträge von Jörg Neuheiser (zu den Arbeitswerten in der Arbeitnehmerschaft), Bernhard Dietz (zu den Leitenden Angestellten), Bernhard Grube (zu Allensbach), Christopher Neumaier (zu den Ehescheidungsdebatten der siebziger Jahre) und Thomas Großbölting (zur Familie und zum Wertepluralismus) sowie die Diskussionsbeiträge von Christina von Hodenberg, Helmut Thome und Ernest Albert in diesem Band.

ausgehenden 19. Jahrhundert charakteristischen Ambivalenz von allgemeinen Pluralisierungsprozessen, einschließlich zunehmender weiblicher Erwerbstätigkeit, und dem gleichzeitigen Vordringen des bürgerlichen Familienideals der Ernährer-Hausfrau-Familie, je nach materiellen Möglichkeiten, auch in andere Schichten. Letzteres verstärkte sich im Gefolge der Erschütterungen durch die nationalsozialistische Herrschaft und den Zweiten Weltkrieg noch einmal und erlebte eine späte Hochblüte in den fünfziger Jahren, die sich – unter ganz veränderten Strukturbedingungen – in besonderem Maße auf die vermeintlich geordnete Welt des Kaiserreichs und seine Wertvorstellungen rückbezogen. Die sozialstrukturellen und sozialkulturellen Entwicklungen (im Übrigen nicht erst seit den sechziger, sondern bereits seit den fünfziger Jahren) – zunehmende weibliche Erwerbstätigkeit oder die Forderung nach stärkerer partnerschaftlicher Ausgestaltung der Familie – schlossen hingegen an längerfristige Pluralisierungsprozesse an. Deren Phänomene werden aus synchroner Perspektive oft überdimensioniert als völlig neuartige fundamentale Veränderungen wahrgenommen.

So veränderte sich auch in den siebziger Jahren weniger die soziale Realität auf breiter Ebene – eher handelte es sich um eine „Pluralität in Grenzen"[56] –, als vielmehr das Reden über die Familie, etwa in Form eines erweiterten und pluralistischeren Begriffs von „Familie". Typisch für Wertedebatten ist dabei, dass die diskursiven Schwerpunkte nicht die gesellschaftlichen Mehrheitsverhältnisse abbildeten. Der Wandel des Sagbaren verschob freilich den Rahmen des Denkens, Redens und Handelns und zog schließlich eine Veränderung der sozialen Realität nach sich. Eine bemerkenswerte Konstanz in allem Wandel liegt dabei in der Persistenz von Kindererziehung als weiblicher Aufgabe.

Diese Beobachtungen verweisen auf die Notwendigkeit der Zusammenschau von Werten, sozialer Praxis und Institutionen sowie der historisch-empirischen Differenzierung gegenüber der sozialwissenschaftlichen Komplexitätsreduzierung durch binäre, vorab festgelegte Frageschemata. Zugleich muss die historische Komplexitätsrekonstruktion allerdings darauf achten, angesichts der Fülle von Phänomenen nicht der Gefahr mäandrierender Über-Differenzierung zu erliegen. Auch ihr stellt sich der Anspruch, zu allgemeinen und generalisierenden Aussagen zu kommen, ohne dabei unterkomplex zu werden.

Fragt man in diesem Sinne – *zweitens* – nach Verdichtungen und Verlangsamungen, so wird die Annahme beschleunigter Wandlungsprozesse um 1970, gerade im Zusammenspiel mit sozialer Praxis und institutionellen Strukturen, historisch zwar differenziert, aber nicht völlig falsifiziert. Der sozialwissenschaftliche Befund des Wertewandelsschubs im Sinne einer beschleunigten

---

[56] Norbert Schneider, Pluralisierung der Lebensformen: Fakt oder Fiktion?, in: Zeitschrift für Familienforschung 13/2 (2001), S. 86.

Entwicklung scheint daher im Kern nach wie vor plausibel[57], wenn auch nicht als der historische Wertewandel gleichsam auf der Epochenschwelle.

Was *drittens* die Genese und den Ablauf von Wertewandelsprozessen betrifft, so beginnt sich ein Muster abzuzeichnen, das freilich noch der systematischen empirischen Prüfung bedarf. Anhand der Debatten um die Ehescheidung in den siebziger Jahren lässt sich jedenfalls beobachten (und im Hinblick auf gender mainstreaming seit den achtziger Jahren des zwanzigsten Jahrhunderts oder auf die sogenannte Homo-Ehe im frühen 21. Jahrhundert plausibilisieren), dass sich zunächst die soziale Praxis in einer gesellschaftlichen Teilgruppe änderte. Wenn diese über die entsprechende öffentliche Artikulationsfähigkeit verfügte, entstand aus dieser Diskrepanz gegenüber dem herrschenden Konsens ein Machtkonflikt um Diskurshoheit, der sich zunächst an konkreten Sachfragen, nicht zuletzt an gesetzlichen Regelungen entzündete. Dieser wurde auf Seiten der Konfliktparteien zunächst in Form der Integration innerhalb der Konfliktparteien und der Abgrenzung von der anderen Seite geführt. Was schließlich einen Kompromiss möglich machte, war die Identifikation von Wertüberschneidungen. Sie führten zu Wertgeneralisierungen[58], das heißt zur abstrahierten Verallgemeinerung von zunächst relativ konkreten Werten. Sie vermochten allgemeine Akzeptanz zu finden und etablierten daraufhin ein neues Diskursmuster, einen neuen mainstream der Argumentation und institutionelle Arrangements, die wiederum eine veränderte soziale Praxis nach sich zogen.

Dies bedeutet zugleich, dass Wertewandel kein linearer Prozess war (und ist), sondern das Ergebnis von Machtkonflikten und neuen Wertgeneralisierungen. Daher sind neben Mechanismen der Aushandlung insbesondere identifizierbare Akteure, sind Bewegungen wie auch Gegenbewegungen in den Blick zu nehmen. Zugleich ist zu beachten, dass sich langfristige Traditionen von Wertvorstellungen auch hinter veränderten Begriffen verbergen können und sich am ehesten über Konzepte des Habitus entschlüsseln lassen. Dies legt abermals nahe, über der diachronen Differenzierung auch die Frage nach grundlegenderen übergreifenden Tendenzen nicht aus dem Blick zu verlieren.

Als ein neues Phänomen ist dabei *viertens* ein Wertepluralismus zu erkennen, an dem sich zugleich das für die historische Interpretation so charakteristische und zentrale Moment der Ambivalenz festmachen lässt. War zum einen bereits die gesamte Moderne vom sozialstrukturellen Basisprozess der Pluralisierung geprägt, so ist insbesondere seit dem letzten Drittel des zwanzigsten Jahrhunderts eine Veränderung ihrer soziokulturellen Dimension, ein Wertewandel

---

[57] Ähnlich argumentiert auch der Aufsatz von Ernest Albert in diesem Band. Die entgegengesetzte Annahme vertreten Dietz/Neumaier, Nutzen, S. 299f., Anm. 31.
[58] Der Begriff „Generalisierung" wird hier anders verwendet als bei Thome, Soziologische Werteforschung, S. 9–16, bzw. Joas, Sakralität, S. 260–265.

insofern zu beobachten, als die daraus resultierende Differenz zunehmend anerkannt, ja aktiv affirmiert wurde, statt als Störung zu gelten[59]. Zugleich bildeten sich neben der Pluralisierung neue Universalismen und Verbindlichkeiten heraus – allen voran eine in Umfang und Ausmaß neuartige Kanonisierung der Menschenrechte mit ihrer Basis in der Menschenwürde, deren Semantik ihrerseits Gegenstand von kommunikativen Aushandlungsprozessen ist[60] –, so dass nicht nur von einem Prozess der „Entnormativierung" die Rede sein kann. Diese neuen Universalismen, zu denen neuere Gerechtigkeitskonzepte, Nichtdiskriminierung und Differenztoleranz sowie, nicht nur im Bereich der Pädagogik, eine allgemeine „Kultur der Inklusion" zählen, bleiben noch erst näher zu spezifizieren, zumal sich eine qualifizierende sozialwissenschaftliche Wertewandelsforschung auch nach dem Abebben der klassischen umfragebasierten Forschung in den neunziger Jahren nicht etabliert hat.

Schließlich: Diese sozialwissenschaftliche Wertewandelsforschung ist für die historische Forschung zum einen Gegenstand der Beobachtung zweiter Ordnung, der Beobachtung zeitgenössischer wissenschaftlicher Selbstbeschreibung. Zum anderen ist sie unumgänglicher Partner für die Beobachtung erster Ordnung, die Beobachtung der Veränderungen kollektiv akzeptierter oder umkämpfter normativer Ordnungsvorstellungen. Die sozialwissenschaftliche Forschung stellt thematische und konzeptionelle Ansätze, Rohdaten als Quellen sowie empirische Befunde zur Verfügung, mit denen sich die Geschichtsschreibung kritisch auseinanderzusetzen hat. Wenn sie dabei ganz eigene Perspektiven entwickelt, ist dies eine profilierte Grundlage, um schließlich erneut mit den Gegenwartswissenschaften ins Gespräch über diese grundsätzlichen Fragen sozialer Ordnung zu kommen und auf dieser Basis in

---

[59] Diese Beobachtung korreliert mit dem Konzept der „Postmoderne" im Sinne Lyotards, der die „Postmoderne" von der „klassischen Moderne" weniger durch den Verlust der Ganzheit an sich unterscheidet, sondern durch die Überwindung der „Sehnsucht nach der verlorenen Erzählung", durch die Überwindung der Trauer um diesen Verlust zugunsten seiner vorbehaltlosen Akzeptanz, vgl. Jean-François Lyotard, Das postmoderne Wissen. Ein Bericht, hrsg. von Peter Engelmann, Wien 1999, bes. S. 13f. und S. 112–122. Zum Versuch einer historischen Anwendung dieses Konzepts vgl. die Vorstudie von Andreas Rödder, Wertewandel und Postmoderne. Gesellschaft und Kultur in der Bundesrepublik Deutschland 1965–1990 (= Stiftung-Bundespräsident-Theodor-Heuss-Haus, Kleine Reihe, Heft 12), Stuttgart 2004. Vgl. zu diesem Befund z. B. Art. 2 des EU-Vertrags in der Fassung von Lissabon (2009, noch nicht in der Fassung von Maastricht 1992 und Amsterdam 1997), der als „grundlegende Werte" nicht mehr nur die klassischen Individualgrundrechte im Sinne des Art. 1–19 GG, sondern darüber hinaus „Pluralismus, Nichtdiskriminierung, Toleranz, Gerechtigkeit, Solidarität" bestimmt.

[60] Vgl. dazu Stefan-Ludwig Hoffmann (Hrsg.), Moralpolitik. Geschichte der Menschenrechte im 20. Jahrhundert, Göttingen 2010; Jan Eckel/Samuel Moyn (Hrsg.), Moral für die Welt? Menschenrechtspolitik in den 1970er Jahren, Göttingen 2012 sowie das Themenheft „Neue Menschenrechtsgeschichte" von GG 38/4 (2012).

gegenseitiger Offenheit allgemeinen Erkenntnisgewinn zu erzielen. Dazu haben die Geschichtswissenschaften einen Beitrag zu leisten; dass sie an der gesamten interdisziplinären Wertewandelsforschung nicht beteiligt sind, ist bei aller Kritik an der sozialwissenschaftlichen Forschung jedenfalls ein Zustand, der sowohl im Sinne der Wertewandelsforschung als auch im Sinne der Geschichtswissenschaften überwunden werden sollte.

Helmut Thome
Wandel gesellschaftlicher Wertvorstellungen aus der Sicht der empirischen Sozialforschung[1]

In den Sozialwissenschaften ist man sich weitgehend darüber einig, dass in der zweiten Hälfte des 20. Jahrhunderts in Deutschland (aber nicht nur dort) ein „Wertewandel" stattgefunden hat. Zwar wird die Frage, wie umfassend und durchgreifend dieser Wandel sich vollzogen hat, welche Ursachen und Folgen ihm zuzuschreiben sind, durchaus unterschiedlich beantwortet; über die dominante Entwicklungsrichtung, die er dabei eingeschlagen hat, besteht hingegen weitgehende Einigkeit: In Tradition und Autorität wurzelnde „Pflicht- und Akzeptanzwerte" haben an Gewicht verloren, unterschiedliche Ausformungen von „Selbstentfaltungswerten" haben an Bedeutung gewonnen. Der Wertewandel hat sich, wie andere gesellschaftliche Wandlungsprozesse auch, nicht „linear" entfaltet, sondern phasenweise beschleunigt und verlangsamt; sich nicht nur voran, sondern, in einigen Komponenten zumindest, zeitweise auch wieder (etwas) zurück bewegt. Der Wandel lässt sich auch nicht nur mit den Trendlinien einzelner Wertorientierungen charakterisieren, es müssten (stärker als bisher) mehrdimensionale Werte-Muster, neu entstehende Kombinationen von „alten" und „neuen" Werten berücksichtigt werden.

Im ersten Abschnitt werde ich zunächst einige zentrale Definitionselemente des soziologischen Wertbegriffs hervorheben, deren Umsetzung in empirische Forschungsoperationen erhebliche Probleme aufwirft. Im zweiten Abschnitt werden drei prominente Beschreibungs- und Deutungsansätze mit ihren zentralen Thesen und Erhebungsinstrumenten kurz vorgestellt – zunächst der Ansatz des amerikanischen Politikwissenschaftlers Ronald Inglehart, der bis in die Gegenwart hinein die internationale Diskussion wohl am stärksten geprägt hat; sodann die Daten und normativ ausgerichteten Interpretationen der Demoskopin Noelle-Neumann, die die Diskussion in Deutschland vor allem in den 1970er Jahren stark beeinflusst hat, und schließlich die Arbeiten von Helmut Klages, der sich teilweise, vor allem anfangs, auf demoskopische

---

[1] In diesem Artikel greife ich teilweise auf frühere Arbeiten zurück: Helmut Thome, Wandel zu postmaterialistischen Werten? Theoretische und empirische Einwände gegen Ingleharts Theorie-Versuch, in: Soziale Welt 36 (1985), S. 27–59; ders., Soziologische Wertforschung. Ein von Niklas Luhmann inspirierter Vorschlag für die engere Verknüpfung von Theorie und Empirie, in: Zeitschrift für Soziologie 32 (2003), S. 4–28; ders., Wertewandel in Europa aus der Sicht der empirischen Sozialforschung, in Hans Joas/Klaus Wiegand (Hrsg.), Die kulturellen Werte Europas, Frankfurt a.M., S. 386–443.

Daten gestützt, dann aber eigenständige Erhebungsinstrumente und weiterreichende Deutungskonzepte entwickelt hat. Der dritte Abschnitt liefert ein paar knappe Anmerkungen zur These (oder Frage) des „Werteverfalls", bevor ich im vierten Abschnitt auf einige konzeptuelle und methodologische Probleme eingehe, die die empirische, sich auf Umfragedaten stützende Werteforschung berücksichtigen sollte, bisher aber teilweise nicht beachtet hat. Die Geschichtswissenschaft kann dazu beitragen, diese Lücken zu schließen beziehungsweise zu verkleinern, was im fünften Abschnitt wenigstens angedeutet werden soll.

Definitionselemente des soziologischen Wertbegriffs

In der Soziologie lassen sich verschiedene Varianten des Wertbegriffs und entsprechend unterschiedlich ausgeformte Definitionen finden. Fast alle diese Konzeptionen decken sich aber in ihren wesentlichen Bestandteilen weitgehend mit der folgenden Definition, die der amerikanische Anthropologe Clyde Kluckhohn, angeregt durch frühere Arbeiten des Sozialphilosophen John Dewey, vorgeschlagen hat: „A value is a conception, explicit or implicit, distinctive of an individual or characteristic of a group, of the desirable which influences the selction from available modes, means, and ends of action."[2]

Aus dieser Definition sind vor allem die folgenden Punkte hervorzuheben:

– Werte als Vorstellungen, Ideen oder Ideale zu verstehen bedeutet eine Abkehr von früheren Konzeptionen (wie man sie beispielsweise noch bei Thomas und Znaniecki oder bei Tönnies findet), in denen Werte mit geschätzten, geliebten, erstrebten Objekten gleichgesetzt wurden. Die Trennung von Werten und Objekten wird aber in bestimmten Fällen aufgehoben, vor allem, wenn es um Liebe und Wertschätzung von Personen geht[3]. Werte als „Konzepte" aufzufassen, impliziert einen gewissen Grad an Abstraktion und Verallgemeinerung; Werte müssen symbolisch darstellbar sein; sie sind damit auch variabel interpretierbar, je nach Kontext unterschiedlich deutbar. „Einstellungen" beziehen sich dagegen auf spezifische Objekte oder Sachverhalte,

---

[2] Clyde Kluckhohn, Valus and value-orientations in the theory of action. An exploration in definition and classification, in: Talcott Parsons/Eward A. Shils (Hrsg.), Toward a general theory of action, Harvard 1951, S. 388–464, hier S. 395; Vgl. Luhmann, der Werte als „allgemeine, einzeln symbolisierte Gesichtspunkte des Vorziehens von Zuständen oder Ereignissen" definiert; vielleicht sollte man allerdings eher von Gesichtspunkten der Vorziehenswürdigkeit sprechen. Siehe Niklas Luhmann, Soziale Systeme. Grundriß einer allgemeinen Theorie, Frankfurt a. M. 1985, S. 433.

[3] Weitere Wertgesichtspunkte lassen sich gewinnen aus der Unterscheidung von „instrumental" und „ultimate values" (Rokeach) oder von „empirical" vs. „transcendental ends" (Parsons).

die unter Wertgesichtspunkten positiv oder negativ beurteilt („evaluiert") werden.

- Der Wertbegriff (*the desirable*) impliziert eine Distanz zum faktisch Gewünschten (*the desired*); es geht um reflektierte, gerechtfertigte Wünsche („Wünsche zweiter Ordnung"), die, je nach Situation, miteinander konfligieren können, aber trotzdem wenigstens näherungsweise in eine Balance zu bringen sind. Insofern unterscheiden sich „Werte" von spontanen, leibgebundenen „Trieben" oder „Bedürfnissen" („Wünsche erster Ordnung"). Werte enthalten ein normatives Element; sie gehören zur Sphäre von „Geltung" und „Verpflichtung", allerdings weniger im Sinne eines restriktiven Sollens als im Sinne eines Wollens oder Strebens. Hans Joas konzipiert Werte als Resultat einer artikulierten Erfahrung der Selbsttranszendenz, als Ergriffensein durch etwas, was höher ist als das Selbst[4].

- Werte fungieren nicht nur als Auswahlkriterien für Modi, Mittel und Ziele des Handelns; sie „charakterisieren" auch ein Individuum oder eine Gruppe, was heißen soll: in ihnen stellt sich eine personale oder kollektive Identität dar.

- Damit verbunden sind drei weitere Aspekte, die Kluckhohn in seiner Kurzdefinition nicht explizit anspricht: Werte beeinflussen oder steuern die Wahrnehmung von Dingen und Geschehnissen; sie liefern ein Vokabular für Motivzuschreibungen und Rechtfertigungen; sie bestimmen nicht nur Handlungsentscheidungen, sondern können ihrerseits auf Grund bereits vollzogener (wie auch immer motivierter) Handlungen und veränderter Situationsbedingungen (neu gemachter Erfahrungen) neu konzipiert und korrigiert werden.

Im folgenden Absatz wird deutlich werden, dass die empirische Wertforschung sich schwer damit tut, sich an solchen Konzepten zu orientieren und sie adäquat in empirische Operationen umzusetzen.

---

[4] Hans Joas, Die Entstehung der Werte, Frankfurt a. M. 1997.

Empirische Befunde und theoretische Deutungsversuche

Ronald Inglehart

Der bekannteste Wertewandelsforscher dürfte nach wie vor der amerikanische Politikwissenschaftler Ronald Inglehart sein[5]. Gestützt auf internationale Umfragedaten, die seit 1970 vor allem in zentraleuropäischen Ländern erhoben wurden, interpretiert er den Wertewandel zunächst als eine in „post-industriellen" Gesellschaften zu beobachtende kollektive Präferenzverschiebung von „materialistischen" hin zu „post-materialistischen" Werten – ein Schema, das er später erweitert hat, siehe unten.[6] Er stützt sich dabei auf eine Theorie hierarchischer Bedürfnisentwicklung, die er meint einschlägigen Arbeiten des amerikanischen Psychologen Abraham Maslow aus den 1950er Jahren entnehmen zu können: „Maslow argues that people act to fulfill a number of different needs, which are pursued in hierarchical order, according to their relative urgency for survival."[7] Priorität erhalten laut diesem Schema zunächst die physischen Bedürfnissen nach Nahrung und körperlicher Unversehrtheit. Erst in dem Maße, wie sie befriedigt seien, richte man seine Aufmerksamkeit auf die sozialen Bedürfnisse nach Zugehörigkeit und Achtung und auf das persönliche Bedürfnis nach Selbstverwirklichung. Maslow unterschied zwischen der psychogenetischen Entfaltung von Motivkomplexen und deren inhaltlicher Ausgestaltung, die umso offener werde, je höher die erreichte Entwicklungsstufe sei; demzufolge könne man sich mit dem Streben nach wirtschaftlichem Reichtum ebenso selbst verwirklichen wie mit tätiger Nächstenliebe in materiell ärmlichen Ver-

---

[5] In den letzten zehn, fünfzehn Jahren sind auch die von dem israelischen Psychologen Shalom H. Schwartz vorgelegten Wertkonzeptionen und Erhebungsinstrumente in der internationalen Forschung zunehmend stärker berücksichtigt worden. Siehe Shalom H.Schwartz, Universals in the content and structure of values: Theoretical advances and empirical tests in 20 countries, in: M. P. Zanna (Hrsg.), Advances in experimental social psychology, Volume 25, San Diego u. a. 1992, S. 1–65; ders., Mapping and interpreting cultural differences around the world, in: H. Vinken, J. Soeters, P. Ester (Hrsg.), Comparing cultures. Dimensions of culture in a comparative perspective, Leiden/Boston, 2004, S. 43–73; ders., Basic human values: Theory, measurement, and applications, in: Revue Francaise des Sociologie 47 (2006), S. 249–288.

[6] Ursprünglich benutzte er zur Kennzeichnung dieser bipolaren Gegenüberstellung die Begriffe „acquisitive" und „post-bourgeois"; siehe hierzu Ronald Inglehart, The silent revolution. Changing values and political styles in advanced industrial society, Princeton (NJ) 1977, S. 28, Fn. 9.

[7] Inglehart, Silent revolution, S. 22. Maslows Entwicklungsmodell ist in der Psychologie durchaus auf Kritik gestoßen, siehe Peter Kmieciak, Wertstrukturen und Wertwandel in der Bundesrepublik Deutschland, Göttingen 1976, S. 162ff. Zur Kritik aus soziologischer Perspektive siehe Thome, Wandel, S. 32–34.

hältnissen. Inglehart übergeht die analytische Trennung von Motivstrukturen und Präferenzinhalten, ebenso wie die konzeptuelle Differenz von Bedürfnissen und Werten. Er übersetzt Maslows Bedürfniskategorien in Zielvorstellungen für politisches Handeln. Demnach zeigen sich Versorgungsbedürfnisse in dem Streben nach wirtschaftlicher Stabilität und kontinuierlichem Wachstum; die Sicherheitsbedürfnisse verlangen nach öffentlicher Ordnung sowie nach Schutz vor Kriminalität und äußeren Feinden; Zugehörigkeits- und Achtungsbedürfnisse motivieren den Ruf nach Mitbestimmung am Arbeitsplatz und in der Politik; Selbstverwirklichung verlangt nach weitergehenden Freiheitsrechten, nach persönlichen Entscheidungs- und Gestaltungsmöglichkeiten. Inglehart fasst Versorgungs- und Sicherheitsbedürfnisse unter der Kategorie „materialistischer", die sozialen und Selbstverwirklichungsbedürfnisse unter der Kategorie „postmaterialistischer" Orientierungen zusammen. Seine Idee war es nun, im Rahmen fortlaufend wiederholter, repräsentativer Bevölkerungsumfragen in einer Vielzahl von Ländern[8] die Menschen nach der relativen Dringlichkeit zu befragen, die sie den so klassifizierten Politik-Zielen beimessen. Obwohl Inglehart zunächst zwölf politische Zielvorgaben benannt hatte[9], arbeitete er bis Ende der 90er Jahre fast ausschließlich mit einer Fragebatterie, die nur vier Politikziele umfasste, die die Befragten in eine Rangfolge persönlicher Präferenzen anordnen sollten (*Inglehart-Index*): „Kampf gegen steigende Preise" sowie „Aufrechterhaltung von Ruhe und Ordnung" standen für materialistische Orientierungen, „Schutz des Rechtes auf freie Meinungsäußerung" sowie „mehr Einfluss der Bürger auf die Entscheidungen der Regierung" für postmaterialistische Orientierungen. Wer die beiden materialistischen Ziele auf den Rangplätzen 1 und 2 einstufte, wurde als „rein materialistisch", wer die beiden post-materialistischen Ziele auf den vorderen Rängen platzierte, wurde als „rein postmaterialistisch" klassifiziert. Waren auf den beiden ersten und den beiden letzten Rangplätzen jeweils ein materialistisches und ein postmaterialistisches Ziel eingestuft, wurde die oder der Befragte der Kategorie des „Mischtypus" zugeordnet.

Bis etwa 1990 zeigen die Umfragedaten für die europäischen Länder einen recht klaren Anstieg postmaterialistischer Orientierung, danach einen leichten Rückgang oder stark fluktuierende Werte. Der Anstieg entspricht Ingleharts theoretischen Erwartungen, die von dem oben zitierten Maslow-Theorem ausgehen: Je stärker der materielle Wohlstand zunimmt, das heißt je besser die Versorgungs- und Sicherheitsbedürfnisse befriedigt sind, umso stärker die Hinwendung zu postmaterialistischen Zielen. In Europa ist genau dies geschehen: seit Mitte der 1950er Jahre hat für breite Bevölkerungsschichten der materielle

---

[8] *Eurobarometer* seit Anfang der 1970er Jahre, *European* und *World Values Studies* – in längeren Abständen – seit 1981.
[9] Siehe z. B. Inglehart, Silent revolution, S. 39ff.

Wohlstand erheblich zugenommen und die Zustimmung zu als postmaterialistisch definierten Zielen ist gestiegen.

Neben dem Maslow-Theorem stützt sich Inglehart in seinem Erklärungsansatz auf eine „Sozialisationshypothese", der zufolge die Wohlstandsmehrung nicht für alle Generationen gleiche Wirkungen zeigt: „Wertorientierungen ergeben sich nicht unmittelbar aus dem sozioökonomischen Umfeld. Vielmehr kommt es zu einer erheblichen Zeitverschiebung, denn die grundlegenden Wertvorstellungen eines Menschen spiegeln weithin die Bedingungen wider, die in seiner Jugendzeit vorherrschend waren."[10] Als die prägenden „formative years" sieht Inglehart die Phase bis zum 18. Lebensjahr an. Daraus folgt für ihn: Die Vorkriegsgeneration wird ihre Wertorientierungen nur geringfügig an die verbesserten materiellen Lebensverhältnisse anpassen, während sich in den nachwachsenden Generationen Schritt für Schritt eine postmaterialistische Orientierung zunehmend stärker ausbildet, solange die materielle Sicherheit sich verbessert. Offen bleiben dabei die Fragen,

– welche Wirkkraft dem absoluten Wohlstandsniveau im Vergleich zu seiner positiven oder negativen Veränderung zukommt
– ob oder wie lange die mit einem früheren Wohlstandsniveau verbundenen (sub-)kulturellen und (bereichsspezifisch) institutionalisierten Wertorientierungen wirksam bleiben und die gegenwärtig gegebenen Wohlstandseffekte überlagern, wobei auch der über Medien vermittelte öffentliche Diskurs eine wichtige Rolle spielen dürfte.

Auch im Querschnittvergleich stellt Inglehart fest, dass der Tendenz nach eine postmaterialistische Orientierung umso eher vorliegt, je höher das individuelle Einkommen ist. Stärker ausgeprägt ist aber der Zusammenhang mit dem formal erreichten Bildungsniveau. Inglehart erklärt dies mit der Annahme, dass das Bildungsniveau besser als das gegenwärtige Einkommen die prägende Sozialisation in der Jugendzeit widerspiegelt. Außerdem geht er davon aus, dass sich das Verlangen nach Selbstverwirklichung und Mitbestimmung umso stärker bemerkbar macht, je höher der erreichte Wissensgrad und die Einbindung in „kosmopolitische Kommunikationsnetzwerke" ausfällt[11].

Neben dem Einkommens- und Bildungsniveau sind aber auch die bereichsspezifischen Anforderungen der jeweiligen beruflichen Tätigkeit zu berücksichtigen. Inglehart gibt hierzu einen Überblick, in dem er Daten aus den Eurobarometer-Umfragen von 1980 bis 1986 zusammenfasst[12]. Demnach

---

[10] Ronald Inglehart, Kultureller Umbruch. Wertwandel in der westlichen Welt, Frankfurt/New York 1992, S. 92.
[11] Siehe Inglehart, Silent revolution, S. 72–89 mit teilweise inkonsistenten Argumentationen.
[12] Vgl. Ronald Inglehart, Modernisierung und Postmodernisierung. Kultureller, wirtschaftlicher und politischer Wandel in 43 Gesellschaften, Frankfurt/New York 1998, S. 399.

sind postmaterialistische Orientierungen am stärksten im Bereich „Topmanagement/Verwaltung" sowie bei Studenten und Freiberuflern vertreten; in der Altersgruppe unter 35 Jahren findet sich ein ähnlich hoher Anteil bei den „nicht körperlich arbeitenden Arbeitnehmern". Die geringsten Anteile an Postmaterialisten werden für Landwirte, Hausfrauen, Arbeiter und selbständige Geschäftsleute registriert. Inglehart zitiert darüber hinaus die Ergebnisse einer von Wildenmann et al. 1982 veröffentlichten Elitestudie, in der die jeweiligen Prozentanteile von Materialisten minus Postmaterialisten miteinander verglichen werden[13]. Die höchsten negativen Differenzen (also ein Übergewicht an Materialisten) werden bei den „Funktionären wirtschaftlicher und landwirtschaftlicher Verbände" (minus 26 Prozent) sowie bei „Direktoren wichtiger Industriekonzerne" minus 22 Prozent) registriert; bei den CDU-Politikern sind es minus 16 Prozent; das entspricht dem Wert, der sich für die „bundesdeutsche Öffentlichkeit" insgesamt ergibt, wenn die Umfragedaten von 1976 bis 1987 kumuliert werden: minus 15 Prozent[14]. Das stärkste Übergewicht an Postmaterialisten zeigt sich bei den „Feuilletonredakteuren und Topjournalisten" mit plus 61 Prozent sowie bei den SPD- und FDP-Politikern mit jeweils 50 Prozent, gefolgt von den Gewerkschaftsführern (38 Prozent), den „politischen Redakteuren und Topjournalisten" (23 Prozent) sowie den Präsidenten von Universitäten und Forschungseinrichtungen (19 Prozent).

Postmaterialistische Orientierungen implizieren nicht unbedingt in allen Bereichen eine Abkehr von traditionalen Werten. Inglehart hat hierzu einen Komplex „bürgerlicher Tugenden" untersucht. Er unterscheidet neben den Bereichen von Religion und Politik die Bereiche „Respekt vor Autorität", „Sexual- und Ehenormen", „Bindungen zwischen Eltern und Kindern". In allen vier Bereichen stellt er fest, dass die Postmaterialisten zu mehr Freizügigkeit neigen als die Materialisten. Zudem ist zu beobachten, dass in der Bevölkerung insgesamt die Unterstützung für libertäre Positionen zwischen 1981 und 1991 zugenommen hat – mit einer signifikanten Ausnahme: Bei den Eltern-Kind-Beziehungen verläuft der Trend in diesem Zeitraum in den meisten der 19 untersuchten Länder in umgekehrter Richtung. Zwar bleibt die Differenz zwischen Materialisten und Postmaterialisten auch in dieser Frage bestehen, aber in beiden Gruppen haben die „konventionellen" Orientierungen hinsichtlich der Eltern-Kind-Beziehung in dieser Zeit wieder an Gewicht gewonnen.

---

[13] Vgl. Inglehart, Modernisierung, S. 403; Rudolf Wildenmann u. a., Führungsschichten in der Bundesrepublik Deutschland 1981, Tabellenband, Mannheim 1982.
[14] Für den Zeitraum von 2000 bis 2010 weisen die ALLBUS-Daten für die Bevölkerung der alten Bundesländer ein deutliches Übergewicht an Postmaterialisten aus, mit Ausnahme des Jahres 2008 (Beginn der Finanzkrise). Für die neuen Bundesländer wird erstmals 2010 ein deutliches Übergewicht an Postmaterialisten registriert (ein schwächeres aber auch schon für das Jahr 2004).

Als Politologe interessieren Inglehart nicht zuletzt die Folgen des Wertewandels für das politische System und die politische Beteiligung. Da die Gruppe der Postmaterialisten relativ hohe Anteile an jungen und besser ausgebildeten Menschen aufweist, verfügt sie über mehr Energie und größere kognitive Fähigkeiten für politische Beteiligung und für die Entwicklung neuer, unkonventioneller Formen des politischen Protests, mit denen sie neue Politikziele verfolgt; insbesondere in den Bereichen Umweltschutz, Familien- und Geschlechterverhältnisse, Migrations- und Ausländerpolitik sowie der freien Gestaltung des eigenen Lebensstils, zum Beispiel Anerkennung alternativer, auch gleichgeschlechtlicher Partnerschaftsformen. Politische Einflussnahme wurde traditionell primär über gesellschaftliche Großorganisationen gesucht, in denen man Mitglied sein konnte. Die Ausführung der Politik überließ man weitgehend den Organisationseliten. Die neuen Beteiligungsformen sind dagegen nicht „eliten-gelenkt", sondern „eliten-herausfordernd". Das zeigt sich in neuen sozialen Bewegungen wie der Frauen- und der Umweltbewegung, der Ausbreitung von Bürgerinitiativen und Selbsthilfegruppen, aber auch in der Neugründung von Parteien, zunächst vor allem der Partei der „Grünen" (1983 erstmals im Bundestag vertreten). Die lange Zeit dominante, am Klassenkonflikt ausgerichtete Gegenüberstellung von „linken" und „rechten" Parteien oder Gruppierungen wird ergänzt und überlagert durch eine neue politische Trennungslinie. Diese sieht Inglehart in dem Gegensatz von „postmodernen" und „fundamentalistischen" Werten markiert[15] und sie macht sich ihm zufolge auch innerhalb der länger etablierten Parteien bemerkbar. Solche Beobachtungen veranlassen ihn schließlich, den Postmaterialismus lediglich als zentrales Element eines umfassenderen Komplexes „postmoderner" Wertorientierungen zu betrachten. Sie führen seiner Meinung nach zu „nachlassendem Vertrauen in religiöse, politische und sogar wissenschaftliche Autoritäten; und sie führen zu einem wachsenden, weitverbreiteten Wunsch nach Partizipation und Selbstverwirklichung"[16].

Inglehart hat im Zuge der seit 1990 in Fünf-Jahres-Abständen durchgeführten und von ihm maßgeblich mitgestalteten *World Values Surveys (WVS)*[17], die inzwischen fast alle Länder der Erde einbeziehen, sein Kategoriensystem zur Erfassung relevanter Wertorientierungen ausgeweitet. Er beschränkt sich nicht mehr auf die Gegenüberstellung von Materialismus vs. Postmaterialismus, sondern bettet dieses Kategorienpaar in eine breiter angelegte „Überlebens- vs. Selbstentfaltungsdimension" *(survival vs. self-expression)* ein, die folgende zusätzliche Komponenten umfasst: „Wertschätzung der Gleichberechtigung

---

[15] Vgl. Inglehart, Modernisierung, S. 340ff.
[16] Inglehart, Modernisierung, S. 452.
[17] Gelegentlich wird der auf wenige außereuropäische Länder ausgedehnte *European Values Survey (EVS)* von 1981 auch als „erste Welle" der WVS ausgegeben.

unterschiedlicher Lebensstile" (festgemacht an der Akzeptanz von Homosexualität), „Wertschätzung politischer Äußerung" (festgemacht an der Bereitschaft, politische Petitionen zu unterschreiben), „Wertschätzung der Mitmenschen" (festgemacht an zwischenmenschlichem Vertrauen) und „Wertschätzung des Lebens, das man führt" (festgemacht an Lebenszufriedenheit)[18]. Darüber hinaus hat er eine zweite analytische Dimension konstruiert, auf der „traditionale" und „säkular-rationale" Orientierungen einander gegenüber gestellt sind[19]. Diese Dimension zielt auf kulturelle Wandlungen im Übergang von vorindustriellen zu industriellen Gesellschaften. Zentrale Punkte sind hier Gottesglaube und religiöse Bindungen, Respekt gegenüber Autoritäten sowie hohe Wertschätzung für die eigene Nation und die Familie. Inglehart geht davon aus, dass eine kontinuierliche Zunahme des ökonomischen Wohlstands sowohl die Säkularisierung als auch die Selbstentfaltungswerte fördert; aber er sieht diese Entwicklung auch als „pfadabhängig" an, mitbestimmt durch weit zurückreichende kulturelle Traditionen, die in den einzelnen Ländern unterschiedlich wirksam sind. So zum Beispiel seien in den meisten protestantisch geprägten europäischen Ländern sowohl die säkular-rationalen Orientierungen als auch die Selbstentfaltungswerte stark ausgeprägt; während in englischsprachigen Ländern, insbesondere den USA, zwar die Selbstentfaltungswerte ähnlich stark, die säkular-rationalen Orientierungen aber in schwächerem Maße betont seien.

Inglehart fügt die so erweiterte Konzeption des Wertewandels in eine Theorie der „Modernisierung" und „Postmodernisierung" ein, die die Bedeutung der Wertorientierungen für die Entwicklung und Stabilisierung demokratischer Systeme und für „human development" hervorhebt[20]. Meiner Ansicht nach bedient er sich dabei eines recht kruden evolutionistischen Ansatzes, dem zufolge „Werte" aus adaptiven Nützlichkeitserwägungen so generiert werden, dass sie Lebenszufriedenheit maximieren.

Schon in der frühen Phase seiner Theorie-Entwicklung ist Inglehart auf starke Vorbehalte und Kritik gestoßen[21]. Es ist zum Beispiel zu fragen, wie aussagekräftig die Dringlichkeit politischer Zielvorgaben für Werte sind, die man außerhalb der Politik anstrebt. So zitiert Barrington Moore in seinen soziologisch-historischen Analysen beispielsweise Dokumente, aus denen hervorgeht, dass es bei Lohnforderungen nicht nur darum ging, die materiellen Lebensbedingungen zu verbessern, sondern auch um das Bedürfnis nach mehr

---

[18] Hier zit. n. Christian Welzel, Werte- und Wertewandelforschung, in: Viktoria Kaina/ Andrea Römmele (Hrsg.), Politische Soziologie, Wiesbaden 2009, S. 109–139, hier S. 121; vgl. Ronald Inglehart/Wayne E. Baker, Modernization, cultural change, and the persistence of traditional values, in: American Sociological Review 65 (2000), S. 19–51, hier S. 20–23.
[19] Vgl. Inglehart/Baker, Modernization, S. 24.
[20] Vgl. Christian Welzel u. a., The theory of human development: A cross-cultural analysis, in: European Journal of Political Research 42 (2003), S. 341–379.
[21] Für einen knappen Überblick siehe Thome, Wandel.

"Respekt", nach Selbstachtung. Und dieses Motiv dürfte auch heute noch eine erhebliche Rolle spielen[22]. Auf der anderen Seite weist Alan Marsh darauf hin, dass englische Arbeiter sehr wohl für das „postmaterialistische" Ziel verstärkter politischer Mitsprache optieren können, weil sie sich dadurch eine Besserung ihrer materiellen Lage erwarten[23]. Das Auseinanderdriften von „privaten" und „politischen" Wertvorgaben betont auch Scott Flanagan am Beispiel Japans[24].

In den verschiedenen nationalen Kulturen können Freiheits- und Mitbestimmungsrechte einerseits und materieller Wohlstand andererseits sowohl im historischen Rückblick als auch in einer aktuellen Situation unterschiedlich stark gesichert oder gefährdet sein, was sich auf die Dringlichkeitsbewertung politischer Präferenzen auswirkt. Ein Beispiel hierzu liefert die Zeit von Juni 1948 bis Mai 1949 in Berlin, als das sowjetische Militär die Zufahrtswege nach West-Berlin blockierte: Viele Menschen verhungerten und erfroren; ein Nachgeben, also der Rückzug der westlichen Schutzmächte, hätte die unmittelbare Not gemildert, aber den Verlust persönlicher Freiheitsrechte bedeutet. Aus dieser Zeit liegen Umfragedaten vor, die unter der Ägide amerikanischer Militärbehörden in West-Berlin (und der westdeutschen Zone) erhoben wurden.[25] Unter anderem wurde danach gefragt, welche von zwei Regierungsformen vorzuziehen sei: *(a) eine Regierung, die dem Volk wirtschaftliche Sicherheit und die Möglichkeit eines guten Einkommens bietet; (b) eine Regierung, die dem Volk freie Wahlen, Rede-, Presse- und Religionsfreiheit garantiert.* Die beiden Fragen sind gut vergleichbar mit dem Inglehart-Index, da auch sie eine Rangordnung von ökonomischen Bedürfnissen und politischen Freiheitsrechten anforderten. Entgegen den Inglehartschen Annahmen ging in der Blockadezeit der Anteil der „Postmaterialisten" nicht zurück, sondern stieg noch an, von circa 30 auf über 40 Prozent; bis Dezember 1950 stieg der Anteil sogar auf circa 50 Prozent[26]. Als „materialistische" und „postmaterialistische" Bedürfnisse gleichzeitig gefährdet waren, zeigte sich die besondere Wertschätzung der Freiheitsrechte, nicht die Dominanz physischer Sicherheitsbedürfnisse und ökonomischen Wohlstandsverlangens.

---

[22] Siehe Barrington Moore, Injustice. The social bases of obedience and revolt. White Plains/New York 1978, hier S. 167.
[23] Vgl. Alan Marsh, Protest and political consciousness, Beverly Hills/London 1977, hier S. 181.
[24] Vgl. Scott C. Flanagan, Measuring value change in advanced industrial societies. A rejoinder to Inglehart, in: Comparative Political Studies 15 (1982), S. 99–128.
[25] Die Datensätze der regelmäßig von den amerikanischen Militärbehörden in den Nachkriegsjahren in Berlin und Westdeutschland durchgeführten Umfragen dürften auch für Historiker von erheblichem Interesse sein. Sie wurden in ihren wesentlichen Teilen von dem Politikwissenschaftler Harold Hurwitz zusammengestellt (siehe Harold Hurwitz, Demokratie und Antikommunismus, 4 Bände, Köln 1983ff.); sie sind über das GESIS-Datenarchiv (vormals Zentralarchiv für empirische Sozialforschung, Köln) zugänglich.
[26] Genauere Zahlenangaben in Thome, Soziologische Wertforschung.

Auch Ingleharts modernisierungstheoretisch erweiterte Konzeption zur Erfassung von Wertorientierungen lässt einige Fragen offen[27]. So zum Beispiel ist es fraglich, ob die westlich geprägten Kategorien der Säkularisierung und Individualisierung in asiatische Kulturräume übersetzbar, geschweige denn mit den gleichen Fragebatterien operationalisierbar sind. Es ist durchaus erstaunlich, dass laut Ingleharts Daten keine anderen zwei Länder in der Kombination von Säkularisierungs- und Selbstentfaltungsdimension so eng beisammen liegen wie Japan und Ostdeutschland[28]. Fragwürdig ist hierbei unter anderem der Versuch, religiöse Bindungen in konfuzianisch geprägten Ländern ebenso wie zum Beispiel in den USA mit einem Statement über das persönliche Verhältnis zu Gott ermitteln zu wollen. Und warum ein Index für „persönliche Autonomie" nicht Selbstentfaltungswerte, sondern säkular-rationalistisches Denken repräsentieren soll, ist auch nicht leicht nachvollziehbar.

Konzeptuelle Modifikationen sind inzwischen auch innerhalb der um Inglehart versammelten Forschergruppe vorgenommen worden. So zum Beispiel verweist Christian Welzel auf Befunde, wonach „ökonomische Orientierungen nicht einfach verdrängt werden. Sie werden lediglich ergänzt, weil neben ihnen libertäre [weniger die „idealistischen", H.T.] Orientierungen stärker werden, die anti-autoritärer aber nicht anti-ökonomischer Prägung sind"[29]. Es zeige sich somit vor allem ein „Anwachsen der Mischtypen, die neben den libertären auch materialistische Werte betonen"[30]. Daraus zieht Welzel den Schluss: „Die mit dem Begriff des Post*materialismus* insinuierte Abkehr von ökonomischen Orientierungen ist insofern irreführend."[31] Welzel verweist darüber hinaus auf Befunde über abnehmende Generationenunterschiede, die im Blick auf postindustrielle Gesellschaften „Zweifel an der weiteren Gültigkeit der Sozialisationsthese (nähren)"[32].

Demoskopische Daten und Noelle-Neumanns Interpretationen

Elisabeth Noelle-Neumann, von 1947 bis 2010, ab 1988 gemeinsam mit Renate Köcher Chefin des Instituts für Demoskopie Allensbach, ist in der deutschen Diskussion zum Wertewandel nicht nur durch ihre längsschnittlichen Datensammlungen, sondern auch durch den als Frage formulierten Weckruf „Werden wir alle Proletarier?" bekannt geworden. In dem unter diesem Titel veröffentlichten Buch stellt sie fest:

[27] Vgl. hierzu Thome, Wertewandel in Europa, S. 406f., 432ff.
[28] Vgl. Inglehart/Baker, Modernization, S. 29.
[29] Welzel, Werte- und Wertewandelforschung, S. 124.
[30] Ebenda; vgl. Klages' Konzept der „Wertsynthese", siehe unten.
[31] Ebenda, S. 124.
[32] Ebenda, S. 123.

Im materiellen Bereich verbürgerlichen die Arbeiter, ein bürgerlicher Lebensstandard in bezug auf Besitz und Sicherheit ist praktisch erreicht; im geistigen Bereich der Einstellungen, Wertvorstellungen vollzieht sich umgekehrt eine Anpassung an Unterschichtenmentalität, den bürgerlichen Werten entgegengesetzte Haltungen: Arbeitsunlust, Ausweichen vor Anstrengung, auch der Anstrengung des Risikos, statt langfristiger Zielspannung unmittelbare Befriedigung, Egalitätsstreben [!], Zweifel an der Gerechtigkeit der Belohnungen, Statusfatalismus, das heißt, Zweifel an der Möglichkeit, durch Anstrengung den eigenen Status zu verbessern. Daß dies Unterschichtswerte sind, läßt sich mit vielen Umfragen aus den 50er und aus Anfang der 60er Jahre belegen.[33]

Laut ihren (damaligen) Umfragedaten geht die „positive Einstellung zu Arbeit und Anstrengung" quer durch die Berufsgruppen in der Zeit zwischen 1962 und 1972 deutlich zurück, vor allem bei den jüngeren Menschen[34]. Im Schwinden begriffen sieht sie auch die „bürgerliche Tugend ‚Respekt vor Besitz'", der Diebstahl von Materialien, die über den Arbeitsplatz zugänglich sind, sei zwischen 1959 und 1978 als zunehmend akzeptabler angesehen worden[35]. Weitere Hinweise ergeben sich aus der Wichtigkeit unterschiedlicher Erziehungsziele, die ebenfalls vom Institut für Demoskopie erhoben wurden. Sie zeigen zwischen 1965 und 1990 einen deutlichen Rückgang bei den Zielen „Höflichkeit und gutes Benehmen", „sparsam mit Geld umgehen" sowie „sich in eine Ordnung einfügen, sich anpassen"; schwächer und diskontinuierlich ist in diesem Zeitraum der Rückgang des Ziels, seine „Arbeit ordentlich und gewissenhaft tun"[36]. Ab 1990 zeigt sich eine Trendumkehr, alle vier Ziele werden wieder zunehmend stärker betont. Bei Höflichkeit und ordentlicher Arbeit wird im Jahre 2000 das Niveau von 1960 wieder erreicht oder sogar leicht übertroffen[37]; bei den zwei anderen Zielen bewegt es sich in dieser Richtung, bleibt aber etwas unterhalb des Ausgangsniveaus. Weitere Umfragedaten zeigen bis 2010 eine Stabilisierung auf diesem höheren Niveau. Auch die ‚Lust an der Arbeit' nimmt in den 90er Jahren bei den jüngeren Menschen (unter 30) wieder zu[38]; allerdings

---

[33] Elisabeth Noelle-Neumann, Werden wir alle Proletarier? Wertewandel in unserer Gesellschaft, Zürich 1978, hier S. 20f. Der Buchveröffentlichung ging ein 1975 erschienener gleichnamiger Aufsatz in der ZEIT voraus.

[34] Vgl. ebenda, S. 21–23.

[35] Vgl. ebenda, S. 44. Einen besonders starken Wandel registriert das Institut für Demoskopie bei den Sexualnormen. Zum Beispiel „fanden es (noch 1967) nur 24 Prozent der jungen Frauen in Ordnung, mit einem Mann zusammenzuleben, ohne verheiratet zu sein. Nur wenige Jahre später waren es 76 Prozent, die sagten, das sei ganz in Ordnung" (siehe Elisabeth Noelle-Neumann/Thomas Petersen, Zeitenwende. Der Wertewandel 30 Jahre später. Aus Politik und Zeitgeschichte. Beilage zur Wochenzeitung Das Parlament 29 (2001), S. 15–22, hier S. 16.

[36] Noelle-Neumann/Petersen, Zeitenwende, S. 19.

[37] Siehe hierzu auch Heiner Meulemann, Arbeit und Selbstverwirklichung in Deutschland und Frankreich, in: Renate Köcher/Joachim Schild (Hrsg.), Wertewandel in Deutschland und Frankreich, Opladen 1998, S. 133–150 mit einer interessanten Analyse unterschiedlicher Arbeitsauffassungen in Deutschland und Frankreich.

[38] Vgl. Noelle-Neumann/Petersen, Zeitenwende, S. 19.

stabilisiert sich in dieser Zeit auch das seit den 50er Jahren deutlich verstärkte Streben nach allgemeinen Lebensgenuss[39]. Noelle-Neumann korrigiert in dem zuletzt zitierten Aufsatz ihre pessimistische Gesamteinschätzung aus früheren Jahren und meint, eine positive Einstellung zur Arbeit und zum Lebensgenuss sei nur scheinbar widersprüchlich. Positiv vermerkt sie auch, dass sich bezüglich der Akzeptanz bürgerlicher Tugenden wie Höflichkeit und Gewissenhaftigkeit bei der Arbeit die Generationenkluft seit Anfang der 90er Jahre deutlich verringert habe. Zudem nehme der Anteil der Jugendlichen, die meinten, in keinem Lebensbereich hätten sie die gleichen Ansichten wie ihre Eltern, seit Mitte der 80er Jahre in der Grundtendenz, wenn auch diskontinuierlich, ab. Beachtlich ist auch die seit 1965 in den Allensbacher Daten registrierte Zunahme im Anteil derjenigen Befragten, die das Erziehungsziel „sich durchsetzen, sich nicht so leicht unterkriegen lassen" für besonders wichtig erachten[40].

Die Trendaussagen des Allensbacher Instituts werden durch Ergebnisse der Shell-Jugendstudien bestätigt. In einer zusammenfassenden Darstellung der Studie aus dem Jahre 2002 heißt es: „Im Unterschied zu den 80er Jahren nehmen Jugendliche heute eine stärker pragmatische Haltung ein. [...] [Ihnen] sind im Laufe der 90er Jahre Leistung, Sicherheit und Macht wichtiger geworden. [...] Die Annahme, der Wertewandel verlaufe relativ stetig in Richtung ‚postmaterialistischer' Selbstverwirklichungs- und Engagementwerte und ginge mit einem Rückgang von Leistungs- und Anpassungswerten einher, hat sich als vorschnell erwiesen. Die Entwicklung der Jugend in den letzten 15 Jahren ist anders verlaufen."[41] Deutlich weniger wichtig seien ihnen heute „umweltbewusstes Verhalten" und „politisches Engagement". Eingeebnet hätten sich nicht nur die Unterschiede zwischen den Generationen, sondern auch zwischen den Geschlechtern. „Mädchen und junge Frauen sind ehrgeiziger, aber auch sicherheitsbewusster geworden. [...] ‚Karriere machen', ‚sich selbständig machen' und ‚Verantwortung übernehmen' ist für sie genauso ‚in' wie für männliche Jugendliche und ihre persönliche Zukunft sehen sie ebenso positiv wie diese. [...] Dass Leistung und Sicherheit bei den Jugendlichen heute wieder groß geschrieben werden, bedeutet jedoch nicht, dass sie dadurch weniger kreativ, tolerant und genussfreudig geworden wären. [...] Das Neue ist, dass immer mehr Jugendliche solche ‚modernen' mit ‚alten' Werten wie Ordnung, Sicherheit und Fleiß verknüpfen."[42]

Dies bestätigen auch die Befunde der 16. Shell-Jugendstudie aus dem Jahre 2010. Gegenüber den Ergebnissen von 2002 hat nicht nur der Anteil derer weiter zugenommen, die „fleißig und ehrgeizig sein" wollen (83 Prozent), son-

---

[39] Vgl. Noelle-Neumann/Petersen, Zeitenwende, S. 21.
[40] Vgl. ebenda.
[41] www.Shell-jugendstudie.de/download/Hauptergebnisse_2002.pdf, S. 3f., Zugriff am 04.03.2004.
[42] Ebenda, S. 4.

dern auch der Anteil derer, die „das Leben in vollen Zügen genießen wollen" (78 Prozent). Leicht angestiegen ist auch das Interesse an Politik (von 34 auf 40 Prozent); es bleibt aber deutlich hinter dem Niveau zurück, das 1984 (10. Shell-Jugendstudie) mit 55 Prozent und 1991 (11. Shell-Studie) mit 57 Prozent registriert wurde[43].

Dass „alte" Wertvorstellungen nicht durchgängig von „neuen" Wertvorstellungen abgelöst, sondern in Teilen bewahrt und ergänzt werden, zeigen auch die EMNID-Umfrageergebnisse zu den Erziehungszielen mit Daten von 1951 bis 1998: „Gehorsam und Unterordnung" hat seit den 60er Jahren als Zielvorgabe deutlich an Gewicht verloren, „Selbständigkeit und freier Wille" erheblich an Gewicht gewonnen; nur geringfügig nachgelassen hat die Bedeutung des Erziehungsziels „Ordnungsliebe und Fleiß"[44].

Die in den demoskopischen Erhebungen offengelegten Trendentwicklungen stützen ein Schlüsselkonzept des Werteforschers Helmut Klages, der ein verstärktes Bemühen um „Wertsynthesen" hervorhebt.

Helmut Klages

Anders als Inglehart ging Klages nicht von einem deduktiv angelegten theoretischen Erklärungsmodell aus[45], sondern er ging eher induktiv vor, als er um 1980 mit seinen Analysen begann. Dabei stützte er sich anfangs vor allem auf demoskopische Daten, die ursprünglich von EMNID und vom Allensbacher Institut für Demoskopie gesammelt worden waren (siehe oben), bevor er (mit seinen Mitarbeitern Willi Herbert, Gerhard Franz und Thomas Gensicke) eigenständig konzipierte Bevölkerungsumfragen zum Wertewandel durchführte. Klages konstruierte zunächst zwei Wertdimensionen, die als gegensätzliche Orientierungen konzipiert waren, sich aber empirisch als kombinierbar erwiesen: die sogenannten „Pflicht- und Akzeptanzwerte" einerseits, die „Selbstentfaltungswerte" andererseits. Für die erste Kategorie stehen Stichworte wie „Disziplin", „Pflichterfüllung", „Ordnung", „Leistung", für die zweite „Partizipation", „Autonomie", „Genuss", „Kreativität"[46]. Für seine empirischen Erhebungen entwickelte Klages ein anderes Messinstrument als jenes, das wir von Inglehart kennen. Er bringt seine Befragten nicht dazu, eine *Rangfolge* unterschiedlicher Werte-Indikatoren anzugeben. Stattdessen lässt er in einer langen Liste von circa 15, gelegentlich auch mehr als 20 Items – Statements,

---

[43] Vgl. Thomas Gensicke, Jugend 2010. Ihre Mentalität und ihr Bezug zur Gesellschaft. Außerschulische Bildung 2010 (4), S. 322–330.
[44] Vgl. EMNID Gmbh & Co. Umfrage & Analyse 1998, Heft 11/12, S. 34.
[45] Siehe oben Ingleharts „Knappheitsthese" bzw. das „Maslow-Theorem".
[46] Vgl. Helmut Klages, Wertorientierung im Wandel. Rückblick, Gegenwartsanalyse, Prognosen, ²Frankfurt a. M., S. 18.

die eine bestimmte Wertorientierung ausdrücken – jedes einzelne unabhängig von den anderen nach seiner Wichtigkeit einstufen (*Rating* statt *Ranking*). Das heißt, es wird möglich, Pflicht- und Akzeptanzwerte als genauso wichtig einzustufen wie Selbstentfaltungswerte. Im Fortgang der Analysen zeigt sich die Notwendigkeit, innerhalb der Kategorie der Selbstentfaltungswerte zwei Teildimensionen („Faktoren") zu unterscheiden: eine „idealistische" und eine „hedonistisch-materialistische" Orientierung[47]. Die erste kombiniert das Streben nach freier Entfaltung der eigenen Phantasie und Kreativität mit sozialer Hilfsbereitschaft und Toleranz, teilweise auch mit politischem Engagement; in der zweiten verbindet sich das Genussstreben mit dem Streben nach Macht und hohem Lebensstandard. Aus diesen drei Dimensionen konstruiert Klages fünf Wertetypen. Erstens, die *Konventionalisten* (auch als „Traditionelle" bezeichnet). Diese Befragten stufen Zielvorstellungen wie „Gesetz und Ordnung respektieren", „nach Sicherheit streben", „fleißig und ehrgeizig sein" als besonders wichtig ein und legen relativ wenig Gewicht auf Selbstentfaltungswerte, seien sie hedonistischer oder idealistischer Natur. Diejenigen, bei denen die Selbstentfaltungswerte hoch im Kurs stehen, teilt Klages, wie schon angedeutet, in zwei Gruppen ein: die *Idealisten* und die *Hedonisten*. Die Idealisten definieren Selbstentfaltung im Sinne eines „kooperativen", nicht eines „egoistischen Individualismus" (Durkheim). Bei ihnen spielen die traditionalen Werte der Konventionalisten keine Rolle mehr; aber sie streben auch nicht nach „Macht und Einfluss" oder nach einem möglichst hohen Lebensstandard und Genuss. Stattdessen ist es für sie wichtig, sich sozial und politisch zu engagieren, zum Beispiel „sozial Benachteiligten und gesellschaftlichen Randgruppen [zu] helfen". Die Hedonisten lehnen ebenfalls einen Teil der traditionalen Werte ab, der materielle Wohlstand gehört für sie aber weiterhin zu den wichtigen Zielen, ebenso wie „Macht und Einfluss haben" und das „Leben genießen" zu können. „Die Dominanz des Lustprinzips und Jagd nach schnellen Gewinnen lassen sie [...] nicht selten die Grenzen des sozial und legal Verträglichen austesten", wie Klages sie weiterhin charakterisiert[48]. Klages' Favoriten sind die *aktiven Realisten*, die eine „Wertsynthese" zustande bringen, indem sie tradierte bürgerliche Tugenden hochhalten, sich engagieren, aber auch das Leben genießen können. Klages bescheinigt ihnen, „von ihrer mentalen Grundausstattung her am ehesten als hochgradig modernisierungstüchtige Menschen charakterisiert werden [zu können]"[49]. Bleibt die fünfte Gruppe, die *perspektivlos Resignierten*.

---

[47] Vgl. Willi Herbert, Wandel und Konstanz von Wertstrukturen, Speyer Forschungsinstitut für öffentliche Verwaltung 1991 (Speyerer Forschungsberichte 101).
[48] Vgl. Helmut Klages, Brauchen wir eine Rückkehr zu traditionellen Werten? Aus Politik und Zeitgeschichte. Beilage zur Wochenzeitung Das Parlament 29 (2001), S. 7–14.
[49] Ebenda, S. 10. Zur kontroversen Diskussion über das Konzept der „Wertsynthese" siehe Sigrid Rossteutscher, Von Realisten und Konformisten – Wider die Theorie der Wertsynthese, in: Kölner Zeitschrift für Soziologie und Sozialpsychologie 56 (2004), S. 407–432;

Sie können keinem dieser Wertkomponenten hohen Rang beimessen, sie sind, wiederum in Klages' Worten „die eigentlichen ‚Stiefkinder' des gesellschaftlichen Wandels; Rückzug, Passivität und Apathie sind für sie typisch"[50].
Welche Größenordnungen und Entwicklungstendenzen lassen sich für diese fünf Wertetypen ausmachen? Soweit ich sehe, liegen direkt vergleichbare Daten nur für den relativ kurzen Zeitraum von 1987 bis 1999 vor. Klages hält für die Trendentwicklung die Gruppe der 18- bis 30-Jährigen für besonders relevant und präsentiert hierzu folgende Ergebnisse für die alten Bundesländer: Sowohl die Traditionalisten als auch die Resignierten haben einen relativ stabilen Anteil um zehn Prozent. Bezogen auf die *Gesamt*bevölkerung ab 14 Jahren liegt der Anteil der Traditionalisten 1999 bei 18 Prozent und derjenige der Resignierten bei 16 Prozent. Die jungen Leute sind also in deutlich geringerem Maße als die Älteren traditional eingestellt oder resigniert. Die Realisten befinden sich in einem leichten Aufwärtstrend von 32 auf 36 Prozent; auch in der Gesamtbevölkerung betrug ihr Anteil 1999 etwa ein Drittel (34 Prozent).[51] Realisten und Idealisten zeigen übrigens eine signifikant höhere Bereitschaft als die anderen Wertetypen, sich bürgerschaftlich zu engagieren[52]. Der Anteil der Idealisten unter den Jüngeren ging zwischen 1987 und 1993 von 25 auf 15 Prozent zurück, für 1999 werden 18 Prozent notiert[53]. Entsprechend nimmt der Anteil der Hedonisten zwischen 1987 und 1993 um zehn Prozent zu, von 21 auf 31 Prozent, um bis 1999 wieder leicht zurückzugehen auf die Marke von 27 Prozent. Der Anteil der Hedonisten variiert allerdings stark mit dem Alter. Für die Gesamtbevölkerung gibt Klages einen Anteil von nur 15 Prozent für 1999 an. Bei diesem Wertetyp ist

---

Helmut Thome, „Wertsynthese": ein unsinniges Konzept? Kommentar zu dem Artikel von Sigrid Roßteutscher, in: Kölner Zeitschrift für Soziologie und Sozialpsychologie 57 (2005), S. 333–341; Helmut Klages/Thomas Gensicke, Wertsynthese – Funktional oder dysfunktional?, in: Kölner Zeitschrift für Soziologie und Sozialpsychologie 58 (2006), S. 332–351.

[50] Klages, Rückkehr, S. 10.
[51] Vgl. Ebenda, S. 10. In einer methodisch etwas anders konzipierten Studie aus dem Jahre 1979 wurde unter den 14- bis 54-Jährigen ein Anteil der Realisten von gut 27 % ermittelt (vgl. Herbert, Wandel und Kostanz, S. 39). Auch der Inglehart-Index umfasst, wie wir sahen, nicht nur „reine" Materialisten und Postmaterialisten, sondern auch Mischtypen, die ebenfalls im Sinne einer Wertsynthese interpretiert werden können. In ihrer Analyse entsprechender Daten aus den Europäischen Werte-Studien der Jahre 1981, 1990 und 1999 kommen Arts und Halman zu dem Ergebnis, dass sich der Wertewandel nicht als eine Abkehr von materialistischen zugunsten postmaterialistischer Orientierungen, sondern eher zugunsten einer Kombination von materialistischen und postmaterialistischen Orientierungen charakterisieren lässt (Wil Arts/Loek Halman, European value changes in the second age of modernity, in: Dies. (Hrsg.), European values at the turn of the millennium, Leiden 2004, S. 25–53, hier S. 49).
[52] Vgl. Thomas Gensicke, Das bürgerschaftliche Engagement der Deutschen – Image, Intensität und Bereiche, in: Rolf G. Heinze/Thomas Olk (Hrsg.), Bürgerengagement in Deutschland. Bestandsaufnahmen und Perspektiven, Opladen 2001, S. 283–304.
[53] Im Jahr 1999 liegt der Anteil der Hedonisten an der Gesamtbevölkerung bei 17 %.

die Generationen-Differenz also besonders stark ausgeprägt. Thomas Gensicke vergleicht die Daten von 1987 mit den Ergebnissen der 16. Shell-Jugendstudie des Jahres 2010. Für die 14- bis 25-Jährigen registriert er in der Kategorie „Materialismus und Hedonismus" eine leichte Zunahme des Durchschnittswertes von 4,4 auf 4,7 auf einer Skala von 1, „unwichtig", bis 7, „außerordentlich wichtig". Einen ähnlichen Anstieg gibt es bei den „Sekundärtugenden" (von 5,1 auf 5,4) sowie bei „Tradition und Konformität" (von 2,7 auf 3,1); einen Rückgang verzeichnet dagegen das „öffentliche Engagement" (von 4,4 auf 4,0)[54].

Anmerkungen zur Frage des „Werteverfalls"

In der öffentlichen Diskussion ist der *Wertewandel* der letzten fünf, sechs Jahrzehnte immer wieder auch als Werte*verlust*, ja als Werte*verfall* interpretiert worden. Auch Noelle-Neumanns frühe Analysen (siehe oben) weisen in diese Richtung. Solche bilanzierenden Thesen beruhen in der Regel auf persönlichen, normativ aufgeladenen Wertungen. Wer selber konservative, vermeintlich „bürgerliche" Werte vertritt, empfindet es als Verlust, wenn sie in der Bevölkerung an Bedeutung verlieren; sexuelle Freizügigkeit zum Beispiel erscheint dann lediglich als die Negation einer traditionalen Sexualmoral, nicht als neue Wertsetzung. Allerdings lässt sich die Frage nach dem Werteverlust auch in anderer Weise konzipieren, so dass sie empirischer Forschung zugänglich wird. Man kann zum Beispiel fragen, ob in bestimmten Bereichen Werte entnormativiert und moralische Bindungen gelockert worden sind. So stellt Gertrud Nunner-Winkler fest, dass in dem „zweiten Modernisierungsschub" seit den 60er Jahren die „Umkodierung kulturspezifischer moralischer Verpflichtungen als Fragen der persönlichen Entscheidungsfindung auch Religion, Sexualität und die Familien und Geschlechterordnung erfasst [hat]"[55]. Das heißt: Etliches von dem, was früher allgemeine Norm und moralische Verpflichtung war, ist heute der Entscheidung des Einzelnen über seine persönliche Lebensführung überlassen: seine religiöse Orientierung, die Wahl und Ausgestaltung von Freundschafts- und Partnerschaften, sein Sexualleben, – aber (hoffentlich) nur so weit, wie diese Entscheidungen andere Menschen nicht schädigen, gemäß den unten erläuterten Prinzipien der "universalistischen Minimalmoral". Diese Werteverschiebung impliziert somit eine begrenzte Entnormativierung, sie bedeutet aber keine Moral-Erosion. Denn die Gewährung dieser neugeschaffenen Freiheitsräume ist ihrerseits als Realisierung basaler moralischer

---

[54] Vgl. Gensicke, Jugend 2010, S. 329.
[55] Gertrud Nunner-Winkler, Normenerosion, in: M. Frommel/V. Gessner (Hrsg.), Normenerosion, Baden-Baden 1996, S. 15–32, hier S. 21.

Prinzipien begründbar: Toleranz, Achtung vor der Person, Authentizität der Lebensführung[56].

Allerdings sind in diesem Zusammenhang auch zwei Problematiken zu bedenken, die ich wenigstens andeuten möchte. Die erste ist mit dem Konzept einer zunehmenden funktionalen Differenzierung verbunden, in deren Vollzug die Moral innerhalb gesellschaftlicher Subsysteme wie Wirtschaft, Politik und Wissenschaft an den Rand gedrängt wird, weil in ihnen die Kommunikations- und Austauschprozesse primär durch andere Medien und Zielvorgaben – wie Geld und Macht – gesteuert werden. Man muss die Thesen, die Luhmann hierzu vorgelegt hat[57] nicht teilen, kann sie aber in Fragen übersetzen, denen die empirische Werteforschung mehr Aufmerksamkeit schenken sollte, zum Beispiel: Lassen sich für unterschiedliche gesellschaftliche Bereiche und Handlungsfelder unterschiedliche Muster des Auftretens und Bearbeitens von Wertkonflikten identifizieren? In welchen Kontexten werden welche Formen moralischer Erwägungen legitimiert oder delegitimiert? Wie werden Spannungen zwischen persönlichen Wertüberzeugungen und externen Rollenanforderungen (beispielsweise im Berufsleben) bearbeitet? Eine zweite Problematik ist mit der weiteren Verbreitung einer universalistischen Minimalmoral verbunden, die nicht mehr die unbedingte Geltung konkreter Handlungsregeln postuliert (zum Beispiel: Du sollst nicht lügen), sondern abstrakte Prinzipien zur Richtschnur des Handelns erhebt (insbesondere: andere Menschen nicht zu schädigen und übernommene Kooperationsverpflichtungen einzuhalten)[58]. Eine solche prinzipiengeleitete Moral erhöht die Toleranz- und Konsenschancen in einer demokratischen Gesellschaft, da sie Spielräume für die partikular-unterschiedliche Gestaltung des „guten Lebens" offen lässt. Eine „Moral der Selbstbindung" erfordert allerdings ein hohes Maß an Entscheidungsfähigkeit, hohe kognitive Kompetenzen und ein starkes Engagement, diesen Prinzipien auch dann zu folgen, wenn andere Interessen ihnen entgegenstehen. In solchen Situationen kommen leicht „Neutralisierungstechniken" und Rechtfertigungen für „moral disengagement" ins Spiel, wie sie in der Kriminalsoziologie[59] und der Psychologie[60] schon seit längerer Zeit erforscht werden. Selbst Gertrud Nunner-Winkler sieht die Risiken für

---

[56] Vgl. ebenda, S. 22f.
[57] Siehe Niklas Luhmann, Soziologie der Moral, in: ders./Stephan H. Pfürtner (Hrsg.), Theorietechnik und Moral, Frankfurt a.M. 1978, S. 8–116.
[58] Siehe hierzu Gertrud Nunner-Winkler, Sociohistoric changes in the structure of moral motivation, in: Daniel K. Lapsley/Darcia Narvaez (Hrsg.), Moral development, self, and identity, Mahwah (NJ) 2004, S. 299–334.
[59] Siehe Grasham Sykes/David Matza, Techniques of neutralization: A theory of delinquency, in: American Sociological Review 22 (1957), S. 664–670.
[60] Vgl. Albert Bandura u. a., Mechanisms of moral disengagement in the exercise of moral agency, in: Journal of Personality and Social Psychology 71 (1996), S, 364–374.

eine in autonomen Gewissenstrukturen verankerte universalistische Minimalmoral – die sie ansonsten als Grundlage für eine moralische Integration der Gesellschaft sehr positiv einschätzt – darin, „dass mit einer zunehmend ich-näheren Verfügbarkeit der moralischen Konformitätsbereitschaft auch ehedem zuverlässige Barrieren gegen die Amoral geschleift werden. Schließlich ist of nur ein schmaler Grat zwischen situativ angemessener Flexibilität und schierem Opportunismus, denn – wie Luhmann anmerkt – ,gute Gründe gibt es viele'"[61].

Neben allgemeinen Wertorientierungen sind auch moralische Urteile über spezifische Verhaltensweisen in Bevölkerungsumfragen immer wieder erhoben worden. So zum Beispiel hat David Halpern auf Basis der *Eurodata Surveys*[62] von 1969 und 1990 sowie der *World Values Surveys* von 1981/83 und 1990 festgestellt, dass in dieser Periode die negative Bewertung moralisch problematischer Verhaltensweisen abgenommen und insofern laut Halpern die „self-interested values" an Gewicht gewonnen haben[63]. Zu den moralisch problematischen Verhaltensweisen, die die Befragten auf einer 10-Punkte-Skala zu bewerten hatten, zählten vor allem: Gefundenes Geld für sich behalten, im eigenen Interesse lügen, Steuerbetrug, Schwarzfahren. Gleichzeitig fand er heraus, dass das persönliche Vertrauen in die Mitmenschen in der Zeit zwischen 1981 und 1990 (für 1969 lagen hierüber keine Daten vor) ebenfalls zugenommen hat, obwohl bei der Querschnittanalyse auf Individualebene eine starke negative Korrelation zwischen Vertrauen und Selbstinteresse festzustellen ist.[64] Dies zeigt, dass in unterschiedlichen Teil-Populationen zwei gegenläufige Orientierungen gleichzeitig zunehmen können, dass es also sinnvoll ist, bei der Interpretation von Trendentwicklungen verschiedene Indikatoren zu betrachten, die gegenläufigen Konzepten zugeordnet sind. Von Halpern abweichend resümiert Halman seine aus europäischen Wertestudien gewonnenen Erkenntnisse mit der These, ein „moral decline" habe nicht stattgefunden[65].

---

[61] Gertrud Nunner-Winkler, Von Selbstzwängen zu Selbstbindung (und Nutzenkalkülen), in: Martin Endreß/Neil Roughley (Hrsg.), Anthropologie und Moral. Philosophische und soziologische Perspektiven. Würzburg 2000, S. 211–243, hier S. 239.
[62] Diese wurden initiiert von der Zeitschrift „Reader's Digest" mit Erhebungen in 16 europäischen Ländern.
[63] Vgl. David Halpern, Moral values, social trust and inequality, in: British Journal of Criminology 41 (2001), S. 236–251.
[64] Vgl. Arts/Halman, European value changes, S. 45f. Sie kommen zu dem Schluss, dass zwischen 1981 und 1990 in den englischsprachigen Ländern das Vertrauen zurückgegangen, in den zentraleuropäischen Ländern dagegen weitgehend stabil geblieben ist. Für Detail-Informationen zu einzelnen Ländern siehe www.atlasofeuropeanvalues.eu. Inglehart konnte übrigens feststellen, dass „Postmaterialisten" eher als „Materialisten" dazu tendieren, anderen Menschen zu vertrauen (vgl. Inglehart, Modernisierung und Postmodernisierung, S. 245, 266ff., 424; vgl. Inglehart/Baker, Modernization, S. 36).
[65] Vgl. Loek Halman, Is there a moral decline? A cross-nation inquiry into morality in con-

Eine sehr differenzierte Analyse zu dieser Frage hat Wolfgang Jagodzinski in einer vergleichenden Studie deutscher und italienischer Umfragedaten vorgenommen, die ebenfalls im Rahmen der europäischen Wertestudien 1981 und 1990 erhoben wurden. Er untersucht drei unterschiedliche Aspekte eines denkbaren Werteverlusts: (a) die Relativierung moralischer Normen, das Nachlassen ihrer unbedingten Geltung, (b) die Erosion des moralischen Konsenses, (c) die zunehmende Strukturlosigkeit moralischer Überzeugungen, der Verlust an Stimmigkeit und Kohärenz. Jagodzinski findet zwar „Anhaltspunkte für eine stärkere Relativierung moralischer Normen in den Nachkriegsgenerationen", ihr Ausmaß hängt aber stark von den jeweiligen Normbereichen ab. Diese Relativierung ist „besonders ausgeprägt bei den Einstellungen zu Leben und Sexualität, etwas weniger bei Einstellungen zu eigennützigem Handeln und Jugenddelikten und am schwächsten bei den Einstellungen zu Übergriffen auf öffentliche Güter"[66]. Letztlich bleibt die Frage offen, „[o]b sich der Bereich rigider moralischer Kontrolle nur beständig verlagert"[67]. Die jüngeren Altersgruppen, so ein weiteres Ergebnis, sind in ihren normativen Orientierungen etwas heterogener als die älteren, und ihre Einstellungen zu normativen Fragen sind weniger kohärent, das heißt, die Einstellung zu einer bestimmten moralischen Frage lässt die Einstellung zu anderen moralischen Fragen relativ offen. Zu Recht gibt Jagodzinski jedoch zu bedenken, dass heutige Gesellschaften zwar ein hohes Maß an normativer Relativierung benötigen, dass dies aber weder eine größere Permissivität noch eine größere Bereitschaft zu unmoralischem Verhalten impliziert.

Konzeptuelle und methodologische Probleme sowie einige Verbesserungsvorschläge

Wieweit sich Werte und Wertewandel mit den standardisierten Methoden der Umfrageforschung adäquat erfassen lassen, ist unter Historikern und Sozialwissenschaftlern durchaus strittig. Sicherlich liefert die Surveyforschung wichtige Informationen und Einsichten, die auf andere Weise nicht zu gewinnen sind – wie sonst könnte man Wertorientierungen ganzer Bevölkerungen im Querschnitt und in der zeitlichen Entwicklung besser erfassen? Sie lassen aber auch einige Fragen unbeantwortet, die mit anderen Methoden, beispiels-

---

temporary society, in: International Social Science Journal 145 (1995), S. 419–439, hier S. 426.

[66] Wolfgang Jagodzinski, Verfällt die Moral? Zur Pluralisierung von Wertvorstellungen in Italien und Westdeutschland, in: Renzo Gubert/Heiner Meulemann (Hrsg.), Annali di Sociologia – Soziologisches Jahrbuch 13, Trento 1999, S. 453–519, hier S. 481f.

[67] Ebenda, S. 482.

weise auf dem Wege teilnehmender Beobachtung, qualitativer Interviews und historischer Dokumenten- beziehungsweise Textanalyse besser zu erschließen sind. Allerdings sind auch bei dieser Thematik die Versuche, verschiedene methodische Ansätze zu kombinieren oder die auf unterschiedlichen Wegen herbeigeschafften Informationen nachträglich zusammenzufügen, bisher ziemlich selten. Im nächsten Abschnitt werde ich ein paar (allerdings noch recht vorläufige) Überlegungen darüber anstellen, auf welche Weise eine historische Forschungsmethodik dazu beitragen kann, unsere Einsichten zum Wertewandel anzureichern. In diesem Abschnitt möchte ich aber zunächst noch einige Vorschläge anbieten, wie innerhalb der Umfrageforschung die methodischen Mittel zur Erfassung von Wertorientierungen verbessert werden könnten[68].

Einige kritische Punkte sind in vorangegangenen Abschnitten bereits angesprochen worden. Dazu gehören die nicht hinreichend in Rechnung gestellte bereichsspezifische Eingrenzung der jeweils verwendeten Indikatoren (beim Inglehart-Index wird zum Beispiel lediglich die Dringlichkeit *politischer* Ziele erhoben) sowie die Heterogenität der in Fragebatterien eingebauten Indikatoren, mit denen eine spezifische Wertdimension erfasst werden soll: Die dabei verwendeten Wertbegriffe oder Wertobjekte variieren erheblich in ihrem Abstraktions- oder Verallgemeinerungsniveau; die analytische Unterscheidung zwischen allgemeinen Wertkonzepten oder Prinzipien, spezifischen Objekt-Einstellungen, Bedürfnissen und konkreten Verhaltensmustern[69] geht dabei häufig verloren. In dieser Hinsicht bietet der von dem israelischen Psychologen Shalom H. Schwarz (siehe oben Fn. 5) ausgearbeitete Ansatz zur mehrdimensionalen Erfassung von Wertorientierungen sowohl konzeptuell als auch in der methodischen Umsetzung erhebliche Verbesserungen[70].

Wie wir sahen, ermittelten Inglehart und Klages, aber auch andere Werteforscher, die Bedeutung bestimmter Werte, indem sie die Probanden fragten, wie dringlich oder wichtig sie ihnen persönlich sind. Angaben über Dringlichkeit oder Wichtigkeit verschiedener Werte sind aber auch davon abhängig, wie der Befragte deren akut erreichten Erfüllungs- oder Gefährdungsgrad einschätzt. Wenn zum Beispiel die Inflationsrate seit längerer Zeit niedrig ist, wird die Preisstabilität vermutlich weniger oft als vorrangig dringliches Politikziel eingestuft werden als im Falle weiter andauernder hoher Inflationsraten. Die eigentliche „Wertschätzung" der Preisstabilität muss sich dabei aber nicht geändert haben. Anders als bei der Preisstabilität gibt es bei den meisten anderen Werte-Items keine objektiven Informationen über den Erfüllungs- oder Gefährdungsgrad. Prinzipiell ist es aber durchaus möglich, in Umfragen ent-

---

[68] Ausführlicher hierzu s. Thome, Soziologische Wertforschung.
[69] Ein Beispiel hierfür ist das Unterschreiben von Petitionen als Indikator für Selbstentfaltungswerte.
[70] Aus Platzgründen kann darauf nicht näher eingegangen werden.

sprechende Informationen zu ermitteln. Es könnte dann überprüft werden, inwieweit sich die Angaben über „Wichtigkeit" in quer- oder längsschnittlicher Variation auf variierende Einschätzungen von Erfüllungsgrad oder Gefährdungspotential zurückführen lassen[71].

Wie eingangs erwähnt, dienen Werte der Selektion und der Rechtfertigung von Handlungen; sie sind, laut Luhmann, „das Medium für eine Gemeinsamkeitsunterstellung, die einschränkt, was gesagt und verlangt werden kann"[72]. Wie Werte diese Funktion erfüllen, hängt unter anderem davon ab, wie stark sie normativiert und sozial generalisiert sind. Beide Aspekte sind aber in der Umfrageforschung bisher wenig beachtet worden, obwohl sie mit relativ einfachen Mitteln wenigstens teilweise zu erfassen wären. Der normative Gehalt ließe sich beispielsweise mit Hilfe von Fragen darüber ermitteln, wie die einzelnen Probanden auf Personen reagieren würden, die bestimmte (vorgegebene) Werte nicht teilen, nicht beachten oder gar ablehnen: zum Beispiel mit Empörung, mildem Tadel, Gleichgültigkeit oder Zustimmung. Der normative Gehalt eines Wertes dürfte sich zudem in der Forderung zeigen, dass öffentliche Institutionen – vor allem die Schulen – daran mitwirken, diese Werte an die nachwachsende Generation weiterzugeben. So zum Beispiel wurde in einem Studienprojekt an der Universität Halle-Wittenberg für die von Klages entwickelten Werte-Vorgaben (siehe oben) nicht nur die persönliche Wichtigkeit ermittelt, sondern die Befragten wurden außerdem gebeten, auf einer Fünf-Punkte-Skala anzugeben, „welche Werte in unseren Schulen Ihrer Meinung nach mit starkem Nachdruck vermittelt werden sollten und welche überhaupt nicht vermittelt werden sollten"[73]. Einigen Werte-Items wurde eine im Vergleich zur persönlichen Wichtigkeit deutlich höhere *normative* Wichtigkeit im Durchschnitt zugesprochen, darunter: sich politisch engagieren, andere Meinungen tolerieren, Phantasie und Kreativität entwickeln, sozial Benachteiligten helfen, fleißig und ehrgeizig sein. Stärker ausgeprägt war die umgekehrte Differenz bei Items wie: das Leben genießen, einen hohen Lebensstandard erreichen, ein gutes Familienleben führen.

Damit komme ich zum nächsten Problempunkt, der „sozialen Generalisierung". Sie wird in der Umfrageforschung lediglich anhand von Häufigkeitsauszählungen für die gesamte Bevölkerung oder getrennt für verschiedene Bevölkerungsgruppen ermittelt (wie viele Personen unterstützen bestimmte Werte, wie viele tun das nicht). Das heißt, Konsens oder Dissens werden nur in der elementarsten Form der faktischen Übereinstimmung oder Divergenz von individuell erhobenen und rechnerisch aggregierten Meinungsäußerungen (Wertungen) erfasst – in Form von Anteilswerten, Durchschnittsgrößen und

---

[71] Für ein praktisches Beispiel hierzu siehe Thome, Soziologische Wertforschung, S. 18ff.
[72] Niklas Luhmann, Die Gesellschaft der Gesellschaft, Frankfurt a. M. 1998, S. 343.
[73] Thome, Soziologische Wertforschung, S. 22.

Streuungsmaßen. Damit bleibt die Wechselseitigkeit der Perspektiven, also die Ebene der „Erwartungserwartungen" und somit die Basis für „Gemeinsamkeitsunterstellungen" ausgeblendet. Menschen handeln aber nicht nur aufgrund ihrer eigenen Präferenzen, sondern auch aufgrund ihrer Einschätzung der Präferenzen der Anderen; dabei können tatsächliche und perzipierte Übereinstimmung oder Divergenz unabhängig voneinander variieren. Empirische Erhebungen sollten also mindestens diese unterste Stufe der Wechselseitigkeit der Perspektiven miterfassen[74]. In dem oben genannten Studienprojekt wurde beispielsweise festgestellt, dass die Befragten ihre Mitmenschen mehrheitlich für deutlich stärker hedonistisch und deutlich schwächer idealistisch orientiert halten als sich selbst. Die so wahrgenommene Diskrepanz könnte als Rechtfertigungspotential dazu dienen, sich selbst stärker hedonistisch zu verhalten, als es die eigenen Wertpräferenzen nahelegen. Andererseits lässt sich auch fragen, ob die wahrgenommenen Mehrheitsmeinungen den eigenen Wertpräferenzen besser entsprechen als die persönlichen Angaben über eigene Wertpräferenzen.

Historische und soziologische Forschungsperspektive

Die Soziologie entwirft Konstrukte, mit denen sie die Vielfalt und Komplexität der sozialen Gegebenheiten so zu ordnen sucht, dass verallgemeinernde Aussagen über kausale Zusammenhänge und gesellschaftliche Entwicklungstendenzen möglich werden. Dabei ist sie stets der Gefahr ausgesetzt, zu rasch und zu stark zu abstrahieren, so dass wichtige Besonderheiten des jeweiligen Gegenstandsbereichs nicht hinreichend berücksichtigt werden. Schon allein deshalb wäre es sinnvoll, den Gedankenaustausch mit Nachbardisziplinen zu intensivieren, die ähnliche Gegenstandsbereiche bearbeiten, dabei aber – gemäß ihrer spezifischen Forschungsprogrammatik und Methodologie – mehr Gewicht auf „dichte Beschreibungen" legen, weiter ausgedehnte Zeithorizonte und ein breiteres Spektrum kultureller Variationen in den Blick nehmen. Allerdings sollten die Historiker und auch Ethnographen den Sinn theoretischer Verallgemeinerungen nicht grundsätzlich anzweifeln; gelegentlich entstehen auch Missverständnisse dadurch, dass man Soziologen allzu rasch simplifizierende Behauptungen vorhält, die in der unterstellten Form gar nicht vorgebracht wurden. So zum Beispiel dürfte es heutzutage kaum noch einen Soziologen geben, der behauptete, „Modernisierungsprozesse" seien „linear" – oder gar „uni-linear", was immer das heißen mag – verlaufen. Das gilt auch

---

[74] Siehe Thomas Scheff, Toward a sociological model of consensus, in: American Sociological Review 32 (1997), S. 32–46.

für den Wertewandel, wie er für die letzten fünfzig Jahre rekonstruiert worden ist[75].

Ein weiteres Debattenfeld ergibt sich aus dem Bemühen, ursächliche Erklärungen zu liefern. Sie sind in der Regel nicht „vollständig", einige der Einflussfaktoren bleiben unerfasst. Dennoch werden solche probabilistische Hypothesen von Kritikern häufig deterministisch ausgelegt, so, als wären sie durch ein, zwei Gegenbeispiele zu widerlegen – obwohl sie doch lediglich eine über eine Vielzahl von Fällen beobachtbare generelle *Tendenz* ausdrücken, von der einzelne Fälle durchaus abweichen können. Die These, libertäre – also postmaterialistische – Orientierungen entwickelten sich umso stärker, je höher das in den jeweiligen Ländern erreichte Wohlstandsniveau sei, wird nicht dadurch widerlegt, dass man im Vergleich zweier Länder feststellt, dass in dem einen die libertäre Gesinnung, in dem anderen aber der ökonomische Wohlstand höher entwickelt ist. Dennoch empfiehlt es sich, solche Ausnahmefälle genauer zu analysieren; sie können Hinweise darauf liefern, wie das bisherige Erklärungsmodell zu verbessern wäre, wenn zusätzliche Einflussfaktoren berücksichtigt würden, im gegebenen Falle zum Beispiel bestimmte kulturelle Traditionen oder spezifische institutionelle Arrangements innerhalb des politischen Systems.

Das Risiko, Wandlungsschübe wie zum Beispiel den Wertewandel der 1960er/70er Jahre unvollständig oder mit fehlgeleiteten Hypothesen zu erklären, wird erhöht, wenn man nicht weiter in die Geschichte zurück blickt und somit vorangegangene Prozessabläufe ausblendet[76]. Der Blick zurück könnte zum Beispiel darauf aufmerksam machen, dass der vermeintliche „Schub" nicht erst zu dem Zeitpunkt einsetzte, den man bisher unterstellt hat. Dabei könnte sich auch herausstellen, dass die bisher vermuteten Ursachen des Wandlungsschubs in dessen früherer Entwicklungsphase gar nicht vorlagen. Umgekehrt könnte sich zeigen, dass die für den neueren Entwicklungsschub angenommenen Ursachen auch schon in früheren historischen Phasen vorlagen, ohne die vermuteten Wirkungen zu zeigen. Ein Beispiel aus der Kriminalsoziologie kann dies verdeutlichen: In vielen ökonomisch hoch entwickelten Ländern ist die polizeilich registrierte Rate der Gewaltkriminalität in der zweiten Hälfte des 20. Jahrhunderts erheblich angestiegen[77]. Der Anstieg ist gelegentlich als Folge

---

[75] Allerdings gibt es gelegentlich missverständliche Formulierungen in dieser Richtung, siehe z. B. Scott C. Flanagan/Aie-Rie Lee, The new politics, culture wars, and the authoritarian-libertarian value change in advanced industrial democracies, in: Comparative Political Studies 36 (2003), S. 235–270, hier S. 236f.

[76] Ausführlicher hierzu: Helmut Thome, Hilft uns die Kriminalgeschichte, Kriminalität in Gegenwartsgesellschaften zu verstehen?, in: Günter Albrecht u. a. (Hrsg.), Gewaltkriminalität zwischen Mythos und Realität, Frankfurt a. M. 2001, S.165–194.

[77] Siehe hierzu Helmut Thome/Christoph Birkel, Sozialer Wandel und Gewaltkriminalität. Deutschland, England und Schweden im Vergleich, 1950 bis 2000, Wiesbaden 2007.

zunehmender Individualisierung und der damit einhergehenden Kontrollverluste sowie der Schwächung moralischer Bindungen erklärt worden. Ein Blick zurück zeigt jedoch, dass die interpersonale Gewalt (gemessen an der Häufigkeit registrierter Tötungsdelikte) seit Beginn der Neuzeit um 1500, also in einer Periode (diskontinuierlich) zunehmender Individualisierung beziehungsweise der Erosion kollektivistisch ausgerichteter Gesellschaftsformationen, erheblich abgenommen hat[78]. Dies lässt „Individualisierung" als Erklärungskonzept für den Anstieg der Gewaltkriminalität seit 1950/60 als eher untauglich erscheinen, zumindest müsste man unterschiedliche Typen und Phasen von Individualisierung unterscheiden[79]. Die historische Forschungsperspektive führt darüber hinaus zu einer Unterscheidung von Struktur- und Prozesseffekten, die für die soziologische Analyse von Wandlungsprozessen fundamental ist. Auch dies kann an einem kriminal-soziologischen Beispiel veranschaulicht werden: Entgegen der eben erwähnten säkularen Trendentwicklung kam es in Deutschland in den letzten Jahrzehnten des 19. Jahrhunderts, also in einer Phase beschleunigter Industrialisierung und Urbanisierung, zu einem erheblichen Anstieg der Gewaltkriminalität[80]. Auf den ersten Blick könnte man also vermuten, dass ein hoher Urbanitäts- und Industrialisierungsgrad die Gewaltneigung fördern. Im vorliegenden Beispiel zeigte es sich aber, dass das Gewaltniveau in den großen Städten ziemlich stabil unter demjenigen lag, das für ländliche Regionen registriert wurde. Außerdem konnte gezeigt werden, dass – unter Kontrolle weiterer Einflussfaktoren – die Gewaltrate in den über 400 Kreisen Preußens tendenziell umso niedriger lag, je niedriger die Geburtenrate und je weiter also die Individualisierung vorangeschritten war. Offensichtlich kann ein rapider Wandlungsprozess hin zu einer bestimmten gesellschaftlichen Struktur zu anderen Effekten führen als diese Struktur selbst, wenn sie erst einmal etabliert und einigermaßen stabilisiert ist.

Historische Studien stellen auch Ingleharts Annahme in Frage, in der gesellschaftlichen Entwicklung erfolge, angetrieben durch den ökonomischen

---

[78] Der Soziologe Manuel Eisner hat für die Zeit vor Einrichtung entsprechender amtlicher Statistiken die entsprechenden Ergebnisse aus rund 400 historischen Fallstudien (erstellt u. a. auf der Basis von Gerichtsakten und Autopsieberichten) für verschiedene europäische Regionen zusammengetragen (siehe Manuel Eisner, Long-term historical trends in violent crime, in: Michael Tonry (Hrsg.): Crime and Justice. A Review of Research, Vol. 30, Chicago/London 2003, S. 84–142). Die Häufigkeitszahlen variieren zwar erheblich, zeigen aber langfristig einen deutlich abwärts gerichteten (nicht-linearen) Trendverlauf. Eisners Studien sind ein besonders eindrucksvoller Beleg dafür, wie fruchtbar eine Kooperation von Soziologie und Geschichtswissenschaft sein kann.
[79] Siehe hierzu Helmut Thome, Entwicklung der Gewaltkriminalität: Zur Aktualität Durkheims, in: WestEnd – Neue Zeitschrift für Sozialforschung 7/2 (2010), S. 30–57.
[80] Siehe hierzu Helmut Thome, Violent crime (and suicide) in imperial Germany, 1883–1901: Quantitative analyses and a Durkheimian interpretation, in: International Criminal Justice Review 20/1 (2010), S. 5–34.

und technologischen Fortschritt, zunächst die Umgewichtung von traditional-religiösen hin zu säkular-rationalistischen Orientierungen (Industrialisierung, Modernisierung), erst danach vollziehe sich die Verschiebung von Überlebens- zu Selbstentfaltungswerten (Post-Industrialisierung, Post-Modernisierung). Dass wichtige Schritte in Richtung Selbstentfaltung schon zu früheren Zeitpunkten vollzogen wurden, zeigt im vorliegenden Band zum Beispiel die Studie von Isabel Heinemann über Familienwerte und Geschlechterrollen. Auch andere historisch orientierte soziologische Studien vermitteln hierzu differenziertere Einsichten als Inglehart. Man denke beispielsweise an David Riesmans Thesen zum historischen Übergang von (primär) innen- zu (primär) außengeleiteten Lebensweisen[81], Ralph Turners Analyse sich wandelnder Selbstkonzepte „from institution to impulse"[82] oder Cas Wouters' Überlegungen zu „Informalisierungsprozessen"[83], die seit Ende des 19. Jahrhunderts – mit Unterbrechungen und neuen Schließungsphasen – die Spielräume individueller Lebensgestaltung erweitert haben, durchaus auch auf der Basis erhöhter physischer und materieller Sicherheit. In jüngerer Zeit hat Wouters seine Studien anhand umfangreicher Analysen von amerikanischen, holländischen, englischen und deutschen Benimmbüchern vom Ende des 19. bis zum Beginn des 21. Jahrhunderts ausgedehnt und vertieft[84].

Für Wertwandelsforscher dürfte in methodologischer und thematischer Hinsicht eine Studie der Schweizer Soziologin Marlis Buchmann und ihres Kollegen Manuel Eisner von besonderem Interesse sein[85]. Sie haben für den Zeitraum von 1900 bis 1992 eine Stichprobe von 7332 persönlichen Anzeigen analysiert, die in den deutsch-schweizerischen Tageszeitungen *Tages Anzeiger* und *Neue Zürcher Zeitung* erschienen sind. Für ihre Analyse entwickelten sie ein hoch differenziertes Kodierschema, mit dem sie eine Fülle persönlicher Charakteristiken erfassen konnten, die in den Anzeigen als Selbstbeschreibungen oder gewünschte Eigenschaften zum Ausdruck kamen. Mit Hilfe statistischer Analysemethoden ließen sich diese Charakteristika in zwei „Cluster" einteilen, die in Anlehnung an die Studie von Bellah und Mitarbeitern[86] als Repräsentanten eines „utilitären" und eines „expressiven" Selbst interpretiert werden konnten.

---

[81] Vgl. David Riesman, Die einsame Masse, Reinbek 1958.
[82] Vgl. Ralph Turner, The real self: From institution to impulse, in: American Journal of Sociology 81 (1976), S. 989–1016.
[83] Vgl. Cas Wouters, Formalization and informalization: Changing tension balances in civilizing processes, in: Theory, Culture & Society 3 (1986), S. 1–18.
[84] Vgl. ders., Informalization: Manners and emotions since 1890, Thousand Oaks/London 2007.
[85] Vgl. Marlis Buchmann/Manuel Eisner, The transition from the utilitarian to the expressive self: 1900–1992, in: Poetics 25 (1997), S. 157–175.
[86] Vgl. Robert N. Bellah u. a., Habits of the heart: Individualism and commitment in American life, Berkeley 2005.

„While the utilitarian conception of the self focuses upon the individual's capacity for individual achievement and the pursuit of one's (material) interest, cultivating virtues such as sobriety, frugality, self-control, and industriousness, the expressive imagery of the self articulates the inner world of feelings and emotions, emphasizing virtues such as sensitivity, emotionality, authenticity, openness, and empathy"[87]. Die Autoren stellen fest, dass bis in die späten 1940er Jahre hinein das utilitäre Selbstbild dominierte, ein leicht abfallender Trend aber schon in den 20er Jahren einsetzte. Dieser Trendverlauf erhielt einen besonders starken Abwärtsschub zwischen 1950 und 1970. Es zeigt sich außerdem, dass dieser Wandel bei den Frauen und innerhalb der gehobenen Mittelschicht früher begann als bei den Männern und den niedriger platzierten Statusgruppen. Die Gender-Differenzen waren zwischen den 40er und 60er Jahren besonders stark ausgeprägt und gingen seit den 70er Jahren deutlich zurück. Ähnlich verminderten sich die schichtspezifischen Differenzen seit Mitte der 60er Jahre, sie verschwanden nahezu in den 80er Jahren[88].

Auch die noch näher an der Gegenwart orientierte zeitgeschichtliche Forschung kann mit ihren Textanalysen und Fallstudien dazu beitragen, einige der Lücken zu schließen oder zu verkleinern, die eine auf Umfragedaten gestützte soziologische Werteforschung bisher weitgehend offen gelassen hat und die ihr auch nur begrenzt zugänglich sind. Das betrifft vor allem die Funktionsweise und die Beanspruchung von Werten in der sozialen und politischen Praxis. Über welche Vermittlungsschritte führen umfassende gesellschaftliche Strukturveränderungen zu Umdeutungen in der Werte-Semantik und zu Gewichtsverschiebungen in der Bedeutung unterschiedlicher Wertkategorien? Welche Rolle spielen hierbei Institutionen wie Kirchen, Gewerkschaften, Verbände, politische Parteien und, nicht zuletzt, die öffentlichen und privaten Kommunikationsmedien? Wie werden unterschiedliche Deutungen und divergierende Wertpräferenzen zwischen verschiedenen gesellschaftlichen Gruppen diskursiv verhandelt und der breiteren Öffentlichkeit nahegebracht? Wie werden Werte ideologisiert und in Handlungsprogramme umgesetzt? Man denke zum Beispiel an die jüngst intensivierte Diskussion über Wirtschaftsethik und die Rolle der Moral im ökonomischen Bereich. Die in diesem Band von Historikerinnen und Historikern vorgelegten Studien belegen eindrucksvoll, in welcher Weise die Methoden, Fragestellungen und Befunde der Geschichtswissenschaft die soziologische Wertforschung befruchten können; als Soziologe hoffe ich natürlich auch, dass dies in umgekehrter Richtung ebenfalls zutrifft und somit die Kooperation zwischen beiden Disziplinen verstärkt werden kann.

---

[87] Buchmann/Eisner, The transition, S. 159.
[88] Vgl. ebenda, S. 170 f.

Ernest Albert
Wertzustimmung und Wertbedeutung. Fortschritte und Desiderata sozialwissenschaftlicher Survey-Wertforschung

Einleitung[1]

Ein markanter Wertwandelsschub um 1970 hat sicher stattgefunden – trotz aller berechtigten Kritik an Methoden und Theorien der sozialwissenschaftlichen Survey-Wertforschung, die diesen Befund damals mit Daten unterfüttert und zur öffentlichen Diskussion gestellt hat.

Die kulturellen und politischen Begleitprozesse jenes Wertewandels sind zumindest in westlichen Gesellschaften zu vielfältig, substantiell und bereichsabhängig auch nachhaltig gewesen, um hier nachträgliche Vermutungen zu stützen, befangene Sozialwissenschaftler hätten ein reines Forschungsartefakt produziert[2].

Zutreffend ist aber auch, dass Wertewandel immer stattgefunden hat und weiterhin stattfindet, das heißt auch außerhalb seiner auffälligsten und zäsurhaftesten Intensivierungsphasen weitergeht. Und bereichsabhängig sowie innerhalb gewisser Grenzen haben wir es längst auch mit Reaktionen auf jenen Wandelsschub zu tun, mit Backlash-Phänomenen, die uns je nach persönlicher

---

[1] Der Autor dankt den Mainzer Historischen Wertwandelsforschern für die spannende Teilnahmemöglichkeit an der anlassgebenden Tagung dieses Bandes, namentlich Prof. Dr. Andreas Rödder, Dr. Bernhard Dietz und Dr. Christopher Neumaier. Für wertvolle Quellenhinweise und fachlichen Austausch dankt er Dr. Rossalina Latcheva vom Soziologischen Institut der Universität Zürich. Sodann geht Dank an Prof. Dr. Katja Rost vom selben Institut für viele hilfreiche Kommentare zum noch unfertigen Manuskript dieses Beitrags. Aus sprachökonomischen Gründen beziehen sich in diesem Beitrag männliche Wortendungen auf beide Geschlechter. Hiervon abweichende Bedeutungsintentionen werden durch spezielle Formulierungen deutlich gemacht.

[2] Vgl. Christina von Hodenberg, Ekel Alfred und die Kulturrevolution. Unterhaltungsfernsehen als Sprachrohr der „68er" Bewegung?, in: GWU 62 (2011), S. 557–572. Wissenschaftliche Evidenz aus den Sozial- und Geisteswissenschaften für ein damals besonders beschleunigtes Wertwandelsgeschehen könnte ganze Bibliotheken füllen. Ihr Vermögen, zentrale Aussagen der Survey-Wertforschung zu bestätigen, ist jedoch dort besonders zu gewichten, wo mit anderen – insbesondere inhaltsanalytischen – Methoden gearbeitet wurde.

Orientierung eine gewisse Sorge oder Genugtuung bereiten können[3]. Im Verbund mit den nachhaltigsten Hinterlassenschaften der 1960er und 70er Jahre ergeben sie den Eindruck einer steten Neukonstellation von Werten; den Eindruck, dass kein Zeitgeist *genau* so wiederkommt, wie er einmal da war[4].

Für die sozialwissenschaftliche Survey-Wertforschung ist es etwas bedauerlich, dass sie noch sehr in ihren Kinderschuhen steckte, als in den siebziger Jahren ihre Präsenz im fachübergreifenden Diskurs den bisherigen Höhepunkt erreichte. Wie angedeutet, sind ihre frühen Ergebnisse dadurch nicht hinfällig, aber differenzierungsbedürftig.

Dieser Beitrag wird als Erstes einige der wichtigen kritischen Positionen gegenüber der Survey-Wertforschung zusammenfassen (Kapitel 2). Danach wird er ausgewählte Methodenfortschritte berichten, mit denen ab den 1980er Jahren auf Kritik reagiert wurde (Kapitel 3). Es wird dabei empfohlen, die zunehmende Berücksichtigung von Problemen der Wertbedeutung (respektive der strukturellen Beziehung von Werten zueinander) – anstelle der bloßen Berücksichtigung von Wertzustimmungen (respektive Wertwichtigkeiten) – als Hauptfortschritt des Forschungsfeldes zu betrachten.

Auf zwei Hauptprobleme der Wertbedeutung wird sodann mit empirischen Beispielen näher eingegangen, weil mit ihnen wichtige Desiderata der gegenwärtigen Surveyforschung verbunden sind: die strikt erforderliche Formulierungskonstanz in Fragebatterien (Kapitel 4) und den klärungsbedürftigen Zusammenhang von Wertzustimmung und Wertbedeutung (Kapitel 5).

An das Problem der erforderlichen Formulierungskonstanz werden vor allem praktische Empfehlungen für Wertwandelsforscher geknüpft. Zum Zusammenhang von Wertzustimmung und Wertbedeutung werden zwei Hypothesen formuliert und begründet, sowie im Fazit (Kapitel 6) nochmals hervorgehoben.

Die erste Hypothese lautet, dass *bei starkem Zustimmungswandel zu einem Wert mit größerer Wahrscheinlichkeit auch ein messbarer Bedeutungswandel des Wertes gegeben ist* als bei schwachem oder fehlendem Zustimmungswandel. Die zweite Hypothese lautet, dass *Werte im Zustimmungsaufschwung eher eine Bedeutungserweiterung erfahren und Werte im Zustimmungsabschwung eher eine Bedeutungsverengung*.

---

[3] Vgl. Andreas Rödder, Werte und Wertewandel: Historisch-politische Perspektiven, in: ders./Wolfgang Elz (Hrsg.), Alte Werte – Neue Werte. Schlaglichter des Wertewandels, Göttingen 2008, S. 19–24.
[4] Dies lässt sich zu den vielen Rechtfertigungen der geschichtswissenschaftlichen Profession und Methodologie hinzurechnen, insofern es ihr mehr um das Einmalige als um das Gesetzmäßige geht.

Kritik an der sozialwissenschaftlichen Wert(wandels)forschung

Sozialwissenschaftliche Wertforschung, wie sie in den 1970er Jahren erstmals intensiv rezipiert wird, kann bis heute aus verschiedenen grundlegenden Positionen heraus kritisiert werden.

Entschiedene Anhänger eines qualitativen Forschungsparadigmas verallgemeinern ihre Kritik mitunter zu der Aussage, dass sich mit den in jener Ära besonders populären und bis heute weiterentwickelten quantitativen Methoden nichts über die soziale Realität herausfinden ließe. Diese Fundamentalkritik hält einer skeptischen Betrachtung allerdings weniger gut Stand als die Vorstellung eines gegenseitigen Ergänzungsbedarfs quantitativer und qualitativer Verfahren. Unter anderem tritt bei genauer Betrachtung zu Tage, dass auch qualitative Forschung unweigerlich vielfältige teils sprachlich codierte Quantifizierungen für einen ausreichenden Gehalt und eine ausreichende Präzision ihrer Aussagen nutzen muss. Dabei bleibt sie beim Repräsentativitätsanspruch in der Regel hinter einer inferenzstatistisch arbeitenden Surveyforschung zurück.

Eine etwas gemäßigtere Position kritisiert die sozialwissenschaftliche Wertforschung primär dann, wenn ihre Ergebnisse und Begriffe in Nachbardisziplinen mit anderer Methodentradition übertragen werden. In dieser Perspektive verbindet sich beispielsweise bereits mit Übernahme des Wertwandelsbegriffes durch Geschichtswissenschaftler die Gefahr einer unzulässigen Dekontextualisierung. Selbst relativ gut erhärteten Facherkenntnissen, die mit dem Begriff assoziiert sind, wird eine modulare Verwendbarkeit im fachübergreifenden Wissenschaftsgebäude nicht automatisch zugetraut. Die fraglichen sozialwissenschaftlichen Erkenntnisse sollen dem Historiker demnach nur als Selbstbeschreibungsversuche einer Epoche gelten, deren Konstruktionsgehalt herauszuarbeiten ist[5].

Es lässt sich durchaus argumentieren, dass das interdisziplinäre Erkenntnispotenzial zu Werten und Wertwandel vor allem dann ausgeschöpft werden kann, wenn die Disziplinen auf einer ausreichenden Selbstbehauptung im Rahmen ihrer Traditionen beharren. Denn sie ermöglichen es damit grundsätzlich, die fraglichen Phänomene aus verschiedenen Blickwinkeln zu erfassen. Allzu viel Schwergewicht auf der Forderung nach Kontextualisierung und Dekonstruktion sozialwissenschaftlicher Erkenntnisse mag aber auch für einen *Morbus Hermeneuticus* anfällig machen. Ein Problem ist, dass schon Wertorientierungen Subjektivität darstellen. Diese Subjektivität möchten dieselben Sozialwissenschaftler objektivieren, die dann der Historiker wiederum in ihrer

---

[5] Vgl. Rüdiger Graf/Kim Christian Priemel, Zeitgeschichte in der Welt der Sozialwissenschaften. Legitimität und Originalität einer Disziplin, in: VfZ 59/4 (2011), S. 486–488.

Subjektivität zu erfassen hofft. Sodann kann die Dekonstruktionsforderung praktisch nur Aufmerksamkeit auf den ebenfalls anzunehmenden Konstruktionscharakter der geschichtswissenschaftlichen Befunde lenken[6] – ein Effekt, mit dem wegen des Letztbegründungsproblems in den Wissenschaften eigentlich jede Ideologiekritik rechnen muss[7].

Vertreter einer vergleichsweise affirmativen Position üben weniger grundsätzliche als technische Kritik an der surveybasierten Wertforschung der 1970er Jahre und regen die Weiterentwicklung der zugehörigen Methodologie an. Dass diese Methodologie überhaupt mit dem Wertbegriff verbunden bleibt, ist dabei nicht selbstverständlich, unter anderem im Hinblick auf den in der Psychologie wichtiger werdenden Zielbegriff sowie den Einstellungsbegriff. Beide letztgenannten Begriffe können zwar im Dienst der Wertforschung stehen – zum Beispiel bei der Operationalisierung latenter Wertkonstrukte –, aber im Gesamtrahmen der subjektiven Indikatorforschung auch in eine gewisse Konkurrenz zum Wertkonzept treten.

Ein erster wichtiger Punkt im Sinne der primär technisch intendierten Kritik ist das allzu reduktionistische Abgreifen des menschlichen Werteraums durch die Wertwandelsforschung der 1970er Jahre. So kommen Ronald Ingleharts viel rezipierte Befunde der Postmaterialisierung zunächst auf Basis einer schmalen Vier-Item-Fragebatterie zustande[8]. Diese wird ab 1973 zwar auf 12 Items erweitert[9], aber weiterhin ohne überzeugende Erfüllung diverser Validitätskriterien für ein derartiges Instrument[10]. Einzelne Items eignen sich gerade nicht als Indikatoren einer relativ überdauernden individuellen Werthaltung, weil sie ein Problem mit gesellschaftlich höchst wechselhafter Dringlichkeit wie die Inflation ansprechen[11]; oder sie werden in ihrer Fragebatterie belassen, obwohl

---

[6] Vgl. Bernhard Dietz/Christopher Neumaier, Vom Nutzen der Sozialwissenschaften für die Zeitgeschichte. Werte und Wertewandel als Gegenstand historischer Forschung, in: VfZ 60/2 (2012), S. 304.

[7] Zuletzt ist es – um ein Bild zu bemühen – über die Erfindung „Glühbirne" nur zum Teil erhellend, dass ihr Kontext die vorangegangene Entdeckung der Elektrizität und der Anwendungswunsch derselben im Rahmen einer in Hochblüte stehenden Naturbeherrschungsideologie war. Ein wenig bleibt es auch eigenständig erhellend, dass die Glühbirne leuchtet, wenn man sie an eine Stromquelle anschließt.

[8] Siehe dazu den Aufsatz von Helmut Thome in diesem Band.

[9] Vgl. Ronald Inglehart, The Silent Revolution. Changing Values and Political Styles Among Western Publics, Princeton (NJ) 1977.

[10] Vgl. Darren W. Davis/Christian Davenport, Assessing the Validity of the Postmaterialism Index, in: American Political Science Review 93/3 (1999), S. 649–664; Helmut Klages, Die gegenwärtige Situation der Wert- und Wertwandelforschung – Probleme und Perspektiven, in: Helmut Klages u. a. (Hrsg.), Werte und Wandel. Ergebnisse und Methoden einer Forschungstradition, Frankfurt 1992, S. 23–28.

[11] Vgl. Thomas Gensicke, Zur Frage der Erosion eines stabilen Wertefundaments in Religion und Familie, in: Georg W. Oesterdiekhoff/Norbert Jegelka (Hrsg.), Werte und Wertewandel in westlichen Gesellschaften, Opladen 2001, S. 122–123.

sie sich in der Faktorenanalyse schlecht bewähren, wie ein Inglehart-Item zur Verschönerung von Städten und Landschaften[12]. Im deutschsprachigen Raum wird an der Noelle-Neumannschen Wertwandelsforschung bemängelt, dass sie sich auf „primitive" Einzelfragen stützt, statt auf getestete Multi-Item-Konstrukte[13].

Auch der vielfach erzwingende Befragungsstil der hier angesprochenen Forschungsära handelt sich Kritik ein. In Ingleharts Forschung werden die Befragten gezwungen, Wert-Items auch bei wahrgenommener ähnlicher Wichtigkeit in einer Rangfolge zu ordnen. In Noelle-Neumanns Allensbacher Forschung werden sie oft gezwungen, sich zwischen inhaltlich allzu polarisierten, für sich genommen gleichermaßen unrealistischen Antwortalternativen zu entscheiden[14].

Ferner wird in den Publikationen zum Wertwandelsschub um 1970 und ihrem verwendeten Instrumentarium die ungenügende Differenzierung vollständig subjektbezogener Wertorientierung und subjektiv lediglich befürworteter Kollektivorientierung bemängelt. So kritisieren Helmut Klages und Thomas Gensicke an Ingleharts Batterien das eher unverbindliche Abfragen von „Gesellschaftsideologien" anstelle konsequent selbstbezogener Werte[15]. Ein Beitrag von Helmut Thome auf Basis des Speyerer Werteinventars zeigt, dass sich Zustimmungsintensitäten zu einzelnen Items stark verändern können, wenn persönliche Wichtigkeit und normative Wichtigkeit in der Befragung explizit unterschieden werden[16].

Der von Helmut Klages' Speyerer Wertforschung idealisierte Typus des „aktiven Realisten" wird primär theoretisch, indirekt aber auch methodologisch in der Kritik von Sigrid Rossteutscher problematisch. Ihr zufolge lässt sich nach klassischen Annahmen der Werttheorie nur als kompetenter, kohärent handlungsfähiger Bürger betrachten, wer die mannigfaltigen Werte der Moderne in eine klare persönliche Hierarchie bringen kann. Die Tendenz von Klages' „aktiven Realisten" einer ganzen Auswahl unterschiedlichster Wert-Items ähnlich stark zuzustimmen, könne vor allem ein überfordertes, ängstliches und unsicheres Anpassertum anzeigen – statt vorbildliche Repräsentanz

---

[12] Vgl. Inglehart, The Silent Revolution, S. 46.
[13] Vgl. Elisabeth Noelle-Neumann, Werden wir alle Proletarier? Wertewandel in unserer Gesellschaft, Zürich 1978, S. 9.
[14] Vgl. Klages, Die gegenwärtige Situation der Wert- und Wertwandelforschung, S. 26–27.
[15] Vgl. Helmut Klages/Thomas Gensicke, Wertsynthese – funktional oder dysfunktional? in: KZSS 58/2 (2006), S. 333; vgl. Klages, Die gegenwärtige Situation der Wert- und Wertwandelforschung, S. 32.
[16] Vgl. Helmut Thome, Soziologische Wertforschung. Ein von Niklas Luhmann inspirierter Vorschlag für die engere Verknüpfung von Theorie und Empirie, in: Zeitschrift für Soziologie 32/1 (2003), S. 22–25.

eines Bürgerkonzepts der Zukunft[17]. Methodologisch gesehen und anknüpfend an Rossteutscher kann die Unfähigkeit von Respondenten, selbständig eine markante Werthierarchie auszudrücken, auch als Spezialfall von *Response-Set* aufgefasst werden. Ein mentales *Response-Set* lässt Respondenten eine große Zahl von Surveyfragen – unabhängig vom genauen Inhalt – ähnlich beantworten, etwa stark zustimmend oder zur neutralen Mitte tendierend[18]. Es muss sich durchaus nicht im ganzen Fragebogen ausdrücken und durch diese Auffälligkeit bei der Datenbereinigung entdeckt werden. Vielmehr wird es als Respondenten-Fehlleistung durch schwierigere Survey-Passagen begünstigt: solche, die ein reifes und selbständiges Differenzierungsvermögen voraussetzen würden, wie eben Wertabwägungsfragen[19]. Somit mag zwar weniger Methodenkritik an der Speyerer Wertforschung geübt werden als an Inglehart – dafür lässt sich etwas zugespitzt behaupten, sie versuche nichts anderes als eine altbekannte Validitätseinschränkung der Befragungsmethode zu einer sozialen Norm zu erheben.

Schließlich wird allgemein an der sozialwissenschaftlichen Wertforschung der 1970er kritisiert, dass sie zwar individuelle Wertprioritäten in Abhängigkeit von Zeitperiode, Kohorte, Alter, Nation, Bildung oder Einkommensstatus untersucht, aber die strukturelle Beziehung der Werte untereinander noch kaum klärt[20]. Ein entsprechender Klärungsversuch muss sich eng mit der Frage nach einer möglichst vollständigen Erfassung des menschlichen Werteraums verknüpfen sowie mit der Frage nach genaueren Wert*bedeutungen*. Letztere lassen sich vielleicht am einprägsamsten von Wert*zustimmungen* unterscheiden. Während die wichtigsten Wertwandelsansätze der 1970er klar danach fragen, ob

---

[17] Vgl. Sigrid Rossteutscher, Von Realisten und Konformisten – Wider die Theorie der Wertsynthese, in: KZSS 56/3 (2004), S. 407–432. Rossteutschers empirischer Beleg dieser Aussage erfolgt über ein 1992er Repräsentativsample für Deutschland ($N = 1385$), welches acht gesellschaftsbezogene Wert-Items und diverse soziale Indikatoren enthält. Nach clusteranalytischer Identifikation der Befragtengruppe, die Klages' „aktiven Realisten" am nächsten kommt, zeigen sich im Vergleich zu neun anderen Typen von Wertträgern unter anderem ein etwas erhöhter Autoritarismus, deutlich erhöhte Anomie-, Konformismus- und Opportunismuswerte sowie die vierthäufigste Nutzung der Verlegenheits-Antwortkategorie „weiss nicht". Rossteutschers Beitrag hat eine Debatte mit Repliken und Gegenrepliken in der KZSS ausgelöst, die hier nicht wiedergegeben werden kann. In ihrem Verlauf wird aber Rossteutschers ursprüngliche Kritik sicher nicht vollständig entkräftet.
[18] Vgl. Andreas Diekmann, Empirische Sozialforschung. Grundlagen, Methoden, Anwendungen, Reinbeck bei Hamburg 2000, S. 386–389.
[19] In einem empirischen Beitrag der Schweizer Jugendforschung *ch-x* erweist sich der Klages'sche „Realist" als der am wenigsten formalgebildete von fünf identifizierten Werttypen. Luca Bertossa/Mirja Hemmi, Lebenszufriedenheit, Lebensfragen, Lebensziele, in: Luca Bertossa u. a. (Hrsg.), Werte und Lebenschancen im Wandel, Zürich 2008, S. 110–117.
[20] Vgl. Shalom H. Schwartz/Wolfgang Bilsky, Toward a Universal Pychological Structure of Human Values, in: Journal of Personality and Social Psychology 53 (1987), S. 550–562.

die Zustimmung zu bestimmten Werten im Auf- oder Abschwung begriffen ist (zum Beispiel postmaterialistische Werte, bürgerliche Werte, Pflicht- und Akzeptanzwerte, hedomaterialistische Werte), berühren sie die Frage danach, was die jeweiligen Wert-Items für die Respondenten inhaltlich bedeuten eher am Rande. Die Wertbedeutungen sind nicht nur schwerer mit quantitativen Methoden zu erfassen als die Wertzustimmungen. Sie können auch die Aussagekraft eines gemessenen Wandels von Wertzustimmungen empfindlich beschränken, wenn sie sich selbst stark verändern.

Methodenentwicklungen

Da ein erster Intensitätsklimax des sozialwissenschaftlich informierten Wertwandelsdiskurses in den 1980ern bereits überschritten ist, erzielen an sich beachtliche Methodenfortschritte der Survey-Wertforschung ab jenem Jahrzehnt nur eine mäßige bereichsübergreifende Aufmerksamkeit.

Das Rating-Verfahren für Fragebatterien entwickelt sich zum Standard, nicht nur, weil es weniger erzwingend ist als Ranking, sondern auch, weil es Antwortdaten in eine oft günstigere Form für multivariate Analyseverfahren bringt, eine größere Anzahl Items erlaubt und für kulturübergreifende Untersuchungen geeigneter ist. Ingleharts auf zwei Modernisierungsdimensionen erweiterter Ansatz profitiert davon und bezieht spätestens ab der Jahrtausendwende eine ausreichende Zahl von Gesellschaften empirisch ein, um aussagekräftige Werte-Weltkarten darstellbar zu machen. Sie zeigen eine unterschiedliche Fortgeschrittenheit der Gesellschaften und kulturellen Clusters in Richtung eines „säkular-rationalen" und eines „selbstexpressiven" Orientierungspols ihrer Mitglieder[21]. Kritikwürdig am neuen Messkonstrukt ist freilich eine rein explorativ ermittelte Eignung mancher Items, eine der beiden Modernisierungsdimensionen auszudrücken. Eine konsequente Festlegung auf entweder selbstbezogene oder gesellschaftsbezogene Items unterbleibt. Inglehart bleibt unter anderem dadurch und trotz aller Weiterentwicklung seines Ansatzes immer noch zu selektiv in der Berücksichtigung begründeter Kritik.

Helmut Klages' Wertetypologie, deren Forschungsnutzen auch ohne Übernahme des „Realisten"-Ideals (vgl. 2.) unbestreitbar bleibt, erfährt bis Ende der 1980er Jahre eine Ausweitung auf drei typenbildende Dimensionen (und insgesamt fünf Typen), und ermöglicht damit, ebenfalls auf Rating-Basis, differenziertere Orientierungsaussagen im deutschsprachigen Raum.

---

[21] Vgl. Ronald Inglehart/Wayne E. Baker, Modernization, Cultural Change, and the Persistence of Traditional Values, in: ASocRev 65 (2000), S. 19–51.

Qualitative Ergänzungsmethoden wie die kommunikative Validierung und das Datenfeedback[22] bringen ihre Mehrwerte in die Survey-Wertforschung ein. Die Vorteile triangulierender Validierung sind an stark wertaufgeladenen Konzepten wie Patriotismus und Nationalismus gut demonstrierbar. So ermöglicht es die vorgängige Durchführung sowohl von (qualitativen) kognitiven Interviews als auch von (quantitativen) Faktorenanalysen jene Survey-Items zuverlässiger auszusortieren, die von Surveyteilnehmern nicht ausreichend oder nicht intentionsgemäss verstanden werden[23].

Durch ihre insgesamt konsequenteste Berücksichtigung früher Kritiken an der sozialwissenschaftlichen Wertforschung profiliert sich im Verlauf der 1990er Jahre eine Theorieschule des Sozialpsychologen Shalom Schwartz. Sie knüpft an Louis Guttmanns facettentheoretische und methodologische Vorleistungen an. Schwartz Theorieschule entwickelt – ausgehend von einer frühen Werte-Auswahl Milton Rokeachs und im Dialog mit empirischen Ergebnissen – ein mehrfach modifiziertes Befragungsinstrument mit durchgehend selbstreflexiven und gleichförmig aufgebauten Items. Das ab 1992 verwendete Rating-Verfahren ermöglicht als Innovation auch die explizite Ablehnung eines Wertes. Die Item-Bestände zielen auf ein gleichmäßiges Abgreifen des „ganzen" menschlichen Werteraums, der im Modell auf eine Kreisfläche vereinfacht wird. Für die Beschreibung und Weiterverrechnung von Wertwichtigkeiten (Wertzustimmung) kommen relative Größen zum Einsatz, das heißt, die Wichtigkeiten der jeweils übrigen Werte fließen in die Größen ein. Dadurch kann sich unter anderem differenziertes Antwortverhalten der Befragten angemessen auswirken[24].

Den von Rokeach inspirierten Versuch, Werte dauerhaft einer nur instrumentellen oder terminalen Zielkategorie zuzuordnen, gibt Schwartz 1992 auf. Besser bewährt sich empirisch die Annahme, dass es im Orientierungsraum zusammenhängende Wertgruppen gibt, die eher nur individuellen Interessen dienen, und solche, die (im Individuum) kollektives Interesse repräsentieren, mit einer gemischten Übergangszone zwischen beiden Gruppen. Das Forschungsteam um Schwartz versucht sodann nachzuweisen, dass der

---

[22] Vgl. Friedemann Nerdinger/Erika Spiess, Kommunikative Validierung und Datenfeedback in der Wertforschung. Ergebnisse aus quantitativen und qualitativen Langzeitbefragungen, in: Helmut Klages u. a. (Hrsg.), Werte und Wandel: Ergebnisse und Methoden einer Forschungstradition, Frankfurt 1992, S. 653–671.

[23] Vgl. Rossalina Latcheva, Cognitive Interviewing and Factor-Analytic Techniques: A Mixed Method Approach to Validity of Survey Items Measuring National Identity, in: Quality & Quantity 45 (2009), S. 1175–1199.

[24] Vgl. Shalom H. Schwartz, Value Orientations: Measurement, Antecedents and Consequences Across Nations, in: Roger Jowell u. a. (Hrsg.), Measuring Attitudes Cross-Nationally. Lessons from the European Social Survey, London 2007, S. 171, 180f.

menschliche Werteraum gesellschafts- und kulturübergreifend eine invariante Struktur aufweist.

Gemeint ist damit zunächst, dass sich dieser Werteraum zur leichteren Beschreibung und mit vertretbaren Genauigkeitsverlusten als Kreisfläche darstellen lässt. Deren von Schwartz eine Zeitlang am häufigsten verwendete Unterteilung ist jene in zehn Sektoren. Ein Sektor repräsentiert jeweils einen Werttyp wie „Sicherheit" oder „Selbstbestimmung". Erwartet wird nun, dass die relativ ähnlichen, direkten Nachbarn eines Werttyps sowie Werttypen, die ihm am wenigsten ähnlich sind und entsprechend diametral entgegengesetzt liegen, stets diese relativen Positionen behalten, egal welche Gesellschaft zu welchem Zeitpunkt untersucht wird. Eine weitere wichtige Variante der Kreisunterteilung ist jene in nur vier Hauptsektoren. Sie bringt zwei wichtigste direkte Wertoppositionen zum Ausdruck: diejenige von *Self-Enhancement* und *Self-Transcendence* sowie diejenige von *Openness to change* und *Conservation* [25]. Besonders in der Zehn-Werttypen-Variante sowie mit (21-Item-)Kurzversionen von Schwartz' Befragungsinstrument PVQ (*portrait value questionnaire*) ist der Nachweis einer invarianten menschlichen Wertstruktur bisher nicht überzeugend gelungen[26]. Immerhin zeigen aber die Ergebnisse multidimensionaler Skalierungen (MDS)[27] und konfirmatorischer Faktorenanalysen immer wieder plausible Nachbarschaften und Oppositionen von individuell leicht oder weniger leicht vereinbaren Wertpositionen. Häufige Gemeinsamkeiten in der Struktur des Werteraums und damit, nach Schwartz'schem Verständnis, in den Wertbedeutungen für verschiedene Populationen lassen sich demnach durch-

---

[25] Vgl. Shalom H. Schwartz, Universals in the Content and Structure of Values: Theory and Empirical Tests in 20 Countries, in: Advances in Experimental Social Psychology 25 (1992), S. 1–65.

[26] Vgl. Holger Steinmetz u. a., Testing the Circular Structure of Human Values: A Meta-Analytical Structural Equation Modeling Approach, in Survey Research Methods (im Druck), Tab. 6, Abb. 4; Desirée Knoppen/Willem Saris, Do we have to combine Values in the Schwartz' Human Values Scale? A comment on the Davidov Studies, in: Survey Research Methods 3/2 (2009), S. 91–103; Peter Ph. Mohler/Kathrin Wohn, Persönliche Wertorientierungen im European Social Survey, ZUMA-Arbeitsbericht Nr. 2005/01; Eldad Davidov u. a., Testing the Invariance of Values in the Benelux Countries with the European Social Survey: Accounting for Ordinality, in: Eldad Davidov u. a. (Hrsg.), Cross-Cultural Analysis: Methods and Applications, New York 2011, S. 155; Shalom H. Schwartz, Universals in the Content and Structure of Values, S. 25f.

[27] Zur multidimensionalen Skalierung als Einführung vgl. Klaus Backhaus u. a., Multivariate Analysemethoden. Eine anwendungsorientierte Einführung, Berlin 2003, S. 605–672; angewandt im Verständnis der facettentheoretischen Schule vgl. Ingwer Borg, Grundlagen und Ergebnisse der Facettentheorie, Bern 1992, S. 6–11; Shalom H. Schwartz/Wolfgang Bilsky, Toward a Universal Psychological Structure of Human Values, S. 555; angewandt als konfirmatorisches Verfahren vgl. Wolfgang Bilsky u. a., The Structural Organization of Human Values – Evidence from Three Rounds of the European Social Survey (ESS), in: Journal of Cross-Cultural Psychology 42/5 (2011), S. 760–771.

aus behaupten. Wertbedeutungen finden ihren Ausdruck in den errechenbaren Distanzen der zugehörigen Wert-Items zu allen anderen Items und werden in der theoretischen Idealisierung als zusammenhangslos mit den Wertzustimmungen, beziehungsweise den individuellen Wichtigkeiten von Werten aufgefasst. „People differ in the *importance* they attribute to the ten values. However, the same *structure* of motivational oppositions and compatibilities organizes their values."[28]

Schwartz trägt dazu bei, Wertbedeutungsanalysen respektive Strukturanalysen des Werteraums zu einem ähnlich etablierten Bestandteil sozialwissenschaftlicher Wertforschung zu machen wie die Analyse von Wertzustimmungen (Wertwichtigkeiten). Vorläufig verbindet sich damit allerdings eine wenig gesicherte Annahme und eine mögliche überstarke Idealisierung: die, der Unkorreliertheit von Wertzustimmung und Wertbedeutung. Dass berechenbare euklidische Abstände von Wert-Items ohne Weiteres in Wertbedeutungen (*meaning*) übersetzt werden[29], dürften zudem vor allem Geisteswissenschaftler als reduktionistisch wahrnehmen. Wertbedeutungen drücken sich außer in Wert-*Kompatibilitäten* sicher auch in Wert-*Konnotationen* aus, wie sie verfeinerte qualitative Nachforschungen aufdecken können[30].

Es wird hier vorgeschlagen, die zunehmende Berücksichtigung und Bearbeitung von Wertbedeutungsproblemen als wichtigsten Fortschritt der Survey-Wertforschung seit den 1970ern zu würdigen[31]. Wertbedeutungsprobleme ste-

---

[28] Shalom H. Schwartz, Value Orientations: Measurement, Antecedents and Consequences Across Nations, S. 176.

[29] Vgl. Shalom H. Schwartz/Wolfgang Bilsky, Toward a Universal Psychological Structure of Human Values, S. 551, 553.

[30] Es kann auch argumentiert werden, dass Schwartz und Mitarbeiter innerhalb der MDS-Anwendung das Potenzial für Bedeutungsanalysen suboptimal ausschöpfen. Dies insoweit sie auf Ebene jedes Respondenten nur ähnliche Wichtigkeit von Werten ermitteln und nicht direkt die wahrgenommene Ähnlichkeit von Wertbedeutungen (oder wahrgenommene Kompatibilitäten) abfragen. Die gewählte Erhebungsweise hat jedoch große praktische Vorzüge, besonders bei begrenzter Größe des Befragungsmoduls.

[31] Schwartz' Theorie einer stabilen Struktur des menschlichen Werteraums ist vor allem auch deshalb ergiebig, weil sie aufgrund ihres hohen Anspruchs einen beträchtlichen Spillover an eigenständig rezeptionswürdigen Teiluntersuchungen, Metaanalysen, erprobten Methodologien sowie aufschlussreichen Kritiken erzeugt hat. Sollte sich nach wiederholter Revision des Messinstrumentariums dereinst definitiv die *In*stabilität der fraglichen Struktur herausstellen, könnten bereits entworfene Theorien vermehrt mitdiskutiert werden, wonach sich menschliche Werte grundsätzlich im Fluss befinden, und zwar mindestens in dreierlei Hinsicht: (1.) hinsichtlich relativen Zustimmungen in Gesamtgesellschaften; (2.) hinsichtlich sozialstruktureller Verteilung der Zustimmungsintensitäten und (3.) hinsichtlich genauerem semantischem Gehalt. Zwar sollte hier nur an zähflüssigen Wandel gedacht werden, welcher auch noch in einer „flüchtigen Moderne" der relativ überdauernden Natur menschlicher Werte gerecht wird. Aber auch ohne die empörende Annahme vollverflüssigter Wertverhältnisse mag sich eine solche dynamische Theorie zunächst in der schwierigen Ausgangslage befinden, dem Menschen kaum ethische Ankerpunkte und

hen auch im Hintergrund einiger obenerwähnter Einzelkritiken und Methodeninnovationen, bei denen dies nicht explizit thematisiert wurde. Zwei Arten von Wertbedeutungsproblemen, die sich im Rahmen der Wandelsanalyse schweizerischer Arbeitswerte mittels Daten der Forschungsprogramme World Values Survey und Univox gestellt haben, sollen im Folgenden erörtert, illustriert sowie mit Empfehlungen und Hypothesen für die weitere Forschung verknüpft werden. Für die Illustrationen werden ausschließlich Beispiele verwendet, bei denen ein einzelnes Item einen Wert repräsentiert und demnach mit seinem Bedeutungs- oder Strukturproblem ungefiltert affiziert. Multi-Item-Wertkonstrukte sind auf der Ebene ihrer einzelnen Indikatoren von denselben Problemen betroffen. Sie hemmen aufgrund ihrer insgesamt größeren Robustheit jedoch eher deren Wahrnehmung.

Erforderliche Formulierungskonstanz

Bedeutungsveränderungen eines Wertes können die Aussagekraft gemessener Zustimmungsveränderungen in einer Population beeinträchtigen. Sie müssen aber nicht tatsächlich in dieser Population stattgefunden haben, um sich ergebnisverzerrend auszuwirken. Zu oft werden sie durch die verwendeten Messinstrumente selbst in Untersuchungen hineingetragen. Dies geschieht durch leichte oder auch größere Formulierungsvariationen in den Neuauflagen (oder Übersetzungen) von Fragebatterien[32]. Die Sensibilisierung für das Verzerrungspotenzial solcher Variationen hat unter Sozialwissenschaftlern zugenommen. Dass sie aber noch ungenügend ist, beweisen relativ neue Publikationen, in denen hochdramatische Schwankungen verschiedener Wertzustimmungen für die letzten Jahrzehnte präsentiert und ohne Weiteres interpretiert werden, obwohl hinter den Daten eine große, unkontrollierbare

---

Wunscherfüllungen anzubieten, und ihre Erfolgschancen scheinen somit an das Vorliegen erdrückender empirischer Evidenz gebunden. Vgl. Ernest Albert, Wandel schweizerischer Arbeitswerte. Eine theoriegeleitete empirische Untersuchung, Wiesbaden 2011, S. 372–378, 137–151.

[32] Invarianz von Itemformulierungen und Invarianz der Faktorstruktur latenter Variablen sind beides Forderungen, die bei Wert-Operationalisierungen von Bedeutung sind. Die erstgenannte Invarianz hat jedoch den Vorzug, dass sie problemlos maximiert werden kann (identischer Wortlaut einer Surveyfrage). Die letztgenannte muss zum einen immer für einen ganzen Bereich von Faktorladungen gelten, um praktikabel zu sein, und hängt zum anderen in Form dieses Bereiches an nur konventionell festlegbaren Schwellenwerten (wie Signifikanzniveaus), die unter Umständen abhängig von Stichprobengrößen unterschiedliche Zuordnungsergebnisse produzieren. Von den beiden methodischen Desiderata ist demnach das mit Sprache zu assoziierende exakt erfüllbar und das mit Quantitäten zu assoziierende nur konventionell-approximativ erfüllbar.

Formulierungsvielfalt steckt. Als Extrembeispiel zeigt und kommentiert Baumgartner zuversichtlich kohortendifferenzierte Verläufe für Familialismus und einige assoziierte Konstrukte seit 1970, in denen sich die Formulierungs- und sonstigen Bedingungsdifferenzen von nicht weniger als sieben gepoolten Datenquellen zu jeweils unbekannten Anteilen mit ausdrücken[33].

Bevor Wertwandelsaussagen getroffen werden, tut sich also oft ein Problem auf: Die Konstanz der Item-Formulierung wird ungenügend beachtet und thematisiert. Das kann – ebenso wie die inkonstanten Formulierungen als solche – verschiedene Ursachen haben, die sich zum Teil überlagern.

Zunächst kann jedes Bewusstsein für die besondere Empfindlichkeit subjektiver Daten beim Variieren der genauen Frageformen fehlen. Zum Beispiel wurde Befragungswissen in einem soziologischen Teilgebiet erworben, in dem sich die meisten Fragen auf überprüfbare, robuste Fakten wie eine formelle Organisationsmitgliedschaft oder den aktuellen Zivilstand beziehen. Es fehlt Wissen zu Priming- und Framing-Effekten der genauen Frageform[34], das häufiger durch Psychologen und Publizistikwissenschaftler vermittelt wird[35].

Der kurzfristige erhoffte Nutzen einer Instrumentvariation im Rahmen einer geplanten querschnittlichen Wertuntersuchung kann von Modulverantwortlichen stärker gewichtet werden als der Nutzen beibehaltener Formulierungen für die längsschnittliche Forschung. Trotz in der Regel öffentlicher Finanzierung nehmen die Forscher in diesem Fall in Kauf, dass die Befragungsrunde in ihrem Verantwortungsbereich der Wertwandelsforschung nicht mehr nützen kann.

Manchmal wird auch versucht, den mutmaßlichen Wert- oder Sprachwandel seit einem letztmaligen Einsatz des Instrumentes durch eine modernisierte Frageform zu „berücksichtigen". Dies ist in der Regel ein Denkfehler, da der tatsächliche Wandel gerade dadurch nicht mehr einschätzbar ist[36].

---

[33] Vgl. A. Doris Baumgartner, Die flexible Frau. Frauenerwerbsarbeit im Werte- und Strukturwandel, Zürich 2008, S. 173–177.
[34] Vgl. Jürgen Bortz/Nicola Döring, Forschungsmethoden und Evaluation für Sozialwissenschaftler, Berlin 1995, S. 229; Andreas Diekmann, Empirische Sozialforschung, S. 259. Einzelne Worte und ihre Position in einer Frage sowie auch unmittelbar vorangegangene Fragen oder der thematische Block, in dem eine Frage untergebracht ist, können das Assoziations- und damit das Antwortverhalten von Respondenten im Vergleich zu alternativen Formulierungen und Rahmensetzungen beeinflussen. Manche Fachbeiträge, die sich mit diesen Problemen befassen, verwenden auch den Begriff des Kontexteffektes; vgl. Seymour Sudman u. a., Thinking About Answers. The Application of Cognitive Processes to Survey Methodology, San Francisco 1996, S. 80–129.
[35] Als Schnellkurs für Sozialwissenschaftler, die noch der Überzeugung „wording does not matter" anhängen, bieten sich vermehrte, auch spielerische Faktorenanalysen von Fragebatterien an. Diese zeigen oft, dass Items, die inhaltlich nicht zusammengehören, dennoch auf einen gemeinsamen empirischen Faktor laden, der einzig durch den verwandten Satzbau oder ein gemeinsam verwendetes Wort zustande kommt.
[36] Möglich wird eine Modernisierung durch Parallelführung eines alten und eines neuen In-

Für allzu hektische Neuformulierungen, aber auch für in ihrer Bedeutung unerwünscht schillernde Items können sodann Stimulierungs-Maximen der Befragung verantwortlich sein. Dabei wird die Vorstellung kultiviert, dass Fragebögen spannend, abwechslungsreich und insgesamt sehr eigenaktiv sein müssen, um aufmerksame und engagierte Befragte sicherzustellen. Quantitativer Wertforschung sind jedoch eher Monotonie und Sterilität der ausgesandten Stimuli zu empfehlen, um auch das Echo der anvisierten Population rauscharm zu halten und nach dem *ceteris-paribus*-Prinzip bestmöglich vergleich- und interpretierbar zu machen.

Weiter können dysfunktionale Formulierungsänderungen aus dem Wunsch hervorgehen, angesprochene Konzepte für die Befragten einer Survey-Runde optimal zu klären. Ein Item wird um einen Hinführungs- oder Beispielsatz erweitert – dessen Semantik im Verlauf zukünftiger Befragungsrunden aber einer eigenen Dynamik unterworfen ist. So wird letztlich mehr semantische Kontamination als Schärfung in das Item getragen. Eine Frage zum etwas abstrakten Thema des Strahlenschutzes im Jahr 2012 mag bestmöglich mit einem Beispielsatz zum aktuellen Reaktorunglück von Fukushima „geschärft" und allgemein verstanden werden. Im Jahr 2020 würde derselbe Beispielsatz dann aber primär ältere und gebildetere Befragte selegieren, denen er auch nach geschwundenem Medieninteresse an dem Unglück weiterhin etwas sagt – ein nichtbeabsichtigter, verzerrender Effekt auf das Antwortverhalten. Würde 2020 deswegen auf ein aktuelleres Beispiel verwiesen, würde dieses wiederum von Beginn an etwas andere Eigenschaften haben und sich kaum als „exakter" Nachfolger des letzten Beispiels eignen. Maximale Bedeutungsschärfe zu einem Messzeitpunkt lässt sich demnach nur um den Preis erhöhter Ambiguität zu – oder reduzierter Vergleichbarkeit mit – anderen Messzeitpunkten erkaufen.

Abbildung 1 und 2 illustrieren gemeinsam das Problem der erforderlichen Formulierungskonstanz sowie des dysfunktionalen semantischen Schillerns von Survey-Fragen. Es wird dabei einmal mehr (und auch außerhalb des oben problematisierten Kerninstrumentariums von Inglehart) deutlich, dass der *World Values Survey* mit seinen lokalen Umsetzungen manchen methodologischen Wunsch offengelassen hat – obwohl es zu den großen Verdiensten des Programms gehört, eine empirische Wertforschung vielerorts überhaupt initiiert zu haben[37].

---

strumentes während einer Überlappungsphase. Das neue Instrument wird dabei mit Hilfe des auslaufenden Instruments geeicht (siehe Schlussabschnitt dieses Kapitels).

[37] Mit dem methodisch ambitiösen European Social Survey ESS lässt sich ein Jahrzehnte übergreifender Wertewandel noch nicht erforschen, da das Programm erst 2002 gestartet wurde. Wie konsequent es seinerseits den Versuchungen dysfunktionaler Item-Variationen widerstehen wird, muss sich noch zeigen.

> **1988**: Ich möchte Ihnen nun einen Fall erzählen und Sie fragen, was Sie davon halten. Es handelt sich um zwei Sekretärinnen, die gleich alt sind und praktisch die gleiche Arbeit machen. Eine der beiden erfährt, dass ihre Kollegin Fr. 200.- mehr verdient im Monat und beklagt sich daraufhin bei ihrem Chef. Dieser sagt, dass die andere schneller arbeitet, tüchtiger und zuverlässiger ist. Finden Sie es richtig oder nicht, dass die eine Sekretärin mehr verdient als die andere? *Antwortmöglichkeiten: richtig / nicht richtig / weiss nicht*
>
> **1996**: Jetzt möchte ich Ihnen einen Fall erzählen: Zwei Sekretärinnen sind gleich alt und tun praktisch die gleiche Arbeit, aber eines Tages stellt die eine fest, dass die andere bedeutend mehr verdient. Die besser bezahlte Sekretärin ist jedoch tüchtiger und zuverlässiger und arbeitet rascher. Halten Sie es für gerecht, dass die eine mehr bekommt, oder halten Sie es für nicht gerecht? *Antwortmöglichkeiten: Gerecht / Nicht gerecht / weiss nicht / keine Antwort*
>
> **2007**: Stellen Sie sich zwei Sekretärinnen vor, beide sind gleich alt und machen praktisch die gleiche Arbeit. Eines Tages stellt die eine fest, dass die andere viel mehr im Monat verdient. Die besser bezahlte Sekretärin ist aber tüchtiger, zuverlässiger und arbeitet schneller. Halten Sie das für gerecht, dass eine mehr bekommt, oder halten Sie das für ungerecht? *Antwortmöglichkeiten: Gerecht / Ungerecht / Weiss nicht / Verweigert*

Abbildung 1: Variationen der „Sekretärinnenfrage" im World Values Survey (CH)

Bei der „Sekretärinnenfrage" gemäß Abbildung 1 wird generell versucht, valide Antwortinformation zum Leistungslohn mit Hilfe eines Befragungsstimulus von großer Eigenkomplexität zu gewinnen. Es wird den Befragten eine ganze Geschichte erzählt, um ihnen eine ausreichende Basis für ein Gerechtigkeitsurteil zur fraglichen Entlohnungspraxis zu liefern. Es wird Wert auf eine anschauliche Situation aus der realen Arbeitswelt gelegt – zumindest aus der Arbeitswelt des mittleren zwanzigsten Jahrhunderts, mit ihren Armeen von (weiblichen) „Sekretärinnen" und ihren Divisionen von (männlichen) „Chefs"[38].

Bereits mit diesem gutgemeinten Grundansatz verbinden sich aber gravierende Probleme. So können die fraglichen Items durch ihre Komplexität an mehreren Stellen zugleich veralten, ohne dass sie dies an jeder Stelle gleich schnell und in ihren Auswirkungen irgendwie berechenbar tun würden. Es wird eine unkontrollierbare Vielfalt von heuristischen *Cues* ausgesandt, das heißt von Hinweisreizen, die sich zur aufwandersparenden Abkürzung von Urteilsprozessen anbieten. Die Nutzungsmuster der entsprechenden Heuristiken unter den Befragten sind dabei hochvariabel und unbekannt. So kann das Wort „Sekretärin" einen unbekannten Anteil der weiblichen Befragten in

---

[38] Die Befragungswortlaute entstammen der deutschsprachigen Dokumentation zu folgenden mit Dank genutzten WVS-Datensätzen: Anna Melich/Dominique Dembinski-Goumard, Valeurs dans la Suisse de 1988 [maschinenlesbarer Datensatz], Produktion: Université de Genève, Département de science politique; Eugen Horber u. a., Enquête Suisse pour le World Value Survey – 1996 [maschinenlesbarer Datensatz], Produktion: Université de Genève, Département de science politique. Finanzierung: Schweizerischer Nationalfonds zur Förderung der wissenschaftlichen Forschung. Verteilt durch SIDOS, Schweizerischer Informations- und Datenarchivdienst für die Sozialwissenschaften, Neuchâtel; Hanspeter Kriesi (Auftraggeber), Schweizer Teilstudie zum World Values Survey – 2007 [maschinenlesbarer Datensatz], Produktion: Universität Zürich, Institut für Politikwissenschaft.

Richtung negativer Stimmung *primen*, weil sie diese Berufsbezeichnung mit einem paternalistischen Arbeitsumfeld assoziieren, und anschließend zu einem negativen Urteil nach der *Wie-fühle-ich-mich*-Heuristik bewegen. Ähnliches kann bei einem Anteil der Befragten infolge des Teil-Stimulus „Chef" ablaufen. Weitere Befragte mögen grundsätzliche Sympathien oder Antipathien für Personen hegen, die sich „beklagen". Hohe Item-Komplexität erhöht aber auch die Wahrscheinlichkeit, dass die Verantwortlichen einer der nächsten Befragungsrunden ein Element des Items unzulänglich finden und abändern werden, unter Umständen ebenfalls unter Anwendung von Urteilsheuristiken[39].

Erfährt das Item tatsächlich Formulierungsänderungen, wie sie in Abbildung 1 erkennbar sind, kumulieren sich der Eigeneinfluss der Item-Komplexität und der Eigeneinfluss dieser Änderungen auf die Antwortdaten. Aufgrund variablen Geldwertes in verschiedenen Erhebungsjahren mögen die „200 Franken" von 1988 halbwegs nachvollziehbar auf „bedeutend" mehr Verdienst 1996 abgeändert worden sein. Aber 2007 wird bereits wieder auf „viel" mehr Verdienst abgeändert – eine Modifikation, deren Sinn sich ohne Einweihung durch die verantwortlichen Forscher schwer erschließt. Ähnlich unkontrollierbar ist der Abänderungseffekt der Antwortmöglichkeit „richtig" auf „gerecht" zwischen 1988 und 1996, der im Fall eines französischsprachigen Originalfragebogens unbeabsichtigt gewesen sein kann (dort *juste* in beiden Fällen). Ein dramatischer Effekt auf die sogenannte Itemschwierigkeit[40] muss beim Entlassen des „Chefs" aus dem Erzähldrama 1996 vermutet werden. Denn ab nun „ist" die eine Sekretärin zweifelsfrei tüchtiger als die andere. Es gibt keinen Chef, der sich diesbezüglich auch einfach geirrt haben mag oder parteiisch gewesen ist. Mit anderen Worten, das Kardinalproblem der zuverlässigen Leistungsmessung bei Leistungslohnsystemen wird zwischen 1988 und 1996 kurz und bündig gelöst – zwar nicht in der Realität, aber in diesem Befragungsinstrument.

Abbildung 2 zeigt ein Zustimmungsmuster zum Leistungslohn unter Benutzung dieser Items durch Befragte (N = 819–1099) der deutschen, französischen und italienischen Schweiz. Die stets gleiche Reihenfolge der Sprachregionen und die antennenartigen Indikatoren des 95-Prozent-Vertrauensintervalls deuten unter anderem eine (konstant) höhere Leistungslohnakzeptanz in der

---

[39] Vgl. Fritz Strack/Roland Deutsch, Urteilsheuristiken, in: Dieter Frey/Martin Irle (Hrsg.), Theorien der Sozialpsychologie, Band III: Theorien der Sozialpsychologie. Motivations-, Selbst- und Informationsverarbeitungstheorien, Bern 2002. Alexander Todorov u. a., The Heuristic-Systematic Model of Social Information Processing, in: James P. Dillard/Michael Pfau (Hrsg.), The Persuasion Handbook: Developments in Theory and Practice, Thousand Oaks 2002; Norbert Schwarz/Gerald L. Clore, Mood as Information: 20 Years Later, in: Psychological Inquiry 14 (2003), S. 296–303.
[40] Vgl. Jürgen Bortz/Nicola Döring, Forschungsmethoden und Evaluation für Sozialwissenschaftler, S. 199.

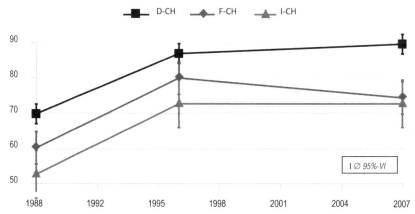

Abbildung 2: *Scheinbarer Wandel der Leistungslohnakzeptanz in Prozent der 20–80-Jährigen (CH)*

deutschen als in der italienischen Schweiz an. Der allgemeine Zustimmungsanstieg zwischen 1988 und 1996 darf hingegen aufgrund der besprochenen Probleme des Befragungsinstrumentes nicht interpretiert werden[41]. Er stellt mit zu hoher Wahrscheinlichkeit ein Forschungsartefakt dar, und das ohne nachträglich-rechnerische Korrekturmöglichkeit. Insbesondere lässt sich nicht sagen, ob die Schweizer erst in den 1990er Jahren – zum Beispiel unter dem Einfluss neoliberaler Institutionalisierungen – eine sehr hohe Leistungslohnakzeptanz von gegen 90 Prozent entwickelt haben; oder ob dieser Zustimmungsaufschwung einzig auf die erwähnte „magische Lösung" eines Hauptproblems von Leistungslohnystemen durch das Befragungstool (das heißt auf die Reduktion der Itemschwierigkeit zwischen 1988 und 1996) zurückzuführen ist. Der auffällig starke Anstieg zwischen den genannten Zeitpunkten macht einen Einfluss der Itemschwierigkeit sehr wahrscheinlich.

Somit darf die zunehmende Berücksichtigung von Wertbedeutungen durch die Survey-Wertforschung vor den Bedeutungsänderungen und Ambiguitäten nicht haltmachen, die ein nur pseudo-standardisiertes Befragungstool in unsere Forschungsergebnisse tragen kann. Veraltende Instrumente sollten nicht graduell verändert, sondern mit einem sorgfältig geplanten Ersatzinstrument während einiger Befragungsrunden parallel geführt und dann aus dem Forschungsprogramm ausrangiert werden. Das Ersatzinstrument sollte semantisch möglichst steril, zeitlos und wo nötig repetitiv formuliert sein. Neue Instrumente profitieren zwar in der Regel von einer (triangulierenden) Validierung an

---

[41] Vgl. Ernest Albert, Wandel schweizerischer Arbeitswerte, S. 276f.

Testpopulationen und von statistischen Normen der Skalenkonstruktion, doch sollte auch die Gefahr empirizistischer „Überschärfungen" bedacht und vermieden werden. Gemeint ist damit Folgendes: In einem bestimmten Testzeitraum und an bestimmten Testpopulationen wird eine hoch partikuläre Instrumentversion zwar oft unseren Mix von Gütekriterien am besten befriedigen. Diese Leistung kann aber von kurzer Dauer und geringer kultureller Reichweite sein, so dass die Einführung der nächst einfacheren Version des Instrumentes ratsamer wird.

Zusammenhang von Wertzustimmung und Wertbedeutung

Im vorangehenden Kapitel wurden Wertbedeutungsprobleme besprochen, die durch inadäquate Variation sowie das semantische Überladen von Surveyfragen künstlich in Wertwandelsanalysen hineingetragen werden. Eine zweite wichtige Problemkategorie verbindet sich mit Bedeutungsveränderungen, die in einer die Forschung interessierenden Population tatsächlich stattfinden.

Sie können (1.) übersehen werden und beeinträchtigen in diesem Fall die Aussagekraft gemessener Zustimmungsveränderungen von Werten. Sie können (2.) berücksichtigt, aber allzu ausschließlich als Störfaktoren in einem primär interessierenden Zustimmungsvergleich zwischen Zeitpunkten oder Gesellschaften behandelt werden. Sie können (3.) berücksichtigt, aber als nur vorübergehende Beunruhigung einer grundsätzlich gleichbleibenden Struktur des menschlichen Werteraums eingeschätzt werden, die es primär zu belegen gilt. Und sie können (4.) als eigenständig interessante Form von Wertwandel erkannt werden, deren Verhältnis zum Zustimmungswandel klärungsbedürftig und aufschlussreich ist. Nach hier vertretener Auffassung ist die vierte Umgangsweise mit Bedeutungswandel ein derzeit wichtiges Desiderat der Wertforschung.

Mit einem klärungsbedürftigen Zusammenhang zwischen Bedeutungs- und Zustimmungswandel ist zunächst gemeint, dass die im dritten Kapitel erwähnte Unkorreliertheit von Wertzustimmung und Wertbedeutung vermutlich eine zu starke Idealisierung darstellt. Breiter angelegte Wertuntersuchungen sollten jeweils die Hypothese prüfen, wonach *starker Zustimmungswandel eines Wertes mit größerer Wahrscheinlichkeit auch von einem messbaren Bedeutungswandel begleitet ist*, als schwacher oder gar kein Zustimmungswandel.

Es braucht dabei zunächst keine Festlegung auf eine Kausalitätsrichtung zu geben. Denn einerseits kann ein Bedeutungswandel – zum Beispiel infolge langjähriger persuasiver Massenkommunikation einer Elite – einen Wert „mehrheitsfähiger" machen. Und andererseits kann ein Wert, der – zum Beispiel infolge einer Mangelkrise[42] – in allgemeinen Aufschwung geraten ist, Bedeutungsfacetten annehmen, die seine Kompatibilität mit anderen „mehrheitsfähigen" Werten verbessern und damit auch eine eventuelle Fortsetzung des Aufschwungs sichern helfen. In jedem Fall lautet die Erwartung, dass markante Zustimmungskarrieren eines Wertes im Rahmen des kulturellen Wandels von einem spürbaren Bedeutungswandel begleitet sind. Dieser dürfte oft am leichtesten als Mainstreaming-Prozess fassbar sein. *Die Bedeutung des Wertes im Aufschwung erweitert sich eher* in Richtung vielfältiger Kompatibilitäten mit anderen hochetablierten Werten, bei Gefahr einer gewissen Verwässerung aus Sicht derjenigen, die ihn schon vor dem Aufschwung hochgehalten haben. Gewisse soziale Praktiken, die mit dem Wert assoziierbar sind, werden „salonfähiger". *Die Bedeutung des Wertes im Abschwung verengt sich eher,* mag so aber zum umso präziseren Identitätsstifter einer bestimmten Subkultur werden.

Die theoretische Reflexion legt nahe, dass die aktuelle Popularität eines Wertes ein natürlicher Teil seiner inhaltlichen Bedeutung ist. Dass die deutsche Sprache mit dem Wort „Bedeutung" sowohl allgemeine Wichtigkeit („ein bedeutendes Museum") als auch inhaltlichen Sinn bezeichnen kann, kann als Fingerzeig auf die effektive Verbundenheit dieser beiden Aspekte dienen. Das englische Wort *meaning* besitzt zumindest einen Teil dieser aufschlussreichen Ambivalenz[43].

Abbildung 3 zeigt, dass bei einer Auswahl von sechs Erziehungswerten der Wert „Unabhängigkeit" die mit Abstand dramatischste Zustimmungsveränderung unter Schweizern zwischen 1988 und 2007 erfährt ($N = 1359, N = 1040$)[44].

---

[42] Vgl. Ronald Inglehart, The Silent Revolution, S. 22.
[43] Einen weiteren wertvollen Fingerzeig liefert das *Tripartite Model of Change* des Organisationsforschers Robert Golembiewski, vgl. Robert Golembiewski u. a., Measuring Change and Persistence in Human Affairs. Types of Change Generated by OD Designs, in: The Journal of Applied Behavioral Science 12 (1976), S. 133–157; Robert Golembiewski/Robert Munzenrieder, Phases of Burnout: Development in Concepts and Applications, New York 1988, S. 194–196. Es unterscheidet einen Alpha-Wandel, bei dem sich lediglich der Zustimmungsgrad zu einem abgefragten Konstrukt ändert, von einem Beta-Wandel, bei dem sich der Maßstab für Zustimmungen ändert und von einem Gamma-Wandel, bei dem sich die Faktorstruktur und damit die inhaltliche Bedeutung des Konstruktes ändert. Die qualitative Unterscheidung der drei Wandelsformen koexistiert bei Golembiewski offensichtlich mit der Auffassung, dass die drei Wandelsformen auch Steigerungen voneinander darstellen (mit Gamma-Wandel als stärkster Form von Wandel). Zustimmungswandel und Bedeutungswandel bleiben demnach bei aller Unterscheidbarkeit durch etwas verbunden. Entsprechend können sich Forscher zwar auf quantitative Kriterien (Faktorladungen, Signifikanzniveaus) einigen, ab deren Erfüllung sie Gamma-Wandel konstatieren und sich deswegen Aussagen über einen eventuellen Alpha-Wandel verbieten. Der Realität ist dies jedoch gleichgültig – sie lässt die Wandelsformen interagieren und fließend ineinander übergehen.
[44] Die Datengrundlage liefern hier erneut zwei WVS-Datensätze, vgl. obige Fussnote zur „Sekretärinnenfrage". Die Befragten wurden aufgefordert, aus einer Auswahl von ins-

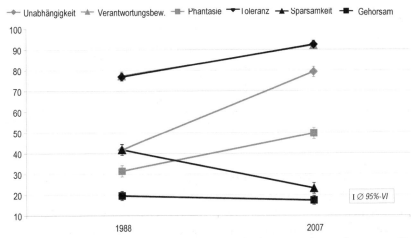

Abbildung 3: Wandel der besonderen Wichtigkeitszuschreibung an sechs Erziehungswerte (%, 20–80-Jährige)

Die Einstufung dieses Wertes als besonders wichtig steigt um fast 40 Prozent und macht ihn zu einem der populärsten Werte.

Die verzerrungsarmen MDS-Outputs in Abbildung 4[45] sprechen gegen eine gleichbleibende Kompatibilitätsstruktur zwischen 1988 und 2007 – und für unsere Hypothese, dass bei starkem Zustimmungswandel, ein Bedeutungswandels von Werten besonders zu erwarten ist. Wird der auf zwei Dimensionen vereinfachte Bedeutungsraum in drei Hauptsektoren untergliedert, wechselt die „Unabhängigkeit" klar ihren Sektor und gerät aus ehemaliger Nachbarschaft der „Phantasie" in eine dominierende Mainstream-Orientierung, die sie 2007 gemeinsam mit „Toleranz" und „Verantwortungsbewusstsein" ausdrückt.

Der Befund einer solchen hochinstitutionalisierten Konstellation nach der Jahrtausendwende ist nicht exotisch. Er passt sehr gut auf die Wertprioritäten,

gesamt zehn Erziehungswerten maximal fünf nach ihrer Auffassung besonders wichtige zu nennen. Die Ergebnisse für einen dazwischenliegenden Messzeitpunkt 1996 mit elf wählbaren Erziehungswerten sind hier als nicht ausreichend vergleichbar aus der Analyse ausgeschlossen (Die Wahrscheinlichkeit eines Wertes, genannt zu werden, war 1996 systematisch verringert.).

[45] Alle MDS Outputs in diesem Beitrag wurden mit ALSCAL von Young und Lewyckyi berechnet (Euklidisches Distanzmass, Begrenzung auf 2 Dimensionen, maximal 30 Iterationen); vgl. Backhaus u. a., Multivariate Analysemethoden, S. 664–670. Zur Sicherheit ergänzend berechnete Outputs mit der Programmalternative PROXSCAL (dort mit der Grundeinstellung von maximal 100 Iterationen, Verrechnung von Ähnlichkeitsdaten statt Distanzdaten, Startkonfiguration Simplex) haben das jeweilige Datenbild gut repliziert und die gleichen Interpretationen gestützt.

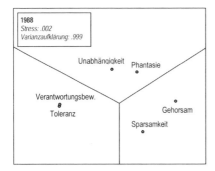 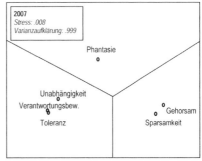

Abbildung 4: Kompatibilitäten von sechs Erziehungswerten 1988 und 2007 (20–80-Jährige)

die Boltanski und Chiapello inhaltsanalytisch als charakteristisch für ihr jüngstes, konnexionistisch-projektbasiertes Stadium kapitalistischer Gesellschaften ermittelt haben: „Der hohe Wertigkeitsträger der projektbasierten Polis ist so ungebunden, weil er [...] dem Anderen offen begegnet. Aus eben diesen Gründen ist er auch nicht kritisch veranlagt, es sei denn, es gilt für Toleranz und Andersartigkeit einzutreten. Nichts darf gegenüber dem Anpassungsimperativ in den Vordergrund treten oder seine *Bewegungsfreiheit* einschränken."[46]

Abbildung 5 thematisiert eine weitere Auswahl von untereinander vergleichbaren Werten, nämlich acht Lebensbereiche, die von Schweizern im Erwerbsalter 1993 (N = 586–594) und 2006 (N = 569–593) nach ihrer persönlichen Wichtigkeit eingestuft wurden. Die mit Abstand spektakulärste Entwicklung ist die Wichtigkeitszunahme des Lebensbereichs Sport.

Ähnlich wie oben beim Erziehungswert Unabhängigkeit scheint auch dieser markante Zustimmungswandel von einem markanten Bedeutungswandel begleitet.

Abbildung 6 illustriert dies zunächst für Männer. 1993 befindet sich der Sport noch in der oberen Hälfte des MDS-Outputs, die man „zivilgesellschaftliche Entfaltungszone" nennen könnte. Relativ weit streuend sind hier Lebensbereiche repräsentiert, die nicht so eng mit der alltäglichen Existenzsicherung assoziiert sind. Sie stehen den Individuen nach deren jeweiligen Präferenzen für Selbstverwirklichung und soziale Partizipation offen, beispielsweise auf wöchentlicher Basis oder auch mit längeren Aktivitätsintervallen. 2006 ist der Sport tief in die untere Hälfte des MDS-Outputs gewandert. Die hier relativ eng versammelten Lebensbereiche haben typischerweise im Alltag Bedeutung für die Menschen, und dies so selbstverständlich, dass sie die Individuen nicht besonders gut nach ihren Hauptpräferenzen differenzieren können.

---

[46] Luc Boltanski/Ève Chiapello, Der neue Geist des Kapitalismus, Konstanz 2006, S. 170 (Hervorhebungen E. A.).

Wertzustimmung und Wertbedeutung 89

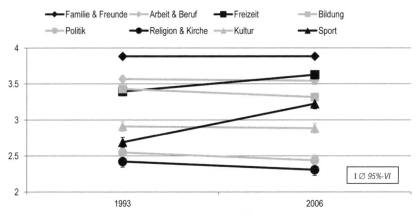

Abbildung 5: Wandel der Wichtigkeitszuschreibung an acht Lebensbereiche (4-stufig, 18–64-Jährige)

Abbildung 6: Kompatibilitäten von acht Lebensbereichen 1993 und 2006 (18–64-jährige Männer)

Eine ähnlich substantielle Wanderung durch den Affinitäten- oder Kompatibilitätsraum legt der Sport auch bei den Frauen zurück (Abbildung 7), obwohl die Struktur dieses Raumes bei den Frauen eine etwas andere ist. Die weibli-

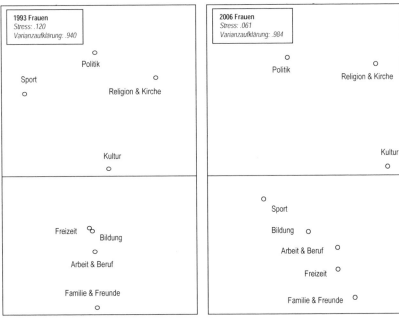

Abbildung 7: Kompatibilitäten von acht Lebensbereichen 1993 und 2006 (18–64-jährige Frauen)

chen Antipoden von Familie und Freunden liegen eher bei der Politik als bei der Religion und Kirche.

Wie bei den Erziehungswerten sind diese Bedeutungsverschiebungen nicht zufällig. Sport hat tatsächlich in der Gesellschaft nach der Jahrtausendwende eine inhaltlich andere Bedeutung als in früheren Jahrzehnten. Anstelle vergnüglicher Vereinsaktivitäten wird darunter immer häufiger ein unermüdlicher, unter Umständen täglicher Dienst an hochgeschraubten Fitness- und Schönheitsidealen verstanden, beispielsweise als einsames Kraft- oder Marathontraining nach der Arbeit – bei dem sich unter Umständen auch mittels Telefon-Headset weiterarbeiten lässt. Für viele ist der Sport in ein nahes Ergänzungs- oder Ausgleichsverhältnis zur Arbeit geraten, sowie zur vorangetriebenen geistigen Fitness in Form von Bildung. Vor allem aber ist er mittlerweile praktisch Pflicht für jeden wohlangepassten Bürger. Das Geständnis, man sei gänzlich unsportlich, ist heute suspekt. Die gesundheitspolitische Gefahr, dass wir in Zukunft auf Basis unseres Body-Mass-Indexes eine Extrasteuer entrichten könnten, so wie bereits Raucher sie über den Zigarettenpreis zu entrichten haben[47], kann durchaus ernst genommen werden.

---

[47] Vgl. Zygmunt Bauman, Flüchtige Moderne, Frankfurt a.M. 2003, S. 93–97. Bezüglich der

In jedem Fall scheinen auch die Wichtigkeiten der Lebensbereiche zu bestätigen, dass starker Zustimmungswandel zu einem Wert eher von einem beträchtlichen, „strukturellen" Bedeutungswandel begleitet ist als schwacher Zustimmungswandel. Dies, weil er den Bedeutungswandel zur Voraussetzung hat, weil er ihn umgekehrt bewirkt, oder weil – am wahrscheinlichsten – eine wechselseitige Dynamisierung vorliegt.

Schon aus rein rechnerischen Gründen neigen sehr populäre Werte, denen fast jeder stark zustimmt, dazu, sich in einer interkorrelationsbasierten MDS-Analyse in einer eigenen Zone zusammenzuballen. Dies stellt sich auch bei empirischen Tests des Schwartz'schen Zirkumplexmodells mit Hilfe der MDS-Variante SSA nicht anders heraus, wo diese Zone in der Nähe der sozial erwünschtesten Grundorientierung (*Self-Transcendence*) liegt – und die Zone der unpopulärsten Werte ungefähr gegenüber, beim *Self-Enhancement*[48].

Der Grund für Nähe in einem solchen Output kann übrigens auch in stark institutionalisierten Kompensations- und Ergänzungsfunktionen von Werten füreinander liegen, nicht nur in inhaltlicher Ähnlichkeit. Die Nähe setzt in diesem Fall bestimmte inhaltliche Unähnlichkeiten geradezu voraus[49]. Man beachte als Beispiel die Nähe der Lebensbereiche Arbeit und Freizeit zueinander in den Abbildungen 6 und 7.

Sollte es für zukünftige Wertwandelsforschung selbstverständlich werden, Wertzustimmungs- und Wertbedeutungswandel simultan zu analysieren und sich dabei einen ausreichend weiten Interpretationshorizont zu sichern, wird sie vermutlich auf ein häufiges Muster stoßen: (1.) Ausgelöst durch eine Mangelkrise oder einen fundamentalen Technologiesprung gerät ein Wert (zum Beispiel „Unabhängigkeit", „Gleichheit" oder „Authentizität") in Aufschwung; und zwar zunächst nur auf artikulierter Bedürfnisebene, noch ohne angemessene Institutionalisierung. (2.) Stabilitätsinteressierte Kräfte, die der Wandel beunruhigt, vermeiden es, die neue Popularität des Wertes offen anzugreifen. (3.) Sie arbeiten stattdessen darauf hin, dem Wert – unter anderem mittels Medienmacht und über die Gestaltung von Konsumgütern – eine etwas verschobene, erweiterte oder abgemilderte inhaltliche Bedeutung zu geben. Dabei ist es durchaus hilfreich, den anfänglichen Wandelimpuls bis zu einem gewissen Grad aufzu-

---

Entkoppelung von Sport und Vereinsleben, vgl. Robert D. Putnam, Bowling Alone: America's Declining Social Capital, in: Journal of Democracy 6/1 (1995), S. 65–78.

[48] Vgl. Shalom H. Schwartz, Value Orientations: Measurement, Antecedents and Consequences Across Nations, S. 175, 202.

[49] Damit hängt zusammen, dass bestimmte Kulturen oder Epochen zwar einen Wert besonders hoch halten können, dass sie aber auch verschiedene Stile haben können, den Wert zu bedienen.

nehmen, zu reflektieren und zu unterstützen[50]. (4.) Das soziale System verarbeitet die Beunruhigung bei nur minimaler innerer Deformation[51].

Fazit

Nach dem Aufmerksamkeitshöhepunkt in den 1970er Jahren hat das fachübergreifende Interesse an der befragungsbasierten Wertforschung zunächst wieder abgenommen. Jedoch wurden in der seither verstrichenen Zeit beachtliche Fortschritte in dem Forschungszweig erzielt. Der womöglich grundlegendste betrifft die zunehmende Berücksichtigung von Problemen der inhaltlichen Wertbedeutung, anstelle der bloßen Berücksichtigung von Wertzustimmungen beziehungsweise Wertwichtigkeiten.

Die diesbezüglichen Beiträge, die am meisten rezipiert wurden, haben seit den 1980ern Shalom Schwartz und Mitarbeitende in Form ihres versuchten Nachweises einer universellen Struktur des menschlichen Werteraums geleistet. Der dabei dominierende Gedanke ist, dass es eine inhärente, kultur- und periodenübergreifende Eigenschaft von Werten ist, mit bestimmten anderen Werten besonders kompatibel oder inkompatibel zu sein. Hieraus resultierende Positionen zueinander in einem Zirkumplexmodell menschlicher Werte werden als Kriterium der inhaltlichen Bedeutung dieser Werte genutzt. Nach der Schwartzschen Theorieschule variiert zwar die relative Wichtigkeit, die durch Individuen und ganze Gesellschaften bestimmten Werten beigemessen wird. Doch ist die semantische Bedeutung dieser Werte eher invariant, weil sie aus den weitgehend stabilen Proximitätsverhältnissen zu allen anderen Werten des Wertekreises hervorgeht. In letzter Konsequenz wäre demnach von einer Unkorreliertheit von Wertzustimmung und Wertbedeutung zu sprechen.

Diese Idealisierung kann gerade als solche nützliche Dienste leisten. Zum Beispiel kann vor dem Vergleich der Zustimmungsintensität zu einem Wert in zwei Gesellschaften ein vorgängiger Test der tatsächlichen konzeptuellen Invarianz gefordert werden; das heißt eine rechnerische Vergewisserung, dass zum relevanten Zeitpunkt in den beiden Gesellschaften das Gleiche unter dem betreffenden Wert verstanden wird[52].

[50] Vgl. Hans-Joachim Hoffmann-Nowotny, Soziologische Notizen zu einigen Problemen des Wertwandels, in: Helmut Klages/Peter Kmieciak (Hrsg.), Wertwandel und gesellschaftlicher Wandel, Frankfurt a.M. 1979, S. 65.
[51] Die Nähe des Beunruhigungs-Begriffs zum Begriff der Perturbation in der biologischen Systemtheorie wird hier als aufschlussreich betrachtet. Vgl. Humberto R. Maturana/Francisco J. Varela, Autopoiesis and Cognition: The Realization of the Living, Dordrecht 1980, S. 105–106.
[52] Vgl. Eldad Davidov u. a., Testing the Invariance of Values in the Benelux Countries with

Was die genannte, normativ und methodologisch nützliche Idealisierung aber ihrer Natur nach nicht leisten kann, ist, die volle *Realität* der Beziehung von Wertzustimmung und Wertbedeutung zu erfassen. Zusammenhänge zwischen beidem, besonders spürbar bei markantem Wertwandel, sind Teil dieser Realität. *Es wurde in diesem Beitrag eine (erste) Hypothese zum Zusammenhang von Wertzustimmung und Wertbedeutung vorgeschlagen, wonach bei starkem Zustimmungswandel zu einem Wert mit größerer Wahrscheinlichkeit auch ein messbarer Bedeutungswandel des Wertes gegeben ist, als bei schwachem oder fehlendem Zustimmungswandel.* Die Hypothese kann vom Vergleich zwischen Zeitpunkten grundsätzlich auf den Vergleich zwischen Gesellschaften übertragen werden.

Verschobene Wertbedeutungen sind somit mehr als ein Störfaktor beim Messversuch von Wertzustimmungsdifferenzen, respektive als ein Ärgernis beim Bestätigungsversuch eines invarianten Werteraums. Sie sind wie die veränderten Wertzustimmungen ein integraler, organischer Bestandteil von Wertewandel, weshalb Bedeutungswandel und Zustimmungswandel simultan zu messen und gemeinsam zu verstehen sind.

Um diesem Erfordernis bestmöglich gerecht zu werden, sollte Bedeutungswandel zwar auch, aber nicht ausschließlich, mit rechnerischen Verfahren wie der MDS erforscht werden. Das Spektrum an Konnotationen (und damit die Frage von Bedeutungserweiterungen und -verengungen), das ein Wert-Wort zu verschiedenen Zeitpunkten oder an verschiedenen Orten besitzt, lässt sich gründlich vor allem mit qualitativen Befragungen untersuchen. *Es wurde hier als (zweite) Hypothese vorgeschlagen, dass Werte im Aufschwung eher eine Bedeutungserweiterung als -verengung erfahren.* Auch diese Hypothese müsste vom Vergleich zwischen Zeitpunkten auf den Vergleich zwischen Gesellschaften übertragbar sein.

---

the European Social Survey. Die Autoren demonstrieren in diesem Beitrag allerdings eindrücklich, wie stark sich das Spektrum noch erlaubter Zustimmungsvergleiche verengen kann, wenn für die latenten Wertvariablen in Schwartz' PVQ eine strenge, dreistufige Invarianzforderung (konfigural, metrisch und skalar) beachtet wird. Zunächst beschränken sie ihren Vergleich auf die drei Beneluxländer mit ihrer erwartbaren, großen kulturellen Nähe (obwohl in der Praxis oftmals Vergleiche des weit Auseinanderliegenden besonders interessieren dürften). Weiter sehen sie sich gezwungen, drei Paare von Werttypen aufgrund ihrer ungenügenden Differenzierbarkeit zusammenzulegen und damit den Schwartzschen Wertekreis auf sieben anstelle von zehn Werttypen zu reduzieren. Von diesen sieben Werttypen erfüllen im empirischen Test drei die Forderung skalarer Invarianz. Einer von ihnen (Selbstbestimmung) zeigt keine Unterschiede durchschnittlicher Zustimmung zwischen den Ländern. An erlaubten Differenzaussagen zwischen den Ländern bleibt übrig, dass Menschen in Luxemburg den Stimulierungs- und den Universalismuswert durchschnittlich etwas höher, und Menschen in den Niederlanden den Universalismuswert durchschnittlich etwas tiefer halten als Menschen in Belgien.

Unter rein quantitativem Aspekt lässt sich grundsätzlich versuchen, den erwartbaren Eigeneffekt eines Bedeutungswandels auf einen Zustimmungswandel aus demselben herauszurechnen oder umgekehrt. Dies ist nicht dasselbe wie die nur restriktiv wirkende, normative Forderung eines fehlenden Bedeutungswandels im Vorfeld des Zustimmungsvergleichs. Bei der einen Art von Wandel wird immerhin durch die Werte eine bezifferbare Distanz durch einen Bedeutungsraum zurückgelegt und bei der anderen Art eine bezifferbare Distanz auf einer Wichtigkeitsskala[53].

Es ist klärungsbedürftig, ob der Nutzen solcher Rechnungen die Nachteile überwiegen kann, die sich mit den vielfältigen dabei notwendigen Annahmen verbinden (wie beispielsweise Linearitätsannahmen von Zusammenhängen und schon die Annahme einer grundsätzlichen Verrechenbarkeit der beiden Wandelsformen). Es dürfte eine Kombination methodischen Wissens und theoretischen Überblicks erfordern, um zu entscheiden, wie weitgehend Phänomene, die in der Realität zwar nicht steif-deterministisch, aber doch elastisch-probabilistisch miteinander verbunden sind, in der statistischen Analyse in Teilkomponenten zerlegt werden können, ohne dass sie einen essentiellen Teil ihrer Natur einbüssen und die dabei zu gewinnenden Aussagen praktisch gehaltlos werden.

Allerdings rühren nicht alle Probleme, die durch diesen Beitrag beleuchtet wurden, an so grundsätzliche Fragen. Wer eine größere Zahl von Zustimmungskonjunkturen zu Werten analysiert hat, sollte heute insbesondere die einfache Forderung unterstützen können, dass die zugehörigen Surveyfragen und Antwortmöglichkeiten von Befragungsrunde zu Befragungsrunde exakt repliziert sowie möglichst nicht semantisch überfrachtet werden. Eine der Hauptversuchungen, die dieser sinnvollen Norm entgegenstehen, sind allzu hochfrequente Revisionen existierender Fragebatterien anhand immer neuer Testsamples, ohne dass geeignete Vorkehrungen für den Übergang vom alten zum neuen Instrument getroffen werden oder – aus Platzgründen – getroffen werden *können*.

---

[53] Als einfacher Ausdruck der zurückgelegten Bedeutungsdistanzen bieten sich die Summen der Proximitätsveränderungen zu allen anderen Werten in der Untersuchung an. Werden unter den Werten latente Faktoren hinter jeweils mehreren (Einstellungs-)Items verstanden, lassen sich die zurückgelegten Bedeutungsdistanzen als Veränderungssummen der Faktorladungen, einschließlich der Kreuzladungen, die von den Items der anderen Faktoren beigesteuert werden, konzipieren. Mit der Größe der Bedeutungsveränderung einer Variablen kann jedenfalls eine Stärkeerwartung von Zustimmungsveränderung korrespondieren; und mit der Richtung der Bedeutungsveränderung eine Erwartung positiver oder negativer Zustimmungsveränderung. Positiv müsste die Erwartung eher bei schrumpfender Bedeutungsdistanz zu absolut populäreren Wert-Items sein, negativ eher bei wachsender Bedeutungsdistanz zu denselben.

Norbert Grube
Seines Glückes Schmied? Entstehungs- und Verwendungskontexte von Allensbacher Umfragen zum Wertewandel 1947–2001

In Deutschland hat das 1947 gegründete Allensbacher Institut für Demoskopie (IfD) die Debatte über den westdeutschen Wertewandel maßgeblich geprägt. Die im Juni 1975 in der „Zeit" im Fragekleid publizierte Warnung „Werden wir alle Proletarier?" der Institutsgründerin Elisabeth Noelle provozierte vielfältige Reaktionen und wurde mit gleichnamigem Titel 1978 als Buch herausgegeben, das schon im Folgejahr eine zweite Auflage erfuhr[1]. Auch aus der anschließend wesentlich von Allensbach initiierten und durchgeführten Europäischen Wertestudie von 1981, den daran anschließenden Wertestudien 1990/93 und der mit internationalen Forschern ermittelten beruflichen Leistungsbereitschaft im nationalen Vergleichsprojekt „Jobs in the eighties" gingen mehrere Buchpublikationen hervor. Am bekanntesten dürfte die nunmehr nicht mehr in Frageform, sondern mit der Titelthese „Die verletzte Nation" überschriebene Studie sein, die Noelle mit der gegenwärtigen Allensbacher Geschäftsführerin Renate Köcher wiederum in zwei Auflagen 1987/88 vorlegte[2]. Unzählige Vorträge, wissenschaftliche Aufsätze und publizistische Beiträge von Allensbacher Demoskopen schlossen sich an – zuletzt wurde 2001 von Elisabeth Noelle und Thomas Petersen sowie 2003 in der IfD-Studie „Der Wert der Freiheit" eine Renaissance der Werte erkannt[3]. Die Kernbefunde Elisabeth Noelles zum Wertewandel lauteten: der im internationalen Vergleich äußerst geringe westdeutsche Nationalstolz korrespondiere mit einem Absinken religiöser und

---

[1] Vgl. Elisabeth Noelle-Neumann, Werden wir alle Proletarier? Ungewöhnliche Wandlungen im Bewusstsein der Bevölkerung, in: Die Zeit, 13.6.1975, http://www.zeit.de/1975/25/werden-wir-alle-proletarier, gesehen am 30.3.2012. Elisabeth Noelle-Neumann, Werden wir alle Proletarier? Wertewandel in unserer Gesellschaft, Zürich ²1979. Nach dem Tod ihres zweiten Mannes legte Elisabeth Noelle alle Namenszusätze ab und nannte sich nur noch nach ihrem Geburtsnamen, unter dem sie früher wie zuletzt auch publizierte.
[2] Vgl. Elisabeth Noelle-Neumann/Renate Köcher, Die verletzte Nation. Über den Versuch der Deutschen, ihren Charakter zu ändern, Stuttgart ²1988; Aspen Institute for Humanistic Studies u. a. (Hrsg.), Work and Human Values. An International Report on Jobs in the 1980s and 1990s, New York 1983. Elisabeth Noelle-Neumann/Burkhard Strümpel, Macht Arbeit krank? Macht Arbeit glücklich? Eine aktuelle Kontroverse, München 1984.
[3] Vgl. Elisabeth Noelle-Neumann/Thomas Petersen, Zeitenwende. Der Wertewandel 30 Jahre später, in: APuZ B29 (2001), S. 15–22. Allensbacher Archiv, IfD-Bericht, Der Wert der Freiheit. Ergebnisse einer Grundlagenstudie zum Freiheitsverständnis der Deutschen, Oktober/November 2003.

familiärer Werte, einer Abnahme von Technikakzeptanz und vor allem von Arbeitsfreude und -fleiß zugunsten sogenannter hedonistischer Lebensstile, die das individuelle well being und Freizeitverhalten betonen. Erziehungsziele wandelten sich in Richtung Permissivität – am Ende stehe soziale Zerrissenheit, die sich in einer Generationenkluft zwischen jung und alt zeige.

Diese durch Umfragen erhobenen soziokulturellen Tendenzen wurden als Fehlentwicklungen interpretiert, für die insbesondere Noelle die als politisch links eingestuften Massenmedien, speziell das Fernsehen, verantwortlich machte und in personalisierender Zuspitzung Theodor Adorno als Repräsentant der Frankfurter Schule – trotz seiner ähnlich kulturpessimistischen Warnung vor den audiovisuellen Massenmedien[4].

Nun sind hier nicht die Allensbacher Deutungen zu rekapitulieren. Vielmehr stehen mittels einer historischen Kontextualisierung der seit 1947 erhobenen Umfragedaten folgende Fragen im Zentrum: Lassen sich nicht schon vorher beziehungsweise häufig soziokulturelle Wandlungen in demoskopischen Studien finden? Was waren die historischen Entstehungskontexte der Umfragestudien und wie konnte dann der Wertewandel wissenschaftlich und auch politisch so auf die Zeitphase 1967/1973 fokussiert und zugleich common sense werden?

Diesen Fragen wird anhand von vier Perspektivenwechseln nachgegangen: Erstens wird gleichsam mit dem Allensbacher Deutungskonzept und Datenmaterial aufgezeigt, ob es von 1947 bis 1967 Wertebewegungen vor dem Wertewandel gab. Davon distanzierend wendet sich zweitens der Blick auf den demoskopischen Prognoseanspruch: Wurde der Wertewandel prospektiv erkannt oder nachträglich reklamiert? Drittens folgen quellenkritische Analyseskizzen zur demoskopischen Befragungsmethode, bevor viertens zeithistorische Kontextanalysen zeigen, welche politischen Ambitionen die Wertewandelstudien der 1970er Jahre initiierten und in welchen wissenschaftshistorischen Bezügen sie gedeutet wurden.

---

[4] Vgl. Elisabeth Noelle-Neumann, Die Erinnerungen, München 2006, S. 189–192; Elisabeth Noelle-Neumann, Macht Fernsehen träge und traurig, in: dies, Werden wir alle Proletarier?, S. 72–95; dies., Kann das Fernsehen als Stachel der Gesellschaft wirken? Ergebnisse der Kommunikationsforschung, in: Dieter Stolte (Hrsg.), Fernseh-Kritik. Die gesellschafts-kritische Funktion des Fernsehens, Mainz 1970, S. 79–90, hier S. 90: „Die Kraft, Meinungen hervorzurufen, Meinungen zu verändern, Menschen zu erregen, sie nach einer Änderung bestehender Verhältnisse verlangen zu lassen, und also auch: gesellschaftskritisch zu wirken, wird man […] dem Fernsehen nicht absprechen können." Theodor Adorno, Erziehung zur Mündigkeit. Vorträge und Gespräche mit Hellmuth Becker 1959–1969, hrsg. v. Gerd Kadelbach, Frankfurt a.M. 1970, S. 13, 54ff., 61ff.

Werden wir alle Bürger? – oder: Wertewandel vor dem Wertewandel? Umfragedaten und Umfragedeutungen bis 1965

Allensbacher Demoskopen erfragten frühzeitig, seit 1949, Bevölkerungsbekundungen zur Ehe, Arbeit und Nation. Verschiedentlich hätten die Daten schon bis zum Ausgang der 1960er Jahre als Indikatoren für einen kulturellen Wandel gewertet werden können[5]. Doch das Deutungskonzept „Wertewandel" erfolgte erst in den 1970er und 1980er Jahren. Zuvor wurden diverse Anzeichen von sich wandelnden Einstellungsbekundungen zum Teil temporär auf bestimmte, sich rasch verändernde Nachkriegskonstellationen zurückgeführt oder aber als vernachlässigbar deklariert.

Prämissen des Allensbacher Forschers Ludwig von Friedeburg, der 1954 an das Frankfurter Institut für Sozialforschung wechselte, wonach eine „Abwendung von der bürgerlichen Moral" schon weit früher, etwa um 1900, stattgefunden habe[6], wurden in Allensbach kaum aufgegriffen. Friedeburg hatte in seiner 1953 veröffentlichten, auf Datenmaterial von 1949 beruhenden „Umfrage in der Intimsphäre" Antworten der Bevölkerung auf Fragen zur Sexualität als zeitbedingte Anpassungstendenzen und ein pragmatisches Zulassen gedeutet. Es sei „ein mehr oder minder starker Bedeutungsverlust früher bestimmender Leitbilder im Bereich des Geschlechtslebens festzustellen", etwa bei der Empfängnisverhütung oder beim außerehelichen Geschlechtsverkehr von Verheirateten[7]. Umfragen zeigten auch bereits um 1950 (und wahrscheinlich schon zuvor) Änderungen von Familienbildern auf. Die in Befragungen in Westdeutschland bekundete ideale Familiengröße von durchschnittlich 2,2 Kindern lag unter vergleichbaren Ergebnissen in anderen westlichen Nationen. Friedeburgs Erklärung für die Gefährdung der Ehe aufgrund der „Herausgliederung der Familie aus dem gesellschaftlichen und wirtschaftlichen Gesamtprozeß" ist gleichsam eine Blaupause für Renate Köchers Deutung von 1987, wonach der sozioökonomische „Funktionsverlust" der Familie zugleich deren Schwächung bedeute[8]. Da sie allerdings auf von Friedeburgs Ergebnisse

---

[5] Insofern existieren, ergänzend zu der Annahme bei Bernhard Dietz/Christopher Neumaier, Vom Nutzen der Sozialwissenschaften für die Zeitgeschichte. Werte und Wertewandel als Gegenstand historischer Forschung, in: VfZ 60 (2012), S. 293–304, hier S. 300, vor 1965 Umfragen zur Analyse sich wandelnder Wertbekundungen.
[6] Vgl. Ludwig von Friedeburg, Die Umfrage in der Intimsphäre, Stuttgart 1953, S. 23.
[7] Ebenda, S. 26 u. 38f. Dazu jüngst: Sybille Steinbacher, Wie der Sex nach Deutschland kam. Der Kampf um Sittlichkeit und Anstand in der frühen Bundesrepublik, München 2011, S. 163.
[8] Friedeburg, Umfrage in der Intimsphäre, S. 31; vgl. Renate Köcher, Familie und Gesellschaft, in: Noelle-Neumann/Köcher (Hrsg.), Die verletzte Nation, S. 74–163, hier S. 78.

und Erkenntnisse nicht eingeht, erscheint die konstatierte Werteverschiebung im Familienbild als neuartige Tendenz.

Die historische Analyse demoskopischer Datenproduktion, Wissensgenerierung und Deutungsambitionen ist erst noch zu leisten[9]. Daher können hier nur Schlaglichter geworfen und Fragen gestellt werden, ob frühe Wandlungen in Einstellungsbekundungen, wie sie sich schon bei Friedeburgs Studie abzeichneten, bereits in den 1950/60er Jahren ermittelt worden sind. Könnte man – mit Allensbacher Maßstäben – schon 1958 eine Hinwendung zu individuellen Lebensstilen und zur Priorisierung des persönlichen Wohlbefindens zuungunsten von Arbeit und Gemeinwohlorientierung aus dem zunächst einmal ganz quellenunkritisch betrachteten Datenmaterial herauslesen? Immerhin gaben schon 1958 demoskopisch nach ihren Wünschen befragte Bundesbürger zu 63 Prozent an: „Auch mit zunehmenden Jahren immer gleichmäßig frisch und spannkräftig bleiben [zu wollen]", während demgegenüber nur 12 Prozent „mit verantwortungsvollen, wichtigen Aufgaben betraut werden [wollten]"[10]. Diesen Befund interpretierten die Allensbacher Umfrageforscher weder 1958 noch bei einer Wiederholungsumfrage von 1965 als Indikatoren eines soziokulturellen Wandels. Dabei tendierte er doch zu dem Mitte der 1970er Jahre konstruierten Wertewandelsbild, wonach Lebensgenuss vor Erfüllung von Leistung, Aufgaben und gemeinnützigem Engagement gehe.

Auch die von Elisabeth Noelle bereits zu Beginn der 1960er Jahre ermittelte zunehmende Zurückhaltung gegenüber demoskopischen Fragen nach nationaler Überlegenheit und Dominanz (Tabelle 1) galt nicht als Vorbote des Niedergangs von Nationalstolz wie in den 1970/80er Jahren. Denn, so Noelle 1965 ausweislich von Umfragedaten, die stabile Relevanz der nationalen Kernfrage, der Wunsch nach Wiedervereinigung, zeige die Intaktheit des deutschen Nationalbewusstseins[11]. Mahnungen zur nationalen Zurückhaltung wertete Erich Peter Neumann, Noelles Ehemann und Bonner Regierungsberater, als Störfeuer einiger weniger Publizisten und Intellektueller, die der Wiedervereinigung abgeschworen hätten[12].

---

[9] Impulse hierzu bietet sicherlich die Historische Wertewandelforschung. Die jüngst in den VfZ ausgetragene Kontroverse könnte der noch offenen Forschungsfrage, in welchen reziproken politisch-kulturellen Kontextverhältnissen die Umfragedatenproduktion und -veröffentlichung erfolgten, neuen Schwung verleihen, sofern die Diskussion sachbezogen bleibt, vgl. Rüdiger Graf/Kim Christian Priemel, Zeitgeschichte in der Welt der Sozialwissenschaften. Legitimität und Originalität einer Disziplin, in: VfZ 59 (2011), S. 479–508. Dietz/Neumaier, Vom Nutzen der Sozialwissenschaften für die Zeitgeschichte.

[10] Elisabeth Noelle-Neumann, Der Staatsbürger und sein Staat, in: Helmut Hammerschmidt (Hrsg.), Zwanzig Jahre danach. Eine deutsche Bilanz 1945–1965, München u. a. 1965, S. 79–104, hier S. 79.

[11] Vgl. Noelle-Neumann, Staatsbürger, S. 96–99.

[12] Vgl. Erich Peter Neumann, Warum wünschen die Deutschen die Wiedervereinigung? Erfahrungen und Perspektiven aus der Umfrageforschung, in: Deutsche Korrespondenz,

Tabelle 1: Zunehmende Zurückhaltung in der nationalen Selbsteinstufung

Frage: „Glauben Sie, daß wir tüchtiger und begabter sind als die anderen Völker?"
(Angaben in Prozent)

	Mai 1955	Juli/Aug. 1960
Ja, wir sind tüchtiger	60	42
Nein, glaube ich nicht	39	55
Unentschieden	1	3
	100	100

Allensbacher Archiv, IfD-Umfragen

Tabelle 2: Deutsche ohne beste Eigenschaften?

Frage: „Was halten Sie – einmal ganz allgemein gesagt – für die besten Eigenschaften der Deutschen?" (Angaben in Prozent)

	1952	1962	1963	1965	1970	1972	1973	1975/80	1978/83
Positive Angaben machten	96	86	84	86	81	80	78	85	82
„Ich weiß keine positiven Angaben"	4	14	16	14	19	20	22	15	18

Allensbacher Archiv, IfD-Umfragen

Es erstaunt, dass ein vermeintlich gebrochenes Verhältnis der Westdeutschen zu ihrer Nation erst im Übergang zu den 1970er Jahren als ein solches gedeutet wurde, trotz eines bereits zehn Jahre zuvor markanten Anstiegs der Verweigerung von positiven Antworten auf die Frage: „Was halten Sie – einmal ganz allgemein gesagt – für die besten Eigenschaften der Deutschen?" (Tabelle 2).

Die Verneinung positiver nationaler Selbstzuschreibung fällt 1962 im Vergleich zu 1952 drastischer aus als der weitere Rückgang Mitte der 1970er Jahre im Vergleich zu 1962. Von der „verletzten Nation" wird Noelle erst 1987 sprechen, um mit einer Variante des Deutungsmusters vom deutschen Sonderweg den im Vergleich zu westlichen Nationen als einmalig aufgefassten Niedergang des deutschen Nationalstolzes zu beschreiben[13].

Sondernummer Dezember 1963, S. 1–21, hier S. 4f. u. 12. Ebenso: Elisabeth Noelle-Neumann, Eine demoskopische Deutschstunde, Zürich 1983.
[13] Vgl. Elisabeth Noelle-Neumann, Nationalgefühl und Glück, in: dies./Köcher (Hrsg.), Die verletzte Nation, S. 17–71, hier S. 24f.

Eine Untersuchung demoskopischer Datenproduktions- und -deutungskontexte wird wahrscheinlich in Frage stellen, ob es angesichts dieser Datenskizzen den harten Wertewandel zwischen 1968 und 1973 als mentalitätsgeschichtliche Umschaltphase überhaupt gegeben hat.

Dass die soeben skizzierten demoskopischen Einstellungsbekundungen bis Mitte der 1960er Jahre nicht als Wertewandel etikettiert worden sind, lag möglicherweise daran, dass die meisten Markt- und Sozialforschungsdaten des Allensbacher Instituts in den 1950er und beginnenden 1960er Jahren als verstärkter Verbürgerlichungsprozess der Arbeiter gedeutet wurden[14]. Diesen Prozess nahmen die Demoskopen anders als den Wertewandel der 1970er Jahre nicht als Verfall wahr, sondern schätzten die zunehmende Akzeptanz bürgerlicher Lebensstile und Einstellungen positiv ein als eine unterstützungswürdige Abkehr von sozialen Konflikten und Klassenkämpfen. So galt in der zwischen 1965 bis 1968 öffentlich mit Wissenschaftlern, Publizisten und Unternehmern diskutierten, vom Düsseldorfer Waschmittelkonzern Henkel finanzierten Umfrage „Die sauberen Deutschen" Sauberkeit in Fortsetzung des Hygienediskurses des 19. und beginnenden 20. Jahrhunderts als wesentlicher Maßstab für gelungene häusliche Erziehung und als Zeichen von – bürgerlichem – Sozialprestige. Die Deutschen wurden dabei als besonders sauber im internationalen Vergleich qualifiziert, bedurften jedoch – so die Quintessenz – ebenfalls der weiteren Hygieneerziehung[15]. Der westdeutsche Verbürgerlichungsprozess zeige sich weiter – wenn auch widerständig in der Reserve von Arbeitern gegenüber „white collar"-Accessoires – beim Konsum, etwa von Körperpflegeprodukten, Kleidungsstücken, haushaltselektronischen Geräten oder Einrichtungsgegenständen: „Die Arbeiterschaft hat etwa im gleichen Umfang Möbel angeschafft wie die übrigen Berufsgruppen. Wir haben es dabei gewiß weitgehend mit Ersatzbeschaffungen (der Kriegsverluste) und echtem Nachholbedarf zu tun"[16], konstatierte Neumann. Mitte der 1950er Jahre besaßen fast neun Zehntel der Westdeutschen ein Bügeleisen und ein Radio, knapp die Hälfte wünschte sich einen Kühlschrank, ungefähr je ein Drittel eine elektrische Waschmaschine und einen Staubsauger, nur 23 Prozent ein Fernsehgerät. Umfrageforscher lobten diese „Tendenz zum Komfort, zur Behaglichkeit, zur Teilnahme an den Gütern der modernen Produktion [...] [als] ein ganz elementares, durchaus natürliches und auch förderungswürdiges Streben"[17] – zumindest zunächst, befördere dies doch ein Entschwinden des Arbeiters, des Proletariers, der

---

[14] Vgl. Allensbacher Archiv, IfD-Bericht 533, Bürgerlich. Gutachten über die populäre Interpretation eines Begriffs, 2.1.1957.
[15] Vgl. Allensbacher Bericht, IfD-Bericht 1210, Henkel GmbH: Die sauberen Deutschen. Dokumentation der Forumsgespräche 1965–1968.
[16] Institut für Demoskopie, Die soziale Wirklichkeit, Allensbach 1956, S. 37.
[17] Erich Peter Neumann, Der tatsächliche Lebensstandard in der Deutschen Bundesrepublik, Referat [o.J.], S. 6.

sich nach Erich Peter Neumann auch im Kleidungsstil nicht mehr als solcher zeige: „Sie können den Arbeiter in Deutschland [...] auf der Straße nicht mehr erkennen, wenn er sonntags unterwegs ist. Sie haben ihn noch in den 20er Jahren, als die Konfektion auf den Markt kam, erkennen können, weil er sich damals ungeschickt, übertrieben anzog. Das ist vorbei."[18] Um diesen Prozess zu befestigen oder gar zu beschleunigen, unterstützten Allensbacher Demoskopen die Werbung für Markenartikel, die westdeutschen Verbrauchern Sicherheit und Vertrauen, Geborgenheit, identitätsstiftende Kontinuitäten und die Versöhnung mit kapitalistischer Produktion vermitteln solle[19]. Die erfolgreiche „Erziehung", zumindest wissenschaftliche Begleitung der Westdeutschen im Übergang zur Konsumgesellschaft, reklamierten Werbefachleute und Demoskopen durchaus für sich. Die zentralen Ansatzpunkte für dieses Unterfangen waren zwischen 1955 und 1965 die verstärkt als Konsumzielgruppe ermittelten Kinder: Denn zahlreiche Arbeiter gaben in Befragungen an, dass ihre Kinder einmal ein besseres Leben als sie selbst haben sollten. Dieser zuletzt noch 1964 demoskopisch ermittelte Befund galt gar als Prognoseindiktator für die künftige Gesellschaftsentwicklung bis 1970, die nach Annahmen der Allensbacher Forscher durch sozialen Aufstiegswillen, Bildungsbewusstsein, Streben nach ökonomischer Statusverbesserung und Konsumfreudigkeit gekennzeichnet sei[20]. Aufstieg durch Arbeit, und Lebensgenuss durch Konsum waren noch keine gegeneinander ins Feld geführten Kategorien, wie in den späteren Wertewandeldeutungen, sondern zwei Seiten derselben Medaille.

Weil Bürgerlichkeit nach Allensbacher Erkenntnissen ausgangs der 1950er Jahre für breit akzeptierte Werte und Tugenden, wie Ordnung, Ruhe, Anständigkeit, Ehrbarkeit, Ehrlichkeit, Fleiß, Arbeitsamkeit und seriöses Wirtschaften

---

[18] Ebenda, S. 10; vgl. Allensbacher Archiv IfD-Bericht 643/III, Gerhard Schmidtchen u. a., Die Freizeit. Eine sozialpsychologische Studie unter Arbeitern und Angestellten, 2. Teil 1958, S. 209, 212 ermittelten den erfragten Wunsch vieler Arbeiter als Angestellte zu arbeiten.

[19] Vgl. Elisabeth Noelle u. a., Der Markenartikel im Urteil der Verbraucher: Eine sozialpsychologische Untersuchung, Allensbach 1959, S. 33-35, 44-45; Pierre Bourdieu, Das politische Feld: Zur Kritik der politischen Vernunft, Konstanz 2001, S. 71 betont die Affinität von Menschen mit schwachem kulturellem, sozialen Kapital zu Markenartikeln. Zu ähnlichen Ergebnissen kamen dann Elisabeth Noelle-Neumann/Gerhard Schmidtchen, Verbraucher beim Einkauf: Eine wirtschaftssoziologische Studie über die Rolle des Markenartikels, Allensbach 1968.

[20] Vgl. Allensbacher Archiv, IfD-Bericht 1109, Gesellschaftsbild 1970: Über die Entstehung eines neuen Sozialbewußtseins in der Bundesrepublik, 1964, S. 11. Der IfD-Bericht 645, Studien zur Schulfrage (I). Ergebnisse von Bevölkerungsumfragen im Frühjahr 1958 im Auftrag des Ettlinger Unternehmerkreises, S. 50, 60 u. 63 betonte das Interesse der Eltern an Aufstiegschancen durch Jugendbildung, an Durchlässigkeit von der Volksschulklasse zum Gymnasium. Doch zugleich existiere breite Skepsis, dass gleiche Bildungschancen für ärmere Schüler nicht verwirklicht seien. Dies könne politische Virulenz erhalten, warnten die Umfrageforscher.

stand, empfahl Neumann der Regierung Adenauer, diesen soziokulturellen Trend im Bundestagswahlkampf 1957 propagandistisch aufzugreifen. Bürgerlichkeit als eine ganzheitliche, harmonische, nach außen schlagkräftige Formation sollte gleichsam als Gegenentwurf zur sozialistischen Diktatur des Proletariats beworben werden[21]. Das Leitbild einer *civic society* wurde dabei nicht verfolgt, dazu waren Neumanns Bürgertumsbegriff zu sehr antibolschewistische, antikapitalistische und sozialharmonisch-volksgemeinschaftliche Vorstellungen inhärent[22].

Der (un)angekündigte Wertewandel: Haben Umfrageforscher den Wertewandel prospektiv erkannt?

Nimmt man einen analytischen Perspektivwechsel vor und folgt man – wenn nicht den Befragungsdaten, so aber doch dem Prognoseanspruch der Demoskopen[23] und empirischen Sozialforscher wie Ronald Inglehart[24] – so könnte man folgende These aufstellen: Der für die ausgehenden 1960er und beginnenden 1970er Jahre ermittelte Wertewandel traf die Demoskopen und empirischen Sozialforscher deshalb so unvermittelt, weil sie ihn entgegen ihres Anspruchs auf Prognosefähigkeit nicht oder unzureichend prognostiziert hatten.

Lediglich ein Statement Erich Peter Neumanns weist bereits 1962 in der Studie „Die Soziale Mentalität" auf eine Prognose in Richtung des Deutungsschemas des Wertewandels hin: „Die Unlust gegenüber persönlicher Verantwortung fällt auf. Desgleichen neigt sich der Trend dahin, Ansprüche zu institutionalisieren, ohne Rücksicht auf die Leistung. Noch gibt es Ausnahmen. Aber der Generaleindruck besagt, daß der Wohlfahrtsstaat dabei ist, das allgemeine Ideal zu werden, bis in die sozial am höchsten entwickelten Schichten der Gesellschaft hinein."[25] Dagegen sollen sich die Führungskräfte engagie-

---

[21] Vgl. Privatarchiv Ralph E. Schmidt, Nachlass Erich Peter Neumann (künftig: NL EPN), Neumann an Adenauer, 6.8. und 18.8.1956.

[22] Vgl. Norbert Grube, Deutschlandbilder des Journalisten und demoskopischen Politikberaters Erich Peter Neumann 1938–1949, in: Gunther Nickel (Hrsg.), Literarische und politische Deutschlandkonzepte 1938–1949, Göttingen 2004 (= Zuckmayer-Jahrbuch, 7), S. 309–347, hier, S. 330f.; Paul Nolte, Die Ordnung der deutschen Gesellschaft. Selbstentwurf und Selbstbeschreibung im 20. Jahrhundert, München 2000, S. 330.

[23] Vgl. Erp Ring, Signale der Gesellschaft. Psychologische Diagnostik in der Umfrageforschung, Göttingen/Stuttgart 1992, S. 97f. Zum früh artikulierten Prognoseanspruch vgl. Allensbacher Archiv, Institutsgeschichte, Informationsbroschüre des Instituts, 1.7.1948.

[24] Vgl. Ronald Inglehart, Modernisierung und Postmodernisierung. Kultureller, wirtschaftlicher und politischer Wandel in 43 Gesellschaften, Frankfurt a.M. 1998.

[25] Allensbacher Archiv, IfD-Bericht 1006, Die soziale Mentalität 1962, Ergebnisse einer Repräsentativ-Umfrage. April 1962, S. 6.

ren, der „Parole vom Maßhalten innere Glaubwürdigkeit zu verschaffen, ihre Bedeutung für das Gemeinwohl sichtbar zu machen"[26]. Trotz seiner unmissverständlichen Statements gestand Neumann, nicht einschätzen zu können, „was die Sachverhalte, die ermittelt wurden, wirklich bedeuten"[27].

Diese anklingende Unsicherheit der Umfrageforscher über die Deutung der beobachteten Bevölkerungseinstellungen betraf auch prognostische Fragen zum Freizeitverhalten, zumal als die Demoskopen die Erwerbstätigen in der Bundesrepublik infolge von Arbeitszeitverkürzungen ab Mitte der 1950er Jahre nicht nur der Leistungskontrolle, sondern auch der sittlichen Lenkung durch den Unternehmer in einer patriarchalisch gedachten Betriebsgemeinschaft entzogen sahen[28]. Nutzten die Deutschen ihre freie Zeit zur Weiterbildung, Gemeinwohlorientierung und zum gemeinschaftlichen Engagement oder nur zur individuellen, medialen, erlebnisorientierten Unterhaltung, zur libertären Entspannung, die von den Demoskopen nicht als Erholung zur Erhaltung persönlicher Vitalität, sondern als Kräfteverlust der Gemeinschaft betrachtet wurden? Führte die vermehrte Freizeit zur politischen Orientierungslosigkeit und gar Radikalisierung, weil die gouvernementale Führung kaum in den Privatbereich der Freizeitgestaltung hineinreichte?[29]

Neumanns Unsicherheit über die soziokulturelle Entwicklung lag wahrscheinlich auch darin begründet, dass zahlreiche Daten ein anderes Bild zuließen. Von 1960 bis 1967 nahmen Antworten auf die Allensbacher Frage, ob die gegenwärtige Erwerbsarbeit voll und ganz befriedige, von 44 auf bis zu 63 Prozent zu. Die demoskopische Deutung, dass „sich allgemein in der Bundesrepublik die Arbeitsfreude erhöht"[30], wurde auf Bekundungen der Befragten zu individueller Leistungs- und Arbeitsbereitschaft zurückgeführt und auf die erfragte Zustimmung zu dem Sprichwort, jeder sei seines Glückes Schmied (Tabelle 3).

---

[26] Ebenda, S. 7.
[27] Ebenda, S. 2.
[28] Vgl. Erich Peter Neumann, Die Verantwortung des Unternehmers für die öffentliche Meinung, [o.O. o.J]. Die Beobachtung der gesellschaftlichen Bewertung des Unternehmertums war ein wesentlicher Allensbacher Umfrageschwerpunkt in den Folgejahren, vgl. Elisabeth Noelle-Neumann, Unternehmerbild und Öffentliche Meinung, in: Wirtschaft und Öffentliche Meinung, Köln 1972 (=Veröffentlichungen der Walter-Raymond-Stiftung, 14), S. 179 -232; IfD-Bericht 643/III, Die Freizeit.
[29] Vgl. Erich Peter Neumann, Wie krank sind wir? Probleme der öffentlichen Wohlfahrt IX, in: Die politische Meinung 75 (1962), S. 33–44; Erich Peter Neumann, Politische Umfragen als Informationsmittel, Vortrag vor dem Bundespresseamt, 16.2.1956, „Was werden die Menschen mit ihrer Freizeit machen? Das ist eine Frage, die in den Fußballplatz gehen kann oder in den politischen Radikalismus: wir wissen es noch nicht."
[30] Allensbacher Archiv, IfD-Bericht 1489, Auswirkungen des Fernsehens in Deutschland. Lesegewohnheiten, Interessen und Bild der Politik vor und nach der Anschaffung eines Fernsehgeräts im Auftrag des SWF und SDR, August 1968, S. 48.

Tabelle 3: Seines Glückes Schmied?

Frage: „Zwei Männer unterhalten sich über das Leben. Der eine sagt: ‚Jeder ist seines Glückes Schmied. Wer sich heute wirklich anstrengt, der kann es auch zu etwas bringen.' Der andere sagt: ‚Tatsächlich ist es so, daß die einen oben sind, und die anderen sind unten und kommen bei den heutigen Verhältnissen auch nicht hoch, so sehr sie sich auch anstrengen.' Was würden Sie persönlich sagen: wer von beiden hat eher recht – der erste oder der zweite?" (Angaben in Prozent)

	März 1955	August 1962
Berufstätige Arbeiter (16 bis 60 Jahre)		
Der erste: Jeder ist seines Glückes Schmied	49	61
Der zweite: Die einen sind oben, und die anderen sind unten	42	27
Unentschieden	9	12
	100	100
Berufstätige Angestellte, Beamte (16 bis 60 Jahre)		
Der erste: Jeder ist seines Glückes Schmied	54	71
Der zweite: Die einen sind oben, und die anderen sind unten	30	18
Unentschieden	16	11
	100	100

Allensbacher Archiv, IfD-Umfragen

Auch Umfragen von EMNID boten Hinweise auf breite Akzeptanz für das individuelle Streben nach Aufstieg und Zustimmung zur Arbeitsbereitschaft und Leistungsgesellschaft. Gerade Jugendliche stuften Arbeit in demoskopischen Interviews der 1950er/60er Jahre mit skeptischer Nüchternheit, aber auch mit Wertschätzung ein (vgl. Tabelle 4).

Die hier aufscheinenden Bezüge zu Helmut Schelskys Bestseller „Die skeptische Generation" und auch zum amerikanischen Sozialforscher David Riesman wurden deutlich bei Interpretationen aus dem Umkreis des EMNID-Instituts um 1966, wonach die Jugend unbefangen ihr Leben durch individuelle Wahl von Chancen und Freizeitorganisation zu meistern verstehe[33]. Entsprechend dieser Deutung rückte bei vielen Jugendlichen pragmatisch die eigene Lebenswirklichkeit in den Mittelpunkt der Wahrnehmung, während Utopien an Resonanz verloren. Dies zeigte auch eine Allensbacher Frage mit Daten zur Simulation von sozialistischen Weltanschauungen für 1962 (Tabelle 5). Die steigende Zustimmung in dieser Frage 1972 war jedoch nicht außerordentlich, sondern tendiert zu dem Wert von 1955.

---

[33] Vgl. Blücher, Generation der Unbefangenen, S. 246; Helmut Schelsky, Die skeptische Generation. Eine Soziologie der deutschen Jugend, Düsseldorf/Köln ²1958, S. 268.

Tabelle 4: Arbeitslust – Arbeitslast?

Frage an 15- bis 24/25-Jährige: „Empfinden Sie Ihre Arbeit in erster Linie als schwere Last, notwendiges Übel, Möglichkeit, Geld zu verdienen, befriedigende Tätigkeit, Erfüllung einer Aufgabe?" (Angaben in Prozent)

	1955	1964
Schwere Last	1	1
Notwendiges Übel	7	5
Möglichkeit, Geld zu verdienen	32	30
Befriedigende Tätigkeit	38	36
Erfüllung einer Aufgabe	21	28

Quelle: Blücher, Generation der Unbefangenen, S. 69; Fröhner, Halbstarken, S. 27[32].

Tabelle 5: Gleicher Wohlstand für alle?

Frage: „Würden Sie gern in einem Land leben, in dem es keine Reichen und keine Armen gibt, sondern alle möglichst gleich viel haben?" (Angaben in Prozent)

	März 1955	August 1962	1972
Berufstätige Arbeiter (16 bis 60 Jahre)			
Ja, möchte da leben	57	45	54
Nein, möchte da nicht leben	35	37	
Unentschieden	8	18	
	100	100	
Berufstätige Angestellte, Beamte			
Ja, möchte da leben	42	34	
Nein, möchte da nicht leben	49	54	
Unentschieden	9	12	
	100	100	

Quelle: Allensbacher Archiv, IfD-Umfragen; Noelle-Neumann, Proletarier, S. 19.

Angesichts der hier aufgezeigten komplexen Datenlage gewinnt man den Eindruck, dass Neumanns gleichsam prophetische Warnung vor einem Wertewandel zu Beginn der 1960er Jahre nicht wegen, sondern trotz der Allensbacher Umfragen erfolgte. Zumal auch Elisabeth Noelle noch 1965, kurz nach ihrer Ernennung zur Professorin für Publizistik an der Universität Mainz, den Aufbau eines neuen Wertesystem nach dem Nationalsozialismus als erfolgreich abgeschlossen erkannte – was „zweifellos für die meisten Staatsbürger ein mühevoller Prozess"[34] gewesen sei. Der Respekt gegenüber der parlamentari-

[34] Vgl. Noelle-Neumann, Staatsbürger, S. 81 u. 93.

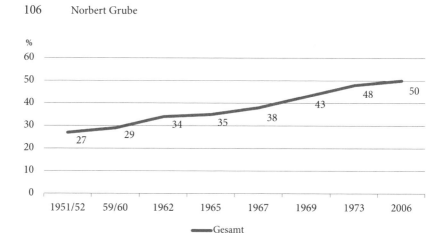

Abbildung 1: Angaben zum politischen Interesse in Westdeutschland
Quelle: Allensbacher Archiv, IfD-Umfragen

schen Demokratie und das Ansehen der Bundestagsabgeordneten stiegen im Allensbacher Langzeittrend seit 1951. Die Gemeinwohlorientierung sei verstärkt anerkannt, die Anhängerschaft für ein Mehrparteiensystem 1965 auf drei Viertel angewachsen. Die zunehmende Demokratieakzeptanz wurde an Bekundungen von Befragten im Interview gemessen, ob man den meisten Menschen und auch staatlichen Institutionen vertrauen könne, da Vertrauen als Basis für Demokratie galt[35]. Es wäre jedoch zu prüfen, ob mit der Bedeutung von Vertrauen in dieser Frage zugleich Vorstellungen von unreflektierter Akzeptanz etablierter Hierarchien, Loyalität und sozialer Geschlossenheit transportiert wurden. Vorsichtiger urteilten Forscher um Habermas und Friedeburg in ihrer Studie „Student und Politik" mit ihrer Typologie zum politischen Bewusstsein von Frankfurter Studenten um 1960: Sie stuften lediglich knapp ein Drittel als genuine Demokraten ein. Zwei Fünftel würden die Demokratie der Bundesrepublik lediglich formal unterstützen und ein gutes Fünftel sympathisiere mit autoritären Regierungsformen oder zeige sich indifferent[36].

Als weiterer Hinweis auf zunehmendes politisches Engagement für das Nachkriegsmodell der parlamentarischen Demokratie galt zudem der jeweils demoskopisch erfragte Stand des politischen Interesses. Nach EMNID nahm das politische Interesse bei 15- bis 24-Jährigen von 42 Prozent (1954) bezie-

---

[35] Vgl. ebenda, S. 82–85; Elisabeth Noelle-Neumann, Juan Linz's Dissertation on West Germany: An Empirical Follow-up, Thirty Years Later, in: Houchang E. Chehabi/Alfred Stephan (Hrsg.), Politics, Society, and Democracy. Comparative Studies, Boulder/Oxford 1995, S. 13–41, hier S. 38f.

[36] Vgl. Jürgen Habermas u. a., Student und Politik. Eine soziologische Untersuchung zum politischen Bewusstsein Frankfurter Studenten, Neuwied 1961, S. 133.

Tabelle 6: Wertewandel durch Fernsehen?

Frage: „Welche Stunden sind Ihnen im allgemeinen am liebsten: die Stunden während der Arbeit oder die Stunden, während Sie nicht arbeiten, oder mögen Sie beide gerne?"

	Testgruppe vor und nach Anschaffung von Fernsehgeräten		Kontrollgruppe ohne Fernsehgerät	
Angaben in Prozent	1966 (vorher)	1967 (nachher)	1966	1967
Beide gleich	64	57	58	66
Wenn ich nicht arbeite	24	30	21	21
Während der Arbeit	6	8	10	6
Unentschieden	6	5	11	7

IfD-Bericht 1489, Tabelle A 32.

hungsweise 37 Prozent (1955) auf 63 Prozent (1964) zu[37]. Dieser Anstieg fiel nach Allensbacher Umfragen im gleichen Zeitraum bei der Gesamtbevölkerung moderater aus (Schaubild 1). Als ursächlicher Faktor für steigendes Politikinteresse, wurde in der Allensbacher Studie das Fernsehen genannt[38]. Eher nachträglich statt prospektiv galt dieses audiovisuelle Medium dann in der Allensbacher Deutung auch als verantwortlich für den Wertewandel. Doch eine Befragung des Allensbacher Instituts von zwei Kontrollgruppen 1966 und 1967, wovon nur eine Fernsehgeräte besaß, bot ein uneinheitliches Datenbild und keine signifikanten Änderungen, etwa hinsichtlich der Bevorzugung von Arbeit oder Freizeit bei Fernsehenden und Nicht-Fernsehenden (Tabelle 6).

Der als Indikation für Leistungsbereitschaft gedeuteten Aussage, das Leben als Aufgabe zu betrachten, stimmten sogar nahezu drei Viertel der Fernsehbesitzenden zu (Tabelle 7). Selbst wenn die Befragungsgruppe ohne Fernseher sich hier noch entschiedener auslieβ, lässt sich dieses Ergebnis kaum als Vorbote eines Wertewandels deuten, sondern angesichts der zunehmenden Unentschiedenen auch als Vermögen zur differenzierten Selbsteinstufung der Fernsehenden. Noch 1965 schlussfolgerte Noelle, ein neuer Wertewandel sei nicht in Sicht, denn eine Generationenkluft – wie nur wenige Jahre später demoskopisch als ein Kennzeichen des Wertewandels festgestellt – gebe es nicht angesichts „der

---

[37] Vgl. Blücher, Generation der Unbefangenen, S. 326 u. 336; Fröhner, Halbstarken, S. 117 u. 294.
[38] Vgl. Allensbacher Archiv, IfD-Bericht 1489, S. 49; Klaus Arnold, Wie Deutschland begann, sich für Politik zu interessieren. Medienrezeption in den 1960er und 1970er Jahren, in: ders. u. a. (Hrsg.), Von der Politisierung der Medien zur Medialisierung des Politischen? Zum Verhältnis von Medien, Öffentlichkeiten und Politik im 20. Jahrhundert, Leipzig 2010, S. 323–346.

Tabelle 7: Wertewandel durch Fernsehen?

Frage: „Zwei Männer/Frauen unterhalten sich über das Leben. Was meinen Sie, welche/r von diesen beiden Männern/Frauen macht es richtig?" (Bildblattvorlage) (Angaben in Prozent)

	Testgruppe vor/nach Anschaffung von Fernsehgeräten		Kontrollgruppe ohne Fernsehgerät	
	1966 (vor)	1967 (nach)	1966	1967
„Ich betrachte mein Leben als eine Aufgabe, für die ich da bin und für die ich alle Kräfte einsetze. Ich möchte in meinem Leben etwas leisten, auch wenn das oft schwer genug und mühsam ist."	70	71	66	83
„Ich möchte mein Leben genießen und mich nicht mehr abmühen als nötig. Man lebt schließlich nur einmal, und die Hauptsache ist doch, daß man etwas von seinem Leben hat."	22	18	20	10
Unentschieden	8	11	14	7

IfD-Bericht 1489, Tabelle A 35.

rätselhaft anmutenden Übereinstimmung zwischen Älteren und Jüngeren in politischen Fragen"[39].

Eine weitgehende Generationenharmonie ermittelten Mitte der 1960er Jahre auch die Sozialforscher von EMNID, wenn man die Frage nach fortgesetzten Traditionen der Kindererziehung so deuten darf (Tabelle 8). Der moderate Wandel der Erziehungsform sei durch „Suche nach der rechten Mischung zwischen Kooperation und Strenge"[40] gekennzeichnet.

Überzeugt von der Treffsicherheit der Umfrageprognostik behauptete noch 1966 Viggo Graf Blücher von EMNID, später Professor für Sozialpsychologie in Bern: „In den Vorstellungen über die künftige eigene Familie der Jugendlichen finden sich keine Äußerungen, die auf eine auf Dauer gestellte Auseinandersetzung mit dem Elternhaus schließen lassen"[41]. Soziokulturelle Dynamik gehe „ohne Konflikt und ohne eine Gefährdung des Familienzusammenhalts vor sich. Denn die ältere Generation denkt längst ähnlich wie die junge"[42]. Auch

[39] Noelle-Neumann, Staatsbürger, S. 96.
[40] Blücher, Generation der Unbefangenen, S. 130.
[41] Ebenda.
[42] Ebenda.

Tabelle 8: Generationenharmonie

Frage an 15 bis 24/25-Jährige: „Würden Sie Ihre Kinder genauso erziehen, wie Ihre Eltern Sie erzogen haben, oder würden Sie es anders machen?" (Angaben in Prozent)

	1953	1955	1964
Genauso	32	34	33
Ungefähr so	41	46	40
Anders	18	12	18
Ganz anders	6	6	4
Keine Stellungnahme	3	2	5

Blücher, Generation der Unbefangenen, S. 128

Noelle vertrat 1965 in impliziter Nähe zur Wissenssoziologie die Auffassung von soziokultureller Stabilität. Gesellschaften seien „nicht darauf eingerichtet, Wertsysteme rasch anzunehmen und auch abzuwerfen. Im Interesse der Stabilität der sozialen Gebilde neigen Menschen zum Festhalten an der gewohnten Ordnung"[43].

Leben als Aufgabe – Leben genießen? Binäre Frageschemata und Agenda-Setting im Fragebogen

Die bisherige Skizze des retrospektiv reklamierten, nicht demoskopisch prognostizierten Wertewandels zeigt eine vielschichtige Datenlage und bei Weitem keine Eindeutigkeit. Zu reflektieren und zu prüfen bleibt, inwiefern das Frageinstrument der empirischen Sozialforschung überhaupt in der Lage ist, Werteinstellungen zu erfassen, zumal auch Renate Köcher aus Allensbach eine erhebliche Kluft zwischen (Wert-)Einstellungsbekundungen im demoskopischen Interview und tatsächlichen Verhaltensweisen und Praktiken, etwa der Eheschließung oder innerhalb der Familie, erkannte[44]. Arnold Gehlen stellte bereits 1955 fest, dass die Differenz zwischen dem Druck zur Meinungsbildung beziehungsweise -kundgabe und den eigenen Erfahrungspraktiken bei gleichzeitig kaum zu überschauender soziokultureller Komplexität die Meinungsbildung aus zweiter Hand befördere, die nicht fest gefügt und daher

---

[43] Noelle-Neumann, Staatsbürger, S. 93; vgl. Peter L. Berger/Thomas Luckmann, Die gesellschaftliche Konstruktion der Wirklichkeit. Eine Theorie der Wissenssoziologie, Frankfurt a.M. 2004, S. 86.
[44] Vgl. Renate Köcher, Familie und Gesellschaft, in: dies./Noelle-Neumann, Die Verletzte Nation, S. 74–163, hier S. 83.

kaum messbar sei[45]. Gehlens kulturpessimistische Perspektive über die Wankelmütigkeit oder Passivität der Masse hat Jean Baudrillard in einer Mischung aus Zynismus und Freude am Subversiven als bewusstes Spiel der Prinzipienlosigkeit gewertet, mit dem die Bevölkerung sich so der Fixierung, der Verortung durch die Mächtigen entziehe[46].

Abseits dieser Überlegungen fällt gerade bei der Rezeption der internationalen Wertestudien durch Zeithistoriker eine quellenunkritische Akzeptanz der Methode der fragenden Vermessbarkeit der Bevölkerung auf[47]. Dabei bedürfen manche weitgehend akzeptierten Fragemuster erst der historisch-semantischen, kulturgeschichtlichen Analyse. Dies sollen schlaglichtartig drei Punkte andeuten:

1. Zahlreiche Befragungen, etwa zur Demokratieakzeptanz und partiell zu Werteinstellungen, enthalten sogenannte demoskopische Wissensfragen. Diese sollen Kenntnisse der Bevölkerung ermitteln und dienen zugleich als Indikatoren für Zustimmung zum gesellschaftspolitischen System. Denn Umfrageforscher waren der Auffassung, dass Gebildete die Staatsräson der Bundesrepublik eher goutierten als vermeintlich Ungebildete[48]. Wissen wurde demnach als Ordnungsfaktor angesehen, allerdings nur, wenn die Zirkulation des Wissens innerhalb der Gesellschaft[49] durch wissenschaftliches oder gouvernementales Wissensmanagement gesteuert werde. Die dahinterstehende Ansicht vom politisch unfertigen, zu belehrenden Volk fand wiederum in einer Art self-fulfilling-prophecy ihre Bestätigung in der demoskopischen

---

[45] Vgl. Arnold Gehlen, Massenpsychologie und Sozialpsychologie (1955), in: Karl Siegbert Rehberg (Hrsg.), Arnold Gehlen. Die Seele im technischen Zeitalter und andere sozialpsychologische, soziologische und kulturanalytische Schriften, Arnold Gehlen-Gesamtausgabe, Bd. 6, Frankfurt a.M. 2004, S. 229–249; Arnold Gehlen, Mensch trotz Masse. Der Einzelne in der Umwälzung der Gesellschaft (1952), in: Rehberg (Hrsg.), Arnold Gehlen Gesamtausgabe, Bd. 6, S. 217–228.

[46] Vgl. Jean Baudrillard, Im Schatten der schweigenden Mehrheiten oder Das Ende des Sozialen, Berlin 2010, S. 45: „Das Volk ist zum Publikum geworden [...] Bei der täglichen Lektüre der Umfragen genießt das Volk sogar die Schwankungen seiner Meinung wie ein Heim-Kino. Nichts von alledem verpflichtet zu irgendeiner Verantwortung. In keinem Moment sind die Massen bewusst politisch oder historisch engagiert. Sie waren es immer nur im Zustand völliger Unverantwortlichkeit, immer nur, um ihre Haut zu retten."

[47] Vgl. Eckart Conze, Die Suche nach Sicherheit. Eine Geschichte der Bundesrepublik Deutschland von 1949 bis in die Gegenwart, München 2009, S. 555; Axel Schildt/Detlef Siegfried, Deutsche Kulturgeschichte. Die Bundesrepublik – 1945 bis zur Gegenwart, München 2009, S. 246.

[48] Vgl. Norbert Grube, Das Institut für Demoskopie Allensbach und die „Deutschen Lehrerbriefe" als Instrumente staatsbürgerlicher Erziehung? Ansprüche und Umsetzungen 1947 bis 1969, in: Jahrbuch für Historische Bildungsforschung 13 (2007), S. 267–288, hier S. 272. Peter R. Hofstätter, Die Psychologie der öffentlichen Meinung, Wien 1949, S. 108f. betont den „Zusammenhang von ‚Wissen und Zuneigung' bzw. Zustimmung".

[49] Vgl. Philipp Sarasin, Was ist Wissensgeschichte?, in: IASL 36 (2011), S. 159–172.

Fragebogenmethode. Denn das Umfrageinterview ermittelte, so kann man mit Elias Canetti sagen, aufgrund der Überlegenheit der vorbereiteten, wissenden Fragenden gegenüber den unvorbereitet konfrontierten Antwortenden[50] stets potentiell Defizite des durch die Frage relevant gesetzten Wissens. Als Hinweis dafür mag genügen, dass um 1960 befragte Bundestagsabgeordnete genauso wie Bundesbürger kaum exakte Angaben zur Höhe des Bundeshaushalts oder zum größten Etatposten geben konnten[51]. Manche Wissensfragen gerade im Hinblick auf politisch-ideologische Einstellungen von Jugendlichen waren derart examinierend, dass ausbleibende Antworten weniger etwas über jugendliche Weltanschauungen, sondern über die Untauglichkeit des Frageinstruments aussagten. Auf die Frage, „Was verstehen Sie unter dialektischem Materialismus?" gaben 82 Prozent der befragten Jugendlichen keine Antwort[52].

2. Dieses Schweigen wurde häufig als Indiz für Gleichgültigkeit, Verstocktheit, Dummheit oder Defätismus der Antwortenden gewertet – oder dann von Elisabeth Noelle in ihrem Konzept der Schweigespirale als Furcht vor soziokultureller Isolation[53]. Doch Baudrillards oder auch Canettis Deutung des Schweigens als Macht der Masse oder Unterlegenen[54] kann man gar weiterführend, wenn auch nicht als kritisches, mündiges Verhalten, so doch als nicht erfassbare Eigenständigkeit oder nicht zu messendes Distanzierungsvermögen der Befragten interpretieren. In diese Richtung gehen etwa Überlegungen Ludwig von Friedeburgs, der Antwortverweigerungen auf Fragen zur Intimsphäre als „Sicherung persönlicher Interessen" oder auch indirekt als Zeichen aufmerksamer, kenntnisreicher Zweifel an der Anonymität der Befragung deutet[55]. Immerhin verweigerten schon um 1950 ein Sechstel bis ein Viertel der Bundesbürger Auskünfte zu demoskopischen Fragen und der Wert ist bis heute so stark gestiegen, dass die empirische Sozialforschung dieses Phänomen unter dem anglisierten

---

[50] Vgl. Elias Canetti, Masse und Macht, Frankfurt a.M. ²⁹2003, S. 337 u. 339: „Ein Fragender kann von überall zielen [...], er geht sozusagen um einen herum und sucht den eigenen Standort aus, wie es ihm passt. Er kann un den anderen kreisen, ihn überraschen und in Verwirrung setzen. Der Wechsel des Standorts gibt ihm eine Art von Freiheit, die der andere nicht haben kann."
[51] Vgl. Günter Schmölders, Psychologie des Geldes, Reinbek 1966, S. 190–215.
[52] Vgl. Fröhner, Wie stark sind die Halbstarken, S. 131; Allensbacher Archiv, IfD-Bericht 1224, Die Bildung der Wähler. Unterlagen für eine Fernsehsendung des Süddeutschen Rundfunks, Dezember 1964, Tabelle 5; IfD-Bericht 504, Die Meinung über Bonn. Information und Urteil der Öffentlichkeit über Bundesregierung, Parlament und Parteien 1951–1956, S. 6.
[53] Vgl. Elisabeth Noelle-Neumann, Die Schweigespirale. Öffentliche Meinung – unsere soziale Haut, München ⁶2001.
[54] Vgl. Baudrillard, Im Schatten der schweigenden Mehrheiten, S. 25–28, 30 u. 35f.; Canetti, Masse und Macht, S. 339.
[55] Vgl. Friedeburg, Umfrage in der Intimsphäre, S. 2 u. 9f.

Namen „Non Response" problematisiert[56]. Interview- und Antwortverweigerungen auf bestimmte Fragen sind also nicht sofort mit Ablehnung, Abneigung, Werteverfall zu übersetzen, sondern bedürfen tieferer theoriegeleiteter Analyse, so etwa die Antwort auf die Frage nach den besten Eigenschaften der Deutschen (Tab. 2): Die Antwort „Weiß keine positiven Eigenschaften der Deutschen" kann nicht unbedingt als Indiz für verletztes Nationalgefühl, sondern als Entzug und Reflexion der Antwortenden gegenüber einem fragend abgerungenen Bekenntnis zur nationalen Fixierung Deutschlands gedeutet werden[57].

3. Bei historischen Studien zum Wertewandel gilt es über die Datenanalyse hinausgehend, etwa anschließend an die historische Semantik, den Einfluss von Verschiebungen und Mehrdeutigkeiten in der Wortbedeutung zu untersuchen. Der Einfluss der Sprache auf Umfragen wurde bislang – zumindest historisch – kaum erforscht[58]. Gerade bei internationalen Studien wird zwar das Problem der Übersetzung der Fragebögen hin und wieder angesprochen, aber nicht weiter konzeptionell vertieft[59]. Der Allensbacher Sozialforscher Erp Ring meinte, diese Übersetzungsschwierigkeit internationaler Befragungen mit Bildblattvorlagen zu lösen[60] – damit auf die vermeintlich universale Lesbarkeit des Bildes rekurrierend. Doch Bilder sagen mehr als tausend Worte – sind also ausweislich bildtheoretischer Forschungen nicht nur Abbild, sondern zugleich Denkbild und mehrfach ausdeutbar[61]. Zudem fällt gerade bei Allensbacher Bildblattvorlagen auf, dass die auf ihnen dargestellten Personen zumeist in distinguiert bürgerlichem Kleidungs- und Lebensstil dargestellt sind, die Alltagskonventionen und Geschlechterstereotype simulieren[62]. Bildblätter mit abgebildeten Frauen wurden weiblichen Befragten vorgelegt, diejenigen mit Männern männlichen Befragten. Hatte diese visuelle Präsentation bürgerlicher

---

[56] Vgl. Katja Neller, Kooperation und Verweigerung: Eine Non-Response-Studie, in: Zuma-Nachrichten 57 (2005), S. 9–36.

[57] Die Antworten könnten auch als Haltung der nationalen Zurückhaltung gedeutet werden, nicht als Entwertung der Nation, vgl. Johannes Paulmann, Auswärtige Repräsentationen nach 1945: Zur Geschichte der deutschen Selbstdarstellung im Ausland, in: ders. (Hrsg.), Auswärtige Repräsentationen. Deutsche Kulturdiplomatie nach 1945, Köln 2005, S. 1–32; Hofstätter, Die Psychologie der öffentlichen Meinung, S. 3, 51 sieht Antwortende bei (Um)Fragen durch Abforderung kaum zu leistender Stellungnahmen in angespannte Ungewissheitszustände versetzt, aus dem sie sich aus Angst vor bekundetem Nicht-Wissen in stereotype Meinungsformeln flüchten.

[58] Vgl. Wilhelm Schwarzenauer, Sprache und Umfrageforschung, in: Muttersprache 71 (1961), S. 309–313.

[59] So Noelle-Neumann/Köcher, Verletzte Nation, S. 11, indem sie Übersetzungsschwierigkeiten kurz anhand der vielfältigen Semantik des Wortes Einsamkeit in unterschiedlichen Sprachen aufzeigen.

[60] Vgl. Ring, Signale der Gesellschaft, S. 156–159.

[61] Vgl. Marion G. Müller, Grundlagen der visuellen Kommunikation. Theorieansätze und Methoden, Konstanz 2003, S. 20.

[62] Vgl. Ring, Signale der Gesellschaft, S. 114, 148, 176.

Tabelle 9: Erziehungsziele

Frage: „Wir haben hier einmal eine Liste zusammengestellt mit verschiedenen Forderungen, was man Kindern für ihr späteres Leben alles mit auf den Weg geben soll, was Kinder im Elternhaus lernen sollen. Was davon halten Sie für besonders wichtig?" (Angaben in Prozent)

Auszug aus der Listenvorlage	Westdeutschland				Deutschland	
	1967	1977	1987	1996	2003	2006
Sparsam mit Geld umgehen	75	69	71	66	72	71
Sich in eine Ordnung einfügen, sich anpassen	61	51	51	40	42	46
Bescheiden und zurückhaltend sein	37	28	28	31	29	32
Festen Glauben, feste religiöse Bindung	39	24	33	27	26	25

Allensbacher Archiv, IfD-Umfragen 2032, 3051, 4087, 6024, 7044, 7087.

Wohlanständigkeit Einfluss auf die Zustimmung zu entsprechenden Fragen? Doch das Verständnis demoskopischer Fragen ist nicht nur in internationalen Studien potentiell vielfältig. Auch im nationalen Maßstab können zentrale Begriffe im Fragebogen, wie „Stolz", sich einer „Ordnung einfügen" (Tabelle 9) oder Interesse für Politik (Schaubild 1) im Zeitverlauf beziehungsweise aufgrund kultureller Vielfalt semantische Neubewertungen erfahren und Bedeutungsvarianten enthalten. Daher müssen Datenverschiebungen nicht gleich einen tief greifenden Einstellungswandel bedeuten, sondern können lediglich veränderten Sprachgebrauch der Bevölkerung nachweisen. Die Formulierung „sich in eine Ordnung einfügen" als Maßstab für Erziehungsziele erscheint zumindest heute überholt und durch den – wie auch immer zu wertenden – Begriff der Teamfähigkeit abgelöst. Elisabeth Noelle hat semantische Verschiebungen von Fragebogensprache durchaus gesehen und die mögliche Untauglichkeit von Trendfragen als Instrumentenverfall bezeichnet, dies jedoch methodisch nicht weiter verfolgt[63].

Gerade für die Wertstudien seit den 1970er Jahren gilt, dass sie im kulturellen, bipolaren Kontext des Kalten Krieges entstanden sind. Diese Bipolarität fand ihre Entsprechung in dualistischen Frageskonstruktionen, etwa nach Freiheit oder Gleichheit, Lebensgenuss oder Lebensaufgabe, et cetera. Doch solche Konstruktionen von Eindeutigkeiten und Ausschließlichkeit funktionieren möglicherweise seit den 1970/80er Jahren nicht mehr wie zwanzig Jahre zu-

---

[63] Vgl. Elisabeth Noelle-Neumann, Demoskopische Geschichtsstunde – Vom Wartesaal der Geschichte zur Deutschen Einheit, Osnabrück/Zürich 1991, S. 19.

vor. Betrachtet man die Items zu der als Indikator für Wertewandel geltenden Frage nach den Erziehungszielen (Tabelle 9), so ist zweifelhaft, ob zum Beispiel die Antwortvorgabe „fester" Glauben, „feste" Religiosität den Befragten überhaupt eine modifizierte, distanzierende Einschätzung zugesteht, oder ob die Fragebogenkultur des „Entweder-Oder" Befragte nicht in eine Opposition zu Antwortvorgaben treibt.

Politische Entstehungs- und wissenschaftliche Deutungskontexte der Wertestudien

Noch ausstehende, notwendige historisch-semantische Analysen von Fragebögen und demoskopischen Studien lassen mindestens ebenso auf Werteeinstellungen der Umfrageforscher wie auf Wertewandel der Bevölkerung schließen. Die politisch-kulturellen Prämissen der Demoskopen sind also zur Kennzeichnung der soziokulturellen Entstehungs- und Deutungskontexte für Wertestudien von erheblicher Bedeutung, die nun abschließend betrachtet werden.

Ab 1970 löste sich das vermessene Volk langsam aus der volkspädagogischen gouvernementalen Führung[64]. Der Massenwohlstand führte nur zögerlich zur Identifikation mit dem Staats- und Wirtschaftssystem, verstärkt aber zu neuen Freiheitsvorstellungen und -forderungen. Der erste fundamentale Regierungswechsel 1969 und die Bildung der sozialliberalen Koalition gingen einher mit Wahrnehmungen von Revolten, Protesten, Streiks, neuen Lebensstilen, veränderter Medienlandschaft und pessimistischen Wachstumsprognosen.

In diesem Perzeptionszusammenhang ist der engere Entstehungskontext der Wertestudien zu verorten. Die von Allensbach durchgeführten Studien wurden maßgeblich von katholischen Geistlichen, katholischen Unternehmern und konservativen Sozialforschern initiiert. Theologen wie Paul Zulehner aus Österreich und vor allem der jesuitische Pater und Theologieprofessor Jan Kerkhofs (Universität Leuven), seit dem Frühjahr 1978 Vorsitzender der Forschungsgruppe European Value Systems Group, hatten beträchtlichen Einfluss auf die Realisierung der vergleichenden Wertestudien und teilweise auch auf die Gestaltung des Fragebogens, der allein zu einem Drittel Fragen zu Glauben, Religion und Kirche enthielt[65]. Umso erstaunlicher ist, wie wenig wir über die Genese dieser vergleichenden Wertestudien und die genannten katholischen

---

[64] Vgl. Grube, Institut für Demoskopie Allensbach und die „Deutschen Lehrerbriefe", S. 283.
[65] Vgl. Will Arts/Loek Halman, Vergleichende Soziologie der Werteforschung: Eine Bestandsaufnahme, in: Hartmut Kaelble/Jürgen Schriewer (Hrsg.), Vergleich und Transfer: Komparatistik in den Sozial-, Geschichts- und Kulturwissenschaften, Frankfurt a.M. 2003, S. 141–166, hier S. 153 ohne weitere Ausführungen oder Belege zum Einfluss von Kerkhofs

Geistlichen wissen. Weitgehend unbekannt ist, dass Kerkhofs früh, etwa 1976, die Verbindung mit dem Institut für Demoskopie Allensbach suchte. Kerkhofs und auch Elisabeth Noelle stellten nach einer Vorbereitungskonferenz mit dem katholischen Textilunternehmer und Kaufhausbesitzer Rudolf W. Brenninkmeijer im Sommer 1976 in Arnhem formal einen Antrag für eine Studie zum Grundwert der Freiheit bei der von Brenninkmeijer präsidierten niederländischen *Stichting Benevolentia*, über die es kaum verwertbare Informationen gibt. Mit der Unterstützung von Brenninkmeijer finanzierte die Stiftung im Herbst – nach der Antragstellung des IfD – die große internationale Wertestudie 1981[66].

Das Allensbacher Institut stand schon seit geraumer Zeit in Verbindung mit den miteinander durch Eheschließungen verbundenen Familien Brenninkmeijer, Horten und Herder. Der Unternehmer, CDU-Bundestagsabgeordnete und Netzwerker Alphons Horten sorgte für die Finanzierung mancher Allensbacher Umfragen. Der Herder-Verlag wiederum veröffentlichte verschiedene religionssoziologische Allensbach-Studien, die im Auftrag der Deutschen Bischofskonferenz entstanden waren[67]. Durch Alphons Horten stand das Allensbacher Institut langjährig in Kontakt mit dem in die USA ausgewanderten und an der Georgetown University lehrenden Philosophen Götz Briefs. Briefs setzte sich seit den 1920/30er Jahren mit den sozialpsychologischen Konsequenzen des Kapitalismus auseinander. Er sah als dessen Folge die sogenannte Grenzmoral als eine Art mindere, in Geschäftstätigkeiten praktizierte Moral durch den säkularen, rationalistischen Individualismus und das Selbst- und Gruppeninteresse der Verbände (gemeint sind vor allem die Gewerkschaften) erstarken. Die patriarchalische Gemeinschaftsmoral, Subsidiarität, die Gemeinwohlorientierung und vor allem christliche Verantwortung und Gemeinschaft würden so zurückgedrängt[68]. Briefs rief nicht nach staatlicher Regulierung,

---

auf die Wertestudie; Elisabeth Noelle-Neumann, Vorwort, in: dies./Köcher, Die Verletzte Nation, S. 10f.

[66] Vgl. zu diesem Zusammenhang: Allensbacher Archiv, Entwurf zu einem Forschungsprojekt über den Grundwert Freiheit als Anhang zu dem Brief des IfD Allensbach an die Hauptverwaltung des Hauses Brenninkmeijer zu Händen von Heinrich Salzmann, 12.10.1976.

[67] Vgl. Alphons Horten, Rückblick auf ein Jahrhundert. Erinnerungen eines Zeitzeugen, Freiburg 1997; Gerhard Schmidtchen, Zwischen Kirche und Gesellschaft. Forschungsbericht über die Umfragen zur gemeinsamen Synode der Bistümer in der Bundesrepublik Deutschland. In Verbindung mit dem Institut für Demoskopie Allensbach, Freiburg u. a. ²1973; ders., Priester in Deutschland. Forschungsbericht über die im Auftrag der Deutschen Bischofskonferenz durchgeführte Umfrage unter allen Welt- und Ordenspriestern in der Bundesrepublik Deutschland. In Verbindung mit dem Institut für Demoskopie Allensbach, Freiburg u. a. 1973; Benjamin Ziemann, Katholische Kirche und Sozialwissenschaften 1945–1975, Göttingen 2007.

[68] Vgl. Alois Amstad, Das Werk von Goetz Briefs als Beitrag zu Sozialwissenschaft und Gesellschaftskritik aus der Sicht christlicher Sozialphilosophie, Berlin 1985, S. 153–159 u. 240;

sondern unterstützte gegen das Lösungsmodell des sozialistischen Kollektivs einen wirtschaftsliberalen Kurs und wollte ihn versöhnen mit einer christlich-konservativen Werterenovatio, die in einer pluralen Gesellschaft durch Sozialpsychologie kontrolliert werden solle[69]. Briefs legte so etwas wie die weltanschauliche Grundfolie über die Wertestudien, nicht umsonst hat ein Mitglied der verzweigten Brenninkmeijer-Familie eine Dissertation zu seinem Wirken vorgelegt[70]. Briefs stand spätestens seit 1959 in enger Verbindung zu Erich Peter Neumann, der den Philosophen der katholischen Soziallehre als regelmäßigen Autoren für die von ihm seit 1956 herausgegebene Zeitschrift „Die politische Meinung" gewinnen konnte[71]. Briefs wurde so zu einem langjährigen Ideen- und Stichwortgeber für theoretische Deutungsfundierungen Allensbacher Umfragen. Die Wertestudien des Instituts für Demoskopie sind jedoch bei weitem nicht nur auf Briefs zurückzuführen, sondern griffen vielmehr Erfahrungen und Wahrnehmungen Neumanns und auch Noelles auf, die sie während ihrer Politikberatung anhand von gesellschaftspolitischen Debatten und Befürchtungen in informellen Regierungs-, Unternehmens- und Kirchenzirkeln gesammelt hatten. Man kann die Allensbacher Wertestudien als verdichtetes, zugleich fast verspätetes Substrat langjähriger kulturkritischer Klagen bezeichnen, nach denen die Zunahme von Freizeit nach Einführung der 48-Stunden-Woche zur Minderung des Arbeitsengagements beitrage, Lebensgenuss und oberflächliche Konsummentalität befördere und zur geistigen Verflachung, ja fast zur „Degenerierung" der Gesellschaft, zum Abbau des christlich-sittlich grundierten Gemeinschaftsgefühls führe. Diesen Werteverfall könne sich Westdeutschland gerade im Konflikt des Kalten Krieges nicht leisten, da dieser doch auf Leistungshärte, „Gefolgschaft" und Geschlossenheit

---

Arnd Klein-Zirbes, Der Beitrag von Goetz Briefs zur Grundlegung der Sozialen Marktwirtschaft. Eine Untersuchung unter besonderer Berücksichtigung wissenssoziologischer Aspekte, Frankfurt a.M. 2004.
[69] Vgl. Amstad, Das Werk von Goetz Briefs als Beitrag zu Sozialwissenschaft und Gesellschaftskritik, S. 252.
[70] Vgl. Ferdinand Brenninkmeijer, Der Unternehmer bei Goetz Briefs. Eine soziologische und sozialethische Studie, Würzburg 1986. Brenninkmeijer wurde später Managing Director C&A Austria.
[71] Vgl. NL EPN, Tagebuch 31.8.-31.12.1957, Neumann an Götz Briefs, 19.10.1959. Von den zahlreichen Veröffentlichen seien nur genannt: Götz Briefs, Ist der Aufschwung des Westens am Ende, in: Die politische Meinung 38 (1959), S. 33-44; ders., Das Soziale und die Gemeinschaft. Person und Individuum im Denken Europas, in: Die politische Meinung 41 (1959), S. 31-35; ders., Liberalismus und katholische Soziallehre, in: Die politische Meinung 52 (1960), S. 32-41; ders, Die Schwäche des Ostens. Bilanz der Wirtschaftssysteme, in: Die politische Meinung 64 (1961), S. 19-26.

beruhe[72]. Für diese politisch zwischen Wirtschaftsliberalismus, christlichem Universalismus und nationaler Stärke oder gar Überlegenheit oszillierenden Annahmen in christlich-konservativen Kreisen standen etwa Adenauers ehemaliger Staatssekretär Otto Lenz, Adenauers Weggefährte Heinrich Krone oder auch der stellvertretende Bundespressechef Edmund Forschbach. Die hier artikulierten Warnungen vor Pluralismus und tradierte, internalisierte Werte zersetzenden Demokratismus flossen ebenso in demoskopische Untersuchungen ein, wie demoskopische Ergebnisse politisches Handeln und politische Kommunikation prägten.

Doch von diesem Netzwerk der Geldgeber und christsozialen Theoretiker ist nicht gleich auf die Allensbacher Konzeption der Wertestudie zu schließen. Zwar nahmen Kirche und Glaube einen wesentlichen Teil der Wertewandeldeutung in der „Verletzten Nation" ein. Doch es ist auffällig, wie sehr Noelle die Wertewandeldebatte in eine politisch neoliberale und nationale Richtung verschob. Der ursprüngliche Arbeitstitel der Wertestudie, „Grundwert der Freiheit", war zwar an Briefs Konzept von der auf Einbindung in die christliche Wertegemeinschaft beruhenden Freiheit der Person anschlussfähig. Doch zugleich stand er spätestens zur Bundestagswahl 1976 mit dem bipolar zugespitzten Slogan „Freiheit statt Sozialismus" im Zentrum des Wahlkampfes, den Noelle als Beraterin von Helmut Kohl wesentlich mitprägte[73]. Der demoskopische Fokus der sich als soziale Grundlagenforschung verstehenden Wertestudie war demnach zugleich anwendbar für politische Kontroversen. Er verweist auf eine neoliberal grundierte Aktivierungssemantik des Werts der Arbeit, stand jedoch dezidiert im Kontext nationaler Gemeinschaft. Denn Noelle deutete Sehnsucht nach Gleichheit, Lebensgenuss, Passivität zusammen mit der Absage an Nationalstolz als mentale Folgen einer durch die Kriegsniederlage geschwächten, verletzten Nation.

Wissenschaftshistorisch betrachtet schloss Noelles sozialpsychologische Interpretation des beträchtlichen demoskopischen Datenumfangs weniger an den erwähnten Vertretern der katholischen Soziallehre an, sondern an Arnold Gehlen. Sie verwies wiederholt auf dessen 1969 erschienenes Buch „Moral und Hypermoral"[74]. Noelle sprach Gehlen gleichsam die Rolle des renommierten,

---

[72] Vgl. Otto Lenz, Die soziale Wirklichkeit, Allensbach 1956, S. 13f.; Heinrich Krone, Tagebücher, bearb. v. Hans-Otto Kleinmann, Bd. 1: 1945–1961, Düsseldorf 1995, S. 411, 420, 423, 426, 433, 439 u. 446f.

[73] Vgl. Hans Peter Schwarz, Helmut Kohl. Eine politische Biographie, München 2012, S. 209f., wobei die hier erfolgte Charakterisierung Noelles „als gut getarnte Nationalistin" eher historischen Neuigkeitswert simuliert; Thomas Mergel, Propaganda nach Hitler. Eine Kulturgeschichte des Wahlkampfs in der Bundesrepublik 1949–1990, Göttingen 2010, S. 267–269.

[74] Vgl. Noelle-Neumann, Nationalgefühl und Glück, S. 30; Elisabeth Noelle-Neumann, Die Schweigespirale. Über die Entstehung der öffentlichen Meinung, in: Ernst Forsthoff/

gelehrten Sehers und sozialpsychologischen Zukunftsprognostikers für den Wertewandel zu. Unbestreitbar gab es zahlreiche Schnittmengen in den Gesellschaftsdiagnostiken von Noelle und Gehlen – trotz seiner erwähnten partiellen Vorbehalte gegenüber der Demoskopie. Seit Noelles Abwendung von Adorno standen beide in phasenweise engem Kontakt miteinander[75]. Allerdings hatte Gehlen nicht erst – wie Noelle betonte – um 1969/70, sondern schon früher, zum Beispiel 1957 in seinem Bestseller „Die Seele im technischen Zeitalter", von einem „verwickelten[n] Zerfall der Ideale und Wertgefühle" gesprochen und auf die „so komplizierte und wertverwirrte Gesellschaft" hingewiesen[76]. Gehlen wiederum schloss in seinen Kulturdiagnosen in Teilen an die amerikanische Philosophie des Pragmatismus der 1920/30er Jahre an, etwa an John Dewey oder Walter Lippmann[77]. Ähnlich wie sie brachte Gehlen einen Verlust unmittelbaren menschlichen Erfahrungsvermögens mit massenmedialer Überfrachtung, einem Mangel an Institutionen und Gewohnheiten infolge technisch bedingter Neuerungen in Zusammenhang. Der letztlich entsinnlichte, passiv gewordene Mensch werde vor allem durch Technik, Massenmedien und Erfahrungsverarmungen überfordert, anpassend, mimetisch, flüchtig, unernst, spielerisch und vage – kurz: ein hinsichtlich der Werteüberlieferung unsicherer, überforderter und verletzter Kantonist. Gehlen entwickelte diese Perspektive zwar bis in die 1970er Jahren weiter, etwa wenn er das Fehlen von deutschem Nationalstolz und einer an Gemeinschaft orientierten „Sozialmoral" beklagte sowie polemisch gegen Massenmedien und Intellektuelle Stellung bezog[78]. Die Grundzüge seiner Sichtweise entwickelte Gehlen jedoch auf Basis seiner philosophisch-soziologischen Beobachtungen in den 1920er bis 1950er Jahren. Indem nun Allensbacher Erkenntnisse zum Wertewandel in der „Verletzten Nation" auf Gehlens Jahrzehnte zuvor ausgeprägte anthropologisch-soziologische Deutung bezogen wurden, stellt sich vielleicht ungewollt die demoskopische Entdeckung und Fixierung des Wertewandels auf die Jahre 1968 bis 1973 selbst

---

Reinhard Hörstel (Hrsg.), Standorte im Zeitstrom. Festschrift für Arnold Gehlen zum 70. Geburtstag am 29. Januar 1974, Frankfurt a.M. 1974, S. 299–330.

[75] Vgl. Deutsches Literaturarchiv Marbach, Nachlass Gehlen, Korrespondenz mit Elisabeth Noelle 1960–1974.

[76] Vgl. Arnold Gehlen, Die Seele im technischen Zeitalter. Sozialpsychologische Probleme in der industriellen Gesellschaft, in: Karl-Siegbert Rehberg (Hrsg.), Arnold Gehlen Gesamtausgabe, Bd. 6: Die Seele im technischen Zeitalter und andere sozialpsychologische, soziologische und kulturanalytische Schriften, Frankfurt a.M. 2004, S. 1–137, hier S. 69, 73.

[77] Hans Joas, Amerikanischer Pragmatismus und deutsches Denken. Zur Geschichte eines Missverständnisses, in: ders., Pragmatismus und Gesellschaftstheorie, Frankfurt a.M. 1999, S. 114–145, hier S. 130.

[78] Vgl. Arnold Gehlen, Das Engagement der Intellektuellen gegenüber dem Staat, in: ders., Einblicke, Frankfurt a.M. 1975, S. 9–24; ders., Was ist deutsch?, in: ebenda, S. 100–114.

in Frage – und verweist letztlich auf Deutungsmuster einer seit 1900 bekannten Modernekritik.

Mit diesen vielfältigen Bezügen der Allensbacher Demoskopen zu Politikern, Theologen, Wissenschaftlern und Unternehmern wurden unterschiedliche Prägefaktoren der Wertestudien deutlich. Zugleich bestimmten Annahmen, Gesellschaftsprämissen und Denkbilder der Sozialforscher die Datengenese der Umfragen. Weitere zeithistorische Kontextanalysen sind jedoch nötig, um in der sicherlich internationalen Wertewandeldebatte Aspekte der deutschen wissenschafts-, medien- und in Teilen parteipolitischen Auseinandersetzung zu erhellen, in der sich ein privatwirtschaftlich verfasstes Institut publizistisch Gehör verschaffte.

Michael Schäfer
„Bürgerliche Werte" im Wandel.
Zur Begriffsbildung des Bürgerlichen in der historischen Bürgertumsforschung

Bürgerliche Werte und Bürgertugenden

Ende der 1970er Jahre zog Elisabeth Noelle-Neumann in einem schmalen Taschenbuch unter dem Titel „Werden wir alle Proletarier?" ein Resümee der Umfragen des Demoskopie-Instituts Allensbach zum Wertewandel des vergangenen Jahrzehnts. Darin stellte sie fest, dass die Geltungskraft bürgerlicher Werte in der bundesdeutschen Bevölkerung im Schwinden sei. „Im materiellen Bereich verbürgerlichen die Arbeiter", so fasste die Demoskopin den zentralen Befund der Allensbach-Studien zusammen, „im geistigen Bereich" vollziehe sich jedoch umgekehrt „eine Anpassung an Unterschichtsmentalität, den bürgerlichen Werten entgegengesetzte Haltungen"[1]. Noelle-Neumann war Wissenschaftlerin genug, um in ihrer Streitschrift zu definieren, was sie unter den „bürgerlichen Werten" verstand. Dazu gehörten für die Allensbach-Chefin:

- „der hohe Wert von Arbeit, von Leistung";
- die „Überzeugung, daß sich Anstrengung lohnt";
- der „Glaube an Aufstieg und Gerechtigkeit des Aufstiegs";
- die „Bejahung von Unterschieden zwischen den Menschen und ihrer Lage";
- die „Bejahung des Wettbewerbs";
- „Sparsamkeit als Fähigkeit, kurzfristige Befriedigung zugunsten langfristiger zurückzustellen";
- der „Respekt vor Besitz";
- das „Streben nach gesellschaftlicher Anerkennung, Prestige";
- „damit verbunden Anerkennung der geltenden Normen von Sitte und Anstand";
- ein „Konservatismus, um das Erworbene zu behalten"; sowie
- „in gemäßigter Weise auch Bildungsstreben"[2].

---

[1] Elisabeth Noelle-Neumann, Werden wir alle Proletarier? Wertewandel in unserer Gesellschaft, Zürich 1978, S. 7. Unter dem gleichen Titel war schon drei Jahre zuvor ein Artikel in der Wochenzeitschrift „Die Zeit" (Nr. 25, 13. 6. 1975) erschienen, in dem Noelle-Neumann ihre Befunde darlegte.
[2] Ebenda, S. 15.

Die Zustimmung zu solchen Werten habe zwischen 1967 und 1972, so hätten die Allensbach-Umfragen ergeben, gerade bei den jüngeren Alterskohorten signifikant abgenommen.[3] Man kann nun durchaus annehmen, dass die Allensbacher Demoskopen tatsächlich einen Wertewandel gemessen haben. Doch kann man diesen Wandel so ohne Weiteres als Abwendung von *bürgerlichen* Werten bezeichnen? Ist es überhaupt sinnvoll in der historischen Analyse der kulturellen Wandlungsprozesse der 1960er und 70er Jahre die Kategorie „Bürgerlichkeit" zu verwenden? Und wenn ja, wie ließe sich das Bürgerliche als Wertorientierung für diesen Zweck operationalisieren? Bietet wiederum der Allensbacher Wertekatalog dafür einen brauchbaren Ansatzpunkt? Elisabeth Noelle-Neumann selbst reklamierte für ihren Bürgerlichkeitsbegriff den Anspruch geschichtswissenschaftlicher Seriosität. „Was 250 Jahre lang als bürgerliche Tugenden gepflegt worden war", sei nicht willkürlich. Es handele sich vielmehr um „eine bestimmte Art von Bewußtsein und Lebensführung", die schon in den „Moralischen Wochenschriften" des 18. Jahrhunderts als neue Gesinnung verbreitet worden sei[4].

Nun liest sich aber Noelle-Neumanns Text nicht unbedingt wie ein sachlich vorgetragener wissenschaftlicher Befund über einen soziokulturellen Wandlungsprozess. Der alarmierende Tonfall und die kulturkritische Rhetorik verweisen auf einen ausgeprägten ideologischen *Bias*. Schon die Fragestellung im Titel des Büchleins, ob „wir" alle Proletarier werden, konstruiert eine merkwürdige Konstellation kommunikativer Inklusion und Exklusion: als tausche sich die Autorin allein mit dem bürgerlichen Teil der deutschen Gesellschaft aus. Das Bürgertum ist hier gewissermaßen Subjekt und Objekt, die Arbeiterschaft allein Objekt der Kommunikation. Das „Bürgerliche" gilt Noelle-Neumann unhinterfragt als positiv, der Kontrastbegriff des „Proletarischen" erscheint stark negativ konnotiert. Der von ihr präsentierte bürgerliche Wertekatalog vermengt dynamische, liberale Prinzipien von individuellem Leistungsstreben und Wettbewerb mit ausgesprochenen konservativen Wertorientierungen wie der „Anerkennung der geltenden Normen von Sitte und Anstand". Als „bürgerlich" operationalisierten die Fragebögen des Allensbacher Instituts auch die Bereitschaft, „sich in eine Ordnung ein[zu]fügen, sich an[zu]passen"[5].

An dieser Stelle setzt nun in Noelle-Neumanns Büchlein eine unmerkliche Verschiebung des Gegenbegriffes zu „bürgerlich" ein und zwar von „proletarisch" zu „antiautoritär". Dieser Aspekt des Wertewandels entspringt keineswegs einer „Unterschichtenmentalität", sondern hat seinen Ursprung mitten im bürgerlichen Milieu. Die Autorin selbst beleuchtet diese Entwicklung mit einer Anekdote aus dem eigenen Leben. Wir erfahren, wie die Publizistikwissenschaftlerin als Flüchtling im April 1945 in der Universitätsstadt Tübingen

---

[3] Vgl. ebenda, S. 12f.
[4] Vgl. ebenda, S. 15.
[5] Ebenda S. 13.

eintraf, wie Carlo Schmid ihr „eine seit Generationen berühmte Studentenbude" im Haus einer „alten schwäbischen Handwerksfamilie" vermittelte und wie eben dieser Herr Schmid ihr im ersten Friedenssommer „ein wichtiger Gesprächspartner" wurde. Ein Satz des künftigen Vordenkers der sozialdemokratischen Partei sei ihr besonders im Gedächtnis geblieben: „Man muß die deutsche Jugend zum Ungehorsam erziehen." Für Noelle-Neumann war damit der neue Zeitgeist in das Zimmer getreten. Zwanzig Jahre habe es gebraucht, bis „die antiautoritäre Zeitschriften- und Taschenbuchliteratur" – sozusagen das antibürgerliche Äquivalent der „Moralischen Wochenschriften" – sich bis zum Bahnhofsbuchhandel und überallhin ausgebreitet habe[6].

Diese Anekdote verweist auf den emotional beladenen Subtext, der sich durch Noelle-Neumanns Schrift zieht. Als eigentlicher Übeltäter erscheint nämlich weniger der real existierende bundesdeutsche Proletarier, der mit seiner „Unterschichtenmentalität" die Werte des Bürgertums zu zersetzen droht. Diese Rolle übernimmt wohl eher eine aufmüpfige Jugend, die den hergebrachten Tugend- und Sittenkatalog ihres – meist bürgerlichen – Elternhauses mit provokanter Geste ins „antibürgerliche" Gegenteil zu verkehren scheint. Kurz: „Werden wir alle Proletarier?" ist zwar eine wunderbare Quelle für den Habitus des konservativen Bürgertums und seine Perzeption des kulturellen Umbruchs der 1960er und 70er Jahre. Doch als analytisches Werkzeug dürfte der hier angebotene Bürgerlichkeitsbegriff mit äußerster Vorsicht zu genießen sein.

Dies gilt umso mehr, als beim Erscheinen von Noelle-Neumanns Buch 1978 längst eine konkurrierende – liberale – Lesart des Bürgerlichen kursierte. Pars pro toto mag hier ein Suhrkamp-Taschenbuch von Dolf Sternberger mit dem programmatischen Titel „Ich wünschte ein Bürger zu sein" stehen, das 1967, im Basisjahr der Allensbacher Wertwandelstudien, veröffentlicht wurde. In Sternbergers Perspektive erscheinen die bürgerlichen Werte, die Noelle-Neumann noch elf Jahre später empathisch beschwört, im deutschen Bürgertum selbst schon längst desavouiert:

„In der Tat gilt es fast für ausgemacht, daß der bürgerliche Charakter, grob gesagt, ein schlechter Charakter sei, nachdem das Bürgertum als Klasse seit Marxens Zeiten mit dem Makel der Heuchelei ausgestattet, nachdem das bürgerliche Wesen als geistig-moralisches Phänomen seit Nietzsche mit dem Schimpfnamen des Philistertums belegt worden ist und nachdem die Kritik und die Zersetzung bürgerlicher Moral zuerst von der Seite der Bohemiens und Literaten, dann aus seiner eigenen Mitte derart fortgeschritten ist, daß sich kaum noch einer finden wird, der ein Bürger heißen möchte."[7]

Sternberger geht es um die Rehabilitation des Bürgerlichen, allerdings nicht unbedingt in der Version Elisabeth Noelle-Neumanns. Der Titel seines Bänd-

---

[6] Vgl. ebenda, S. 10.
[7] Dolf Sternberger, „Ich wünschte ein Bürger zu sein". Neun Versuche über den Staat, Frankfurt a. M. 1967, S. 10.

chens greift ein Zitat des eminenten Althistorikers Theodor Mommsen auf, der 1899 in seinem Testament festgehalten hatte: „...ich meine, mit dem Besten, was in mir ist, bin ich stets ein *animal politicum* gewesen und wünschte ein Bürger zu sein. Das ist nicht möglich in unserer Nation, bei der der Einzelne, auch der Beste, über den Dienst im Gliede und den politischen Fetischismus nicht hinauskommt."[8] Sternberger reflektiert natürlich, dass sich Mommsen hier offensichtlich nicht primär auf den Bürger als Angehörigen des Bürgertums – als *Bourgeois* –, sondern als Mitglied eines politischen Gemeinwesens – als *Citoyen* – bezog. „Ich könnte mich", so fährt Sternberger fort, „bequem aus der Affäre ziehen mit der simplen Erklärung, hier sei das Wort ‚Bürger' durchgängig nicht im gesellschaftlichen, sondern im politischen Sinne zu verstehen."[9] Nehme man aber die Doppeldeutigkeit des „Bürgers" im deutschen Sprachgebrauch beim Wort, anstatt beide Bedeutungen fein säuberlich zu trennen, werde eine merkwürdige Disparität sichtbar. Man müsse sich nämlich fragen, warum denn der „menschlichste und ehrwürdigste politische Sinn" des Wortes „Bürgers" im Deutschen so schattenhaft geblieben sei und vom „Klassenbegriff des Bürgers und des Bürgertums verdeckt, ja erdrückt werden konnte"[10].

Antworten auf diese Frage ergründet Sternberger in „Neun Versuchen über den Staat", oder genauer gesagt, über das Verhältnis zwischen Bürger und Staat in Deutschland. Schon in der aus dem 18. Jahrhundert stammenden Wortprägung „Staatsbürger" als Äquivalent des „Citoyen" komme eine charakteristische Bedeutungsverschiebung gegenüber dem Sinngehalt des französischen Begriffs zum Vorschein. Im „Staatsbürger" sei der Staat nämlich schon vorausgesetzt, „während die republikanischen Bürger ihn doch erst bilden sollten"[11]. Der deutsche Bürger habe sich aber geweigert, die Rolle des *Civis*, des *Citoyen*, des *Citizen* anzunehmen und auszufüllen. Stattdessen herrsche im deutschen Bürgertum eine tiefe Verachtung gegenüber der Politik. Der „politische Sinn der Bürgerlichkeit (der Zivilität)" habe sich daher im Deutschen nur schwach ausgebildet[12]. Sternbergers Versuch der Rehabilitation des „Bürgers" läuft also darauf hinaus, die zivile Seite des Bürgerbegriffs aufzuwerten. Zu den bürgerlichen Werten gehören für ihn ganz elementar die Bürgertugenden, die Tugenden des Citoyen, die sich um die klassische Werte-Trias von Freiheit – Gleichheit – Brüderlichkeit gruppieren.

---

[8] Ebenda, S. 11.
[9] Ebenda, S. 8.
[10] Ebenda, S. 12f.
[11] Ebenda, S. 7.
[12] Vgl. ebenda, S. 13f.

Wie bürgerlich war das deutsche Bürgertum?

Die Diagnose, dass es dem deutschen Bürgertum an Zivilität gemangelt habe, stand in den 1980er Jahren auch am Ausgangspunkt eines ambitionierten geschichtswissenschaftlichen Forschungsprogramms. Zwölf Jahre lang, von 1985 bis 1997, beschäftigten sich mehrere Dutzend Historiker und andere Kulturwissenschaftler in einem Sonderforschungsbereich (SFB) an der Universität Bielefeld mit der Sozialgeschichte des deutschen Bürgertums im internationalen Vergleich. Die Initiatoren und Vordenker des Bielefelder Bürgertumsforschung, Hans-Ulrich Wehler und Jürgen Kocka, hatten eine gründliche empirische Überprüfung eines Kernstücks der von ihnen in den 70er Jahren formulierten „Sonderwegsthese" ins Auge gefasst. Dem deutschen Bürgertum ordneten Wehler und Kocka nämlich eine tragende, wenn auch unrühmliche Rolle auf dem fatalen „deutschen Sonderweg in die Moderne" zu. Wie Sternberger dachten die beiden Bielefelder Professoren dabei den *Citoyen* und den *Bourgeois* zusammen. Sie gingen von der basalen Prämisse aus, das Bürgertum sei als quasi natürlicher Protagonist einer „Bürgerlichen Gesellschaft" anzusehen, wie sie von der europäischen Aufklärung des 18. Jahrhunderts entworfen worden war.

„Bürgerliche Gesellschaft" meint hier im Kern ein Modell gesellschaftlicher Ordnung, das getragen wird von der Gesamtheit rechtlich gleich gestellter Bürger. Zu den wesentlichen Prinzipien dieser Ordnung zählen die Grundlagentexte der Bielefelder Bürgertumsforschung,

- dass alle staatliche Macht durch Öffentlichkeit, Wahlen und Repräsentativorgane an den Willen der Bürger gebunden ist;
- dass grundlegende Menschen- und Bürgerrechte verfassungsmäßig garantiert sind;
- dass die Lebenschancen und der soziale Rang des Einzelnen sich nach seiner individuellen Leistung bemessen sollten;
- dass die Wirtschaft auf dem freien Austausch von Gütern und Dienstleistungen auf Märkten basiert[13].

Diese idealtypische Konstruktion einer „Bürgerlichen Gesellschaft" hat natürlich einen ausgeprägten teleologischen Zug. Ausgangspunkt ist die „vormoderne", feudal-ständische, obrigkeitsstaatliche Ordnung, Endpunkt die „moderne" „westliche" Gesellschaft der Gegenwart, die Trias von libera-

---

[13] Vgl. Hans-Ulrich Wehler, Geschichte und Zielutopie der deutschen „bürgerlichen Gesellschaft", in: ders., Aus der Geschichte lernen?, München 1988, S. 248f.; Jürgen Kocka, Das europäische Muster und der deutsche Fall, in: ders. (Hrsg.), Bürgertum im 19. Jahrhundert, Göttingen 1995, S. 22ff.

ler Demokratie, Marktwirtschaft und individueller Chancengleichheit. Die Sonderwegsthese kontrastiert nun einen modernisierungstheoretischen Normalverlauf mit der vermeintlich abweichenden historischen Entwicklung in Deutschland. Während demnach die bürgerlichen Mittelklassen in Großbritannien, Frankreich, den USA und andern „westlichen" Ländern im Laufe des 18. und 19. Jahrhunderts die Verwirklichung einer „Bürgerlichen Gesellschaft" vorangetrieben und schließlich durchgesetzt hätten, habe das deutsche Bürgertum diese seine historische Aufgabe nicht hinreichend bewältigt. Es sei ihm nicht gelungen, die alte feudale Elite von den Schaltstellen staatlicher Macht zu verdrängen und den monarchischen Obrigkeitsstaat durch ein liberal-parlamentarisches Regierungssystem zu ersetzen. Nach der gescheiterten Revolution von 1848/49 habe sich das deutsche Bürgertum in seiner Mehrheit zusehends selbst vom Projekt einer „Bürgerlichen Gesellschaft" abgewandt. Aus Furcht vor der erstarkenden Arbeiterbewegung habe es immer mehr den Pfad parlamentarisch-demokratischer Reform verlassen. Autoritäre und militaristische Ordnungsvorstellungen hätten sich im politischen Denken des Bürgertums ausgebreitet. Die deutsche Bourgeoisie habe nun die gesellschaftliche Nähe zum Adel gesucht, habe feudale Werte und Lebensstile übernommen und kopiert. Seine fatale Konsequenz habe das Defizit an Bürgerlichkeit im deutschen Bürgertum schließlich im Scheitern der Weimarer Demokratie und in der Katastrophe des Nationalsozialismus gefunden[14].

Nun ist dieses hier zwangsläufig etwas holzschnittartig wiedergegebene Panorama des „deutschen Sonderwegs" schon in den 1970er und 80er Jahren heftig kritisiert worden[15]. Nicht zuletzt aufgrund der empirischen Befunde der Bürgertumsforschung haben Wehler und Kocka selbst mittlerweile ihr Sonderwegsparadigma in vielen Punkten modifiziert und teilweise ganz aufgegeben (etwa die „Feudalisierungsthese"). Eine Diskussion dieser Befunde würde den Rahmen dieses Aufsatzes sprengen[16]. Uns interessiert primär die Operationalisierung des Begriffes „bürgerlich" in der Bielefelder Bürgertumsforschung. Man sollte nun annehmen, dass hier das „Zivile", die Werte der „Bürgerlichen Gesellschaft", im Mittelpunkt der Begriffsbildung stünden. Doch die Lektüre

---

[14] Vgl. im Rückblick: Jürgen Kocka, Bürgertum und Sonderweg, in: Peter Lundgreen (Hrsg.), Sozial- und Kulturgeschichte des Bürgertums, Göttingen 2000, S. 93–110; als problemorientierter Abriss: Michael Schäfer, Geschichte des Bürgertums. Eine Einführung, Köln u. a. 2009, S. 176ff.

[15] Vgl. vor allem David Blackbourn/Geoff Eley, The Peculiarities of German History. Bourgeois Society and Politics in Nineteenth Century Germany, Oxford 1984; als knapper Überblick: Andreas Schulz, Lebenswelt und Kultur des Bürgertums im 19. und 20. Jahrhundert, München 2005, S. 57ff.

[16] Vgl. Kocka, Bürgertum und Sonderweg, in: Lundgreen (Hrsg.), Sozial- und Kulturgeschichte, S. 99–109; Hans-Ulrich Wehler, Deutsche Gesellschaftsgeschichte Bd. 3: 1849–1914, München 1995, S. 718–730.

der Grundlagentexte bestätigt diese Vermutung nicht unbedingt. Was unter „bürgerlich" zu verstehen sei, listet Jürgen Kocka in seinen Aufsätzen zur methodisch-theoretischen Ausrichtung der Bielefelder Bürgertumsforschung so auf:

- eine „besondere Hochachtung vor individueller Leistung";
- eine „positive Grundhaltung gegenüber regelmäßiger Arbeit",
- die „typische Neigung zu rationaler und methodischer Lebensführung, zur Kontrolle der Emotionen, zur Disziplin";
- das „Streben nach selbständiger Gestaltung individueller und gemeinsamer Aufgaben, auch in Form von Vereinen und Assoziationen, Genossenschaften und Selbstverwaltung (statt durch Obrigkeit)";
- die „Betonung von Bildung (statt von Religion)";
- ein „ästhetisches Verhältnis zur Hochkultur (Kunst, Literatur, Musik)";
- der „Respekt vor der Wissenschaft".

Dazu sei eine bürgerliche Lebensführung durch „ein besonderes Familienideal" gekennzeichnet, eben die „bürgerliche" Familie als „freigesetzter Innenraum der Privatheit", als „durch emotionale Beziehungen statt durch Zweckhaftigkeit und Konkurrenz geprägte Sphäre". Schließlich seien symbolische Formen für die Identität des Bürgertums von großer Wichtigkeit: Tischsitten, Konventionen, Kleidung etc. „Dieses das Bürgertum kennzeichnende Ensemble kultureller Momente ist gemeint, wenn von der *Bürgerlichkeit der Bürger* [...] die Rede ist."[17]

Nun mag es überraschen, dass Kockas Definition des Bürgerlichen gar nicht so weit vom Allensbacher Bürgerlichkeitsraster entfernt ist. Zwar fehlen die autoritär-konservativen Grundhaltungen, die Noelle-Neumann dem Bürgerlichen zuordnet. Doch die zivilen Bürgertugenden rechnet auch Kocka nur unter Vorbehalt der Bürgerlichkeit zu:

„Vielleicht gehörte auch ein Minimum an liberalen Tugenden wie Toleranz, Konflikt- und Kompromißfähigkeit, Autoritätsskepsis und Freiheitsliebe zur bürgerlichen Kultur, doch geht gerade an dieser Stelle die idealtypische Beschreibung besonders leicht in ideologische Rechtfertigung über."[18]

Hier wird deutlich, dass Kocka seinem Bürgerlichkeitskonstrukt eine heuristische Funktion zuordnet. Die Einheit des (deutschen) Bürgertums soll über eine gemeinsame „bürgerliche Kultur" erschlossen und begründet werden. Kockas Ensemble „bürgerlicher" Werte, Normen, Verhaltensweisen und Lebensstile vermengt idealtypische Ordnungsprinzipien, die mehr (das Assoziationsprinzip) oder weniger (das Familienideal) Bezug zur Zivilität besitzen,

[17] Kocka, Muster, in: ders. (Hrsg.), Bürgertum, S. 18.
[18] Ebenda.

mit realtypischen Verallgemeinerungen der kulturellen Praxis der deutschen Bourgeoisie. Diese Konstruktion mag durchaus einen brauchbaren Zugang zu der Frage bieten, inwiefern man das deutsche Bürgertum kultursoziologisch als „vergesellschaftete" Einheit fassen und gegenüber anderen sozialen Gruppen abgrenzen kann[19]. Doch erscheint sie schlicht ungeeignet, um die Ausgangsvermutung eines „Defizits an Bürgerlichkeit" im deutschen Bürgertum zu überprüfen. Man kann nicht ein Bürgerlichkeitskonstrukt, das aus den „realen" Normen, Werten und Habitusformen des deutschen Bürgertums hergeleitet ist, zum Maßstab für die Bürgerlichkeit ebendieses deutschen Bürgertums nehmen. Auf diese Weise überprüft man bestenfalls die empirische Validität des Konstrukts, denn das Bürgertum ist dann per definitionem „bürgerlich". Nur ein Idealtypus, der auf „zivile" Ordnungsprinzipien rekurriert, kann sinnvollerweise als Messlatte dafür dienen, wie „bürgerlich" das deutsche Bürgertum im Vergleich zur französischen *Bourgeoisie* oder zur britischen *Middle Class* war.

Es ist daher vielleicht kein Zufall, dass diese begriffliche Problematik gerade in den (nicht sonderlich zahlreichen) Bielefelder Studien zutage tritt, die das deutsche Bürgertum in international vergleichender Perspektive untersuchen. Die Autoren dieser Arbeiten bieten unterschiedliche Lösungen an. Manfred Hettling etwa fokussiert seinen deutsch-schweizerischen Vergleich stark auf die zivile Seite des Bürgerlichen, die er als „politische Bürgerlichkeit" konzipiert[20]. Ich selbst unterscheide in meiner deutsch-schottischen Studie zwischen einer an sozialen Distinktionsstrategien ausgerichteten „kulturellen Praxis" der bürgerlichen Mittelklassen einerseits und (sozial neutralen) zivil-bürgerlichen Werten andererseits[21]. Den Fallstricken des Bürgerlichkeitsbegriffes kann man auch entgehen, wenn man, wie Gunilla Budde, die kulturellen Praktiken von Bürgerfamilien in Deutschland und England empirisch miteinander vergleicht und auf einen analytischen Bürgerlichkeitsbegriff weitgehend verzichtet[22].

Vor allem Hettling hat in den späteren Phasen des Bielefelder SFB zur Sozialgeschichte des Bürgertums (und auch danach) versucht, den Konnex zwischen dem Zivilen und dem Bourgeoisen theoretisch-methodisch schlüssiger zu formulieren. Er reduziert zunächst den Begriff der Bürgerlichkeit

---

[19] Vgl. hierzu auch die ebenfalls im Kontext der Bielefelder Bürgertumsforschung präsentierten „weberianischen" Texte von M. Rainer Lepsius, vor allem: Zur Soziologie des Bürgertums und der Bürgerlichkeit, in: Jürgen Kocka (Hrsg.), Bürger und Bürgerlichkeit im 19. Jahrhundert, Göttingen 1987, S. 79–100.
[20] Vgl. Manfred Hettling, Politische Bürgerlichkeit. Der Bürger zwischen Individualität und Vergesellschaft in Deutschland und der Schweiz von 1860 bis 1918, Göttingen 1999, S. 220–250.
[21] Vgl. Michael Schäfer, Bürgertum in der Krise. Städtische Mittelklassen in Edinburgh und Leipzig von 1890 bis 1930, Göttingen 2003, S. 14ff, 407ff.
[22] Vgl. Gunilla-Friederike Budde, Auf dem Weg ins Bürgerleben. Kindheit und Erziehung in deutschen und englischen Bürgerfamilien 1840–1914, Göttingen 1994.

auf einen Kern abstrakter Strukturprinzipien. Das zentrale Merkmal des Bürgerlichen ist für Hettling die „innengeleitete Struktur der Handlungsmuster, die Selbstverantwortlichkeit im Gegensatz zu den ständischen Normierungen und Verhaltensgeboten"[23]. Einerseits nimmt er dabei Rekurs auf das humanistische Bildungsideal, das den Einzelnen anhält, selbsttätig an der eigenen Individualität zu arbeiten, zur „Persönlichkeit" zu werden. Zum definitorischen Kernbestand des Bürgerlichen zählt er andererseits das Assoziationsprinzip, die Aufforderung an die Individuen, sich zu freien Vereinigungen zusammenzuschließen, in Gruppen zu handeln, das Leben in Gemeinschaften zu leben[24].

Bürgerlichkeit erscheint hier nicht primär als Katalog spezifischer Werte und Tugenden, sondern als Handlungsmuster, als Modus der Weltaneignung und Lebensbewältigung. Bürgerlichkeit stelle, so Hettling, dem Einzelnen Normen und Kategorien zur Verfügung, um konkurrierende Wertsphären und Lebensordnungen miteinander zu vereinen, die spannungsreich nebeneinander stünden. Bürgerlichkeit wird in diesem Sinne zur Antwort auf die Auflösung der ständischen Ordnung, zum Ausdruck einer Moderne, in der die Religion als alle Bereiche des Lebens umfassendes und strukturierendes Ordnungssystem ausgedient hatte. Das Bürgerliche hat sich demnach in einem dichotomen Spannungsfeld – Individualität und Gemeinsinn, Nützlichkeit und Kreativität, Vernunft und Empfindsamkeit – zu entfalten. Daher umfasst Hettlings bürgerlicher „Wertehimmel" nicht allein Tugenden wie Ordnung, Fleiß, Sparsamkeit, Rationalität, Zweckorientierung oder Pflichterfüllung sondern auch polar entgegengesetzte Werte wie das Streben nach individueller Selbstverwirklichung, die Hochschätzung zweckfreier Beschäftigung mit den schönen Künsten, Freundschaft u. a. m[25].

Grundsätzlich hält Hettling an der konzeptionellen Engführung von Bürgertum und Bürgerlichkeit fest. Die neuen „nachständischen" bürgerlichen Verhaltensmuster, Wertorientierungen und Leitideen seien demnach schon entstanden, bevor sich ein Bürgertum als abgrenzbare Sozialformation gebildet hatte. Das Bürgertum habe sich gewissermaßen mit der Übernahme dieser Leitideen und Handlungsmodi als neuartige Sozialformation, weder Stand noch Klasse, formiert und sei zum „zentralen Träger dieser neuen Lebensweise" geworden. Bürgerlichkeit sei zum Ideal geworden, dem alle Teilgruppen des Bürgertums verpflichtet gewesen seien. Indem Hettling den Bürgerlichkeitsbegriff auf abstrakte Grundprinzipien und -modi fokussiert, vermeidet er es zwar,

---

[23] Manfred Hettling/Stefan-Ludwig Hoffmann, Der bürgerliche Wertehimmel. Zum Problem individueller Lebensführung im 19. Jahrhundert, in: GG 23 (1997), S. 338.
[24] Vgl. ebenda, S. 347f.
[25] Vgl. ebenda, S. 339; Manfred Hettling, Bürgerliche Kultur – Bürgerlichkeit als kulturelles System, in: Peter Lundgreen (Hrsg.), Sozial- und Kulturgeschichte des Bürgertums, Göttingen 2000, S. 322; ders., Bürgerlichkeit im Nachkriegsdeutschland, in: Ders. / Bernd Ulrich (Hrsg.), Bürgertum nach 1945, Hamburg 2005, S. 24.

aus den Hervorbringungen der kulturellen Praxis des Bürgertums umstandslos ein eher willkürliches Potpourri von „bürgerlichen" Werten, Normen und Verhaltensweisen zusammenzustellen. Doch verschwimmen auch bei ihm die Grenzen zwischen Bürgerlichkeit und bourgeoiser Kultur wieder, wenn er das Bürgertum des 19. Jahrhunderts zum Vermittler einer „spezifische[n] Form von Bürgerlichkeit" macht[26].

Mit dem Ausgang des 19. Jahrhunderts löst Hettling den konzeptionellen Konnex zwischen Bürgertum und Bürgerlichkeit. Einerseits habe das Bürgertum begonnen, sich als soziokulturell konturierte Formation aufzulösen. Andererseits konstatiert Hettling in der ersten Hälfte des 20. Jahrhunderts eine Abkehr vom Modell der Bürgerlichkeit in Deutschland. Die „Sehnsucht nach organischer Ganzheit und völkischer Einheit" wertet er als Versuch, „eine konsequent andere Antwort auf die sich weiter ausdifferenzierende Gesellschaft zu finden"[27]. Erst in der (west-)deutschen Gesellschaft nach 1945 habe Bürgerlichkeit neue Gestaltungskraft entwickelt, ohne allerdings wieder zum integrativen Leitbild einer bestimmten sozialen Gruppe zu werden[28].

In gewisser Weise wandelt Hettling hier auf den Spuren seines „Doktorvaters" Wehler, in dessen Texten die „Zielvision" einer Bürgerlichen Gesellschaft aus der jeweiligen bundesrepublikanischen Gegenwart zurückprojiziert erscheint. Man habe, so Wehler in einem 2001 erschienenen Aufsatz, die „ungeahnte Chance einer zweiten Demokratiegründung seit 1949 genutzt", „um umfassender als je zuvor eine ‚Bürgerliche Gesellschaft' in der Bundesrepublik zu verwirklichen"[29]. Dagegen seien essentielle Bestandteile von „Bürgerlichkeit" als einer verbindlichen soziokulturellen Lebensweise, die auf spezifischer Lebensführung und eigenem Lebensstil, auf typischen Werten, Normen und Verhaltensweisen beruhe, am Ende des 20. Jahrhunderts verschwunden. Geblieben sei ein „Ensemble von Werten und Orientierungen, Konventionen und Sozialisationserfahrungen, die weiterhin einen distinkten neubürgerlichen Lebensstil, vor allem einen klassenspezifischen bürgerlichen Habitus hervorbringen"[30]. Was haben aber nun diese „Bürgerlichkeit" und die „Bürgerliche Gesellschaft" miteinander zu tun? Offenbar ist auch Wehlers Bürgerlichkeitsbegriff mittlerweile in seine elementaren Bestandteile, das „Zivile" und das „Bourgeoise", zerfallen.

---

[26] Vgl. Manfred Hettling, „Bürgerlichkeit" und Zivilgesellschaft. Die Aktualität einer Tradition, in: Ralph Jessen u. a. (Hrsg.), Zivilgesellschaft als Geschichte. Studien zum 19. und 20. Jahrhundert, 2004, S. 47–55 (Zitate: S. 54f.).
[27] Ebenda, S. 55f.
[28] Vgl. ders., Bürgerlichkeit im Nachkriegsdeutschland, in: Ders./ Ulrich (Hrsg.), Bürgertum nach 1945, S. 15.
[29] Hans-Ulrich Wehler, Deutsches Bürgertum nach 1945: Exitus oder Phönix aus der Asche?, in: GG 27 (2001), S. 627.
[30] Ebenda, S. 628.

Bürgergesellschaft und Zivilgesellschaft

Während man sich in Bielefeld damit abmühte, den selbst gewählten Dreiklang „Bürgertum – Bürgerlichkeit – Bürgerliche Gesellschaft" ohne allzu große Kakophonie zum Schwingen zu bringen, präsentierten die Frankfurter Bürgertumsforscher derweil eine vergleichsweise elegante Lösung, um das Bürgertum als soziale Formation mit „bürgerlichem" Wertekanon und dem gemeinsam verfolgten Projekt einer „bürgerlichen" Gesellschaftsordnung zu fassen. Lothar Gall und seine Mitarbeiter an der Goethe-Universität nahmen von vornherein von dem Versuch Abstand, das deutsche Bürgertum als sozialstatistische Gesamtheit von Berufs- und Statusgruppen umreißen zu wollen. Untersuchungsgegenstand war vielmehr das sich jeweils lokal konstituierende „Realkollektiv" einer städtischen Bürgergesellschaft. Ausgangspunkt war die These, dass sich das alte, ständisch abgeschlossene und gegliederte Stadtbürgertum seit der Mitte des 18. Jahrhunderts in eine im Prinzip alle selbständigen Existenzen gleichermaßen umfassenden Gemeinschaft der Bürger verwandelte. In einer größeren Zahl empirischer Fallstudien nahm Galls Arbeitsgruppe diesen Wandel mit einem standardisierten Fragen- und Methodenkatalog auf mehreren Ebenen (rechtlich, sozial, kulturell, politisch, wirtschaftlich) für ein möglichst breites Spektrum von Städtetypen und Regionen in den Blick[31].

Der Bürger ist hier zunächst einmal als *Citoyen*, als Angehöriger eines städtischen Gemeinwesens gedacht. Dabei verleihen aber die sozioökonomischen Mindestvoraussetzungen zur Partizipation am Gemeinwesen – ein bestimmtes Steueraufkommen, Hausbesitz, „Selbständigkeit" – dieser Gemeinschaft der Bürger soziale Kontur. Allerdings ist das „Frankfurter" Bürgertum deutlich größer als sein „Bielefelder" Pendant. Kocka, Wehler und mit ihnen die meisten im Umkreis der Bielefelder Bürgertumsforschung entstandenen Arbeiten siedeln die akademisch Gebildeten (die „Bildungsbürger") und die Großkaufleute und Unternehmer (die „Wirtschaftsbürger") im Begriffskern von „Bürgertum" an. Die eher „kleinbürgerlichen" Gruppen gehören hier bestenfalls zu dessen Peripherie. Die Gesellschaft der städtischen Bürgerrechtsbesitzer umfasste dagegen vor und nach 1800 einen wesentlich weiteren Kreis „bürgerlicher" Existenzen, vor allem die Masse der Handwerksmeister, Einzelhändler und Hausbesitzer[32].

Das Projekt einer Bürgerlichen Gesellschaft, dessen Verwirklichung Wehler und Kocka dem Bürgertum als historische Aufgabe zuordnen, begegnet

---

[31] Vgl. Lothar Gall, Stadt und Bürgertum im Übergang von der traditionalen zur modernen Gesellschaft, in: ders. (Hrsg.), Stadt und Bürgertum im Übergang von der traditionalen zur modernen Gesellschaft, München 1993, S. 1–12; ders., „... ich wünschte ein Bürger zu sein"". Zum Selbstverständnis des deutschen Bürgertums im 19. Jahrhundert, in: HZ 245 (1987), S. 605.

[32] Vgl. Schulz, Lebenswelt, S. 60–63; Schäfer, Geschichte, S. 40–43.

uns bei Gall in einer gewissermaßen abgespeckten Version. In den Städten habe sich nämlich „eine Art alternatives Staatsmodell" entwickelt, das darauf hinausgelaufen sei, die Prinzipien und Formen kommunaler Selbstregierung und Selbstverwaltung auf den bürokratischen Anstaltsstaat zu übertragen. Dieses verfassungspolitische Programm sei zu einer der wesentlichen Antriebskräfte der frühliberalen – „bürgerlichen" – Bewegung geworden und habe die politische Einheit des städtischen Bürgertums wesentlich begründet. Zentrales soziales Leitbild sei eine „klassenlose Bürgergesellschaft" gewesen: ein Gemeinwesen, das von einer breiten Schicht selbständiger Existenzen gleichberechtigt getragen wurde. Zudem habe man gehofft und erwartet, dass es in absehbarer Zukunft jedermann möglich sei, eine selbständige Existenz zu begründen und an der Gesellschaft der Bürger gleichberechtigt teilzuhaben. Die „klassenlose Bürgergesellschaft" ist Gall zufolge aber nicht nur „Erwartungsmodell" für die Zukunft gewesen. Eine solche Gesellschaft habe vielmehr mit der Ausweitung politischer Partizipationsrechte und der Entfaltung eines Netzwerkes freier Assoziationen bereits im Vormärz konkrete Formen angenommen[33].

Wenn auch gerade der letzte Befund in der Historiker-Debatte oft bestritten worden ist[34], so stellt das Frankfurter Modell doch relativ zwanglos den Konnex zwischen Bürgertum, Bürgerlichkeit und bürgerlichem Gesellschaftsentwurf her. Es ist zumindest wesentlich einfacher, als die oft überladenen Bielefelder Konstrukte für eine empirische Überprüfung zu operationalisieren. Seine luzide Kraft verdankt das Konzept nicht zuletzt einer konsequenten Ausrichtung des Bürgerlichkeitsbegriffs auf zivile Werte und Ordnungsprinzipien. Das Szenario einer politisch, sozial und kulturell vernetzten städtischen Bürgergesellschaft ermöglicht zudem eine Engführung des Zivilbürgerlichen mit dem Bourgeoisbürgerlichen. Hier deutet sich aber auch schon an, dass die konzeptionelle Eleganz der Frankfurter Bürgertumsforschung ihren Preis hat. Die zeitliche Reichweite des Konzepts der „klassenlosen Bürgergesellschaft" ist eng beschränkt. Sie neigte sich schon in der Mitte des 19. Jahrhundert ihrem Ende zu. Die politische Einheit der städtischen Bürgergesellschaft sei spätestens in der Revolution von 1848/49 zerbrochen, als sich „die neuen bürgerlichen Führungsschichten unter das Dach des monarchisch-bürokratischen Anstaltsstaats" geflüchtet hätten. Die anlaufende Industrielle Revolution habe zudem die soziale Differenzierung der städtischen Bürgergesellschaften vorangetrieben und die Aussicht auf die Begründung oder auch nur die Erhaltung einer wirtschaftlich selbständigen Existenz für viele Stadtbewohner immer unrealistischer erscheinen lassen. Aus der „klassenlosen Bürgergesellschaft" sei nun

---

[33] Vgl. Gall, Stadt, S. 11f; Schäfer, Geschichte, S. 73–77.
[34] Vgl. etwa Dieter Langewiesches Kommentar, in: Gall (Hrsg.), Stadt und Bürgertum im Übergang, S. 229–236. Zur Kontroverse knapp: Schulz, Lebenswelt, S. 62.

eine „bürgerliche Klassengesellschaft" geworden[35]. In diesem Sinne gingen die Frankfurter in der Aufladung des Bürgerlichkeitsbegriffs mit zivilen Tugenden weit radikaler vor als die Bielefelder. Wenn man allerdings solche Bürgerlichkeit zum definitorischen Kern des Bürgertums macht, kann man – streng genommen – nicht mehr vom Bürgertum sprechen, wenn sich die *Bourgeois* von den Grundsätzen der „Zivilität" abwenden.

Die „klassenlose Bürgergesellschaft" ist von Gall selbst in einer Übergangsphase zwischen Vormoderne und Moderne verortet worden. Dennoch erschienen basale Prinzipien dieser in den Frankfurter Bürgertumsstudien beschriebenen vormärzlichen Bürgergesellschaft – die Regelung gemeinsamer Angelegenheiten in freier Assoziation und ehrenamtlichem Engagement – am Ende des 20. Jahrhunderts erstaunliche Aktualität erlangt zu haben. Im Deutschen hat sich mittlerweile das Adjektiv „zivilgesellschaftlich" zur Charakterisierung solcher Strukturprinzipien und Handlungsweisen eingebürgert. Zur Jahrtausendwende ist „Zivilgesellschaft" zu einem zentralen politischen Diskursbegriff geworden. Dabei speist sich dieser Diskurs aus höchst disparaten Quellen: etwa aus der Programmatik der in den 1970er und 80er Jahren entstandenen „Neuen Sozialen Bewegungen" ebenso wie aus dem Beispiel dissidenter Öffentlichkeiten in der Spätphase des osteuropäischen Staatskommunismus oder aus dem Bestreben neoliberaler „Reformer", staatliche Aufgabenbereiche mittels bürgerlicher Selbsthilfe und karitativem Engagement wieder zurück in die Gesellschaft zu verlagern. Entsprechend vielfältig sind die definitorischen Ausformungen und argumentativen Nutzanwendungen des Begriffs „Zivilgesellschaft"[36].

Es hat denn auch in der historischen Bürgertumsforschung seit den 1990er Jahren zahlreiche Versuche gegeben, an diesen Leitdiskurs anzudocken. An sich ist ja „Zivilgesellschaft" nur eine Neuübersetzung des englischen „Civil Society", ein Terminus der seit dem 18. Jahrhundert gemeinhin als – Überraschung! – „Bürgerliche Gesellschaft" ins Deutsche übertragen worden war. Im Unterschied zu dem Begriff der „Bürgerlichen Gesellschaft", wie ihn etwa Wehler und Kocka in ihren Grundlagentexten zur Bürgertumsforschung gebrauchen, ist „Zivilgesellschaft" aber meist deutlich enger gefasst. „Civil Society" rekurriert wie ihre neudeutsche Entsprechung gemeinhin weniger auf einen die Gesamtgesellschaft strukturierenden Ordnungsentwurf. Vielmehr bezeichnet sie eine Sphäre der Gesellschaft, die „*zwischen* Staat, Wirtschaft und

---

[35] Vgl. Gall, Stadt, in: ders., Stadt und Bürgertum im Übergang, S. 11f.
[36] Vgl. Ansgar Klein, Der Diskurs der Zivilgesellschaft, in: Thomas Meyer / Reinhard Weil (Hrsg.), Die Bürgergesellschaft. Perspektiven für Bürgerbeteiligung und Bürgerkommunikation, Bonn 2009, S. 37–64; Klaus von Beyme, Zivilgesellschaft – Karriere und Leistung eines Modebegriffs, in: Manfred Hildermeier u. a. (Hrsg.), Europäische Zivilgesellschaft in Ost und West. Begriff, Geschichte, Chancen, Frankfurt a. M. / New York 2000, S. 41–55.

Familie/Verwandtschaft zu lokalisieren ist, in dem Raum der Vereine, Assoziationen, sozialen Bewegungen und Netzwerke (einschließlich NGOs), für den ein hohes Maß gesellschaftlicher Selbstorganisation typisch ist". Jenseits dieser Beschränkung meint „zivilgesellschaftlich" aber auch einen „typischen Modus sozialen Handelns", der, in den Worten Jürgen Kockas, dadurch gekennzeichnet ist,

„dass er (a) trotz vielfältiger und ubiquitärer Konflikte; auf Verständigung und Kompromiss ausgerichtet ist; (b) individuelle Selbständigkeit und gesellschaftliche Selbstorganisation betont; (c) Pluralität und Differenz als normal anerkennt und von daher dem Prinzip wechselseitiger Anerkennung Raum gibt; dass er (d) gewaltfrei [...] verfährt und (e) sich auf Handlungen konzentriert, die auch an der res publica orientiert sind"[37].

Das Kocka-Zitat deutet schon an, dass sich vor allem die „Bielefelder" Theoriedesigner berufen fühlten, die Terminologie der historischen Bürgertumsforschung an den neuen Diskursknotenpunkt „Zivilgesellschaft" anzuschließen. „Zivilgesellschaft" erscheint in Kockas historischen Herleitungen als eine etwas entschlackte Version der „Bürgerlichen Gesellschaft". Sie stehe seit dem 18. Jahrhundert für den

„Entwurf einer zukünftigen Zivilisation, in der die Menschen als mündige Bürger friedlich zusammen leben würden, als Privatpersonen in ihren Familien und als Bürger (citizens) in der Öffentlichkeit, selbständig und frei, selbständig kooperierend, unter der Herrschaft des Rechts, aber ohne Gängelung durch den Obrigkeitsstaat, mit Toleranz für kulturelle, religiöse und ethnische Vielfalt, aber ohne allzu große soziale Ungleichheit, jedenfalls ohne ständische Ungleichheit herkömmlicher Art."[38]

Jürgen Kockas Abrisse der Geschichte der Zivilgesellschaft in Deutschland, die er zur Jahrtausendwende in einer Reihe von Tagungsbeiträgen präsentierte, haben denn auch noch den gleichen Plot wie die bürgertumshistorischen Grundsatzaufsätze der 1980er Jahre. Nach wie vor erscheint das Bürgertum als zentraler Handlungsträger. Die Doppeldeutigkeit des Bürgerbegriffs im Deutschen sei schließlich kein semantischer Zufall. Das Projekt der Zivilgesellschaft habe vor allem im Milieu und der Kultur des städtischen Bürgertums Unterstützung und Verbreitung gefunden, „während andere soziale Schichten und Klassen eher in Distanz zu jenem Projekt standen, oft geradezu ausgeschlossen waren, wenig mit ihm anzufangen wussten und auch kaum von ihm profitierten". Im späteren 19. Jahrhundert habe sich aber „diese frühe Allianz zwischen der Kultur des Bürgertums und dem Projekt der Zivilgesellschaft" gelockert. Teile des Bürgertums hätten sich vom zivilgesellschaftlichen Projekt abgewandt, während die „Vision der Zivilgesellschaft" „neue Sympathisanten, Verfechter

---

[37] Alle Zitate: Jürgen Kocka, Nachwort: Zivilgesellschaft. Begriff und Ergebnisse der historischen Forschung, in: Arnd Bauerkämper (Hrsg.), Die Praxis der Zivilgesellschaft. Akteure, Handeln und Strukturen im internationalen Vergleich, Frankfurt a. M. / New York 2003, S. 434f.

[38] Ders., Zivilgesellschaft in historischer Perspektive, in: Ralph Jessen u. a. (Hrsg.), Zivilgesellschaft als Geschichte. Studien zum 19. und 20. Jahrhundert, Wiesbaden 2004, S. 30.

und Träger in bisher ihr fern stehenden Schichten und Klassen" gewonnen habe. Vor allem die sozialdemokratische Arbeiterbewegung sei nun „zu einer entscheidenden Triebkraft ihrer weiteren Verwirklichung" geworden[39]. Manfred Hettling stellt ebenfalls eine enge terminologische Affinität von „zivilgesellschaftlich" und „bürgerlich" heraus, auch wenn er beide Begriffe nicht direkt synonym verwendet. „Zivilgesellschaft" meint bei Hettling offenbar die pluralistische und demokratische Fortentwicklung des klassischen Modells einer von den *Citoyens* selbst gesteuerten „Bürgerlichen Gesellschaft". (Bei allen begriffsgeschichtlichen Herleitungen und Bezügen auf den aktuellen Diskurs wird in Hettlings Text – zumindest mir – nicht so ganz klar, in welcher Weise der Autor selbst denn nun „Zivilgesellschaft" als *analytischen* Begriff verwendet). Bürgerlichkeit als kulturelles System wiederum habe sich seit dem 18. Jahrhundert als Antwort auf „radikal neue Problemlagen" entwickelt, „die sich ergaben, als funktional ausdifferenzierte Gesellschaften entstanden". Bürgerlichkeit als innengeleitetes Verhalten befähige demnach – siehe oben – konkurrierende Wertsphären und Lebensordnungen miteinander zu vereinen. In diesem Sinne erscheint Bürgerlichkeit Hettling als Grundlage und Voraussetzung von Zivilgesellschaft[40].

Zum Gebrauchswert des Bürgerlichkeitsbegriffs für eine Geschichte des Wertewandels im späteren 20. Jahrhundert

Schon in diesem eher kursorischen Abriss der neueren Bürgertumsgeschichtsschreibung hat sich immer wieder angedeutet, dass Bürgerlichkeit eine Kategorie darstellt, deren Bezugsrahmen sich keineswegs auf eine mehr oder minder ferne Vergangenheit beschränken lässt. Vielmehr ist „bürgerlich" im Feuilleton der Qualitätspresse, in Fernseh-Talkshows und anderen Foren der gesellschaftspolitischen Debatte bis heute ein ebenso geläufiger wie in seiner Bedeutung schillernder Begriff geblieben. „Bürgerlichkeit" dürfte daher wohl auch zu den Schlüsselbegriffen einer Diskursgeschichte des Wertewandels in der zweiten Hälfte des 20. Jahrhunderts gehören. Der soziokulturelle Umbruch der 1960er und 70er Jahre ist von den unmittelbaren Zeitgenossen wie in der rückblickenden Reflexion oft in den Kategorien des „Bürgerlichen" perzipiert

---

[39] Ebenda, S. 38.
[40] Vgl. Hettling, „Bürgerlichkeit" und Zivilgesellschaft, S. 47ff., 58–61 (Zitat: S. 47). Kritisch hierzu: Dieter Gosewinkel, Zivilgesellschaft – Bürgerlichkeit – Zivilität? Konzeptionelle Überlegungen zur Deutung deutscher Geschichte im 20. Jahrhundert, in: Gunilla Budde u. a. (Hrsg.), Bürgertum nach dem bürgerlichen Zeitalter, Göttingen 2010, S. 33–38.

und bewertet worden – ob er nun als Befreiung von repressiver Bürgerlichkeit gedeutet, ob er als Verfall bürgerlicher Werte beklagt oder als Durchbruch einer Kultur der Bürgerlichkeit in Deutschland gefeiert wurde. Damit gehört letztlich auch die historische Bürgertumsforschung selbst zu diesem zeitgenössischen Diskursfeld und ist in diesem Sinne potenziell Thema einer Diskursgeschichte des Wertewandels.[41]

Da ein solcher diskurshistorischer Zugriff den Bürgerlichkeitsbegriff selbst zum Untersuchungsgegenstand machen und zu dekonstruieren suchen würde, erscheint dessen Gebrauch nicht weiter problematisch. Ebenso wenig sollte es grundsätzliche heuristische Vorbehalte hervorrufen, den Wertewandel im Bürgertum der zweiten Hälfte des 20. Jahrhunderts als Wandel des Bürgerlichen in den Blick zu nehmen – solange sich das „Bürgerliche" allein aus der empirisch erfassbaren Kultur des Bürgertums herleitet. Allerdings ist man hier auf einem anderen begriffstheoretischen Minenfeld der Bürgertumsforschung angelangt. Dieses gefährliche Terrain wird von der Frage umrissen, wie man „Bürgertum" als soziale Formation sinnvollerweise definieren sollte, und – vor allem – ob es überhaupt Sinn ergibt, für das 20. Jahrhundert mit diesem Begriff zu operieren. Wesentlich problematischer als die eben angedeuteten Nutzanwendungen erscheint dagegen die Verwendung von „bürgerlich" als analytischer Begriff für eine Geschichte des Wertewandels der 1960er und 70er Jahre. Ist es sinnvoll zu fragen, ob die deutsche Gesellschaft und ihre Wertematrix im Gefolge dieses kulturellen Umbruchs bürgerlicher oder weniger bürgerlich geworden sind?

Wie die Antwort auf diese Frage ausfallen wird, hängt in ganz entscheidendem Maße von dem jeweils zugrunde gelegten Bürgerlichkeitskonstrukt ab, je nachdem, ob es näher am „Bourgeoisen" oder „Zivilen" angesiedelt ist. Je mehr der verwendete Bürgerlichkeitsbegriff auf eine sozial spezifische kulturelle Praxis mit distinguierenden Funktionen rekurriert, desto zeitgebundener und weniger verallgemeinerungsfähig erscheint er. Selbst wenn man von der Annahme ausgeht, dass es so etwas wie langfristig gültige bürgerliche Normen, Werte und Tugenden gibt, die zum Grundbestand der Lebensführung des Bürgertums gehörten und noch gehören, hat man das Problem der Vieldeutigkeit und Widersprüchlichkeit des Bürgerlichkeitsbegriffs noch nicht unbedingt

---

[41] Die mittlerweile in Gang gekommene historische Forschung zum Bürgertum nach 1945 verwendet den Begriff der Bürgerlichkeit mal in der „bourgeoisen", mal in der „zivilen" Bedeutungsvariante oder einer Mischform aus beiden. Vgl. etwa Manfred Hettling/Bernd Ulrich (Hrsg.), Bürgertum nach 1945, Hamburg 2005; Gunilla Budde u. a. (Hrsg.), Bürgertum nach dem bürgerlichen Zeitalter, Göttingen 2010; Jens Hacke, Philosophie der Bürgerlichkeit. Die liberalkonservative Begründung der Bundesrepublik, Göttingen 2006; Thomas Großbölting, SED-Diktatur und Gesellschaft. Bürgertum, Bürgerlichkeit und Entbürgerlichung in Magdeburg und Halle, Halle 2001; Hannes Siegrist, Ende der Bürgerlichkeit? Die Kategorien „Bürgertum" und „Bürgerlichkeit" in der westdeutschen Gesellschaft und Geschichtswissenschaft der Nachkriegszeit, in: GG 20 (1994), S. 549–583.

gelöst. Dann steht nämlich ein Katalog nüchtern-zweckrationaler eher „wirtschaftsbürgerlicher" Tugenden – materielles Erwerbsstreben, Leistungs- und Wettbewerbsorientierung, Sparsamkeit u. ä. – ziemlich unvermittelt neben einem in vieler Hinsicht gegenläufigen eher „bildungsbürgerlichen" Normen- und Wertekanon: die hohe Wertschätzung eines nicht materiell verwertbaren „unnützen" Bildungswissens, musischer Fertigkeiten und Talente; die lebenslange Verpflichtung an der eigenen Persönlichkeit zu „arbeiten", womöglich mittels intensiven Studiums „toter" Sprachen; die Hochschätzung des Ideellen, des Geistigen gegenüber dem Materiellen usw.[42]

Noch schwieriger wird es, im Bürgerlichkeitsbegriff zivile und bourgeoise Werte und Leitbilder widerspruchsfrei zu vereinigen und dies nicht allein deswegen, weil sich die Bourgeoisie irgendwann im Laufe des 19. Jahrhunderts von der Zivilität abgewendet hätte. Als besonders sperriges Element erscheint in dieser Hinsicht das Modell der „bürgerlichen Familie" mit seiner scharf-dualistischen Geschlechterordnung und Trennung von männlicher und weiblicher Sphäre. Dieses Leitideal bourgeoiser Lebensführung mag sich in die Zielvision einer *Civil Society* der „Hausväter" noch recht nahtlos eingefügt haben. Doch in der zweiten Hälfte des 20. Jahrhunderts stand die gegensätzlich-komplementäre *Gender*-Konstruktion der „bürgerlichen Familie" in heftiger Spannung mit modernen Prinzipien von individueller Rechtsgleichheit und Selbstbestimmung. Sind demnach die Auflösungserscheinungen des hergebrachten Familienmodells als Verfall oder, im Gegenteil, als Verwirklichung von Bürgerlichkeit zu interpretieren? Auch in diesem Falle bestimmen die begrifflichen Prämissen letztlich das Ergebnis.

Die Reihe der inneren Widersprüche und Mehrdeutigkeiten, die im Bürgerlichkeitsbegriff angelegt sind, ließe sich wohl noch beliebig verlängern. Eine analytische Nutzanwendung des Begriffs für die zweite Hälfte des 20. Jahrhunderts bedarf daher zumindest einer ausführlichen Erläuterung und Abwägung und wird auch dann wohl auf eine eher künstliche und dezisionistische Konstruktion hinauslaufen. Zudem ist der Begriff des „Bürgerlichen" noch längst nicht ideologisch dekontaminiert. Er strahlt nach wie vor jede Menge positiv wie negativ geladener Partikel aus. Ob Noelle-Neumann, Sternberger, Kocka, Wehler, Gall oder Hettling – jeder dieser im obigen Text zitierten Autoren hat explizit oder implizit versucht, die bürgerlichen Werte und die Bürgertugenden, die bürgerliche Gesellschaft und die Bürgergesellschaft zu verteidigen, zu retten, zu rehabilitieren und/oder in einer eigenen Lesart zu beanspruchen. Deswegen sollte man aber vielleicht auch eher die Finger davon lassen, Bürgerlichkeit als analytischen Begriff zu verwenden.

---

[42] Ob Hettlings kunstvoller Versuch, gerade die Werte-Ambivalenz zum bürgerlichen Handlungsmodus zu erklären, einen gangbaren Ausweg aus diesem Dilemma eröffnet, wird sich am empirischen Ertrag im Einzelfall messen lassen müssen.

2. Arbeit und Wirtschaft

Jörg Neuheiser
Der „Wertewandel" zwischen Diskurs und Praxis. Die Untersuchung von Wertvorstellungen zur Arbeit mit Hilfe von betrieblichen Fallstudien

Einleitung

Seit einigen Jahren diskutieren deutsche Historiker verstärkt die Bedeutung von sozialwissenschaftlichen Studien für die Analysen der Zeitgeschichtsschreibung. Einerseits wurde in umfangreichen historischen Untersuchungen zur Finanzierung, zu institutionellen Strukturen und zu sozio-politischen Entstehungskontexten von sozialwissenschaftlicher Forschung in der Bundesrepublik deutlich gezeigt, wie sehr gerade die empirische Sozialforschung von gesellschaftlichen Rahmenbedingungen und unmittelbar interessensgeleiteter Beeinflussung abhängig war. Insbesondere Lutz Raphael hat auf die enge Symbiose von Politik und Sozialwissenschaften hingewiesen, die sich im Laufe des 20. Jahrhunderts in verschiedenen Schüben einer „Verwissenschaftlichung des Sozialen" ergeben habe. Er warnte Historiker davor, eine „harmlose Nacherzählung bereits bekannter und akzeptierter Konstruktionen sozialer Zustände" zu betreiben, „wie sie auch die anwendungsorientierten Sozialwissenschaften für ihre zahlreichen Auftraggeber in Politik, Wirtschaft und Gesellschaft geliefert haben und tagtäglich liefern"[1]. Andererseits hat sich im Rahmen der methodischen Diskussion zum Umgang mit empirischen Ergebnissen eine Debatte entwickelt, in der zunehmend deutlicher gefordert wird, „die wirklichkeitskonstituierende Wirkung sozialwissenschaftlicher Analysen zu reflektieren und diese als Quelle, nicht als Darstellung zu lesen"[2].

---

[1] Lutz Raphael, Die Verwissenschaftlichung des Sozialen als methodische und konzeptionelle Herausforderung für eine Sozialgeschichte des 20. Jahrhunderts, in: GG 22 (1996), S. 165–193; Zitate: S. 189. Raphaels programmatischer Forderung nach der Offenlegung der „Entstehenskonstellationen" sozialwissenschaftlicher Deutungen folgten inzwischen empirische Studien. Beispiele sind etwa Christoph Weischer, Das Unternehmen „Empirische Sozialforschung". Strukturen, Praktiken und Leitbilder der Sozialforschung in der Bundesrepublik Deutschland, München 2004; Benjamin Ziemann, Katholische Kirche und Sozialwissenschaften 1945–1975, Göttingen 2007 und Anja Kruke, Demoskopie in der Bundesrepublik Deutschland. Meinungsforschung, Parteien und Medien 1949–1990, Düsseldorf 2007.

[2] So Rüdiger Graf/Kim Christian Priemel, Zeitgeschichte in der Welt der Sozialwissenschaften. Legitimität und Originalität einer Disziplin, in: VfZ 59 (2011), S. 479–508; Zitat: S. 507. Vgl. auch Benjamin Ziemann, Sozialgeschichte und empirische Sozialforschung. Überle-

Im Mittelpunkt der Diskussion steht nicht zuletzt die Untersuchung des Wertewandels, wie er von der sozialwissenschaftlichen Umfrageforschung der siebziger und achtziger Jahre konstatiert wurde. Zwar ist einer allzu starken Betonung des reinen Quellencharakters sozialwissenschaftlicher Befunde gerade mit Blick auf den Wertewandel entschieden widersprochen worden. Insgesamt dürfte die Hervorhebung des „Doppelcharakters" sozialwissenschaftlicher Ergebnisse als Quelle *und* Darstellung, wie sie etwa Lutz Raphael und Anselm Doering Manteuffel vorgeschlagen haben, verbreiteter sein als ihre ausschließliche Wahrnehmung als Quelle für historische Untersuchungen[3]. Dennoch lässt sich festhalten, dass eine weitgehend unkritische Übernahme von Umfragedaten als gesicherte Fakten heute nicht mehr ohne Weiteres akzeptiert wird[4]. Für die Frage nach der Verbreitung und den historischen Wandel von Wertvorstellungen etwa zu Religion und Sexualität oder Familie und Arbeit stellt sich damit das Problem, wie Historiker jenseits einer unreflektierten Akzeptanz soziologischer Ergebnisse zu eigenständigen und verlässlichen Aussagen kommen können. Dass kollektive oder individuelle „Auffassungen von Wünschenswertem", um die berühmte Wertdefinition von Clyde Kluckhohn zu zitieren, in Bezug auf diese Bereiche für die Entwicklung sozialer Gemeinwesen relevant sind, darf wohl angenommen werden[5]. Jedenfalls erscheint es

gungen zum Kontext und zum Ende einer Romanze, in: Barbara Lüthi u. a. (Hrsg.), Wozu noch Sozialgeschichte? Eine Disziplin im Umbruch. Festschrift für Josef Mooser, Göttingen 2012, S. 131–149.

[3] Vgl. Anselm Doering-Manteuffel/Lutz Raphael, Nach dem Boom. Perspektiven auf die Zeitgeschichte seit 1970, Göttingen ²2010, bes. S. 75–77; Alexander Gallus, Über das Verhältnis von Politik- und Geschichtswissenschaft, in: APuZ 62/1-3 (2012), S. 39–45; Bernhard Dietz/Christopher Neumaier, Vom Nutzen der Sozialwissenschaften für die Zeitgeschichte. Werte und Wertewandel als Gegenstand historischer Forschung, in: VfZ 60 (2012), S. 293–304.

[4] Graf/Priemel, Zeitgeschichte und Ziemann, Sozialgeschichte nennen eine ganze Reihe einschlägiger Beispiele für diese Praxis, wenn auch zum Teil mit polemischer Kritik. Mit Blick auf Gesamtdarstellungen zur Bundesrepublik lassen sich zahlreiche Werke nennen, die „den Wertewandel" mit Hinweis auf soziologische Umfragen als gesicherten Fakt präsentieren. Vgl. etwa Hans Ulrich Wehler, Deutsche Gesellschaftsgeschichte, Bd. 5: Bundesrepublik und DDR, 1949–1990, München 2008, S. 291f.; Eckart Conze, Die Suche nach Sicherheit. Eine Geschichte der Bundesrepublik Deutschland von 1949 bis in die Gegenwart, München 2009, S. 554–560; Edgar Wolfrum, Die geglückte Demokratie. Geschichte der Bundesrepublik Deutschland von ihren Anfängen bis zur Gegenwart, Stuttgart 2006, S. 253–260 und Manfred Görtemaker, Geschichte der Bundesrepublik Deutschland. Von der Gründung bis zur Gegenwart, München 1999, S. 620f.

[5] Vgl. Clyde Kluckhohn, Values and Value-Orientation in the Theory of Action: An Exploration in Definition and Classification, in: Talcott Parsons/Edward A. Shils (Hrsg.), Toward a General Theory of Action, Cambridge (MA) 1951, S. 388–433, Zitat S. 395. Im englischen Original lautet die Definition: „A conception, explicit or implicit, distinctive of an individual or characteristic of a group, of the desirable which influences the selection from available modes, means and ends of action."

unbefriedigend, die Frage nach Wertorientierungen und ihrer Bedeutung für den sozialen Wandel leichtfertig in die Zuständigkeit von Philosophen und Psychologen zu verschieben[6].

Gab es also den Wertewandel der siebziger und achtziger Jahre? Fand er in der Weise statt, wie ihn die sozialwissenschaftliche Umfrageforschung beschrieben hat? Und wie können Historiker zu Antworten auf diese Fragen kommen? An anderer Stelle habe ich gezeigt, dass eine zeithistorische Untersuchung von Wertewandelsprozessen zunächst von einer Historisierung der zeitgenössischen Wahrnehmung entsprechender Veränderungen in Sozialwissenschaften und Politik ausgehen muss[7]. Erst durch das Aufzeigen der methodischen und interessensgeleiteten Grenzen der vermeintlich „wissenschaftlichen" und damit gesicherten Datenerhebung zu Wertverschiebungen wird es möglich, eine quellenkritische Distanz zur allgegenwärtigen und sich selbstreferentiell verstärkenden zeitgenössischen Rede vom Wertewandel zu entwickeln. Nur eine solche Distanz erlaubt es, Wechselwirkungen zwischen Umfragen, ihrer öffentlichen Wahrnehmung und den Ergebnissen immer neuer Befragungen zu Wertvorstellungen in den Blick zu nehmen. Mit einer solchen Historisierung der zeitgenössischen politischen und sozialwissenschaftlichen Wertewandelsdebatten ist das Repertoire geschichtswissenschaftlicher Methoden zur Wahrnehmung von mentalitätsgeschichtlichen Verschiebungen (und in diesem Zusammenhang muss die Frage nach der historischen Wandelbarkeit von Wertvorstellungen wohl betrachtet werden) allerdings keineswegs erschöpft. Bernhard Dietz und Christopher Neumaier haben ein gemeinsam mit Andreas Rödder entwickeltes Modell vorgeschlagen, das in Anlehnung an Hans Joas' sozialphilosophisches Werteverständnis den langfristigen Veränderungsprozess von Wertvorstellungen anhand eines „Wertewandelsdreiecks" untersucht, in dem „Werte, Praktiken und institutionelle Rahmenbedingungen" wie rechtliche Regelungen, Einrichtungen und materielle Strukturen als die Faktoren verstanden werden, die bei der Veränderung von Wertvorstellungen aufeinander einwirken[8]. Ihrer Forderung nach einer empirischen Untersuchung folgt allerdings keine Erörterung der methodischen Voraussetzungen zu ihrer forschungspraktischen Umsetzung.

---

[6] Vgl. Graf/Priemel, Zeitgeschichte, S. 486.
[7] Vgl. Jörg Neuheiser, Vom bürgerlichen Arbeitsethos zum postmaterialistischen Arbeiten? Arbeit und Nicht-Arbeit in gesellschaftlichen und wissenschaftlichen Debatten um den Wertewandel seit den siebziger Jahren, in: Jörn Leonhard/Willibald Steinmetz (Hrsg.), Semantiken von Arbeit im internationalen Vergleich, erscheint Köln 2014.
[8] Vgl. Dietz/Neumaier, Nutzen der Sozialwissenschaften, S. 302–303. Ich war als wissenschaftlicher Mitarbeiter im Bereich der Mainzer „Historischen Wertewandelsforschung" vom Sommer 2008 bis zum Frühjahr 2009 an den frühen Diskussionen um das Modell beteiligt.

Im Folgenden soll versucht werden, in Anlehnung an praxeologische Theorien und mikropolitische Überlegungen zur Untersuchung von Betrieben an einem Fallbeispiel zu zeigen, wie eine Analyse von Wertvorstellungen zur Arbeit jenseits eines unmittelbaren Bezugs auf sozialwissenschaftliche Umfragen und Ergebnisse zum Wertewandel möglich ist. Dazu soll in einem ersten Schritt gezeigt werden, welche Fragen sich aus der bisherigen Diskussion um den Wertewandel mit Bezug zur Arbeitswelt ergeben, auf die eine Untersuchung von sozialen Praktiken innerhalb der Arbeitswelt eine Antwort geben muss. Im zweiten Schritt soll dann erörtert werden, was soziale Praxis in der Arbeitswelt heißt und in welcher Form es Historikern möglich ist, innerbetriebliche Abläufe und Auseinandersetzungen so zu rekonstruieren, dass anhand ihrer Darstellung die Einstellungen zur Arbeit der beteiligten Akteure erkennbar werden. Schließlich soll anhand einer betrieblichen Fallstudie zum Daimler-Benz Werk in Stuttgart-Untertürkheim gezeigt werden, dass praxeologische Untersuchungen dazu beitragen können, vorschnelle Schlüsse auf einen fundamentalen Wertewandel in der Arbeitswelt in den siebziger Jahren in Frage zu stellen.

Forschungsperspektiven: Wertewandel in der Arbeitswelt

Fragen der Arbeit beziehungsweise Einstellungen zur Arbeit spielten in der Diskussion um den Wertewandel seit der Prägung des Begriffs in den frühen siebziger Jahren eine wichtige Rolle. Insbesondere in Westdeutschland war die breite politische Debatte um das Phänomen von Anfang an zentral mit der Frage einer einschneidenden Veränderung in der Haltung breiter Teile der Bevölkerung zur Arbeit verbunden. Elisabeth Noelle-Neumanns bekannter Artikel „Werden wir alle Proletarier?" vom Juni 1975 bildete dabei nur den Auftakt für eine intensive öffentliche Auseinandersetzung über den vermeintlichen Verfall der Leistungsbereitschaft, den Bedeutungsverlust der Arbeit in den individuellen Lebensläufen und den vor allem von konservativer Seite konstatierten allgemeinen Niedergang eines „bürgerlichen Arbeitsethos"[9]. Noelle-Neumanns knapp umrissene Definition dieses Ethos – bestimmt etwa durch einen allgemein hohen Wert von Arbeit und Leistung, die Überzeugung, dass sich Anstrengung lohne, den Glauben an sozialen Aufstieg und die Gerechtigkeit eines solchen Aufstiegs, das Streben nach wirtschaftlicher und geistiger Unabhängigkeit sowie die Bejahung von Unterschieden zwischen den

---

[9] Elisabeth Noelle-Neumann, Werden wir alle Proletarier, in: Die Zeit, 13.06.1975. Ein zweiter Teil des Artikels erschien unter dem Titel „Reformen in neuer Richtung" in der nächsten Ausgabe am 20.06.1975.

Menschen und ihrer Lage – gab in mancher Hinsicht die Liste von „Items" vor, deren Veränderung in den Jahren darauf intensiv politisch diskutiert und zugleich demoskopisch erforscht wurde[10]. Auf politischer Seite spiegelte sich die allgemeine Wahrnehmung eines Rückgangs der Einsatzbereitschaft und des Leistungswillens insbesondere unter der jüngeren Generation etwa in zunehmenden Vorwürfen gegen eine wachsende Faulheit der Empfänger von staatlichen Transferleistungen sowie in der Sorge um eine verbreitete „Null-Bock"-Haltung von Jugendlichen und jungen Erwachsenen wider[11]. Im Rahmen der wissenschaftlichen Debatten um den Charakter und das Ausmaß des Wandels in den Einstellungen zur Arbeit bildete die kontroverse Behandlung des Wertewandels auf dem mit „Krise der Arbeitsgesellschaft" überschriebenen Soziologentag im Oktober 1982 einen ersten Höhepunkt[12]. Mit ironischer Distanz und nicht ohne Erstaunen wurde die deutsche Diskussion fast zeitgleich auch im Ausland registriert. „Germany: Enter the leisure ethic" berichtete etwa der Deutschland-Korrespondent der Londoner Times und illustrierte seinen Beitrag mit Fotos von arbeitenden Trümmerfrauen unmittelbar nach Ende des Zweiten Weltkriegs und jungen Deutschen am Strand im Jahre 1984[13].

Für die Perspektiven einer historischen Wertewandelsforschung ist zunächst entscheidend, dass die erste Generation von Zeithistorikern, die sich intensiv mit den siebziger und achtziger Jahren beschäftigte, die zeitgenössisch durchaus kontrovers diskutierte Wahrnehmung einer sehr plötzlichen und fundamentalen Veränderung der Einstellungen zur Arbeit ganz selbstverständlich akzeptiert hat. In ihren Darstellungen der siebziger Jahre – geprägt von den bekannten ökonomischen Krisen im Kontext des Zusammenbruchs des internationalen Währungssystems von Bretton Woods und des Ölpreisschocks, aber auch den neuen Diskussionen um die „Grenzen des Wachstums", das Phänomen der Stagflation oder der neuen Arbeitslosigkeit seit etwa 1976 – spielen Begriffe wie „Strukturbruch", das „Ende des Booms" oder „Tendenzwende" eine zentrale Rolle. Das Bild einer „stillen Revolution" (Ronald Inglehart) beziehungsweise eines „Wertewandelsschubs" (Helmut Klages) auch innerhalb

---

[10] Vgl. ebenda und dies., Werden wir alle Proletarier? Wertewandel in unserer Gesellschaft, Zürich 1978. Zur sozialwissenschaftlichen Untersuchung des Wertewandels in der Arbeitswelt vgl. Wiebke Mandel, Der Wertewandel in der Arbeitswelt. Ursachen, Theorien und Folgen, Saarbrücken 2007.
[11] Vgl. Frank Oschmiansky, Faule Arbeitslose? Zur Debatte über Arbeitsunwilligkeit und Leistungsmissbrauch, in: APuZ/B 06–07 (2003), S. 10–16.
[12] Vgl. Joachim Matthes (Hrsg.), Krise der Arbeitsgesellschaft? Verhandlungen des 21. Deutschen Soziologentages in Bamberg 1982, Frankfurt 1983, bes. die Beiträge des Themenbereichs 2: Wertewandel, Politische Kultur und Arbeit.
[13] Vgl. The Times (London), 15.05.1984. Ähnliche Artikel erschienen auch in der amerikanischen Presse. Vgl. die Artikel „Prospects", in: New York Times, 12.10.1980, „For Greens It's Make Waves Not War", in: ebenda, 03.10.1982.

der Einstellungen zur Arbeit ließ sich leicht in eine Deutung integrieren, in der strukturelle Veränderungen wie der Prozess der Tertiarisierung, aber auch sich wandelnde Konsummuster in einer neuen „Überflussgesellschaft" sowie der voranschreitende Verfall der sozial-moralischen Milieus zu neuen individuellen Lebensstilen führten. Arbeit, so der Tenor, habe in den neuen Lebensstilen eine immer geringere Bedeutung angenommen, Freizeit und Konsum seien dagegen immer zentraler für die individuelle Selbstfindung geworden[14]. Andreas Wirsching hat diese Interpretation des langfristigen Wandels der Einstellungen zur Arbeit vor einiger Zeit unter dem Titel „Konsum statt Arbeit" auf den Punkt gebracht und seine Aussagen dabei in typischer Weise mit Daten aus den Umfragen der führenden Wertewandelsforscher der siebziger und achtziger Jahre belegt[15].

Auch arbeitssoziologische Untersuchungen, die im Anschluss an die ältere Industriesoziologie seit Ende der neunziger Jahre verstärkt neue Arbeitsstrukturen und Arbeitsbedingungen im „postfordistischen Zeitalter" in den Blick genommen haben, integrieren in ihre Gegenwartsanalysen in aller Regel das demoskopisch ermittelte Bild eines radikalen Wandels der Einstellungen zur Arbeit seit den siebziger Jahren. So verweisen prominente Soziologen heute auf neue Formen von Prekarität und Selbstausbeutungspraktiken, die den Arbeitenden als „Arbeitskraftunternehmer" oder „unternehmerisches Selbst" erscheinen lassen – also als ein Wesen, das in immer größerem Maße gezwungen ist, zu jeder Tag- und Nachtzeit einsatzbereit zu sein, und das seine eigenen Arbeitsabläufe auch innerhalb von Unternehmen und Abteilungen zunehmend selbst organisieren sowie die eigene Leistung unter stetig steigendem Erwartungsdruck wie ein Unternehmer vermarkten und bewerben muss[16]. Zwar scheint in solchen Deutungen der Arbeitswelt der Gegenwart eher eine Auflösung beziehungsweise Ökonomisierung des Pri-

---

[14] Vgl. die in Anm. 4 zitierten Werke.
[15] Vgl. Andreas Wirsching, Konsum statt Arbeit? Zum Wandel von Individualität in der modernen Massengesellschaft, in: VfZ 57 (2009), S. 171–199. Kritisch dazu auch Peter-Paul Bänziger, Arbeiten in der „Konsumgesellschaft". Arbeit und Freiheit als Identitätsangebote um die Mitte des zwanzigsten Jahrhunderts, in: Lars Bluma/Karsten Uhl (Hrsg.), Kontrollierte Arbeit – disziplinierte Körper? Zur Sozial- und Kulturgeschichte der Industriearbeit im 19. und 20. Jahrhundert, Bielefeld 2012, S. 107–134.
[16] Vgl. Günter Voss/Hans Jürgen Pongartz, Der Arbeitskraftunternehmer. Eine neue Grundform der Ware Arbeitskraft, in: KZSS 50 (1998), S. 131–158; Ulrich Bröckling, Das unternehmerische Selbst. Soziologie einer Subjektivierungsform, Frankfurt a.M. 2007. Neuere empirische Untersuchungen in der Folge dieser Studien finden sich etwa in Kai Dröge u. a. (Hrsg.), Die Rückkehr der Leistungsfrage. Leistung in Arbeit, Unternehmen und Gesellschaft, Berlin 2008; Brigitte Aulenbacher/Angelika Wetterer (Hrsg.), Arbeit. Perspektiven und Diagnosen der Geschlechterforschung, Münster 2009; Inge Baxmann u. a. (Hrsg.), Arbeit und Rhythmus. Lebensformen im Wandel (= Wissenskulturen im Wandel 3), München 2009.

vaten stattzufinden, die mit dem Verschwimmen der früher klar definierten Grenzen von Arbeit und Freizeit, Berufs- und Privatleben einhergeht. Ähnlich wie die eher entgegengesetzt mit dem Bedeutungsverlust der Arbeit für das Individuum argumentierenden geschichtswissenschaftlichen Darstellungen weisen aber auch die sozialwissenschaftlichen Studien den frühen siebziger Jahren eine entscheidende Bedeutung zu. Denn postmaterialistische Impulse und die individualistische Kapitalismuskritik der Neuen Linken nach 1968 spielen für ihre Interpretation der Entwicklung hin zu einer Erneuerung und Radikalisierung marktwirtschaftlicher Denkfiguren sowie zur Einführung neuer Ausbeutungsstrukturen in modernen Unternehmen eine zentrale Rolle. Besonders zugespitzt haben etwa die französischen Bourdieu-Schüler Luc Boltanski und Ève Chiapello argumentiert, dass das romantische Ideal der individuellen Selbstverwirklichung und freien Selbstentfaltung – verbunden mit einer grundsätzlichen Konsumkritik – im 20. Jahrhundert zunächst von den protestierenden Achtundsechzigern propagiert worden sei und sich dann angesichts von gewandelten kapitalistischen Produktions- und Marktbedingungen zum neuen Zeitgeist der Postmoderne entwickelt habe[17]. Allerdings in einer nicht intendierten Form: Die befreienden Ideale der Achtundsechziger hätten zwar zunächst ein traditionelles Arbeitsethos in Frage gestellt, dann aber einen neuen Kapitalismus geprägt, der eine völlige Verschmelzung von Person und Unternehmen beziehungsweise Person und Arbeit verlange und in einem bisher nie gekannten Maße fordere, dass individuelle Selbstverwirklichung sich in der Arbeit vollziehen, dass Arbeit Spaß machen und den Sinn des Lebens zentral bestimmen solle[18]. Demoskopisch gemessene Wertveränderungen und diskursive Verschiebungen in den öffentlichen Debatten um Arbeit belegen sich in dieser radikalen Deutung eines auch mentalitätsgeschichtlichen „Strukturbruchs" gegenseitig: Ohne die „stille Revolution" der Werte führt kein Weg zum „neuen Geist des Kapitalismus".

Jüngere geschichtswissenschaftliche Studien, die sich stärker empirisch mit dem Wandel der Arbeitswelt in den siebziger Jahren beschäftigen, argumentieren in der Regel ungleich vorsichtiger, kommen aber nicht zu entgegengesetzten Ergebnissen. So haben etwa Winfried und Dietmar Süß den Niedergang des „bürgerlichen Arbeitsethos" mit einer Verschiebung der Semantik von Arbeit in den frühen siebziger Jahren verknüpft. Diese spiegele sich zum Beispiel in sozialdemokratischen beziehungsweise gewerkschaftlichen Forderungen nach

---

[17] Vgl. Luc Boltanski/Ève Chiapello, Le nouvel esprit du capitalisme, Paris 1999.
[18] Ähnlich argumentieren zum Beispiel auch Carl Sasse, Eine romantische Arbeitsethik. Die neuen Ideale in der Arbeitswelt, in: Günter Burkart/Marlene Heidel (Hrsg.), Die Ausweitung der Bekenntniskultur – neue Formen der Selbstthematisierung? Wiesbaden 2006, S. 285–312, und Arndt Neumann, Kleine geile Firmen. Alternativprojekte zwischen Revolte und Management, Hamburg 2008.

einer „Humanisierung der Arbeitswelt" wider oder sei eng mit dem Aufbruch der alternativen Bewegung mit ihren Vorstellungen eines selbstbestimmten und selbsterfüllten Arbeitens verbunden gewesen[19]. Beide bewerten diese semantische Verschiebung, die zu einer Art „postmaterialistischem Ideal" der Arbeit geführt habe, nicht zuletzt als Zeichen eines zentralen Bruchs in der deutschen beziehungsweise westlichen Geschichte. Die neuen Debatten um „humane Arbeit" oder „Flexibilisierung" sehen sie als Ausdruck gewandelter Einstellungen zur Arbeit nach dem „Strukturbruch" am Beginn des Jahrzehnts, die prägend für die „Zeit nach dem Boom" gewesen seien und auf die gegenwärtigen Konflikte um Arbeit verwiesen. Auch hier verstärken sich begriffsgeschichtliche Beobachtungen, zeitgenössische Kommentare zum Wertewandel und Umfrageergebnisse zu den Arbeitseinstellungen gegenseitig: Allerdings wird weniger mit konkreten demoskopischen Daten als mit der selbstverständlichen Rezeption der sozialwissenschaftlichen Wertewandelsthesen durch politische Akteure und dem scheinbaren Widerschein veränderter Wertvorstellungen in neuen Begriffen argumentiert.

Vor allem in den zuletzt skizzierten Fällen liegt das methodische Problem darin, dass vernachlässigt wird, wie sehr neue Begrifflichkeiten in den Debatten um die Zukunft der Arbeit in den siebziger Jahren unmittelbar auf mutmaßlich neue Erwartungen und Anforderungen an Erwerbsleben und Freizeit antworteten. Die Verbindungen zwischen politischen Akteuren und den Wissenschaftlern im Bereich der empirischen Sozialforschung waren – nicht zuletzt darauf beruht ja die Frage nach dem Aussagewert zeitgenössischer soziologischer Studien – ausgesprochen eng; häufig erfolgte die Prägung neuer Begriffe im politischen und sozialwissenschaftlichen Diskurs gezielt, um politische Entscheidungen zu beeinflussen[20]. Semantische Verschiebungen im „Höhenkammdiskurs" politischer und sozialwissenschaftlicher Akteure sowie in gehobenen publizistischen Quellen können deshalb nicht ohne Weiteres als Ausdruck grundlegender Mentalitätsveränderungen in weiten Kreisen der Bevölkerung gewertet werden. Denn gerade im Bereich der Vorstellungen von Arbeit und Nicht-Arbeit konkurrieren neue Begriffe in besonderer Weise mit den Vorstellungen und Sinnstrukturen, die sich etwa aus der täglichen Erfahrung des eigenen Arbeitens, dem spezifischen Berufsbild arbeitender Akteure oder ihrer Wahrnehmung unterschiedlicher Formen von Arbeit erge-

---

[19] Vgl. Winfried Süß/Dietmar Süß, Zeitgeschichte der Arbeit: Beobachtungen und Perspektiven, in: Knud Andresen u. a. (Hrsg.), Nach dem Strukturbruch? Kontinuität und Wandel von Arbeitswelten, Bonn 2011, S. 345–368, bes. S. 351–354.
[20] Darauf hat sehr früh schon Pierre Bourdieu hingewiesen. Vgl. seinen Aufsatz: Die öffentliche Meinung gibt es nicht, in: ders., Soziologische Fragen, Frankfurt a.M. 1993 (französische Erstausgabe 1973), S. 212–223. Für die Demoskopie im Bereich der Wahlforschung finden sich zahlreiche Belege für diese These bei Kruke, Demoskopie.

ben[21]. Selbst wenn neue Begriffe und Komposita in die Auseinandersetzungen am Arbeitsplatz und die tägliche Arbeitskommunikation eindringen, können sich in der sozialen Praxis des Arbeitens völlig andere Sinndeutungen und Konnotationen ergeben oder ältere Vorstellungen von Arbeit gegenüber neuen Deutungsangeboten behaupten. Weist man eine unreflektierte Übernahme von demoskopischen Ergebnissen in historische Darstellungen zurück, bietet der Blick auf die Diskurse auf höchster Ebene der politischen Auseinandersetzung deshalb keinen Ausweg, um Zugriff auf die Wertvorstellungen und Einschätzungen derjenigen zu erhalten, die man als eher distanzierte Rezipienten der „veröffentlichten Meinung" beschreiben muss.

Methodisch ergibt sich aus der kritischen Reflexion auf den bisherigen Umgang mit den Ergebnissen der sozialwissenschaftlichen Werteforschung durch Historiker und Sozialwissenschaftler daher die Forderung, Entwicklungen in der Arbeitswelt selber und möglichst auf unterster Ebene des Arbeitsprozesses in den Blick zu nehmen. Wenn der Wertewandel tatsächlich in Form einer „stillen Revolution" in kürzester Zeit die Einstellungen zur Arbeit fundamental verändert haben soll, muss sich diese Veränderung genau dort beobachten lassen, wo Menschen arbeiten und tagtäglich gezwungen sind, sich mit ihrer Arbeit und den Zusammenhängen, in denen sie geleistet wird, zu beschäftigen. Inhaltlich folgt aus den bisherigen Darstellungen von Mentalitätsverschiebungen in den siebziger Jahren die Frage, ob sich die Infragestellung eines traditionellen Arbeitsethos durch Forderungen nach individueller Selbstverwirklichung und neuen Idealen der Selbstentfaltung auch im Arbeitsprozess selber beziehungsweise in den unmittelbar am Arbeitsplatz erfolgenden Auseinandersetzungen um Arbeit und Arbeitsbedingungen wiederfinden lässt.

Werte in der Praxis und soziale Praxis der Arbeit

Dass Werte und Wertvorstellungen sich grundsätzlich nicht nur über Diskurse und explizite Wertsetzungen einerseits, repräsentative Befragungen zu persönlichen Werthaltungen und Überzeugungen andererseits untersuchen lassen, folgt bereits aus dem Wertkonzept selber. Ungeachtet einer inzwischen umfangreichen und kaum mehr zu überblickenden Literatur darüber, wie Werte als Konzept genau zu fassen seien, verweisen die meisten Wertdefinitionen ähnlich wie die bereits erwähnte klassische Bestimmung von Clyde Kluckhohn darauf, dass Werte ihren Trägern vielfach nicht oder zumindest nicht völlig bewusst

---

[21] Auf den „Eigensinn" der Praxis der Arbeit hat vor allem Alf Lüdtke hingewiesen. Vgl. besonders Alf Lüdtke, Eigen-Sinn. Fabrikalltag, Arbeitserfahrungen und Politik vom Kaiserreich bis in den Faschismus, Hamburg 1993.

sind[22]. Kluckhohn spricht von einer „conception, explicit *or implicit* (…), of the desirable"[23] und verweist damit ausdrücklich auf habituelle, an soziale Konventionen oder verbreitete Normalitätsvorstellungen gebundene Haltungen, die das Handeln der von ihnen geprägten Akteure auch dann leiten, wenn diese zu einer expliziten Artikulation ihrer Wertvorstellungen nicht in der Lage sind, oder sie für so selbstverständlich halten, dass eine Benennung so gut wie nie erfolgt[24].

Demoskopische Wertumfragen, haben nicht zuletzt deshalb bisweilen bereits in den fünfziger Jahren in den von ihnen verwendeten Fragebögen auf die direkte Erfragung von Werteinschätzungen verzichtet und stattdessen vermeintlich lebensnahe Szenarien beurteilen lassen, um aus den Einschätzungen von knapp skizzierten Situationen auf die Wertpräferenz des Urteilenden zu schließen[25]. Schon im Rahmen der Methodendiskussion unter den soziologischen Umfrageforschern ist aber überzeugend darauf hingewiesen worden, dass auch die so ermittelten Ergebnisse nicht tiefverankerte Werthaltungen der Befragten aufzeigen. Stattdessen werden so eher „Wertaktualisierungen" erfasst, die in hohem Maße von zeitgenössischen Debatten und der medial vermittelten Wahrnehmung der Bedrohung spezifischer Werte in ganz bestimmten historisch-politischen Kontexten abhängen[26]. Seit den neunziger Jahren hat das zu einer weitreichenden methodischen Verfeinerung der Befragungstechniken geführt, die freilich für den zeithistorischen Umgang mit Ergebnissen der siebziger und achtziger Jahre und der auf ihnen beruhenden Wertewandelsdiskussion

---

[22] Vgl. den Überblick über Wertdefinitionen bei Karl-Heinz Hillmann, Wertewandel. Ursachen, Tendenzen, Folgen, Würzburg [o. J.; 2003], S. 17–62.
[23] Kluckhohn, Values, S. 395 (Hervorhebungen J.N.).
[24] Vgl. Kluckhohn, Values, S. 395.
[25] Ein klassisches Beispiel aus Allensbacher Umfragen, das schon in den fünfziger und sechziger Jahren im Zusammenhang mit der Frage nach Leistungsbereitschaft und dem Umgang mit unterschiedlichem Leistungsvermögen verwendet wurde, ist die „Sekretärinnen-Frage": „Zwei Sekretärinnen sind gleich alt und tun praktisch die gleiche Arbeit, aber eines Tages stellt die eine fest, dass die andere 100 Mark im Monat mehr bekommt. Sie geht zum Chef, um sich zu beklagen. Aber der Chef muss ihr sagen, dass die andere tüchtiger und zuverlässiger ist und rascher arbeitet als sie. – Halten Sie es für gerecht, dass die eine mehr bekommt oder halten Sie es für nicht gerecht?" Vgl. Noelle-Neumann, Werden wir alle Proletarier, [1978], S. 19. Zur Gestaltung von Umfragen und Fragebögen vgl. auch Karl Heinz Hillmann, Zur Wertewandelsforschung. Einführung, Überblick und Ausblick, in: Georg W. Oesterdiekhoff/Norbert Jegelka (Hrsg.), Werte und Wertewandel in westlichen Gesellschaften. Resultate und Perspektiven der Sozialwissenschaften, Opladen 2001, S. 15–39, bes. S. 27f.
[26] Vgl. Helmut Thome, Wertewandel in Europa aus der Sicht der empirischen Sozialforschung, in: Hans Joas/Klaus Wiegandt (Hrsg.), Die kulturellen Werte Europas, Frankfurt a.M. 2005, S. 386–443, bes. S. 429–438.

keine Rolle spielen[27]. Historiker sind deshalb darauf angewiesen, aus den belegbaren Handlungen Rückschlüsse auf die Vorstellungen zu ziehen, welche die historischen Akteure leiteten. Wie aber untersucht man das Handeln von Akteuren so, dass implizite Wertvorstellungen erkennbar werden? Auf theoretischer Ebene erscheint die Antwort leicht. Innerhalb der Geschichtswissenschaft werden seit Ende der achtziger Jahre verstärkt akteursorientierte Handlungstheorien rezipiert, mit deren Methoden insbesondere implizit handlungsleitende Wissens- und Bewusstseinsbestände offen gelegt werden können[28]. Zentral ist eine Hinwendung zur sozialen Praxis, das heißt zur Untersuchung von körperlich tätigen Akteuren im Vollzug ihrer Handlungen. Ausgangspunkt solcher Überlegungen ist die Annahme, dass Handlungen in der Regel nicht einem intentionalen Zweck-Mittel-Mechanismus folgen, sondern stets von Erfahrungswissen und praktischem Können der Akteure geprägt werden. Handlungen, so der Ansatz, folgen nicht einfach einem außerhalb der Akteure bestehenden kulturellen Code, der ihr Tun und Wollen vorherbestimmt; Handlungen vollziehen sich vielmehr in einer „Mischung aus Gewohnheit und Reflexion, aus Repetitivität und kultureller Innovativität" und sind insofern zugleich von kulturellen Strukturen geprägt als auch der Ort, an dem solche Strukturen entstehen[29]. Wichtige Konzepte solcher „praxeologischen Theorien", allen voran Pierre Bourdieus Habitus-Konzept und die Auffassung, dass Praktiken einer Logik folgen, die „nicht identisch [ist] mit den unterschiedlichen Diskursen, welche Akteure über ihr Handeln führen", gehören inzwischen ebenso zur methodischen „Grundausstattung" zahlreicher Historiker wie die Forderung nach einer stärkeren Beachtung symbolischer Elemente von Kommunikation[30]. Sie müssen an dieser Stelle nicht ausführlich erläutert werden, zumal mittlerweile eine ganze Reihe empirischer Arbeiten gezeigt hat, dass es möglich ist, durch die genaue Analyse sozialer Praktiken Zugriff auf Vorstellungen und Werte, Ideale

---

[27] Vgl. etwa Ernest Albert, Wandel schweizerischer Arbeitswerte. Eine theoriegeleitete empirische Untersuchung, Wiesbaden 2011, passim u. bes. S. 198–202.
[28] Stellvertretend für eine inzwischen breite Einführungs- und Übersichtsliteratur vgl. hier und im Folgenden vor allem Andreas Reckwitz, Grundelemente einer Theorie sozialer Praktiken. Eine sozialtheoretische Perspektive, in: Zeitschrift für Soziologie 32 (2003), S. 282–301 und Sven Reichardt, Praxeologische Geschichtswissenschaft. Eine Diskussionsanregung, in: Sozial.Geschichte 22/3 (2007), S. 43–65. Dass sich die von Historikern vorgetragene Kritik an quantitativen Methoden der empirischen Sozialwissenschaften häufig auf nicht weniger theoretische Theorien und Begriffe stützt, sollte bei Diskussionen über den „Quellenwert" sozialwissenschaftlicher Forschung für einen bescheideneren Ton auf Seiten der Historiker sorgen.
[29] Zitat bei Reichardt, Praxeologische Geschichtswissenschaft, S. 48.
[30] Zitat aus Egon Flaig, Habitus, Mentalitäten und die Frage des Subjekts, in: Friedrich Jäger/Jörn Rüsen (Hrsg.), Handbuch der Kulturwissenschaften, Bd. 3, Stuttgart 2004, S. 359, wiedergegeben nach Reichardt, Praxeologische Geschichtswissenschaft, S. 55.

und Mentalitäten von sozialen Gruppen zu gewinnen, von denen außerhalb von Berichten und Darstellungen über ihr soziales Verhalten in der Regel keine Selbstzeugnisse vorliegen[31].

Um speziell die soziale Praxis des Arbeitens in den Blick zu nehmen, kann zudem an mikropolitische Ansätze innerhalb der Arbeiter- und Unternehmensgeschichte angeknüpft werden. Denn fast zeitgleich mit dem Aufkommen praxeologischer Theorien haben Historiker und Soziologen den „Betrieb" neu entdeckt: als soziales Handlungsfeld, das keineswegs nur durch vermeintlich rationale Zwänge einer kapitalistisch-technischen Wirtschafts- und Produktionslogik strukturiert wird, sondern durch vielfältige und oft verborgene Interessen, Macht- und Kommunikationsbeziehungen eine eigenständige Lebenswelt und ein politisch umkämpftes Gebilde darstellt[32]. Diesem neuen Blick auf wirtschaftliche Organisationen entspricht die Konzentration auf einzelne Betriebe und das konkrete Verhalten von in ihnen handelnden Akteuren – etwa um Fragen nach der Bedeutung von Mitbestimmungsregelungen, dem Erfolg oder Scheitern einzelner Unternehmen oder der inneren Differenzierung vermeintlich kollektiv agierender Gruppen wie Geschäftsleitung, Gewerkschaft oder Betriebsrat nachzugehen. Das dazu entwickelte Analyseraster zur Bestimmung der sozialen Beziehungen innerhalb einzelner Organisationen erlaubt freilich auch, die innere Logik des Handelns von Gruppen oder einzelnen innerbetrieblichen Akteuren auf ihre Wertvorstellungen und ihre Einstellungen zur Arbeit und zu den Arbeitsbeziehungen zu betrachten[33].

Trotz dieses reichen Theorieangebots zur Untersuchung von impliziten Wertvorstellungen stellen sich gerade beim Versuch einer historischen Rekon-

---

[31] Vgl. etwa Egon Flaig, Den Kaiser herausfordern. Die Usurpation im Römischen Reich, Frankfurt a.M. 1992; Richard Biernacki, The Fabrication of Labor. Germany and Britain, 1640–1914, Berkeley u. a. 1995; Thomas Welskopp, Das Banner der Brüderlichkeit. Die deutsche Sozialdemokratie vom Vormärz bis zum Sozialistengesetz, Bonn 2000; Sven Reichardt, Faschistische Kampfbünde. Gewalt und Gemeinschaft im italienischen Squadrismus und in der deutschen SA, Köln u. a. 2002; Marian Füssel, Gelehrtenkultur als symbolische Praxis. Rang, Ritual und Konflikt an der Universität der Frühen Neuzeit, Darmstadt 2006; Jörg Neuheiser, Krone, Kirche und Verfassung. Konservatismus in den englischen Unterschichten 1815–1867, Göttingen 2010.

[32] Vgl. Thomas Welskopp, Der Betrieb als soziales Handlungsfeld. Neuere Forschungsansätze in der Industrie- und Arbeitergeschichte, in: GG 22 (1996), S. 118–142; Karl Lauschke/Thomas Welskopp, Einführung: Mikropolitik im Unternehmen: Chancen und Voraussetzungen beziehungsanalytischer Ansätze in der Industrie- und Arbeitergeschichte, in: dies. (Hrsg.), Mikropolitik im Unternehmen. Arbeitsbeziehungen und Machtstrukturen in industriellen Großbetrieben des 20. Jahrhunderts, Essen 1994, S. 7–15; Dietmar Süß, Mikropolitik und Spiele: zu einem neuen Konzept für die Arbeiter- und Unternehmensgeschichte, in: Jan-Otmar Hesse u. a. (Hrsg.), Kulturalismus, Neue Institutionenökonomik oder Theorienvielfalt. Eine Zwischenbilanz der Unternehmensgeschichte, Essen 2002, S. 117–136.

[33] Vgl. Süß, Mikropolitik, passim u. S. 123.

struktion der sozialen Praxis von Arbeit wichtige Probleme. Zentral ist zunächst das Quellenproblem: In der Regel sind betriebliche Überlieferungen bei Weitem nicht so umfassend, als dass sie es ohne Weiteres erlauben würden, die von mikropolitischen Theoretikern herausgearbeiteten Kategorien der sozialen Beziehungen innerhalb des Betriebs beziehungsweise der Vernetzung von betrieblichen Akteuren in außerbetriebliche Kontexte anzuwenden. Obwohl insbesondere in großen Unternehmen erhebliche Quellenbestände zu allen Bereichen der betrieblichen Abläufe beziehungsweise der unternehmerischen Tätigkeit zu finden sind, stößt man meist doch vor allem auf Geschäftsschriftgut und technische Aufzeichnungen, die eine genaue Rekonstruktion täglicher Arbeitsabläufe sowie der damit verbundenen Routinen und Praktiken ausgesprochen schwer machen. Selbst wenn es gelingt, etwa für einzelne Fabriken Maschinenanordnungen, Produktionsrhythmen und körperliche Aspekte des Arbeitens idealtypisch nachzuvollziehen, bleibt es ausgesprochen schwierig, zu Schlussfolgerungen über die konkret arbeitenden Menschen und ihre Einstellung zu ihrer Tätigkeit zu kommen, die sich nicht in eher unhistorischen Reflexionen über die Natur schwerer körperlicher Arbeit oder den Zusammenhang von rhythmischen Bewegungen, Arbeitsfluss und Arbeitsfreude erschöpfen[34]. Autobiographische Quellen oder durch Zeitzeugenbefragungen gewonnene Interviewaussagen sind dagegen bekanntermaßen ausgesprochen vage, wenn es um die Beschreibung von alltäglichen Abläufen und konkreten Erfahrungen im Arbeitsprozess geht; sie fokussieren üblicherweise stark auf langfristige Entwicklungen, sind zudem durch ihren nachträglichen Rückblick problematisch und von kollektiven Erzählmustern so geprägt, dass sich eine Rekonstruktion praktischer Abläufe auf ihrer Grundlage fast immer ausschließt[35].

Konkreter werden allenfalls die autobiographischen Schilderungen, die

---

[34] Entsprechende Kritik lässt sich etwa gegen Studien aus dem Kontext der Historischen Anthropologie und der Alltagsgeschichte richten. Vgl. Reichardt, Praxeologische Geschichtswissenschaft, S. 56. Beispielhaft für tendenziell eher mit historischen Konstanten argumentierende Analysen materiell-körperlicher Prozesse im Arbeitsalltag sind die Aufsätze in Lüdtke, Eigen-Sinn. Eher problematisch auch der Ansatz bei Inge Baxmann, Arbeit und Rhythmus. Die Moderne und der Traum von der glücklichen Arbeit, in: Baxmann u. a. (Hrsg.), Arbeit und Rhythmus, S. 15–36.

[35] Zum Quellenwert von Zeitzeugeninterviews in betrieblichen Kontexten vgl. Knud Andresen, Erinnerungen eines sozialen Milieus und lokale gewerkschaftliche Erfahrungsräume. Lebensgeschichtliche Interviews mit gewerkschaftspolitischen Akteuren in ausgewählten Regionen der Bundesrepublik Deutschland, erscheint Essen 2014, Einleitung und Kap. 1.2: Oral History im gewerkschaftlichen Umfeld. Vgl. daneben Dorothee Wierling, Oral History, in: Michael Maurer (Hrsg.), Aufriss der Historischen Wissenschaften, Bd. 7: Neue Themen und Methoden der Geschichtswissenschaft, Stuttgart 2003, S. 81–151; Harald Welzer, Das Interview als Artefakt. Zur Kritik an der Zeitzeugenforschung, in: BIOS 13 (2000), S. 51–66; Ulrike Jureit, Erinnerungsmuster. Zur Methodik lebensgeschichtlicher Interviews mit Überlebenden der Konzentrations- und Vernichtungslager, Hamburg 1999.

unmittelbar mit den Arbeitsabläufen verbundene Konflikte in den Mittelpunkt stellen. Solche betrieblichen Auseinandersetzungen sind gerade in größeren Betrieben und Unternehmen häufig auch noch über Betriebsratsakten, Gewerkschaftsmaterial und Aufzeichnungen der Geschäftsleitung zu erfassen und haben sich nicht selten in öffentlicher Berichterstattung oder arbeitsgerichtlichen Prozessen niedergeschlagen; zudem finden sich bisweilen Rundbriefe, Betriebszeitungen, Flugblätter, Streikaufrufe und ähnliche Publikationen von allen am Konflikt beteiligten Parteien, anhand derer sich etwa die innerbetriebliche Kommunikation beschreiben und untersuchen lässt. Allerdings stellt sich bei solchen eher diskursiven Quellen, die ja in der Regel von betrieblichen Eliten stammen (im Falle von gewerkschaftlichen Akteuren häufig etwa von langfristig freigestellten Betriebsräten oder aus der Produktion herausgewachsenen Funktionären) die Frage, ob man mit ihrer Hilfe tatsächlich noch Rückschlüsse auf Arbeitspraktiken und in sie eingebundene implizite Wertvorstellungen ziehen kann. Landen Praxeologen bei der Suche nach Beschreibungen von Arbeitspraktiken am Ende nicht auch wieder bei einer Untersuchung des Diskurses, die mit den gleichen Problemen behaftet ist wie die Analyse von „Höhenkammdiskussionen" politischer und sozialwissenschaftlicher Akteure?

Damit ist eine zentrale Frage praxeologischer Untersuchungen angesprochen, die häufig vor der Aufgabe stehen, diskursive Äußerungen in ihre historischen Handlungsanalysen einzubeziehen und sich gleichzeitig von diskursanalytischen Methoden abzugrenzen[36]. Zwei Antworten sind darauf möglich: Zum einen kommt es aus praxeologischer Sicht darauf an, auch Diskurse als soziale Praktiken zu behandeln, und zwar in dem Sinne, dass „erst der Gebrauch diskursiver Aussagesysteme klären kann, welche Bedeutung diesem Diskurs im Wissen der Teilnehmer zukommt"[37]. Betrachtet man Diskurse nicht als autonome Zeichensysteme, die das soziale Geschehen praktisch von außen steuern, sondern als Formationen, die gerade durch den strategischen Gebrauch und die taktische Verwendung kultureller Schemata gekennzeichnet sind, also durch die Einbettung von diskursiven Handlungen in sozio-politische Kontexte, ergibt sich gegenüber klassischen Diskursanalysen eine entscheidende Veränderung. Diskursive Äußerungen werden, etwa im Sinne John Pococks und besonders Quentin Skinners, zu Sprechakten, bei denen es nicht in erster Linie auf ihren allgemeinen Aussagewert ankommt, sondern auf ihre unmittelbare Wirkungsabsicht und ihre Einbettung in einen konkreten Kommunikationszusammenhang[38]. Ein solcher sozio-politischer Kommunikationszusammenhang

---

[36] Vgl. Reckwitz, Grundelemente, S. 298f.
[37] Vgl. Reichardt, Praxeologische Geschichtswissenschaft, S. 54.
[38] Zur Übersicht über Theorie und Werk Pococks und Skinners vgl. Eckhart Hellmuth/Martin Schmidt, John G. A. Pocock (*1924), Quentin Skinner (*1940), in: Lutz Raphael (Hrsg.), Klassiker der Geschichtswissenschaft, Bd. 2: Von Fernand Braudel bis Nathalie Z.

besteht auf allen Ebenen diskursiver Auseinandersetzungen; er lässt sich aber gerade bei Sprechakten, die in erster Linie auf eine Wirkung im Kontext eines Betriebs zielen, im Rahmen von mikropolitischen Fallstudien genauer nachzeichnen als in den „Höhenkammdiskussionen" breiter gesellschaftlicher Debatten. Sprachliche Äußerungen, die auf eine betriebliche Öffentlichkeit abzielen, haben aus dieser Perspektive einen völlig anderen Charakter als Sprechakte von sozialwissenschaftlichen und politischen Akteuren etwa in bundespolitischen Entscheidungsprozessen oder Wahlkämpfen.

Zum anderen ist es möglich, auch innerhalb sprachlicher Äußerungen von betrieblichen Akteuren zwischen verschiedenen Ebenen zu unterscheiden. Insbesondere kann eine eher oberflächliche Ebene der politischen Semantik von berichthaften Teilen der Darstellung getrennt werden. Eher oberflächlich ist dabei eine semantische Schicht, die sich stark an den Sprachgebrauch medial vermittelter Vorstellungen sowie an die Kategorien des von betrieblichen Sprechern eher passiv rezipierten „Höhenkammdiskurses" anlehnt und in vielerlei Hinsicht vermeintlich verbindlichen Interpretationen des gesellschaftlichen Geschehens folgt. Dagegen lassen die berichthaften Teile der Darstellung einen genaueren Blick auf das tatsächliche Handeln der betrieblichen Akteure zu. Diese Unterscheidung folgt einem von Egon Flaig gemachten Vorschlag zur Untersuchung von historiographischen Texten der römischen Kaiserzeit; seine Methode lässt sich aber durchaus gewinnbringend auf zeithistorische Quellen übertragen[39]. Flaig unterscheidet vor allem mit Blick auf Tacitus' Darstellungen von Usurpationen im ersten Jahrhundert nach Christus zwischen „maximischem" und „berichthaftem Diskurs": Ersterer ist geprägt von gängigen Vorstellungen der römischen Elite, die im Bericht des Tacitus so dominant sind, dass seine Interpretationen des von ihm geschilderten konkreten Geschehen häufig in direktem logischen Widerspruch zu den tatsächlich von ihm dargestellten Handlungen und Ereignissen stehen. Für Flaig kommt es darauf an, die berichteten Ereignisse jenseits der Bewertungen Tacitus' herauszuarbeiten, um aufgrund einer soziologischen Analyse des Geschehens zu einer eigenen Deutung der Abläufe zu gelangen. Das mag an traditionelle Quellenkritik eines Althistorikers erinnern, hat aber im Kontext eines praxeologischen Verständnisses von Handlungen weitreichende Folgen. Wenn wesentliche Teile der handlungsleitenden Vorstellungen den Akteuren nicht bewusst sind, sondern implizit in das Handeln einfließen und dieses

---

Davis, München 2006, S. 261–279; Eckhart Hellmuth/Christoph v. Ehrenstein, Intellectual History made in Britain. Die Cambridge School und ihre Kritiker, in: GG 27 (2001), S. 149–172 und die stark praktisch-empirisch orientierte Zusammenfassung des Ansatzes bei Andreas Pečar, Macht der Schrift. Politischer Biblizismus in Schottland und England zwischen Reformation und Bürgerkrieg (1534–1642), München 2011, S. 21–28.

[39] Vgl. Flaig, Den Kaiser herausfordern, bes. S. 14–38.

strukturieren, dann können auch in den siebziger Jahren des 20. Jahrhunderts diskursive Erklärungen des eigenen Verhaltens das Handeln der beobachteten Akteure nicht vollständig erklären. Auch für Zeithistoriker kommt es folglich beim Blick auf Äußerungen von betrieblichen Akteuren darauf an, zwischen „maximischen" und „berichthaften" Aussageebenen zu unterscheiden, um einen Eindruck von den implizit handlungsleitenden Wertvorstellungen der Akteure zu erhalten.

Die Suche nach der betrieblichen Praxis des Arbeitens erschöpft sich vor diesem Hintergrund nicht in der Rekonstruktion technisch-organisatorischer Abläufe oder körperlicher Handlungen im Arbeitsprozess. Eine Trennung zwischen Diskurs und sozialer Praxis bedeutet nicht den Verzicht auf die Analyse betrieblicher Kommunikationszusammenhänge. Unter sozialer Praxis in der Arbeitswelt ist vielmehr die Gesamtheit des Handelns und Sprechens konkreter historischer Akteure im betrieblichen Kontext zu betrachten, so wie es sich in alltäglichen Arbeitsabläufen, aber auch in Konfliktsituationen und innerbetrieblichen Auseinandersetzungen widerspiegelt. Dass sich über die Untersuchung solcher betrieblicher Abläufe tatsächlich auch eine neue Perspektive auf Wertvorstellungen mit Bezug zur Arbeit gewinnen lässt, soll abschließend an einem Fallbeispiel aus dem Werk der Daimler-Benz AG in Stuttgart-Untertürkheim gezeigt werden. Im Mittelpunkt steht dabei die Frage, inwiefern sich an einem besonders wichtigen Industriestandort im Laufe der siebziger Jahre genau die Veränderungen in den Einstellungen zur Arbeit beobachten lassen, die Zeithistoriker und Sozialwissenschaftler mit der „stillen Revolution" der Werte in Verbindung bringen.

Fallstudie Daimler-Benz in Untertürkheim: Kontinuität und Wandel von Einstellungen zur Arbeit am Beispiel betrieblicher Auseinandersetzungen in den siebziger Jahren

Das Untertürkheimer Stammwerk der Daimler-Benz AG ist zur Beantwortung dieser Frage besonders geeignet. Um 1970 arbeiteten hier etwa 22.000 Arbeitnehmer in der Automobilherstellung. Nach dem ebenfalls im Großraum Stuttgart gelegenen Werk in Sindelfingen handelte es sich um die größte Produktionsstätte des Konzerns, der auch seine Zentrale mit noch einmal rund 6.000 Mitarbeitern in dem Stuttgarter Vorort angesiedelt hatte. Das Werk galt als eine der modernsten Industrieanlagen der Bundesrepublik, in dem Automatisierung und Computerisierung der Produktion besonders weit vorangeschritten waren; es war auch in tarifpolitischer Hinsicht von überregionaler

Bedeutung[40]. Regelmäßig stand der Betrieb im Mittelpunkt von Arbeitskämpfen in der Metallindustrie, nicht zuletzt deshalb, weil Vorstandsmitglieder der Daimler-Benz AG innerhalb der westdeutschen Arbeitgeberorganisationen wichtige Positionen bekleideten, allen voran der für das Personal-, Sozial- und Bildungswesen zuständige Hanns-Martin Schleyer, der 1973 zum Präsidenten der Bundesvereinigung der deutschen Arbeitgeberverbände aufstieg[41]. Seit Beginn der siebziger Jahre verdichteten sich in Untertürkheim Konflikte zwischen Belegschaft und Geschäftsführung, in denen gerade jene Themen und Schlagworte eine besondere Rolle spielten, die von der jüngeren Forschung als Ausdruck einschneidender Veränderungen im Arbeitsverständnis der westdeutschen Bevölkerung gewertet werden. Gestritten wurde etwa um Fragen der „Humanisierung der Arbeitswelt", der Mitbestimmung und der inneren Demokratie von Unternehmen; etwas später traten auch Probleme der Ökologie, der Rüstungsproduktion oder der Ausbeutung der Dritten Welt hinzu. Auf Arbeitnehmerseite führte dabei neben der IG Metall vor allem eine anfangs innergewerkschaftliche Oppositionsgruppe das Wort, die ab 1972 regelmäßig mit eigenen Listen bei Betriebsratswahlen antrat und jeweils zwischen 25 und 40 Prozent der abgegebenen Stimmen erhielt. Nach einer von ihr herausgegebenen Betriebszeitung wurden ihre Aktiven bundesweit als „plakat"-Gruppe bekannt; prominentestes Mitglied war der spätere Mitgründer der Grünen und Bundestagsabgeordnete Willi Hoss, der seit den frühen sechziger Jahren bei Daimler als Schweißer arbeitete[42].

Während Demokratisierung, Mitbestimmung und der Kampf für eine humane Gestaltung von Arbeit Anfang der siebziger Jahre auch wichtige Themen der IG Metall waren, erscheinen vor allem die Erfolge der „plakat"-Gruppe als Zeichen für eine zunehmende Verbreitung postmaterialistischer Vorstellungen von Arbeit selbst innerhalb der klassischen Industriearbeiterschaft. Die Gruppe hatte sich im Zuge der 68er-Proteste gebildet. Sie gehörte in den Kontext der westdeutschen Neuen Linken und kämpfte zunächst für eine innere Demokratisierung der Gewerkschaftsstrukturen und darüber hinaus des Betriebs. Ihr wichtigstes Organ war die bereits erwähnte „plakat"-Zeitung, die ihre Mitglieder ab dem Frühjahr 1969 mehrmals im Jahr im Untertürkheimer Werk verteilten. Als eine Art werksinterne Lokalzeitung sollte „plakat" eine breite Öffentlichkeit für betriebliche Angelegenheiten herstellen und eine

---

[40] Vgl. Richard Osswald, Lebendige Arbeitswelt. Die Sozialgeschichte der Daimler-Benz AG von 1945–1985, Stuttgart 1986 und Rainer Fattmann, 125 Jahre Arbeit und Leben in den Werken von Daimler und Benz. Die Geschichte der Beschäftigten und ihrer Interessensvertretung, Ludwigsburg 2011.
[41] Vgl. Werner Plumpe, Schleyer, Hanns-Martin, in: Neue Deutsche Biographie 23 (2007), S. 71 [Onlinefassung: URL: http://www.deutsche-biographie.de/pnd118608142.html, gesehen am 22.05.2013].
[42] Vgl. Fattmann, 125 Jahre, S. 165–168.

kritische Stellungnahme der Belegschaft zu Problemen einzelner Abteilungen oder den Diskussionen auf Betriebsversammlungen ermöglichen. Wichtige Themen waren deshalb etwa die zunehmende Leistungsverdichtung an den Fließbändern und der steigende Arbeitsdruck im Betrieb in Folge von Rationalisierungsmaßnahmen, daneben die aus Sicht der Gruppe zu zögerliche, sozialpartnerschaftliche Haltung der IG Metall gegenüber dem Arbeitgeber[43]. Behandelt wurden aber auch der Bürgerkrieg in Nigeria und der Palästinakonflikt sowie Arbeitskämpfe in anderen Industrienationen[44]. Typisch war der Versuch, internationale Fragen mit betrieblichen Aspekten zu verknüpfen – so stellte man etwa einen Hinweis auf wilde Streiks gegen Akkordbedingungen in schwedischen Bergwerken neben einen längeren Artikel über das Verhältnis von Lohnerhöhungen und Bemühungen um Leistungsverdichtung bei Daimler-Benz[45]. Die Gruppe agierte zudem mit einer eher antikollektiv-individuellen Vorstellung von direkter Partizipation, die stets vom einzelnen Arbeiter in seiner Kolonne beziehungsweise an seinem Band her dachte. Ihre Suche nach einer anderen Form des Fortschritts und grundlegend neuen Wegen des Arbeitens lässt sich auf den ersten Blick entsprechend durchaus als Verkörperung der Ankunft des Wertewandels und als die Artikulation von neuen Selbstentfaltungswerten, verbunden mit einer Infragestellung von Autorität, Arbeitsdisziplin und bedingungsloser Leistungsbereitschaft auf unterster Ebene verstehen.

Für die Analyse der sozialen Praxis im Werk ist diese Feststellung allerdings erst der Anfang. Am Beispiel der Betriebszeitung „plakat" kann kurz skizziert werden, was eine praxeologische Interpretation diskursiver Aussagen im betrieblichen Handlungszusammenhang bedeutet. Entscheidend ist zunächst, das Erscheinen der Zeitung als gezielte strategische Handlung mit konkreten Adressaten zu verstehen. Weite Teile der in der Zeitung veröffentlichten Beiträge müssen vor dem Hintergrund eines sich zuspitzenden Konflikts zwischen den Mitgliedern der „plakat"-Gruppe und den betrieblichen Funktionären der IG-Metall interpretiert werden. Ging es dabei zunächst um die Mobilisierung einer innergewerkschaftlichen linken Opposition, wandelte sich die Zeitung vor allem nach dem als Reaktion auf die erste Betriebsratskandidatur erfolgten Gewerkschaftsausschluss der führenden Gruppenvertreter zum Organ einer eigenständigen Betriebsgruppe, die für ihre Wiederaufnahme in die IG Metall kämpfte[46]. Die Adressaten von „plakat" waren entsprechend in erster Linie die

---

[43] „plakat" erschien zunächst etwa vier Mal im Jahr mit jeweils 2 bis 4 großformatigen Seiten; neben der Zeitung gab die Gruppe unregelmäßig Flugschriften und Flugblätter heraus. Die Darstellung hier und im Folgenden beruht auf einer Durchsicht aller erhaltenen Ausgaben von 1969 bis 1990 und bezieht sich zunächst vor allem auf die Ausgaben der siebziger Jahre.
[44] Vgl. plakat, Nr. 5: 1970 [Frühjahr] und Nr. 6: 1970 [Sommer].
[45] Vgl. „Bericht aus Schweden" und „Mitarbeiter...", in: plakat, Nr. 6: 1970 [Sommer].
[46] Für ausführliche, allerdings bewusst parteinehmende Darstellungen vgl. Horst Sackstet-

in der Regel männlichen und gewerkschaftlich organisierten Arbeiter im Werk Untertürkheim. Die Zeitung wurde üblicherweise vor Beginn der Frühschicht an den Werkstoren verteilt. Sie erschien in deutscher Sprache, druckte besonders wichtige Texte aber schon früh auch auf Italienisch, Türkisch, Griechisch und Serbokroatisch ab, um zumindest die größten nicht-deutschsprachigen Gruppen innerhalb der Arbeiterschaft erreichen zu können. Über die Auflage der Zeitung ist nichts bekannt. Aus den zum Teil heftigen Reaktionen der Publikationen anderer innerbetrieblicher Gruppen sowie aus der Beobachtung durch die Werksleitung lässt sich aber durchaus schließen, dass „plakat" innerhalb des Werks eine größere Aufmerksamkeit fand[47].

Die Zeitung richtete sich jedoch ungeachtet des eigenen Anspruchs nicht nur an die Belegschaft der Untertürkheimer Fabrik. Gerade zu Beginn ihrer Tätigkeit lebte die Gruppe von der Zusammenarbeit mit linken Studenten aus dem Großraum Stuttgart, die sich an der Produktion und Verteilung der Zeitung beteiligten und ihrerseits für das Projekt gewonnen werden mussten[48]. Zudem wurde „plakat" privat und über Spenden finanziert, nachdem der anfängliche Versuch, die Zeitung an den Werkstoren zu verkaufen, gescheitert war. Um finanzielle Unterstützung zu finden und neue Aktive auch jenseits der Werkstore gewinnen zu können, sollte die Werkszeitung daher auch außerhalb des Betriebs „funktionieren". Sie zielte folglich darauf ab, auch ein gewerkschaftskritisches, linkes Milieu ansprechen, das dem Experiment der Schaffung einer betrieblichen Öffentlichkeit „von unten" aufgeschlossen gegenüberstand und seinerseits an einer überregionalen Vernetzung mit betrieblichen Gruppen der Neuen Linken Interesse hatte. Diesem Zweck dienten etwa Sonderausgaben zu Aktionärsversammlungen der Daimler-Benz AG oder eine Ausgabe, die im Dezember

---

ter, Wahlbetrug und Neuwahlen bei Daimler-Benz, Untertürkheim, in: Otto Jacobi u. a. (Hrsg.), Arbeiterinteressen gegen Sozialpartnerschaft. Kritisches Gewerkschaftsjahrbuch 1978/79, Berlin 1979, S. 96–107; Peter Grohmann/Horst Sackstetter (Hrsg.), plakat. 10 Jahre Betriebsarbeit bei Daimler-Benz, Berlin 1979 und „plakat"-Gruppe/Helmuth Bauer, Daimler-Benz von Innen, in: Hamburger Stiftung für Sozialgeschichte des 20. Jahrhunderts/Angelika Ebbinghaus (Hrsg.), Das Daimler-Benz-Buch. Ein Rüstungskonzern im „Tausendjährigen Reich", Nördlingen 1987, S. 594–689.

[47] Vgl. Schreiben von Dr. Kloos an den Leiter der Abteilung Unternehmensplanung, Klaus Oertel, vom 26.01.1972, in: Daimler-Benz Archiv, Personal 7: Gewerkschaften, Parteien und andere Gruppen, 1930–1999, mit einer internen Einschätzung von „plakat" durch die hauseigene Presseabteilung. Kloos kam – kurz vor dem ersten großen Erfolg der Gruppe bei den Betriebsratswahlen im Mai 1972, bei der „plakat" 28 % der Stimmen errang – allerdings zur Auffassung, dass die Resonanz bei der Belegschaft „bescheiden" sei. Vgl. auch Auswertung der vor den Werkstoren verteilten Informationsschriften sowie von den Schriften extremistischer Herkunft, 1. Bis 28. Februar 1981, in: Daimler-Benz Archiv, Personal 7.

[48] Vgl. Willi Hoss, Komm ins Offene, Freund. Autobiographie, hrsg. von Peter Kämmerer, Münster 2004, S. 102–110.

1970 auf dem Stuttgarter Kongress des Verbands deutscher Schriftsteller verteilt wurde; das Bemühen um überregionale Vernetzung spiegelte sich auch in zahlreichen Kontakten zu anderen gewerkschaftskritischen Gruppen[49].

Vor allem aber zeichnete sich der (mindestens) doppelte Adressatenkreis in verschiedenen semantischen Ebenen ab, die sich bei der Untersuchung der Zeitung leicht unterscheiden lassen. Um im Werk und bei der Belegschaft ernst genommen zu werden, musste „plakat" eine Sprache sprechen, die zur alltäglichen Arbeit im Betrieb passte und vor allem verlässliche Kenntnis von innerbetrieblichen Strukturen dokumentierte. In vielen Beiträgen schlugen sich deshalb ganz konkrete Abläufe und kleinere Auseinandersetzungen in einzelnen Abteilungen nieder, wurden Zustände im Motorenprüffeld oder Konflikte in der Gießerei beschrieben, bei denen sogar einzelne Meister und deren Führungsstil behandelt werden konnten[50]. Das Blatt trug auf diese Weise tatsächlich Züge einer werksinternen Lokalzeitung. Gleichzeitig sprach „plakat" aber auch eine deutlich stärker von gesellschaftlichen Positionen der Neuen Linken und der „außerparlamentarischen Opposition" (APO) geprägte Sprache, die betriebliche Missstände in sozialistischer Perspektive deutete, in globale Zusammenhänge einordnete und im typischen Jargon studentisch-oppositioneller Kreise der frühen siebziger Jahre interpretierte[51].

Da beide semantischen Ebenen in der Zeitung eng verbunden waren, ist es nicht leicht, eine unterschiedliche Rezeption der verschiedenen politischen Sprachen bei den Lesern in der Belegschaft aufzuzeigen. Allerdings war „plakat" in den siebziger Jahren bei Weitem nicht die einzige linke Betriebszeitung, die mit sozialistischen Gesellschaftsanalysen versuchte, Arbeiter im Untertürkheimer Werk anzusprechen. Publikationen wie „Roter Auspuff", die „Stoßstange" oder „Der rote Stern", die aus dem Umfeld der DKP oder anderer kommunistischer Gruppen der frühen siebziger Jahre stammten, konnten freilich nicht annähernd vergleichbare Erfolge in der Belegschaft verzeichnen, geschweige denn nennenswerten Einfluss auf Betriebsratswahlen oder Konflikte in einzelnen Werksteilen nehmen. Was „plakat" von anderen Zeitungen dieser Art abhob, war gerade die unmittelbare Nähe zu den innerbetrieblichen Abläufen. Vor diesem Hintergrund ist es nicht abwegig, im Sinne Egon Flaigs bei der Lektüre von „plakat" zwischen zwei Diskursen zu unterscheiden. Einerseits dem „maximischen Diskurs", der deutliche Züge einer sozialistischen Prägung durch die Neue Linke trug, stark an Begriffe und

---

[49] Vgl. plakat, Nr. 1: Juli 1969, Nr. 8: Dezember 1970, und Hoss, Komm ins Offene, S. 102–110 u. passim.

[50] Vgl. plakat, Juli 1973 (Motorenprüffeld) sowie plakat, Sonderausgabe 20.07.1973 (Gießerei).

[51] Vgl. etwa „Amerikas Truppen in Vietnam", in: plakat, undatierte Ausgabe [Herbst 1969] oder „CIA und USA – auch in Chile war'n sie da", in: plakat, undatierte Ausgabe [Herbst 1973].

Deutungsgewohnheiten überregionaler gewerkschaftlicher Debatten angelegt war und sich nicht ohne Weiteres auf betriebliche Erfahrungen zurückführen lässt; andererseits einen eher „berichthaften Diskurs", aus dessen unmittelbar an der sozialen Praxis im Betrieb orientierten Beschreibungen von Problemen und betrieblichen Abläufen sich die Haltungen weiter Teile der Belegschaft besser ablesen lassen.

Unterstellt man, dass auch die Kommunikation anderer betrieblicher Akteure von ähnlich komplexen doppelten Adressatenbezügen und verschiedenen politischen Sprachen durchzogen war, muss die Sprache im Kontext von Streiks, Verhandlungen des Betriebsrats mit der Geschäftsführung und Konflikten zwischen IG Metall und „plakat"-Gruppe folglich erheblich genauer untersucht werden. Eine entsprechende Analyse etwa der Diskussionen um Leistung und Humanisierung führt dann zu einer ganz anderen Deutung der „plakat"-Gruppe, die am Ende keineswegs mehr als Ausdruck eines neuen „postmaterialistischen Ideals" innerhalb der Untertürkheimer Belegschaft gewertet werden kann.

Beim Blick auf die Kommunikation im Werk fällt zunächst eine enorme Zunahme der Thematisierung von Leistung, den notwendigen Voraussetzungen zu ihrer Erbringung und den konkreten Grenzen menschlicher Arbeitskraft seit Beginn der siebziger Jahre auf, die alles andere als auf die „plakat"-Gruppe oder sonstige gewerkschaftliche Akteure im Betrieb beschränkt blieb. Leistungsfähigkeit und Leistungsbereitschaft der eigenen Beschäftigten wurden auch zu einem wichtigen Thema der Geschäftsleitung, die etwa im Einklang mit bundesweit erhobenen Klagen der Arbeitgeberverbände in den eigenen Werken wachsende Krankenstände und hohe Fehlquoten innerhalb der Arbeiterschaft feststellte und nicht zuletzt durch die Umstrukturierung von Arbeitsorganisation und Arbeitsumfeld nach Abhilfe suchte[52]. Als Instrument diente dazu hauptsächlich der bereits im Herbst 1972 eingerichtete Arbeitskreis „Gestaltung der menschlichen Arbeit", der zunächst eine Reaktion auf die Initiativen der Bundesregierung zur Humanisierung der Arbeitswelt und entsprechende Bestimmungen in dem im gleichen Jahr verabschiedeten Betriebsverfassungsgesetz darstellte, neben Fragen einer menschlicheren Arbeitsorganisation aber immer auch Produktivitätssteigerungen anstrebte. Seine Bedeutung stieg erheblich, nachdem die IG Metall im Rahmen eines Streiks im Herbst 1973 unter Führung des IG-Metall-Bezirksleiters Franz Steinkühler den Lohnrahmentarifvertrag II durchgesetzt hatte, der angesichts zunehmender Automatisierung, steigenden Arbeitstempo und generell gewachsener Leistungsanforderungen vornehmlich auf bessere Arbeitsbedingungen abzielte. Der Vertrag schuf

---

[52] Vgl. Analyse der Fehlzeiten bei Daimler-Untertürkheim 1975, 06.09.1976, in: Archiv der sozialen Demokratie: 5/IGMC000474, Akten der IG Metall Verwaltungsstelle Stuttgart, Unterlagen Betriebsrat Daimler-Benz AG.

stündliche Erholungspausen etwa für Bandarbeiter („Steinkühler-Pause"), legte detaillierte Richtlinien für Fließbänder, Mindesttaktzeiten und Datenermittlung sowie eine Ausweitung der Beteiligungsrechte des Betriebsrats fest, und machte bei Daimler-Benz eine große Zahl von zusätzlichen Betriebsvereinbarungen zwischen Geschäftsleitung und Betriebsrat notwendig, in denen Fragen der Leistung breit thematisiert wurden[53].

Just zu dem Zeitpunkt, an dem sich ein Verfall der Leistungsbereitschaft und eine Abwertung von Arbeit in Umfragen bemerkbar machte, war damit bei Daimler-Benz der permanente Druck zur Leistungssteigerung und der Erhöhung der Produktivität des Einzelnen ein zentrales Thema aller betrieblichen Akteure geworden. Ganz im Sinne eines überregionalen maximischen Diskurses linker westdeutscher Kreise setzten IG Metall und besonders die „plakat"-Mitglieder im Laufe der siebziger Jahre in diesem Zusammenhang immer stärker auf die Strategie der „Humanisierung" und protestierten mit dem Begriff vehement gegen Rationalisierungsmaßnahmen und Leistungsverdichtung. Taktisch standen für beide Gruppen zwei Aspekte im Mittelpunkt: Zum einen betonte man die neue Qualität der Strategie und der eigenen betrieblichen Politik und deutete sie als Zeichen eines neuen linken Aufbruchs. Das eigene Handeln wurde als Ausdruck gewandelter gesellschaftlicher Rahmenbedingungen verstanden und sollte gerade deshalb besonders wichtig, vor allem aber auch erfolgsversprechend erscheinen[54]. Zum anderen musste verhindert werden, dass auch die Geschäftsleitung ihr Handeln als Umsetzung von Humanisierungszielen darstellte. Dies konnte aber nur im Duktus des berichthaften Diskurses, also mit möglichst genauer Widerlegung entsprechender Deutungen durch verlässliche Schilderungen der betrieblichen Praxis erfolgen. So führte etwa die Aufstellung eines Schaubilds mit der Überschrift „Humanisierung der Arbeitswelt" am Beispiel der Erneuerung der Kurbelwellenfertigung im Herbst 1981 zu scharfen Protesten der „plakat"-Gruppe, die darauf hinwies, dass entgegen der Firmendarstellung von einer „Entlastung der körperlichen Arbeit" und einer „Lockerung der Bindung an die Maschine" keine Rede sein könne. Die körperliche Arbeit im fraglichen Werksbereich sei ganz im Gegenteil schwerer,

---

[53] Zur Bedeutung des Lohnrahmentarifvertrags II vgl. H. Schauer, Tarifvertrag zur Verbesserung industrieller Arbeitsbedingungen. Arbeitspolitik am Beispiel des Lohnrahmentarifvertrags II, Frankfurt/New York 1984; zu den innerbetrieblichen Folgen vgl. Osswald, Lebendige Arbeitswelt, S. 124f. und 274ff.

[54] Ein derartiges Selbstverständnis als Akteure einer neuen Zeit ist in den Stellungnahmen gewerkschaftlicher Akteure im Betrieb zu Beginn der siebziger Jahre allgegenwärtig; explizit artikuliert wurde es von der „plakat"-Gruppe etwa gleich in der ersten Ausgabe 1969 (Artikel „Unser Geld wird verpulvert") und im Rahmen der Veröffentlichung eines Protestschreibens von prominenten Schriftstellern gegen den Gewerkschaftsausschluss der führenden Mitglieder der Gruppe. Vgl. „Böll u. a. an Loderer", in: plakat, undatierte Ausgabe [Herbst 1973].

die Maschinenbindung enger geworden; vor allem aber sei die Möglichkeit der freien Zeiteinteilung für die Arbeiter verschwunden[55]. Die wütenden Tiraden gegen das „Märchen von der Humanisierung" folgten dabei den Linien einer berichthaften Kritik, die mit der zunehmend zu beobachtenden Zerstückelung des Arbeitsprozesses und der Reduktion des Arbeitens auf die Wiederholung einfacher Handgriffe in kurzen Taktzeiten vor allem die Dequalifikation der Mitarbeiter und einen unbeabsichtigten Leistungsverfall verband. Ausgesprochen anschaulich wurde vor Augen geführt: Monotonie führt zu Frustration, zum Verlust der Kontrolle über den eigenen Arbeitsprozess, zu schnellerem gesundheitlichem Verschleiß und immer höherem psychischen Druck[56].

Entscheidend ist hier, dass sich mit dem letztlich von der sozialdemokratischen Bundesregierung übernommenen Schlagwort der „Humanisierung" und dem in ihrem Namen vorgetragenen Widerstand gegen Leistungsdruck gerade kein grundlegend gewandeltes Arbeitsverständnis artikulierte, sondern eher ein traditionelles Facharbeiterethos, das stark von der Würde der Arbeit, der Anerkennung der erlernten Fähigkeiten und der Qualität der erbrachten Leistung her gedacht wurde[57]. Im Mittelpunkt des berichthaften Diskurses standen das Verhältnis von Mensch und Maschine sowie das Bestreben, dem einzelnen Arbeiter einerseits zumindest einen Rest Kontrolle über den eigenen Arbeitsprozess und das gefertigte Produkt zu erhalten, ihm andererseits ein kollegiales Miteinander ohne disziplinierende Überwachung durch die Firmenleitung oder die vollständige Einbindung in einen immer stärker rationalisierten und maschinisierten Produktionsablauf zu ermöglichen[58]. Genau an dieser Stelle werden die Momente erkennbar, die für die Einstellungen weiter Teile der Belegschaft zu ihrer Arbeit und ihre Wahrnehmung des Wandels des eigenen Arbeitsumfelds von besonderer Bedeutung waren. Die auf Ebene des maximischen Diskurses in radikal neuen Begriffen formulierten Forderungen beruhten durchweg auf traditionellen Motiven, die sich aus dem berichthaften Diskurs der innerbetrieblichen Kommunikation herausarbeiten lassen. Anders als die Sprache der Humanisierung und des neuen Aufbruchs nahelegen, waren

---

[55] Vgl. „Humanisierung des Arbeitsplatzes???", in: plakat, Dezember 1981. Vgl. auch „Der Abgruppierungsvertrag", in: plakat, 26.04.1979.
[56] Vgl. Willi Hoss u. a. (Hrsg.), Vorschlag zu den Betriebsratswahlen 1975, Stuttgart 1974; Liste Hoss/Mühleisen, Was der Betriebsrats besser machen kann, Stuttgart 1978.
[57] Der Begriff „Humanisierung des Arbeitslebens" wurde erstmals 1969 von Willy Brandt im Rahmen seiner Regierungserklärung als Kanzler der neuen sozial-liberalen Koalition benutzt. Vgl. Anne Seibring, Die Humanisierung des Arbeitslebens in den 1970er Jahren: Forschungsstand und Forschungsperspektiven, in: Andresen u. a. (Hrsg.), Nach dem Strukturbruch, S. 107–126.
[58] Vgl. etwa die in Anm. 55 zitierten Wahlwerbeschriften. Explizite Hinweise auf die „Würde" des Arbeitenden finden sich auch in der plakat-Zeitung, etwa in den Artikeln „Der Firma vertrauen…", in: plakat, Oktober 1981, und „Maschinen werden besser behandelt", in: plakat, Februar 1982.

sie sehr leicht mit klassischen gewerkschaftlichen Forderungen nach höheren Löhnen und der Verkürzung der Arbeitszeit zu verbinden. Mit der vermeintlich neuen „postmaterialistischen Agitation" auf betrieblicher Ebene war deshalb letztlich kein Anzeichen für eine Verringerung des Werts der Arbeit verbunden, sondern eher eine Bekräftigung der Bedeutung „guten Arbeitens" für das Leben des einzelnen Arbeitnehmers, dem man durch die betrieblichen Veränderungen nicht zuletzt den Stolz auf seine Arbeit nahm.

Zwei weitere Beobachtungen, die auf einer ähnlichen Analyse der Differenzen zwischen maximischem und berichthaftem Diskurs in den Selbstbeschreibungen der „plakat"-Gruppe beruhen, bekräftigen diesen Eindruck. Zum einen lässt sich aus autobiographischen Rückblicken der Gruppenmitglieder schließen, dass ihre Erfolge bei den Kollegen zunächst auf fachlicher Anerkennung beruhten, nicht auf ihrer Fähigkeit zur Artikulation neuartiger Wertvorstellungen innerhalb der Belegschaft. Das Selbstbild der Aktiven war zwar das trotziger Kämpfer: Leute, die den Mund aufmachen, für Ihre Kollegen in Konfliktfällen einstehen, die sich nicht abschrecken lassen und für sich in Anspruch nehmen, mit besonderem politischen Weitblick zu agieren[59]. Aber alle betonten stets auch, dass sie in ihrer Tätigkeit besonders gut waren, etwa als Schweißer schwierige Probleme lösten, und gerade durch ihre fachlichen Leistungen die Anerkennung ihrer Kollegen gewinnen konnten. Der Stolz auf das Geleistete und die eigenen Fähigkeiten ist noch spürbar in den frustrierten Berichten über Fließbandarbeit und kurze Taktzeiten – gerade auch, und vielleicht sogar verstärkt, bei den Mitgliedern der Gruppe, die man zu den studentischen linken Aktivisten zählen kann, die in den siebziger Jahren den Weg vom Hörsaal an die Werkbank beziehungsweise das Fließband gefunden hatten[60]. Selbst für sie standen Leistung, die Qualität und der „Eigensinn" des Arbeitens in enger Verbindung. Grundlage für ihr selbstbewusstes Agieren und den Erfolg der Gruppe im Betrieb war also nicht das maximisch bekräftigte neue Bewusstsein, sondern zunächst ein ganz traditionelles Berufsethos, das sich im Einklang mit den Wertvorstellungen der Mehrheit der Belegschaft befand.

Zum anderen stieß die Gruppe immer dann auf Schwierigkeiten bei der

---

[59] Vgl. hier und im Folgenden Hoss, Komm ins Offene, bes. S. 66f., Mario D'Andrea, Aufzeichnungen eines italienischen Daimler-Benz-Arbeiters (1961–1977), in: Grohmann/Sackstetter (Hrsg.), plakat, S. 37–63; Hermann Mühleisen, Ich habe angefangen zu widersprechen und zu schimpfen, in: Hamburger Stiftung für Sozialgeschichte/Ebbinghaus (Hrsg.), Daimler-Benz-Buch, S. 608–618.
[60] Vgl. Helmuth Bauer, „Von hier aus wird ein Stern aufgehen...", in: Hamburger Stiftung für Sozialgeschichte/Ebbinghaus (Hrsg.), Daimler-Benz-Buch, S. 594–602. Zur Rolle von Studenten in der „plakat"-Gruppe und in der Belegschaft vgl. auch Hoss, Komm ins Offene, S. 107–110 und Kurt Randecker, „... geschrieben und hergestellt von Kollegen der Werkteile Untertürkheim, Mettingen, Hedelfingen, Brühl", in: Grohmann/Sackstetter (Hrsg.), plakat, S. 78–92.

Belegschaft, wenn sie sich zu stark mit ökologischen Fragen, den Arbeitsbedingungen der Daimler-Beschäftigten in der Dritten Welt oder der Rolle der Rüstungsproduktion für den Konzern beschäftigte[61]. Kollegen, die sich an die Gruppe wandten, stellten in der Regel ganz konkrete Forderungen, die sich auf die Angst vor Arbeitslosigkeit bezogen, die Arbeitsbedingungen kritisierten und zugleich die regionalen Interessen der Firma im Blick haben konnten – etwa den Bau einer Teststrecke in einem Naturschutzgebiet, den „plakat" entschieden bekämpfte. „plakat"-Mitglieder klagten immer wieder darüber, dass sich im Konfliktfall viele Beschäftigte auf die Seite der Pragmatiker oder gar der Geschäftsleitung stellten und den vermeintlichen „Träumern" herbe Niederlagen bescherten[62]. Solche materialistischen Grenzen postmaterialistischer Aktionen passen in ein Bild, in dem ganz allgemein nicht etwa neue Einstellungen zur Arbeit die betrieblichen Konflikte und das Handeln weiter Teile der Belegschaft kennzeichneten, sondern eher im Gegenteil ein Beharren auf traditionellen Vorstellungen von Arbeit, ihrer Würde und Qualität, die sich durchaus mit einem traditionellen „(bürgerlichen) Arbeitsethos" verbinden lassen. Genauer: Unterhalb einer „maximischen" postmaterialistischen Semantik blieben ältere Vorstellungen von Arbeit nicht nur stabil und relevant, sondern wirkten – das zeigt die Analyse des berichthaften Diskurses – unmittelbar handlungsleitend. Zumindest bei Daimler-Benz in Untertürkheim scheint der Wertewandel also nicht ein bürgerliches Arbeitsethos ausgehöhlt zu haben; stattdessen forderte der Wandel in den betrieblichen Arbeitsabläufen traditionelle Einstellungen zur Arbeit heraus und führte zu einer demonstrativen Bekräftigung eines klassischen Arbeitsethos.

Fazit

Rüdiger Graf hat vor einiger Zeit deutliche Kritik am Auftreten und Anspruch von praxeologisch arbeitenden Historikern in Theoriedebatten geübt. Sein Vorwurf lautet: „Jenseits der grundsätzlichen Inspiration, sich auf die menschliche Praxis zu konzentrieren, scheint die aus konkreten Beispielen gewonnene Theorie der Praxeologen oftmals nicht mehr als eine Beschreibung der Wirklichkeit in abstrakterer Sprache zu sein." Letztlich handele es sich bei ihren Darstellungen häufig „einfach um eine Argumentation des gesunden Menschenverstands", mit dem keine über die gewöhnliche historische Erklä-

---

[61] Vgl. Hoss, Komm ins Offene, S. 118f.
[62] Vgl. Gerd Rathgeb, Die Grenzen der betrieblichen Interessenvertretung, in: Hamburger Stiftung für Sozialgeschichte/Ebbinghaus (Hrsg.), Daimler-Benz-Buch, S. 682–689.

rung hinausgehende Validität erzeugt werde[63]. Mein Beitrag ist alles andere als eine Antwort auf Grafs ernstzunehmende Beobachtungen zur Theoriedebatte innerhalb der Geschichtswissenschaft; der Anspruch hier ist nicht, die Überlegenheit praxeologischer Theorien gegenüber älteren Theorieanwendungen in der Geschichtswissenschaft zu belegen oder einen neuen theoretisch-methodischen Ansatz mit umfassenden Erklärungsanspruch vorzutragen. Gezeigt werden sollte jedoch, dass Fallstudien in Anlehnung an praxeologische und mikropolitische Überlegungen Zeithistorikern ein hilfreiches Instrument an die Hand geben, mit dem sie dem Dilemma der „harmlosen Nacherzählung" von Ergebnissen der zeitgenössischen Umfrageforschung zum Wertewandel der siebziger Jahre entgehen können, ohne auf Aussagen über den realen Verlauf von Wertewandelsprozessen verzichten zu müssen. Das praxeologische Methodenrepertoire erlaubt einen Einblick in implizite und „gelebte" Wertvorstellungen, die sich dem Zugriff durch demoskopische Befragungen prinzipiell entziehen, weil sie sich einerseits häufig nicht in expliziten Begriffen artikulieren, sondern nur in konkreten Handlungszusammenhängen erkennbar werden, und weil sie andererseits hinter semantische Oberflächen zurücktreten, die andere Wertvorstellungen nahelegen als jene, die sich bei genauerer Prüfung als tatsächlich handlungsleitend erweisen. Ob seine Anwendung letztlich zu einem theoriegeleiteten Erkenntnisgewinn führt oder sich lediglich in Operationen des gesunden Menschenverstands erschöpft, sei dahingestellt. Ohne Anlehnung an praxeologische Theorien scheint es jedoch schwer möglich, eine genuin historische Wertewandelsforschung zu etablieren.

Eine in mancher Hinsicht skizzenhafte Fallstudie zum Daimler-Benz-Werk in Untertürkheim erlaubt keine abschließenden Feststellungen über den Wandel der Einstellungen zur Arbeit in Westdeutschland der siebziger Jahre. Aber sie kann deutlich machen, dass gegenüber den großen Erzählungen von der Revolution der Werte, vom fundamentalen Strukturbruch auch in den Einstellungen und vom fortschreitenden Bedeutungsverlust der Arbeit für das individuelle Leben mehr als begründete Zweifel angebracht sind. Das Beispiel Daimler-Benz verweist für eine wichtige Gruppe der Bevölkerung auf eine langlebige Logik der „guten Arbeit", die um Qualität und Fachkenntnis kreiste und mit Vorstellungen von der Würde der Arbeit, von Stolz auf die erbrachte Leistung und spezifische Berufserfahrungen verbunden war. Eine Abwertung oder „postmaterielle Neubestimmung" von Arbeit lässt sich dagegen nicht erkennen. Damit stehen die Ergebnisse der Fallstudie im deutlichen Gegensatz zu den zentralen Aussagen der sozialwissenschaftlichen Wertewandelsforschung

---

63 Rüdiger Graf, Was macht die Theorie in der Geschichte? „Praxeologie" als Anwendung des gesunden Menschenverstands, in: Jens Hacke, Matthias Pohlig (Hrsg.), Theorie in der Geschichtswissenschaft. Einblicke in die Praxis des historischen Forschens, Frankfurt 2008, S. 109–129, Zitate auf S. 125 u. 128.

über den Wandel der Arbeitswerte. Zugleich aber ergeben sie auch einen Ansatz, mit dem sich die auffällige Veränderung der Befragungsergebnisse zu Arbeit und Leistung seit Ende der achtziger und dem Beginn der neunziger Jahre besser verstehen lassen[64]. Denn die vielfach konstatierte Renaissance des scheinbar verfallenen „bürgerlichen Arbeitsethos", die sich mit den klassischen sozialwissenschaftlichen Erklärungsmustern für den stets irreversibel gedachten Wertewandel kaum erklären lassen, wird vielleicht verständlicher, wenn man sie im Lichte einer traditionellen Logik der „Guten Arbeit" beleuchtet, die den Demoskopen der siebziger Jahre in ihren Umfragen verborgen blieb. Eine stärker auf den impliziten und vorbewussten Charakter von Wertvorstellungen hinweisende Geschichtswissenschaft stünde dann nicht einfach einer empirischen Sozialwissenschaft gegenüber, deren Ergebnisse sie nicht ohne Selbstgefälligkeit als Quelle dekonstruiert und historisiert. Sie könnte vielmehr Erklärungsansätze liefern, die im Austausch mit heutigen sozialwissenschaftlichen Werteforschern zu einem besseren Verständnis langfristiger Wertewandelsprozesse mit ihren Brüchen und Kontinuitäten auf dem Weg zur Gegenwart beitragen.

[64] Vgl. Christian Duncker, Dimensionen des Wertewandels in Deutschland. Eine Analyse anhand ausgewählter Zeitreihen, Frankfurt a.M. 1998; Stefan Hradil, Vom Wandel des Wertewandels. Die Individualisierung und eine ihrer Gegenbewegungen, in: Wolfgang Glatzer u. a. (Hrsg.), Sozialer Wandel und gesellschaftliche Dauerbeobachtung. Festschrift für Wolfgang Zapf, Opladen 2002, S. 31–47 und Thome, Wertewandel.

Bernhard Dietz
Wertewandel in der Wirtschaft? Die leitenden Angestellten und die Konflikte um Mitbestimmung und Führungsstil in den siebziger Jahren

Einleitung

Im Mai 1971 titelte „Der Spiegel" mit dem Bild einer Gruppe ernst schauender Männer in Anzug mit Krawatte und dem Schriftzug: „Leitende Angestellte. Die neue Klasse"[1]. Die Wochenzeitung „Die Zeit" hatte bereits ein Jahr zuvor die Gruppe der leitenden Angestellten ausführlich thematisiert und konstatierte: „die dritte Kraft erwacht"[2]. Und eine DGB-Anzeigenkampagne in allen wichtigen westdeutschen Tages- und Wochenzeitungen, die sich 1970/71 an Führungskräfte und leitende Angestellte wandte, lief unter der Schlagzeile „Aufstand am Schreibtisch"[3]. In der Tat hatten sich zu Beginn der siebziger Jahre die leitenden Angestellten lautstark zu Wort gemeldet. Dies hatte verschiedene Ursachen: Die Bildungsexpansion der sechziger Jahre und die Ausweitung der Dienstleistungsmittelschichten durch den generellen Strukturwandel hatten insbesondere auch eine Zunahme der leitenden Angestellten zur Folge gehabt. Durch firmeninterne Tendenzen der Dezentralisierung und der damit verbundenen Bildung von zusätzlichen Entscheidungszentren war jedoch nicht nur die Zahl der leitenden Angestellten gestiegen, sondern auch deren Kompetenzen und Verantwortung. Im Zuge der arbeitspolitischen Reformdebatten über Betriebsverfassungsgesetz und Mitbestimmung in den 1970er Jahren vertraten die leitenden Angestellten zunehmend selbstbewusst ihre Interessen. Gleichzeitig wurde ihre Stellung zu einem umkämpften Politikum zwischen Gewerkschaften und Arbeitgeberverbänden, zwischen sozialliberaler Regierung und Opposition, aber auch innerhalb der Regierung zwischen SPD und FDP. Dabei drehte sich die zuweilen ideologisch aufgeladene Debatte vor allem

---

[1] Der Spiegel, 3.5.1971.
[2] Die Zeit, 15.5.1970.
[3] Anzeige des Deutschen Gewerkschaftsbundes in Frankfurter Allgemeine Zeitung, Süddeutsche Zeitung, Die Welt, Die Zeit, Der Spiegel, Stern, Capital, Wirtschaftswoche, Volkswirt, Handelsblatt (Dezember 1970), Industriemagazin, Plus. Zeitschrift für Unternehmensführung (Januar 1971).

um zwei Fragen: Wer gehört zu den leitenden Angestellten und was zeichnet diese aus[4]?

Diese Debatte der 1970er Jahre ist der Ausgangspunkt dieses Beitrags: Erstens gibt sie Anlass über ein sozialgeschichtliches Desiderat nachzudenken, da die soziale Gruppe der leitenden Angestellten so gut wie unerforscht ist. Zweitens lassen sich mit einer Untersuchung der leitenden Angestellten Aussagen über sich verändernde ökonomische Leitbilder, Führungssemantiken und Arbeitswerte in den 1970er Jahren treffen. Den leitenden Angestellten kommt dabei eine Schlüsselrolle zu, denn die Frage nach der Leistung hatte bei ihnen eine doppelte Stoßrichtung. Ihre unternehmensinternen Orientierungskulturen richteten sich sowohl nach „oben" als auch nach „unten": Als Chefs forderten sie Leistung ein, gleichzeitig mussten sie ihre eigene Leistung gegenüber dem Unternehmer beziehungsweise dem Vorstand zeigen und herausstellen. Beides, sowohl die Orientierungskulturen nach „oben" als auch nach „unten", standen dabei Anfang der 1970er Jahre zur Disposition – zu einer Zeit also, die als Kernzeit des „Wertewandels" gilt. Die Untersuchung der Debatte über die leitenden Angestellten in den 1970er Jahren dient somit auch der historisch-empirischen Überprüfung des „Wertewandelsschubs" im Bereich der Wirtschaft anhand einer sozialen Schlüsselgruppe. Die Reichweite dieser Überprüfung betrifft allerdings zunächst vor allem die diskursiv-programmatische Ebene, d. h. den Selbstverständigungsdiskurs der leitenden Angestellten und die diskursiven Auseinandersetzungen über Autorität und Führung in der bundesdeutschen Wirtschaft Anfang der 1970er Jahre.

Die These vom Wertewandel war von Beginn an eng mit Werten im Bereich der Arbeit verbunden. Unabhängig von der positiven oder negativen Beurteilung stimmte die sozialwissenschaftliche Wertewandelsforschung darin überein, dass sich zwischen 1965 und 1975 die etablierten Einstellungen zu und Bewertungen von Arbeit fundamental wandelten. Dieser Prozess hin zu postmaterialistischen Selbstentfaltungswerten habe eine gestiegene Bedeutung

---

[4] Die Frage nach der Abgrenzung der leitenden Angestellten ist (wie im Folgenden deutlich wird) ein eigenes historisches Problem. Für eine Operationalisierbarkeit wird in diesem Aufsatz nicht auf den arbeitsrechtlichen Terminus „Leitender Angestellter", sondern auf den pragmatisch-funktionalen Begriff „leitender Angestellter" zurückgegriffen. Auf der Basis einer breit angelegten empirischen Untersuchung von 1974 zur Abgrenzung der leitenden Angestellten in bundesdeutschen Großunternehmen heißt das: Leitende Angestellte sind Arbeitnehmer mit Arbeitgeberaufgaben unterhalb der Vorstandsebene bis zur fünften Leitungsebene, die Prokura, eine Personalverantwortung von durchschnittlich 200 Mitarbeitern, eine Sachverantwortung von durchschnittlich 5 % des Gesamtumsatzes des Unternehmens sowie ein durchschnittliches Jahreseinkommen in Höhe des Zweifachen des Wertes der Beitragsbemessungsgrenze haben. Vgl. Eberhard Witte/Rolf Bronner, Die Leitenden Angestellten. Eine empirische Untersuchung, München 1974, S. 119–123. Eine Differenzierung der Gruppe der leitenden Angestellten nach Arbeitsbereich, Branche und Betriebsgröße kann in diesem Beitrag nicht vorgenommen werden.

der Freizeit gegenüber der Arbeitszeit und eine funktionale Einstellung zur Arbeit mit sich gebracht. Leistungsbereitschaft habe zunehmend Selbstbestimmung, Selbstverwirklichung und Mitbestimmung vorausgesetzt[5]. Auch viele Zeithistoriker beziehen sich gerade im Bereich der Arbeit auf die Ergebnisse der sozialwissenschaftlichen Forschung. Besonders prägnant ist in diesem Zusammenhang Andreas Wirschings Formel „Konsum statt Arbeit"[6], die sich ebenfalls auf die Ergebnisse von Inglehart und Klages stützt.

Besonders aufschlussreich sind hier die Debatten über Betriebsverfassungsgesetz und Mitbestimmungsgesetz, weil sie erstens zeitlich genau mit dem festgestellten „Wertewandelsschub" übereinstimmen und zweitens inhaltlich das abbilden, um was es der sozialwissenschaftlichen Wertewandelsforschung ging: Partizipation, Selbstbestimmung, Wirtschaftsdemokratie einerseits und Autorität, Leistung und Elite andererseits. Jenseits von sozialwissenschaftlicher Umfrageproblematik und Komplexitätsreduktion ermöglichen diese Debatten eine historisch-empirische Rekonstruktion gesellschaftlicher Auseinandersetzung über Wertefragen im Bereich der Wirtschaft. Im Fokus stehen im Folgenden die leitenden Angestellten, weil diese Gruppe in der Auseinandersetzung über Betriebsverfassungsgesetz und Mitbestimmungsgesetz das zentrale Streitobjekt war. Diese Auseinandersetzung forderte die Gruppe der leitenden Angestellten zu einem Selbstverständigungsdiskurs heraus: Die eigene Identität musste geklärt, Gruppeninteressen, Selbstverständnis und kollektive Forderungen mussten bestimmt werden. Es waren vor allem Werte im Bereich der Arbeit, die als Orientierungsstandards für das eigene Selbstverständnis wie auch zur Abgrenzung gegenüber anderen Gruppen dienten. Gleichzeitig artikulierten politische Parteien, Gewerkschaften, Arbeitgeberverbände und andere Gruppen ihre jeweils eigenen Vorstellungen von wirtschaftlichen Führungskräften und Leistungseliten.

Im Kern ging es dabei um zwei unterschiedliche Vorstellungen von der sozial-ökonomischen Ordnung der Bundesrepublik: auf der einen Seite die Vorstellung einer „klassischen" Polarität zwischen Arbeit und Kapital, wie sie von SPD und DGB vertreten wurde. Aus deren Perspektive gehörte die wissen-

---

[5] Vgl. als Überblick Wiebke Mandel, Der Wertewandel in der Arbeitswelt. Ursachen, Theorien und Folgen, Saarbrücken 2007, S. 29–97. Vgl. zur Diskussion über die Wertewandelsthese im Bereich der Arbeit Karl Martin Bolte, Wertewandel und Arbeitswelt. Versuch einer Bilanz, in: ders., Wertewandel – Lebensführung – Arbeitswelt, München 1993, S. 1–28; Burkhard Strümpel/Peter Pawlowsky, Wandel in der Einstellung zur Arbeit. Haben sich die Menschen oder hat sich die Arbeit verändert?, in: Lutz von Rosenstiel (Hrsg.), Wertewandel. Herausforderungen für die Unternehmenspolitik in den 90er Jahren, Stuttgart ²1993, S. 17–27; Heiner Meulemann, Werte und Wertewandel. Zur Identität einer geteilten und wieder vereinten Nation, Weinheim/München 1996.
[6] Andreas Wirsching, Konsum statt Arbeit? Zum Wandel von Individualität in der modernen Massengesellschaft, in: VfZ 57 (2009), S. 171–199.

schaftlich-technische Intelligenz auf die Arbeitnehmerseite und es war in ihrem Interesse solidarisch mit allen anderen Arbeitnehmern für ein höheres Maß an Wirtschaftsdemokratie zu streiten. Demgegenüber stand die Vorstellung einer Pluralisierung der Interessen in der Wirtschaft, die es Leistungseliten erlauben sollte, eine eigene Stellung zwischen Arbeit und Kapital einzunehmen. Dies wurde von der FDP, der CDU (abgesehen von den Sozialausschüssen um Norbert Blüm) und teilweise von den Arbeitgeberverbänden vertreten. Wenn also über die Rolle der leitenden Angestellten gestritten wurde, ging es auch um grundsätzliche Fragen nach Leistung versus soziale Gerechtigkeit und Individualität versus Solidarität.

Im Folgenden wird weder der arbeitsrechtliche noch der politische Diskurs über die leitenden Angestellten im Einzelnen nachgezeichnet. Vielmehr soll eine problemorientierte Skizze der leitenden Angestellten entstehen, die sich auch als Beitrag zu einer Sozial- und Kulturgeschichte der Eliten der alten Bundesrepublik versteht und sich an folgenden Leitfragen orientiert: Warum kommt es Anfang der 1970er Jahre zu einer gesellschaftlichen Auseinandersetzung über die leitenden Angestellten? Wie verändern sich Selbstwahrnehmung und gesellschaftliche Wahrnehmung der leitenden Angestellten? An welchen ökonomischen Leitbildern, Führungskonzepten und Arbeitswerten orientierten sich die leitenden Angestellten? Lässt sich anhand der leitenden Angestellten ein Wertwandel in der Wirtschaft diagnostizieren?

Diesen Fragen wird in dem vorliegenden Beitrag in sechs weiteren Schritten nachgegangen: Nach der Einleitung folgt nun *zweitens* ein kurzer Abriss des Forschungsstandes und *drittens* eine sozialgeschichtliche Skizze der leitenden Angestellten. *Viertens* soll der gesamtgesellschaftliche Diskurs über die leitenden Angestellten rund um das Betriebsverfassungs- und das Mitbestimmungsgesetz kurz dargestellt werden. Anschließend werden *fünftens* der Binnendiskurs der leitenden Angestellten und die Auseinandersetzungen über Autorität und Führung in der bundesdeutschen Wirtschaft untersucht, bevor *sechstens* die Frage nach dem Arbeitsethos der leitenden Angestellten im Mittelpunkt steht und abschließend *siebtens* in einem Fazit die Ergebnisse in Zusammenhang mit der Frage nach dem „Wertewandelschub" gebündelt werden.

Als Quellengrundlage dienen – dem Aufbau des Artikels entsprechend – vier Typen von Quellen: erstens zeitgenössische sozialwissenschaftliche Untersuchungen, die versuchten das „neue Phänomen" leitende Angestellte wissenschaftlich zu erfassen[7]; zweitens gedruckte Quellen wie Bundestagsprotokolle, DGB-Materialien und Presseartikel sowie vereinzelte archivarische

---

[7] Dass diese Studien nicht nur als Quellen, sondern im Sinne einer „Verwissenschaftlichung des Sozialen" auch als Gegenstand wissenschaftlicher Beobachtung relevant sind, ist anzunehmen, kann aber im Rahmen dieses Aufsatzes nicht weiter untersucht werden. Vgl. hierzu grundsätzlich Lutz Raphael, Die Verwissenschaftlichung des Sozialen als methodi-

Quellen aus dem Bundeskanzleramt, dem Bundesarbeitsministerium und dem DGB-Archiv; drittens die Publikationen der Interessenverbände der leitenden Angestellten und viertens die Wirtschaftspresse, die in dem Untersuchungszeitraum selbst einen Wandel durchlebte: Aus dem „Volkswirt" wurde 1971 die „Wirtschaftswoche"; neben etablierte Zeitungen und Magazine wie „Handelsblatt" und „Wirtschaftskurier" traten neue Publikationen wie 1971 das Manager Magazin oder „Plus. Zeitschrift für Unternehmensführung", die 1967 mit dem Gründungsauftrag auf den Markt kam, das „Management-Gap" zwischen der Bundesrepublik und den USA zu schließen[8].

Die 1970er Jahre, die ökonomische Kultur und die leitenden Angestellten – Zum Forschungsstand

Das Nachdenken über wirtschaftliche Eliten und Werte hat seit einigen Jahren Konjunktur. Die Verwerfungen der Wirtschafts- und Finanzkrise seit 2007 und die Eurokrise der letzten Jahre haben grundlegende ethische Zweifel am System des globalisierten Finanzkapitalismus in breiten Kreisen der Bevölkerung aufkommen lassen. Populäre Gegenwartsanalysen, die nach den historischen Ursachen für die Krise suchen, finden sich in den Bestsellerlisten[9]. Während das Interesse der politischen Öffentlichkeit sich auf konkrete Ursachen und Folgen der Krise konzentriert, ist aus der Perspektive des Historikers vor allem die Einbettung in die längerfristigen Zusammenhänge von Bedeutung: Was ist neu an der aktuellen Krise beziehungsweise vergleichbar mit Wirtschafts- und Finanzkrisen in der Vergangenheit und lassen sich allgemeine Strukturmerkmale von wirtschaftlichen Krisen aufzeigen[10]? Damit einher geht ein starker Trend in der Zeitgeschichte, ökonomischen und sozioökonomischen Faktoren eine große Bedeutung zuzusprechen. Dabei gelten vor allem die 1970er und 1980er Jahre als eine wichtige Zäsur in der neuesten

---

sche und konzeptionelle Herausforderung für eine Sozialgeschichte des 20. Jahrhunderts, in: GG 22 (1996), S. 165–193.

[8] Vgl. „In eigener Sache", in: Plus. Zeitschrift für Unternehmensführung 9 (1974).
[9] So z. B. Frank Schirrmacher, Ego. Das Spiel des Lebens, München 2013.
[10] Vgl. Werner Plumpe, Die gegenwärtige Wirtschaftskrise in historischer Perspektive, in: GWU 61 (2010), S. 284–297; ders., Wirtschaftskrisen: Geschichte und Gegenwart, München 2010. Vgl. auch Susanne Hilger (Hrsg.), Kapital und Moral. Ökonomie und Verantwortung in historisch-vergleichender Perspektive, Köln 2007. Zur Geschichte der Schulden- und Finanzkrisen vgl. Greta R. Krippner, Capitalizing on Crisis. The Political Origins of the Rise of Finance, Cambridge 2011; David Gaeber, Debt. The First 5000 Years, New York 2011. Vgl. auch kritisch zum Krisenbegriff und zu Krisenbeschreibungen Thomas Mergel (Hrsg.), Krisen verstehen. Historische und kulturwissenschaftliche Annäherungen, Frankfurt a.M. 2012.

Geschichte: Grundlegenden Veränderungen in der Wirtschaft werden langfristige Wirkungs- und Veränderungskraft auf die politischen und sozialen Leitvorstellungen in den westeuropäischen Ländern zugesprochen[11]. Diese Überlegungen kulminieren vor allem in der deutschen Zeitgeschichte in dem Paradigma des „Strukturbruchs", dessen Ausgangspunkt in grundlegenden ökonomischen Entscheidungen und Veränderungen der 1970er Jahre zu finden ist: der Zusammenbruch des Systems fester Wechselkurse nach der Beendigung des Bretton-Woods-Abkommens 1973, der Ölpreisschock von 1973, der Abschied vom Keynesianismus und der beginnende Siegeszug des Monetarismus, symbolisiert in den Nobelpreisen für Friedrich August von Hayek 1974 und Milton Friedman 1976. Die in der Folge dominanten ökonomischen Strukturprobleme wie Inflation, schwaches Wirtschaftswachstum, Arbeitslosigkeit und Staatsverschuldung wurden zu den zentralen Herausforderungen für die deutsche Politik und Gesellschaft der 1970er Jahre. Die damit verbundenen Veränderungen gelten als so tiefgreifend, dass sich die Vorstellung einer Zäsur etabliert hat. Das Jahrzehnt gilt daher als Übergangsdekade von der „Moderne" oder „Hochmoderne" hin zur „Postmoderne", „Zweiten Moderne" beziehungsweise „Reflexiven Moderne"[12].

Unterdessen führt die Frage nach Veränderungen der Arbeitswerte, der ökonomischen Kultur, der wirtschaftlichen und sozial-kulturellen Mentalitäten in den 1970er Jahren zu dem viel beachteten Werk der französischen Soziologen Boltanski und Chiapello „Der neue Geist des Kapitalismus"[13]. Boltanski und Chiapello hatten die sozioökonomischen Veränderungen, die sie den „neuen Geist des Kapitalismus" nannten, anhand eines Vergleichs französischer Managementliteratur der 1960er und 1990er Jahre herausgearbeitet. Die zentrale und provokante These des Buches bestand darin, dass das System des Kapitalismus

---

[11] Vgl. Knud Andresen u. a. (Hrsg.), „Nach dem Strukturbruch"? Kontinuität und Wandel von Arbeitswelten, Bonn 2011; Anselm Doering-Manteuffel/Lutz Raphael, Nach dem Boom. Perspektiven für die Zeitgeschichte seit 1970, Göttingen ²2010; Konrad H. Jarausch (Hrsg.), Das Ende der Zuversicht? Die siebziger Jahre als Geschichte, Göttingen 2008; Hartmut Kaelble, The 1970s in Europe: A Period of Disillusionment or Promise? The 2009 Annual Lecture of the German Historical Institute London, London 2010. Vgl. dazu auch das Themenheft: European Responses to the Crisis of the 1970s and 1980s. Journal of Modern European History 9/2 (2011); Daniel T. Rogers, Age of Fracture, Cambridge (MA)/London 2011.

[12] Thomas Raithel u. a. (Hrsg.), Auf dem Weg in eine neue Moderne? Die Bundesrepublik Deutschland in den siebziger und achtziger Jahren, München 2009; Lutz Raphael, Ordnungsmuster der „Hochmoderne"? Die Theorie der Moderne und die Geschichte der europäischen Gesellschaften im 20. Jahrhundert, in: Ute Schneider (Hrsg.), Dimensionen der Moderne: Festschrift für Christof Dipper, Frankfurt a.M. u. a. 2008, S. 73–91; Ulrich Herbert, Europe in High Modernity: Reflections on a Theory of the 20th Century, in: JMEH 5 (2007), S. 5–21.

[13] Luc Boltanski/Ève Chiapello, Der neue Geist des Kapitalismus, Konstanz 2006.

die Kapitalismuskritik von 1968 produktiv nutzbar gemacht habe und die Forderungen nach Entfaltung des Individuums, nach Kreativität und Autonomie sowie die Kritik an Hierarchie und Bürokratie von der Sozialkritik getrennt, aufgenommen und sich zu eigen gemacht habe. Der ökonomische Formwandel ist demnach Ausdruck eines „Wertewandels", „von dem sowohl Erfolg als auch Akzeptanz des Kapitalismus abhängen"[14].

Das Defizit der Untersuchung von Boltanski und Chiapello besteht vor allem darin, dass die Veränderungen der Diskurse zwischen 1960 und 1990 auf einer weitgehend theoretischen und ideengeschichtlichen Ebene erklärt werden, eine genauere empirische Untersuchung an Fallbeispielen von Unternehmen jedoch nicht vorgenommen wurde[15]. Mit anderen Worten: Ob den Veränderungen der abstrakten Managementliteratur auch konkrete Veränderungen der Managements in den Unternehmen gefolgt sind, gilt es noch zu untersuchen.

Stimuliert von den Ergebnissen von Boltanski und Chiapello fragt inzwischen auch die deutsche Unternehmens- und Industriegeschichte, inwiefern die 1970er Jahre eine Transformationsphase für einen „neuen Geist des Kapitalismus" in der Bundesrepublik darstellen[16]. Im Anschluss daran gilt es, über einzelne Betriebe hinaus auch den sozialen Trägerschichten eines möglichen Formwandels des Kapitalismus nachzugehen. Zu fragen wäre demnach, ob ein solcher Formwandel nicht nur etwas mit produktiver Absorption der Kapitalismuskritik von 1968 zu tun hat, sondern eventuell auch Ausdruck des sozialen Aufstiegs und der Emanzipation einer neuen und zahlenmäßig gewachsenen Elite ist. Sind somit die leitenden Angestellten gar die soziale Trägerschicht des „neuen Geists des Kapitalismus"? Mit Boltanski und Chiapello eröffnet sich somit eine wichtige zusätzliche Perspektive auf die Frage nach Wertewandel im Bereich der Wirtschaft jenseits der sozialwissenschaftlichen Wertewandelsforschung.

---

[14] Ebenda, S. 32.
[15] Dieses Defizit betont auch Stefanie van de Kerkhof und kommt am Beispiel der Firma Rheinmetall zu dem Ergebnis, dass sich im Verlauf der 1970er und 1980er Jahre keineswegs eine netzwerkartige und projektbasierte Organisationsstruktur durchgesetzt hat, sondern vielmehr der Trend zur Diversifizierung und Divisionalisierung erst in den 1990er Jahren zu einem Ende kam. Stefanie van de Kerkhof, Auf dem Weg vom Konzern zum Netzwerk? Organisationsstruktur der Rheinmetall AG im Kalten Krieg, 1956–1989, in: Morten Reitmayer/Ruth Rosenberger (Hrsg.), Unternehmen am Ende des „goldenen Zeitalters". Die 1970er Jahre in unternehmens- und wirtschaftshistorischer Perspektive, Essen 2008, S. 67–89.
[16] Reitmayer/Rosenberger (Hrsg.), Unternehmen am Ende des „goldenen Zeitalters". Vgl. dazu auch Paul du Gay/Glenn Morgan (Hrsg.), New Spirits of Capitalism: Crises, Justifications, and Dynamics, Oxford 2013; Gabriele Wagner/Philipp Hessinger (Hrsg.), Ein „neuer Geist des Kapitalismus". Paradoxien und Ambivalenzen der Netzwerkökonomie, Wiesbaden 2008.

Als soziale Gruppe wurden die leitenden Angestellten in der Historiographie bisher kaum erfasst. Klassiker der historischen Angestelltenforschung bezogen sich auf die niederen und mittleren Angestellten und interessierten sich vor allem für politische Einstellungsunterschiede und die Bedeutung des „neuen Mittelstands" für den Aufstieg des Nationalsozialismus[17]. Die „Historische Sozialwissenschaft" untersuchte vor allem die Ursachen für die Entstehung einer modernen Angestelltenschaft in der deutschen und europäischen Geschichte und den Arbeiter-Angestellten-Unterschied[18].

Die leitenden Angestellten kamen hier nur in Abgrenzung zu der unteren und mittleren Angestelltschaft vor. Die Angestelltensoziologie hingegen bezog sich meist auf Angestellte in ihrer Gesamtheit[19]. Gegenstand eigener sozialgeschichtlicher oder sozialkultureller Untersuchungen waren die leitenden Angestellten bisher nicht. Dabei könnte diese Gruppe neue Antworten auf die Fragen nach der Existenz von Leistungseliten und der Persistenz von Bürgertum und Bürgerlichkeit im 20. Jahrhundert geben. Gerade im Hinblick auf die Frage der „bürgerlichen Werte" konstatierte der Historiker Günter Schulz für die leitenden Angestellten: „Die Orientierung am Leitbild des Selbständigen wurde bzw. wird durch vielfältige Faktoren der betrieblichen Praxis, durch gemeinschaftliche Organisation in den ‚Harmonieverbänden' sowie durch Wertorientierungen, Aufstiegserwartungen und Sprachgebrauch (Begriff der ‚Leitenden Angestellten') gestützt, wurde jedoch noch kaum untersucht."[20]

Die Frage der ökonomischen Leistungselite beschäftigte bisher vor allem die soziologische Elitenforschung. Hier war es besonders der Darmstädter Soziologe Michael Hartmann, der die soziale Herkunft und Rekrutierung der Wirtschaftselite analysierte[21]. In einer Vielzahl von Untersuchungen kommt er zu

---

[17] Siegfried Kracauer, Die Angestellten: aus dem neuesten Deutschland, Frankfurt ²1930; Michael Prinz, Vom neuen Mittelstand zum Volksgenossen: die Entwicklung des sozialen Status der Angestellten von der Weimarer Republik bis zum Ende der NS-Zeit, München 1986; Hans Speier, Die Angestellten vor dem Nationalsozialismus: ein Beitrag zum Verständnis der deutschen Sozialstruktur 1918–1933, Frankfurt a.M. 1989.

[18] Vgl. Jürgen Kocka, Unternehmensverwaltung und Angestelltenschaft am Beispiel Siemens: 1847–1914. Zum Verhältnis von Kapitalismus und Bürokratie in der deutschen Industrialisierung, Stuttgart 1969; ders., Angestellte zwischen Faschismus und Demokratie. Zur politischen Sozialgeschichte der Angestellten: USA 1890–1940 im internationalen Vergleich, Göttingen 1977; ders., Die Angestellten in der deutschen Geschichte 1850–1980, Göttingen 1981; ders. (Hrsg.), Angestellte im europäischen Vergleich. Zur Herausbildung angestellter Mittelschichten im 19. Jahrhundert, Göttingen 1981; Mario König, Die Angestellten zwischen Bürgertum und Arbeiterbewegung, Zürich 1984.

[19] Vgl. vor allem Fritz Croner, Soziologie der Angestellten, Köln 1962.

[20] Günter Schulz, Die Angestellten seit dem 19. Jahrhundert, München 2000, S. 54.

[21] Vgl. Michael Hartmann, Eliten und Macht in Europa. Ein internationaler Vergleich, Frankfurt a.M. u. a. 2007; ders., Elitesoziologie. Eine Einführung, Frankfurt a.M. u. a. 2004; ders., Eliten in Deutschland – Rekrutierungswege und Karrierepfade, in: APuZ 10 (2004), S. 17–21; ders., Der Mythos von den Leistungseliten, Frankfurt a.M. u. a. 2002; ders., Topmana-

dem Ergebnis, dass sich in den letzten 40 Jahren nichts an der exklusiven sozialen Rekrutierung der Wirtschaftsführer und Spitzenmanager geändert habe und diese nach wie vor vorrangig dem Großbürgertum entstammten. Grund für diese deutliche Einschränkung des Leistungsprinzips sei vor allem ein gruppenspezifischer Habitus. Sich auf die Ergebnisse von Hartmann stützend konstatiert auch Hans-Ulrich Wehler in seiner Gesellschaftsgeschichte eine Tendenz der „elitären Schließung" innerhalb der bundesdeutschen Wirtschaftselite[22].

Im Gegensatz dazu halten Werner Plumpe und Christian Reuber die „Persistenz einer großbürgerlichen Sozialformation" für „unwahrscheinlich". Grund dafür sei, dass der „Kreis der potentiell Elitefähigen im 20. Jahrhundert sukzessive zugenommen hat, besonders stark in den 1920er Jahren und seit den 1960er Jahren"[23]. Von viel größerer Bedeutung seien innerbetriebliche „Bewährungskarrieren" gewesen, wobei Führungspositionen im Regelfall aus dem eigenen Hause auf dem Weg einer Bewährungskette rekrutiert wurden. Zu Recht weisen Plumpe und Reuber in ihrer Kritik an Hartmann darauf hin, dass über den „Habitus der Bourgeoisie" und dessen Wandel „es bis heute keine wirklich belastbaren sozialhistorischen Daten" gibt[24]. Dies gilt insbesondere für die seit den 1960er Jahren stark wachsende Gruppe der leitenden Angestellten[25].

---

ger – Die Rekrutierung einer Elite, Frankfurt a.M. 1996; ders., Kontinuität oder Wandel? Die deutsche Wirtschaftselite zwischen 1970 und 1995, in: Dieter Ziegler (Hrsg.), Großbürger und Unternehmer: Die deutsche Wirtschaftselite im 20. Jahrhundert, Göttingen 2000, S. 73–92.

[22] Hans-Ulrich Wehler, Deutsche Gesellschaftsgeschichte, Bd. V: Bundesrepublik und DDR 1949–1990, München 2008, S. 132.

[23] Werner Plumpe/Christian Reuber, Unternehmen und Wirtschaftsbürgertum im 20. Jahrhundert, in: Gunilla Budde u. a. (Hrsg.), Bürgertum nach dem bürgerlichen Zeitalter. Leitbilder und Praxis, Göttingen 2010, S. 160.

[24] Plumpe/Reuber, Unternehmen und Wirtschaftsbürgertum im 20. Jahrhundert, S. 164. Hinzu kommt, dass Hartmann in seiner Konzentration auf die Kategorie der Herkunft bzw. Klasse andere potentielle Diskriminierungsmechanismen des sozialen Aufstiegs (Geschlecht, Religion, Dialekt, ethnische Zugehörigkeit etc.) ausblendet.

[25] „Eine seit den 1960er Jahren stark wachsende Gruppe hingegen ist bis heute überhaupt nicht erforscht, obwohl ihr allein im Bayer-Konzern zu Beginn der 1970er Jahre mehrere tausend Personen angehörten: die Gruppe der leitenden Angestellten. […] Hier dürfte sich auch die Masse der Bildungsaufsteiger seit den 1960er Jahren finden, also die Akademiker erster Generation, die selbst aus so genannten einfacheren Verhältnissen entstammten. Über diese große Gruppe, die das Gesicht der Unternehmen seit den 1960er Jahren maßgeblich änderte, ist bis heute so gut wie nichts bekannt. Ob sich hier Merkmale bürgerlicher Lebensführung ausprägen oder ausgeprägt haben, kann bestenfalls spekuliert werden." Plumpe/Reuber, Unternehmen und Wirtschaftsbürgertum im 20. Jahrhundert, S. 163. Vgl. hierzu auch Christian Reuber, Der lange Weg an die Spitze. Karrieren von Führungskräften deutscher Großunternehmer im 20. Jahrhundert, Frankfurt 2012.

„Leitende Angestellte. Die neue Klasse"?
Eine sozialgeschichtliche Skizze

Ende der 1960er und zu Beginn der 1970er Jahre wurden die leitenden Angestellten in der bundesdeutschen Öffentlichkeit geradezu als ein völlig neuartiges soziales Phänomen diskutiert. Tatsächlich war es bereits in der Zeit der Hochindustrialisierung in vielen Konzernen zu einer größeren Beschäftigung familienfremder Führungskräfte und zum Aufbau eines funktional differenzierten Managements gekommen. Als Gruppe konstituierten sich die leitenden Angestellten gegenüber den anderen Arbeitnehmern nach dem Ersten Weltkrieg[26]. Neu war diese Gruppe zu Beginn der 1970er Jahre nur in Hinblick auf ihre Größe. Dies lag an wesentlichen sozial-strukturellen Veränderungen in den 1960er und 1970er Jahren. Aufgrund von Bildungsexpansion, Diversifikation und Tertiärisierung war die Anzahl der leitenden Angestellten rapide gewachsen. Dabei war die absolute Zahl dieser Personengruppe Anfang der 1970er Jahre heftig umstritten, weil nicht klar war, wie die Gruppe der leitenden Angestellten abgegrenzt werden sollte. Der DGB ging entsprechend seiner engeren Abgrenzung von einer viel geringeren Zahl aus als die Union der leitenden Angestellten (ULA). Doch der Trend war eindeutig. Während in einer ULA-nahen Untersuchung von 1962 die Zahl der leitenden Angestellten noch auf 100.000 bis 150.000 geschätzt wurde[27], ging die ULA 1976 bereits von 400.000 aus[28].

Ein Beispiel für diese Entwicklung ist die Volkswagen AG, die eine dezentrale Neugliederung mit Anstieg der Zahl der leitenden Angestellten am Ende der 1960er und zu Beginn der 1970er Jahre erlebte. Nachdem Volkswagen 1965 die Auto Union GmbH gekauft hatte und diese sich durch eine Fusion mit der NSU Motorenwerke AG zur späteren Audi AG entwickelt hatte, war VW zu einem Mehr-Marken-Konzern geworden. Um den Zentralvorstand zu entlasten, kam es zu einer Neugliederung mit eigenverantwortlichen Gruppen und dies führte bis 1972 zu einer Zunahme der leitenden Angestellten um mehr als 80 Prozent[29].

---

[26] Vgl. Wolfgang Hromadka, Das Recht der leitenden Angestellten im historisch-gesellschaftlichen Zusammenhang, München 1979, S. 109–145. Vgl. auch Tobias Sander, Die doppelte Defensive. Soziale Lage, Mentalitäten und Politik der Ingenieure 1890–1933, Wiesbaden 2009.

[27] Vgl. Gisela Kleine, Soziologie des leitenden Angestellten, in: Ferdinand Grüll (Hrsg.), Handbuch für Leitende Angestellte, Bd. 1, Heidelberg 1962, S. 149.

[28] Vgl. Hans Peter Bleuel, Die Stützen der Gesellschaft, München 1976, S. 105. Von 400.000 leitenden Angestellten geht auch eine Untersuchung von 1979 aus, die sich auf die Arbeits- und Sozialstatistik des Jahres 1976 und auf Auskünfte des Statistischen Bundesamtes berief. Die leitenden Angestellten machten demnach 2 % der Arbeitnehmerschaft aus. Hromadka, Recht der leitenden Angestellten, S. 2f.

[29] Vgl. Reuber, Der lange Weg an die Spitze, S. 311f.

Durch diese zu Beginn der 1970er Jahre einsetzenden ökonomischen Tendenzen der Reorganisation von Unternehmen, der internationalen Fusionen und der damit verbundenen Auflösung traditioneller Unternehmensstrukturen kam den angestellten Führungskräften eine zunehmend wichtigere Rolle zu. Gleichzeitig hatte die Akademisierung der Führungspositionen dazu geführt, dass das Rekrutierungsfeld für wirtschaftliche Führungskräfte schon zu Beginn der 1970er Jahre fast ausschließlich die Universitäten waren[30]. Eine Untersuchung der Universitäten Kiel und Mannheim von 1974 ergab, dass 85,3 Prozent der befragten Manager das Abitur und 42,9 Prozent eine Promotion erworben hatten. Von ihren Vätern hingegen besaßen nur 7,1 Prozent Abitur und nur 2,7 Prozent einen Universitätsabschluss, weshalb die Ergebnisse der Studie überschrieben waren mit: „Die Väter Volksschüler, die Söhne Akademiker"[31].

Dabei sahen sich zu diesem Zeitpunkt auch leitende Angestellte mit einer schwierigen wirtschaftlichen Entwicklung und einem tiefgreifenden Strukturwandel konfrontiert[32]. In der Folge war das Risiko des Arbeitsplatzverlusts auch bei Führungskräften ein viel diskutiertes Problem[33]. Einsetzend mit der Wirtschaftskrise von 1966/67[34] und verstärkt durch die sich verändernde Unternehmenslandschaft zu Beginn der 1970er Jahre (Fusionen, Restrukturierungen, Dezentralisierungen) artikulierten die leitenden Angestellten zunehmend den Wunsch nach mehr sozialer Sicherheit. Die „Nöte der leitenden Angestellten"[35] wurden bereits zeitgenössisch mit dem Zusammenfallen von problematischer konjunktureller Lage, wirtschaftlichem Strukturwandel und gleichzeitigem Anstieg der Zahl der leitenden Angestellten erklärt.

Dies wurde so auch beim DGB wahrgenommen: „Die Lage der ‚Leitenden Angestellten' wird durch eine zunehmende Schutzbedürftigkeit gekennzeichnet. Ihre immer größer werdende Zahl nimmt ihnen die Exklusivität und veranlaßt sie zur Solidarität. Individuell können sie nur noch mühsam oder

---

[30] Vgl. Elvira Helmer, Soziale Stellung und Selbstverständnis der leitenden Angestellten, Münster 1974, S. 52.
[31] Manager-Magazin 4 (1974). Dieser Trend wird von einer weiteren Untersuchung aus demselben Jahr bestätigt: „Die Zahl der Akademiker unter den leitenden Angestellten wird in der Zukunft erheblich steigen. Unter den Leitenden mit einer Dienstzeit bis zu 10 Jahren haben 88 % studiert." Helmer, Soziale Stellung der leitenden Angestellten, S. 52.
[32] Vgl. „Zu viele Spitzkräfte", in: Stuttgarter Nachrichten, 26.2.1969; „Führungskräfte. Schlechtes Jahr", in: Wirtschaftswoche, 14.12.1973.
[33] In der Frankfurter Rundschau hieß es im Mai 1976 „Auch in Chefetagen gesiebt", in: Frankfurter Rundschau, 6.5.1976. Vgl. dazu auch Süddeutsche Zeitung, 3.9.1975. Zu den neuen und rigideren Methoden der Auswahl von Führungskräften vgl. Manager Magazin 1 (1977), S. 43ff.; Wirtschaftswoche 23 (1976), S. 102ff.
[34] Vgl. Hanns Meenzen, Die Arbeitslosigkeit leitender Angestellter: wer mit fünfzig Jahren noch den Betrieb wechselt, in: Arbeit und Sozialpolitik 1 (1966), S. 7–9.
[35] Jürgen Borgwardt, Ortsbestimmung der Leitenden, in: Arbeit und Sozialpolitik 11,12 (1970), S. 365–369.

mangelhaft ihre Lohn- und Arbeitsbedingungen regeln. Die verflossene Rezession hat ihnen auch deutlich gemacht, daß sie in Zeiten rückläufiger Konjunktur oder größerer Rationalisierungserfolge ebenso zur Disposition stehen wie andere Angestellte."[36] Diese Entwicklungen habe unter den leitenden Angestellten „zu einem verstärkten Schutzbedürfnis und gewissen Solidarisierungstendenzen geführt"[37]. Allerdings müsse man feststellen: „Den Gewerkschaften des DGB ist der gestiegene Solidarisierungswille bisher nicht in größerem Umfange zugute gekommen. Wahrscheinlich deshalb, weil der Personenkreis sich unzulänglich oder überhaupt nicht durch die Gewerkschaften vertreten betrachtet."[38] In einem Interview mit dem „Spiegel" betonte auch Johannes Gottwald, Vizepräsident der ULA, das besondere Schutzbedürfnis der leitenden Angestellten, machte jedoch klar, dass deren Bedürfnisse und Wünsche nur durch eine „eigenständige Vertretung" Rechnung getragen werden könne und nicht durch die Gewerkschaften des DGB oder die Deutsche Angestellten Gewerkschaft (DAG)[39]. Denn zu dem Wunsch nach kollektiver Interessenvertretung kam der Wille der sozialen Abgrenzung nach „unten"[40]. Ein leitender IBM-Angestellter brachte die schwierige soziale Situation der Gruppe auf die Formel: „Leitende Angestellte haben zwar einen Platz an der Sonne, aber eben nur einen Stehplatz."[41]

---

[36] Stellungnahme des Bundesangestelltenausschusses des Deutschen Gewerkschaftsbundes, Oktober 1970, DGB-Archiv 24/14, Abt. Angestellte, 24/8259. Auch für die folgenden Zitate.
[37] Ebenda.
[38] Ebenda.
[39] Der Spiegel 19 (1971).
[40] Die Abgrenzungsideologie der leitenden Angestellten hat Ähnlichkeiten mit den 20 Jahre zuvor artikulierten Nivellierungsängsten der Angestellten im Zuge von Helmut Schelskys Formel von der „nivellierten Mittelstandsgesellschaft". „Diese These schürte Ängste vor einer Einebnung gesellschaftlicher und beruflicher Privilegien, insbesondere bei einem Teil der Angestelltenschaft, vormals getrennt durch die ‚Kragenlinie' von der Arbeiterschaft. Gleichzeitig nahmen die Zahl der Angestellten in der Industrie und ihr prozentualer Anteil im Reservoir der Arbeitnehmer zu." Johannes Platz, ‚Die White Collars in den Griff bekommen'. Industrieangestellte im Spannungsfeld sozialwissenschaftlicher Expertise und gewerkschaftlicher Politik, in: AfS 50 (2010), S. 271–288, hier: 271.
[41] Manager Magazin 5 (1972).

„Der Kampf um die leitenden Angestellten hat begonnen" – Die Auseinandersetzungen über Betriebsverfassungs- und Mitbestimmungsgesetz

In ein breiteres öffentliches Bewusstsein traten die leitenden Angestellten erst mit ihrer Rolle in den politischen Auseinandersetzungen über das Betriebsverfassungsgesetz und das Mitbestimmungsgesetz. Bereits in seiner ersten Regierungserklärung am 28. Oktober 1969 betonte Bundeskanzler Willy Brandt die Notwendigkeit einer Neufassung des Betriebsverfassungsgesetzes[42]. Das am 18. Januar 1972 in Kraft getretene Betriebsverfassungsgesetz löste eine Fassung aus dem Jahre 1952 ab und räumte den Arbeitnehmern mehr Mitwirkungs- und Mitbestimmungsrechte auf Betriebsebene ein. Das Gesetz wurde vor und nach seinem Inkrafttreten äußerst kontrovers diskutiert. Gewerkschaften, Arbeitgeberverbände und Vertreter aller politischen Parteien meldeten sich zu Wort. Die bundesdeutsche Öffentlichkeit nahm über Streitgespräche im Fernsehen und Radio und über eine Flut von Artikeln in Zeitungen und Zeitschriften an der Diskussion teil[43].

Die Interessensvertretung der leitenden Angestellten, insbesondere die Union der leitenden Angestellten, versuchte massiv auf den Gesetzgebungsprozess Einfluss zu nehmen und hatte bereits 1967 einen eigenen Gesetzentwurf eingebracht. Ziel der ULA war es, den leitenden Angestellten innerhalb der Betriebsverfassung als „dritte Kraft" eine Sonderstellung als eigene Personengruppe einzuräumen. Genau darin sahen die an der Eindeutigkeit der Interessenpole in der Betriebsverfassung interessierten Gewerkschaften und die SPD eine große Gefahr. In einem Brief des Bundesarbeitsministers Walter Arendt an das Bundeskanzleramt heißt es am 19. November 1970 bezüglich der leitenden Angestellten im geplanten Betriebsverfassungsgesetz: „Auf keinen Fall sollten hier Ansätze gelegt werden, die zu einer eigenständigen Herausstellung dieser

---

[42] Vgl. Regierungserklärung Willy Brandts vor dem Deutschen Bundestag, 28.10.1969, in: Verhandlungen des Deutschen Bundestags, Stenographische Berichte, 6/5, S. 28D.

[43] Dies war keineswegs ein reiner Elitendiskurs, sondern beschäftigte beispielsweise auch das deutsche Fernsehen, so etwa in dem Fernsehfilm „Zeitaufnahme" von Wolfgang Mühlbauer, ZDF, 17.5.1972, 21.15 Uhr, in dem die Stellung der leitenden Angestellten stark sozialkritisch thematisiert wurde. Vgl. die Fernseh-Kritik: „Der Abbau von Rückgrat. Müssen Leitende Angestellte immer so sein?", in: Junge Wirtschaft. Zeitschrift für fortschrittliches Unternehmertum 6 (1972), S. 22. Vgl. auch die Dokumentation „Die Zweitersten", ARD, 5.4.1973, 21.50 Uhr, in der der Arbeitsalltag von fünf leitenden Angestellten der chemischen Industrie dargestellt wurde. Vgl. dazu die Fernsehkritik „Gruppenbild der leitenden Angestellten. Die erste objektive Dokumentation", in: Junge Wirtschaft. Zeitschrift für fortschrittliches Unternehmertum 5 (1973), S. 38. Vgl. außerdem die Diskussionssendung Pro und Contra, ARD, 1.2.1973, 22.00 Uhr, die sich der sozialen Stellung der leitenden Angestellten widmete.

Gruppen führen könnten. Gesellschaftspolitisch würden hierdurch neue soziale Klassen gebildet, in die Unternehmensverfassung würden hierdurch Elemente eingeführt, die auf das angelsächsische board-System hinführen."⁴⁴

Den Referentenentwurf des Arbeitsministeriums, der eine enge Eingrenzung der leitenden Angestellten vorsah, lehnten die Vertreter der leitenden Angestellten ab. Aus ihrer Sicht betrieb der Gesetzentwurf eine Teilung des Führungskörpers: auf der einen Seite das Topmanagement und auf der anderen Seite der große Rest der leitenden Angestellten, der vom Betriebsrat vertreten sein solle. Dies war aus Sicht der leitenden Angestellten „wirklichkeitsfremd", so die Interessengemeinschaft Leitender Angestellter der Robert Bosch GmbH. Begründet wurde dies in einem Brief an den Chef des Bundeskanzleramtes, Horst Ehmke, vom 24. November 1970 folgendermaßen: „Die Gesetzesvorlage beachtet keineswegs die berechtigten Interessen der als leitende Angestellte anzusehenden Personen und setzt sich über wichtige betriebliche Erkenntnisse hinsichtlich der Funktion der leitenden Angestellten hinweg. Die Wahrnehmung der Interessen leitender Angestellter durch den Betriebsrat ist u. a. wegen Interessenkollisionen undenkbar; ferner wird durch die vorgesehene Spaltung der leitenden Angestellten der Führungskörper seiner wichtigsten Funktionen beraubt."⁴⁵ Dabei stünden offensichtlich weniger sinnvolle wirtschaftliche als vielmehr gesellschaftspolitische Ziele im Vordergrund. „Die leitenden Angestellten wollen aber nicht Opfer gesellschaftspolitischer Ideologie und Experimente sein."⁴⁶

Das Betriebsverfassungsgesetz vom Januar 1972 fand auf die leitenden Angestellten im Sinne der Abgrenzung der Gruppe nach § 5 (3) keine Anwendung⁴⁷. Die leitenden Angestellten besaßen damit weder das aktive noch das passive Wahlrecht für den Betriebsrat. Die ULA war dennoch nicht unzufrieden, denn die Abgrenzung der leitenden Angestellten war nicht viel anders als im Betriebsverfassungsgesetz von 1952 und der Kreis der leitenden Angestellten blieb, anders als von DGB und SPD erhofft, im Wesentlichen unverändert⁴⁸. Da das neue

---

[44] Bundesminister der Arbeit und Sozialordnung an Chef des Bundeskanzleramtes, 19.11.1970, B 136/8761.
[45] Interessengemeinschaft Leitender Angestellter der Robert Bosch GmbH (Werk Blaichach/ Allgäu) an Chef des Bundeskanzleramtes, Horst Ehmke, 24.11.1970, in: BA. B 136/8761.
[46] Ebenda.
[47] „(3) Dieses Gesetz findet, soweit in ihm nicht ausdrücklich etwas anderes bestimmt ist, keine Anwendung auf leitende Angestellte, wenn sie nach Dienststellung und Dienstvertrag 1. zur selbständigen Einstellung und Entlassung von im Betrieb oder in der Betriebsabteilung beschäftigten Arbeitnehmern berechtigt sind oder 2. Generalvollmacht oder Prokura haben oder 3. im wesentlichen eigenverantwortlich Aufgaben wahrnehmen, die ihnen regelmäßig wegen deren Bedeutung für den Bestand und die Entwicklung des Betriebs im Hinblick auf besondere Erfahrungen und Kenntnisse übertragen werden." Bundesgesetzblatt, Nr. 2/1972, S. 15.
[48] Vgl. Hromadka, Recht der leitenden Angestellten, S. 266.

Betriebsverfassungsgesetz den leitenden Angestellten keine eigene Interessensvertretung gewährt hatte, kam es in den folgenden Jahren zu einer verstärkten Bildung von Sprecherausschüssen auf freiwilliger Grundlage durch Vereinbarung zwischen leitenden Angestellten und Unternehmensleitung. Der Status dieser Sprecherausschüsse war bis zum Ende der achtziger Jahre äußerst umstritten: Während insbesondere die FDP eine gesetzliche Anerkennung forderte, fürchteten SPD und DGB die Sprecherausschüsse als eine Art Neben-Betriebsrat, der die einheitliche Vertretung der Arbeitnehmerschaft unterminiert.

Die zweite große innenpolitische Auseinandersetzung, bei der die leitenden Angestellten im Mittelpunkt des Interesses standen, betraf die Frage nach der *Unternehmensmitbestimmung*[49]. Die Neuregelung der Mitbestimmung auf der Unternehmensebene gehörte wie schon zuvor die Ausweitung der Mitbestimmung in den Betrieben (Betriebsverfassungsgesetz) unter dem Stichwort „Demokratisierung der Wirtschaft" zu den zentralen Reformprojekten der sozialliberalen Regierung[50]. Die *betriebliche* Mitbestimmung bezieht sich vor allem auf den Betriebsrat und ist abzugrenzen von der Unternehmensmitbestimmung durch Arbeitnehmervertreter in Aufsichtsräten der Kapitalgesellschaften. Während aber die *betriebliche Mitbestimmung* Anfang der 1970er Jahre – trotz Streit über die Details – gesellschaftspolitisch breit akzeptiert war, hatte die Frage der *Unternehmensmitbestimmung* „nichts von ihrer gesellschaftspolitischen Sprengkraft der frühen Jahre eingebüßt."[51]

Dabei nahm vor allem die gesellschaftliche Auseinandersetzung über die leitenden Angestellten und ihre zukünftige Rolle in den Aufsichtsräten deutscher Unternehmen weiter Fahrt auf. Ein Artikel in der Wirtschaftswoche fasste die Ausgangslage 1973 sehr treffend zusammen: „Der Kampf um die leitenden

---

[49] Vgl. Werner Milert/Rudolf Tschirbs, Die andere Demokratie. Betriebliche Interessensvertretung in Deutschland, 1848 bis 2008, Essen 2012, S. 462–476. Karl Lauschke, Mehr Demokratie in der Wirtschaft. Die Entstehung des Mitbestimmungsgesetzes von 1976, Düsseldorf 2006; Horst Thum, Wirtschaftsdemokratie und Mitbestimmung. Von den Anfängen 1916 bis zum Mitbestimmungsgesetz 1976, Köln 1991, S. 89–96.

[50] Vgl. Karl Dietrich Bracher, Politik und Zeitgeist. Tendenzen der siebziger Jahre, in: ders. u. a., Geschichte der Bundesrepublik, Bd. 5, I: Republik im Wandel 1969–1974. Die Ära Brandt, Stuttgart 1986, S. 285–406, hier: 313f. Ein weiterer wichtiger Teil der arbeitspolitischen Reformen der sozialliberalen Regierung war außerdem das staatliche Aktions- und Forschungsprogramm „Humanisierung des Arbeitslebens". Vgl. Dieter Sauer, Von der „Humanisierung der Arbeit" zur „Guten Arbeit", in: APuZ 15 (2011), S. 18–24; Anne Seibring, Die Humanisierung des Arbeitslebens in den 1970er Jahren: Forschungsstand und Forschungsperspektiven, in: Andresen (Hrsg.), „Nach dem Strukturbruch"?, S. 107–126. Vgl. zu den sich verändernden Semantiken in der Arbeitswelt und zu den Forderungen nach einer „Humanisierung der Arbeit" Winfried Süß/Dietmar Süß, Zeitgeschichte der Arbeit: Beobachtungen und Perspektiven, in: Andresen (Hrsg.), „Nach dem Strukturbruch"?, S. 345–365.

[51] Milert/Tschirbs, Die andere Demokratie, S. 475.

Angestellten hat begonnen. Rechts ziehen die Arbeitgeber, links stehen die Gewerkschaften. Es ist eine für die deutsche Wirtschaft entscheidende Auseinandersetzung. Denn wenn die leitenden Angestellten in der Mitbestimmung in eine Rolle rücken, in der es von ihrer Stimme abhängt, wie die Abstimmungen in den Aufsichtsräten ausgehen, dann wird der künftige Kurs der deutschen Wirtschaft mit von ihrem Selbstverständnis abhängen, davon, ob sich die leitenden Angestellten mit der Arbeitgeber- oder mit der Arbeitnehmerseite verbunden fühlen."[52]

Das Ziel der SPD bestand darin, in dem neuen Mitbestimmungsgesetz den Arbeitnehmern in den Aufsichtsräten aller Unternehmen ebenso viele Sitze zuzusprechen wie den Arbeitgebern. Dabei war von Anfang an klar, „daß es nicht leicht ist, die leitenden Angestellten in eine Mitbestimmungskonzeption so einzuordnen, daß dadurch die Gleichgewichtigkeit zwischen Kapital und Arbeit nicht von vornherein gestört wird"[53], so Arbeitsminister Arendt im Bundestag am 20. Juni 1974. Zwar erkannte auch die FDP die paritätische Mitbestimmung im Aufsichtsrat an, wollte aber die leitenden Angestellten als eigene Gruppe vertreten sehen, wie sie es bereits in ihren Freiburger Thesen von 1971 gefordert hatte[54]. Die Opposition von CDU/CSU warf der FDP wiederum immer wieder vor, sich dem Druck der SPD zu beugen. Die Union versuchte sich als bessere Vertreterin der Interessen der leitenden Angestellten darzustellen und forderte vor allem eine gesetzliche Verankerung der Interessensvertretung der Führungskräfte: „Für uns ist und bleibt aber die Frage der Sprecherausschüsse für leitende Angestellte eine wichtige gesellschaftspolitische Forderung"[55], so der CDU-Abgeordnete Eberhard Pohlmann.

Dieses Ziel erreichte die CDU/CSU allerdings erst 1988 im von der Regierung Kohl beschlossenen Sprecherausschussgesetz. Das zwölf Jahre zuvor am 18. März 1976 vom Bundestag verabschiedete Mitbestimmungsgesetz für Kapitalgesellschaften mit mehr als 2000 Beschäftigten war schließlich ein Kompromiss aus SPD- und FDP-Forderungen. Eingeführt wurden sowohl das Prinzip der Parität von Arbeitgebern und Arbeitnehmern als auch die Anerkennung der leitenden Angestellten als einer Teilgruppe der Arbeitnehmer mit Recht auf eigene Vertretung im Aufsichtsrat. Zwar blieb den leitenden Angestellten eine gesetzliche Anerkennung als dritte Kraft in der Unternehmensverfassung verwehrt, aber das Mitbestimmungsgesetz war aus ihrer Sicht dennoch ein Erfolg. Denn zum ersten Mal bekamen sie in einem Gesetz eine

---

[52] Wirtschaftswoche, 19.4.1973.
[53] Walter Arendt vor dem Deutschen Bundestag, 20.6.1974, in: Verhandlungen des Deutschen Bundestags, Stenographische Berichte, 7/110, S. 7464D.
[54] So vor allem im dritten Teil der Freiburger Thesen zum Thema Mitbestimmung. Vgl. Freiburger Thesen der FDP zur Gesellschaftspolitik, Bonn 1971, S. 51–69.
[55] Eberhard Pohlmann vor dem Deutschen Bundestag, 18.3.1976, in: Verhandlungen des Deutschen Bundestags, Stenographische Berichte, 7/230, S. 16028A.

positiv umschriebene Position aufgrund ihrer sozialen Stellung (und nicht lediglich negativ in Abgrenzung zu anderen Arbeitnehmern) zugesprochen. Damit kam dem Mitbestimmungsgesetz für die soziale Gruppenbildung der leitenden Angestellten im letzten Drittel des 20. Jahrhunderts eine ähnlich zentrale Bedeutung zu wie dem Angestelltenversicherungsgesetz von 1911 für die Angestellten in der ersten Hälfte des 20. Jahrhunderts[56]. Langfristig führte der Aufstieg der leitenden Angestellten in den 1970er Jahren zu einer Pluralisierung der Interessen im Unternehmen. Die Sichtweise der leitenden Angestellten als gesonderte Gruppe unter den Beschäftigten mit eigenen Vertretungs- und Mitwirkungsrechten setzte sich durch und wurde schließlich 1988 durch das Sprecherausschussgesetz auch arbeitsrechtlich verankert.

„Dritte Kraft" und „Neuer Manager" – Binnendiskurs der leitenden Angestellten und Führungssemantiken im Wandel

Die hier nur sehr kurz skizzierten innenpolitischen Prozesse forderten die Gruppe der leitenden Angestellten zu einem intensiven Selbstverständigungsdiskurs heraus. Hierbei wurde die eigene Identität geklärt; Gruppeninteressen, Selbstverständnis und kollektive Forderungen wurden bestimmt. In einem Vortrag anlässlich der Sprechertagung des Verbands der angestellten Akademiker der chemischen Industrie erklärte der Vorsitzende des Verbandes, Klaus Vester, Anfang 1969: „Im Laufe der Entwicklung unserer Industriegesellschaft von der Klassengesellschaft zur Leistungsgesellschaft hat sich neben den beiden klassischen Faktoren Kapital und Arbeit eine dritte Kraft gebildet, die leitenden Angestellten. Ihr eigenverantwortliches Tun, ihre überwiegend dynamischen Wesensmerkmale stellen sie funktional an die Seite der Unternehmer. Arbeitsrechtlich jedoch sind sie Arbeitnehmer. Wegen ihrer Doppelstellung lassen sich die leitenden Angestellten weder der Arbeitgeber- noch der Arbeitnehmerseite zuordnen. Diese Erkenntnis zwingt dazu, ihrer besonderen Stellung gerecht zu werden. Sie berechtigt zu Forderungen nach klarer Rechtsstellung im Betrieb und materieller Differenzierung statt Nivellierung."[57]

In der vielfältigen Verbandsliteratur, in unternehmensinternen Werkzeitschriften und im Wirtschaftsjournalismus der frühen 1970er Jahre findet sich eine Vielzahl von ähnlichen Äußerungen. Dabei berief man sich selbstbewusst auf den amerikanischen Soziologen James Burnham, der schon in den 1940er Jahren das „Regime der Manager" prophezeit hatte, und auf John K. Galbraiths

---

[56] Vgl. Hromadka, Recht der leitenden Angestellten, S. 307.
[57] Der Leitende Angestellte 3 (1969).

Szenario einer „technisch-wissenschaftlich-manageriellen Intelligenz, die die faktische Macht in der Wirtschaftswelt übernommen" habe"[58]. Dabei wurde immer wieder auf die „objektive" sozialhistorische Bedeutung des Phänomens „dritte Kraft" hingewiesen, das die gesellschaftliche Tektonik grundsätzlich verändere: „Zwischen Kapital und Arbeit schiebt sich die immer breiter werdende Schicht von Managern und leitenden Angestellten. Mit den Arbeitnehmern gemein ist ihnen die Eigentumslosigkeit und Abhängigkeit. Unternehmer sind sie der Funktion nach [...]"[59], hieß es im *Industriekurier* Anfang 1970.

Die leitenden Angestellten legitimierten ihre soziale Stellung über ihre „besondere" Arbeitsleistung und ihren unverzichtbaren Beitrag zum Erfolg des Unternehmens[60]. Dies spiegelte sich auch in der außertariflichen Bezahlung wider: Individuelle „Leistung" bestimmte die individuellen Einkommens- und Aufstiegsregelungen.

Zeitgenössische linke Kritiker wiesen darauf hin, dass der Selbstverständigungsdiskurs der leitenden Angestellten stark mit Wertsetzungen einherging: „Die Gruppe ‚Leitende Angestellte' hat Identitätsschwierigkeiten. Sie weiß nicht, wohin sie sich schlagen und wie sie ein Selbstverständnis finden soll. Sie sucht Substrate, Vorlagen, Prothesen für ihren Selbstbegriff, ihre gesellschaftliche Rolle. Eine soziale Rolle wird zunächst einmal nicht rational erarbeitet, sondern der Konsensus ist durch eine vage mentale Übereinstimmung herzustellen. Diese Lücke wird durch Ideologie gefüllt: Werthaltungen und wertbestimmte Zielsetzungen."[61] Auch wenn der Ton dieses Kommentars ganz den ideologischen Auseinandersetzungen der 1970er Jahre geschuldet ist, verweist er auf einen zentralen Sachverhalt: Der Selbstverständigungsdiskurs der leitenden Angestellten war ein Wertediskurs. Die Forderung, als „dritte Kraft" zwischen Arbeit und Kapital akzeptiert zu werden, wurde immer wieder mit dem spezifischen Arbeitsethos der leitenden Angestellten gerechtfertigt: Leistung, Loyalität, Eigenverantwortlichkeit und Selbstständigkeit waren dabei zentrale Werte, auf die rekurriert wurde. Dabei traten insbesondere die Verbände entsprechend selbstbewusst auf. Die „Leitenden" sahen sich als „die schöpferische Kraft des Geistes" und „Motor der Leistungsgesellschaft"[62]. In

---

[58] Hanns Meenzen, Leitende Angestellte: Die dritte Kraft formiert sich, Stuttgart 1973, S. 9.
[59] Industriekurier, 14. 2. 1970.
[60] „Der leitende Angestellte ist ähnlich berufsbezogen wie Ärzte und Rechtsanwälte. Er kann nicht sagen, jetzt ist es sechs, jetzt höre ich auf. Das ist einfach nicht denkbar. [...] Auch ein Tarifangestellter erbringt seine Leistung durchaus, aber die Leistung des leitenden Angestellten wird höher liegen, weil andere Komponenten seine Leistung bestimmen", so Johannes Gottwald, Vizepräsident der ULA, in: Der Spiegel 19 (1971).
[61] Hans Peter Bleuel, Die Stützen der Gesellschaft. Unternehmer – Manager – Leitende – Akademiker: Privilegiert durch Herkunft, Bildung und Einkommen?, Frankfurt a.M. u. a. 1976, S. 109.
[62] Der Leitende Angestellte 10 (1973).

einem Aufsatz für das Verbandsmagazin *Der Leitende Angestellte* feierte man sich als Träger von „Genialität, Entschlußkraft, Risikobereitschaft, organisatorischem Talent und Ausdauer"[63] innerhalb der Unternehmen. Leo Brawand, der Chefredakteur des neuen *Manager Magazins*, erklärte in einem Beitrag für *Der Leitende Angestellte* im Juli 1973: „Die Leitenden sind das Rückgrat, sozusagen die Obergefreiten der west-deutschen Wohlstands-Armee."[64] Die martialische Sprache und Leistungsideologie täuscht darüber hinweg, daß die traditionelle Führungssemantik längst zur Debatte stand[65]. Dabei galten bezeichnenderweise gerade ausgediente Offiziere aus Wehrmacht und Bundeswehr, die zwei Jahrzehnte lang als Wirtschaftsmanager noch einmal Karriere machen konnten, als ausgedient[66].

Das sich zu Beginn der 1970er Jahre verändernde wirtschaftliche Führungsleitbild löste die autoritären Vorstellungen ab, die in der deutschen Wirtschaft bis in die Mitte der 1960er dominant waren. Der Soziologe Heinz Hartmann und darauf aufbauend auch der Historiker Volker Berghahn haben dabei vor allem die Zeit des „Wirtschaftswunders" als eine Periode identifiziert, in der autoritäre und paternalistische Führungsstile eine neue Hochzeit erlebten und amerikanische Einflüsse nur teilweise aufgenommen, zum Teil aber auch aktiv bekämpft wurden[67]. Dies änderte sich ab Mitte der 1960er Jahre. Berghahn brachte diese Entwicklung auf die Formel: „vom Betriebsführer zum ‚sozialverantwortlichen' Manager"[68]. Diese These hat auch Ruth Rosenberger in ihrer Studie zur Entwicklung des Personalmanagements in der Bundesrepublik Deutschland bestätigt. Die neue Devise in den Betrieben habe gelautet: „Nicht mehr Kommandieren und Befehlen, sondern Überzeugen"[69]. Rosenberger schränkt jedoch ein: Zum einen habe diese Liberalisierung in den Betrieben nicht grundsätzlich die hierarchische Ordnung des Betriebs in Frage gestellt. Zum anderen betont sie in Abgrenzung zu Berghahn, dass es sich bei der Durchsetzung des „kooperativen Führungsstils" als neues Leitbild im Betrieb nicht um eine „Demokratisierung oder Westernisierung innerbetrieblicher

---

[63] Der Leitende Angestellte 5 (1969). In ähnlichem Wortlaut auch Hanns Meenzen, Die „Leitenden" lassen sich nicht unterbuttern, in: Junge Wirtschaft. Zeitschrift für fortschrittliches Unternehmertum 1 (1971), S. 21f.
[64] Der Leitende Angestellte 7 (1973).
[65] Vgl. Werner Plumpe, Nützliche Fiktionen? Der Wandel der Unternehmen und die Literatur der Berater, in: Reitmayer/Rosenberger (Hrsg.), Unternehmen am Ende des „goldenen Zeitalters", S. 251–269, hier: 256.
[66] Vgl. Manager Magazin 4 (1972).
[67] Heinz Hartmann, Der deutsche Unternehmer, Autorität und Organisation, Frankfurt 1968; Volker Berghahn, Unternehmen und Politik in der Bundesrepublik, Frankfurt a.M. 1985.
[68] Berghahn, Unternehmer und Politik, S. 228–257.
[69] Ruth Rosenberger, Experten für Humankapital. Die Entdeckung des Personalmanagements in der Bundesrepublik Deutschland, München 2008, S. 420.

Arbeitsbeziehungen", sondern vornehmlich um einen „Verwissenschaftlichungsprozess" handelte[70].

Auf der diskursiv-programmatischen Ebene ist allerdings in der Tat ein Wandel des wirtschaftlichen Führungsideals festzustellen. Dabei galt insbesondere der Manager-Typus der Wirtschaftswunderzeit Anfang der 1970er Jahre generell als überholt. Im *Manager Magazin* wurde dieser Entwicklung immer wieder reflektiert. In der Januar-Ausgabe 1972 hieß es: „Hemdsärmelig und improvisierend, intuitiv und eigenwillig, haben Wirtschaftswunder-Manager zwanzig Jahre lang Deutschlands Unternehmen zu immer höheren Zuwachsquoten geführt. Nun sind die Wachstums-Fetischisten nicht mehr gefragt. Unterschiedliche Konjunkturlagen, schnelle technologische Entwicklungen, wechselnde Konkurrenz und komplizierte Märkte stellen differenziertere Ansprüche. Soziale und politische Umwelt-Veränderungen überfordern den Manager alten Typs psychisch und physisch. [...] Manager, die dieses Jahrzehnt erfolgreich überleben wollen, müssen [...] ‚offen sein für Gespräche, Diskussionen und sachliche Kritik'. Kreativität, soziale Anpassungsfähigkeit und analytische Begabung werden vom Manager der Zukunft verlangt."[71]

Das klang zehn Jahre früher noch recht anders. In einem Beitrag mit dem Titel „Psychologie des leitenden Angestellten", der zunächst 1962 als ein Kapitel im „Handbuch für leitende Angestellte" und dann 1967 als Ratgeber mit dem Titel „Leiten und Führen" erschien, hieß es zum Thema Führungsstil: Zwar müsse der leitende Angestellte akzeptieren, dass ein rein autokratischer Führungsstil sich nicht mehr durchhalten lasse. Aber gleichzeitig sei es die Überzeugung des leitenden Angestellten, dass „trotz Vollbeschäftigung nicht die Zeit der weichen Samthandschuhe angebrochen ist. Autorität, Disziplin, und Härte sind Voraussetzungen für die Leistung, die der Zweck des Betriebs ist und bleiben wird"[72].

Anfang der 1970er Jahre hingegen wurden diese traditionellen Vorstellungen von Hierarchie und Autorität in den Verbandspublikationen der leitenden Angestellten und in der Wirtschaftspresse in Frage gestellt und neue Leitbilder und Führungskonzepte diskutiert. Ein Forum für diese Diskussion bot das von 1967 bis 1974 im Handelsblatt-Verlag erschienene Magazin *Plus. Zeitschrift für Unternehmensführung*. „Autoritäre Führungsmethoden sind nicht mehr ‚in'. Führungskräfte jeder Couleur lassen sich auf kooperativ trimmen"[73], stellte man hier 1972 fest und stellte tabellarisch die Vorteile und Gefahren von kooperativer und autoritärer Führung einander gegenüber. Dabei überwogen die

---

[70] Ebenda, S. 419f.
[71] Manager Magazin 1 (1972).
[72] Ernst Korff, Leiten und Führen. Profil und Funktionen des leitenden Angestellten, Heidelberg 1920, S. 20.
[73] Gerald Knabe, Wann autoritär führen?, in: Plus. Zeitschrift für Unternehmensführung 11 (1972), S. 31–33.

Vorteile kooperativer Führung gegenüber denen autoritärer bei weitem[74]. Kritisiert wurde aber nicht nur autoritär-patriarchalische Führung, sondern auch formalisierte bürokratische Hierarchie, denn auch diese hemme die Kreativität der Mitarbeiter: „Innovationen entstehen selten durch zufällige Erfindungen eines einzelnen, häufiger durch systematische Kooperation von mehreren Personen in einer die Kreativität fördernden Atmosphäre. Das Zustandekommen von kreativen Situationen aber wird in der Hierarchie behindert."[75] Von entscheidender Bedeutung für einen guten Führungsstil seien aber die psychologischen Fähigkeiten des „neuen Managers", um die „kreativen Möglichkeiten und Bedürfnisse" seiner Mitarbeiter zu erkennen und zu stimulieren[76].

Die sich auch außerparlamentarisch demokratisierende Gesellschaft stellte Anforderungen, auf die die Wirtschaft reagieren musste und das bedeutete, so Guido Sandler, Generalbevollmächtigter des Oetker-Konzerns, „daß man Weisungen heute nicht mehr ex cathedra geben kann, sondern Führen geschieht nur in Form von Überzeugen"[77]. Dem Oetker-Manager ging es aber nicht nur um einen neuen Führungsstil, sondern um eine generelle gesellschaftliche Öffnung seines Unternehmens. Dies machte er in einem Interview mit dem Chefredakteur des *Manager Magazins*, Leo Brawand, deutlich:

„mm: Würden Sie denn auch Leute, wenn wir gerade vom Nachwuchs reden, einstellen, die stark systemkritisch eingestellt sind?
Sandler: Solche Leute würde ich mir eigentlich wünschen, Herr Brawand. Wir haben zuwenig [sic!] davon.
mm: na, na...
Sandler: Wirklich, wir haben zuwenig [sic!] davon in unserer Gruppe. Ich bin überzeugt, daß hier Farbe bekannt werden muß: Entweder kann uns dieser junge Mann in der ehrlichen Diskussion davon überzeugen, daß Teile seiner Ansicht richtig sind, oder aber unser Bemühen um ehrliche, anständige Arbeit überzeugt ihn davon, daß das System auf dem wir gründen und von dem wir auch nicht gern abweichen würden, das wirklich entscheidend bessere ist."[78]

In diesem Interview und in den Führungsdebatten in der bundesdeutschen Wirtschaft zu Beginn der 1970er Jahre scheint der „neue Geist des Kapitalismus" schon am Werk zu sein: Die Kapitalismuskritik von 1968 wird produktiv nutzbar gemacht, indem die Forderungen nach Entfaltung des Individuums, nach Kreativität und Autonomie sowie die Kritik an Hierarchie, Autorität und Bürokratie von der Sozialkritik getrennt, aufgenommen und sich zu eigen

---

[74] Vgl. ebenda.
[75] Peter Bendixen/Eckhard Miketta, Können wir uns Hierarchie noch leisten, in: Plus. Zeitschrift für Unternehmensführung 3 (1974), S. 26–31.
[76] Rudolf Affemann, Psychologie: Pflichtfach für Manager, in: Plus. Zeitschrift für Unternehmensführung 9 (1972), S. 73–75.
[77] Manager Magazin 2 (1974).
[78] Manager Magazin 2 (1974).

gemacht werden[79]. „Der Leistungsprotest der jungen Generation hat durchaus gesunde Züge und kann sich fruchtbar auswirken", stellte man in *Plus. Zeitschrift für Unternehmensführung* 1972 fest. Denn es gebe in der Jugend keine „generelle Leistungsverneinung", sondern „ein grundsätzliches Ja zur Arbeit"[80], dafür bedürfe es jedoch einer „Erfüllung menschlicher Kreativität"[81]. Im Hinblick auf einen solchen „zeitgemäßen Führungsstil" seien die leitenden Angestellten von zentraler Bedeutung, so ein Beitrag in der Zeitschrift *Der Arbeitgeber*: „Im jahrelangen Kernprozeß modernen Führungsverhaltens in einer demokratisch-pluralistischen Gesellschaft haben die Leitenden ihr Pensum gelernt. Das Top-Management vielfach nicht."[82]

Ein starkes, aber kein traditionelles Arbeitsethos – die leitenden Angestellten und der „neue Geist der Kapitalismus"

Der „neue Geist des Kapitalismus" sei angesichts der Realität moderner Arbeitsverhältnisse eine Fiktion, wenn auch eine ausgesprochen wirksame, schreibt Werner Plumpe[83]. Für die leitenden Angestellten der 1970er Jahre dürfte der fiktionale Gehalt der sich verändernden ökonomischen Kultur deutlich geringer ausfallen. Sie verbanden ihre systembejahende Selbstdarstellung als Leistungselite mit partizipatorischen Forderungen. Sozial und habituell orientierten sie sich bis hin zu Fragen der Kleiderordnung an der Vorstandsetage[84], gleichzeitig wurden Partizipation und Mitbestimmung gerade auch bei den leitenden Angestellten die zentralen Forderungen. Dies war keineswegs nur die offizielle Politik der Verbände, sondern wurde auch von einer überwältigen-

---

[79] Vgl. hierzu auch Manfred Grieger, Der neue Geist im Volkswagenwerk. Produktinnovation, Kapazitätsabbau und Mitbestimmungsmodernisierung, 1968–1976, in: Reitmayer/Rosenberger (Hrsg.), Unternehmen am Ende des „goldenen Zeitalters", S. 31–66; Werner Plumpe, 1968 und die deutschen Unternehmen. Zur Markierung eines Forschungsfeldes, in: ZUG 49 (2004), S. 44–65.

[80] Affemann, Psychologie, S. 74.

[81] Ebenda, S. 73.

[82] Burkhard Wellmann, Leitende Angestellte. Gefahr und Chance, in: Der Arbeitgeber 17 (1976), S. 684–686.

[83] Plumpe, Nützliche Fiktionen?, hier S. 252.

[84] Das Fazit einer Studie des Kölner Instituts für Empirische Psychologie lautete 1973: „Leitende Angestellte orientieren sich mit der Kleidung ausschließlich an ihren Vorgesetzten und an ihresgleichen. Dort aber, in den Chefetagen, ist Unauffälligkeit das oberste Gesetz. [...] Mindestens 1200 Mark, doppelt soviel wie der durchschnittliche Konsument, gibt der Leitende jährlich für seine Tarnanzüge aus." Der Spiegel 52 (1973).

den Mehrheit der Angehörigen dieser Gruppe vertreten, wie eine empirische Untersuchung von 1973 gezeigt hatte[85]. Dabei war klar: „Hätte man vor einem Jahrzehnt die leitenden Angestellten nach der Mitbestimmung gefragt, man wäre sicherlich auf allgemeine Ablehnung gestoßen"[86]. Die Zeiten änderten sich: Für ihre Vorstellungen von Mitbestimmung demonstrierten die leitenden Angestellten sogar auf der Straße – was angesichts eines Demonstrationszuges von mittelalten Männern in Krawatte und Anzug im Juni 1976 in Bonn für einiges Aufsehen sorgte[87]. Auch die Bildung von Sprecherausschüssen reflektierte diesen verstärkten Wunsch nach Selbstbestimmung, Mitwirkung und Mitbestimmung auf der Ebene der betrieblichen Praxis: 1968 wurde der erste Sprecherausschuss gegründet, 1973 gab es laut der ULA bereits über 100 und 1976 mehr als 200 solcher betrieblichen Interessensvertretungen der leitenden Angestellten[88]. Bereits zeitgenössische Soziologen unterstrichen die Tragweite dieser Entwicklung: „Daß die leitenden Angestellten sich in die Mitbestimmungsbewegung einzureihen beginnen, muß als soziales Faktum von besonderer Bedeutung angesehen werden."[89]

Das Eintreten für Mitbestimmung diente jedoch nicht dem Ziel einer Umverteilung der Macht im Unternehmen (wie es das Mitbestimmungskonzept von SPD und DGB vorsah), sondern war „Ausdruck des Strebens nach selbstverwirklichender Teilhabe an der Entscheidung"[90]. Mitbestimmung bedeutete für die leitenden Angestellten Selbstbestimmung und Selbstverwirklichung und war entsprechend keineswegs gleichbedeutend mit Solidarität mit den anderen Arbeitnehmern. Im Gegenteil: „Die DGB-Vorstellung vom Einheitsarbeitnehmer ist reaktionär", so der ULA-Präsident Walter Schwarz im Interview mit dem Monatsmagazin *Junge Wirtschaft*[91]. Die Gruppenfindung der leitenden Angestellten ging mit einer starken Abgrenzung gegenüber den Arbeitern und An-

---

[85] „Considering that the interviewees belong to levels presumably well endowed with powers of decision-making, the extent of such interest in participation must seem surprising; 87 per cent of our informants said they were concerned with 'more participation', and no other issues were backed as widely." Heinz Hartmann, Managerial Employees – New Participants in Industrial Relations, in: British Journal of Industrial Relations 12 (1974), S. 268–281, hier: 273. Vgl. auch Helmer, Soziale Stellung der leitenden Angestellten, S. 140–142. Zu einem ähnlichen Ergebnis kommt auch eine von der ULA beauftrage Infratest-Umfrage von 1972/73. Vgl. Hans Meenzen, Leitende wollen mitbestimmen, in: Arbeit und Sozialpolitik 10 (1973), S. 335–340.
[86] Meenzen, Leitende Angestellte, S. 78.
[87] Am 25.6.1974 in Bonn. Vgl. Manager-Magazin 8 (1974).
[88] Vgl. Hromadka, Recht der leitenden Angestellten, S. 288.
[89] Heinz Hartmann, Soziallage und Interessenvertretung der Leitenden, in: Günter Albrecht (Hrsg.), Soziologie: Sprache, Bezug zur Praxis, Verhältnis zu anderen Wissenschaften. René König zum 65. Geburtstag, Opladen 1973, S. 489–506, hier: 500.
[90] Hanns Meenzen, Leitende Angestellte: Die dritte Kraft formiert sich, Stuttgart 1973, S. 17.
[91] Junge Wirtschaft. Zeitschrift für fortschrittliches Unternehmertum 11 (1975).

gestellten einher. Wie bereits beschrieben, wurde dies mit der „besonderen" und „unverzichtbaren" Leistung der leitenden Angestellten begründet. Dieser Leistungs- und Standesideologie kam dabei eine wichtige Funktion zu, denn die durchaus heterogene Gruppe der leitenden Angestellten einte vor allem eins: nicht zu den anderen Arbeitnehmern zu gehören[92].

Die Leistungs- und Standesideologie der leitenden Angestellten war in ihrem Kern nichts Neues. Auch rund um die Verabschiedung des Betriebsverfassungsgesetzes von 1952 hatte die Union der leitenden Angestellten schon vor „der Gefahr der Nivellierung" gewarnt[93]. Leistung blieb der zentrale Wert, auf den sich die leitenden Angestellten bezogen. Er war auch in den 1970er Jahren für ihr Selbstverständnis von fundamentaler Bedeutung. Die entscheidende Veränderung betraf somit auch nicht Leistung an sich, sondern die Art und Weise wie Leistung begründet und eingefordert wird. Der autoritäre Begründungszusammenhang von Leistung löste sich Anfang der 1970er Jahre zunehmend auf. Bei den leitenden Angestellten fand diese Veränderung aufgrund ihrer Stellung im Betrieb auf zwei Ebenen statt. Zum einen auf der Ebene der *Einforderung von Leistung*: Dies konnte Anfang der 1970er Jahre, wie es die Debatten über die Führungsstile gezeigt haben, nicht mehr paternalistisch-autoritär, aber auch nicht mehr hierarchisch-autoritär geschehen, sondern im Stile einer kooperativen Überzeugung des Untergebenen.

Die andere Ebene war der *Begründungszusammenhang der eigenen Leistung* gegenüber dem Unternehmer beziehungsweise dem Vorstand. Auch hier kam es zu einer Dynamisierung von „Leistung", denn vor allem in den Großunternehmen, die ihre Organisationsstrukturen hin zu einer verstärkten Divisionalisierung veränderten, wurden Fleiß und Aufopferungsbereitschaft nicht mehr automatisch vom Chef belohnt. Dies lag vor allem auch an der immer größer werdenden Zahl der leitenden Angestellten, was zur Folge hatte, dass leitende Angestellte in Großunternehmen immer öfter überhaupt kein direktes Verhältnis zur Unternehmensführung hatten. Eine von der ULA beauftragte Infratest-Umfrage von 1972/73 ergab denn auch, „daß Frustrationen und Enttäuschungen unter den Leitenden der Großbetriebe relativ häufiger anzutreffen sind"[94]. Das Anfang der 1970er Jahre artikulierte kollektive Schutzbedürfnis und die Unzufriedenheit der leitenden Angestellten sind auch mit diesen entindividualisierten und „verobjektivierten" Arbeitsplatzstrukturen zu erklären. Die Gründe hierfür sind zum einen die neuen Technologien und Organisationsformen, die verstärkt sachautoritativ entscheidende Manager er-

---

[92] Vgl. Günter Hartfiel, „Leitende Angestellte" – leidende Angestellte in der Betriebsverfassung?, in: Gewerkschaftliche Monatshefte 1 (1972), S. 9–19, hier: 16.
[93] Vgl. Ferdinand Grüll, Die Gefahr der Nivellierung, in: Die Union. Zeitschrift der Union der leitenden Angestellten 1 (1952).
[94] Meenzen, Leitende wollen mitbestimmen, S. 339.

forderten[95], und zum anderen die systematische Führungskräfte-Entwicklung vor allem in den Großunternehmen mit verobjektivierten Anforderungsprofilen betrieblicher Leitungspositionen[96].
Für die leitenden Angestellten bedeutete dies, dass sie ihre Leistung nicht mehr nur im direkten Verhältnis zur Unternehmensleitung begründeten. Sowohl die Ideologie von der „dritten Kraft" und der „besonderen Leistung" als auch das Bild vom sich selbstverwirklichenden „neuen Manager" sollte auch kulturelle Orientierung im Betrieb und in der Gesellschaft geben, um die Lücke zu schließen, die die Versachlichung ihrer Position durch den Formalwandel des Kapitalismus aufgerissen hatte. An die Stelle eines Lobs vom Chef trat nun Eigenverantwortung, an die Stelle von Autorität und Hierarchie rückten Flexibilität und Kreativität. Diese Entwicklung konnte aus Sicht der Unternehmensleitung als „Gefahr", aber auch als „Chance" interpretiert werden. In der Zeitschrift *Der Arbeitgeber* hieß es im September 1976: „Ein höheres kritisches Potential der Leitenden gegenüber den komplexen Veränderungen betrieblicher Struktur ist nicht beklagenswert, sie ist vielmehr notwendige Voraussetzung für die kommende Phase der Marktwirtschaft, in der es darum geht, den ökonomischen Sektor in einer sich wandelnden Gesellschaft neu zu justieren."[97]

Fazit und Ausblick

Die von Jörg Neuheiser vertretene Kritik an der sozialwissenschaftlichen Wertewandelsforschung betont, dass die wissenschaftliche „Entdeckung" des Wertewandels eng verknüpft war mit zeitgenössischen politischen Strategien zur Erlangung von Diskurshoheit. Dies ist gerade im Hinblick auf diesen Beitrag von Bedeutung, denn seine Historisierung des sozialwissenschaftlichen Deutungskonzepts stellt Neuheiser in einen direkten Zusammenhang zu den Debatten über das Mitbestimmungsgesetz der sozial-liberalen Regierung. Demnach sei Helmut Klages' Paradigma von der Verschiebung der Pflicht- und Akzeptanzwerte zu Selbstentfaltungswerten als ein von der Regierung „erwünschtes" Ergebnis zu interpretieren, von dem sich die SPD Rückenwind für ihre arbeitspolitischen Reformgesetze erhoffte. Entsprechend seien die Ergebnisse Klages' eine SPD-nahe Antwort auf Noelle-Neumanns kulturpessimistische Diagnose eines sich wandelnden Arbeitsethos und darüber

---

[95] Vgl. Hartfiel, „Leitende Angestellte" – leidende Angestellte?, hier S. 17.
[96] Vgl. Reuber, Der lange Weg an die Spitze, S. 329.
[97] Wellmann, Leitende Angestellte. Gefahr und Chance, S. 684–686. Auf die Wichtigkeit die „kritischen" leitenden Angestellten für das Unternehmen zu gewinnen, verweist auch Heinz Dirks, Leitende Angestellte. Partner oder Widerpart?, in: Der Arbeitgeber 7 (1974), S. 311–313.

hinaus der wissenschaftliche Beleg für die Richtigkeit der linken Kritik am herkömmlichen Leistungsbegriff und für die Notwendigkeit einer weiteren Demokratisierung der Wirtschaft[98].

Neuheiser selbst räumt ein, dass es nicht darum geht, eine direkte Manipulation der wissenschaftlichen Arbeit von Klages zu unterstellen, sondern um eine Aufdeckung der engen Beziehung von demoskopischer Sozialwissenschaft und Politik. So richtig und notwendig solche Historisierungen sind, stellt sich doch die Frage, ob damit „Wertewandel" im Bereich der Arbeit auch auf phänomenologischer Ebene dekonstruiert ist. Hier sind zumindest Zweifel angebracht, denn ein Vergleich der Debatten über das Betriebsverfassungsgesetz von 1952 und über die Arbeitsreformgesetze der 1970er Jahre zeigt beispielsweise, dass „Mitbestimmung" tatsächlich von einer konfrontativen Partikularforderung zu einer letztlich von einem breiten politischen Konsens getragenen Idee geworden ist (die auch die leitenden Angestellten für sich entdeckt hatten) und sich – trotz aller Auseinandersetzungen über Details – gesellschaftspolitisch durchgesetzt hat.

Einen Wandel hat es wohl gegeben; eine andere Frage ist es jedoch, ob sich dieser als ein Wandel von materialistischen zu postmaterialistischen Werten beschreiben lässt. Und hier kommt der vorliegende Beitrag zu einem ähnlichen Resultat wie Neuheiser in seiner Fallstudie zu Daimler-Benz[99]: Der Wert der Leistung steht quer zu Ingleharts Konzept; der empirische Befund weist eher auf die Fortdauer eines starken Arbeitsethos hin. Und um Noelle-Neumann aufzugreifen: „Proletarisch" waren die Wertvorstellungen der leitenden Angestellten in den 1970er Jahren ganz sicher nicht geworden. Im Gegenteil: Bei ihrer Gruppenfindung innerhalb einer zentralen innenpolitischen Kontroverse der 1970er Jahre bedienten sich die leitenden Angestellten normativer Argumentationsstandards, die ein individualistisches Leistungs- und Karrieredenken, ein professionelles Berufsverständnis, Identifikation mit dem Betrieb, Loyalität mit der Betriebsführung sowie eine hohe Arbeitsmoral betonten. Hier wird ein starkes Arbeitsethos artikuliert, aber kein traditionelles. Denn der autoritäre Begründungszusammenhang von Leistung löste sich, wie es sowohl die Ideologie von der „dritten Kraft" als auch die Debatte über die neuen Führungsstile gezeigt haben. Somit deutet sich aus historischer Perspektive an, dass sich anhand der leitenden Angestellten tatsächlich ein Wertewandel diagnostizieren lässt –

---

[98] Vgl. Jörg Neuheisers Beitrag „Wo ist der Wertewandel? Kontinuität und Wandel in den westdeutschen Einstellungen zur Arbeit und Arbeitslosigkeit seit 1945" für die Sektion „Gab es den Wertewandel" auf dem Historikertag 2012 in Mainz. Vgl. auch Jörg Neuheiser, Vom bürgerlichen Arbeitsethos zum postmaterialistischen Arbeiten? Arbeit und Nicht-Arbeit in gesellschaftlichen und wissenschaftlichen Debatten um den Wertewandel seit den siebziger Jahren, in: Jörn Leonhard/Willibald Steinmetz (Hrsg.), Semantiken von Arbeit im internationalen Vergleich, erscheint Köln 2014.

[99] Vgl. Jörg Neuheisers Beitrag in diesem Band.

zumindest auf der diskursiv-programmatischen Ebene. Das zeigt insbesondere auch der artikulierte Wunsch nach Mitbestimmung, nach Entscheidungs- und Gestaltungsmöglichkeiten und nach Selbstverwirklichung.

Der Politikwissenschaftler Christian Welzel hat in Anschluss an die Arbeiten von Scott Flanagan darauf hingewiesen, dass Ingleharts Postmaterialismuskonzept eigentlich aus zwei an sich verschiedenen Typen von Wertorientierungen besteht: nämlich aus postökonomisch-idealistischen Orientierungen sowie postautoritär-libertären Wertorientierungen[100]. Diese Unterscheidung hilft hier ein wenig weiter, denn in der Tat haben sich die leitenden Angestellten nicht von ökonomischen, sondern von autoritären Orientierungen abgewandt. In kritischer Anlehnung an die Terminologie Ingleharts lässt sich somit sagen: Die von den leitenden Angestellten artikulierten Wertvorstellungen waren nicht postmaterialistisch, sondern zunehmend postautoritär – aber auch das erklärt die oben beschriebenen Phänomene nur unzureichend.

Ist es daher sinnvoll den Wandel in den Kategorien des Wertewandelkonzepts von Helmut Klages zu beschreiben? Immerhin bietet er mit der „Wertesynthese", also dem „Miteinander von Pflicht- und Akzeptanz und von Selbstverwirklichungswerten"[101], ein scheinbar passendes Erklärungsmodell: Aus dieser Perspektive wären die leitenden Angestellten „aktive Realisten", also Menschen, die unterschiedliche oder gar entgegengesetzte Wertorientierungen miteinander verbinden können. Gegen eine solche Übernahme dieser Kategorie sprechen vor allem drei Gründe:

Erstens ist das Konzept in den Sozialwissenschaften selbst stark umstritten[102]. Die Hauptkritik betrifft dabei die Frage, wie aussagefähig hinsichtlich Wertprioritäten ein Konzept ist, das auch konträre Wertorientierungen miteinander verbinden soll, und ob die Wertsynthese des „aktiven Realisten" ohne klare Präferenz nicht vielmehr zu „Anomie, Verunsicherung und extern motivierte[r] Anpassung"[103] führe. Zweitens ist der „aktive Realist" ein normatives

---

[100] Vgl. Christian Welzel, Werte und Wertewandelforschung, in: Viktoria Kaina/Andrea Römmele (Hrsg.), Politische Soziologie. Ein Studienbuch, Wiesbaden 2009, S. 109–139, hier: 124. Vgl. auch Scott Flanagan, Value Change in Industrial Society, in: APSR 81 (1987), S. 1303–1319.
[101] Helmut Klages, Wertorientierungen im Wandel. Rückblick, Gegenwartsanalyse, Prognosen, Frankfurt a.M. 1984, S. 165.
[102] Vgl. Sigrid Roßteutscher, Von Realisten und Konformisten – Wider die Theorie der Wertsynthese, in: KZSS 56 (2004), S. 407–432. Vgl. dazu auch die Kritik von Helmut Thome, Wertesynthese: Ein unsinniges Konzept? Kommentar zu dem Artikel von Sigrid Roßteutscher, Von Realisten und Konformisten – Wider die Theorie der Wertsynthese, in: KZSS 57 (2005), S. 333–341 und die erneute Erwiderung von Sigrid Roßteutscher, Wertsynthese: Kein unsinniges Konzept, sondern traurige Realität: Replik zur Kritik von Helmut Thome, in: KZSS 57 (2005), S. 543–549. Vgl. auch Helmut Klages/Thomas Gensicke, Wertesynthese – Funktional oder dysfunktional, in: KZSS 58 (2006), S. 332–351.
[103] Roßteutscher, Von Realisten und Konformisten, S. 428.

Konzept. Für Klages handelt es sich bei dieser Gruppe um besonders lebenstüchtige Menschen, die mit einer „Idealkombination von wünschenswerten Eigenschaften"[104] für die Herausforderungen der Postmoderne besonders gut gewappnet seien. Bei den „aktiven Realisten" handele sich demnach um eine „echte Avantgarde"[105]. Das hätten die leitenden Angestellten der 1970er Jahre womöglich auch von sich behauptet – aber als eine Analysekategorie für eine historisch-kritische Untersuchung dieser Gruppe sind die „aktiven Realisten" damit wenig brauchbar.

Darüber hinaus ist es drittens grundsätzlich nicht unproblematisch, wenn eine historische Wertewandelsforschung zunächst die methodischen und thematischen Beschränkungen sozialwissenschaftlicher Umfrageergebnisse und der daraus gewonnenen Kategorien betont und kritisiert, nur um dann eine quellenfundierte Bestätigung oder Nichtbestätigung dieser Ergebnisse und Kategorien zu liefern. So fruchtbar es ist, die sozialwissenschaftliche Forschung zum konzeptionellen Ausgangspunkt zu nehmen, so nötig ist es für eine historische Wertewandelsforschung sich stärker von den alten Begriffen und Kategorien der Sozialwissenschaften zu emanzipieren, gerade weil diese komplexe gesellschaftliche Konstellationen und Veränderungsprozesse nicht richtig erfassen konnten.

Zurück zu dem hier diskutierten Beispiel der leitenden Angestellten in den 1970er Jahren bedeutet dies, dass es etwas völlig anderes ist, die grundsätzliche Zustimmung zu dem Wert „Mitbestimmung" in Umfragen zu messen oder historisch nachzuzeichnen, wie eine gesellschaftliche Teilgruppe wie die leitenden Angestellten die stärker werdende sozialpolitische Idee der Mitbestimmung für sich entdeckt und für sich in einem ganz eigenen Sinne reklamiert. Mitbestimmung bedeutete historisch-semantisch für die leitenden Angestellten etwas anderes als für die Gewerkschaften oder für die sozialliberale Regierung. Die Mitbestimmungsidee der leitenden Angestellten war nicht gesellschaftlich, sondern ausschließlich bezogen auf die eigene Gruppe gedacht. Auch die Mitbestimmungsforderungen der Gewerkschaften waren interessensgeleitet, doch hatte die Idee der Mitbestimmung hier immer auch ein gesellschaftlich-utopisches Element, genauso wie das sozialreformerische Verständnis von Mitbestimmung der sozialliberalen Regierung.

Einer grundsätzlichen Forderung nach mehr Wirtschaftsdemokratie waren hingegen die individualistischen leitenden Angestellten ebenso wenig verpflichtet wie der Solidarität mit den anderen Arbeitnehmern. Ihr Leitbild lässt

---

[104] Helmut Klages, Der Wertewandel in den westlichen Bundesländern, in: Biss Public: Wissenschaftliche Mitteilungen aus dem Berliner Institut für Sozialwissenschaftliche Studien 2 (1991), S. 99–118, hier: 114.

[105] Helmut Klages, Wertedynamik. Über die Wandelbarkeit des Selbstverständlichen, Zürich u. a. 1988, S. 119

sich eher als „Selbstverwirklichung durch Leistung" bezeichnen. Alte Standesvorstellungen und Leistungsideologie vermischten sich mit der Vorstellung, diejenige kreativ-intellektuelle Kraft im Unternehmen zu sein, die für das Unternehmen der Zukunft entscheidend sein werde. Diese Selbstvergewisserung war umso wichtiger, als aufgrund des Endes der alten Wachstumsdynamik auch die sozial herausgegebene Stellung der Führungskräfte nicht mehr sicher war. Die Hochschätzung eines starken Arbeitsethos und eines generellen Leistungs- und Aufstiegswillens verband sich mit „neuen" Arbeitswerten wie Flexibilität und Mobilität. „Jünger, klüger, mobiler" war die Zukunft der Führungskräfte laut *Der Leitende Angestellte*[106]. Insbesondere der Kreativität, dem zukünftigen Leitwert der westlichen kapitalistischen Ordnung, hatten sich die leitenden Angestellten dabei schon früh verschrieben: „Kreativität ist Trumpf. Seit noch nicht ganz drei Jahren gilt diese These auch im Bundesgebiet", stellte man in *Der Leitende Angestellte* 1975 fest[107]. Ob sich diese normativen Argumentationsstandards – die Leistungs- und Kreativideologie der leitenden Angestellten – auch in der sozialen Praxis der Unternehmen niederschlagen, ob also die diskursiv verhandelten Werte verhaltensrelevant waren (etwa in der Praxis der Sprecherausschüsse), gilt es noch genauer zu erforschen. Dafür bedarf es dann der Begriffe und Kategorien der sozialwissenschaftlichen Wertewandelsforschung der 1970er und 1980er Jahre nicht mehr. Viel wichtiger wird es sein, die Frage nach dem gesellschaftlichen Wertewandel mit der Frage nach dem Formwandel des Kapitalismus in den 1970er Jahren zu verbinden. Hierfür bietet vor allem das Werk von Boltanski und Chiapello wichtige Anknüpfungspunkte. Denn für den „neuen Geist des Kapitalismus", das hat sich gezeigt, sind die leitenden Angestellten eine Schlüsselgruppe.

---

[106] Der Leitende Angestellte 8 (1973).
[107] Der Leitende Angestellte 2 (1975).

3. Familie National

Christopher Neumaier
Ringen um Familienwerte
Die Reform des Ehescheidungsrechts in den 1960er/70er Jahren

Einleitung

„Die Ehe hält. Nie zuvor war es in Deutschland so leicht, den Bund fürs Leben zu verlassen. Aber die meisten bleiben"[1], titelte die Journalistin Elisabeth Niejahr in der Wochenzeitung *Die Zeit* am 8. März 2012. In ihrem Beitrag resümiert sie weiter, dass die Elegien über die Zukunft der Familie, ausgelöst von den als hoch eingestuften Ehescheidungszahlen, ein „falsches Bild"[2] vermitteln würden. Denn ungeachtet des öffentlichen Wehklagens gebe es „keinen Abschied von der Ehe"[3]. Die Scheidungsstatistiken selbst würden die Befürchtung vom Ende der Ehe widerlegen. Seit den 1980er Jahren sind die Scheidungszahlen nicht mehr massiv angestiegen; 1985 kam es zu 179.000 Ehescheidungen, 2010 wurden 187.000 Scheidungen verzeichnet[4]. Für Niejahr stand damit fest: „All das lässt sich als phänomenaler Erfolg der Institution Ehe verstehen."[5]

Wird die Entwicklung der Scheidungsneigung allerdings in historischer Dimension analysiert, dann fällt ein markanter Strukturbruch in der Geschichte der Bundesrepublik Deutschland auf. Im Zeitraum von 1969 bis 1984 schnellte die Zahl der Ehescheidungen rapide nach oben[6]; Scheidung entwickelte sich

---

[1] Elisabeth Niejahr, Die Ehe hält. Nie zuvor war es in Deutschland so leicht, den Bund fürs Leben zu verlassen. Aber die meisten bleiben, in: Die Zeit, 8.3.2012, S. 1.
[2] Ebenda.
[3] Ebenda.
[4] Vgl. ebenda.
[5] Ebenda. Niejahr fasst zusammen: „Es gibt also keinen Bindungsüberdruss; keine Statistik belegt, dass immer mehr Menschen ihre Partner oder ganze Familien leichtfertig verlassen. Zwei von drei Ehen in Deutschland enden durch den Tod eines Partners, drei Viertel aller Kinder wachsen mit beiden Eltern auf."
[6] Vgl. Norbert F. Schneider, Grundlagen der sozialwissenschaftlichen Familienforschung. Einführende Betrachtungen, in: ders. (Hrsg.), Lehrbuch Moderne Familiensoziologie. Theorien, Methoden, empirische Befunde, Opladen/Farmington Hills 2008, S. 9–21, hier S. 15. Für eine Darstellung der Entwicklung der Scheidungsrate im europäischen Vergleich vgl. Marina Rupp u. Hans-Peter Blossfeld, Familiale Übergänge: Eintritt in nichteheliche Lebensgemeinschaften, Heirat, Trennung und Scheidung, Elternschaft, in: Norbert F. Schneider (Hrsg.), Lehrbuch Moderne Familiensoziologie. Theorien, Methoden, empirische Befunde, Opladen, Farmington Hills 2008, S. 139–166; Johannes Huinink u. Dirk

in diesem Zeitabschnitt von gut 15 Jahren zu einem „Massenphänomen"[7]. Beachtet werden muss dabei, dass der statistisch gemessene Rückgang der Scheidungszahlen zwischen 1977 und 1979 nicht den allgemeinen Trend widerlegt (siehe Grafik 1). Vielmehr war der Einbruch eine direkte Folge der Scheidungsrechtsreform, da sich infolgedessen der Abschluss der Gerichtsverfahren oftmals beträchtlich verzögerte und somit in diesen drei Jahren wesentlich weniger Urteile rechtskräftig wurden[8].

Zeitgenössische Beobachter diskutierten öffentlich über diese Veränderung der Scheidungsneigung und argumentierten oftmals, dass der Anstieg der Scheidungszahlen ein zentraler Indikator für einen Wandel der Vorstellungen von Ehe, Familie und Ehescheidung sei. Diese Veränderung vollzog sich demnach keinesfalls wie die von Ronald Inglehart proklamierte *stille Revolution* der gesellschaftlichen Werte[9], sondern vielmehr als eine laute Revolution, in der um die unterschiedlichen Werte zu Ehe, Familie und Ehescheidung heftig debattiert wurde. Ausgehend von dieser These analysiert der vorliegende Beitrag qualitativ, welche Ideale zu Ehe, Familie und Ehescheidung gerade die gesellschaftspolitisch relevanten Vertreter der politischen Parteien und der katholischen Kirche zwischen Mitte der 1960er und Ende der 1970er Jahre diskursiv verhandelten. Idealvorstellungen werden dabei analytisch mit dem Begriff „Wertvorstellung" bzw. „Wert" erfasst[10]. Darüber hinaus wird im Folgenden gefragt, ob bzw. wann und wie sich die diskursiv artikulierten Werte im Untersuchungszeitraum wandelten und auf welche Weise die Aushandlungsprozesse von der sozialen Praxis der Ehescheidung und dem Scheidungsrecht als zentralem institutionellen Rahmen beeinflusst wurden[11]. Hier wird auch untersucht, wie die politischen Akteure auf die von ihnen wahrgenommenen Veränderungen reagierten. Zunächst werden jedoch kritisch die zeitgenössischen quantitativ-statistischen Erhebungen der Wertvorstellungen zu Ehe, Familie und Ehescheidung und deren methodische Probleme untersucht.

Konietzka, Familiensoziologie. Eine Einführung, Frankfurt am Main, New York 2007, S. 80f.

[7] Trutz von Trotha, Zum Wandel der Familie, in: KZfSS 42 (1990), S. 452–473, hier S. 456.
[8] Vgl. Rüdiger Peuckert, Familienformen im sozialen Wandel, 7., vollständig überarbeitete Aufl., Wiesbaden 2008, S. 170.
[9] Vgl. Ronald Inglehart, The Silent Revolution. Changing Values and Political Styles Among Western Publics, Princeton, N.J. 1977.
[10] Zur Definition von „Wert" und „Wertvorstellung" vgl. den Beitrag von Andreas Rödder.
[11] Zur Herleitung vgl. Bernhard Dietz/Christopher Neumaier, Vom Nutzen der Sozialwissenschaften für die Zeitgeschichte. Werte und Wertewandel als Gegenstand historischer Forschung, in: VfZ 60 (2012), S. 293–304, hier S. 302f.

Wertewandel: Empirische Studien und methodische Probleme

Die Veränderung der Scheidungsrate fällt zeitlich in eben den Zeitraum, der von dem US-amerikanischen Politologen Ronald Ingelhart und dem deutschen Soziologen Helmut Klages in den späten 1970er und frühen 1980er Jahren als Phase eines massiven Wandels gesellschaftlicher Wertvorstellungen identifiziert worden war[12]. Beide Wissenschaftler kamen hinsichtlich der Stoßrichtung und Periodisierung des Wertewandels zu einem weitgehend identischen Befund: Sie schilderten „den Wertewandel"[13] als linear-teleologischen gesellschaftlichen Modernisierungsprozess von traditionellen bürgerlichen Werten hin zu postmaterialistischen Selbstentfaltungswerten, der sich zwischen circa 1965 und 1975 vollzogen habe[14].

Obwohl Ingelhart anfangs keine expliziten Aussagen zu den Folgen des Wertewandels für die Familie machte[15], übertrug die Familiensoziologie seine Ergebnisse bereits in den 1980er Jahren auf den Untersuchungsgegenstand „Familie". Dieser Schritt erfolgte, um die Veränderungen des familialen Zusammenlebens seit den 1960er Jahren theoretisch und empirisch fassen zu können[16]. „Der Wertewandel" galt demnach als Ursache für eine Vielzahl von in den 1960er Jahren einsetzenden Trends wie dem Absinken der Eheschließungsbereitschaft, der Bindungskraft von Ehe und der Kinderzahl oder dem Anstieg der Scheidungszahlen sowie der „Pluralisierung der Lebensformen"[17].

Kritisch zu beurteilen ist, dass die Ergebnisse der sozialwissenschaftlichen

---

[12] Vgl. exemplarisch Inglehart, Silent Revolution; Helmut Klages, Wertorientierungen im Wandel. Rückblick, Gegenwartsanalyse, Prognosen, Frankfurt a.M./New York 1984.
[13] Ebenda, S. 20.
[14] Vgl. ebenda. Konzise zusammengefasst bei Karl-Heinz Hillmann, Zur Wertewandelsforschung. Einführung, Übersicht und Ausblick, in: Georg W. Oesterdiekhoff/Norbert Jegelka (Hrsg.), Werte und Wertewandel in westlichen Gesellschaften. Resultate und Perspektiven der Sozialwissenschaften, Opladen 2001, S. 15–39; Helmut Thome, Wertewandel in Europa aus der Sicht der empirischen Sozialforschung, in: Hans Joas/Klaus Wiegandt (Hrsg.), Die kulturellen Werte Europas, Frankfurt a.M. ²2005, S. 386–443.
[15] Vgl. Rosemarie Nave-Herz, Zeitgeschichtlicher Bedeutungswandel von Ehe und Familie in der Bundesrepublik Deutschland, in: Rosemarie Nave-Herz/Manfred Markefka (Hrsg.), Handbuch der Familien- und Jugendforschung, Band 1: Familienforschung, Neuwied/Frankfurt a.M. 1989, S. 211–222, hier S. 211f. Bei Klages finden sich Verweise. Vgl. Klages, Wertorientierungen, S. 68–84.
[16] Neben dem Wertewandel werden noch weitere theoretische Ansätze herangezogen, um den Wandel der „Familie" zu untersuchen: die Individualisierungsthese, die Theorie gesellschaftlicher Differenzierung privater Lebensformen und die These der Deinstitutionalisierung von Ehe und Familie. Vgl. Peuckert, Familienformen, S. 326–340; Huinink/Konietzka, Familiensoziologie, S. 102–112.
[17] Peuckert, Familienformen, S. 336.

Wertewandelsforscher weitgehend ohne Modifikationen Eingang in die Familiensoziologie fanden. Der Familiensoziologe Rüdiger Peuckert fasst in seinem Lehrbuch *Familienformen im sozialen Wandel* zusammen, dass für postmaterialistisch orientierte Menschen „empirisch nachweisbar Ehe und Kinder als Lebenssinn von geringerer Bedeutung"[18] seien. Zu einem ähnlichen Befund kam der Soziologe Thomas Meyer 1992. Es kann „heute wohl *unstrittig ein Wandel der Wertstruktur* und der Gewichtung einzelner Werte in zentralen Bereichen der Gesellschaft (Erziehung, Arbeits- und Berufswelt) konstatiert werden"[19], lautet sein Urteil. „Der Wertewandel" gilt demnach innerhalb einiger familiensoziologischer Standardwerke als Faktum, das jeder kritischen Überprüfung enthoben ist[20].

Dass aber gerade ein durchweg kritischer Blick auf die Ergebnisse der sozialwissenschaftlichen Wertewandelsforscher und auch auf die quantitativ-statistisch gemessenen Veränderungen wie den Anstieg der Scheidungszahlen angebracht ist, möchte dieser Beitrag im Folgenden zeigen.

Zuvor muss jedoch auf zwei methodische Probleme eingegangen werden: die Suggestionskraft von Statistiken und die normative Auflandung der öffentlichen Debatten über „Werte" und „Familie"[21]. Diese Aushandlungsprozesse prägen gerade Institute für demoskopische Umfragen wie das Allensbacher Institut[22].

---

[18] Ebenda.
[19] Thomas Meyer, Modernisierung der Privatheit. Differenzierungs- und Individualisierungsprozesse des familialen Zusammenlebens (= Studien zur Sozialwissenschaft, Bd. 110), Opladen 1992, S. 161 [Hervorhebung im Original; C.N.].
[20] Vgl. Peuckert, Familienformen, S. 336f.; Huinink/Konietzka, Familiensoziologie, S. 108ff.; Meyer, Modernisierung, S. 161.
[21] Im Unterschied zur öffentlichen Debatte wird in familiensoziologischen Darstellungen auf normative Aussagen verzichtet. So sprach sich die Familiensoziologin Rosemarie Nave-Herz 1989 gegen die Verwendung des Terminus „Bedeutungsverlust" aus, wenn die Veränderungen des familialen Zusammenlebens analysiert wurden. Treffend beschreibe vielmehr der Begriff „Bedeutungswandel" die neuen Trends. Damit grenzte sich Nave-Herz schon im Sprachduktus von der zeitgenössischen öffentlichen Debatte ab, welche den Anstieg der Scheidungszahlen als „Krise der Familie" interpretierte. Nave-Herz, Bedeutungswandel, S. 220. Auch der Soziologe Rüdiger Peuckert spricht in seinem Lehrbuch *Familienformen im Wandel* konsequenterweise nicht von einer tatsächlichen, sondern einer „behauptete[n] Krise der modernen Kleinfamilie". Peuckert, Familienformen, S. 167. Ähnlich bei Norbert F. Schneider, Familie und private Lebensführung in West- und Ostdeutschland. Eine vergleichende Analyse des Familienlebens 1970–1992. 12 Abbildungen, 29 Tabellen (= Soziologische Gegenwartsfragen. Neue Folge, Bd. 55), Stuttgart 1994, S. 191.
[22] Zur Einführung in die Geschichte der Demoskopie vgl. exemplarisch Anja Kruke, Demoskopie in der Bundesrepublik Deutschland. Meinungsforschung, Parteien und Medien 1949–1990 (= Beiträge zur Geschichte des Parlamentarismus und der politischen Parteien, Bd. 149), Düsseldorf 2007; Felix Keller, Archäologie der Meinungsforschung. Mathematik und Erzählbarkeit des Politischen, Konstanz 2001; Christian Fleck, Transatlantische Bereicherungen. Zur Erfindung der empirischen Sozialforschung (= Suhrkamp Taschenbuch Wissenschaft, Bd. 1823), Frankfurt a.M. 2007. Mit Fokus auf die USA vgl. v.a. Sarah

Ihre Befunde wurden zeitgenössisch kaum hinterfragt und beeinflussten infolgedessen die Wahrnehmung und Handlungen der politischen Akteure, da sie ein vermeintliches Abbild der Realität lieferten, an dem zukünftige Aktionen ausgerichtet wurden[23]. Eine prominente Vertreterin in diesen öffentlichen Aushandlungsprozessen um „Werte" und „Familie" war die Leiterin des Instituts für Demoskopie Allensbach Elisabeth Noelle-Neumann. Sie prägte maßgeblich den Begriff „Werteverfall"[24].

Als Beleg für ihre Thesen zog Noelle-Neumann den statistisch gemessenen Einstellungswandel der Bundesbürger heran. Die quantitativen Veränderungen wurden zudem in den Studien des Allensbacher Instituts jeweils mit einem Begleittext versehen, der eine spezifische Interpretation der Veränderungen lieferte. In der für das Magazin Stern durchgeführten Umfrage Moral '78 konstatierte das Institut für Demoskopie Allensbach 1978: „Die Ehe befindet sich in einer Legitimitätskrise."[25] Schließlich hätten die Umfragen gezeigt, dass insbesondere jüngere Menschen die Legitimität der Institution „Ehe" anzweifeln würden. 1963 klassifizierten drei Prozent der Männer und null Prozent der Frauen die Ehe als „überlebt". 1978 waren es hingegen 26 Prozent der Männer und 28 Prozent der Frauen. Gerade den massiven Anstieg bei den Frauen von null auf 28 Prozent deutete das Allensbacher Institut als Beleg für den Bedeutungsverlust der Institution „Ehe"[26].

Für den Begleittext zu den Umfragen ist eine polarisierende Art der Darstellung charakteristisch: einige Befunde werden stark akzentuiert, während andere keine Erwähnung finden oder in ihrer Bedeutung abgewertet werden. Dadurch sollte vermutlich der Eindruck vom „Zerfall der Ehe" verstärkt werden. Die Tabellen zeigen – ungeachtet der Betonung einer „Krise der Ehe" – für die Alterskohorte der 20- bis 29-Jährigen, dass der Ehe durchaus noch Wertschätzung entgegengebracht wurde: Sicherlich stuften 26 Prozent der Männer und 28 Prozent der Frauen die Ehe als „überlebt" ein und 34 Prozent respektive 30 Prozent waren unentschlossen. Aber für 42 Prozent der Männer und 40 Prozent der Frauen galt die Ehe weiterhin als unbedingt notwendige gesellschaftliche Institution[27]. Eben dieser Sachverhalt bleibt verborgen, wenn ausschließlich der

E. Igo, The Averaged American. Surveys, Citizens, and the Making of a Mass Public, Cambridge (MA)/London 2007.
[23] Vgl. Kruke, Demoskopie, S. 389 u. S. 423.
[24] Grundlegend hierzu Elisabeth Noelle-Neumann, Werden wir alle Proletarier? Ungewöhnliche Wandlungen im Bewußtsein der Bevölkerung, in: Die Zeit, 13.6.1975, S. 4; Elisabeth Noelle-Neumann, Werden wir alle Proletarier? Wertewandel in unserer Gesellschaft, Zürich ²1979.
[25] Institut für Demoskopie Allensbach, Moral '78. Eine Repräsentativumfrage für den STERN über Sexualität und Lebensglück, Ehe und Gesellschaft [Allensbach am Bodensee, 1978], S. 3.
[26] Vgl. ebenda, S. 5, Tab. 6A, Tab. 6B.
[27] Ebenda, Tab. 6A.

Begleittext zur Umfrage gelesen und die Tabelle mit den detaillierten Umfrageergebnissen nicht angesehen wird. Im Text wurden überdies die gut 40 Prozent, die die Ehe als Institution schätzten, mit der Aussage, „weniger als die Hälfte"[28] favorisiere die Ehe als Lebensmodell, abgewertet. Dass es sich dabei um die größte der drei Antwort-Gruppen handelt, wird überhaupt nicht thematisiert.

Gleichwohl muss hier etwas relativiert werden, denn die Befragung offenbarte durchaus einen erheblichen Einstellungswandel: 1963 hatten noch 87 Prozent der Männer und 90 Prozent der Frauen angegeben, die Ehe sei „notwendig"; 1978 teilten lediglich noch 40 Prozent respektive 42 Prozent diese Meinung. Demnach hat sich die Größe dieser Gruppe relativ gemessen zwischen 1963 und 1978 mehr als halbiert[29]. Das erklärt zu einem Teil die Dramatisierung der Veränderung in der zeitgenössischen Darstellung.

Eine weitere, 1985 von Renate Köcher veröffentlichte Allensbacher Studie mit dem Titel *Einstellungen zu Ehe und Familie im Wandel der Zeit* kam zu einem ähnlichen Ergebnis wie *Moral '78*: „Nicht die Familie, wohl aber die Institution Ehe gilt heute als weniger wertvoll und weniger schutzbedürftig als noch in den fünfziger und sechziger Jahren."[30] Umfragen aus dem Jahr 1978 hätten gezeigt, dass nur 60 Prozent der befragten Männer und Frauen die Ehe als notwendig einstuften. Gerade für die Befragten der Altersstufe von 16 bis 25 Jahren galt die Ehe bei den Männern zu 30 Prozent und bei den Frauen zu 37 Prozent als „überlebt"[31].

Dass die Ergebnisse der Umfragen stark vom Alter der befragten Personengruppen abhingen, zeigt eine Gegenüberstellung der Tabellen aus den beiden Allensbacher Publikationen von 1978 und 1985. Beide beziehen sich auf Umfragen aus den Jahren 1963 und 1978, doch wurden die Antworten unterschiedlicher Altersgruppen ausgewertet. Die Altersgruppe der 20- bis 29-Jährigen, die in der Studie *Moral '78* untersucht wurde, stufte die Ehe weitaus stärker als „überholt" ein als die repräsentative Gesamtheit der Bundesbürger von 16 bis über 60 Jahren, die Köcher heranzog[32].

---

[28] Ebenda, S. 5.
[29] Vgl. ebenda, Tab. 6B.
[30] Renate Köcher, Einstellungen zu Ehe und Familie im Wandel der Zeit. Eine Repräsentativuntersuchung im Auftrag des Ministeriums für Arbeit, Gesundheit, Familie und Sozialordnung Baden-Württemberg, Stuttgart 1985, S. 134. Die hohe Wertschätzung der „Familie" ist ein Charakteristikum der Geschichte Deutschlands in der zweiten Hälfte des 20. Jahrhunderts. Vgl. Norbert F. Schneider, Familie. Zwischen traditioneller Institution und individuell gestalteter Lebensform, in: Stefan Hradil (Hrsg.), Deutsche Verhältnisse. Eine Sozialkunde. In Zusammenarbeit mit Adalbert Hepp (= Schriftenreihe Bundeszentrale für politische Bildung, Bd. 1260), Bonn 2012, S. 95–121, hier S. 96.
[31] Vgl. Köcher, Einstellungen, S. 134, Tab. 73, Tab. 74.
[32] Renate Köcher differenziert dabei zudem zwischen der repräsentativen Gesamtbevölkerung und den vier Altersgruppen 0–25 Jahre, 25–44 Jahre, 45–59 Jahre und über 60 Jahre.

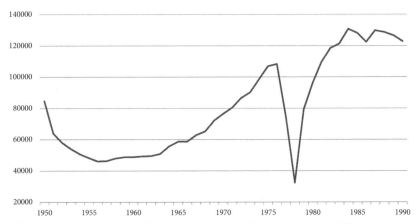

Abbildung 1: Zahl der rechtskräftigen Ehescheidungsurteile in der Bundesrepublik Deutschland, 1961–1989
Quelle: www.genesis.destatis.de [Zugriff am 17. April 2002]

Tabelle 1: Einstellung der Altersgruppe 20 bis 29 Jahre zur Institution „Ehe", 1963 und 1978

Frage: „Halten Sie die Einrichtung der Ehe grundsätzlich für notwendig oder für überlebt?"
(Altersgruppe 20–29 Jahre)

	1963 Männer	Frauen	1978 Männer	Frauen
Notwendig	87 %	90 %	40 %	42 %
Überlebt	3 %	–	26 %	28 %
Unentschieden	10 %	10 %	34 %	30 %
	100 %	100 %	100 %	100 %

Quelle: Institut für Demoskopie Allensbach, Moral '78. Eine Repräsentativumfrage für den STERN über Sexualität und Lebensglück, Ehe und Gesellschaft [Allensbach am Bodensee 1978], Tab. 6B.

Trotz dieses Unterschieds versieht auch Renate Köcher die Veränderungen zwischen den 1960er und 1970er Jahren mit einer kulturpessimistischen Lesart. So betont sie, dass für 40 Prozent der Deutschen die Ehe 1979 „nicht unbedingt

Vgl. ebenda, Tab. 73, Tab. 74. Auch Umfragen zur Ehescheidung zeigten, dass die Antworten stark an das Alter der Befragten gekoppelt waren. Vgl. ebenda, Tab. 82, Tab. 83. Für ein ähnliches Ergebnis einer EMNID-Umfrage von 1977 vgl. Norbert Martin, Familie und Religion. Ergebnisse einer EMNID-Spezialbefragung (= Abhandlungen zur Sozialethik, Bd. 20), Paderborn u. a. 1981, S. 73.

Tabelle 2: Einstellung der Altersgruppe 16 bis über 60 Jahre zur Institution „Ehe", 1963 und 1978

Frage: „Halten Sie die Einrichtung der Ehe grundsätzlich für notwendig oder für überlebt?"
(Altersgruppe 16 bis über 60 Jahre)

	1963		1978	
	Männer	Frauen	Männer	Frauen
Notwendig	86 %	92 %	60 %	61 %
Überlebt	4 %	2 %	17 %	17 %
Unentschieden	10 %	6 %	23 %	22 %
	100 %	100 %	100 %	100 %

Quelle: Renate Köcher, Einstellungen zu Ehe und Familie im Wandel der Zeit. Eine Repräsentativuntersuchung im Auftrag des Ministeriums für Arbeit, Gesundheit, Familie und Sozialordnung Baden-Württemberg, Stuttgart 1985, Tab. 73, Tab. 74.

[als] eine Bindung auf Lebenszeit" gegolten habe[33]. In ihrer Interpretation erwähnt sie jedoch nicht, dass 54 Prozent der Befragten die Ehe durchaus als eine Verbindung auf Lebenszeit ansahen. Um dies zu erkennen, muss freilich die beigefügte Tabelle vom Leser der Studie selbst analysiert werden[34].

Nicht nur die Darstellungen des Allensbacher Instituts gaben ihren Lesern eine klare Interpretationsrichtung der Ergebnisse vor. Denn wenn ausschließlich der statistisch gemessene Anstieg der Scheidungszahlen[35] betrachtet wird, dann sieht es für den Beobachter aus, als sei der Trend klar: Die Verbindlichkeit der Institutionen „Ehe" und „Familie" geht zurück[36]. Die Statistiken geben jedoch keinen Aufschluss darüber, welchen Wert die Bundesbürger der Familie zuschrieben. Dieser Frage sind wiederum sozialwissenschaftliche Untersuchungen der späten 1980er Jahre nachgegangen. Sie konnten zeigen, dass ungeachtet der statistisch gemessenen Veränderungen und des von den

---

[33] Vgl. Köcher, Einstellungen, S. 146.
[34] Vgl. ebenda, Tab. 80.
[35] Ähnliches gilt für die Statistiken zur Zahl der Eheschließungen und Geburten.
[36] Vgl. Nave-Herz, Bedeutungswandel, S. 215. Zum Anstieg der Scheidungszahlen infolge der höheren Anforderungen an die Ehe vgl. ebenda, S. 219. Schon 1976 hat Peter Kmieciak in seiner Studie *Wertstrukturen und Wertwandel in der Bundesrepublik Deutschland* diesen Sachverhalt herausgearbeitet. Für ihn deutete die zunehmende Zahl der Ehescheidungen auf „Anhäufungen von Krisen in Ehen" und nicht auf eine „Krise der Ehe" hin. Vgl. Peter Kmieciak, Wertstrukturen und Wertwandel in der Bundesrepublik Deutschland. Grundlagen einer interdisziplinären empirischen Wertforschung mit einer Sekundäranalyse von Umfragedaten, Göttingen 1976, S. 403. Ähnlich bei Margret Rottleuthner-Lutter, Ehescheidung, in: Rosemarie Nave-Herz/Manfred Markefka (Hrsg.), Handbuch der Familien- und Jugendforschung, Band 1: Familienforschung, Neuwied/Frankfurt a. M. 1989, S. 607–623, hier S. 608; René König, Soziologie der Familie, in: ders./Leopold Rosenmayr, Familie, Alter, Stuttgart ²1976 (= Handbuch der empirischen Sozialforschung, Bd. 7), Stuttgart 1976, S. 1–217, hier S. 160f.

zeitgenössischen Sozialwissenschaften konstatierten Wertewandels die Bundesbürger in den 1980er Jahren weiterhin „Ehe und Familie als die zentralen Werte ihrer Lebensplanung und als Sinngebung der Lebensführung"[37] einstuften. Das bedeutet letztlich auch, dass die Zunahme der Scheidungszahlen nicht zu sehr dramatisiert werden darf[38]. Werden aber nicht die absoluten Zahlen, sondern die relative Veränderung als Bewertungsgrundlage herangezogen, dann ist es durchaus angezeigt, den rapiden Anstieg der Ehescheidungszahlen seit den 1960er Jahren als eine „der dramatischsten Veränderungen in der Entwicklung der Familie in der zweiten Hälfte des 20. Jahrhunderts"[39] zu bewerten.

Obschon die statistisch gemessenen Veränderungen ein eindeutiges Ergebnis suggerieren, bleibt letztlich vieles unklar. So geben die Ergebnisse keinen Aufschluss darüber, ob die unterschiedlichen Einstellungen zu Ehe und Ehescheidung auf einen Unterschied zwischen den Generationen zurückzuführen sind, oder ob die Antwort abhängig ist vom Zeitpunkt im Lebensverlauf, an dem die Frage gestellt wird. Letzteres würde bedeuten, dass gerade jüngere Menschen eine andere Einstellung zu Ehe und Ehescheidung aufweisen, da beides für ihre aktuelle Lebensplanung wenig relevant ist. Der Einstellungswandel müsste sich demnach vollziehen, wenn der eigene Schritt in die Ehe vollzogen wird – und das geschieht in einem immer späteren Lebensabschnitt, wie das steigende durchschnittliche Heiratsalter belegt[40]. Methodisch lässt sich dieses Problem kaum lösen. Um eine verlässliche Antwort auf diese Frage zu bekommen, müssten dieselben Personen in mehreren Lebensabschnittsphasen befragt werden und es wäre zu untersuchen, wie sich ihre Antworten im Laufe der Zeit veränderten. Das kann freilich der vorliegende Beitrag nicht leisten.

Aber er wird zeigen, dass erst über einen qualitativen – und eben keinen ausschließlich quantitativen – Zugriff auf Werte erfasst werden kann, wie sich die Ideale von Ehe, Familie und Ehescheidung zwischen den späten 1960er und 1970er Jahren wandelten. Hinsichtlich der Wertewandelsprozesse möchte dieser Beitrag am Beispiel der Debatten um die Reform des Ehescheidungsrechts zudem untersuchen, ob die Veränderungen der familialen Wertvorstellungen so rapide und allumfassend abliefen, wie viele sozialwissenschaftliche Forschungsergebnisse und demoskopische Umfragen das glauben machen möchten[41]. Im Folgenden soll dabei herausgearbeitet werden, dass die gesell-

---

[37] Nave-Herz, Bedeutungswandel, S. 215.
[38] Vgl. Peuckert, Familienformen, S. 172; Rosemarie Nave-Herz, Familie heute. Wandel der Familienstrukturen und Folgen für die Erziehung, Darmstadt ³2007, S. 118–126.
[39] Andreas Gestrich, Geschichte der Familie im 19. und 20. Jahrhundert (= Enzyklopädie Deutscher Geschichte, Bd. 50), München ²2010, S. 33.
[40] Das Erstheiratsalter stieg in Westdeutschland bei Männern zwischen 1960 und 2004 von 25,9 auf 31,0 Jahre sowie bei Frauen von 23,7 auf 28,4 Jahre. Vgl. Peuckert, Familienformen, S. 36.
[41] Zur Wertdefinition vgl. Dietz/Neumaier, Nutzen, S. 301f.

schaftlich-kulturellen Wertewandelsprozesse während der 1970er Jahre in zwei Phasen abliefen: Konflikt um Werte und anschließende Verständigung auf gemeinsame Werthaltungen.

1) Konflikt um Werte: Wertewandelsprozesse setzten oftmals innerhalb gesellschaftlicher Teilgruppen mit einer Änderung der sozialen Praxis ein und wurden dann in dieser Gruppe oder durchaus auch gesamtgesellschaftlich diskursiv verhandelt. Ein Wertewandel kann demnach auf der Ebene der gesellschaftlichen Diskurse bestimmt werden über die Differenz zwischen dem zu zwei Zeitpunkten Sagbaren bzw. Sanktionierten[42]. Da die Akteure in diesen Aushandlungsprozessen oftmals voneinander abweichende Wertvorstellungen artikulierten, wirkten Wertveränderungen konfliktfördernd und verliefen nicht linear „progressiv". In diesem Prozess wurde nicht zuletzt die Diskurshoheit über allgemein akzeptierte Wertvorstellungen ausgehandelt. Erst wenn eine Verständigung auf gemeinsame Werthaltungen erfolgte, konnten sich die Konflikte um Werte auflösen[43].

2) Verständigung auf gemeinsame Werthaltungen: Hier wurden zunächst relativ spezifische Werte abstrahiert bzw. verallgemeinert, sodass sich möglichst viele Mitglieder einer pluralistischen Gesellschaft mit ihnen identifizieren konnten. Der Übergang von Konflikten um Werte zu allgemein akzeptierten Wertvorstellungen war ein Prozess, der durch mehrere unterschiedliche Abläufe gekennzeichnet war. Zunächst mussten Werte spezifiziert werden, damit sie für gesellschaftliche Akteure handlungsleitend sein konnten. Je differenzierter eine Gesellschaft war, desto unterschiedlicher waren die diskursiv verhandelten Werte. Diese mussten partiell modifiziert und angeglichen werden, um einen allgemein gültigen Rahmen zu etablieren, unter dem die unterschiedlichsten Wertvorstellungen vereint werden konnten[44].

Rechtliche Rahmenbedingungen: Scheidungsrecht und fünf strittige wertbehaftete Themen

Wertewandel mit den Merkmalen Konflikte um Werte und Verständigung auf gemeinsame Werthaltungen waren ein Charakteristikum der 1970er Jahre. In diesen gesellschaftlichen Aushandlungsprozessen um Werte nahmen Familie,

---

[42] Vgl. ebenda, S. 302.
[43] Vgl. Thomas Schwietring, Was ist Gesellschaft? Einführung in soziologische Grundbegriffe (= Schriftenreihe Bundeszentrale für politische Bildung, Bd. 1210), Bonn 2011, S. 160 u. S. 165.
[44] Vgl. ebenda, S. 160 u. S. 162f.; Hans Joas, Value Generalization. Limitations and Possibilities of a Communication about Values, in: Zeitschrift für Wirtschafts- und Unternehmensethik 9 (2008), S. 88–96, hier S. 93.

Ehe und Ehescheidung eine zentrale Rolle ein. Die Akteure mussten sich auf einen neuen gesamtgesellschaftlichen Konsens zu diesen Wertvorstellungen verständigen. Die politische Verständigung über die Werte zur Familie erfolgte im April 1976, und am 1. Juli 1977 trat das Erste Gesetz zur Reform des Ehe- und Familienrechts (1. EheRG) in Kraft. Das umfassende Reformgesetz änderte das Scheidungsrecht dahingehend, dass an die Stelle des Schuldprinzips das Zerrüttungsprinzip trat[45].

Ausgelöst worden war die Debatte über die Gesetzesreform von den wachsenden Scheidungszahlen seit Mitte der 1960er Jahre. An diesen ließ sich ablesen, dass die soziale Praxis der Ehescheidung mit der Rechtslage immer weniger übereinstimmte[46]. Problematisch war dies insofern, als Scheidungstatbestände oftmals konstruiert wurden; d. h., einer der beiden Ehepartner nahm die Schuld auf sich wie Ehebruch, damit die Ehe von einem Richter geschieden werden konnte. Zeitgenössische Beobachter kritisierten diese „zunehmende Praxis der Konventionalscheidung"[47], auf die nach Schätzungen im Jahr 1976 85 bis 90 Prozent aller Scheidungsfälle entfielen[48]. Da sich Vertreter der Unionsparteien, SPD und FDP darüber einig waren, dass durch diese soziale Praxis das

---

[45] Vgl. Ursula Münch, Familienpolitik, in: Martin H. Geyer (Hrsg.), Bundesrepublik Deutschland 1974–1982. Neue Herausforderungen, wachsende Unsicherheiten (= Geschichte der Sozialpolitik in Deutschland seit 1945, Bd. 6), Baden-Baden 2008, S. 640–666, hier S. 648 ff.; Günter Burkart, Familiensoziologie, Konstanz 2008, S. 189; Gestrich, Geschichte, S. 35. Ausgenommen werden müssen von dieser Argumentation v.a. zwei Gesetze. Das Eherechtsgesetz von 1938 war nicht nur nach rassenideologischen und eugenischen Gesichtspunkten ausgestaltet, sondern führte ebenfalls Zerrüttung als Scheidungstatbestand an. Zweitens nannte der § 48 des Gesetzes Nr. 16 des Kontrollrats vom 20. Februar 1946 ebenfalls Zerrüttung als Scheidungsgrund. Das wurde mit dem Familienrechtsänderungsgesetz 1961 modifiziert, sodass de facto eine Erschwerung der Ehescheidung eintrat. Vgl. Dirk Blasius, Ehescheidung in Deutschland im 19. und 20. Jahrhundert, Frankfurt a.M. 1992, S. 13f. u. S. 194–209; Michelle Mouton, From Nurturing the Nation to Purifying the Volk. Weimar and Nazi Family Policy, 1918–1945, Cambridge u. a. 2007, S. 86–105; Elizabeth D. Heineman, What Difference Does a Husband Make? Women and Marital Status in Nazi and Postwar Germany, Berkeley u. a. 1999, S. 22f.; Merith Niehuss, Familie, Frau und Gesellschaft. Studien zur Strukturgeschichte der Familie in Westdeutschland. 1945–1960 (= Schriftenreihe der Historischen Kommission bei der Bayerischen Akademie der Wissenschaften, Bd. 65), Göttingen 2001, S. 99f.; Christiane Kuller, Familienpolitik im föderativen Sozialstaat. Die Formierung eines Politikfeldes in der Bundesrepublik 1949–1975 (= Studien zur Zeitgeschichte, Bd. 67), München 2004, S. 52. Für Details zum reformierten Scheidungsrecht 1976 vgl. Burkart, Familiensoziologie, S. 267–297.

[46] Vgl. Kuller, Familienpolitik, S. 50; Schneider, Grundlagen, S. 15.

[47] BArch B 189/2804, Vermerk Referat F 4 – 8040, Betr.: Stellungnahme zum Diskussionsentwurf des Bundesministers der Justiz zum Recht der Ehescheidung und der Scheidungsfolgen, Bonn-Bad Godesberg, 16. Oktober 1970, Bl. 38–51, hier Bl. 39.

[48] Vgl. Kuller, Familienpolitik, S. 52; ADW Allg. Slg. 1208, Druckschrift Das neue Scheidungsrecht: Mehr Gerechtigkeit durch das neue Zerrüttungsprinzip, in: Das neue Ehe- und Familienrecht. Der Bundesminister der Justiz informiert [Bonn 1976], S. 14–25, hier S. 18.

Scheidungsrecht erheblichen Schaden genommen habe, unterstützten sie eine Gesetzesreform. Allerdings divergierten die Ansichten der Parteien erheblich in den Fragen, wie das reformierte Scheidungsrecht im Detail aussehen und welches Familienleitbild als Grundlage für das Scheidungsrecht dienen sollte[49].

Nachdem die veränderte soziale Praxis eine diskursive Verhandlung der gesellschaftlichen Wertvorstellungen zu Ehe und Ehescheidung ausgelöst hatte, wurde die sogenannte Eherechtskommission mit der Vorbereitung einer Reform des Ehe- und Scheidungsrechts beauftragt. In ihren Arbeitssitzungen zeichneten sich bereits Ende der 1960er Jahre drei der zentralen Konfliktthemen ab, an denen sich die divergierenden Wertvorstellungen der Akteure herauskristallisierten[50]: 1) die Frage, ob der Grundsatz der Ehe auf Lebenszeit explizit ins Gesetz aufgenommen werden musste; 2) die Dauer der zeitlichen Trennungsfristen, nach denen eine Ehe als gescheitert galt[51], und inwieweit eine starre Fristenregelung angewendet werden sollte; 3) die Ausgestaltung der Härteklausel[52], welche die sozial schwächeren Familienmitglieder – als die in

---

[49] Vgl. BArch B 189/2804, Vermerk Referat F 4 – 8040, Betr.: Stellungnahme zum Diskussionsentwurf des Bundesministers der Justiz zum Recht der Ehescheidung und der Scheidungsfolgen, Bonn-Bad Godesberg, 16. Oktober 1970, Bl. 38–51, hier Bl. 39; ACDP 08-001-1027/1, Fraktionsprotokoll der CDU/CSU-Bundestagsfraktion, 12. Oktober 1971, S. 12; AdsD Protokolle der SPD-Bundestagsfraktion, 6. WP 1591, Zeitungsartikel Einseitige Ehe-Kündbarkeit? Bedenken der CDU zum Kommissionsbericht / Der ‚Zerrüttungs-Paragraph', in: Frankfurter Allgemeine Zeitung, 13. Mai 1970; Münch, Familienpolitik, S. 648f.

[50] Vgl. AdsD Protokolle der SPD-Bundestagsfraktion, 5. WP 1558, Memorandum Thesen zum Ehescheidungsrecht nach dem Ergebnis der Abstimmungen in der Sitzung der Eherechtskommission in Bonn vom 17. bis 19. Juli 1969. Für die Aushandlungsprozesse innerhalb der Eherechtskommission vgl. AdsD Protokolle der SPD-Bundestagsfraktion, 5. WP 1559, Protokoll Die Eherechtskommission beim Bundesministerium der Justiz, Protokoll über die sechste Sitzung vom 17. bis 19. Juli 1969 in Bonn. Vgl. ebenfalls ACDP 01-048-005/2 Thesen zum Ehescheidungsrecht. Nach dem Ergebnis der Abstimmung in der Sitzung der Eherechtskommission in München am 5. und 6. Dezember 1969, S. 1.

[51] Es wurden Trennungsfristen von einem Jahr bei einvernehmlicher Scheidung und drei oder fünf Jahren bei Widerspruch eines Ehepartners gegen die Scheidung diskutiert. Vgl. AdsD Protokolle der SPD-Bundestagsfraktion, 5. WP 1558, Memorandum Thesen zum Ehescheidungsrecht nach dem Ergebnis der Abstimmungen in der Sitzung der Eherechtskommission in Bonn vom 17. bis 19. Juli 1969, S. 2; AdsD Protokolle der SPD-Bundestagsfraktion, 5. WP 1559, Protokoll Die Eherechtskommission beim Bundesministerium der Justiz, Protokoll über die sechste Sitzung vom 17. bis 19. Juli 1969 in Bonn, S. 43f; Eherechtskommission beim Bundesminister der Justiz, Vorschläge zur Reform des Ehescheidungsrechts und des Unterhaltsrechts nach der Ehescheidung, Bielefeld 1970, S. 17f.

[52] Unter der Härteklausel wird ein „zeitlich begrenztes Hinausschieben der Scheidung" verstanden. In der verabschiedeten Version des Gesetzes konnte diese auf fünf Jahre zeitlich begrenzte „Ausnahmevorschrift" in zwei Fällen angewendet werden: 1) wenn minderjährige Kinder die Leidtragenden der Scheidung waren; 2) wenn die Scheidung für einen Ehepartner eine „schwere Härte" darstellte. Vgl. ADW Allg. Slg. 1208, Druckschrift Das

der öffentlichen Debatte Frauen und Kinder galten – schützen sollte. Dabei wurde auch diskutiert, ob eine zeitlich befristete oder unbefristete Klausel in das Gesetz aufgenommen werden sollte. Zwei weitere Themenkomplexe traten hinzu, als das Bundesjustizministerium im Juli 1970 den „Diskussionsentwurf eines Gesetzes über die Neuregelung des Rechts der Ehescheidung und der Scheidungsfolgen"[53] und im Mai des darauffolgenden Jahres den ersten Entwurf des Ersten Ehereformgesetzes vorlegte: 4) die Leitbilder zu Ehe und Familie sowie 5) die Rollenverteilung innerhalb der Familie. Von den späten 1960er Jahren bis zur Verabschiedung der Gesetzesreform im April 1976 prägten somit fünf Themenbereiche die öffentliche und politische Diskussion, in der unterschiedliche familiale Wertvorstellungen diskursiv verhandelt wurden und eine Verständigung auf gemeinsame Werthaltungen erzielt werden musste.

Konsens oder Kontroverse: der Entstehungskontext des reformierten Ehescheidungsgesetzes

In aus der Retrospektive getroffenen wissenschaftlichen Urteilen über das reformierte Scheidungsrecht werden die zeitgenössischen Kontroversen oftmals ausgeblendet. Der zu diesem Reformgesetz führende Aushandlungsprozess wird damit in historisch-diachroner Perspektive nicht hinreichend erfasst. In manchen familiensoziologischen und historischen Darstellungen wird argumentiert, dass sich – wie in einem fast linear verlaufenden Prozess – zunächst die soziale Praxis der Ehescheidung gewandelt habe, daran anknüpfend andere, neue gesellschaftliche Wertvorstellungen zu Ehe und Familie die Diskurshoheit erlangten und die rechtlichen Rahmenbedingungen mit erheblicher zeitlicher Verspätung an diese Veränderungen angeglichen worden seien. Die Soziologin Rosemarie Nave-Herz vertritt aufgrund dieser offensichtlichen Wechselbeziehung die Ansicht, dass „Gesetzesveränderungen als Indikatoren für die Richtung und das Ausmaß von sozialem Wandel in einer Gesellschaft"[54] dienen. Das Reformgesetz von 1976 wird folglich als ein entscheidender

---

neue Scheidungsrecht: Mehr Gerechtigkeit durch das neue Zerrüttungsprinzip, in: Das neue Ehe- und Familienrecht. Der Bundesminister der Justiz informiert [Bonn 1976], S. 14–25, hier 24f.

[53] Vgl. Bundesministerium der Justiz (Hrsg.), Diskussionsentwurf eines Gesetzes über die Neuregelung des Rechts der Ehescheidung und der Scheidungsfolgen, Bonn 1970.

[54] Nave-Herz, Familie heute, S. 55. Merith Niehuss argumentiert ähnlich: „Die Entwicklung des Ehe- und Familienrechts vollzog sich in Westdeutschland nicht in Brüchen, sondern folgte der gesellschaftlichen Realität des Familienlebens in gewissem Abstand nach." Merith Niehuss, Familie und Geschlechterbeziehungen von der Zwischenkriegszeit bis in die Nachkriegszeit, in: Anselm Doering-Manteuffel unter Mitarbeit von Elisabeth Müller-Luckner (Hrsg.), Strukturmerkmale der deutschen Geschichte des 20. Jahrhunderts

Gradmesser gesehen, der den bereits zuvor vollzogenen gesellschaftlichen Wertewandel in der Bundesrepublik Deutschland belegt[55].

Gerade im Hinblick auf die Entstehung des Reformgesetzes zeigt sich jedoch, dass die Kausalitätsbeziehung keineswegs so eindeutig war, wie Nave-Herz annimmt. In den 1970er Jahren wurden die Reformentwürfe des neuen Ehe- und Familienrechts heftig diskutiert, viele Zeitgenossen äußerten massive Kritik am Gesetz und einige gesellschaftliche Gruppen standen dem verabschiedeten Reformgesetz ablehnend gegenüber – auch noch, nachdem es 1976 verabschiedet worden war. Der gesellschaftliche Wertewandel war nicht so allumfassend, wie Urteile aus der Retrospektive suggerieren. Infolgedessen kann die Gesetzesänderung nicht einfach „als ‚nachträgliche Verrechtlichung' bereits gewandelter kultureller Überzeugungen"[56] beschrieben werden.

Auch der Jurist und Experte für das Familienrecht Dieter Schwab schenkt diesen zeitgenössischen Kontroversen in seinen Darstellungen keine hinreichende Beachtung. Schwab argumentiert, eine „überwältigende Mehrheit in Bundestag und Bundesrat, insbesondere auch bei der CDU"[57] habe für das Reformgesetz votiert. Schwabs Urteil trifft zwar zu für die Abstimmung im Deutschen Bundestag am 8. April 1976[58], doch die vorangegangenen politischen Kontroversen blendet er damit aus. In diesen Auseinandersetzungen nahm gerade der Rechtsexperte und akademische Lehrer Schwabs Paul Mikat[59] auf Seiten der Unionsparteien eine zentrale Rolle ein.

Die Vertreter der Unionsparteien setzten sich primär dafür ein, die bis dahin gültigen Familienwerte auch zukünftig zu bewahren. Mikat argumentierte in einer Rede vor dem Deutschen Bundestag am 13. Oktober 1971 vehement gegen die Reformpläne der Bundesregierung. Er warf der Regierung vor, die Reform „zum ‚Instrument zur Herbeiführung einer anderen Gesellschaftsordnung' zu machen"[60]. In der Sitzung der CDU/CSU-Bundestagsfraktion am Vortag hatte

---

(= Schriften des Historischen Kollegs. Kolloquien, Bd. 63), München 2006, S. 147–165, hier S. 150.

[55] Eckart Conze urteilte, mit den Reformgesetzen der 1970er Jahre sei versucht worden, „einen seit den späten 1950er Jahren in Gang gekommenen grundlegenden soziokulturellen Wertewandel umzusetzen, ja ihn in Rechtsform zu bringen." Eckart Conze, Die Suche nach Sicherheit. Eine Geschichte der Bundesrepublik Deutschland von 1949 bis in die Gegenwart, München 2009, S. 405.

[56] Burkart, Familiensoziologie, S. 277.

[57] Dieter Schwab, Gleichberechtigung und Familienrecht im 20. Jahrhundert, in: Ute Gerhard (Hrsg.), Frauen in der Geschichte des Rechts. Von der Frühen Neuzeit bis zur Gegenwart, München 1997, S. 790–827, hier S. 811.

[58] Vgl. Drucksache Deutscher Bundestag 7/235 (8. April 1976), S. 16412D.

[59] Vgl. Dieter Schwab, Grundlagen und Gestalt der staatlichen Ehegesetzgebung in der Neuzeit bis zum Beginn des 19. Jahrhunderts (= Schriften zum deutschen und europäischen Zivil-, Handels- und Prozessrecht, Bd. 45), Bielefeld 1967, Vorwort.

[60] Paul Mikat zit. n.: Münch, Familienpolitik, S. 649.

der Abgeordnete Friedrich Vogel bereits massiv Kritik am SPD-Rechtsexperten Martin Hirsch geäußert. Hirsch habe verlauten lassen, so Vogel, „daß erstmals in dieser Legislaturperiode Rechtspolitik die Aufgabe habe, soziologische Verhaltensmuster für die Zukunft zu umschreiben, d. h., daß das, was rechtspolitisch gemacht wird in dieser Legislaturperiode auf eine künftige Ordnung hin angelegt ist und durchgesetzt werden soll"[61]. Das betreffe vor allem die innerfamiliäre Rollenverteilung, schließlich wolle die sozial-liberale Koalition das Ideal der berufstätigen Ehefrau etablieren und die „‚Nur'-Hausfrau"[62] benachteiligen. Vogel und Mikat wandten sich damit explizit dagegen, dass ein Wandel gesellschaftlicher Wertvorstellungen über eine Modifikation der institutionellen Rahmenbedingungen ausgelöst werden sollte[63].

Eben dieses Anliegen verfolgte jedoch die Mehrheit der Vertreter aus der SPD und der FDP. Das spiegelte bereits der Slogan der SPD aus dem Wahlkampf 1969 wider: „Wir schaffen das moderne Deutschland"[64]. Dieses Credo lag auch den Reformplänen beim Ehe- und Familienrecht zugrunde. Der Justizminister des Landes Nordrhein-Westfalen, Josef Neuberger, brachte dieses Kernanliegen der SPD in einer Pressemitteilung vom 6. November 1970 auf den Punkt. Er erklärte, dass das Ehe- und Familienrecht „sehr mit dem Ballast hergebrachter, insbesondere aus dem religiösen Bereich der verschiedenen Konfessionen stammender Wertvorstellungen beladen"[65] sei. In seiner Argumentation richtete sich Neuberger vorrangig gegen die christliche Tradition, da sie dafür gesorgt habe, dass das sittlich-moralische Urteil über die Schuld eines Ehepartners in das Scheidungsrecht aufgenommen worden sei. Um diesen kritischen Zustand zu überwinden, müsse ein „besonders radikaler Schnitt zu der gesetzgeberischen Vergangenheit gezogen werden"[66]. Nur so sei gewährleistet, dass das Gesetz in Einklang stehe mit „der neuen Wirklichkeit einer pluralistischen Gesellschaft und der Forderung nach einer vollen Emanzipation des Menschen"[67].

[61] ACDP 08–001-1027/1, Fraktionsprotokoll der CDU/CSU-Fraktion im Deutschen Bundestag, 12. Oktober 1971, S. 11. Ähnlich äußerte sich auch Carl Otto Lenz 1973: „Oberstes Ziel der Eherechtsreform muß es sein, die gegebenen Verhältnisse möglichst gerecht zu ordnen und nicht durch schematische Gleichmacherei neue gesellschaftspolitische Leitbilder durchzusetzen." Carl Otto Lenz, Ehe und Familie gehören zusammen!, in: Frau und Politik 19 (1973), S. 3–4, hier S. 4.
[62] Friedrich Vogel, Tendenzen im Ehe- und Familienrecht, in: Deutschland-Union-Dienst, Jg. 28, Nr. 22, 31. Januar 1974, S. 4–7, hier S. 5.
[63] Vgl. ACDP 08–001-1027/1, Fraktionsprotokoll der CDU/CSU-Bundestagsfraktion, 12. Oktober 1971, S. 12f.
[64] SPD-Wahlslogan zit. n.: Axel Schildt, Ankunft im Westen. Ein Essay zur Erfolgsgeschichte der Bundesrepublik, Frankfurt am Main 1999, S. 177.
[65] AdsD Protokolle der SPD-Bundestagsfraktion, 6. WP 1592, Pressemitteilung Josef Neuberger, Maximum an Fairneß und Praktikabilität. Zu den Konsequenzen des neuen Eheverständnisses, in: SPD-Pressedienst, Jg. 25, Nr. 211, 6. November 1970, S. 1.
[66] Ebenda.
[67] Ebenda.

Neubergers Pressemitteilung macht zwei zentrale Anliegen der SPD deutlich. Einerseits sollte das Familienrecht an die veränderte gesellschaftliche Realität angeglichen werden. Da sich die soziale Praxis der Ehescheidung grundlegend gewandelt habe und in der Bevölkerung unterschiedlichste Werthaltungen verbreitet seien, müsse das neue Scheidungsrecht grundsätzlich mit den früher gültigen Wertvorstellungen brechen. Andererseits kam dem Scheidungsrecht aber auch eine gesellschaftsprägende Kraft zu. Schließlich sollte das neue Recht den Weg ebnen zur Emanzipation der Individuen und hier vor allem zur Gleichberechtigung der Frau[68]. Die SPD versah dieses Anliegen mit dem Schlagwort „Partnerschaftsprinzip"[69], wonach es keine vordefinierte Rollenverteilung zwischen den Geschlechtern gab. Diese Wertvorstellungen sollten über gesetzliche Normen im Reden, Denken und Handeln der Menschen verankert werden[70]. Zugleich versuchte die SPD, ihr Eheverständnis im Scheidungsrecht zu verankern. Nach der Vorstellung der SPD war die Ehe nicht nur eine Institution, sondern auch eine Lebensgemeinschaft von Individuen. Dass die SPD das Gesetz gerade im Hinblick auf das Familienleitbild, die Rollenverteilung innerhalb der Familie und die „Gleichberechtigung der Geschlechter"[71] nicht ausschließlich als Anpassungsreaktion an eine sich wandelnde soziale Praxis verstand, zeigen überdies Stellungnahmen des Bundesfamilienministeriums. Dem Gesetz kam nach Ansicht der SPD bei der Etablierung neuer gesellschaftlicher Wertvorstellungen sogar die Rolle des Leitmediums zu[72]. Folglich findet sich bei Vertretern der SPD die politische Denkfigur wieder, dass über gesetzliche Normen neue gesellschaftliche Wertvorstellungen etabliert werden können.

Ringen um Familienwerte

Obschon die Reformpläne und die damit verbundenen familialen Wertvorstellungen die Mehrheitsmeinung innerhalb der SPD abbildeten, verhandelten

---

[68] Vgl. ebenda.
[69] AdsD Protokolle der SPD-Bundestagsfraktion, 7. WP 2/BTFG003509, Schreiben Jürgen Schmude an Mitglieder der SPD-Bundestagsfraktion, Betr.: Reform des Ehe- und Familienrechts, Bonn, 1. Oktober 1973, Anlage: Vermerk Ehe- und Familienrechtsreform in Frage und Antwort, S. 1.
[70] Vgl. ebenda.
[71] BArch B 189/2804, Vermerk Referat F 5, Betr.: Stellungnahme zum Referentenentwurf des BMJ vom 4. Dezember 1970 zur „Reform des Rechts der Ehescheidung", Bonn-Bad Godesberg, 14. Januar 1971, Bl. 192–194, hier Bl. 192.
[72] Vgl. ebenda; BArch B 189/2804, Vermerk Referat F 5, Betr.: Stellungnahme des BMJFG zum Entwurf des BMJ vom 4. Dezember 1970 über die Reform des Eherechts, des Scheidungsrechts und des Scheidungsfolgenrechts, Bonn-Bad Godesberg, 19. Januar 1971, Bl. 198f.

die Parteimitglieder stets unterschiedlichste Wertvorstellungen diskursiv. Von einem linear und einheitlich voranschreitenden Wertewandel bei den SPD-Mitgliedern kann deshalb nicht gesprochen werden. Vielmehr traten die Spannungen innerhalb der SPD-Bundestagsfraktion gerade bei den strittigen Themen Trennungsfristen und Härteklausel hervor und damit bei eben jenen Themen, die auch für die Unionsparteien zwei strittige Kernpunkte darstellten. Der SPD-Bundestagsabgeordnete Eugen Glombig berichtete, dass insbesondere Hausfrauen über die im „Diskussionsentwurf" genannte Trennungsfrist von drei Jahren beunruhigt seien, da sie eine strukturelle Benachteiligung gegenüber den Männern befürchteten. Während sich Glombig wegen seiner persönlichen Überzeugung und aus politischen Erwägungen für eine Verlängerung des Zeitraums auf fünf Jahre aussprach, lehnten Martin Hirsch und Hermann Dürr diesen Vorschlag ab. Hirsch stufte die Idee sogar als bedenklich ein. Denn bei einer fünfjährigen Trennungsfrist liefe man Gefahr, dass ein Ehepartner Beweise für die tatsächliche Zerrüttung der Ehe vorbringen würde, um die Trennungsfrist zu verkürzen. So würde wiederum das Intimleben der Ehe vor Gericht bloßgestellt. Genau das sollte aber mit dem reformierten Scheidungsrecht vermieden werden[73].

In der Frage der Härteklausel offenbarten sich innerhalb der SPD ebenfalls konträre Ansichten. Glombig befürwortete die im „Diskussionsentwurf" enthaltene immaterielle Härteklausel[74]. Doch müsse darüber hinaus eine auf fünf Jahre befristete materielle Härteklausel[75] aufgenommen werden. Auch hier traf er auf Widerspruch. Bundesjustizminister Gerhard Jahn und Hirsch lehnten eine materielle Härteklausel klar ab[76]. Für Hirsch war selbst die immaterielle Härteklausel lediglich „politisch notwendig, sachlich aber unsinnig"[77]. Die politische Notwendigkeit hierfür ergab sich aus seiner Perspektive schlicht aus der vehementen Forderung vonseiten der Opposition und der katholischen Kirche[78].

---

[73] Vgl. AdsD Protokolle der SPD-Bundestagsfraktion, 6. WP 1592, Protokoll der gemeinsamen Sitzung der Arbeitskreise Sozialpolitik und Rechtswesen der Fraktion der SPD im Bundestag am 3. November 1970, 9. November 1970, S. 2, S. 5 u. S. 7; Bundesministerium der Justiz (Hrsg.), Diskussionsentwurf, S. 13.
[74] Wenn die Ehescheidung zu einem Zeitpunkt kam, die für einen Ehepartner persönlich gravierende Folgen hätte wie während einer schweren Erkrankung, dann konnte die Ehescheidung bis zu fünf Jahre verhindert werden.
[75] Bei wirtschaftlichen und sozialen Härtefällen konnte aufgrund der sogenannten materiellen Härteklausel die Ehescheidung bis zu fünf Jahre ausgesetzt werden.
[76] Vgl. AdsD Protokolle der SPD-Bundestagsfraktion, 6. WP 1592, Protokoll der gemeinsamen Sitzung der Arbeitskreise Sozialpolitik und Rechtswesen der Fraktion der SPD im Bundestag am 3. November 1970, 9. November 1970, S. 2–5.
[77] Ebenda, S. 5.
[78] Vgl. ACDP 08-001-1027/1, Fraktionsprotokoll der CDU/CSU-Bundestagsfraktion, 12. Oktober 1971, S. 13.

Im November 1970 wurden innerhalb der SPD-Bundestagsfraktion also unterschiedliche Ansichten diskutiert, wie das zukünftige Scheidungsrecht ausgestaltet werden sollte. Gerade an den Themen „Härteklausel" und „zeitliche Trennungsfristen" kristallisierte sich heraus, welche Bandbreite an unterschiedlichen Wertvorstellungen die Sozialdemokraten zu Ehe und Familie in den 1970er Jahren vertraten. Interessant ist dabei, dass beide Themen nicht nur bei den Sozialdemokraten zu kontroversen Diskussionen führten, sondern auch innerhalb der Eherechtskommission und den Unionsparteien. Die Trennlinien zu den familialen Wertvorstellungen lagen somit quer zur Parteizugehörigkeit. Dass neben den Vertretern der Union auch einige Sozialdemokraten wie Eugen Glombig für eine auf fünf Jahre befristete materielle wie immaterielle Härteklausel eintraten, thematisierten um 1970 aber weder die politischen Akteure noch die Medien. Somit blieb den Zeitgenossen zunächst verborgen, dass es parteiübergreifend trotz aller Kontroversen doch große Deckungsgleichheit der familialen Wertvorstellungen bei Teilen von CDU und SPD gab.

Die SPD war sich überdies bewusst, dass die Reformziele nicht völlig autonom realisiert werden konnten. Um den Handlungsspielraum auszuloten, trafen sich im April 1971 Martin Hirsch und weitere Mitglieder des Arbeitskreises Rechtswesen der SPD-Bundestagsfraktion mit Vertretern der katholischen Kirche. Allerdings divergierten die Ansichten in drei Punkten erheblich: der Härteklausel, den zeitlichen Trennungsfristen und der Frage, ob der Grundsatz der „Ehe auf Lebenszeit"[79] an den Anfang des Gesetzes gestellt werden musste[80].

Immer wieder entbrannten gerade zu diesen drei normativ aufgeladenen Positionen Kontroversen. So war es hinsichtlich des dritten Streitpunkts problematisch, dass die SPD lediglich implizit vom Grundsatz der Ehe auf Lebenszeit ausging und dies zunächst nicht explizit im Gesetzesentwurf verankern wollte[81]. Damit öffnete die SPD den Reformgegnern eine Flanke. Der Jurist und CDU-Abgeordnete Anton Stark griff die Regierungskoalition bereits im November 1970 an, da sie offensichtlich das Leitbild der „Ehe auf Zeit"[82] vertrete. Obwohl Bundesjustizminister Jahn diesbezüglich eine Richtigstellung

---

[79] AdsD Protokolle der SPD-Bundestagsfraktion, 6. WP 1594, Protokoll der 50. Sitzung des Arbeitskreises Rechtswesen, 28. April 1971, S. 4.
[80] Vgl. ebenda, S. 2–4, S. 6 u. S. 9.
[81] Vgl. Münch, Familienpolitik, S. 649; Eherechtskommission, Vorschläge zur Reform des Ehescheidungsrechts, S. 9; Kommissariat der deutschen Bischöfe in Bonn (Hrsg.), Elemente eines zeitgemäßen Ehe- und Familienrechts. Stellungnahme des Arbeitskreises für Eherecht beim Kommissariat der deutschen Bischöfe in Bonn zu Fragen der Reform des staatlichen Ehe- und Familienrechts in der Bundesrepublik Deutschland, [Bonn 1973].
[82] Anton Stark, Gleichberechtigung mit Schlagseite?, in: Deutschland-Union-Dienst, Jg. 24, Nr. 209, 2. November 1970, S. 1–4, hier S. 1. Zur Diskussion in den Medien vgl. exemplarisch Henning Frank, Nur Ehe auf Zeit?, in: Christ und Welt, 30. Oktober 1970.

in der Presse lancierte[83], verschwand der Kritikpunkt nicht aus der öffentlichen Debatte. Das Zentralkomitee der deutschen Katholiken (ZdK) zweifelte am 3. November 1973 erneut öffentlich an, dass die Regierung tatsächlich vom Grundsatz der Ehe auf Lebenszeit ausging[84]. Der Leiter des katholischen Büros Bonn, Prälat Wöste, forderte 1974, dass der Grundsatz von der Ehe auf Lebenszeit explizit im Gesetzestext zu nennen sei, um Missverständnissen vorzubeugen[85]. Im März 1975 meldete sich das Zentralkomitee abermals zu Wort und kritisierte, dass das Reformgesetz die „Ehe auf Zeit"[86] etabliere und das Ideal der Ehe auf Lebenszeit bedeutungslos werde[87]. Immer wieder und über Jahre hinweg monierten also Vertreter der Union wie auch der katholischen Kirche, dass die sozial-liberale Koalition plane, die „Ehe auf Zeit"[88] zur allgemein gültigen Wertvorstellung zu erheben.

Diese anhaltenden Kontroversen und Auseinandersetzungen um die Familie sensibilisierten gerade die Vertreter der SPD. „Die Emotionalisierung der Bevölkerung – in moralisierenden und wertbelasteten Bekenntnissen geäußert –"[89] durch einige Oppositionspolitiker stelle ein grundlegendes Problem dar, urteilte die SPD-Politikerin Renate Lepsius am 18. April 1975. Als Indiz führte sie eine Reihe von polarisierenden Schlagworten an, die in den öffentlichen Kontroversen um die Reform des Ehescheidungsrechts artikuliert worden waren. So wurde der Vorwurf geäußert, das neue Scheidungsrecht etabliere den

---

[83] Vgl. Jahn gegen „Ehe auf Zeit", in: Frankfurter Neue Presse, 9. November 1970.
[84] Vgl. Zentralkomitee der deutschen Katholiken, Stellungnahme des Zentralkomitees der deutschen Katholiken zur geplanten Änderung des Ehe- und Familienrechts (Bonn-Bad Godesberg, 3. November 1973), in: Berichte und Dokumente 21 (1974), S. 69f.
[85] Vgl. Wilhelm Prälat Wöste, Einführung in die Stellungnahme des Zentralkomitees der deutschen Katholiken zur geplanten Änderung des Ehe- und Familienrechts, in: Berichte und Dokumente 21 (1974), S. 64–68, hier S. 66.
[86] Parlamentsarchiv VII/415, Bd. B2, Dok. Nr. 63, Stellungnahme Vollversammlung des Zentralkomitees der deutschen Katholiken, Stellungnahme zur Änderung des Ehe- und Ehescheidungsrechtes, 7. März 1975, S. 3.
[87] Vgl. ebenda. Ähnlich auch der Vorwurf des Rates der Evangelischen Kirche in Deutschland im September 1977: Vgl. AdSD SPD-Parteivorstand AfS 9388, Druckschrift Erklärung des Rates der Evangelischen Kirche in Deutschland zu Ehe und Ehescheidung vom 16. September 1977, in: Familienpolitische Informationen, 16. Jg., Nr. 11, November 1977, S. 81f., hier S. 81. Vgl. ebenfalls ACDP 01–176-001/1, Stellungnahme Rat der Evangelischen Kirche in Deutschland, Erklärung des Rates der Evangelischen Kirche in Deutschland zu Ehe und Ehescheidung vom 16. September 1977.
[88] Parlamentsarchiv VII/415, Bd. B2, Dok. Nr. 31, Schreiben Dekanatsrat der Katholiken des Dekanats Fürth an den Vorsitzenden des Rechtsausschusses im Deutschen Bundestag, Stellungnahme des Dekanatsrates im Erzbischöflichen Dekanat Fürth zur Reform des Ehe- und Scheidungsrechts, Fürth, 14. November 1975.
[89] AdsD SPD-Parteivorstand ASF 10438, Pressemitteilung Renate Lepsius, Emotionalisierung hilft nicht weiter. Zur Auseinandersetzung mit der Union über das neue Ehe- und Familienrecht, in: SPD-Pressedienst, Jg. 30, Nr. 74, 18. April 1975, S. 1.

Grundsatz „vom ‚radikalisierten' Zerrüttungsprinzip". Sie verwies überdies auf den Begriff der „Verstoßensscheidung". Damit wurde vonseiten der Gegner des Reformgesetzes zum Ausdruck gebracht, dass der Ehemann nach der Reform seine Ehefrau für eine jüngere Frau „verstoßen" könne. Diese polemisierten auch mit der Behauptung, es sei leichter, sich scheiden zu lassen als einen Mietvertrag zu kündigen[90].

Ein weiterer Höhepunkt der Kontroverse war die Bundestagsdebatte vom 11. Dezember 1975. Noch immer waren die Fronten zwischen sozial-liberaler Koalition auf der einen Seite und Opposition auf der anderen verhärtet. Selbst als der Grundsatz von der Ehe auf Lebenszeit in das Gesetz aufgenommen worden war, lehnte die CDU/CSU-Bundestagsfraktion den Gesetzesentwurf weiterhin ab, mit der Begründung, dass ihre Wertvorstellungen zu Ehe und Familie nicht berücksichtigt worden seien. Die Fraktionsmitglieder äußerten sich in den internen Verhandlungen ablehnend über den Gesetzesentwurf, der „eine Reform gegen die Institution der Ehe"[91] sei, und konzentrierten sich in ihrer Argumentation auf drei Themenkomplexe, in denen sich die größte Diskrepanz zur Position der Regierungskoalition offenbart hatte: die Frage der Anwendung des Zerrüttungsprinzips, die Trennungsfristen und die Härteklausel[92]. Die Union verengte letztlich ihre Kritik am Gesetzesentwurf von fünf auf drei Kernanliegen und versuchte, in diesen wertbehafteten Themenfeldern die Diskurshoheit in den öffentlichen Auseinandersetzungen zu erlangen. Indem die CDU/CSU-Bundestagsfraktion ihre Einflussnahme auf wenige entscheidende Aspekte fokussierte, sollte die Hebelwirkung auf eben diese Bereiche verstärkt werden. Dieses Taktieren war geprägt vom Familienverständnis der Unionsmitglieder. Für sie war – im Unterschied zur sozial-liberalen Koalition – die Ehe primär eine gesellschaftliche Institution und nicht eine Lebensgemeinschaft von Individuen. Zudem grenzten sich die politischen Akteure noch immer über ihre Wertvorstellungen von ihren Gegenspielern ab und befeuerten Konflikte mit dem Verweis auf die „höhere Legitimität" ihrer eigenen Wertvorstellungen.

Die Union begründete ihre ablehnende Haltung in der Bundestagsdebatte insbesondere damit, dass im Gesetz weder die von ihnen noch von der Mehrheit der Bundesbürger vertretenen Wertvorstellungen berücksichtigt worden seien. Obgleich einer pluralistischen Gesellschaft nicht die Rechtsvorstellungen einzelner Gruppierungen übergestülpt werden dürften, „wäre es verfehlt", so Paul Mikat, „wollte man die Existenz eines in erster Linie durch Wertvorstellungen christlichen Ursprungs geprägten Ehebildes in unserem Lande schlechthin

---

[90] Für alle Zitate vgl. ebenda.
[91] ACDP 08–001-1043/2, Fraktionsprotokoll der CDU/CSU-Fraktion im Deutschen Bundestag, 25. November 1975, S. 22.
[92] Vgl. ebenda, S. 16ff.

leugnen"[93]. Sein Parteikollege Carl-Otto Lenz fand in seinen Ausführungen noch weitaus deutlichere Worte. Er bezeichnete das Gesetz schlicht als „frauenfeindlich", „männerfeindlich", „familienfeindlich" und „volksfeindlich"[94]. Selbstverständlich änderte diese polarisierende Stellungnahme nichts an den Mehrheitsverhältnissen im Bundestag. Ungeachtet des Vetos der Unionsparteien fiel die Abstimmung mit der Mehrheit der sozial-liberalen Koalition zugunsten des Reformgesetzes aus[95].

Politischer Kompromiss und verbliebene Unstimmigkeiten

Erst im Bundesrat Ende Januar 1976 gelang es den unionsgeführten Ländern, das Gesetz zu blockieren. Infolgedessen nahm der Vermittlungsausschuss in dieser Frage seine Arbeit auf und konzipierte in den Folgemonaten einen Kompromissvorschlag[96]. Die CDU/CSU-Bundestagsfraktion befasste sich in zwei Fraktionssitzungen am 6. und 8. April 1976 mit den Ergebnissen des Ausschusses und legte ihre Strategie für die am 8. April anstehende Abstimmung im Bundestag fest. Es wurde eruiert, in welchen Punkten Kompromisse eingegangen werden sollten, und analysiert, wo die sozial-liberale Koalition möglicherweise zu Zugeständnissen bereit war. Jetzt sollten nicht mehr mit Werten Konflikte geschürt werden. Die Suche nach einer Verständigungsbasis und einem politischen Kompromiss auf Grundlage gemeinsamer Werthaltungen hatte somit im Frühjahr 1976 begonnen. Als das reformierte Scheidungsgesetz verabschiedet wurde, war überdies eine Verständigung bei den Trennungsfristen und der Härteklausel erfolgt, mit der sich unterschiedlichste gesellschaftliche Teilgruppen identifizieren konnten.

Die Regierungskoalition zeigte sich bereit, neben einer immateriellen auch eine materielle Härteklausel ins Gesetz aufzunehmen und zugleich deren Gültigkeit von drei auf fünf Jahre auszuweiten[97]. Die sozial-liberale Koalition kam

---

[93] Drucksache Deutscher Bundestag 7/209 (11. Dezember 1975), S. 14410C.
[94] Ebenda, S. 14436D. Zur Rezeption der Debatte und auch des Zitats von Carl-Otto Lenz in den Printmedien vgl. Friedrich Vogel: Das Scheidungsrecht wird ehrlicher. Union: Aufweichung von Ehe und Familie, in: Süddeutsche Zeitung, 12. Dezember 1975; Heinz-Joachim Melder, Bundestag beschließt: Bei der Scheidung gilt die Zerrüttung, in: Die Welt, 12. Dezember 1975.
[95] Vgl. Drucksache Deutscher Bundestag 7/209 (11. Dezember 1975), S. 14522B.
[96] Vgl. Bundesrat blockiert neues Scheidungsrecht. Die CDU/CSU-Mehrheit der Ländervertretung will im Vermittlungsausschuß weitgehende Änderungen durchsetzen/Vogel wirft der Union Streben nach „Beibehaltung des Status quo im Regelfall" vor, in: Süddeutsche Zeitung, 31. Januar 1976.
[97] Vgl. ACDP 08–001-1046/1, Fraktionsprotokoll der CDU/CSU-Fraktion im Deutschen Bundestag zur Fraktionssitzung, 6. April 1976, S. 24; ACDP 08–001-1046/1, Fraktions-

der Union letztlich sowohl im Geltungsbereich als auch mit der Geltungsdauer der Härteklausel entgegen. Bei den Trennungsfristen konnte sich die Union mit ihren Wertvorstellungen dagegen nicht im gewünschten Umfang durchsetzen. Immerhin führte der Kompromiss zur Einführung dreier unterschiedlicher Regelungen. Bei einer einvernehmlichen Scheidung galt die Frist von einem Jahr. Die Entscheidung für die Dreijahresfrist bei der nicht einvernehmlichen Scheidung fiel letztlich, weil bereits im alten Scheidungsrecht dieser zeitliche Rahmen genannt wurde[98]. Diesbezüglich deckte sich der Kompromissvorschlag weitestgehend mit den Wunschvorstellungen der sozial-liberalen Koalition. Da in „außergewöhnlichen Einzelfällen"[99] der Richter jedoch die Härteklausel anwenden und die Ehescheidung zeitlich befristet bis zu fünf Jahre untersagen konnte[100], wurde zumindest in Ausnahmefällen ein Anliegen der Union berücksichtigt.

Nach mehrjährigen heftigen politischen und öffentlichen Debatten konnten sich Regierung und Opposition auf einen Wertekonsens zu Ehe und Familie verständigen. Während sich die politischen Lager bis ins Frühjahr 1976 durch den Verweis auf „ihre Wertvorstellungen" von der Gegenposition abgegrenzt und Werte so konfliktfördernd gewirkt hatten, setzte nun eine Suche nach einem politischen Kompromiss ein. Dieser Prozess führte dazu, dass die Mehrheit der politischen Akteure keine radikalen Wertvorstellungen zu Familie, Ehe und Ehescheidung im Gesetz festgeschrieben haben wollte. Infolgedessen wurden sowohl der Grundsatz der Ehe auf Lebenszeit als auch die zeitlich befristete materielle und immaterielle Härteklausel in das Gesetz integriert. In der zweiten Hälfte der 1970er Jahre erlangten demnach moderate Idealvorstellungen zu Ehe und Familie die Diskurshoheit in der Bundesrepublik. Diese Einigung ist letztlich Ausdruck einer Abstrahierung auf allgemeine Werthaltungen zu Ehe, Familie und Ehescheidung, die auf verschiedenste Positionen integrativ wirkte – gesellschaftlich wie politisch.

Trotz der gesamtgesellschaftlichen Verständigung auf gemeinsame Werthaltungen vertraten verschiedenste Akteure weiterhin von der Mehrheitsmeinung abweichende Wertvorstellungen zu Ehe, Familie und Ehescheidung wie die CSU-Abgeordneten Carl-Dieter Spranger und Fritz Wittmann. Für beide blieb der Kompromissvorschlag trotz der Verhandlungserfolge ein rotes Tuch, da ihre familialen Wertvorstellungen nicht hinreichend berücksichtigt worden seien[101]. Andere prominente Bundestagsabgeordnete der Union hingegen wie

---

protokoll der CDU/CSU-Fraktion im Deutschen Bundestag zur Sondersitzung, 8. April 1976, S. 1.
[98] Vgl. ADW Allg. Slg. 1208, Druckschrift Das neue Scheidungsrecht: Mehr Gerechtigkeit durch das neue Zerrüttungsprinzip, in: Das neue Ehe- und Familienrecht. Der Bundesminister der Justiz informiert [Bonn 1976], S. 14–25, hier S. 22f.
[99] Ebenda, S. 24.
[100] Vgl. ebenda, S. 24f.
[101] Vgl. ACDP 08–001-1046/1, Fraktionsprotokoll der CDU/CSU-Fraktion im Deutschen

Roswitha Verhülsdonk, der Fraktionsvorsitzende Karl Carstens und die Rechtsexperten Mikat und Lenz stimmten in der Fraktionssitzung für das Gesetz[102]. Carstens gab dabei seine Zustimmung zum Reformgesetz, obschon es seine Wertvorstellungen zur Ehe nicht abbildete[103].

Aber auch die soziale Praxis der Ehescheidung innerhalb der Gesellschaft ging oftmals nicht konform mit Carstens' Wertvorstellungen. Das zeigte sich in der Fraktionssitzung vom 6. April 1976. Die Vertreter der Unionsfraktion hatten in den öffentlichen Kontroversen um die Ehescheidung davor gewarnt, dass mit dem reformierten Scheidungsrecht die Position der Frau geschwächt und sie benachteiligt werde. Auch im April 1976 fand dieses Argument noch immer große Resonanz – gerade bei Frauen aus der Union und der SPD, so die CDU-Abgeordnete Verhülsdonk[104]. Bei Carstens riefen Verhülsdonks Ausführungen allerdings Verwunderung hervor, schließlich hatte er ein umgekehrtes Phänomen beobachtet. Frauen würden nicht mehr unter allen Umständen an der Ehe festhalten, sondern durchaus ihren Partner bewusst verlassen[105]. Die Scheidungsstatistik aus dem Jahr 1973 gab Carstens Recht: In gut 75 Prozent der Fälle klagten die Frauen auf Ehescheidung[106]. Die soziale Praxis hatte somit ein traditionelles Argument, das seit den 1920er Jahren gegen eine Reform des Scheidungsrechts angeführt worden war[107], seiner Gültigkeit beraubt. Auch das mag innerhalb der Unionsparteien die Zustimmung für das Reformgesetz erleichtert haben.

Bei anderen Abgeordneten wie Carl-Otto Lenz spielten hingegen die von der Union vertretenen Wertvorstellungen lediglich eine untergeordnete Rolle. Stattdessen waren vorrangig realpolitische Erwägungen handlungsleitend[108]. Lenz argumentierte hingegen mit Wertvorstellungen, um die Diskurshoheit innerhalb der Partei zu erlangen und auf diese Art Machtfragen zu entscheiden. Selbst wenn sich bei weitem nicht alle von der Union vertretenen Wertvor-

---

Bundestag zur Fraktionssitzung, 6. April 1976, S. 26; ACDP 08–001-1046/1, Fraktionsprotokoll der CDU/CSU-Fraktion im Deutschen Bundestag zur Sondersitzung, 8. April 1976, S. 3 u. S. 5.

[102] Vgl. ACDP 08–001-1046/1, Fraktionsprotokoll der CDU/CSU-Fraktion im Deutschen Bundestag zur Fraktionssitzung, 6. April 1976, S. 28f.; ACDP 08–001-1046/1, Fraktionsprotokoll der CDU/CSU-Fraktion im Deutschen Bundestag zur Sondersitzung, 8. April 1976, S. 3, S. 5f. u. S. 14f.

[103] Vgl. ACDP 08–001-1046/1, Fraktionsprotokoll der CDU/CSU-Fraktion im Deutschen Bundestag zur Sondersitzung, 8. April 1976, S. 3.

[104] Vgl. ACDP 08–001-1046/1, Fraktionsprotokoll der CDU/CSU-Fraktion im Deutschen Bundestag zur Fraktionssitzung, 6. April 1976, S. 29.

[105] Vgl. ebenda, S. 29.

[106] Vgl. Seitensprung kaum Scheidungsgrund, in: Neue Rhein-Zeitung, 29. Juli 1975.

[107] Vgl. exemplarisch Mouton, Nurturing, S. 70 u. S. 75f.

[108] Vgl. ACDP 08–001-1046/1, Fraktionsprotokoll der CDU/CSU-Fraktion im Deutschen Bundestag zur Sondersitzung, 8. April 1976, S. 16.

stellungen im Kompromissvorschlag niedergeschlagen hatten, stimmte in der Fraktionssitzung letztlich eine knappe Mehrheit insbesondere aus pragmatisch-wahltaktischen Überlegungen und bisweilen auch aus innerer Überzeugung für den Kompromissvorschlag[109].

Schlussfolgerungen

Diese Aushandlungsprozesse wie auch die Konflikte um gesellschaftliche Wertvorstellungen bleiben verborgen, wenn ausschließlich quantitativ-statistische Erhebungen zu Werten analysiert werden. Erst ein qualitativer Zugriff auf Werte und Wertewandel ermöglicht es zu bestimmen, welche unterschiedlichen Ideale zu Ehe, Familie und Ehescheidung in den 1960er und 1970er Jahren diskursiv verhandelt wurden und wie sie mit der sozialen Praxis der Ehescheidung und dem Scheidungsrecht korrelierten.

Ausgelöst worden war die Debatte über die gesellschaftlich akzeptierten Ansichten zum Familienleitbild, der Ehe und der Ehescheidung durch den Anstieg der Scheidungszahlen, also einer vorangegangenen Veränderung der sozialen Praxis. Bereits zwischen 1969 und 1971 kristallisierten sich die unterschiedlichen Wertvorstellungen an fünf Konfliktthemen heraus: dem Grundsatz von der Ehe auf Lebenszeit, den Trennungsfristen, der Härteklausel, den Familienleitbildern und der Rollenverteilung. Dabei ging es auch um die Frage, ob die Ehe eine Institution oder eine Lebensgemeinschaft von Individuen sei. Während die Vertreter der Unionsparteien ersteres stärker gewichteten, verschlossen sie sich nicht der Vorstellung, dass die Ehe auch eine Verbindung von Individuen war. Umgekehrt verhielt es sich bei den SPD-Mitgliedern. Für sie war die Ehe vorrangig als Lebensgemeinschaft von Individuen und nachrangig als Institution einzustufen. Trotz dieser unterschiedlichen Gewichtung gab es somit eine Schnittmenge zu der Vorstellung, was eine Familie sei. Dass diese Überschneidung bisweilen durchaus auch quer zur Parteizugehörigkeit liegen konnte, zeigten die Themen Trennungsfristen und Härteklausel.

In der Frage, wie man den wahrgenommenen Veränderungen begegnen solle, divergierten hingegen die zeitgenössischen Einschätzungen erheblich. Während die Vertreter der Unionsparteien auf die Veränderungen reagierten und den Wandel eindämmen wollten, verhielten sich zahlreiche Politiker der sozial-liberalen Koalition sowohl reaktiv als auch aktiv: Reaktiv waren sie, da sie die veränderte soziale Praxis reflektierten und das Scheidungsrecht daran angleichen wollten. Aktiv waren sie, da sie mit der Gesetzesreform einen weiteren Wertewandel innerhalb der Bevölkerung vorantreiben wollten.

---

[109] Vgl. ebenda, S. 22.

Dem Gesetz kam damit in den Augen der Bundesregierung letztlich eine gesellschaftsprägende Kraft zu.

Darüber hinaus lässt sich der Prozess in zwei unterschiedlich lange Phasen einteilen. Von 1969 bis zum Frühjahr 1976 prägten Konflikte um die unterschiedlichen Familienwerte die Diskussion. In dieser Zeit grenzten sich die gesellschaftlichen und politischen Akteure von der Gegenposition mit einem Verweis auf die „höhere Legitimität" der von ihnen vertretenen Wertvorstellungen ab. Darüber hinaus förderte der Verweis auf die eigenen Werte und die davon abweichenden Werthaltungen der „Anderen" Konflikte, wohingegen sie für das eigene Lager integrierend wirkten. Die zweite Phase setzte ein, als im April 1976 eine Verständigung zu den strittigen Themen wie den Trennungsfristen und der Härteklausel erfolgte und sich verschiedenste gesellschaftliche Akteure mit dem ausgehandelten politischen Kompromiss identifizieren konnten. Jetzt entfalteten Werte eine integrative Wirkung.

Demnach stellt sich Wertewandel als komplexer gesellschaftlicher Aushandlungsprozess dar, in dem eine geänderte soziale Praxis in gesellschaftlichen Teilgruppen eine diskursive Verhandlung voneinander divergierender Werte initiiert. Erst nach einer umfangreichen Diskussion und Konflikten um Werte erfolgte eine Verständigung auf gemeinsame Werthaltungen, die auf die Mehrheit der Bevölkerung integrativ wirkte.

Thomas Großbölting
Von der „heiligen Familie" zur Lebensgemeinschaft mit Kind(ern).
Religion, Familienideale und Wertewandel zwischen den 1950er und 1970er Jahren

Einleitung

Fragt man aktuell nach Phänomenen des Wertewandels, dann stehen Debatten um die Familie ganz oben an. Insbesondere sich verändernde Formen familiären Zusammenlebens, vor allem aber sinkende Geburtenziffern sind es, die die Familie und ihre Zukunft schon seit Jahren zu einem heiß diskutierten Thema nicht nur in der Wissenschaft, sondern auch in der Politik und der medialen Öffentlichkeit machen. Der Wandel der Familie in Gesellschaft und Nation wird aufmerksam beobachtet und heiß diskutiert. Gegen den zu beobachtenden Wandel argumentieren unter anderem einige Politiker, wenn beispielsweise Karl-Josef Laumann, der Chef des CDU-Arbeitnehmerflügels, im März 2013 im Interview mit der Zeitschrift *Die Welt* den Wert der traditionellen Familie betont und diese zur „Keimzelle der Gesellschaft" erklärt.[1] „Wir werden nie eine starke Gesellschaft haben, wenn wir nicht viele Familien haben"[2], so Laumann im Kontext der Debatte über die rechtliche Gleichstellung homosexueller Lebenspartnerschaften.

Obwohl oft totgesagt, ist die Nation dabei ein wichtiger Referenzrahmen. Orientiert man sich an dem Ideal, dass sich Gesellschaften im nationalen Rahmen selbst reproduzieren, dann bekommen die Deutschen zu wenige Kinder. Die Suche nach den Ursachen und die politischen Versuche zu ihrer Behebung sind intensiv, dabei sicher nicht immer zielführend und zeigen vor allem, wie wenig Politik im technischen Sinne zu steuern in der Lage ist. „Nirgendwo sonst stehen Eltern so unter Druck", ließ sich vor wenigen Wochen der Direktor des Bundesinstituts für Bevölkerungsforschung, Norbert Schneider, zitieren[3].

---

[1] Vgl. Kristian Frigelj, CDU-Familienpolitik, „Die Familie ist die Keimzelle der Gesellschaft", in: Die Welt, http://www.welt.de/politik/deutschland/article114308517/Die-Familie-ist-die-Keimzelle-der-Gesellschaft.html, gesehen am 11.03.2013.
[2] Ebenda.
[3] Vgl. Bevölkerungsforscher Schneider, „Nirgendwo sonst stehen Eltern so unter Druck", in: Frankfurter Allgemeine Zeitung, http://www.faz.net/frankfurter-allgemeine-zeitung/bevoelkerungsforscher-schneider-nirgendwo-sonst-stehen-eltern-so-unter-druck-12018527.html, gesehen am 09.01.2013.

Seine „Diagnose": Die niedrige Geburtenrate in Deutschland hänge natürlich auch an ökonomischen und strukturellen Rahmenbedingungen, in besonderer Weise aber seien kulturelle Faktoren mitverantwortlich. Ein „Überperfektionismus" hindere junge Paare daran, sich für Kinder zu entscheiden. Insbesondere das Frauen- und Mutterbild sei, so Schneider, stark idealisiert. Das Ideal von der absoluten Hingabe für das Kind sei mit dem Selbstbild junger Frauen nicht mehr vereinbar, so dass sich viele gegen eine Schwangerschaft und gegen ein Kind entschieden.

Über die Schlüssigkeit beider Aussagen ließe sich trefflich streiten. Für den Zusammenhang dieses Artikels sind aber zwei Aspekte von Bedeutung. Zum einen lassen die Äußerungen erahnen, wie stark bis heute die Familie im Zentrum von Wertedebatten steht. Wie wenige andere Institutionen ist diese gerade in Deutschland zum Gegenstand einer breiten Diskussion und dabei gelegentlich gar zum Pars pro Toto gesellschaftlicher Ordnungsvorstellungen insgesamt avanciert. An der Konstruktion von Familienbildern beteiligen sich die verschiedenen weltanschaulichen Lager, die Wissenschaft und diverse andere Akteure. Die Meistererzählung ist die von der Krise, ja der Auflösung der „bürgerlichen Familie". In der Regel sind diese Kommentierungen nicht rückblickend-analytisch interessiert, im Gegenteil: Die Warnrufe waren (und sind) vor allem als zeitgenössische Interventionen gedacht. Im Laufe des 19. Jahrhunderts wurde in diesem bürgerlichen Diskurs die Konstellation der Kern- oder Kleinfamilie von Vater, Mutter und einem oder mehreren Kindern gleichsam als naturgegeben erklärt. Allen voran sahen sich dabei konservative Kräfte wie auch die beiden großen christlichen Kirchen als Bewahrer der Traditionsfamilie. Das Familienbild, welches als Fels in der und gegen die Brandung der Moderne gedacht war, büßte dann aber in den politischen Umbrüchen des 20. Jahrhunderts an Festigkeit ein und zerschellte endgültig in den 1960er und 1970er Jahren.

Zum anderen zeigt die zitierte Diskussion, dass die bislang vor allem auf politisch-sozialtechnologische Steuerungsinstrumente konzentrierte Selbstverständigung nun um Fragen von Kultur und Mentalität erweitert wird. Auf den ersten Blick scheint die Entwicklung der Familie und vor allem des Familienideals in Deutschland die gängigen Thesen der sozialwissenschaftlichen Wertewandelsforschung, wie sie international vor allem mit den Studien von Ronald Inglehart und für Deutschland von Helmut Klages verbunden sind, vollends zu bestätigen[4]. „Absolute Werte", wie Religion und Patriotismus, so hatte Inglehart erarbeitet, nähmen mit einer steigenden postmaterialistischen Haltung ab. Damit sinke auch die Entfaltungskraft eines traditionellen Familienbildes, die

---

[4] Vgl. Helmut Klages, Wertorientierungen im Wandel. Rückblick, Gegenwartsanalyse und Prognosen, Frankfurt a.M. 1984; vgl. Ronald Inglehart, The Silent Revolution. Changing Values and Political Styles Among Western Publics, Princeton (NJ) 1977.

Bindungskraft der staatlich wie auch kirchlich gestifteten Ehe und die Familiengröße. Sowohl in der zeitlichen Verortung in die „langen" 1970er Jahre wie auch mit Blick auf die Richtung der Entwicklung scheinen sich auf diese Weise der sozialwissenschaftliche Befund und auch das populär so eingeschliffene (Vor)Urteil zu bestätigen.

Es gibt allerdings verschiedene Forschungsergebnisse, die dieses gängige Bild produktiv irritieren. So hat Dagmar Herzog in ihren bahnbrechenden Studien zur „Politisierung der Lust" das Erbe des Nationalsozialismus deutlich anders beschrieben. Sie erklärt den Sexualkonservatismus der 1950er Jahre einerseits als Gegenreaktion auf die sexuelle Libertinage des Nationalsozialismus und des Kriegsendes. Andererseits aber umgingen Zeitgenossen die Auseinandersetzung mit der Vergangenheit, indem sie Fragen der Sittlichkeit und der Familienmoral in den Mittelpunkt rückten[5]. Sybille Steinbacher betont, dass es eine „lineare Entwicklung ebenso wenig [gab] wie eine Zäsur ‚um 1968'." Stattdessen war das Feld von vielen Akteuren mit hoch unterschiedlichen Interessen durchzogen, deren Bandbreite von den öffentlichen Stellen über die großen Parteien und Kirchen bis hin zu Sexualaufklärern oder der Sexindustrie mit einem vor allem ökonomischen Antrieb reichte[6].

Es sind diese und andere Ergebnisse empirischer historischer Forschung, die die folgenden Ausführungen motivieren. Sie regen nicht nur dazu an, in einem ersten Schritt mit einer eigenen empirischen Probebohrung nach dem Wandel im Bereich der Familienwerte zu fragen. Darüber hinaus werden in einem zweiten Schritt Folgerungen für das Verhältnis von sozialwissenschaftlicher Wertewandelsforschung und historischem Arbeiten gezogen.

Familienwerte und Religion im Wandel – eine Fallstudie

Die Wechselwirkungen zwischen der Haltung zur Familie und einem persönlichen religiösen Bekenntnis sind groß. Bis heute gibt es aller tiefgreifenden Säkularisierung zum Trotz, so Franz-Xaver Kaufmann, einen statistisch signifikanten Zusammenhang von Religiosität und Stabilität der Kernfamilie von Vater-Mutter-Kind und eventuell weiteren Kindern. Religiös geprägte und praktizierende Menschen sind im statistischen Mittel häufiger verheiratet und

---

[5] Vgl. Dagmar Herzog, Die Politisierung der Lust. Sexualität in der deutschen Geschichte des 20. Jahrhunderts, München 2005.
[6] Vgl. Sybille Steinbacher, Wie der Sex nach Deutschland kam. Der Kampf um Sittlichkeit und Anstand in der frühen Bundesrepublik, München 2011.

haben in der Tendenz mehr Kinder[7]. Selbst in den liberalen katholischen wie auch den protestantischen Gemeinden der Mainstreamdenominationen in den USA überwiegt bis heute in den Veranstaltungsformen, in den Liedtexten und den verschiedenen Formen der Vergesellschaftung die Orientierung an den klassischen traditionellen Familienformen und vor allem an den damit geprägten Rollen- und Geschlechterklischees von Mann und Frau[8].

Ihrerseits haben die Kirchen beispielsweise die Familie zur „Kirche im Kleinen" erklärt und damit auf beiden Seiten, sowohl für den kirchlichen Innenraum als auch für die Sphäre der Familie, die Machtverhältnisse und die davon abgeleiteten Geschlechterverhältnisse definiert. In der Pastoraltheologie und im seelsorglichen Feld steht die Familie seit den 1960er Jahren ganz oben. Wo die Kirchenstrategen und Pastoralmanager sehen, dass traditionelle Formen des Hineinsozialisierens in die Religion, wie sie vormals der Verein, der Verband und andere Assoziationen geboten haben, massiv wegbrechen, liegt die Hoffnung auf den verbleibenden Familienstrukturen. Angelehnt an die Sinus-Milieus der Marktforschung hat der Religionssoziologe Karl Gabriel mehrere schmale Segmente ausgemacht, die aktives Gemeindeleben (noch) tragen. Das dichteste und wirkmächtigste dieser Milieus entwickelte sich rund um die christlich geprägten Familien. In diesem schmalen Gesellschaftssegment gingen die private religiöse Kindererziehung zu Hause Hand in Hand mit dem Besuch der konfessionellen Bildungseinrichtungen und auch einer entsprechenden Frömmigkeitspraxis.[9]

Diese enge Korrelation war keinesfalls von vornherein angelegt, im Gegenteil. Die alte Kirche wie auch der frühe Katholizismus beachteten die Lebensform Familie allenfalls in zweiter Reihe und bevorzugten andere Ideale eines christlichen Lebens. Die enge Bindung zwischen Katholizismus und Familienwerten, wie sie charakteristisch war für die erste und Teile der zweiten Hälfte des 20. Jahrhunderts, geht zurück auf eine „reaktive Institutionalisierung", wie sie seit der zweiten Hälfte des 19. Jahrhunderts vor allem vom Katholizismus betrieben wurde[10]. Hier wurde eine Tradition „erfunden" und damit eine Kontinuität suggeriert, um ein Bollwerk aufzubauen gegen die Widerfahrnisse der Modernisierung, insbesondere gegen den schon im gesellschaftsbeobachtenden

---

[7] Vgl. Franz-Xaver Kaufmann, Ehe und Familie zwischen kultureller Normierung und gesellschaftlicher Bedingtheit, in: Anton Rauscher (Hrsg.), Handbuch der Katholischen Soziallehre, Berlin 2008, S. 257–272; vgl. Franz-Xaver Kaufmann, Familie, in: Christoph Markschies/Hubert Wolf (Hrsg.), Erinnerungsorte des Christentums, München 2010, S. 465–476.
[8] Vgl. Penny Edgell, Religion and Family, in: Peter B. Clarke (Hrsg.), The Oxford Handbook of the Sociology of Religion, Oxford/New York 2009, S. 635–650.
[9] Vgl. Karl Gabriel, Christentum zwischen Tradition und Postmoderne, Freiburg i. Br. ⁵1996.
[10] Vgl. Hartmann Tyrell, Katholizismus und Familie. Institutionalisierung und Deinstitutionalisierung, in: KZSS Sonderheft 33 (1993), S. 126–149.

Schrifttum der Zeit konstatierten Individualismus. Die Institutionalisierung der Familie im Katholizismus war ein wichtiger Bestandteil einer beispiellos erfolgreichen Milieubildung. Als Abschottung gegen die Moderne organisierte man interne eigene dichte Verkehrs- und Kommunikationskreise, deren Reichweite von der „Wiege bis zur Bahre" ging und den oder die Einzelnen ideell ebenso einbanden wie sozial und politisch[11]. Die katholische Institutionalisierung war deswegen so „erfolgreich", da sie einherging mit einer vergleichbaren konservativ-bürgerlichen Freisetzung der Familie – zunächst mit Blick auf das Kind und dessen eigenen Freiraum, dann bezogen auf die Ehe unter romantischem Vorzeichen und mit Konzentration auf das Liebesverhältnis von Mann und Frau. Zugleich aber war auch die Festlegung des Katholizismus auf die Familie, vor allem aber die Ehe und eine damit stark verbundene Sexualmoral der Grund für einen raschen Niedergang dieser Milieuformation seit den 1960er Jahren[12].

Im Folgenden sollen am Beispiel der katholischen Kirche, des Katholizismus und des damit verbundenen katholischen Milieus drei Schritte unternommen werden: Erstens soll skizziert werden, wie und mit welchen Funktionen sich diese Verbindung entwickelte; zweitens, wie sich in dieser Allianz ein bestimmtes Familienideal verdichtete und welche sozialhistorisch zu beobachtende Praxis dieses bewirkte bzw. wo das Familienideal ohne lebensweltliche Resonanz blieb, und drittens, wie sich beide Größen wieder auseinanderentwickelten.

Zunächst einmal war die enge Verbindung von Familie und Religion höchst unwahrscheinlich. Die wohl wirkmächtigste Repräsentation der Kernfamilie – Maria, Josef und das Jesuskind in der Krippe – kann sich keinesfalls auf die biblischen Urtexte beziehen, in denen viele Rückbezüge auf Geschwister und andere Verwandte Jesu nicht weiter überliefert wurden. Die Krippe, die „heilige Familie" und eine bestimmte damit verbundene Frömmigkeit hat der Orden der Franziskaner seit dem Spätmittelalter propagiert. Auch die Konstellation der „heiligen Familie" selbst entspricht keinesfalls einem „klassischen" Familienideal. Das Kind, das an jedem Weihnachtsfest mit dem Familienidyll schlechthin in Verbindung gebracht wird, hat sich laut biblischen Berichten sehr dezidiert von seiner Herkunftsfamilie distanziert. Jesus wäre vermutlich der erste Familienflüchtling der Zeitrechnung. Von bürgerlichen Ordnungsvorstellungen ist die „heilige Familie" insgesamt weit entfernt: Maria ist nicht verheiratet und Josef weiß nicht, wie er zu dem Kind gekommen ist.

Eine erste, aber nur kurzzeitige und vor allem aus der Not entstandene Konzentration auf die Familie kennzeichnete das frühe Christentum. Da sie zu den Zeiten der Verfolgung zur Geheimhaltung gezwungen waren, agierten

---

[11] Vgl. Arbeitskreis für kirchliche Zeitgeschichte (AKKZG) Münster, Katholiken zwischen Tradition und Moderne. Das katholische Milieu als Forschungsaufgabe, in: WestF 43 (1993), S. 588–654.
[12] Vgl. Tyrell, Katholizismus, S. 143ff.

die Christen zunächst in den gegebenen Familien-, Verwandtschafts- und Klientelstrukturen[13]. Spätestens nach der konstantinischen Wende aber verselbständigte sich der Klerikerstand und übernahm zunehmend Führungsaufgaben. Der Asket, der für sich Ehe und Familie ablehnte, wurde zum Spitzenmodell christlicher Lebensweise, aus dem sich dann das Mönchtum ableitete.

Nach einer langen Phase der Distanz entdeckte erst die Reformation die Familie und die Familienfrömmigkeit. An die Stelle der verfassten Klerikerkirche trat in der anglikanischen Kirche und im Luthertum einerseits eine staatliche Kultusverwaltung, andererseits die Familie als Ort der Frömmigkeit und der Weitergabe des Glaubens. Noch zentraler wurde die Familie als wichtigste Trägerin des Glaubens beispielsweise im Puritanismus, wo sie sich eng mit der örtlichen Kirchengemeinde verband und auf diese Weise ein dichtes Milieu religiöser Sozialisation schuf[14].

Im Katholizismus behielt man eine stärkere Distanz zur Familie, sie avancierte nicht zum zentralen Ort von Frömmigkeit. Erst in dem Maße, wie sich die katholische Kirche von Aufklärung und Modernismus bedroht sah und die politische Kontrolle über die Gläubigen verlor, entdeckte sie die Familie als in ihrer Wahrnehmung gleichfalls durch die Modernisierung bedrohte „Institution". An verschiedenen Elementen lässt sich diese Institutionalisierung zeigen. Wie selbstverständlich stimmte die katholische Doktrin ein in die Verteidigung der Familie gegen den willkürlichen Zugriff menschlicher Gesetze. Man sah die Institution Familie bedroht durch Liberalismus und Sozialismus, betonte, dass allein die Familie die Art von Kultur und Gesittung böte, die als Keimzelle von Staat, Volk und Gesellschaft fungieren könne. Das war in den Schriften der katholischen Argumentationen nicht nur ein defensives Argument, mit dem man bestimmte Differenzierungsprozesse abwehren wollte, sondern verdichtete sich darüber hinaus zur Behauptung einer Strukturaffinität von Familie, Staat und Kirche – eine Position, die bis in die 1960er Jahre der Bundesrepublik das Leitmotiv des „Familiarismus" auf katholischer Seite ausmachte[15].

Zudem wurde der sakramentale Charakter der Ehe stärker betont. Schon seit dem Hochmittelalter hatte sich das Ehesakrament als ein kirchlicher Vollzug mit der Idee eines unauflöslichen Bundes „bis das der Tod euch scheidet" durchgesetzt. In der Hierarchie der verschiedenen Sakramente war der Ehe allerdings immer nur ein hinterer Platz zugekommen. Seit Mitte des 19. Jahrhunderts pochten Kirchenvertreter verstärkt auf das Ehesakrament, um auf diese Weise

---

[13] Vgl. Kaufmann, Familie, S. 466.
[14] Vgl. ebenda, S. 469ff.
[15] Zur politischen Dimension des katholischen „Familiarismus" vgl. Lukas Rölli-Alkemper, Familie im Wiederaufbau. Katholizismus und bürgerliches Familienideal in der Bundesrepublik Deutschland 1945–1965, Paderborn 2000, S. 415–536.

die Ansprüche des Staates zurückzudrängen. Zum eigentlichen Schlachtfeld im Kampf mit dem Liberalismus wurde dann vor allem das Ehescheidungsrecht. Immer dort, wo die Unauflöslichkeit der Ehe in Gefahr schien, verwies die katholische Kirche auf die geistliche Fundierung des Ehebündnisses und der Familie. Nicht die Familienbeziehungen allgemein, wohl aber der Beginn der Ehe mit der Ehestiftung war stark religiös eingefasst[16].

Mit der Beziehung von Mann und Frau und dem Konzept der „romantischen Liebe" tat sich die katholische Kirche hingegen immer schwer. Erst mit dem Zweiten Vatikanum gab sie es auf, die Ehe vor allem über ihren Zweck wie zum Beispiel die Fortpflanzung zu erklären und betonte in der Enzyklika *Dignitas Humanae* den „personalen Eigenwert" der Ehe[17]. Leichter fiel es da schon, in die Pönalisierung der Sexualität vor und neben der Ehe einzustimmen. Die Verpflichtung auf eine strikte Sexualmoral, die Betonung der Zeugungsfunktion und das Zurückdrängen der emotionalen und lustvollen Beziehung sowie die damit verbundene Position zur Frage der Empfängnisverhütung hatte sich Ende des 19. Jahrhunderts ausgebildet und war dem Katholizismus zu einem starken eigenen Motiv geworden, für das die Ohrenbeichte besonders hellhörig war. Die katholische Kirche erklärte die Ehelehre zu einer grundsätzlichen Frage des Glaubensgehorsams. Damit unterschied sie sich zum Beispiel deutlich von den protestantischen Kirchen. Auch diese erhoben das richtige Verhalten in Ehe und Familie zu einem grundlegenden Wert. Was darunter aber zu verstehen war, hatten sie weniger stark formal fixiert, so dass sie sich gegenüber Neuentwicklungen in der Gesellschaft offener zeigen konnten.

So entwickelte sich im Verlauf des 19. und zu Beginn des 20. Jahrhunderts eine enge Anlehnung: „Zu der bedrohten, aber für lebens- und gesellschaftswichtig erkannten Familie sucht die Kirche eine Art Bündnis; sie versteht sich immer nachhaltiger als öffentlicher Anwalt von deren Belangen und ‚entdeckt' vollends seit den 20er Jahren [...] die Familie als ‚ein eigentlich christliches Anliegen'"[18]. Folgt man Hartmann Tyrell, war damit die Institutionalisierung der „heiligen Familie" auf ihrem Höhepunkt.

Diese besondere Art der Wertschätzung und eine damit verbundene Konzentration auf die Familie hielten sich bis in die frühe Bundesrepublik. Die katholische Kirche sah sich in ihrer Haltung dabei in besonderer Weise von der Bundesregierung unterstützt, gingen doch Familienpolitik und katholisches Familienbild nahezu Hand in Hand. Wie kaum ein anderer personifizierte Familienminister Franz-Josef Wuermeling dieses Ineinandergreifen bei der Aufgabe, die traditionelle Familie zu bewahren. Auch viele Bischöfe sowie die kirchliche Publizistik maßen der Familienpolitik besondere Bedeutung bei.

---

[16] Vgl. Tyrell, Katholizismus, S. 137.
[17] Vgl. Rölli-Alkemper, Familie, S. 157–167.
[18] Tyrell, Katholizismus, S. 138.

Die Wertschätzung der kirchlichen Trauung; die Bejahung der Ehemoral, die hauptsächlich in der Kinderfreudigkeit und Stabilität der Ehe zum Ausdruck kam; die Vermeidung von Trauungen zwischen Protestanten und Katholiken, die zeitgenössisch als „Mischehen" bezeichnet wurden – dies waren, um nur einige Beispiel zu zitieren, die Erfolgsparameter, die der Moraltheologe Bernhard Häring 1960 für das kirchliche Wirken aufstellte[19]. Eine besondere Zuspitzung zeigt sich am Beispiel der Geburtenkontrolle. Schon seit dem 18. Jahrhundert tadelte die katholische Kirche diese, ahndete sie aber nur halbherzig. Im 19. Jahrhundert wurde die Haltung zunehmend rigoroser und zu Anfang des 20. Jahrhunderts verdammte die katholische Kirche die Geburtenkontrolle entschieden und „der Kampf gegen die Abtreibung wurde zu einer Säule des Kampfs der Kirche gegen die moderne Kultur."[20]

Nach dem Zweiten Weltkrieg kam in Abwehr einer zum Teil als libertär empfundenen Sexualpolitik des Nationalsozialismus zunächst der Familie als der (vermeintlichen) „Siegerin in Trümmern" in allen Bereichen kirchlichen Wirkens und bei Protestanten und Katholiken „eine Schlüsselrolle" zu[21]. In den 1950er Jahren, so schreibt autobiographisch die Katholikin Ingrid Beilmann, rückte auf diese Weise das sechste der zehn Gebote, „Du sollst nicht ehebrechen", mit all seinen Implikationen an die erste Stelle[22]. Es war wohl gerade diese außergewöhnliche Identifikation mit der Familie und die Integrationskraft dieser Idee, die im Umkehrschluss die intensiven und ebenso aufgeregten Debatten erklärt, mit denen seit den 1970er Jahren über die Krise oder auch das prognostizierte Ende dieses Modells diskutiert wurde.

In einem krassen Gegensatz zur ideellen „Restauration der traditionellen Kernfamilie"[23] steht der sozialhistorische Befund. Unter der Oberfläche einer vermeintlichen Wiederherstellung traditioneller Familienverhältnisse bestimmten tiefgreifende Veränderungen die alltägliche Lebenswelt der meisten westdeutschen Familien in den 1950er Jahren. Der Krieg, demographische Verschiebungen, aber auch der steigende Wohlstand schlugen sich in den Familienkonstellationen nieder. Insbesondere die unmittelbaren Nachkriegsjahre waren deshalb selbstredend von Desorganisation geprägt. Eine neue Rollenverteilung zwischen Mann und Frau, „unvollständige" Familien, nicht zuletzt auch

---

[19] Vgl. Bernhard Häring, Ehe in dieser Zeit, Salzburg 1960, S. 178 u. 190.
[20] Olivier Roy, Heilige Einfalt. Über die politischen Gefahren entwurzelter Religionen, München 2011, S. 57.
[21] Rölli-Alkemper, Familie, S. 279.
[22] Vgl. Christel Beilmann, Eine katholische Jugend in Gottes und dem Dritten Reich. Briefe, Berichte, Gedrucktes 1930–1945. Kommentare 1988/89, Wuppertal 1989, S. 112.
[23] Merith Niehuss, Kontinuität und Wandel der Familie in den 50er Jahren, in: Axel Schildt/Arnold Sywottek (Hrsg.), Modernisierung im Wiederaufbau. Die westdeutsche Gesellschaft der 50er Jahre, Bonn 1998, S. 316–334.

die Aufhebung der kleinfamiliären Intimität durch die Wohnungsnot – diese und weitere Faktoren veränderten Familienleben grundlegend. Die Zeitgenossen reagierten darauf mit enormen Befürchtungen und hielten „trotz veränderter Wirklichkeit an alten Idealen und Illusionen fest"[24]. Hohe Heiratszahlen vor allem jüngerer Paare, eine hohe Geburtenrate in der Ehe wie auch die Rückkehr zur „Hausfrauenehe" stehen für die Rückkehr zu alten Formen. Eine steigende Berufstätigkeit von Frauen und verbesserte Bildungschancen für diese Gruppe deuteten aber schon einen Wandel an[25]. Wo sich der hergebrachte Familientypus reorganisierte, da entstand in den alten Formen viel Neues, so dass von einer Renaissance im eigentlichen Sinne kaum zu sprechen ist.

Die „Kernfamilie", auf die so oft und vehement rekurriert wurde, war daher mehr verbal präsent als in der komplizierten Sozialstruktur der Nachkriegszeit. Der verbale „Sexualkonservatismus" (Dagmar Herzog) der 1950er Jahre ist einerseits zu erklären als Gegenreaktion auf die sexuelle Libertinage des Nationalsozialismus und des Kriegsendes. Andererseits aber umging man die Auseinandersetzung mit der Vergangenheit, indem man Fragen der Sittlichkeit und der Familienmoral in den Mittelpunkt rückte[26].

Alles in allem aber war diese Zeit hoch ambivalent im Umgang mit Familie und Sexualität. Trotz vieler Aktivitäten und groß angelegter Kampagnen von staatlichen und kirchlichen Stellen gegen „Schmutz- und Schundliteratur" waren die Nachkriegsjahrzehnte auch der Zeitraum, in dem mit dem Versandhandel von Beate Uhse und vergleichbaren Firmen eine neue Branche in Deutschland Fuß fasste, die mit Liebe und Lust handelte[27]. Spätestens seit der Rezeption der Sexualuntersuchungen des amerikanischen Wissenschaftlers Alfred Charles Kinsey wurde Sexualität semantisch neu besetzt und eine „Alternative zum kulturpessimistischen Sittlichkeitsdiskurs" angeboten: „Nicht Verfall und Verlust waren seine Begriffe, sondern Fortschritt und Aufklärung."[28]

Die in der Kirche wie auch in weiten Teilen der Gesellschaft vertretenen Normen aber blieben ungeachtet dessen. Insbesondere in der Ära Adenauer wurden diese auch von der Gesetzgebung und Politik massiv unterstützt. Nur den Zwie-

---

[24] Barbara Willenbacher, Zerrüttung und Bewährung der Nachkriegs-Familie, in: Martin Broszat u. a. (Hrsg.), Von Stalingrad zur Währungsreform. Zur Sozialgeschichte des Umbruchs in Deutschland, München ³1990, S. 595–618, hier S. 618.
[25] Vgl. Hartmut Kaelble, Sozialgeschichte Europas. 1945 bis zur Gegenwart, München 2007; vgl. Niehuss, Kontinuität und Wandel.
[26] Vgl. Dagmar Herzog, Desperately Seeking Normality. Sex and Marriage in the Wake of the War, in: Richard Bessel/Dirk Schumann (Hrsg.), Life after death. Approaches to a Cultural and Social History of Europe during the 1940s and 1950s, Cambridge 2003, S. 161–192.
[27] Vgl. Steinbacher, Deutschland, S. 242–266.
[28] Ebenda, S. 354.

spalt zwischen beobachtbarem Verhalten und normativer Setzung musste man zu umgehen lernen und tat dieses recht pragmatisch: Ein in den 1950er Jahren weit verbreitetes Phänomen war beispielsweise die „Onkelehe", bei der die Witwe auf die Heirat mit ihrem neuen Partner verzichtete, um auf diese Weise ihre Rentenansprüche aus der ersten Beziehung zu erhalten[29].

Die katholische Kirche und ihre Vertreter hießen diese Haltung nicht gut, verzichteten aber auf jegliche Sanktionierung des Verhaltens[30]. In vielen Bereichen entstand somit eine Doppelmoral, die vonseiten der Seelsorge als „Ehenot" charakterisiert wurde: Weil sich der einzelne Katholik nicht mehr konform sah mit den seelsorglichen Vorgaben, distanzierte er sich mindestens innerlich, wenn er sich nicht ganz abwandte.

Wie war es um den „Erfolg" der Kirchen in diesem Punkt bestellt? Eine 1949 von Ludwig von Friedeburg im Auftrag des Allensbacher Instituts für Demoskopie durchgeführte „Umfrage in der Intimsphäre" zeichnete den Trend ab, der sich in den Folgejahrzehnten verstärkte: Nur 16 Prozent der Bevölkerung, aber auch nur 40 Prozent der regelmäßigen Kirchenbesucher hielten 1949 sexuelle Beziehungen zwischen Unverheirateten für verwerflich. 71 Prozent der Befragten hielten vor- oder außerehelichen Sex für zulässig oder sogar notwendig. Erheblich weniger, aber immerhin noch 42 Prozent der regelmäßigen Kirchgänger waren der gleichen Ansicht. Dabei war nicht die Zugehörigkeit zu der einen oder der anderen Konfession statistisch relevant, sondern allein die Intensität der Kirchenbindung.

Friedeburg fragte nicht nur nach den Einstellungen, sondern auch nach der Praxis, welche aus der Sicht kirchlicher Pastoralstrategen ebenfalls ein ernüchterndes Bild ergab: 67 Prozent der regelmäßigen Kirchgänger gaben an, sexuelle Beziehungen ohne eheliche Bindung oder vor der Ehe gehabt zu haben[31]. Lediglich in der Hochschätzung der Ehe als Institution – also eines Wertes, der stark gestützt wurde durch den allgemeinen Wertekanon der Zeit – waren die kirchlichen Vorgaben noch für einen Großteil der kirchennahen Bevölkerung bindend[32].

---

[29] Vgl. als zeitgenössische Beschreibung dieses Phänomens Regina Bohne, Das Geschick der zwei Millionen. Die alleinlebende Frau in unserer Gesellschaft, Düsseldorf 1960.
[30] Vgl. Joel Davis, Rebuilding the Soul. Churches and Religion in Bavaria, 1945–1960, Columbia (MO) 2007.
[31] Vgl. Ludwig von Friedeburg, Die Umfrage in der Intimsphäre, Stuttgart 1953, S. 48f.
[32] Knapp 20 Jahre später rückte die Frage nach der Selbstbefriedigung in den Mittelpunkt des Interesses: Die Meinungsforscher Hans Giese und Günter Schmidt, die im Auftrag des Hamburger Instituts für Sexualforschung eine Untersuchung zur „Studenten-Sexualität" erarbeiteten, ermittelten, dass 76 Prozent der männlichen Befragten und regelmäßigen Kirchgänger sich selbst befriedigt hatten, unter den Studentinnen 32 Prozent. Dabei billigten 62 Prozent der kirchentreuen Studenten sowie 47 Prozent der Studentinnen dem eigenen Geschlecht diese Verhaltensweise zu. Vgl. Hans Giese/Günter Schmidt, Studenten-

"Wenn der liebe Gott so hart urteilen täte wie die Priester, dann käme kein Verheirateter in den Himmel."³³ Diese Aussage machte zum Ende der 1950er Jahre ein Arbeiterehepaar, beide Mitte Dreißig. In der Konsequenz dieser „Ehenot", so fasste der Theologe und Soziologe Osmund Schreuder die Ergebnisse seiner qualitativen Vorort-Studie zusammen, trennten viele Jungverheiratete, die sich religiös durchaus gebunden fühlten, Kirche und Ehe in der Praxis voneinander. „Die Trennung wird vor allem dadurch vollzogen, daß man ein relativ ‚sakramentloses' religiöses Leben führt."³⁴ Bereits in den 1950er Jahren hatte also eine sektorale Entkirchlichung des Ehelebens stattgefunden³⁵. Über das Gebot der vorehelichen Keuschheit setzten sich große Teile der Bevölkerung hinweg, die Vorschriften für das eheliche Geschlechtsleben erachteten sie als wirklichkeitsfremd. Insbesondere die Beichte, in der sich das Interesse an Ehe und Familie praktisch auf die Frage der Empfängnisverhütung beschränkte, wurde zunehmend zu einer psychischen Belastung. Wahrte man in diesen Alterskohorten noch den Schein, so distanzierte sich die Generation der zwischen 1940 und 1950 Geborenen deutlicher. Obwohl in einer Umgebung aufgewachsen, in der äußerlich die religiösen Verhältnisse in der Bundesrepublik bemerkenswert kräftig und geordnet erschienen, entfernte sich diese Gruppe weitgehend von den kirchlichen Moralvorstellungen³⁶.

Allen sozialhistorischen Veränderungen zum Trotz blieb bis Mitte der 1950er Jahre die Rollenzuschreibung an die Gläubigen unverändert. Insbesondere gegenüber Mädchen und Frauen waren die kirchlichen Vorgaben zu Moral und Lebensführung in vieler Hinsicht rigider als gegenüber den männlichen Kirchenangehörigen: „Das gefallene Mädchen", so die Zeitschrift *Der Jungführer* von 1954, „ist aber noch gründlicher gefallen als der Junge. Wie der abgefallene Engel schrecklicher ist als der abgefallene Mensch, so ist auch die abgefallene Frau schrecklicher als der abgefallene Mann."³⁷ Die egoistisch ihren Begierden nachgebende Eva wurde in populären Zeitschriften zum Gegen-Bild der Figur der Maria stilisiert, der vor allem Stille, Demut und mystische Hingabefähigkeit zugeschrieben wurde. Insbesondere eine in meist fünfstelliger Auflage verbreitete Traktatliteratur skizzierte ein Schwarz-Weiß-

---

Sexualität. Verhalten und Einstellung. Eine Umfrage an 12 westdeutschen Universitäten, Reinbek 1968, S. 283f.
³³ Zitiert nach Osmund Schreuder, Kirche im Vorort. Soziologische Erkundung einer Pfarrei, Freiburg u. a. 1962, S. 432.
³⁴ Ebenda, S. 436.
³⁵ Vgl. Ferdinand W. Menne, Kirchliche Sexualethik gegen gesellschaftliche Realität. Zu einer soziologischen Anthropologie menschlicher Fruchtbarkeit, München/Mainz 1971, S. 251.
³⁶ Vgl. Franz-Xaver Kaufmann, Die heutige Tradierungskrise und der Religionsunterricht, in: Sekretariat der Deutschen Bischofskonferenz (Hrsg.), Religionsunterricht. Aktuelle Situation und Entwicklungsperspektiven, Bonn 1989, S. 60–73.
³⁷ Polarität der Geschlechter, in: Der Jungführer, N.F. 5 (1954), S. 365–370, hier S. 362.

Bild, in dem die Sexualnormen der Kirchen als absolute Orientierungsgröße gezeigt wurden. Wer diese übertrete, setze sich großen Gefahren für Körper und Seele aus, so die verbreitete Botschaft[38]. Kleinschriften mit Titeln wie „Liebe in Gewissensnot", „Lust oder Liebe" oder „Ehe um jeden Preis?", die alle in den 1950er und zu Anfang der 1960er Jahre veröffentlicht wurden, modellierten die Verhaltensgebote: Mädchen, die „rein" blieben, schlössen eine glückliche Ehe; Mädchen mit vorehelichen Beziehungen landeten in der Gosse, zumindest aber seien Verzweiflung oder seelisches Zerbrechen die Konsequenz vorehelicher Sexualität. Männer verachteten Mädchen, die sich ihnen „vorehelich" hingeben. Abtreibungen endeten tödlich für das werdende Kind und die Mutter, beide würden schamhaft und „still" beerdigt. Um diesem Ideal nahe zu kommen, setzte man in der Praxis der Jugendarbeit nach wie vor auf das „Stauungsprinzip" in der Reifezeit, sprich: die strikte Trennung von männlichen und weiblichen Jugendlichen[39].

Seit Mitte der 1950er Jahre entlud sich der Widerwille gegen diese Rollenzuweisung erstmals öffentlich in vielen „kleinen Konflikten" und Diskussionen. „Darf ein katholisches Mädchen sich schminken?" oder „Ist Flirten verwerflich?" – solche in der katholischen wie auch in der protestantischen Jugendpresse aufgeworfenen Fragen riefen regelmäßig ein außergewöhnliches Leserecho hervor. Die Auseinandersetzungen über die Rollenzuweisungen setzten sich in Diskussionen über die angemessene Berufswahl für Frauen und vor allem über das „Haushaltsjahr" fort – eine dienstmädchenähnliche einjährige Beschäftigung, die die junge Frau vor der Ehe eingehen sollte, um Demut und Dienstbereitschaft zu internalisieren[40].

Die Differenz zu diesen Vorgaben – das ist das qualitativ Neue – bekundeten junge Frauen seit Mitte der 1950er Jahre zunehmend öffentlich. Die Unzufriedenheit in den kirchlichen Kreisen und Gruppen schlug sich in Korrespondenz und Leserbriefen nieder und verdichtete sich in den Verbandsführungen. In einem Vortrag mit dem Titel „Seid moderne Katholiken" rief die Bundesführerin der Frauensäule des Bundes der Deutschen Katholischen Jugend BDKJ, Heidi Carl, 1954 dazu auf, den Kampf gegen die Insignien der modernen Welt aufzugeben und sich nicht selbst zu isolieren[41]. In der einsetzenden Diskussion über einen dem Katholischen angemessenen Lebensstil prallten die Gegensätze auf-

---

[38] Vgl. Christa Rohde-Dachser, Die Sexualerziehung Jugendlicher in katholischen Kleinschriften. Ein Beitrag zur Moraltradierung in der komplexen Gesellschaft, München 1967; vgl. Hannes Schwenger, Antisexuelle Propaganda. Sexualpolitik in der Kirche, Reinbek 1969.
[39] Zur Tradition dieses Gedankens vgl. Hermann Muckermann, Stauungsprinzip und Reifezeit. Gedanken zur geschlechtlichen Erziehung im Sinne der Eugenik, Essen 1935.
[40] Detailliert dazu vgl. Mark Edward Ruff, Katholische Jugendarbeit und junge Frauen in Nordrhein-Westfalen 1945–1962, in: AfS 38 (1998), S. 263–284.
[41] Vgl. Jahresthema: Das christliche Menschenbild, in: Der junge Katholik 5,1 (1955), S. 1.

einander, ohne dass eine Vermittlung der kontroversen Positionen zu beobachten war. Das Machtwort der kirchlichen Hierarchie konnte solche Diskussionen allenfalls kurzfristig stoppen. In der Konsequenz provozierten diese Auseinandersetzungen entweder die innerliche Distanzierung von Mädchen und Frauen von den kirchlichen Vorgaben oder den Austritt aus der Organisation: Zwischen 1953 und 1959 verließen beispielsweise mehr als 40 Prozent der Mädchen und Frauen im Bundesland Nordrhein-Westfalen die für sie gedachten katholischen Verbände und Vereine. Im Vergleich dazu waren es in derselben Region bei den Jungen und Männern lediglich 15,8 Prozent[42].

Wo in den Jugendverbänden der Unmut offen artikuliert wurde, da wandten sich andere Teile der Katholiken leise ab: „Ohne die kirchlichen Normen offen zu kritisieren", so resümiert Lukas Rölli-Alkemper in seiner Untersuchung zum bürgerlich-kirchlichen Familienbild und der davon partiell abgeleiteten Wirklichkeit, „richtete sich ein Großteil selbst der kirchentreuen Katholiken nicht mehr nach ihnen, sondern nach allgemeinen gesellschaftlichen Leitbildern."[43] Es waren eine Reihe von offen ausgetragenen Konflikten und lauten Distanzierungen, die den Abstand mehr und mehr vergrößerten: Das bald als Protestkatholikentag bekannt gewordene Katholikentreffen in Essen 1968 war von den Auseinandersetzungen über die Enzyklika Humanae Vitae überschattet – um damit nur ein Beispiel zu nennen[44].

Um die Jahrtausendwende ist die Vorstellung von der „Inkompetenz" der Kirche im Bereich der Sexualmoral laut demoskopischer Daten breit ausgeprägt. Anhand von Daten, die zum Ende der 1990er Jahre erhoben wurden, belegt der Religionssoziologe Andrew M. Greeley, dass nicht nur die römisch-katholische Kirche, sondern viele große Religionsgemeinschaften ihr selbst gestecktes Ziel, das Sexualleben ihrer Gläubigen zu normieren, grundlegend verfehlten: „Most of the laity seems convinced that the church doesn't know what it's talking about when the subject is the ethics of human sexuality."[45] Diese auf die Gegenwart zielende Situationsbeschreibung lässt die Veränderung zu den 1950er Jahren klar hervorstechen: Zur Mitte des 20. Jahrhunderts war das religiöse Gedankengut eine Norm, an der sich eine generelle Gesellschaftskritik wie auch der Diskurs über Familie orien-

---

[42] Vgl. Mark Edward Ruff, Catholic Elites, Gender, and Unintended Consequences in the 1950s: Towards a Reinterpretation of the Role of Conservatives in the Federal Republic, in: Frank Biess u. a. (Hrsg.), Conflict, Catastrophe and Continuity. Essays in Modern German History, New York 2007, S. 252–272, hier S. 262.
[43] Rölli-Alkemper, Familie, S. 236.
[44] Vgl. Norbert Lüdecke, Humanae Vitae, in: Christoph Markschies/Hubert Wolf (Hrsg.), Erinnerungsorte des Christentums, München 2010, S. 534–546.
[45] Andrew M. Greeley, Religion in Europe at the End of the Second Millenium, New Brunswick/London 2003, S. 83.

tieren konnten[46]. Seit den 1960er und 1970er Jahren verloren die Kirchen ihre immer begrenzten, aber durchaus wirkungsmächtigen Einflussmöglichkeiten auf die Normierung sexuellen Verhaltens. Ein Zurück zur engen Verknüpfung von gesellschaftlicher Moral und religiös geprägter Sexuallehre, wie sie in Ansätzen in den 1950er Jahren zu beobachten war, scheint seitdem undenkbar[47]. Aktuell verlagert sich die politische Diskussion anscheinend immer mehr darauf, Familie recht offen als eine auf Dauer gestellte Lebensgemeinschaft mit Kindern zu fassen. Vom Idealbild der Familie, wie es sich im Katholizismus etabliert hatte, liegt eine solche Vorstellung weit entfernt.

Wertewandel als „Prozessbegriff"? Zum Verhältnis von sozialwissenschaftlicher und historischer Forschung

Wie am Beispiel oben gezeigt werden sollte, sind es zeitlich wie auch prozessual ganz eigene Rhythmen, denen dieser spezifische Ausschnitt des Wertewandels im Bereich der Familienwerte folgte. Eine Geschichte des Wandels der Familienkonzepte und -ideale benötigte eine Reihe von weiteren Zugriffen, um andere Akteursgruppen und Konfliktkonstellationen aufzuzeigen. Die Ergebnisse sind somit nur eine erste Schneise zu einem vollständigeren Bild. Sie können aber dazu dienen, vor einem naiven Umgang mit den Ergebnissen der sozialwissenschaftlichen Wertewandelsforschung nachdrücklich zu warnen. Erschöpfte sich der Umgang der Geschichtswissenschaft in einer reinen Übernahme des Konzepts und der Ergebnisse, dann avancierte der „Wertewandel" zu einem der „gefährlichen Prozessbegriffe", vor deren Kombination von hoher Plakativität und begrenzter Aussagekraft auch aus sozialwissenschaftlicher Perspektive verschiedentlich gewarnt wurde[48]. Ähnlich wie bei verwandten Termini wie Modernisierung, Differenzierung oder Rationalisierung ist die Rede vom Wertewandel ungemein plakativ und lässt in ihrer Suggestivität vergessen, wie begrenzt die Aussagekraft zuweilen ist. Diese Begriffe, so Hans Joas, „führen die Soziologen in die Irre [...], wenn sie ihren Gegenwartsanalysen damit ein historisches Fundament zu geben versuchen" und sie tragen „ihre schädliche Wirkung über die Grenzen des Faches" hinaus, „wenn andere, z. B. Historiker,

---

[46] Vgl. Robert S. Ellwood, The Fifties Spiritual Marketplace. American Religion in a Decade of Conflict, New Brunswick/New Jersey 1997, S. 230.
[47] Zum „Abstinence Only"-Programm der „Alliance for Families", welches die Bush-Regierung im Sexualkundeunterricht der staatlichen Schulen förderte, vgl. Gabriele Chwallek, „Sex, nein danke!", in: Frankfurter Allgemeine Zeitung, 23.07.2002.
[48] Vgl. Wolfgang Knöbl, Spielräume der Modernisierung. Das Ende der Eindeutigkeit, Weilerswist 2001.

in ihnen sozialwissenschaftlich bewährte theoretische Orientierung zu finden meinen."[49]

Diese klare Position findet auch ihr Gegenargument: Natürlich bedarf es solcher (und anderer) Prozessbegriffe, um diachrone und umfassende historische Entwicklungen zu beschreiben. Ohne diese begriffliche Zuspitzung verlören wir uns im Dickicht einer historistischen Beschreibung, blieben thesenarm und letztlich ohne Erkenntnis. Wie also umgehen mit diesen und anderen soziologischen Prozessbegriffen? Zunächst sind sie uns Quelle und Darstellung zugleich: Als Quellen müssen wir sie umfassend historisieren. Sie markieren nicht nur das Problembewusstsein ihrer jeweiligen Entstehungszeit, sondern müssen auch in ihrer Wirkung als gesellschaftliche Selbstbeschreibung untersucht werden. In welchen politischen, sozialen oder kulturellen Kontexten der jeweilige Begriff aufgenommen und welche Folgekommunikation er angestoßen hat – diese und ähnliche Fragen führen uns auf das Terrain einer modernen Ideengeschichte.

Zugleich aber sind diese Begriffe auch „wissenschaftlich kontrollierte, besonders aussagekräftige Darstellungen der Entwicklungstendenzen dieser Umbruchphase"[50]. Vielfach liefern die zeitgenössischen sozialwissenschaftlichen Forschungen empirisches Datenmaterial, welches auch historische Arbeiten heranziehen können. Nur: Als bequeme Abkürzung, mit der man die eigene Analyseleistung umgehen kann, taugen sie nicht. Sorgsam wird zeithistorische Forschung die Arbeitsweise rekonstruieren müssen, unter denen solche Daten und davon abgeleitete Interpretationen entstanden sind und wie sie dann von wem und zu welchem Zweck kommuniziert und genutzt wurden[51].

Speziell mit Blick auf den Wertewandel scheint nach wie vor die Aussage von Andreas Rödder gültig zu sein, dass die „zeithistorische Forschung [...] empirisch noch kaum über den Stand der sozialwissenschaftlichen Wertewandelsforschung hinausgekommen [ist]"[52]. Die Ursachen, die Stoßrichtung, die

---

[49] Hans Joas, Gefährliche Prozessbegriffe. Eine Warnung vor der Rede von Differenzierung, Rationalisierung und Modernisierung, in: Karl Gabriel u. a. (Hrsg.), Umstrittene Säkularisierung. Soziologische und historische Analysen zur Differenzierung von Religion und Politik, Berlin 2012, S. 603–622, hier S. 603.

[50] Anselm Doering-Manteuffel/Lutz Raphael, Nach dem Boom. Perspektiven auf die Zeitgeschichte seit 1970, Göttingen ²2010.

[51] Vgl. die höchst anregende Diskussion in Rüdiger Graf/Kim Christian Priemel, Zeitgeschichte in der Welt der Sozialwissenschaften. Legitimität und Originalität einer Disziplin, in: VfZ 59 (2011), S. 479–508; vgl. Bernhard Dietz/Christopher Neumaier, Vom Nutzen der Sozialwissenschaften für die Zeitgeschichte. Werte und Wertewandel als Gegenstand historischer Forschung, in: VfZ 60 (2012), S. 293–304.

[52] Andreas Rödder, Vom Materialismus zum Postmaterialismus? Ronald Ingleharts Diagnosen des Wertewandels, ihre Grenzen und Perspektiven, in: Zeithistorische Forschungen/Studies in Contemporary History, Online-Ausgabe 3 (2006), www.zeithistorische-forschungen.de/16126041-Roedder-3-2006.

Breite wie auch die Folgen dieses Prozesses bleiben dabei oftmals offen. Auf diese Weise aber erschöpft sich das Interesse der Geschichtswissenschaft in der Übernahme von Ergebnissen, statt sich selbst dazu herausgefordert zu sehen, den in den Sozialwissenschaften mittlerweile diskutierten Befund mit den ihr eigenen Methoden und Mitteln zu vertiefen.

Prozessbegriffe wie der des Wertewandels sollten aus dieser Perspektive vor allem als Ausgangspunkt von Fragen dienen, sie stellen „ein Forschungsprogramm mit offenem Ausgang" dar[53]. Aufgabe der zeithistorischen Forschung wird es dann sein, eine Abstraktionsstufe niedriger anzusetzen und historischspezifische Prozesse auf einem handlungstheoretischen Fundament zu analysieren und nach Ursachen und Wirkungen, Trägern und Hemmnissen, den Rhythmen und dem Zeitmaß der Entwicklung, nach beschleunigenden Faktoren und hemmenden Kontexten zu fragen. Ist „Wertewandel" tatsächlich – der Modernisierungstheorie im Status und Erklärungsanspruch vergleichbar – ein unumkehrbarer Prozess?[54] Welche Aussagekraft kommt den sozialstatistischen Daten zu, die im Rahmen der Studien erhoben wurden? Welche langfristigen Wirkungen und welche Nachhaltigkeit entwickeln die Veränderungen? Die Wertewandelsforschung selbst entwickelt Differenzierungen, die den Fragebedarf verdeutlichen: „Bei allen bisher diagnostizierten Wertveränderungen bleibt [...] angesichts der fehlenden Langzeituntersuchungen die Frage", so ist im *Historischen Wörterbuch der Philosophie* zu lesen, „ob es sich jeweils nur um kurzfristige Schwankungen oder in der Tat um einen langfristigen Wertewandel handelt."[55]

Eng damit verbunden ist die Frage nach den Folgen des „Wertewandels": Geht damit eine Entnormativierung einher, wie oftmals beklagt wird? Wertewandel wird bislang unter Historikerinnen und Historikern vor allem als Bedeutungsschwund eines traditionellen Kanons von geteilten Überzeugungen und der Erosion eines gesellschaftlich getragenen Normengerüsts skizziert. „Davon, daß sich ein neuer, halbwegs stabiler Wertkonsens herausgebildet habe, kann nicht, noch nicht die Rede sein", betont beispielsweise Peter Graf Kielmansegg[56]. Er verbleibt mit dieser Prognose wie andere Autoren auch nicht nur im Vorläufigen, sondern lässt mindestens implizit auch eine kultur-

---

[53] Volkhard Krech, Über Sinn und Unsinn religionsgeschichtlicher Prozessbegriffe, in: Karl Gabriel u. a. (Hrsg.), Umstrittene Säkularisierung. Soziologische und historische Analysen zur Differenzierung von Religion und Politik, Berlin 2012, S. 565–602, hier S. 566.
[54] Vgl. Stefan Hradil, Vom Wandel des Wertewandels. Die Individualisierung und eine ihrer Gegenbewegungen, in: Wolfgang Glatzer u. a.(Hrsg.), Sozialer Wandel und gesellschaftliche Dauerbeobachtung, Opladen 2002, S. 31–47.
[55] Jürg Berthold, „Wertewandel; Werteforschung", in: Gottfried Gabriel u. a. (Hrsg.), Historisches Wörterbuch der Philosophie, Bd. 12, Basel 2004, S. 609–611, hier S. 611.
[56] Peter Graf Kielmansegg, Nach der Katastrophe. Eine Geschichte des geteilten Deutschland, Berlin 2000, S. 429.

pessimistisch-nostalgische Note mitschwingen. Diese Vagheit werden wir empirisch auflösen müssen, um tatsächlich bestimmen zu können, inwiefern hier ein Wertebruch, eine Transformation oder die Etablierung neuer Normen stattgefunden hat.

Erste soziologische Beobachtungen deuten darauf hin, dass sich Alltagskultur und normative Bindungen keinesfalls in eine postmoderne Beliebigkeit des „anything goes"[57] auflösten. Stattdessen entwickelten sich für das individuelle Verhalten neue limitierende wie auch ermöglichende Strukturen: „Bisheriges wird nicht einfach ersetzt, aufgelöst oder zu einem bloßen Restbestand, sondern verbindet sich in unterschiedlicher Form mit neuen Elementen, wobei auch scheinbar überholte Strukturen Aktualität erlangen und im Rahmen des ‚Sowohl als auch' zur typischen Erscheinungsform der reflexiven Moderne werden können."[58] Deshalb müssen Fragen nach den Rahmenbedingungen, Folgeproblemen und Arrangements zwischen neuen und alten institutionellen Arrangements auf unterschiedlichen Ebenen im Vordergrund stehen: Wie verhalten sich Individuen und Kollektive, wie positionieren sich Institutionen in diesem Transformationsprozess vom „Entweder-oder" zum „Sowohl-als-auch"? Von besonderem Interesse sind dabei gesellschaftliche Orientierungsbewegungen und Legitimationskonflikte, mit denen sich neue gesellschaftliche Konventionen entwickelten, und ob und inwiefern diese funktionale Äquivalente zum alten Wertekorsett darstellten. All diese Fragen kann und muss zeithistorische Forschung aufgreifen, um auf diese Weise die Konstruktion und die Umkonstruktion von Werten konkret nachzuvollziehen und im Wechselspiel von Institutionen, kollektiven wie auch individualspezifischen Haltungen und Verhaltensweisen zu untersuchen.

---

[57] Paul K. Feyerabend, Wider den Methodenzwang, Frankfurt a.M. [10]2007.
[58] Ulrich Beck/Elisabeth Beck-Gernsheim, Individualisierung in modernen Gesellschaften. Perspektiven und Kontroversen einer subjektorientierten Soziologie, in: dies. (Hrsg.), Riskante Freiheiten. Individualisierung in modernen Gesellschaften, Frankfurt a.M. 1994, S. 10–42, hier S. 22f.

4. Familie International

Fiammetta Balestracci
Prozesse der Re-Normativierung in Italien. Normative Vorstellungen von der Familie in der Kommunistischen Partei Italiens (1964–1974)

Der vorliegende Aufsatz beschäftigt sich mit dem Wertewandel im Bereich der Familie in Italien in den 1960er und 1970er Jahren. Wie im Rest Europas erlebt die Familie in Italien in diesem Jahrzehnt eine tiefe Transformation, die nach dem zwanzigjährigen *baby boom* und dem Anstieg der Zahl der Eheschließungen in der Nachkriegszeit zu einer radikalen Abnahme der Geburtenrate führte, die in der Tat im Einklang mit dem demographischen Trend des Jahrhunderts stand, und zu einer Zunahme der familiären Modelle in der Gesellschaft[1]. In Italien büßte die kirchliche Eheschließung ihre vorherrschende Position gegenüber der zivilen Eheschließung ein. Neue Familienformen wie zum Beispiel das Zusammenleben unverheirateter Paare gewannen ebenso an Bedeutung und öffentlicher Sichtbarkeit wie ältere, traditionelle Familienformen wie die unipersonelle Familie alleinstehender Frauen oder alter Menschen[2]. Wir wissen, dass sich die Familie in Italien und Europa in allen Zeitepochen permanent veränderte und dass die Pluralität der familiären Modelle kein Charakteristikum der 1960er und 1970er Jahre ist, sondern eine lange Geschichte hat. Welche Formen Familien annahmen, bestimmte nicht nur die Zeitepoche, sondern auch Faktoren wie Schicht oder Region[3]. Doch die spezifischen Veränderungen der Familie in den 1960er und 1970er Jahren korrespondieren mit einem spezifischen Wertewandelsschub. Dieser ist als historisches Phänomen

---

[1] Zur Transformation der Familie in der Nachkriegszeit und während der italienischen Republik s. Paul Ginsborg, L'Italia del tempo presente. Famiglia, società civile, Stato 1980–1996, Turin 1998, S. 132ff.; Chiara Saraceno, Mutamenti della famiglia e politiche sociali in Italia, Bologna 1998, und Cecilia Dau Novelli, Le trasformazioni della famiglia: L'Italia repubblicana nella crisi degli anni settanta. In: Fiamma Lussana/Giacomo Marramao (Hrsg.), Culture, nuovi soggetti, identità, Bd. 2, Soveria Mannelli 2003, S. 282–295. Für den demographischen Zustand Europas im Laufe des 20. Jahrhunderts s. Theo Engelen, Una transizione prolungata: aspetti demografici della famiglia europea; Marzio Barbagli/David I. Kertzer (Hrsg.), Storia della famiglia in Europa, Bd. 3: Il Novecento, Rom–Bari 2003, S. 381–426.
[2] Vgl. Maura Palazzi, Donne sole. Storia dell'altra faccia dell'Italia tra antico regime e società contemporanea, Mailand 1997.
[3] S. M. Barbagli/D. I. Kertzer (Hrsg.), Storia della famiglia in Europa, 3 Bde., Rom–Bari 2001–2003; Piero Melograni (Hrsg.), La famiglia italiana dall'ottocento a oggi, Rom–Bari 1988, und M. Barbagli, Sotto lo stesso tetto. Mutamenti della famiglia in Italia dal XV al XX secolo, Bologna 1988 (1. Aufl. 1984).

nicht als einmaliges Ereignis zu verstehen, sondern als ein sich unter unterschiedlichen sozialen, wirtschaftlichen und kulturellen Rahmenbedingungen wiederholender Prozess zu begreifen. Im Übrigen haben sich Wertewandelsschübe in Untersuchungen zur historischen Entwicklung der Familie schon in vielen Nationen und Regionen in unterschiedlichen Epochen zeigen lassen[4]. Im vorliegenden Aufsatz soll zuerst dieser spezifische Wertewandel in Hinblick auf die italienische Familie historiographisch analysiert werden. Dann soll am Beispiel der Kommunistischen Partei Italiens (Partito comunista italiano, PCI) gezeigt werden, wie die Politik – die Parteien in Zusammenarbeit mit der Regierung und dem Parlament – versucht hat, den gesellschaftlichen Wandel und die damit verbundene Pluralisierung der sozialen Normen im Bereich von Familie, Geschlechter- und Generationenbeziehungen in eine nationale Familien-Moral zu kanalisieren. Ein Augenmerk liegt dabei auch auf dem Vorgehen der Politiker, ihren Mitteln und Methoden, um Einfluss auf den gesellschaftlichen Wertewandel und seine Folgen zu nehmen wie zum Beispiel die Gesetzgebung, Sozial- und Medienpolitik, parlamentarische Debatten, öffentliche Versammlungen oder Parteitreffen.

Diese nationale Familien-Moral zielte zum Teil auf die tatsächlichen gesellschaftlichen und moralischen Veränderungen, zum Teil darauf, eine bestimmte nationale Identität zu verteidigen. Der italienische Staat und die politischen Parteien versuchten, durch eine eigene Interpretation des soziokulturellen Wandels die vielschichtigen Prozesse der Entnormativierung, als Liberalisierung der Norm, oder auf bestimmten Milieus der Re-Normativierung, als Bedeutungsgewinn von neuen Normen, die sich zwischen den Angehörigen verschiedener Generationen und von Individuum zu Individuum unterschieden, zu bündeln und bestimmte Normen als allgemeingültig zu etablieren.

Die Pluralität der Familienmodelle innerhalb der Gesellschaft, die sich im Laufe dieser und der nächsten Jahrzehnte entwickelte, erlangte auf politischer und institutioneller Ebene keine volle Anerkennung, sondern erlebte eine ideologische Re-Interpretierung, die einigen neuen normativen Modellen keine soziale Legitimierung zugestanden und zugleich durch eine staatliche Gesetzgebung und soziale Politik eine soziale Re-Normativierung mitgebracht hat. Das bedeutet, dass die vielfältige Pluralität der familiären Modelle und Praktiken, die sich in diesen Jahrzehnten in der Gesellschaft formierten, keine volle staatliche Anerkennung durch die Reform des Familienrechts bekam.

---

[4] Auf dem Gebiet der Familien- und Gefühlsgeschichte waren die Bücher von Philippe Ariès und Lawrence Stone indirekt ein wichtiges Beispiel für den Wertewandelsschub in den Generationen- und Geschlechterbeziehungen und im Verhältnis zwischen privatem und öffentlichem Leben. S. z. B. Padri e figli nell'Europa medievale e moderna, Rom–Neapel 1968 (1. Aufl. 1966) und Famiglia, sesso e matrimonio in Inghilterra tra Cinque e Ottocento, Turin 1983 (1. Aufl. 1977).

Der Wertewandelsschub – so meine These –, der die Transformation der Gesellschaft und der Familie in diesen Jahrzehnten charakterisierte, führte in Italien in weiten Teilen zu einer vielfältigen Re-Normativierung, deren Normen nicht weniger verbindlich waren als die vorherigen. Dieser Re-Normativierungsprozess wurde von den politischen Machthabern stark beeinflusst.

Ab Mitte der 1960er Jahre fand das Thema Familie in Italien große politische Beachtung. Im Jahr 1965 wurden die Gesetzesentwürfe zur Revision des Familienrechts (durch den Republikaner Oronzo Reale) und zur Einführung der Scheidung (durch den Sozialisten Loris Fortuna) in das Parlament eingebracht und dort debattiert. Die wichtigsten politischen Kräfte des Landes waren zu jenem Zeitpunkt alle an der Debatte um die Familie im Umbruch und den Wandel ihrer Lebensformen beteiligt: An erster Stelle standen die Kirche und die kirchlichen Autoritäten, die sich seit Beginn des Zweiten Vatikanischen Konzils mit dem Thema befassten, dann alle politischen Parteien[5]. Innerhalb der kommunistischen Partei begann die Diskussion über die Transformationen der Familie und die Notwendigkeit einer gesetzlichen Reform schon am Anfang der sechziger Jahre wegen der Bemühungen der Weiblichen Sektion. Insofern war aber die Frage damals noch kein Problem der führenden Gruppe der Partei. Der erste Anlass für die kommunistische Partei, sich eingehend mit dem Thema offiziell auseinanderzusetzen, war eine im Mai 1964 von der Weiblichen Sektion und der Kultursektion organisierte Studientagung mit dem Titel *Famiglia e società nell'analisi marxista* (Familie und Gesellschaft in der marxistischen Analyse). Von diesem Moment an wird dem ideologisierten und abstrakten Familien-Modell der Partei offen Kritik entgegengebracht. Die Debatte und die Informationsaktivitäten innerhalb der Partei über das Thema intensivierten sich, auch im Zusammenhang mit der Verabschiedung des Scheidungsgesetzes am 1. Dezember 1970 (Gesetz Nr. 898). Das Gesetz liberalisierte die Beziehung zwischen den Partnern gegenüber dem Gesetz und stellte sie teilweise gleich. Außerdem schaffte es die Schuldfrage ab und ermöglichte eine Scheidung aus beiderseitigem Einverständnis. Die intensivste Phase der theoretischen Diskussion über den Wertewandel im Bereich der Familie in der gesamten Partei, sowohl in den leitenden Organen als auch in der Basis, fand zwischen der Verabschiedung des Gesetzes und dem 12. Mai 1974 statt, dem Tag der Volksabstimmung zur Annullierung des Scheidungsgesetzes. In diesen Jahren wurden auch die Verhandlungen mit dem Vatikan und den anderen politischen Kräften intensiviert, um das Konkordat zwischen dem Staat und der Kirche zu revidieren und die Volksabstimmung zu vermeiden. In diesen Jahren fand die PCI zu ihrer Sicht des Wertewandels und der Transformation der Familie.

---

[5] Insbesondere über die politische Debatte in Italien über die Familiengesetzgebung und das Scheidungsgesetz vgl. Giambattista Sciré, Il divorzio in Italia. Partiti, Chiesa, società civile dalla legge al referendum (1965–1974), Mailand 2007, aber auch einige Aufsätze des Bands Enrica Asquer u. a. (Hrsg.), Famiglie del Novecento. Conflitti, culture e relazioni, Rom 2010.

Doch bevor wir uns damit befassen, sollen ein paar Überlegungen zu Familie und Wertewandel in der historiographischen Debatte über die italienische Republik angestellt werden.

Familie und Wertewandel in der italienischen Republik: historiographische Überlegungen

Bekanntermaßen hat die Familiengeschichte in der zweiten Hälfte des 20. Jahrhunderts international eine neue Welle erlebt. Nach den 1960er Jahren haben sich in Italien damit die neue Sozialgeschichte (wegen ihres Interesses für bislang wenig beachtete soziale Gruppen), die historische Demographie, die Frauengeschichte und die mit ihr verbundene feministische Kritik, die Anthropologie und die Soziologie befasst[6]. Insbesondere hat die weite Rezeption der demographischen Studien der von Peter Laslett koordinierten Cambridge Gruppe erlaubt, auch für Italien ein zeit- und raumübergreifendes Modell zu entwickeln, das noch heute keine Vereinfachung der Evolution der Familie in der Geschichte Italiens gestattet. Insbesondere die Studien von Marzio Barbagli haben klar gezeigt, wie die Familien in Italien seit dem 15. Jahrhundert in unterschiedlichen sozialen Schichten, Orten und Zeiten unterschiedlich organisiert wurden[7].

Seit den 1990er Jahren haben der neue Forschungsschwerpunkt zur Geschichte der Italienischen Republik (1943/1945–1992) und allgemein neue interpretatorische Perspektiven die Familie wieder ins Zentrum der Forschungsdiskussion zurückgebracht.

Zum einen hat die familiengeschichtliche Interpretation des englischen Zeithistoriker Paul Ginsborg wie ein *master narrative* für die Geschichte der Italienischen Republik funktioniert und es erstmals geschafft, akademische Teildisziplinen in der Familiengeschichte zu vereinen[8]. Ginsborg vermutete,

---

[6] Eine zusammenfassende Darstellung und eine nützliche Bibliographie zu dieser Debatte finden sich in Marzio Barbagli/David I. Kertzer, Storia della famiglia italiana 1750–1950, Bologna 1992, S. 7–28. Vgl. auch Paolo Macry, La storia della famiglia fra società e cultura: La società contemporanea, Bologna 1992, S. 111–143; Chiara Saraceno, Anatomia della famiglia. Strutture sociali e forme familiari, Bari 1976, und dies., Trent'anni di storia della famiglia italiana. In: Studi Storici, 4, J. 20, 1979, S. 833–856.

[7] Darauf haben vor allem die Debatten in der Zeitschrift „Quaderni Storici" neue Schlaglichter geworfen. Vgl. aber auch Chiara Saraceno, La famiglia nella società contemporanea, Turin 1975.

[8] Für methodologische Erklärungen vgl. Paul Ginsborg, Famiglia, società civile e stato nella storia contemporanea. Alcune considerazioni metodologiche. In: Meridiana 17 (1993), S. 179–208.

dass die Familie ein entscheidendes Element der zeitgeschichtlichen Gesellschaft Italiens ist, das im Laufe der Jahrzehnte nicht immer mit konservativen gesellschaftlichen Kräften in Zusammenhang stand. Dies habe sich zum Beispiel im Widerstand gegen den Nazi-Faschismus während der Geburt der Republik gezeigt oder zur „Zeitepoche der kollektiven Aktion", das heißt genau am Übergang von den 1960er zu den 1970er Jahren[9]. Ginsborg nahm insbesondere die Beziehung zwischen Familie, Zivilgesellschaft und Staat in den Fokus und im Laufe seiner Studien konnte er eine neue Version der bekannten Theorie des Familismus von Edward C. Banfield formulieren[10]. Ginsborg konstatierte, dass „der Familismus ein spezifischer Umgang durch Familie, Zivilgesellschaft und Staat ist, in dessen Gebiet die Werte und die Interesse der Familie gegen die anderen Hauptmomente des menschlichen Mitlebens entgegengesetzt werden. Die italienische Version dieses Umgangs ist nicht konstant, aber es ist auch keine Luftspiegelung. Sie wird von stark verbundenen familiären Einheiten, einer relativ schwachen Zivilgesellschaft und einem tief verwurzelten Misstrauen in den zentralen Staat charakterisiert"[11]. Vor allem in seinem Buch „L'Italia del tempo presente" hat der englische Historiker sich auf die Rolle der Familie in der Nationalgeschichte Italiens konzentriert und einerseits die Konsumgewohnheiten der italienischen Familie, andererseits die komplexen Beziehungen zwischen Familien, Gesellschaft und Staat analysiert. Ginsborg vertrat danach die These, dass die Individualisierungsprozesse seit dem Wirtschaftswunder in Italien nicht zu einer Schwächung der Familienbeziehungen geführt hatten. Anschließend an die Thesen des amerikanischen Politologe Ronald Inglehart für Italien konstatierte Ginsborg, dass zwischen den 1960er und 1970er Jahren postmaterialistische Werte wie Freiheit und Autonomie des Individuums gegenüber materialistischen Werten wie Besitz an Bedeutung gewonnen hätten und dass sich in Italien neue Generationeninterdependenzen innerhalb der Familie entstanden seien, die zu einem ungelösten Konflikt

---

[9] Vgl. ders., Storia d'Italia dal dopoguerra a oggi. Società e politica 1943–1988, Turin 1989, und L'Italia del tempo presente. Im letzteren Band konzentriert er sich mehr auf den Diskurs über Familie, Werte und Wertewandel.

[10] Der amerikanische Politologe Edward C. Banfield hat 1958 das Buch „The Moral Basis of a Backward Society" veröffentlicht, das 1961 in Italien erschien und sehr kritisiert worden ist. Jahrzehntelang beeinflusste es die internationale soziologische und historische Debatte über die Struktur der italienischen Gesellschaft. In diesem Werk analysierte Banfield die gesellschaftlichen Dynamiken eines Dorfs in Süditalien und verallgemeinerte das Problem des so genannten amoralischen Familismus der Gesellschaft Süditaliens, das heißt die Tendenz der Leute, mehr auf die Interesse der Familie und des Clans als auf das allgemeine Interesse der Gesellschaft und des Staats zu zielen. Vgl. die kritische italienische Ausgabe Edward C. Banfield, Le basi morali di una società arretrata, hrg. von Domenico De Masi, Bologna 1976.

[11] P. Ginsborg, Familismo. In: Ders., (Hrsg.), Storia dell'Italia, Milano 1994, S. 78 [Übersetzung durch die Verfasserin].

zwischen postmaterialistischen (Wünsche und Träume) und materialistischen Werten (Tendenz zur Brauchbarkeit und zum Besitz) geführt haben. Von daher auch der große normative Konflikt, der die italienische Transformation der Familie und der Gesellschaft begleitet hat[12].

Seitdem Ginsborg seine Theorien formuliert hat, haben sich die Forschung über die Familie – auch als historische Kritik des Familismus[13] – und die Tendenzen zur disziplinären Verschmelzung weiterentwickelt. Kein anderer Zeithistoriker, der sich mit der Geschichte der Italienischen Republik befasste, hat aber dem Aspekt der Familie eine solche interpretatorische Zentralität gegeben. Auch der Wertewandel ist – anders als in der deutschen Debatte – nicht wirklich thematisiert worden, aber er ist mehr oder weniger explizit in die Analysen der vielleicht wichtigsten Sozialgeschichte der Italienischen Republik eingeflossen. In seinem Band *Storia dell'Italia repubblicana*[14] argumentiert Silvio Lanaro, dass die Prozesse, die den gesellschaftlichen und kulturellen Wandel Italiens nach dem Wirtschaftswunder charakterisiert haben und zu denen er die neue Privatkonsumwelle, die neue Urbanisierung, die Säkularisierung und die Achtundsechziger als transversale Antiautoritarismus-Bewegung zählt, eine generelle Kulturhomogenisierung, aber zugleich neue sozialen Spaltungen – und normativ aufgeladene Idealvorstellungen, würde ich sagen – verursacht haben. Das heißt, dass der Wandel nicht sofort allen Familien einen neuen Wohlstand gebracht hatte und es in der Tat große Unterschiede zwischen Norden, Süden und dem so genannten dritten Italien (Nord-Osten) gab und soziale Fragmentierungen blieben[15].

In den nördlichen Städten zum Beispiel hatte der private Konsum für Migrantenfamilie aus dem Süden, die in Baracken oder Garagen lebten, nicht das

---

[12] Vgl. Ders., L'Italia del tempo presente, S. 132–179, zu Inglehart siehe S. 184 u. 242–244. Ginsborg betont auch, dass sich dieser Konflikt seit dem Ende der 70er Jahre und im Laufe der 80er und 90er Jahre verschärft hat, unter anderem weil die Widersprüche gegen die staatliche Familienpolitik zunahmen. Der Autor spricht aufgrund der wichtigen Rolle der Familie und der widersprüchlichen Sozialpolitik des Staats auch von einer unvollendeten Emanzipation der italienischen Frauen (S. 179). Ähnliche Bemerkungen über die Effekte der Sozialpolitik des italienischen Staats für die Frauen findet man im neusten Buch von Fiamma Lussana über die feministische Bewegung der 70er Jahren in Italien: Il movimento femminista in Italia. Esperienze, storie, memorie, Rom 2012, insb. S. 34.

[13] Vgl. Gabriella Gribaudi, Famiglie e familismo. In: Marzio Barbagli und Chiara Saraceno (Hrsg.), Lo stato delle famiglie in Italia, Bologna 1997, 27–36; Benedetto Meloni (Hrsg.), Famiglia meridionale senza familismo. Strategie economiche, reti di relazione e parentela, Catanzaro 1997; Gabriella Gribaudi, Donne, uomini, famiglie. Napoli nel Novecento, Neapel 1999.

[14] Silvio Lanaro, Storia dell'Italia repubblicana. Dalla fine della guerra agli anni Novanta, Venezia 1992.

[15] Über die drei Italien als „Entwicklungsregionen" vgl. die klassische Studie von Arnaldo Bagnasco, Tre Italie: la problematica territoriale dello sviluppo italiano, Bologna 1977.

gleiche Gewicht wie für wohlhabende Familien. Trotzdem gab es jetzt neue normativ aufgeladene Idealvorstellungen, die zum Beispiel mit der Ernährung, der Kleidung und dem Körpers zu tun hatten und von der Werbung beeinflusst wurden, die neuerdings für viele Familien verbindlich geworden waren. Deswegen, so behauptet der Autor, erfuhr die Familie durch diese Idealvorstellungen eine neue Stärkung. Das ist auch die These des neuesten Buches von Enrica Asquer, in dem die Autorin das privates Leben einiger Mittelstandfamilien aus Mailand, der Hauptstadt des Wirtschaftswunders Italiens, und Cagliari, einer provinziellen Stadt des Südens, während der 1960er Jahre analysiert[16].

Sie kommt zu dem Ergebnis, dass solche Familie in jenen Jahren sich verpflichtet fühlten, auf neue, unterschiedliche soziale Normen zu achten, die eine widersprüchliche Mischung aus materialistischer Tradition (mit Haus statt Land als privatem Besitz), Elitarismus und neuem postmaterialistischem Konformismus (Reise und Freizeit) war. Nach Asquer konnte die Familie in den urbanen mittelständischen Milieus neue und alte Werte in einer neuen Kombination und durch neue hedonistische Haltungen leben.

In den Büchern von Guido Crainz kehrt die Idee Silvio Lanaros von einem Konflikt zwischen den unterschiedlichen Regionen Italiens und zwischen den vielfältigen Vorstellungen von nationaler Identität zurück[17]. In seinen Überlegungen zu den Konsequenzen der kulturellen und gesellschaftlichen Transformationen dieser Jahrzehnte nimmt Crainz insbesondere Klassen- und Generationenunterschiede in den Blick. Diese interpretatorische Perspektive nutzt er, um die Erfahrungen der Arbeitnehmer, des Mittelstands und der jungen Menschen und ihrer Lebenswelt differenziert zu analysieren. In diesem Sinne diskutiert er auch die Themen Werte und Wertewandel.

Nach Crainz hat die neue Generation der Jungen seit Ende der 50er Jahre eine soziale Legitimierung durch Medien- und politische Diskurse gefunden. Zwischen den autoritären Botschaften der alten Generationen und den Erfolgsmodellen des wirtschaftlichen Booms hatte diese Generation den Raum für eine neue subkulturelle Kritik und *koiné* geschafft, die sich vor allem gegen den Formalismus und den Autoritarismus der Gesellschaft richtete, besonders im Laufe der Achtundsechziger-Studentenbewegung, und für mehr Mitbestimmung kämpfte[18].

---

[16] Vgl. Enrica Asquer, Storia intima dei ceti medi. Una capitale e una periferia nell'Italia del miracolo economico, Rom–Bari 2011.
[17] Vgl. Guido Crainz, Storia del miracolo italiano. Culture, identità, trasformazioni fra anni cinquanta e sessanta, Rom 1996, und ders., Il paese mancato. Dal miracolo economico agli anni ottanta, Rom 2003.
[18] Die Analyse Crainz' ist von den Studien von Simonetta Piccone Stella über die „erste Generation" der Jungen, die zwischen den 1950er und frühen 60er Jahren erwachsen wurden, stark beeinflusst. Vgl. Simonetta Piccone Stella, La prima generazione. Ragazze e ragazzi

So betont Crainz die soziale Rolle neuer kollektiver Identitäten, die in den 1960er und 70er Jahren etwa Arbeitnehmer oder Studenten vereint hätten[19]. Signale für eine Wertekrise einer „schon alten Gesellschaft" kommen aber vor allem Mitte 1960er aus den Gymnasien und den Universitäten, sogar aus Süditalien. Die Gründe solcher Wandlungsprozesse sind nach Crainz im Allgemeinen die neue Masseneinschulung, neue Konsumgewohnheiten, neue Kinos und neue Formen der Massenkommunikation. Auf diesem Gebiet ist die Rolle des Staats „als Ordner von Normen, als Zentrum des Schutzes von Rechten und Pflichten, als Institutionenkomplex, der berechtigt ist, neue Wege und Kollektivmodellen zu entwerfen"[20], sehr mangelhaft.

Crainz betont in beiden Büchern den provinziellen Charakter der italienischen Kultur bis mindestens Mitte der 1960er Jahre, also solange, wie die staatliche Zensur auf die nationale Moral eine entscheidende Rolle hat ausüben können. Außerdem hebt er die mangelhafte Funktionalisierung des politischen Systems hervor, in dem die Parteien eine große Rolle spielten und insbesondere die Christliche Demokratische Partei (Democrazia cristiana, DC) und ihre Klientel eine Vormachtstellung innehatten. Innerhalb dieses politischen Systems sei stets mehr auf Konsens gesetzt worden, als dass die großen politischen Projekte vorangetrieben worden seien, die die Transformation der Nation hätten bewirken können[21]. Beispiele dafür liefert Crainz aus dem Bereich der Migrationspolitik und der agrarpolitischer Reformen. So glaubt er, dass der Staat ungenügende Antworten auf die gesellschaftlichen und individuellen Auswirkungen des tiefgreifenden Wandels in Zeiten der massenhaften Migration gegeben habe. 25 Millionen Italiener zogen zwischen 1955 und 1970 in eine andere Gemeinde, vor allem vom Land in die Städte und von Süden nach Norden.

Ähnlich äußert sich auch Amalia Signorelli zur Rolle des Staates. Sie spricht in Bezug auf die inneren Migrationen von einem Prozess, der nicht nur demographisch war, in dem „Tradition und Innovation miteinander in Wechselwirkung standen" und wo die traditionellen Werte (Frauen- und Männerrollen, Geburtenmodelle, Bedürfnisse und Wünsche) sich den neuen anglichen und mit ihnen verschmolzen, in der zweiten Generation der Migranten insbesondere durch neue Konsummodelle[22].

---

nel miracolo economico italiano, Mailand 1993, und Crainz, Storia del miracolo italiano, S. 142ff.
[19] Crainz schreibt, dass die Entdeckung der Arbeiterklasse ein italienisches Phänomen sei. Vgl. Crainz, Il paese mancato, S. 242.
[20] Crainz, Storia del miracolo italiano, S. 90 [Übersetzung durch die Verfasserin].
[21] Crainz wurde sicherlich von Antonio Gramscis Modell des Historischen Blocks beeinflusst. Vgl. Crainz, Storia del miracolo economico, S. 256f., und Il paese mancato, S. 68ff.
[22] Vgl. Amalia Signorelli, Movimenti di popolazione e trasformazioni culturali. In: Francesco Barbagallo (Hrsg.), Storia dell'Italia repubblicana. L'Italia nella crisi mondiale. L'ultimo ventennio, Bd. 3.1, Turin 1996, S. 587–658, insb. S. 590ff. Über die neuen Frauenrollen nach

Crainz zufolge erfuhren Familie und Arbeit in den Städten und den Fabriken eine Wertetransformation, die sich gegen autoritäre Vorstellungen richtete. In vielen ländlichen Regionen hingegen lebten patriarchalische Familien- und Arbeitsmodelle weiter[23]. So unterschiedlich waren also *die* Italien, die in diesen Jahren zwar in einer einzigen Nation zusammengeschweißt waren, aber doch in Konflikt miteinander geraten konnten.

Von diesem Interpretationsrahmen rühren Crainz' unterschiedliche Beurteilungen des Wandels in der Arbeiterklasse und des Mittelstands. Während die Arbeiter, insbesondere die jungen, von der Masseneinschulung und, wie gesagt, von neuen kollektiven Identitäten hätten profitieren können und sich mit einem neuen politischen und gewerkschaftlichen Bewusstsein, aber zugleich auch mit neuen Formen des Massekonsums hätten identifizieren können, fällt das Urteil des Autors über den neuen Mittelstand (vor allem Angestellte und Kaufleute) sehr negativ aus: Sie werden als „Träger einer konsumistischen Laizisierung" bezeichnet, das heißt, sie sind stark individualisiert und auf der Suche nach neuen Prestigeformen, die vor allem mit Besitz zu tun haben, und nach „neuen Ehren". Gleichzeitig suchen sie neue Formen zur ‚Verteidigung gegen den Staat' oder zur ‚Zurückweisung des Staats' und indirekt eine Streichung des Staats als Kollektiv, Regel-, Normen- und Strafenuniversum[24].

Besonders in „Il paese mancato" nimmt Crainz Bezug auf Pier Paolo Pasolini, der von einer „anthropologische Veränderung" der Nation gesprochen hat, die in der Volksabstimmung zur Aufhebung des Scheidungsgesetzes am 12. Mai 1974 offenbar geworden sei. Fast 60 Prozent der Italiener sprachen sich gegen die Aufhebung des Scheidungsgesetzes aus. Nach Pasolini war dieses „Nein" das Ergebnis des Verschwindens der landwirtschaftlichen und christlichen Moral, das nicht zu einer progressiveren Zivilgesellschaft führte, sondern ein moralisches Vakuum hinterließ. Die Gesellschaft sei prinzipiell hedonistisch, individualistisch und von der amerikanischen Kultur beeinflusst gewesen, habe sich verbürgerlicht und sei „falsch tolerant", wie schon Herbert Marcuse formuliert hatte[25]. Abgesehen von den stark normativen Ansichten Pasolinis zum moralischen Wandel Italiens, die sich zum Teil auch in den allgemeinen Interpretation Crainz' widerspiegeln[26], ist dem Hinweis zuzustimmen, dass Wertewandel nicht unbedingt bedeutet, dass sich bestimmte Werte innerhalb der ganze

---

der Migration: Dies., Il pragmatismo delle donne. La condizione femminile nella trasformazione delle campagne. In: Chiara Saraceno/Simonetta Piccone Stella (Hrsg.), Genere. La costruzione sociale del femminile e del maschile, Bologna 1996, S. 223–251.

[23] Vgl. Crainz, Storia del miracolo economico, S. 113.
[24] Ders., Il paese mancato, S. 381.
[25] Über Pasolini vgl. Crainz, Il paese mancato, S. 504f.
[26] Der Autor ist auch von der bekannten Theorie des Sozialwissenschaftlers Paolo Sylos Labini beeinflusst, der 1974 eine wichtige und stark kritisierte Studie über die Klassenstruktur Italiens veröffentlichte. Diese Studie enthält eine sehr negative und nicht völlig neutrale

Gesellschaft in eine bestimmte Richtung verändern, wie etwa Inglehart meint. Vielmehr handelt es sich – wie die empirische historische Forschung im Falle Italiens gezeigt hat – um eine widersprüchliche Entwicklung, die sich je nach Generation, Schicht oder Geschlecht ganz unterschiedlich auswirken kann.

Auf jeden Fall spielt die Frage des Verlusts der christlichen Werte als Orientierungspol, sowohl aufgrund des Säkularisierungsprozesses als auch als Folge des Dissenses der christlichen Gesellschaft mit der Kirchenautorität, in Crainz' letztem Werk eine bedeutende Rolle.

Im Allgemeinen hat die historische und sozialwissenschaftliche Forschung über die italienische Republik, besonders für die 1950er, 1960er und seit kurzem die 1970er Jahre, die Notwendigkeit betont, die vielen Perspektive des Wandels unter nationalen Vorzeichen zu interpretieren. Das gilt für die Konsumgeschichte, die Frauen- und Geschlechtergeschichte und die Jugendgeschichte sowie für die Geschichte der Achtundsechziger als langandauernden Prozess und der Studentenbewegung. Das ist umso wichtiger, wenn man transnationale Prozesse diskutiert werden, wie die Amerikanisierung von Konsum- und Massenmedienmodellen oder die internationale Entwicklung von Frauen- und Studenten-Bewegungen. Von daher ist es notwendig, den Wertewandel und ihre zersplitterten Folgen im Fall Italiens wissenschaftlich unter nationalen – politischen, wirtschaftlichen, sozialen und kulturellen – Bedingungen zu sehen[27].

Beurteilung über die „parasitäre" Rolle des Mittelstands während der Wandlungsprozesse der 60er und 70er Jahre. Vgl. Paolo Sylos Labini, Saggio sulle classi sociali, Rom–Bari 1974.

[27] Hier einige bibliographische Hinweise: Zu neuem Konsumverhalten und Geschlecht vgl. Maria C. Liguori, Donne e consumi nell'Italia degli anni cinquanta. In: Italia contemporanea 205 (1996), S. 665–689; Elisabetta Bini u. a., Genere, consumi, comportamenti negli anni cinquanta. Italia e Stati Uniti a confronto. In: Italia contemporanea 224 (2001), S. 390–411. Zu Konsum und Amerikanisierung vgl. Stephen Gundle, L'americanizzazione del quotidiano. Televisione e consumismo nell'Italia degli anni cinquanta. In: Quaderni storici, 2, XXI, August 1986, S. 561–594; Emanuela Scarpellini, Comprare all'americana. Le origini della rivoluzione commerciale in Italia 1945–1971, Bologna 2001, und Stefano Cavazza/Emanuela Scarpellini (Hrsg.), La rivoluzione dei consumi. Società di massa e benessere in Europa 1945–2000, Bologna 2010. Zu 1968 und den neuen sozialen Bewegungen in Italien vgl. Marco Revelli, Movimenti sociali e spazio politico. In: Francesco Barbagallo (Hrsg.), Storia dell'Italia repubblicana. La trasformazione dell'Italia. Sviluppo e Squilibri. Istituzioni, movimenti, culture, Bd. 2.2, Turin 1995, S. 383–476; Marica Tolomelli, Il sessantotto: una breve storia, Rom 2008; Marcello Flores/Alberto De Bernardi, Il Sessantotto, Bologna 1998, und Gli anni dell'azione collettiva: per un dibattito sui movimenti politici e sociali nell'Italia degli anni '60 e '70, hrsg. von Luca Baldissara, Bologna 1997; Robert Lumley, Dal '68 agli anni di piombo. Studenti e operai nella crisi italiana, Turin 1998. Zur feministischen Bewegung in Italien vgl. Anna Scattigno (Hrsg.), Il femminismo degli anni Settanta, Rom 2005; Fiamma Lussana, Le donne e la modernizzazione. Il neofemminismo degli anni settanta. In: Francesco Barbagallo (Hrsg.), Storia dell'Italia repubblicana. L'Italia nella crisi mondiale. L'ultimo ventennio, Bd. 3.2, Turin 1997 S. 471–565 und dies., Il movimento femminista in Italia. Esperienze, storie, memorie, Rom 2012.

Wie schon bei Crainz haben viele Zeithistoriker die vorherrschende Rolle der Parteien im politischen System Italiens analysiert und sie als zentrale Kräfte für die neueste soziale und kulturelle Entwicklung der italienischen Gesellschaft beschrieben[28]. Insbesondere haben die Christliche Demokratische Partei (DC) und die Kommunistische Partei Italiens (PCI) als größte Massenparteien für weite Teile der Gesellschaft kulturelle und moralische Orientierungsstandards gesetzt. Einige Autoren, wie Lanaro und Crainz, sind aber der Meinung, dass die Parteien während der großen Transformation der 1960er und 1970er Jahre viel von ihrem Einfluss wegen des Auftauchens neuer die Gesellschaft prägender Kräfte und Angebote, wie Kinos, Konsummöglichkeiten, alternative Kultur und so weiter verloren haben[29].

Im Fall der PCI hat diese Interpretation zum Teil ein Fundament. Am Ende der 1960er vollzog sich in der Tat einen Wandel in der Zusammensetzung der Parteibasis. Grob gesagt, nahm die Zahl der Angehörigen der Arbeiterklasse, die vorher die Mehrheit der PCI-Mitglieder gestellt hatte, ab (40,08 Prozent 1977) und die Anzahl der Mitglieder aus dem Dienstleistungssektor (Angestellte, Intellektuelle, Lehrer), wo es auch viele Frauen gab, nahm zu. Darüber hinaus veränderte sich die generationelle Zusammensetzung der Partei, die Zahl der Antifaschisten aus der Zeit des Widerstands gegen Mussolini verringerte sich.[30]. Wie wir sehen werden, sollten die traditionellen Botschaften der PCI für Bauern- und Arbeiterfamilien einem Teil der neuen und sozial heterogenen Parteibasis ziemlich rückständig erscheinen.

Gleichzeitig erlitt die PCI auf lange Sicht seit 1954 einen Mitgliedrückgang, obwohl die Zahl der Mitglieder zwischen Ende der 1960er und den 1970er Jahren, also parallel zur konstanten Zunahme der Wähler bis zum Wahlerfolg von

---

[28] Das ist die Perspektive von Pietro Scoppola, La repubblica dei partiti: profilo storico della democrazia in Italia, Bologna 1991; vgl. Massimo Salvadori, Storia d'Italia e crisi di regime. Alle radici della politica italiana, Bologna 1994 und Salvatore Lupo, Partito e antipartito: una storia politica della prima Repubblica (1946–1978), Rom 2004. Die Politikwissenschaftler Giovanni Sartori und Giorgio Galli haben von „polarisiertem Pluralismus" und „unvollkommenem Zweiparteiensystem" gesprochen, um die vorherrschende Rolle der DC und der PCI im politischen Systems Italiens zu beschreiben. Vgl. Giorgio Galli, Il bipartitismo imperfetto: comunisti e democristiani in Italia, Bologna 1966, und Giovanni Sartori, Teoria dei partiti e caso italiano, Mailand 1982. Auch die Theorie Sartoris bezieht sich auf die 1960er Jahre.

[29] Nach Lanaro hat die Gesellschaft sich selbst reformiert. Vgl. Lanaro, Storia dell'Italia repubblicana, S. 337ff. Zu neuen Sozialisations-Agenturen vgl. Simonetta Piccone Stella, La prima generazione, S. 18ff.

[30] Diese Angaben bieten nur eine grobe Orientierung, die genauen Zahlen differieren selbstverständlich in den unterschiedlichen Gegenden Italiens, vgl. Celso Ghini, Gli iscritti al partito e alla FGCI. 1943/1979: Il Partito comunista italiano. Struttura e storia dell'organizzazione 1921/1979, hrsg. von Massimo Ilardi/Aris Accornero, Mailand, 1982, S. 227–292.

1976, anstieg. Dieser negative Trend sollte vom Ende der 1970er Jahre bis zur Auflösung der Partei im Jahr 1991 anhalten[31].

Solche Trends zeigen, dass die kommunistische Partei im Laufe der Republik Anhänger verschiedenster sozialer und kultureller Herkunft hatte und das Beharren auf einer antifaschistischen und auf der Klassenverteidigung basierenden Ideologie und Wertemodellen unter den Leitenden Gruppen der Partei teilweise unrealistisch war.

Meiner Meinung nach ist es kein Zufall, dass es schon seit Mitte der 1950er Jahre, das heißt ungefähr seit dem Beginn des Wirtschaftswunders und des Wandels der Gewohnheiten für viele Familie, in der PCI, sowie übrigens auch in der DC, einige Stimmen gab, die eine Debatte über neue Familien- und Wertemodelle und die neuen Probleme der Frauen und der jüngeren Generationen anstoßen wollten. Sie stießen allerdings auf viele Vorbehalte und fanden bei den Führungspersönlichkeiten der Parteien wenig Gehör[32].

Wir sollten aber am Ende nicht vergessen, dass die PCI 1977 in der italienischen Gesellschaft mit einem Wähler auf 5,2 Wahlberechtigte noch immer einen großen Einfluss hatte und organisatorisch sogar stärker als die DC war. Im Parlament und in der öffentlichen Debatte hat die kommunistische Partei mit Abstimmungen oder mit eigenen Gesetzesanträgen zu einer umfassenden Debatte über die Familiengesetzgebung beigetragen.

Mit der Diskussion über die kulturellen Verspätungen der kommunistischen Parteienpolitik ist zum Teil die Modernisierungsdebatte für Italien und die italienische Geschichte der zweiten Hälfte des 20. Jahrhunderts verbunden. Einige Historiker vertreten die Meinung, dass Italien eine *unausgeglichene Modernisierung* erlebt habe, die nur gesellschaftlich und wirtschaftlich, aber nicht politisch gewesen sei. Der Hauptgrund für ein solches Ungleichgewicht in der Entwicklung der Nation habe prinzipiell mit dem konservativen Parteiensystem und

---

[31] Die Zahl der PCI-Wähler ist während der ersten Jahrzehnte der Republik und im hier verhandelten Zeitraum gestiegen: 22,6 % 1953, 22,7 % 1958, 25,3 % 1963, 26,9 % 1968, 27,1 % 1972, 34,4 % 1976. Besonders in der Wahl von 1976 hatte die Partei einen großen Schritt nach vorne gemacht. Vgl. Marcello Fedele, La dinamica elettorale del PCI. 1946/1979, in: Massimo Ilardi/Aris Accornero (Hrsg.), Il Partito comunista italiano. Struttura e storia dell'organizzazione 1921/1979, Mailand 1982, S. 293–312.

[32] Wir werden darüber später ausführlicher diskutieren. Hier können wir an das Ende des Kollateralismus der Frauenorganisationen der PCI und der DC am Ende der 50er Jahre wegen der konservativen Frauenpolitik beider Parteien erinnern. Zur PCI vgl. Giovanna Ascoli, L'UDI tra emancipazione e liberazione 1943–1964, in: Problemi del socialismo, XVII, 4. Oktober–Dezember 1976, S. 109–160, und zur DC vgl. Cecilia Dau Novelli (Hrsg.), Donne del nostro tempo. Il Centro italiano femminile 1945–1995, Rom 1995; Gabriella Bonacchi und Cecilia Dau Novelli (Hrsg.), Culture politiche e dimensioni del femminile nell'Italia del '900, Soveria Mannelli 2010, und zuletzt Nadia M. Filippini/Anna Scattigno (Hrsg.), Una democrazia incompiuta. Donne e politica in Italia dall'Ottocento ai nostri giorni, Mailand 2007.

der übermächtigen Rolle der DC zu tun, die wie ein „militarisiertes Modell", so Franco De Felice, für die nationale Regierungspraxis funktioniert habe, das heißt alle Teile des Staats und nicht nur die Leitung der Regierung kontrollieren konnte. Tatsächlich hatte die DC von 1945 bis 1984 dauerhaft die Regierung inne und regierte zum Vorteil ihrer eigenen Klientel und derer ihrer Koalitionspartner[33]. Auch während der großen gesellschaftlichen Veränderungen der 1960er und 1970er Jahre hat das Reformprogramm der Regierungen der so genannten *centro-sinistra*-Koalition, in der die DC als stärkerer Partner zusammen mit der Sozialistischen Partei Italiens (Partito socialista italiano, PSI) regierte, nach der Ansicht mehrerer Zeithistoriker und besonders derjenigen, die die These der unausgeglichenen Modernisierung vertreten, sowohl die individuellen als auch die gesellschaftlichen Konsequenzen des Wandels ungenügend berücksichtigt[34].

In Bezug auf die Familien- und Sittenfrage, wie damals von den Parteien Themen der Sexualität und Moral genannt wurden, war sowohl die Position der DC als auch diejenige der PCI sowieso weit davon entfernt, die fortschreitenden und vielschichtigen Veränderungen der individuellen Verhaltensweisen anzuerkennen[35]. Wie wir jetzt sehen werden, war es vielmehr üblich, eine ideologische Re-Interpretation des Wandels und der Prozesse des Wertewandels anzubieten. Meiner Meinung nach hatte dies indirekt negative Konsequenzen für die soziale Legitimierung der Pluralität der Normen.

---

[33] Vgl. Franco De Felice, L'Italia repubblicana, hrsg. von Luigi Masella, Turin 2003. Zur Theorie der unausgeglichenen Modernisierung Italiens vgl. auch Massimo Salvadori, Italia. La modernizzazione squilibrata, in: ders., Europa, America, Marxismo, Turin 1990, S. 126–144, und Nicola Tranfaglia, La modernità squilibrata. Dalla crisi del centrismo al „compromesso storico". In: Francesco Barbagallo (Hrsg.), Storia dell'Italia repubblicana. La trasformazione dell'Italia: sviluppo e squilibri, Bd. 2.2, Turin 1997, S. 7–111.

[34] Eine zusammenfassende Darstellung der unterschiedlichen Interpretationen über die Regierungsaktivität der Koalition der *centro-sinistra* findet sich in Maurizio Degl'Innocenti, La „grande trasformazione" e la „svolta" del centro-sinistra, in: Antonio Cardini (Hrsg.), Il miracolo economico italiano (1958–1963), Bologna 2006, S. 249–285.

[35] So auch Simona Colarizi, I partiti politici di fronte al cambiamento del costume, in: Antonio Cardini (Hrsg.), Il miracolo economico, S. 225–247. Spezieller über das Thema vgl. Anna Tonelli, Politica e amore. Storia dell'educazione ai sentimenti nell'Italia contemporanea, Bologna 2003.

Prozesse der Re-Normativierung in der Familiedebatte der Kommunistischen Partei Italiens: Tendenzen der öffentlichen Auffassungen

„Ein tragendes Element des großen Wandels in unserem Land sind die Frauen. (...) Auf Seiten der Frauen gibt es eine völlig veränderte Auffassung der Familie und der Beziehung Mann–Frau. Sind wir uns dieses Wandels bewusst? Ich sage nein. Unser Bild von Italien ist rückständig geblieben, wie unser Pessimismus im Verlauf der Wahlkampagne für das Referendum zeigt"[36].

So kommentierte Nilde Jotti, ehemalige Lebensgefährtin des ersten kommunistischen Sekretärs der Nachkriegszeit Palmiro Togliatti, in einer Direktionssitzung der Partei die Ergebnisse der Volksabstimmung des 12. Mai 1974, in der 59,4 Prozent der Italiener gegen die Aufhebung des Scheidungsgesetzes (Gesetz Nr. 878/1970) und damit für eine Auflösbarkeit der Ehe gestimmt hatten. Nach der Verabschiedung des Gesetzes im Parlament 1970 auch mit den Stimmen des PCI und nach der sofortigen Bildung eines Referendumskomitees für die Gesetzesaufhebung hatte die Partei durch intensive Verhandlungen mit den anderen politischen Kräften und dem Vatikan erfolglos versucht, die Abstimmung zu vermeiden[37]. Sowohl der neu gewählte Parteisekretär Enrico Berlinguer wie auch viele andere Führungsmitglieder der Parteileitung waren der Meinung, dass es mit einer Volksabstimmung über die Ehescheidung zu einem „Religionskrieg" im Land kommen würde. Der Wahlkampf wurde nämlich von beiden Seiten ideologisch erbittert und nicht ohne schwere Auseinandersetzungen zwischen Katholiken und Kommunisten geführt. Aber die italienische Gesellschaft zeigte mit der Abstimmung, dass sie progressiver war, als die politischen Parteien und besonders der PCI gedacht hatten, wie Nilde Jotti erkannt hatte[38].

---

[36] Zitat in Fondazione Antonio Gramsci, Rom, Archiv der Kommunistischen Italienischen Partei (FAGR, AKIP), Direktion, 077, Sitzungsprotokoll, Nr. 8, 16.05.1974, S. 681–682

[37] Die ausführlichste Darstellung der Verhandlungen unter den politischen Parteien für das Ehescheidungsreferendum ist Giambattista Sciré, Il divorzio in Italia. Partiti, Chiesa, società civile dalla legge al referendum (1965–1974), Mailand, 2007. Obwohl Art. 75 der italienischen Verfassung die Volksabstimmung vorsah, war sie vor der Debatte über das Ehescheidungsgesetz nicht benutzt worden. Sofort nach der Verabschiedung des Gesetzes wird auch das Gesetz für die Anwendung der Volksabstimmung (352/1970) Dank der Aktion des Komitees für die Scheidungsgesetzaufhebung mit Hilfe der DC verabschiedet. In den 70er Jahren wird das Referendum in Italien zunehmend als Mittel der Demokratie entdeckt.

[38] Eine Analyse dieser Entwicklung bei Franco De Felice, Nazione e crisi: le linee di frattura: Francesco Barbagallo (Hrsg.), Storia dell'Italia repubblicana. L'Italia nella crisi mondiale. L'ultimo ventennio, Bd. 3.1, Turin, 1996, S. 30–38. Nilde Jotti hatte sich in den Sechziger Jahren als Chefin der Weiblichen Sektion bis 1968 sehr aktiv mit Familienfragen beschäftigt. Sie war aber in den weiteren politischen Verhandlungen nach der Scheidungsgesetzverabschiedung von der Partei wahrscheinlich wegen ihrer ehemaligen unregelmäßigen Position neben Togliatti in den Hintergrund getreten. S. den Brief von

Nach dem Zweiten Weltkrieg war es zum programmatischen Ziel des PCI geworden, sich als neue Volkspartei darzustellen und von der Basis als „eine Partei für Familien" betrachtet zu werden, in der die Organisations- und Sozialisationsstrukturen für die kommunistische Familie ausgearbeitet werden sollten[39]. Nach den chaotischen Jahren des Krieges und des Widerstands, während derer auch in den Geschlechterbeziehungen Raum für Experimente und freie Partnerschaften geschaffen wurde[40], wollte der PCI auch als potenzielle Regierungspartei zu einer sozialen und moralischen Beständigkeit zurückkehren. Schon während der Verfassungsdebatte nach dem Krieg hatte die Partei im Bereich der Familie eine vorsichtige Position eingenommen: Sie hatte sich gegen die Unauflöslichkeit der Ehe, aber nicht für die Scheidung ausgesprochen und mit der Zustimmung zu Artikel 7 der Verfassung akzeptierte die Partei, dass das faschistische Kirchenkonkordat bezüglich der Ehe weiterhin Gültigkeit behielt[41]. Innerhalb der Partei wurde mindestens bis Mitte der 1950er Jahre unter dem Einfluss der stalinistischen Propaganda das Familiemodell des so genannten „Berufsrevolutionärs" bevorzugt, der sein ganzes Leben der Partei widmete und keine Autonomie im privaten Leben hatte und insofern das Leben seiner ganzen Familie der Partei unterordnete. Wie der erste Sekretär Palmiro Togliatti kurz nach dem Krieg öffentlich auf der ersten Frauenversammlung der Partei sagte, sollte die Familie das Zentrum der Gesellschaft und vor allem in der Stadt das „Zentrum der menschlichen Solidarität" gegen die politische Korruption sein, die vom Faschismus in die politische Gesellschaft Italiens gebracht worden sei. Die Partei war nach Togliatti gegen „jede Initiative, die bezweckte, die familiäre Einheit zu brechen oder zu schwächen"[42]. Dies blieb mindestens bis in die Mitte der 1960er Jahre die Parteilinie zur Familie, das heißt bis zum Beginn der politischen Debatte über das Ehescheidungsgesetz. In diesem Familienverständnis waren viele Aspekte der kommunistischen Vorstellungen über die Familie und die Liebe kombiniert. Es gab direkte Bezüge zur Gramscis Vorstellung der Familie als Basis und „moralisches Zentrum"

Nilde Jotti an Berlinguer, wo sie gegen ihren Ausschluss aus der Debatte mit den anderen politischen Parteien über die Familiefragen protestiert, in: FAGR, AKIP, Jahr 1971, Weibliche Sektion, Mikrofilm 0164, 1.12.1971.

[39] So in Renzo Martinelli/Guido Gozzini, Storia del partito comunista italiano. Dall'attentato a Togliatti all'VIII congresso, Turin, 1998, S. 287ff. S. auch Sandro Bellassai, La morale comunista. Pubblico e privato nella rappresentazione del PCI (1947–1956), Carocci, Roma, 2000, S. 54. Der Autor analysiert das Familienbild des PCI von der Nachkriegszeit bis 1956.

[40] S. die Überlegungen von Claudio Pavone, Una guerra civile. Saggio sulla moralità nella Resistenza, Turin, 1991, S. 521–551.

[41] Über die Verfassungsdebatte zur Familie s. Vittorio Caporella, La famiglia nella costituzione italiana. La genesi dell'articolo 29 e il dibattito della Costituente: Storicamente, 6, 2010, http://www.storicamente.org/07_dossier/famiglia/famiglia_costituzione_italiana.htm

[42] Die Frauenkonferenz des PCI, Rom, am 2.–5. Juni 1945. S. Palmiro Togliatti, L'emancipazione femminile, Rom, 1973, S. 39.

der Gesellschaft, die jetzt unter dem Einfluss der stalinistischen Politik für die Wiedereinführung der Familie umformuliert wurde, indem die sozialistische und dann leninistische Diskussion über die Auflösbarkeit der Familie gegenüber jene der bürgerlichen Ehe im Hintergrund blieb. Übrigens hatte auch die Sozialistische Partei Italiens am Ende des 19. Jahrhunderts nie wirklich versucht, im Parlament ein Scheidungsgesetz diskutieren zu lassen, obwohl die Partei damals zumindest theoretisch dafür war[43]. Die Frauenfrage war hier völlig der Beständigkeit der Familie untergeordnet; die Frau sollte sich in der Familie als Mutter und Ehegattin vor allem dem privaten Bereich widmen. In der Partei sollten sich die weiblichen Mitglieder weiterhin getrennt organisieren – obwohl die PCI für die Gleichstellung der Frau durch Aufhebung der ungleichen geschlechtsspezifischen Arbeitsteilung bis zur Verwirklichung der kommunistischen Gesellschaft war. In diesen Jahren sollte auch die mit dem PCI und der Sozialistischen Partei verbundene Massenorganisation der Frauen, die Unione Donne Italiane (UDI), nur mit Familien- und Friedensfragen ohne direkte Bezüge zu den spezifisch weiblichen Lebensbedingungen beauftragt werden[44]. Ab Mitte der 1950er Jahre begann sich jedoch innerhalb der Partei eine umfassende kritische Debatte über Familie, Ehescheidung, die Rolle der Frau, Geburtenkontrolle und Abtreibung zu entwickeln, die vor allem von der Weiblichen Sektion, einigen Frauen- und Parteizeitschriften, Wochenblättern und bestimmten Intellektuellen geführt wurde und oft auch die Parteibasis hineinzog und mehr oder weniger Kritik an der offiziellen Linie der Partei übte[45].

---

[43] Zu den sozialistischen Familienmodellen s. Maria Casalini, La famiglia socialista. Linguaggio di classe e identità di genere nella cultura del movimento operaio. In: Italia contemporanea, 241, 2005, S. 415–447. Zu den bolschewistischen Ideen s. Anna Di Biagio, Famiglia. In: Silvio Pons/Roberto Service (Hrsg.), Dizionario del comunismo nel XX secolo, Turin 2006, S. 301–305. Der PCI blieb auch immer gegen die freie Liebe, die in der kommunistischen Tradition diskutiert wurde. Es ist kein Zufall, dass die Werke von Alexandra Kollontai über freie Liebe und Partnerschaft in Italien erst in den 70er Jahren unter dem Einfluss der Debatte über die sexuelle Revolution übersetzt wurden.

[44] S. Fiamma Lussana, 1944–1945. Togliatti, la „via italiana", le donne. In: Gabriella Bonacchi/Cecilia Dau Novelli (Hrsg.), Culture politiche e dimensioni del femminile nell'Italia del '900, Soveria Mannelli 2010, S. 137–167; Maria Casalini, Il dilemma delle comuniste. Politiche di genere della sinistra nel secondo Dopoguerra. In: Nadia M. Filippini und Anna Scattigno (Hrsg.), Una democrazia incompiuta. Donne e politica in Italia dall'Ottocento ai nostri giorni, Mailand 2007, S. 131–153, und Patrizia Gabrielli, La pace e la mimosa. L'Unione donne italiane e la costruzione politica della memoria (1944–1955), Rom 2005.

[45] Die Debatte ist ausführlich dargestellt in Maria Casalini, Famiglie comuniste. Ideologie e vita quotidiana nell'Italia degli anni Cinquanta, Bologna 2010. Casalini glaubt, dass das Datum 1956 ein Wendepunkt für die Beziehungen zwischen Frauen und Partei im Bereich der Familie sowie für die programmatische Linie des PCI gewesen ist.

Auf der Studientagung vom 14. bis 15. Mai 1964, die von den Frauen- und Kultursektionen organisiert wurde, wurde die Familienfrage nun auch von den Führungsorganen der Partei in neuem Licht betrachtet[46]. Es war offensichtlich geworden, dass sich die italienische Familie zusammen mit dem gesellschaftlichen Wandel der letzten Jahre verändert hatte und dass es nicht mehr möglich war, die Fehler der stalinistischen Familienpolitik zu verdecken, wie auch das UDI-Mitglied Luciana Castellina in ihrem Vortrag bemerkte. Es wurde schon bei dieser innerparteilichen Veranstaltung klar, dass es unterschiedliche Meinungen über den Wandel der Familie und die damit verbundene Position der Partei gab. Nichtsdestoweniger ließ Togliatti nach der Tagung einen Artikel in der populärsten Wochenzeitschrift der Partei veröffentlichen, in dem er die traditionelle kommunistische Familienauffassung bekräftigte[47]. Es ist keine Übertreibung zu behaupten, dass die Partei bis zur Volksabstimmung vom 12. Mai 1974 die Beständigkeit der Familie in der italienischen Gesellschaft weiter verteidigt hat. Das war die einzige Voraussetzung, um parallel zur Zustimmung zum Scheidungsgesetz eine begriffliche Entwicklung der kommunistischen Familienauffassung in der öffentlichen Debatte anzuregen. Denn auch hinsichtlich des Themas Ehescheidung blieb bis zur Verabschiedung des Gesetzes 898/1970 die öffentliche Haltung der Partei sehr vorsichtig. Nur so war es möglich, neue theoretische und normative Überlegungen vorzubringen. Ein wirklich neuer theoretischer Reflexionsprozess begann für die Parteileitung und die männlichen Parteimitglieder öffentlich sowie innerparteilich erst nach der Verabschiedung des Scheidungsgesetzes (1970) und als die Kampagne für die Volksabstimmung begann. Bis dahin hatten nur die Weibliche Sektion und die intellektuellen Kreise der Partei, die sich schon seit Jahren mit dieser Frage befassten, begonnen, neue kritische Ansätze zu entwickeln[48]. Schon 1962, auf der III. kommunistischen Frauenkonferenz, hatten Nilde Jotti, Leiterin der Weiblichen Sektion, und Adriana Seroni, Präsidentin der Florentiner UDI und Mitglied des Zentralkomitees der Partei (ab 1968 auch Leiterin der Weiblichen Sektion), das traditionelle Familienmodell der Partei als abstrakt und lebensfremd kritisiert. Viele auf der Konferenz diskutierte Daten und persönliche Erfahrungen hatten nämlich gezeigt, dass es unterschiedliche Familiensituationen in Italien auf dem Land und in der Stadt, im Norden und im Süden gab, und

---

[46] Famiglia e società nell'analisi marxista. In: Critica marxista, H. 1., Atti del Seminario organizzato dall'Istituto Antonio Gramsci nei giorni 14–15 maggio 1964, Beilage der Nr. 6.
[47] P. Togliatti, Alcune osservazioni in margine. In: Rinascita, 20. Juni 1964.
[48] Besonders Giovani Cesareo hatte die rückständige Haltung der Partei zu Familie und Frau kritisiert. S. ders., La condizione femminile. Il lavoro la famiglia il sesso la politica vita privata e pubblica della donna in Italia, Mailand 1963. Eine erweiterte Auflage wurde 1977 veröffentlicht. Auch andere Intellektuelle innerhalb der Partei wie Luciano Gruppi und Laura Conti haben in diesen Jahren zu Familie und Sexualität nichtorthodoxe Meinungen geäußert.

dass zahlreiche Italiener und Italienerinnen eine Scheidung nicht unbedingt als eine schlechte Lösung für viele Familien sahen. Als neue Themen tauchten jetzt auch der Wunsch nach „Freiheit" und die Suche nach „einer neuen moralischen Norm" auf[49]. In den nächsten Jahren intensivierte sich die Aktivität der Weiblichen Sektion weiter innerhalb und außerhalb der Partei – mit parteiinternen regionalen Seminaren und Seminaren an der Parteischule über die Familienfrage sowie mit einem öffentlichen nationalen und internationalen Konferenzprogramm. In solchen Versammlungen wurden oft Widersprüche der traditionellen Parteiauffassung in den Fokus genommen, wie zum Beispiel die Rolle der Arbeit als einzigem Emanzipationsfaktor in einer komplexen und urbanen Gesellschaft, wo es immer schwieriger erschien, das öffentliche Leben mit dem privaten zu vereinen[50], oder die Bevorzugung der weiblichen extrafamiliären Funktion im Verhältnis der Vorstellung von der Frau als Kern der Familie[51]. Andererseits wurden neue normative (ideologisierte) Modelle vorgeschlagen, wie zum Beispiel die absolute Kritik am Konsum von Familien und Frauen, der nur für ein Produkt der kapitalistischen Ideologie gehalten wurde. So schrieb Nilde Jotti noch 1964 in einer Wahlnote für die Weibliche Sektion:

„Mehre Aufmerksamkeit muss man auf die katholischen Positionen richten, die – wie wir – mit Recht über den Status der Familie in der Konsumgesellschaft (die Familie im Dienst der Produktion und die Frau, die im Haus zum Handelsvertreter von den bekannteren Produkten in eine echte Sklaverei gezwungen wird) erschrocken sind und die Familie zu ihrer Autonomie zurückführen wollen"[52].

Die problematische Beziehung der Kommunisten zu den „falschen Mythen der Konsumgesellschaft" – so Adriana Seroni 1970 auf der 5. Frauenkonferenz der Partei – und den Massenmedien, die als kapitalistische Instrumentalisierungsmittel des Individuums und insbesondere der Frauen gesehen wurden, wurde in den 1970er Jahren von der Partei nicht wirklich aufgelöst. Das führte zu Spannungen im Verhältnis der Parteibasis zur Gesellschaft und dazu, dass die Beziehung zwischen Individualisierungsprozessen und Familientransformationen erst sehr spät diskutiert wurden[53].

---

[49] 3. Conferenza nazionale delle donne comuniste, Teatro Eliseo, 30–31 marzo–1 aprile 1962 (Akten), Rom 1962.

[50] So z. B. die Leiterin der UDI Maria L. Cinciari Rodano 1961 in einem Einwurf im Parlament in: Adeguare le strutture civili alla nuova realtà delle donne italiane. Intervento alla Camera dei Deputati – 7 giugno 1961 (Dokument für die 3. Nationale Konferenz der kommunistischen Frauen), Rom 1962.

[51] FAGR, AKIP, Weibliche Sektion, Jahr 1964, MF 0516, Elezioni Amministrative 22 novembre 1964, Note di orientamento, a cura della Sezione femminile del Partito comunista italiano, S. 0595–0622.

[52] FAGR, AKIP, Weibliche Sektion, Jahr 1964, MF 0516, Elezioni Amministrative 22 novembre 1964, Note di orientamento, a cura della Sezione femminile del Partito comunista italiano, S. 27.

[53] S. die Schriften von Adriana Seroni, La questione femminile in Italia 1970–1977, Rom 1977. S. auch Sandro Bellassai, La mediazione difficile. Comunisti e modernizzazione del

Im Allgemeinen näherte sich der PCI und zum Teil auch die Weiblichen Sektion der Partei der Familienfrage in einer gesellschaftlichen und oft normativen Perspektive, die „mit den Migrationen, den urbanistischen Spekulationen, der Landflucht, der Ablehnung, der Armut und dem Elend von hunderten und tausenden Familien" und prinzipiell mit der Emanzipation der Frau zu tun hatte. Lange Zeit verhinderte eben diese ideologische Tendenz, dass die Probleme der Familie auch Probleme des Individuums und Folge der Individualisierungsprozesse waren und insofern nicht nur als Rechts- und Gleichheitsfrage, sondern als Individualitäts-, Generationen- und Geschlechterfrage zu interpretieren waren.

Wie erwähnt begann die Leitung der Partei nach der Verabschiedung des Gesetzes, eine neue Vorstellung von Familie zu formulieren und öffentlich zu vertreten. Wie Alessandro Natta, Mitglied der Direktion, auf seiner Florentiner Konferenz im Juli 1971 erklärte[54], wollte die Partei „eine höhere Auffassung der Familie" entwickeln, wo es *menschlichere*, auf *Freiheit, Autonomie, Verantwortlichkeit* und *Konsens* basierende Beziehungen zwischen Mann und Frau geben sollte und wo die Ehescheidung als Freiheitsrecht des Individuums konzipiert wurde[55]. Dies sollte Distanz zur katholischen Auffassung schaffen und für die Partei ein großer Schritt nach vorne sein, nichts weniger als eine Revision der Familievorstellung der Nachkriegszeit. Nichtsdestoweniger hatte Berlinguer nach der Verabschiedung des Gesetzes im Parlament einen Artikel geschrieben[56], mit dem er den kommunistischen Wähler Italiens versichern wollte, dass die Partei „für die Arbeiter-, Bauern- und Volksfamilie" und „gegen das Überhandnehmen der Ehescheidung" sei. Im gleichen Kontext sprach er auch von neuen Begriffen wie *Freiheit, Gleichheit* und *Verantwortung*, aber innerhalb eines Diskurses, der die Ehe weiter als bevorzugte und einzige Grundlage der

---

quotidiano nel dopoguerra. In: Contemporanea, 1, 2000, S. 77–102. Zu den Effekten der Amerikanisierung für das Verhalten der kommunistischen Militanten s. Stephan Gundle, I comunisti italiani tra Hollywood e Mosca. La sfida della cultura di massa (1943–1991), Florenz 1991.

[54] FAGR, AKIP, Archiv Camilla Ravera (ACR), Serie 4 Documentazione, Sottoserie 6, 1971, Sottoserie 3 Famiglia, Convegno Nazionale Referendum sul Divorzio, 26-27-28-29 settembre 1971: Il referendum abrogativo del divorzio. Conferenza tenuta dal compagno Alessandro Natta, Firenze 23 luglio 1971. Le posizioni le idee dei comunisti sulla famiglia sul divorzio sul referendum.

[55] So auch das Referat des leitenden Parteimigliedes Paolo Bufalini auf der nationalen Tagung des PCI über die Volksabstimmung zum Scheidungsgesetz: La posizione dei comunisti sui problemi ideali e politici aperti dalla richiesta del referendum abrogativo della legge sul divorzio, Istituto di Studi Comunisti, 26-26. September 1971: FAGR, AKIP, ACRSerie 4 Documentazione, Sottoserie 6 1971, Sottoserie 3 Famiglia, Convegno Nazionale Referendum sul Divorzio, 26.-27.-28.-29. September 1971. S. auch Paolo Bufalini, Divorzio: contro il referendum: L'Unità, 7. Oktober 1971.

[56] E. Berlinguer, Divorzio, famiglia e società: L'Unità, 6. Dezember 1970. S. auch: La questione comunista, hrsg. von Antonio Tatò, Rom, 1975, S. 256–261.

Familie sehen wollte. Im gleichen Artikel wird außerdem weitgehend betont, dass die Partei mit der christlichen Partei in der Familienfrage und der Familiengesetzgebung einen gemeinsamen Nenner finden wollte. Adriana Seroni, Leiterin der Weiblichen Sektion und ab 1969 Mitglied der Direktion, forderte übrigens wie fast alle in den Führungsorganen der Partei, dass diese sich in der Familienfrage weiterhin mit den katholischen Massen und der christlichen Partei auseinandersetzen sollte, wohingegen es mit den radikal Liberalen, mit den jugendlichen und feministischen Gruppierungen keinerlei Dialog geben könne, da diese unter dem Einfluss von individualistischen und der Privatsphäre gewidmeten Überlegungen die Familie zerstören wollten[57]. Mit einem ähnlichen Vorurteil behaftet blieb in der Partei auch die Frage der Sexualität und folglich der homosexuellen Partnerschaften, die in der Debatte über die Familie von allen Seiten und mit wenigen Ausnahmen lange als Sittenfrage tabuisiert wurde, wahrscheinlich auch, weil sie andere Aspekte der individuellen Intimsphäre und der Familie und kirchliche Glaubenssätze über den Sinn des Lebens und des Tods zur Diskussion gestellt hätte[58].

Das, was während der großen Veranstaltung zum Weltfrauentag am 8. März 1974 diskutiert wurde, sagt besonders viel aus über die ideologisch aufgeladene und zwischen Tradition und Innovation schwankende Entwicklung der Partei in ihrer Haltung zur Familie[59]. Da erinnerte Enrico Berlinguer an die gesellschaftlichen Dimensionen und Ursachen der Familienfrage, die er, wie im traditionellen Diskurs der Partei, vor allem mit dem Leben der Frau verband. Nachdem er die neue Zentralität von Freiheit, Gleichheit und Konsens in der Familie abermals betont hatte, konzentrierte sich der Parteisekretär auf die gesellschaftlichen Probleme der proletarischen Volks- und Bauernfamilie und der Frauen. Als Ikonen der antifaschistischen Familieneinheit, die gegen Nationalsozialismus und Faschismus gekämpft hatten, waren einige bekannte Partisaninnen zu dieser Kundgebung eingeladen worden, etwa Imes Cervi, die Mutter der berühmten sieben getöteten Partisanen, die schon in den 1950er

---

[57] So auch im Referat vom 12.2.1971, das sie auf der von der Weiblichen Sektion über Familienprobleme organisierten Tagung hielt, jetzt in FAGR, AKIP, Weibliche Sektion, MF 0159, Riunione sui problemi della famiglia del 12/2/1971, S. 1567–1588. Über die Tagung s. auch den Artikel La battaglia del PCI per la famiglia: L'Unità, 17. Februar 1971. Zur negativen Beurteilung der Familienauffassungen der Jungen und feministischen Gruppierungen als „klein-bürgerlichen Grüppchen" s. A. Seroni, La questione femminile, S. 75, 242, 315.
[58] Interessante und ausnahmsweise offenere Überlegungen darüber findet man in den öffentlichen und innerparteilichen Reden von Alessandro Natta. S. z. B. die Rede vom 21.7.1971 und seinen Beitrag über die Laizisierung und die Notwendigkeit neuer moralischer Werte auf der Zentralkomiteesitzung vom 27.–28. März 1974: AFGR, AKIP, MF 075, Comitato Centrale, 27.-28. März 1974.
[59] S. die Artikel La grandiosa manifestazione di Roma: L'Unità, 9. März 1974, und Il discorso del compagno Berlinguer L'Unità, 10. März 1974. Wie die Artikel berichten und die Photos zeigen, waren angeblich tausende, auf jeden Fall sehr viele Militante anwesend.

Jahren als Inspirationsmodell für die kommunistische Familien benutzt wurde. Sie war eingeladen worden, um die Gleichheit zwischen den Geschlechtern zu bezeugen und sich – bemerkenswerterweise – auch für die Scheidung auszusprechen. Diese so merkwürdige Mischung aus ideologischen, traditionellen und innovativen Komponenten in der Familienauffassung inszenierte die Partei nur zwei Monate vor der Volksabstimmung.

Fazit

Am Ende dieser kurzen Reise in die Familiendebatte des PCI Ende der 1960er und Anfang der 1970er Jahre hat sich gezeigt, dass das Verständnis von Familie des PCI in diesen Jahrzehnten auf den Wandel von Familienformen reagierte: Das Familienideal der Partei veränderte sich. Diese Neuorientierung wurde zuerst durch die Forschungstätigkeit der Frauen und einiger Intellektuellen in der Partei ausgelöst und dann durch die persönlichen Erfahrungen der Basis verstärkt. Unter dem Eindruck der Debatte über die politischen und juristischen Aspekte der Familienreform haben auch die Führungsorgane des PCI das Thema „Familie" auf die politische Agenda gesetzt.

Wie gezeigt, wurde die Entwicklung stark geprägt von der Suche nach einem politischen Kompromiss zwischen den neuen gesellschaftlichen und moralischen Tendenzen und der nationalen Politik, die unter dem starken Einfluss von Katholizismus und Kirche sowie ideologischer Prämissen der PCI stand. Die PCI war damals ebenfalls bestrebt, den Dialog mit Katholiken und Sozialisten zu suchen, um eine neue Regierungskoalition als neuen *historischen Kompromiss* zu schaffen.

Das Ergebnis war ein normatives Programm im Bereich der Familie, das mehr auf der *Freiheit* des Individuums basierte, wie auch vom II. Vatikanischen Konzil erhofft wurde, aber die Funktion der traditionellen Familie als Keimzelle der Gesellschaft nicht wirklich aufs Spiel setzen wollte. Indem sie sich auf das antifaschistische Familienmodell bezog, demonstrierte die Partei, dass sie zwar ein Modell legitimieren wollte, das in Verbindung zu neuen Werten wie der Freiheit des Individuums stand, aber die gesellschaftliche Struktur Italiens und die nationale Moral nicht gefährden wollte.

Anders betrachtet, war es der Partei klar, dass es nur in Verbindung und mit der Verteidigung von Tradition möglich war, eine partielle Entnormativierung oder Re-Normativierung der Familie vorzuschlagen und sich wieder als eine potentielle Regierungspartei vorzustellen. Auch wenn ein solches normativ schillerndes Familiemodell vielen Konservativen in der Partei nicht als verbindlich galt, wie die parteiinterne Debatte zeigte, trug die große Resonanz auf die kommunistischen Botschaften dazu bei, das Modell der traditionellen Familie in der öffentlichen und politischen Debatte als ein nationales Modell weiter zu legitimieren. Das zeigt übrigens auch die Unterstützung für eine Sozialpolitik in den 1950er bis in die 1970er Jahre[60], die die traditionelle Rolle der Frau als Hauptverantwortliche für die Familie zementierte. Obwohl auch andere gesellschaftliche und kulturelle Prozesse, wie die Konsum- und Medienexpansion, und unterschiedliche geographische, soziale und kulturellen Faktoren die Akzeptanz neuer Werte und neue Verhaltensweisen bewirkt haben, hat die Veränderung des Familienideals und der Familienmoral auf politischer und öffentlicher Ebene in Italien – wie der Fall der PCI, als zweitgrößter Partei Italiens, zeigt – nur einige neue Werte auf diesem Gebiet legitimiert, die aber den Rahmens einer traditionellen Vorstellung nicht wirklich zur Diskussion stellen. Das heißt: Die Politik und der Staat haben dazu beigetragen, ein renoviertes und liberalisiertes Modell von Familie und Familienbeziehungen auf sozialen und normativen Ebene zu legitimieren, aber auf Kosten und teilweise durch die Diskreditierung von alternativen Familienmodellen, die schon damals in der Gesellschaft vorhanden waren.

---

[60] Während 1956 ein Gesetz gegen die Diskriminierung verheirateter Frauen aufgenommen wurde, wurde 1959 ein Gesetz für die Verteidigung der Heimarbeit bestätigt, was die staatliche Sanktionierung einer typisch diskriminierenden Form weiblicher Arbeit bedeutete. 1963 wurden zwei Gesetze beschlossen, die widersprüchliche Folgen für die Gesellschaft haben sollten: die Öffnung aller Arbeitssektoren für Frauen, die vom Faschismus verboten worden waren, wie z. B. das Richteramt, und zugleich die Anerkennung der Rente für Hausfrauen, die zwar für viele italienische Frauen eine große Hilfe sein sollte, gleichzeitig aber eine soziale Norm festigte. 1971 wurde ein neues Gesetz für die Verteidigung der Mutterschaft am Arbeitsplatz verabschiedet, das die Verantwortung für die Kinder von Selbstverwaltungskörperschaften zum Staat verschob. 1977 wurde ein neues Gesetz für die Gleichstellung der Frauenarbeit mit derjenigen des Manns beschlossen, das aber lange nicht und teil auch heute noch nicht wirklich angewandt wird. Vom Ende der 60er Jahre an wurde auch das Gesetz für die Abtreibung (Gesetz Nr. 194/1978) und die Revision einiger Artikel der faschistischen Bürgerlichen und Strafgesetzbücher debattiert und aufgenommen, die die moralische Gleichheit von Mann und Frau dem staatliche Gesetz gegenüber und in der Gesellschaft festlegen sollten. Wie die feministische Kritik gezeigt hat, hat der Staat aber durch solche Gesetze eine Schutzrolle gegenüber der Frau und der Familie behalten können. S. Diana Vincenzi Amato, La famiglia e il diritto. In: Piero Melograni (Hrsg.), La famiglia italiana dall'Ottocento ad oggi, Rom-Neapel, 1988, S. 629–700. Für eine kritische Deutung der oben genannten Gesetze s. C. Saraceno, Mutamenti della famiglia e politiche sociali in Italia, passim.

Isabel Heinemann
American Family Values and Social Change: Gab es den Wertewandel in den USA?[1]

„The book barely explores the content of the silent revolution […] and, by exaggerating the impact of values on political conflict, it misconstrues the character of political power."[2] Dieses Urteil des New Yorker Politologen Mark Kesselmann in der renommierten American Political Science Review über Ronald Ingleharts 1977 erschienene Studie „Silent Revolution" steht paradigmatisch für die sehr verhaltenen und überwiegend kritischen Reaktionen in den USA. Während Ingleharts Diagnose vom Übergang von überwiegend materialistischen zu stärker postmaterialistischen Wertorientierungen in den postindustriellen Gesellschaften des Westens alsbald das Fundament der sozialwissenschaftlichen Wertewandelforschung in der Bundesrepublik bildete, blieben die amerikanischen Politik- und Sozialwissenschaftler zunächst eher skeptisch[3].

Die ersten Rezensionen in den Fachzeitschriften lobten zwar Ingleharts innovativen Zugriff auf Meinungsumfragen als alleinige Quellengrundlage, den Mut zum generalisierenden internationalen Vergleich sowie seine gewagte Thesenbildung in der Erklärung sozialer Wandlungsprozesse. Zugleich kritisierten sie jedoch mangelnde Methodenstrenge und fehlende Problematisierung der Quellengrundlage, die Überbetonung des Trends hin zum Postmaterialismus (obwohl Umfrageergebnisse lediglich rund 10 Prozent der Befragten als „reine Postmaterialisten" auswiesen) und dessen postulierte Irreversibilität. Wichtig ist auch der zitierte Hinweis Kesselmanns, die Diagnose des vermeintlichen Wandels von materiellen zu postmateriellen Werten spare die inhaltliche Klärung genau dieses Wertewandels aus[4]. Diese berechtigte Frage nach der Qualität

---
[1] Dieser Beitrag basiert auf meinem Vortrag „Inventing the Modern American Family": Gab es den Wertewandel in den USA?, gehalten beim 49. Deutschen Historikertag in der Sektion „Gab es den Wertewandel?" am 27.9.2012. Die Forschungen hierzu entstanden im Kontext der Emmy Noether-Gruppe der DFG „Familienwerte im gesellschaftlichen Wandel: die US-amerikanische Geschichte im 20. Jahrhundert" an der Universität Münster.
[2] Mark Kesselman, The Silent Revolution. Changing Values and Political Styles Among Western Publics by Ronald Inglehart, in: Political Science Review 72/1 (1979), S. 284–286.
[3] Siehe Ronald Inglehart, The Silent Revolution. Changing Values and Political Styles Among Western Publics, Princeton 1977, S. 3. „The values of Western publics have been shifting from an overwhelming emphasis on material well-being and physical security toward greater emphasis on the quality of life."
[4] Vgl. Kesselman, Silent Revolution (wie Anm. 2); Kenneth E. Miller, The Silent Revolution. Changing Values and Political Styles Among Western Publics by Ronald Inglehart, in: The Journal of Politics 40/3 (1978), S. 801–803; M. Glenn Newkirk, The Silent Revolution. Changing Values and Political Styles Among Western Publics by Ronald Inglehart, in: The Public

und empirischen Nachweisbarkeit des postulierten Wertewandels bildet den Ausgangspunkt meines Beitrages. Daran geknüpft ist die Überlegung, welcher analytische Mehrwert dem aus der Politikwissenschaft entlehnten Konzept des „Wertewandels" in der historischen Forschung zukommen kann. Bezogen auf mein Beispiel: Lässt sich in der zeithistorischen Analyse ein genuiner Wertewandel in den USA der 1960er und 1970er Jahre feststellen? Oder erweist nicht vielmehr die Langzeitperspektive auf das 20. Jahrhundert mehrere, durchaus diachron und kontrafaktisch ablaufende Wertewandelsprozesse[5]?

Um diese Fragen zu diskutieren und mich dem „content of the silent revolution" zuzuwenden, werde ich anstelle der statistischen Auswertung von Meinungsumfragen im Stile Ingleharts den Blick auf öffentliche Debatten richten, welche politische und juristische Rahmensetzungen im Bereich der Familienpolitik und die zugrunde gelegten Familienwerte verhandelten. Für eine historische Analyse des von Inglehart postulierten Wertewandels in den USA bieten sich die Debatten um Ehescheidung und Reproduktion besonders an: Zum einen, weil sie in den 1960er und 1970er Jahren besonders intensiv in der amerikanischen Öffentlichkeit geführt wurden; zum anderen, weil Inglehart selbst – in Fortentwicklung seines Ansatzes – die steigende Toleranz gegenüber Scheidung und reproduktiver Selbstbestimmung als Indikator für den von ihm beschriebenen Wertewandel angeführt hat[6]. So konstatiert er in seinem Nachfolgewerk, der Studie „Kultureller Umbruch" von 1989:

„Wie aus unseren Daten hervorgeht, nahm die Bereitschaft, an kulturellen Normen festzuhalten, im Laufe der letzten Jahrzehnte ab; die Folgen zeigten sich in steigenden Scheidungs- und Abtreibungszahlen – und in den institutionellen Veränderungen, die Scheidung und Abtreibung erleichterten."[7]

In der Folge möchte ich – nach einigen kurzen Bemerkungen über den Zusammenhang zwischen sozialem Wandel und Normwandel sowie der Bedeutung der Familie – die Debatten um Ehescheidung und Reproduktion als empirische Probebohrungen auf der Suche nach einem möglichen Wertewandel nutzen. Die so gewonnenen Befunde werde ich in die diskursive Verhandlung von Familienwerten in den USA des gesamten 20. Jahrhunderts einordnen, um so die

---

Opinion Quarterly 42/4 (1978), S. 568–569; James D. Wright, The Political Consciousness of Post-Industrialism. The Silent Revolution. Changing Values and Political Styles Among Western Publics by Ronald Inglehart, in: Contemporary Sociology 7/3 (1978), S. 270–273. Kritisch zum Instrument der Meinungsumfrage: Sarah Igo, The Averaged American: Surveys, Citizens, and the Making of a Mass Public, Cambridge (MA) 2007.

[5] Für einen Überblick über Grundwerke der sozialwissenschaftlichen Wertewandelsforschung und eine Reflexion über ihre Bedeutung aus historischer Sicht vgl. Isabel Heinemann, Wertewandel, Version: 1.0, in: Docupedia-Zeitgeschichte, 22. 10.2012, URL: https://docupedia.de/zg/Wertewandel?oldid=84769.

[6] Vgl. Ronald Inglehart, Kultureller Umbruch. Wertewandel in der Westlichen Welt, Frankfurt a.M. 1995, S. 226–268.

[7] Inglehart, Kultureller Umbruch, S. 259.

Intensität eines möglichen Wertewandels in den 1960er und 1970er Jahren auszuloten.

Sozialer Wandel und Normwandel: Das Beispiel der Familienwerte

Zwischen Mitte der 1960er und Ende der 1970er Jahre fanden in den USA – wie in anderen westlichen Industriegesellschaften auch – gravierende soziale Umwälzungen statt: Die Einkommen stiegen, Konsum und mittelständischer Lebensstil waren für breite Teile der Gesellschaft erreichbar, bis Ölkrise und Rezession den erreichten Wohlstand bedrohten[8]. Eine kritische Öffentlichkeit reflektierte die politischen Ereignisse, wobei speziell die Watergate-Affäre 1972 die gesellschaftliche Vertrauenskrise unter der Nixon-Regierung verstärkte[9]. Die aufbrechenden Generationenkonflikte wurden von der Jugend unter anderem in einer bunten Gegenkultur ausagiert. Es entstand eine Vielzahl sozialer Bewegungen, die einen Wandel der gesellschaftlichen Normen einforderte: Bürgerrechts-, Studenten-, Frauen- und Homosexuellenbewegung traten ein für die Gleichstellung der *African Americans*, gegen den Krieg in Vietnam und den US-Imperialismus, für das Recht auf Abtreibung sowie die Gleichberechtigung der Frauen, für die Entkriminalisierung und Entpathologisierung der Homosexualität[10]. In ihrer Themenvielfalt, ihren Organisationsformen und ihrer Protestkultur entfalteten diese sozialen Bewegungen eine wichtige Vorbildfunktion für die westeuropäischen Gesellschaften.

Angesichts gravierender sozio-kultureller Transformationen – Meilensteine waren unter anderem die Gleichstellungsgesetze 1964/65, die Legalisierung der Abtreibung 1973 und die Anerkennung der Homosexualität als nicht krankhaft im gleichen Jahr[11] – spricht viel dafür, auch für die 1960er und 1970er in den USA einen Wertewandel verstanden als „Zusammenhang von *fundamentaler Pluralisierung, Entnormativierung und Individualisierung*"[12] (Andreas

---

[8] Ein guter Überblick über die Geschichte der USA in den späten 1960ern und 1970ern bei Bruce Schulman, The Seventies. The Great Shift in American Culture, Politics and Society, New York 2001.
[9] Vgl. Michael Schudson, Watergate in American Memory, New York 1992; Stanley I. Kutler, Watergate. A Brief History with documents, Chichester ²2010.
[10] Vgl. David S. Meyer u. a. (Hrsg.), Social Movements. Identity, Culture, and the State, Oxford/New York 2002.
[11] Durch Streichung von der Liste der psychischen Krankheiten durch die American Psychiatric Association 1973.
[12] Andreas Rödder, Wertewandel und Postmoderne. Gesellschaft und Kultur in der Bundesrepublik Deutschland 1965–1990, Stuttgart 2004, S. 13.

Rödder) anzunehmen. Bislang bezeichnet die amerikanische Forschungsliteratur die 1960er als „age of great dreams", als die Dekade der Möglichkeiten und großen gesellschaftsverändernden Entwürfe[13]. Die 1970er erscheinen dagegen vor allem in der jüngeren Literatur als „great shift", als Phase intensiven soziokulturellen Wandels, welcher zu einer externen wie internen Re-Orientierung der USA führte, bevor dann die konservative Wende der 1980er den Auseinandersetzungen um Staat, Individuum, Religion und Werte (auch bezeichnet als „culture wars") eine neue Intensität verlieh[14]. Inwiefern die Annahme eines „Wertewandels" eine größere Erklärungskraft als die bisherigen Konzepte bietet, soll in der Folge am Beispiel der Familienwerte und Gendernormen überprüft werden.

Zunächst stellt sich jedoch auch die Frage, wie zwischen „Werten" und „Wertewandel", „Normen" und deren Veränderungen sowie gesellschaftlichen Transformationsprozessen zu differenzieren ist. Hierzu bieten sich einige pragmatische Arbeitsdefinitionen an. *Werte* werden hier verstanden als „allgemeine und grundlegende Orientierungsstandards, die für das Denken, Reden und Handeln auf individueller und auf kollektiver Ebene Vorgaben machen und dabei explizit artikuliert oder implizit angenommen werden"[15]. Dagegen sind *soziale Normen* (im Sinne sozialer Tatbestände nach Emile Durkheim) als überindividuelle und konkrete Verhaltensregeln zu betrachten, die das soziale Miteinander strukturieren[16]. „Die Normen sind von Menschen gemacht, sie gehen aus ihrem Zusammenleben, ihren Vorstellungen und Interessen hervor"[17]. Sie sind somit Ausdruck von Werten und unterliegen in starkem Maße sozialem Wandel. Unter *gesellschaftlichem/sozialen Wandel* schließlich verstehe ich mehrdimensionale Veränderungen in der sozio-ökonomischen Struktur einer Gesellschaft, aber auch in sozialen Praktiken und politisch-rechtlicher Verfasstheit sowie im Verständnis von Kultur und Öffentlichkeit,

---

[13] Vgl. David Farber, The Age of Great Dreams. America in the 1960s, New York 1994; David Farber/Beth Bailey, The Columbia Guide to America in the Sixties, New York 2001; Michael Heale, The Sixties in America. History, Politics and Protest, Edinburgh 2001; James Miller, Democracy is in the Streets. From Port Huron to the Siege of Chicago, New York 1987.

[14] Vgl. Schulman, The Seventies; Peter Caroll, It Seemed like Nothing Happened. America in the 1970s, New York 1982; David Farber/Beth Bailey, America in the Seventies, Lawrence 2004; Richard Moser/Van Gosse, The World the Sixties Made. Politics and Culture in Recent America, Philadelphia 2003; David Farber, The Rise and Fall of Modern American Conservatism, Princeton 2010; Gil Troy, Morning in America. How Ronald Reagan Invented the 1980s, Princeton 2005; John Ehrman, The Eighties. America in the Age of Reagan, New York 2005.

[15] Wertedefinition der Mainzer Historischen Wertewandelsforschung. Siehe dazu den Aufsatz von Andreas Rödder in diesem Band.

[16] Emile Durkheim, Die Regeln der soziologischen Methode, Frankfurt 1984.

[17] Peter Stemmer, Die Rechtfertigung moralischer Normen, in: Zeitschrift für Philosophische Forschung 58/4 (2004), S. 483–504.

die durchaus heterogen und konfliktreich verlaufen können[18]. Gesellschaftliche Wandlungsprozesse stehen in einem dialektischen Verhältnis zu Wert- und Normwandelsprozessen. Sie können sowohl eine direkte Folge vorheriger Neuaushandlungen von Werten und Normen sein (graduelle Durchsetzung der Desegregation des amerikanischen Bildungswesens ab 1954) als auch eine normative Neuausrichtung gezielt herausfordern (Aufstieg der Bürgerrechtsbewegung mit ihrer Forderung nach Gleichberechtigung zur wichtigsten sozialen Bewegung der Mitte des 20. Jahrhunderts).

Die zeithistorischen Analysen der letzten Dekade – insbesondere für die deutsche Gesellschaft der zweiten Hälfte des 20. Jahrhunderts, aber auch für Westeuropa allgemein – haben präzise Sondierungen von Liberalisierungs-, Demokratisierungs- und „Westernisierungsprozessen" vorgelegt und allgemein Erscheinungsformen und Folgen der Moderne in den Blick genommen[19]. Dabei hat jedoch der gerade für die US-Gesellschaft sehr zentrale Bereich der Familienwerte und Geschlechterrollen noch keine bedeutende Rolle gespielt, so dass die Auswirkungen der Moderne auf Familienwerte und vice versa als nicht wirklich erforscht gelten können[20]. Der vorliegende Beitrag möchte hierzu einen ersten Beitrag leisten und auch am konkreten Beispiel die notwendige Historisierung der sozialwissenschaftlichen Wertewandelsforschung vorantreiben[21].

---

[18] Folglich hat eine historische Analyse gesellschaftlichen Wandels simple Teleologien im Sinne von „Fortschritt" oder „Modernisierung" zu vermeiden. Für einen historisch fundierten Überblick über die Moderne-Forschung vgl. Christof Dipper, Moderne, Version: 1.0, in: Docupedia-Zeitgeschichte, 25. 8.2010, URL: http://docupedia.de/zg/Moderne?oldid=84639.

[19] Anselm Doering-Manteuffel, Wie westlich sind die Deutschen? Amerikanisierung und Westernisierung im 20. Jahrhundert, Göttingen 1999; Ulrich Herbert (Hrsg.), Wandlungsprozesse in Westdeutschland. Belastung, Integration, Liberalisierung 1945–1980, Göttingen 2002; Christof Mauch/Kiran Klaus Patel (Hrsg.), Wettlauf um die Moderne. Die USA und Deutschland 1890 bis heute, München 2008; Doering-Manteuffel/Raphael, Nach dem Boom (wie Anm. 15); Lutz Raphael (Hrsg.), Theorien und Experimente der Moderne: Europas Gesellschaften im 20. Jahrhundert, Köln/Weimar 2012; Thomas Welskopp/Alan Lesoff, Fractured Modernity. America Confronts Modern Times, 1890s to 1940s, München 2013.

[20] Die US-amerikanische Forschung hat zwar eine Fülle von Einzelstudien erbracht, aber Überblicks- und Langzeitstudien fehlen bisher. Wichtigste Ausnahme ist die Arbeit von Robert O. Self, die allerdings stark auf die 1960er bis 1980er Jahre fokussiert. Robert O. Self, All in the Family: The Realignment of American Democracy since the 1960s, New York 2012. Vgl. auch den Überblick von Stephanie Coontz, der das Thema überhaupt erst konstituiert hat: Stephanie Coontz, The Way We Never Were. American Families and the Nostalgia Trap, New York 1992.

[21] Vgl. die sehr pointierte Kritik von Rüdiger Graf/Kim Priemel, Zeitgeschichte in der Welt der Sozialwissenschaften. Legitimität und Originalität einer Disziplin, in: VfZ 59/4 (2011), S. 479–495, bes. 486–488 sowie die Replik von Bernhard Dietz/Christopher Neumaier, Vom Nutzen der Sozialwissenschaften für die Zeitgeschichte. Werte und Wertewandel als

Die Familie galt in den USA, wie in den anderen westlichen Gesellschaften des 20. Jahrhunderts auch, als wichtigste Mikroeinheit der Gesellschaft nach dem Individuum. Nicht nur Politiker der beiden großen Lager, sondern auch Juristen, Sozialexperten, Kirchenführer und Journalisten verknüpften in den Debatten „Familie" mit „Staat"; so dass die amerikanische Familie als Synonym für die amerikanische Nation erschien[22]. Zugleich entfaltete das Familienideal der weißen „middle class" eine prägende Wirkung für alle US-Amerikaner/innen, völlig unabhängig davon in welcher Familienform sie selbst lebten. Es diente als Projektionsfläche von Integrations- und Aufstiegshoffnungen für Migranten und Minderheitenangehörige, inspirierte aber auch Diversifizierungs- und Abgrenzungsstrategien. Das zugrundeliegende Familienmodell der „modern isolated nuclear family" – also der modernen Kernfamilie bestehend aus Eltern und Kindern, isoliert von weitergehenden Verwandtschaftsnetzwerken sowie der weißen Mittelschicht zugehörig – hatte der amerikanische Soziologe Talcott Parsons zu Beginn der 1950er Jahre systematisch beschrieben[23]. Bis zum heutigen Tag dominiert es den wissenschaftlichen, politischen und öffentlichen Diskurs, obwohl dadurch sowohl die Werte als auch die Lebensformen ethnischer Minderheiten sowie abweichende soziale Realitäten (Alleinerziehende, arbeitende Mütter, Patchwork-Familien, Homosexuelle) dezidiert ausgeblendet werden[24].

In meiner Analyse verstehe ich unter *Familienwerten* („family values, family ideal, family concepts") die mehrheitliche Vorstellung davon, was Familie idealerweise sein sollte und was nicht. Dieses in den Medien, aber auch in Politik, Rechtsprechung, Wissenschaft, Werbung und Religion kommunizierte und immer wieder neu ausgehandelte Ideal schließt Annahmen über die Familienstruktur, Geschlechterrollen, Verteilung der Erziehungsaufgaben, ökonomische Situation und die ethnische Zugehörigkeit der amerikanischen Familie ein. Zugleich war und ist das nationale Familienideal häufig Gegenstand öffentlicher Debatten in der nationalen Tages- und Wochenpresse. *Öffentliche Debatten über Familienwerte sind dabei zu verstehen als kontroverse, publizistische Aus-*

Gegenstand historischer Forschung, in: VfZ Zeitgeschichte 60 (2012), S. 293–304; Anselm Doering-Manteuffel/Lutz Raphael, Nach dem Boom. Perspektiven auf die Zeitgeschichte seit 1970, 2. erweiterte Auflage 2010 (Erstausgabe 2008), S. 151.

[22] Hierzu Isabel Heinemann (Hrsg.), Inventing the Modern American Family. Family Values and Social Change in 20th Century United States, Frankfurt a.M. 2012.

[23] Siehe Talcott Parsons, The American Family. Its Relations to Personality and the Social Structure, in: ders./R.F. Bales (Hrsg.), Family, Socialization and Interaction Process, New York/London 1955, S. 3–33.

[24] Vgl. Talcott Parsons/Robert F. Bales (Hrsg.), Family, Socialization and Interaction Process, New York 1955; Talcott Parsons, The Normal American Family, in: Arlene S. Skolnick/Jerome H. Skolnick (Hrsg.), Family in Transition. Rethinking Marriage, Sexuality, Child Rearing and Family Organization, Boston 1971, S. 397–403.

einandersetzungen (insbesondere in den Printmedien), die einen relevanten Grad an öffentlicher Aufmerksamkeit erreichen (ablesbar an Intensität und Dauer der Berichterstattung, an Leserbriefen, Kommentaren und Leitartikeln). Debatten konnten – je nach Standpunkt des Betrachters – in unterschiedliche Richtungen geführt werden: entweder mit dem Ziel der Veränderung sozialen Verhaltens durch Beschwörung eines bestimmten Familienideals („Ehe und Familie sind bedroht, Scheidungsgesetze müssen verschärft werden") oder um normative Anpassungen an eine bereits geänderte soziale Praxis zu erreichen („Angesichts von verbreitetem Scheidungstourismus und Trennungen sollte das Scheidungsrecht geändert werden"). Bei der Scheidungsdebatte der 1970er Jahre überwog die zweite Position.

Die Debatten um Ehescheidung und die Einführung der No-Fault-Divorce

Kein geringerer als Ronald Reagan unterzeichnete als Gouverneur des Staates Kalifornien zum Jahresende 1969 ein Gesetz, welches die Ehescheidung in den gesamten USA revolutionieren sollte, und das gemeinhin als Ausdruck eines fundamentalen Wandels der Familienwerte betrachtet wird. Der „California Family Law Act" regelte zunächst für den Staat Kalifornien, dass eine Ehescheidungen ab dem Jahr 1970 nicht mehr, wie bislang üblich, nur unter Verweis auf einige wenige anerkannte Scheidungsgründe vor Gericht erstritten werden musste und mit einem Schuldspruch und der Ermittlung einer schuldigen Partei zu enden hatte[25]. Die so genannte „no-fault divorce" ersetzte Scheidungsgründe und Gerichtsprozess durch ein beschleunigtes Scheidungsverfahren, in dem die Partner unter Verweis auf „unüberbrückbare Differenzen" die Scheidung schnell und unbürokratisch beantragen konnten. Das Familienvermögen wurde zu gleichen Teilen aufgeteilt, da es keine „guilty party" gab, die per se zur Zahlung von Unterhalt gezwungen werden konnte[26]. Ausgehend von Kalifornien liberalisierten in den 1970er Jahren die meisten Bundesstaaten ihre Scheidungsgesetze, bereits 1975 hatten 45 von 50 Einzelstaaten eine Form der *No-Fault-*

---

[25] Zur Wirkung des California Family Law Act aus der Sicht der Zeitgenossen vgl. William P. Hogoboom, The California Family Law Act of 1970. 21 Months of Experience, in: Family Court Review 9/1 (1971), http://onlinelibrary.wiley.com/doi/10.1111/j.174-1617.1971.tb00720.x/pdf.

[26] Vgl. Roderick Phillips, Untying the Knot. A Short History of Divorce, New York 1991; Kristin Celello, Making Marriage Work. A History of Marriage and Divorce in the Twentieth-Century United States, Chapel Hill (NC) 2009; Glenda Riley, Divorce. An American Tradition, New York/Oxford 1991.

Regelung etabliert[27]. Gleichzeitig ersetzten sie das negativ konnotierte „divorce" (Scheidung) durch das neutralere „dissolution" (Auflösung). Die *New York Times* diagnostizierte bereits im Jahr 1974 einen massiven gesellschaftlichen Wandel: „One of the more dramatic shifts in the American temperament in the last five years is the increasing tendency of couples to seek divorce and the tendency of courts and state legislatures to make it easier for them to do so."[28]

Bereits am Tag des Inkrafttretens der Scheidungsreform in Kalifornien hatte das gleiche Blatt einen Wertewandel speziell in der kalifornischen Bevölkerung ausgemacht und argumentiert:

„To many lawyers and sociologists, the law reflects the increasing instability of American family life, particularly in the booming and burgeoning states of the restless West. [...] Many experts here believe that the new divorce law mirrors a change in mores and morals of Californians."[29]

Auf den ersten Blick lässt sich die schnelle nationsweite Einführung der no-fault-divorce in der ersten Hälfte der 1970er Jahre tatsächlich als Ausdruck eines fundamentalen Wertewandels, als Anerkennung der Gleichberechtigung beider Ehepartner, als Kritik an der bisherigen Praxis einer stark patriachal geprägten Familie und als Reaktion auf die Individualisierung und Pluralisierung der modernen Gesellschaft lesen. Legt man jedoch eine historische Langzeitperspektive an, verliert diese Entwicklung auf den zweiten Blick viel von ihrer Singularität und Dramatik. So stiegen zwar in den 1970er Jahren die nationalen Scheidungszahlen tatsächlich an, aber sie taten das innerhalb eines säkularen Trends, der bereits seit Beginn der Datenerhebung im Jahr 1867 zu beobachten war. Die eigentliche Trendwende stellten vielmehr die 1980er Jahre da, da hier die Scheidungsrate dauerhaft zu sinken begann, zuvor hatten lediglich die 1950er und frühen 1960er Jahre einen vorübergehenden Rückgang der Scheidungsrate erlebt. Auch die Debatte über das Für und Wider einer Liberalisierung des Scheidungsprozedere und dessen Auswirkung auf die Familie als Keimzelle der Nation war keinesfalls neu. Bereits die erstmalige Veröffentlichung der nationalen Scheidungsstatistik im Jahr 1889 hatte eine erste öffentliche Auseinandersetzung losgetreten, in deren Verlauf insbesondere Sozialexperten die Familie als Analyseobjekt entdeckten und für die Scheidung als Heilmittel („remedy") zur Beendigung untragbarer Beziehungen plädierten[30]. Liberale Soziologen wie George E. Howard und Charlotte

---

[27] Vgl. Virginia Lee Warren, Taking Some of the Pain out of Divorce. 'No-Fault' is a Growing Reality, in: New York Times (NYT), 19.03.1975, S. 33.

[28] Vgl. Wayne King, Demand for Divorce brings Laws to make it Easier and Cheaper, in: NYT, 05.01.1974. S. 16.

[29] Steven V Roberts, Divorce, California Style, Called A Reflection of the Restless West, in: NYT, 01.01.1970, S. 14.

[30] Vgl. James P. Lichtenberger, Divorce. A Study in Social Causation, New York 1909.

Perkins Gilman hatten schon zu Beginn des Jahrhunderts ihr Plädoyer für das Recht auf Scheidung mit der Forderung nach Frauenrechten und insgesamt einer stärkeren Gleichberechtigung der Geschlechter verknüpft[31]. Diese erste Scheidungsdebatte des 20. Jahrhunderts endete mit einem Sieg der Scheidungsbefürworter und der Marginalisierung ihrer Gegner als religiös und kulturell konservativ. Das Scheidungsrecht selbst blieb zunächst regional stark fragmentiert, da durch die Einzelstaaten geregelt, wobei die meisten Staaten eine Scheidung nach dem Schuldprinzip auf der Grundlage unterschiedlich weit gefasster Scheidungsgründe grundsätzlich zuließen[32].

Auch die flächendeckende Einführung der *No-Fault Divorce* in den 1970er Jahren war nicht unumstritten. Besonders schwer wog die Kritik von Vertreterinnen der Frauenbewegung, die argumentierten, dass Frauen durch den Wegfall der prinzipiellen Unterhaltsverpflichtung des Gatten – welche ihnen das Schuldprinzip in den meisten Fällen garantiert hatte – durch die neue Regelung wirtschaftlich massiv benachteiligt würden[33]. So wies die *Los Angeles Times* bereits 1973 darauf hin, dass die kalifornischen Scheidungsrichter das Familienvermögen zu gleichen Teilen unter den Partnern aufteilten, dabei aber reale Ungleichheiten wie schlechtere Chancen am Arbeitsmarkt und Erziehungsleistungen der Frauen außer Acht ließen. Sie zitierte eine Scheidungsanwältin aus Santa Monica mit den Worten: „Ten years ago, judges were breaking their necks to see that a woman could stay home and take care of preschool children. [...] Now, if I'm lucky, I can get enough money to cover the child care and the woman is left to cover the rest of support."[34]

In historischer Perspektive zeigt sich, dass die Eherechtsreform zu Beginn der 1970er Jahre zwar das Verfahren erleichterte und die juristische Scheidung allgemein besser zugänglich machte, so dass diese weniger stark als bisher von ökonomischen Ressourcen und dem Wohnort abhing. Aber gleichzeitig verstärkte sie auch ökonomische Ungleichheiten, indem Unterstützungszahlungen des Mannes für Exfrau und Kinder massiv zurückgenommen wurden und per se eine gleiche Möglichkeit des Einkommenserwerbs für Mann und Frau vorausgesetzt wurde, was aber nicht der sozialen Realität (Kindererziehung, schlechtere Ausbildung, geringere Löhne) entsprach.

---

[31] Vgl. George Elliott Howard, Is the Freer Granting of Divorce an Evil?, in: AJSoc 14 (1908/09), S. 766–796; Charlotte Perkins Gilman, How Home Conditions react upon the Family, in: AJSoc 14 (1908/09), S. 592–605.
[32] Immer noch grundlegend: William L O'Neill, Divorce in the Progressive Era, New Haven (CT) 1967; Riley, Divorce. An American Tradition.
[33] Vgl. Lenore J. Weitzman, The Divorce Revolution. The Unexpected Social and Economic Consequences for Women and Children in America, New York 1985.
[34] Celeste Durant, New Feminism Benefits Men in Divorce Actions, in: Los Angeles Times, 30.12.1973, S. A 1.

Folglich zeigt sich in den 1970er Jahren ein wichtiger Aspekt der normativen Pluralisierung im Sinne eines gewandelten gesellschaftlichen Rollenverständnisses: Anders als noch im ersten Drittel des 20. Jahrhundert galten Mann und Frau dem Scheidungsrichter nunmehr als formal gleichberechtigte Partner – ein gigantischer Schritt in der Verhandlung der Geschlechternormen. In der Praxis wurde diese Gleichberechtigung jedoch vor allem ökonomisch interpretiert, was sich in der Verteilung des ehelichen Vermögens ausdrückte. Schwer wog hingegen die Weigerung der meisten Richter, fortwirkende Ungleichheiten anzuerkennen, wie die Tatsache, dass die Kindererziehung Hauptaufgabe der Frau blieb. Inwiefern aber bereits von einem gravierenden Wertewandel im Bereich der Familienwerte gesprochen werden kann, soll ein Blick auf die Debatten um Abtreibung und Reproduktion erweisen.

Die Debatte um reproduktive Kontrolle und das Recht auf Abtreibung

Im November 1972 ereignete sich im amerikanischen Abendprogramm eine kleine Revolution. Maude Findley, die Titelheldin der gleichnamigen Sitcom des Kanals CBS, entdeckte im Alter von 47 Jahren ihre ungeplante Schwangerschaft und entschied sich nach zwei Episoden der Reflexion für eine Abtreibung[35]. Der Produzent Norman Lear hatte sich persönlich für die Behandlung des Themas im Rahmen seiner Sitcom eingesetzt und bei CBS die Ausstrahlung durchgesetzt. Das Resultat war ein signifikanter Anstieg der Einschaltquoten und eine Flut von Leserbriefen, die nicht nur das Für und Wider der Abtreibung, sondern auch die Frage diskutierten, inwiefern ein so ernstes Thema in einer Fernsehkomödie behandelt werden sollte[36]. Insbesondere die Katholische Kirche lief Sturm gegen die „open propaganda for abortion and vasectomy", so der Erzbischof von New York[37]. Über die katholische Presse wurden die Kirchenmitglieder zu Protesten aufgerufen. Im Sommer 1973, als CBS entschied, die Episoden erneut auszustrahlen, kam es zu einem regelrechten Eklat: Nicht weniger als 39 lokale Sender weigerten sich, auf Sendung zu gehen. Sämtliche Sponsoren (darunter Unternehmen wie *Pepsi Cola* und *American Home Products*) zogen ihre Werbespots zurück und CBS erhielt 17.000 kritische Zuschriften empör-

---

[35] Die Erstausstrahlung der beiden Folgen war am 16.11. und 23.11.1972.
[36] Alleine CBS erhielt 7.000 Briefe, die gegen die Ausstrahlung protestierten; Les Brown, Wood, C.B.S.-TV Head, Defends "Mature" Shows, in: NYT, 16.10.1973, S. 87.
[37] Vgl. den Brief des New Yorker Bischofs Montsignor Eugene V. Clark vom 21.11.1972 an Richard W. Jencks, den Präsidenten der CBS Broadcast Group. Zit. bei Kathryn Montogmery, Target Prime Time. Advocacy Groups and the Struggle Over Entertainment Television, New York 1989, S. 35.

ter Zuschauer[38]. Zehn Jahre später jedoch, 1982, konnte das gleiche Thema im Spielfilm „Take Your Best Shot", ebenfalls auf CBS, thematisiert werden, ohne die kleinste Kontroverse auszulösen: Der Held, ein erfolgloser Schauspieler in einer Ehekrise, traf eine junge Kollegin, die ihm freimütig von ihrer soeben überstandenen Abtreibung berichtete, woraufhin sich beide in eine kurze Affäre stürzten. Im Gegensatz zu den „Maude"-Episoden erregte der Film keinerlei öffentliches Aufsehen, wie ein lakonischer Artikel in der *New York Times* konstatierte[39]. Hatte sich also im Zeitraum von zehn Jahren die öffentliche Debatte über Abtreibung massiv gewandelt? Haben wir es folglich mit einem Indiz für einen breiteren gesellschaftlichen Wertewandel zu tun?

Bezogen auf die Darstellungsmöglichkeiten im Fernsehen und die Sehgewohnheiten des Publikums trifft das sicherlich zu. So argumentiert die Medienhistorikerin Kathryn Montgomery, dass sich das Unterhaltungsfernsehen in den 1970er Jahren verstärkt der Behandlung auch politisch kontroverser Themen zuwandte. Dies erklärt sie, nicht zuletzt am Beispiel von „Maude", mit der Einflussnahme von sozio-politischen Interessengruppen auf die Themengestaltung und den finanziellen Interessen der Sender, die durch die Ausstrahlung umstrittener Episoden traumhafte Einschaltquoten erzielen konnten[40]. Auch kann „Maude" als Beispiel dafür gelten, wie der soziale Wandel die Visualisierung von Familienleben im Fernsehen veränderte, hatte doch der Chef der CBS-Fernsehsparte, Robert Wood, 1973 erklärt, er wolle mit der Wiederausstrahlung der Abtreibungs-Episoden auch auf die Zuschauerkritik reagieren, die beklagt hatte, die Unterhaltungsprogramme seien langweilig und vernachlässigten die gesellschaftlich bedeutsamen Themen[41].

Doch die öffentliche Debatte über Abtreibung lief seit Mitte der 1960er Jahre in den USA sehr viel differenzierter und auch heterogener ab als die Rezeption von „Maude" suggeriert. Eine besonders bedeutsame Rolle kam hierbei der Frauenbewegung zu, welche das Recht auf Abtreibung – neben der Verankerung eines Gleichberechtigungsgrundsatzes in der Verfassung und dem Kampf

---

[38] Vgl. Les Brown, Wood, C.B.S.-TV Head, Defends "Mature" Shows, in: NYT, 16.10.1973, S. 87.
[39] Vgl. John J. Connor, Yesterday's Taboos are Taken for Granted Now. What used to be called the 'New Permissiveness' has Entered the Television Mainstream with Remakable Ease, in: NYT, 07.11.1982. S. 107.
[40] Vgl. Montgomery, Target Prime Time, S. 49–50. Während Montgomery die nationale Debatte um „Maude" eher als Beleg für die Schlagkraft der Abtreibungsgegner anführt, behandelt Susan Staggenborg sie als Teil der Kampagne des pro-choice-Movement; vgl. Suzanne Staggenborg, The Pro-Choice Movement. Organization and Activism in the Abortion Conflict, Oxford 1991, S. 69–72.
[41] Vgl. Les Brown, Wood, C.B.S.-TV Head, Defends "Mature" Shows, in: NYT, 16.10.1973, S. 87. Ähnlich argumentieren David Marc/Robert Thompson, Prime Time, Prime Time Movers. From I Love Lucy to L.A. Law – America's Greatest TV Shows and the People Who Created Them, Syracuse (NY) 1992, S. 51.

gegen jegliche Diskriminierung von Frauen – zu einem ihrer Kernziele gemacht hatte[42]. Nicht nur die Legalisierung der Abtreibung durch den Supreme Court im Januar 1973, also nach der Erstausstrahlung der beiden „Maude"-Folgen, sondern auch die Einführung der Pille 1960/61 sowie allgemein die *Sexual Revolution* der 1960er Jahre gelten gemeinhin als Wegmarken einer dramatischen gesellschaftlichen Liberalisierung und als Resultat eines tiefgreifenden Wertewandels[43]. Die Verfügbarkeit der Pille und damit die Entkopplung von Sexualität und Reproduktion sowie die Legalisierung der Abtreibung veränderten die Kontrollmöglichkeiten der Frauen über ihre eigene Fertilität und Reproduktion fundamental. Insbesondere der Verweis des Supreme Court auf das *Right to Privacy*, die persönliche Entscheidungsfreiheit der Frau, bedeutete einen Meilenstein auf dem Weg zu mehr Gleichberechtigung – hinter den nicht einmal die konservative Reagan-Regierung der 1980er Jahre zurückfallen mochte.

Zugleich war jedoch auch eine Zunahme an – überwiegend religiös-konservativ geprägten – Protesten gegen die Legalisierung der Abtreibung (wie unter anderem das *Pro-Life Movement*) zu beobachten, die bis auf den heutigen Tag anhält[44]. Die machtvollste Intervention gegen die Wiederausstrahlung der „*Maude"*-Episoden 1973 kam von der *National Catholic Conference*, die eine Koalition von Anti-Abtreibungsorganisationen anführte[45]. Seit 1973 versuchen darüber hinaus immer wieder einzelne Staaten, das *Supreme-Court-*Urteil außer Kraft zu setzen oder Abtreibungen dennoch zu verbieten, zuletzt Mississippi 2011. Während der konservativen Wende der 1980er Jahre (von der Feministin Susan Faludi eloquent als „Backlash", Rückschlag, in den Geschlechterbeziehungen beschrieben) schürte die Reagan-Regierung mit ihrer „Family Values Campaign" ein moralisch konservatives Klima, das Abtreibungen angesichts religiös fanatisierter Protestaktionen sowohl für Ärzte als auch

---

[42] Vgl. Sarah Evans, Personal Politics. The Roots of Women's Liberation in the Civil Rights Movement and the New Left, New York 1980; Alice Echols, Daring to be Bad. Radical feminism in America 1967 – 1975, Minneapolis (MN) 1989; Nancy Cott, The Grounding of Modern Feminism, New Haven (CT) 1987; William H. Chafe, The Paradox of Change. American Women in the 20th Century, New York 1991.

[43] Vgl. Elaine Tyler May, America and the Pill. A History of Promise, Peril, and Liberation, New York 2010; Elizabeth Watkins, On the Pill. A Social History of Oral Contraceptives, 1950–1970, Baltimore 1998; Beth Bailey, Sex in the Heartland, Boston 1999; Simone Carron, Who Chooses? American Reproductive History Since 1830, Gainesville (FL) 2008; Rickie Solinger, Preganancy and Power. A Short History of Reproductive Politics in America, New York 2005.

[44] Vgl. Inglehart sieht diese jedoch nicht als Symptom einer „Rückkehr der Religionen", sondern postuliert weiterhin einen fortdauernden Säkularisierungstrend im Rahmen seines Wertewandel-Modells. Vgl. Inglehart, Kultureller Umbruch, S. 259–260; Martin Riesebrodt, Rückkehr der Religionen. Fundamentalismus und der "Kampf der Kulturen', München 2004.

[45] Vgl. Montgomery, Target. Prime Time, S. 28–50.

Patientinnen vielerorts zum Risiko machte[46]. So sanken die Abtreibungszahlen, ohne dass es einer – rechtlich hochproblematischen – Revision des *Supreme-Court*-Urteils bedurft hätte. Auch heute noch ist das Thema Abtreibung von zentraler Bedeutung im öffentlichen Diskurs, dies zeigen unter anderem die Präsidentschaftswahlkämpfe der letzten Jahre. Wie schon in den Kampagnen 2004 und 2008 war auch im Wahlkampf 2012 ein „human life amendment" Teil des Parteiprogramms der Republikaner und Präsidentschaftskandidat Mitt Romney erklärte, er halte Abtreibung nur in den Fällen von Vergewaltigung, Inzest oder der unmittelbaren Lebensgefahr für die Mutter für statthaft.

Die längere Perspektive auf das 20. Jahrhundert zeigt jedoch nicht nur, dass Abtreibung auch nach 1973 in den USA massiv umstritten blieb, so dass sich angesichts des Themas – anders als Inglehart in seinen Studien „Kultureller Umbruch" und „Modernisierung und Postmodernisierung" meint – nicht umstandslos von einem tiefgreifenden Wertewandel sprechen lässt[47]. Zugleich wird offenbar, dass der Zugang zu umfassender reproduktiver Kontrolle (in Form von Abtreibung, Verhütung, künstliche Befruchtung, Adoption) stets stark nach Race und Class segmentiert war und ist[48]. Wie insbesondere US-amerikanische Historikerinnen im letzten Jahrzehnt herausgearbeitet haben, kamen tatsächlich nur weiße Frauen, die der Mittel- und Oberschicht entstammten, in den uneingeschränkten Genuss von *Reproductive Choice*, der freien Entscheidung über ihre Reproduktionsfähigkeit[49]. Dies lag vor allem an praktischen Barrieren wie der im *Hyde-Amendment* 1976 festgeschriebenen Ablehnung der Sozialversicherung *Medicaid*, die Abtreibungskosten zu übernehmen, am Fehlen bezahlbarer und guter Kinderbetreuung und an einer Wohlfahrtspolitik, die insbesondere alleinerziehende Mütter kriminalisierte[50]. In welchem Maße staatliche Unterstützung immer auch eine Diskrimini-

---

[46] Vgl. Susan Faludi, Backlash. The Undeclared War Against Americans Women, New York 1991.
[47] Vgl. Inglehart, Kultureller Umbruch, S. 259–268; Ronald Inglehart/Ivonne Fischer, Modernisierung und Postmodernisierung. Kultureller, wirtschaftlicher und politischer Wandel in 43 Gesellschaften, New York/Frankfurt a.M. 1997, S. 384–389.
[48] Vgl. Paul Ehrlich, The Population Bomb, New York 1968; So wurden speziell für die Angehörigen der nicht-weißen Working Class Abtreibungskliniken betrieben und Zwangssterilisationen angeordnet, vgl. Rickie Solinger, Beggars and Choosers. How the Politics of Choice Shapes Adoption, Abortion, and Welfare in the United States, New York 2001; Solinger, Pregnancy and Power; Johanna Schoen, Choice and Coercion. Birth Control, Sterilization and Abortion in Public Health and Welfare, Chapel Hill 2005.
[49] Vgl. Dorothy Roberts, Killing the Black Body. Race, Reproduction, and the Meaning of Liberty, New York 1999; Solinger, Beggars and Choosers; Jennifer Nelson, Women of Color and the Reproductive Rights Movement, New York 2003; Elena Gutierrez, Fertile Matters. The Politics of Mexican Origin Women's Reproduction, Austin 2008.
[50] Vgl. Marisa Chappell, War on Welfare. Family, Poverty and Politics in Modern America, New York 2010.

rung nach Rasse und Geschlecht fortschrieb, besonders krass die Fälle von Sterilisationen von Wohlfahrtsempfängerinnen in den 1970er Jahren, die mit öffentlichen Mitteln finanziert wurden. Diese betrafen Mitte der 1970er Jahre jährlich 100 000 bis 150 000 Frauen, überproportional Afro-Amerikanerinnen und mexikanisch-stämmige Frauen – man hatte ihnen gesagt, ohne ihre Zustimmung verlören sie die Wohlfahrtsleistungen.[51] Gleichzeitig stand die Reproduktionsfähigkeit vor allem nicht-weißer Frauen vom Beginn des 20. Jahrhunderts bis in die 1970er Jahre immer wieder im Fokus der der medialen Darstellung wie auch der Intervention von Sozialexperten[52]. Dieser rassistische Bevölkerungsdiskurs hatte 1905 mit dem Diktum Präsident Theodore Roosevelt, dem weißen Amerika drohe der „Race Suicide" aufgrund zu geringer Geburtenrate begonnen und sich dann in der Eugenik-Bewegung der 1920er bis 1940er Jahre fortgeführt[53]. Dies schloss die Pflicht zu zahlreichem Nachwuchs für die „erbbiologisch Wertvollen" ebenso ein wie die Anwendung von Abtreibungen und Sterilisationen an „erbbiologisch minderwertigen" Menschen. Nach dem Zweiten Weltkrieg wurde die Debatte „quality versus quantity" in so unterschiedlichen Feldern wie der genetischen Eheberatung der 1950er bis 1980er, dem *Zero Population Growth Movement* der späten 1960er Jahre und der staatlichen Wohlfahrtspolitik fortgesetzt[54]. Die in den Einzelstaaten ergriffenen Maßnahmen reichten von gezielter Diskriminierung und Pathologisierung nicht-weißer Mütter bis hin zu Sterilisationen von Wohlfahrtsempfängerinnen[55]. Auch die Zwangssterilisationen von *African American* und *Mexican*

---

[51] Sheila M. Rothmann, Funding Sterilization and Abortion for the Poor, in: NYT, 22.2.1975. Gwendolyn Mink/Rickie Solinger (Hrsg.), Welfare. A Documentary History of U.S. Policy and Politics, New York 2003, S. 339.

[52] Vgl. Leo Chavez, Covering Immigration. Popular Images and the Politics of the Nation, Berkeley 2001; Alexandra Minna Stern, Eugenic Nation. Faults and Frontiers of Better Breeding in America, Los Angeles 2005; Isabel Heinemann, Social Experts and Modern Women's Reproduction. From Working Women's Neurosis to the Abortion Debate 1950–1980, in: dies., Inventing the Modern American Family (Anm. 22), S. 124–151.

[53] Das Roosevelt-Zitat findet sich in: U. S. Department of Commerce and Labor, Bureau of the Census, Special Reports. Marriage and Divorce 1867–1906. Part I: Summary, Laws, Foreign Statistics, Washington 1909, S. 4. Erstmals wurde der Term „race suicide" vom Soziologen E. A. Ross in die politische Debatte eingebracht, vgl. Edward A. Ross, The Causes of Race Superiority, in: Annals of the American Academy of Political and Social Science, 18 (1901), S. 67–89. Zur Eugenik-Bewegung in den USA Stern, Eugenic Nation (wie Anm. 52); Laura L. Lovett, Conceiving the Future. Pronatalism, Reproduction and the Family in the United States 1890–1938, Chappell Hill (NC) 2007.

[54] Vgl. Molly Ladd-Taylor, Eugenics, Sterilization and the Modern Marriage in the USA. The Strange Career of Paul Popenoe, in: Gender and History 13/2 (2001), S. 298–327; Heinemann, Social Experts (Anm. 52).

[55] Hierzu vgl. die Münsteraner Dissertationsprojekte von Anne Overbeck, „Mothering the Race: Eugenics and the Discourse on Reproductive Rights of African American Women in the 20th Century" und Claudia Roesch, „Familia, Machismo, Compadrazgo – Discourses

American Women bis in die 1970er Jahre – ein letzter Nachhall der Eugenik-Bewegung – erhielten ihre Legitimation durch diesen Expertendiskurs[56]. Allerdings ist wiederum die Tatsache, dass in den 1970er Jahren Protestbewegungen der Betroffenen die Staaten durch Demonstrationen, Presseberichterstattung und insgesamt öffentlichen Druck dazu zwangen, diese Praxis zu beenden und über Entschuldigungen und Entschädigungszahlungen nachzudenken, durchaus als Ausdruck gesellschaftlichen Wandels, aber auch eines allmählichen Normwandels (Recht auf selbstbestimmte Reproduktion) zu verstehen[57].

Insgesamt zeigt der Diskurs über Abtreibung und Reproduktion, dass während des gesamten 20. Jahrhunderts die Reproduktion weißer Frauen und ihr Beitrag zur Sicherung der amerikanischen Familie als Basis der Nation im Vordergrund standen. Nicht-weiße Familien wurden demgegenüber abgewertet beziehungsweise in ihren Wahlmöglichkeiten eingeschränkt. Betrachtet man die Debatte auf ihre rassischen Ungleichheiten hin, so erscheint der in der Legalisierung der Abtreibung kulminierende Wertewandel auf dem Feld der Sexualität und Reproduktion weniger dramatisch, da zunächst nur bestimmte sozial und ethnisch definierte Bevölkerungsgruppen einen Zugewinn an *Reproductive Choice* verbuchen konnten.

Fazit

Betrachtet man die Auseinandersetzung um Struktur und Werte der US-amerikanischen Familie im 20. Jahrhundert, so macht es prinzipiell Sinn, für den Zeitraum zwischen 1965 und 1979/80 einen „Wertewandel" anzunehmen, allerdings im Sinne einer Fundamentalpluralisierung und Individualisierung, und nicht als Etappe auf einem teleologischen Fortschrittsweg hin zu Postmaterialismus und Postmoderne. Dabei gilt grundsätzlich, dass eine diachrone und inhaltlich-hermeneutische Perspektive die geschilderten Wandlungsprozesse zu kontextualisieren und dadurch auch zu entdramatisieren vermag. Für die Frage nach einem generellen Wertewandel heißt dies, dass auf dem Feld der Familienwerte und Normen viele kleine Wertewandel zu beobachten sind, stets herausgefordert von konservativen Gegentrends (religiöse Bewegungen, Diskriminierung anhand ethnischer und sozialer Kategorien) vor dem Hintergrund eines langfristigen Trends der Pluralisierung und Liberalisierung von Normen in der modernen Gesellschaft.

on Mexican American Families in the 20th Century USA"; Solinger, Beggars and Choosers (Anm. 48); Gutierrez, Fertile Matters (Anm. 49); Chappell, War on Welfare (Anm. 50).
[56] Vgl. Stern, Eugenic Nation (Anm. 52); Dorothy Roberts, Killing the Black Body; Gutierrez, Fertile Matters. (beide Anm. 49).
[57] Vgl. Stern, Eugenic Nation (Anm. 52).

Wichtig ist jedoch, und hier sind Inglehart und die sozialwissenschaftliche Wertewandelforschung aus historischer Perspektive zu differenzieren, dass der Wertwandel der späten 1960er/frühen 1970er Jahre viel von seiner vermeintlichen Singularität einbüßt: Bereits in den ersten beiden Dritteln des 20. Jahrhunderts verhandelten Debatten über Ehescheidung und Reproduktion kontrovers die Folgen der industriellen Moderne, wobei – neben den 1960er und 1970er Jahren – insbesondere die Jahrhundertwende sowie die 1920er/1930er Jahre als Phasen eines verdichteten Norm- und Wertewandels hervortreten. Damit könnte man – anders als Ingleharts These von der linearen Entwicklung des Wertewandels suggeriert – für die USA und wohl auch für die westlichen Gesellschaften des 20. Jahrhunderts insgesamt – von einer Wellenbewegung des Wandels sprechen, die immer wieder von Phasen des *Backlash* durchbrochen wird. Dabei lassen sich sowohl Forderungen nach Wertpluralisierung als auch nach konservative Re-Orientierung stets parallel nachweisen, die Frage ist nur, welches gesellschaftliche Bedürfnis angesichts der sozio-ökonomischen Entwicklung gerade überwog.

Nationale Besonderheiten der Debatten um Ehescheidung und Abtreibung in den USA lagen zunächst in der ethnisch-sozialen Codierung des nationalen Familienideals als prinzipiell weiß und der Mittelschicht zugehörig. Damit befanden sich ethnische Minderheiten, allein erziehende Mütter, Migranten- oder Arbeiterfamilien in den Debatten um normative Umdeutungen per se in einer marginalen Position, und ihre Werte und Lebensmuster wurden zumeist als „Abweichungen" gebrandmarkt. Auch fällt auf, dass in den Debatten die Zustimmung zu Ehescheidung und Wiederverheiratung prinzipiell sehr hoch ausfiel, was sich auch in der höchsten Scheidungsrate unter den westlichen Gesellschaften bei gleichzeitigem Fehlen eines national einheitlichen Scheidungsrechts ausdrückte. Abtreibung wurde dagegen sehr viel kontroverser und unter massiver Beteiligung der religiösen Rechten debattiert. Die sozialen Bewegungen der frühen 1960er Jahre entfalteten schließlich eine wichtige Vorbildfunktion für die westeuropäischen Gesellschaften, die Initialzündung für Forderungen nach Veränderung von Normen – ob rückblickend als „Liberalisierung" oder „Westernisierung" bezeichnet – kam von der anderen Seite des Atlantiks.

Damit gab es in den USA des 20. Jahrhunderts sehr wohl eine Revolution auf dem Feld der gesellschaftlichen Werte. Die lebhaften und vielschichtigen Debatten um Ehescheidung und Abtreibung zeugen jedoch deutlich, dass es sich – anders als Ronald Inglehart einst diagnostizierte – keineswegs um eine „silent revolution", eine stille Revolution handelte.

Christina von Hodenberg
Fernsehrezeption, Frauenrolle und Wertewandel in den 1970er Jahren: Das Beispiel „All in the Family"

Die 1960er und 1970er Jahre gelten in den Sozialwissenschaften als Zeit eines heftigen und vergleichsweise raschen Wertewandelsschubs in hochindustrialisierten westlichen Gesellschaften. Theoretiker wie Ronald Inglehart, Helmut Klages, Henri Mendras und Elisabeth Noelle-Neumann identifizierten diese Jahrzehnte als Epizentrum einer tiefgreifenden Veränderung. Ihnen zufolge tendierten Menschen nun stärker zu individualistischer Selbsterfüllung und Lebensgenuss, während sie traditionelle Werte der ökonomischen Stabilität, der Bürgerlichkeit, des Gehorsams und der Pflichterfüllung zunehmend ablehnten[1]. Obwohl diese Beschreibungen von Wertewandelsprozessen im Detail stark voneinander abweichen, weisen sie doch eine Konstante auf, und das ist der empirisch uneingelöste Verweis auf einen der auslösenden Faktoren, nämlich die Präsenz neuer Massenmedien[2]. Ähnliches gilt für die jüngere historische Forschung zu Wertewandelsprozessen[3]: Die Verbindung von Fernsehen und beschleunigtem Wertewandel wird als naheliegend angeführt, aber letztlich nicht belegt. Ist die zeitliche Koinzidenz des postulierten Wertewandelsschubs mit dem „Zeitalter knapper Kanäle", in dem das Fernsehen wie nie zuvor oder danach unbestrittenes Leitmedium des massenmedialen Ensembles

---

[1] Vgl. Ronald Inglehart, The Silent Revolution. Changing Values and Political Styles among Western Publics, Princeton 1977; Helmut Klages, Verlaufsanalyse eines Traditionsbruchs. Untersuchungen zum Einsetzen des Wertewandels in der Bundesrepublik Deutschland in den 60er Jahren, in: Karl Dietrich Bracher u. a. (Hrsg.), Staat und Parteien. Festschrift für Rudolf Morsey zum 65. Geburtstag, Berlin 1992, S. 517–542 (insb. 518f.); Helmut Klages/Peter Kmieciak (Hrsg.), Wertwandel und gesellschaftlicher Wandel, Frankfurt 1979; Elisabeth Noelle-Neumann, Werden wir alle Proletarier? Wertewandel in unserer Gesellschaft, Zürich 1978; Henri Mendras/Laurence Duboys Fresney, La Seconde Revolution Francaise, Paris 1988.

[2] Vgl. Ernest Albert, Wandel schweizerischer Arbeitswerte. Eine theoriegeleitete empirische Untersuchung, Wiesbaden 2011, S. 96; Hartmut Kaelble, Sozialgeschichte Europas. 1945 bis zur Gegenwart, Bonn 2007, S. 130; Elisabeth Noelle-Neumann, Der getarnte Elefant. Über die Wirkung des Fernsehens, in: dies., Öffentlichkeit als Bedrohung. Beiträge zur empirischen Kommunikationsforschung, Freiburg 1977, S. 115–126.

[3] Vgl. Thomas Raithel u. a. (Hrsg.), Auf dem Weg in eine neue Moderne? Die Bundesrepublik Deutschland in den siebziger und achtziger Jahren, München 2009; Andreas Rödder/Wolfgang Elz (Hrsg.), Alte Werte – neue Werte. Schlaglichter des Wertewandels, Göttingen 2008.

war, mithin reiner Zufall? Oder gibt es einen kausalen Zusammenhang?[4] Um diese Frage wird es in der Folge gehen.

Der vorliegende Aufsatz präsentiert einen Ausschnitt aus einer umfangreichen Dreiländerstudie, die die Wirkung von Fernsehunterhaltung auf den Wertewandelsschub der 1970er Jahre in England, Westdeutschland und den USA vergleichend gewichtet[5]. Auf breiter Quellenbasis werden historische Rezeptionsprozesse empirisch rekonstruiert, um den Einfluss populärer Unterhaltungsserien auf Wertewandelsprozesse näher zu bestimmen[6]. Die Ergebnisse dieser Studie legen nahe, dass die Wirkung des Fernsehens nach einem bestimmten Muster funktionierte: Eine Serie mit hohem Ansehen (*standing*) und hoher gesellschaftlicher Reichweite, die auch eher wertkonservative Gruppen erreichte, griff Experimente mit neuen, gesellschaftlich strittigen Werten auf, die bereits in Vorreitergruppen und Minderheiten ausprobiert wurden. Damit wirkte sie insbesondere auf die Haltungen jener Zuschauer ein, die nicht zu den klaren Befürwortern oder Gegnern progressiver Werte gehörten, sondern irgendwo dazwischen standen. Dabei war das Fernsehen besonders erfolgreich als Verbreiter entradikalisierter Reformen; es delegitimierte radikale Wertneuschöpfungen, während es die massenhafte Aufnahme moderater neuer Werte vorantrieb.

Im Folgenden wird der oben beschriebene Mechanismus und der Zusammenhang zwischen beschleunigtem Wertewandel und Fernsehen am Beispiel des Wandels geschlechterspezifischer Werte in den USA der 1970er Jahre belegt. Die phänomenal erfolgreiche Unterhaltungsserie *All in the Family* widmete sich im Zeitalter knapper Kanäle ausführlich den neuen Werten, die mit der sich

---

[4] Das Zeitalter knapper Kanäle beschreibt eine Ära, in der die Wahlmöglichkeiten der Zuschauer stark begrenzt (bis zu drei Kanäle und keine Videogeräte), aber die Reichweite des Fernsehens flächendeckend und die technischen Kinderkrankheiten beseitigt waren. Damals war Fernsehen eine gemeinschaftsstiftende Erfahrung und täglicher Diskussionsstoff in Familie und Beruf. In Deutschland und den USA reicht das Zeitalter knapper Kanäle bis in die frühen 1980er Jahre. Vgl. dazu Christina von Hodenberg, Expeditionen in den Methodenschungel. Herausforderungen der Zeitgeschichtsforschung im Fernsehzeitalter, in: Journal of Modern European History 10 (2012), S. 24–48. Vgl. auch John Ellis, Seeing Things. Television in the Age of Uncertainty, London 2000, S. 39 u. S. 46. Zum Begriff des Leitmediums und massenmedialen Ensembles vgl. Axel Schildt, Das Jahrhundert der Massenmedien. Ansichten zu einer künftigen Geschichte der Öffentlichkeit, in: GG 27 (2001), S. 177–206.

[5] Im Erscheinen: Christina von Hodenberg, Archie Bunker's Effects. Television Audiences and the Sixties Cultural Revolution, New York/Oxford 2014.

[6] Meine Quellenbasis reicht weit über die gesendeten Programme hinaus und umfasst Produktionsakten, Presseberichte und -kritiken, Schriften und Interviews der Beteiligten, akademische Studien zur Fernsehserie und empirische Publikumsstudien von Soziologen, Marktforschern und Medienwissenschaftlern, Zuschauerbriefe, Interviews, Reaktionen auf Schreibaufrufe, Fan-Webseiten und vieles mehr. Zu den methodischen Herausforderungen empirischer Rezeptionsforschung vgl. von Hodenberg, Expeditionen.

wandelnden Frauenrolle verbunden waren. Der Wertewandel der 1960er und 1970er Jahre – nicht nur in den USA, sondern auch in Westdeutschland und England – umfasste rasche Veränderungen der Werthaltungen zu Geschlechterrollen, insbesondere der Rolle der Frau im Erwerbsleben, in der Familie und in der Sexualität. „Werte" werden hier in Anlehnung an Clyde Kluckhohn als „conceptions of the desirable" verstanden, also als Haltungen, die von den Zeitgenossen als akzeptabel, vertretbar und wünschenswert eingestuft werden[7]. Solche Werthaltungen sind häufig stark geschlechterspezifisch aufgeladen, obwohl dies von den Werttheoretikern der Zeit, etwa Ronald Inglehart, nicht immer mitgedacht wurde. Tatsächlich waren die Jahrzehnte des Wertewandelsschubs zugleich von tiefgehenden Wandlungen der Geschlechterverhältnisse geprägt. Denn die 1970er Jahre gehörten der zweiten Welle der Frauenbewegung, wobei sich neben progressiven Schüben natürlich auch Widerstände formten. Innerhalb von wenigen Jahrzehnten war die Zahl erwerbstätiger verheirateter Frauen und weiblicher Universitätsabsolventen stark gestiegen, und Frauen machten ihre Erwartungen und politischen Ziele offensiver als zuvor geltend. In vielen Ländern setzten Feministinnen eine Liberalisierung des Scheidungs- und Abtreibungsrechts durch[8]. Zugleich stiegen die Scheidungsraten exponentiell an; in den USA verdoppelte sich die Rate zwischen 1963 und 1975[9].

Das Fernsehen mischte bei der Beschleunigung dieser Veränderungen mit. Das lässt sich am Beispiel der Erfolgsserie *All in the Family* (CBS 1971–79) und ihren Helden Archie und Edith Bunker besonders gut belegen. Diese Reihe ging auf ein britisches Original zurück, das unter anderem auch nach Westdeutschland verkauft wurde (BBC 1966–75: *Till Death Us Do Part* mit Alf Garnett; WDR/ARD 1973–76: *Ein Herz und eine Seele* mit „Ekel Alfred"). Dabei kauften die Produzenten jeweils das Grundkonzept der Familienserie und passten es dann nationalen Gegebenheiten an. In allen drei Varianten der Fernsehserie ging es um eine Arbeiterfamilie am unteren Ende des sozialen Spektrums in einem bescheidenen Reihenhaus, in einer Gegend, in die Einwanderer zuzogen. Neben dem Patriarchen (Alf, Archie, Alfred) standen eine unterwürfige Hausfrau (Edith, Else), eine sexuell befreite Tochter (Gloria, Rita) und ein progressiver, einkommensloser Schwiegersohn (Michael). In jeder Episode verwickelten sich Archie und Michael in heiße Streitigkeiten, weil die reform- und fremdenfeindlichen Tiraden des Antihelden sich an den linken Idealen seines

---

[7] Vgl. Helmut Thome, Soziologische Wertforschung. Ein von Niklas Luhmann inspirierter Vorschlag für die engere Verknüpfung von Theorie und Empirie, in: Zeitschrift für Soziologie 32 (2003), S. 4–28, hier S. 6f.
[8] Vgl. Eric Hobsbawm, Das Zeitalter der Extreme. Weltgeschichte des 20. Jahrhunderts, München 1997, S. 390ff. u. S. 404f.
[9] Vgl. U.S. Census Bureau, Current Population Reports, Series P-20, No. 297: Number, Timing, and Duration of Marriages and Divorces in the United States: June 1975, Washington, D.C. 1976, S. 2.

Schwiegersohns und gelegentlich seiner Tochter rieben. Die Handlung war didaktisch angelegt: Archies Ansichten sollten in der Gegenüberstellung mit der jungen Generation als unrealistisch und lächerlich bloßgestellt werden.

Im Folgenden soll untersucht werden, wie die Sendereihe *All in the Family* neue weibliche Lebensentwürfe und Lebensstile darstellte, wie Zuschauer darauf reagierten und wie die Sendungen zum Medium der Aushandlung neuer Werte im Konflikt der Geschlechter wurden. Dabei wird zunächst die Reichweite der Sendung (*reach*) und ihr angenommener Einfluss (*standing*) in der gesamtgesellschaftlichen Arena bestimmt (1). Danach werden die in der Serie verwendeten Topoi (*frames*) daraufhin befragt, wie sie in der zeitgenössischen Debatte über Geschlechterrollen genutzt wurden (2). Dann werden Versuche gezielter Einflussnahme (*agenda-setting*) rekonstruiert. Welche Werte wollten die Produzenten verändern, und wie arbeiteten sie mit Aktivisten und Verfechtern neuer Werte zusammen? (3) Zuletzt blicken wir auf die große Mehrheit im Publikum, die weder ganz progressiv noch ganz traditionell eingestellt war (die *transitional majority*) und ihre Rolle bei der massenmedialen Durchsetzung neuer Werte (4).

Reichweite und Standing

An heutigen Zuschauerzahlen gemessen, war der Erfolg der Serie durchschlagend. Die Sendungen erreichten alle gesellschaftlichen Schichten. *All in the Family* war fünf Jahre lang an der Spitze der A.C. Nielsen Ratings. Die durchschnittliche Episode wurde von 50 Millionen Amerikanern gesehen, also einem Fünftel der Gesamtbevölkerung[10]. Befragungen belegen, dass im Sommer 1972 ganze 95 Prozent aller amerikanischen Teenager und 99 Prozent aller kanadischen Erwachsenen die Serie kannten[11]. 98 von 100 College-Studenten in Pittsburgh[12], 97 von 100 Highschool-Schülern im ländlichen New Jersey[13] und 96 von 100 Studenten in Illinois hatten die Sendung mindestens einmal

---

[10] Vgl. Josh Ozersky, Archie Bunker's America. TV in an Era of Change, 1968–1978, Carbondale 2003, S. 67. Richard P. Adler, Preface, in: ders. (Hrsg.), All in the Family. A Critical Appraisal, New York 1979, S. ix.
[11] Vgl. Neil Vidmar/Milton Rokeach, Archie Bunker's Bigotry. A Study in Selective Perception and Exposure, in: Journal of Communication 24 (1974), S. 36–47 (40).
[12] Vgl. das unveröffentlichte Manuskript von Howard F. Stein, 'All in the Family' and the Dynamics of Contemporary American Culture. An Essay in the Psycho-History of American Identity, o.O. 1972, S. 89f.
[13] Vgl. H. Roy Thompson, A Descriptive Study in Selective Exposure and Perception of Relationships between High Prejudice and Low Prejudice, Black and White Teen-Age Students to 'All in the Family', MA thesis Temple University, School of Communications and Theater, 1975, S. 66.

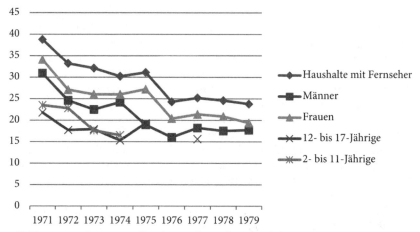

Abbildung 1: Zuschauer von All in the Familiy, Nielsen-Einschaltquoten

gesehen[14]. Die meisten schalteten regelmäßig ein: Im Jahr 1974, als die Serie bereits vier Jahre lang lief, galt das für 69 Prozent aller Erwachsenen in Atlanta und Chicago[15]. Die Frequenz war noch höher bei Jugendlichen, von denen 80 Prozent ein „almost every week viewing pattern" zeigten[16].

Zur Freude der Sendemanager bei CBS zog All in the Family gerade die kommerziell interessanteste Zuschauergruppe an, nämlich Frauen der konsumstarken Alterskohorte 18 bis 49 Jahre. Fred Silverman, Leiter der programming Abteilung bei CBS, sprach von „the best demographics a network ever had. Just fabulous[17]."

Von 1972 bis 1976 war die Komödie mit der Familie Bunker der Quotenführer unter Frauen generell, besonders aber unter den 18- bis 49-Jährigen. Die Werbeeinblendungen erzielten Rekordpreise und sie richteten sich meist klar an weibliche Zuschauer. Im Herbst 1974 wurden die Geschichten um die Bunkers begleitet von Anzeigen für Wegwerfwindeln, Lippenstift und Topfscheuermit-

---

[14] Vgl. John D. Leckenby, Attributions to TV Characters and Opinion Change, in: Journalism & Mass Communication Quarterly 58 (1981), S. 241–247, hier S. 242.
[15] Vgl. Ders./Stuart H. Surlin, Incidental Social Learning and Viewer Race: 'All in the Family' and 'Sanford and Son', in: Journal of Broadcasting 20 (1976), S. 481–494, hier S. 487.
[16] Vgl. Thompson, A Descriptive Study, S. 67.
[17] Interview mit Fred Silverman, Archive of American Television (AATV), Academy of Television Arts & Sciences Foundation, Teil 4 (http://www.youtube.com/watch?v=60TxirRUxPQ, gesehen am 07.06.2013). Das Schaubild basiert auf dem Quotenranking der 15 Tophit-Serien der prime time-Saison des jeweils vorhergehenden Jahres. Nach: A.C. Nielsen Company, Nielsen television/Nielsen report on television, Chicago 1971–1980 (archiviert in der University of California at Los Angeles Library).

tel[18]. Die hohe Anziehungskraft der Serie auf Hausfrauen und Teenager erklärt auch, warum werktägliche Wiederholungsstaffeln von *All in the Family* so extrem erfolgreich waren. Diese Nachmittagssendungen wurden zuerst von CBS zwischen Dezember 1975 und September 1979 ausgestrahlt[19] und dann Teil einer ewigen, heute noch anhaltenden Wiederholungsschleife. Schon im Jahr 1983 wurde die Serie deswegen als „the biggest money-making comedy series in television history" eingestuft[20].

Mit Frauen und Jugendlichen band die Sendereihe mithin zwei soziale Gruppen an sich, die seit den 1950er Jahren zentrale Bedeutung für den Aufstieg der Konsumgesellschaft gehabt hatten. Sie erreichte gerade Hausfrauen – eine Klientel, die aufgrund ihrer Isolation im Heim traditionell eher spät auf sozialen Wandel reagierte – und dies flächendeckend, sogar in abgelegenen ländlichen Gebieten.

All in the Family hatte aber nicht nur *reach*, sondern auch *standing* (Ansehen): Alle Beteiligten glaubten an den besonderen Einfluss der Serie, was ihr wiederum echte Wirkung verlieh. Das *standing* der Sitcom schlug sich zum einen im überaus reichhaltigen Presseecho der Zeit nieder, wo die Zeitgenossen sowohl über die Absicht der Reihe stritten (den Versuch, mit der Darstellung eines rassistischen und reaktionären Antihelden gesellschaftliche Vorurteile im Publikum satirisch zu unterlaufen) als auch über die von einzelnen Episoden aufgegriffenen neuen Werte. Der *TV Guide*, Programmzeitschrift mit Millionenauflage, nannte die Sendereihe „the most influential television program of all time"[21] und die *Washington Post* sprach von „perhaps the single most influential program in the history of broadcasting"[22].

Zum anderen war Archie Bunkers *standing* daraus ersichtlich, wie oft Politiker die Serie bemühten und Museen sie zum Ausstellungsobjekt erkoren. So waren im Präsidentschaftswahlkampf des Jahres 1972 „Archie Bunker for President"-T-Shirts, Poster, Anstecker und Stoßstangenaufkleber weitverbreitet. Und Archies und Ediths abgenutzte Wohnzimmersessel wurden im Jahr 1978 als nationales Kulturerbe in der Smithsonian Institution (einem Museum auf der Washingtoner Mall) hinter Glas gestellt. Zur feierlichen Enthüllung des Exponats fanden sich Dutzende Senatoren und Kongressabgeordnete ein, die die Produzenten und Schauspieler bei Empfängen hofierten. Präsi-

---

[18] Vgl. Friedrich Knilli, Die Serie im amerikanischen Fernsehen. Am Beispiel der Familienserie 'All in the Family' von Norman Lear, in: Edmund Nierlich (Hrsg.), Fremdsprachliche Literaturwissenschaft und Massenmedien. Analyse von Medientexten aus Presse, Film und Fernsehen Englands und Nordamerikas, Meisenheim am Glan 1978, S. 140–169, hier S. 154ff.
[19] Vgl. TV Guide, 12.11.1977, S. 30.
[20] Vgl. TV Guide, 03.09.1983, S. 36.
[21] TV Guide, 03.09.1983, S. 38.
[22] Washington Post, 16.02.1991, S. C1.

dent Jimmy Carter beteuerte, er sei ein echter Fan; bei der Unterzeichnung des Camp David Agreements habe er sich gesorgt, ob die Zeremonie wohl die Ausstrahlung von *All in the Family* unterbrechen würde[23]. Nicht zuletzt bildeten sich auch Protestinitiativen wertkonservativer Kritiker, die von der gesellschaftsschädigenden Wirkung der Serie überzeugt waren. *All in the Family* stand im Zentrum einer heftigen Auseinandersetzung um freiwillige Selbstkontrolle der drei großen Networks CBS, ABC und NBC (der Konflikt um die „family viewing policy" zum Schutze der Jugend in den Jahren 1975 bis 1976)[24].

Interessanterweise fokussierte sich der Angriff der Kritiker der Serie hauptsächlich auf die Darstellung von Rassismus und sexuellen Themen. Die Geschlechterfrage spielte in der öffentlichen Diskussion über *All in the Family* nur eine untergeordnete Rolle. Dabei zeigt ein Blick auf die Zuschauerreaktionen, dass dies eines der wichtigsten Wirkungsfelder der Serie war. Die Themenfelder Hausfrauenrolle und weibliche Erwerbsarbeit, Gleichberechtigung in der Ehe sowie mit dem weiblichen Körper verbundene Tabus spielten eine große Rolle in der Serienhandlung und bei Aufnahme der Sendung in der Zuschauerschaft. Diesen Themen und Publikumsreaktionen wenden wir uns jetzt zu.

Framing

Die Serien lieferten ein Vokabular von *frames* – also Symbolen, *catchphrases* (Kennwörtern) und spaßigen Handlungsversatzstücken –, das ins Repertoire öffentlicher und privater Wertverhandlungen einging. Solche *frames* waren oft stark geschlechtsspezifisch aufgeladen und sie waren breitenwirksam, weil sie es ermöglichten, humorvoll und leicht verdaulich Kritik am Nächsten auszudrücken.

Die Umgangssprache der Zeit reagierte sensibel auf populäre Fernsehserien. Die Kennworte, die sich in fast jeder Episode wiederfanden – „dingbat", „meathead" und „stifle yourself" – gingen sofort in die amerikanische Alltagssprache ein. Wenn Archie seine Frau Edith abfällig als ‚dingbat' titulierte, nutzte er ein in Vergessenheit geratenes, zuerst im Jahr 1911 belegtes Schimpfwort. Das *Oxford English Dictionary* von 1989 listete das Wort als eine auf die Fernsehserie zurückgehende Neuschöpfung[25]. Wortstatistiken belegen einen Höhenflug

---

[23] Vgl. Los Angeles Times, 21.09.1978, S. OC E8. ABC Evening News, 19.09.1978, Vanderbilt TV News Archive 55754.
[24] Vgl. Geoffrey Cowan, See No Evil. The Backstage Battle over Sex and Violence on Television, New York 1979.
[25] Vgl. U.S. News & World Report 106 (12), 27.3.1989, S. 7.

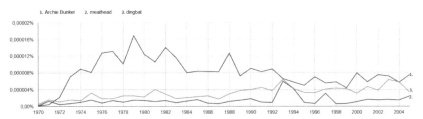

Abbildung 2: All in the Family-Schlagworte in amerikanischen Publikationen 1969–2005.

der Begriffe „dingbat" und „meathead" sowie des Namens „Archie Bunker" seit dem Start der Serie (1971) und weit über ihr Ende (1979) hinaus[26].

Über den Gebrauch bestimmter Wörter hinaus waren es symbolisch aufgeladene *frames* wie die Figuren Archie und Edith oder ihre Wohnzimmersessel, die als Versatzstücke in privaten Wertverhandlungen genutzt wurden. Die Fernseh-Sitcom diente Zuschauern als Steinbruch, als *framing script* für ihre eigenen Auseinandersetzungen. So verglichen amerikanische Durchschnittsfamilien den heimischen Generationskonflikt gern mit dem der Bunkers. In Queens, New York, verglich Joseph Eccles Jr. (20) seine Mutter mit Edith und seinen Vater mit Archie. Sein Vater Joseph Sr. (55) unterstrich: „Archie typefies the way we think", während Mutter Kitty (49) betonte: „I sympathize with her [Edith]"[27]. In der Kleinstadt Klamath Falls in Oregon bewunderte der Kleinwarenhändler Louie Leroy Pastega (63) Archie Bunker („he's the boss ... like me, huh?"), während sein 35-jähriger Sohn Richard („a new-culture guerrilla") dem Reporter der Zeitschrift *Life* mitteilte: „The only difference between us and the Bunker family is we do a lot more screaming". Mutter Jennie Pastega bezeichnete ihren Mann als „Archie Bunker in the flesh"[28].

Solche Wiedererkennungseffekte waren weitverbreitet. Ein Journalist, der im Mai 1971 tausende von Zuschriften an die Produzenten der Serie auswertete, befand, das am häufigsten auftretende Muster sei „the recognition, in a comedy series, of life as it is really lived"[29]. Besonders typisch seien Briefe von Zuschauern, die die Bunkers mit ihren eigenen Verwandten verglichen: „My mother always did that", „we could see a couple of our relatives in it", „I live with such people". Auch in zeitgenössischen empirischen Befragungen schlug sich der Wiedererkennungseffekt nieder. Eine Studie mit 92 Studenten aus Pittsburgh befand im

---

[26] Vgl. Google Ngram Viewer, Graphik der Suchergebnisse in Millionen von in den USA zwischen 1969 und 2005 publizierten Titeln (kein smoothing), http://books.google.com/ngrams/graph?content=Archie+Bunker%2Cmeathead%2Cdingbat&year_start=1970&year_end=2005&corpus=5&smoothing=0, erstellt am 20.10.2011.

[27] Newsweek, 29.11.1971, zit. n. Adler (Hrsg.), All in the Family, S. 234.

[28] Alle Zitate: Life, 13.12.1971, zit. n. Adler (Hrsg.), All in the Family, S. 235ff.

[29] Auch für die folgenden Zitate: TV Guide, 29.05.1971, S. 30f.

Jahr 1972, dass 51 Prozent gerne sich selbst und 20 Prozent ihre Familienmitglieder und Freunde mit den Sitcom-Charakteren verglichen[30]. Als neun Jahre nach dem Serienstart 609 Siebt- und Achtklässler an einer texanischen Middle School befragt wurden, ob sie „selbst einen Archie kennen würden", bejahten dies 49 Prozent. Davon verwiesen 26 Prozent auf ihren Vater, 26 Prozent auf einen anderen Verwandten, 12 Prozent auf einen Freund und 8 Prozent auf einen Lehrer[31].

Die eigenen Bekannten mit Archie oder Edith zu vergleichen, erfüllte oft einen besonderen Zweck. Reale Konflikte konnten so entpersonalisiert und humorvoll verbrämt werden. „Giving an inoffensive frame to criticism" war „the most obvious intended effect of such comparisons"[32]. Das schlossen jedenfalls Psychologen aus einer Studie zur Interaktion von Eltern und Kindern: „Many parents in our interviews report having compared a television character to a real-life person in the presence of their children. The television character cited most frequently in this respect is Archie Bunker."

Die Figur des bornierten, aber liebenswerten Patriarchen selbst war der bekannteste *frame* der Fernsehserie. Archie war das weithin bekannte Symbol des in die Enge getriebenen, an traditionellen Geschlechterhierarchien festhaltenden Familientyrannen. Das zeigt sich etwa am Weiterleben seines berühmten Fernsehsessels – eines der meistbesuchten Exponate in der Washingtoner *museum mall*[33] – in vielen amerikanischen Wohnzimmern. Zahlreiche Familien begannen ihren schäbig-komfortablen Ohrensessel „the Archie Bunker chair" zu nennen und meinten damit den Sitz verblassender patriarchalischer Autorität. In jeder Folge der Sitcom sah man Archie im Sessel thronen, während er die Familienmitglieder herumkommandierte und jeden, der es wagte auf seinem Sitzmöbel Platz zu nehmen, von dort vertrieb. Wenn amerikanische Familienoberhäupter noch heute ihren Ohrensessel zum „Archie chair" erklären, dann erheben sie damit Anspruch auf patriarchalische Kontrolle, aber lassen einen ironischem Unterton einfließen, der Offenheit für Kritik signalisiert. So erzählt eine 1982 geborene Zuschauerin: „My mother also found a chair at the thrift store we had for years that she used to call the ‚Archie Bunker chair'. It sat in the middle of the living room, big comfy tweed plaid thing, it was my mom's seat when we sat down to watch TV."[34] In Familienalben tauchen im-

---

[30] Vgl. Stein, All in the Family, S. 89.
[31] Vgl. David William Mills, All in the Family and Adolescents. A Study in Perception, M.A. thesis University of Texas at Austin, 1979, S. 69ff.
[32] Auch für das folgende Zitat: Paul Messaris/Carla Sarett, On the Consequences of Television-Related Parent-Child Interaction, in: Human Communication Research 7 (1981), S. 226–244 (Zitat, S. 232).
[33] Vgl. TV Guide, 10.02.1979, S. 36f.
[34] Email der Zuschauerin S.U., Jahrgang 1982, San Francisco.

mer wieder solche „Archie Bunker chairs" auf[35]. Und der Kinofilm *Night at the Museum: Battle of the Smithsonian* (2009) nutzt Archies Sessel als zentrales Requisit. Überall dient der *frame* aus der Fernsehserie letztlich dazu, auf humorvolle Weise die private Aushandlung von Werten zu unterstützen – in einer Welt, in der nicht-selbstreflexive patriarchalische Haltungen unter Beschuss geraten sind.

Auch „Edith" war ein vielgenutzter *frame*, ebenso wie das Schimpfwort, mit dem der Patriarch seine Frau belegte („dingbat" in der US-Version, „silly moo" in England, „dusselige Kuh" in Westdeutschland). Diese Schlagworte standen für die unemanzipierte, ungebildete Hausfrau. Denn die amerikanische Presse hatte Mrs. Bunker von Beginn an als „America's most famous housewife" and „the antithesis of women's liberation" vorgestellt[36]. So kam es, dass eine Familie aus Eugene in Oregon den Warnruf „Edith!" ausstieß, um zu signalisieren: „You're talking too much."[37] Ein Fan der Serie teilte mit: „When I get into a conversation with my wife, I always say ,that's the whole pernt Edith'. And her name is not even Edith!"[38] Auch hier ging es darum, mit aus dem Fernsehen entlehnten Versatzstücken die delikate Balance geschlechtsspezifischer Hierarchien in der Familie zu verhandeln.

Die Figur der Edith bewirkte die stärksten Reaktionen im Publikum. Während sich das Presseecho überwiegend auf die vermutete Wirkung der Serie auf Rassisten konzentrierte, blieb die Faszination, die die Bunkers auf weibliche Zuschauer ausübten, fast unbeachtet. Zeitgenössische Publikumsbefragungen bestätigten unerwarteterweise, dass Edith die beliebteste Serienfigur war[39]. Frauen mochten Edith besonders, und auch junge Frauen, die sich noch stärker mit Tochter Gloria als mit Mutter Edith identifizierten, sympathisierten doch außerdem stark mit Edith. Nur sehr wenige Zuschauer lehnten Edith ab, während Archie das Publikum stark polarisierte[40].

---

[35] Vgl. Beispiele von www.flickr.com: „My 'Archie Bunker Chair' ... holds fond memories", /photos/kmemav8r/1349857594/; „[W]atching football in my Archie Bunker Chair", /photos/10355893@N06/2174020502/; „Ray models ... from his Archie Bunker chair", /photos/panash/2831297209/; „Our crappy apartment ... with ... an Archie Bunker chair", /photos/leaflove/5616088358/ ; „My apartment 007: my archie bunker chair", /photos/kirstenl4w/203455946/; „Dan in his chair ... think Archie Bunker and his chair", /photos/paintedbull/3265679474/, alle gesehen am 3.11.2011.

[36] Vgl. New York Times, 17.05.1972.

[37] Vgl. „That's from Archie Bunker's famous phrase, 'Stifle yourself, Edith.'", Ratgeberkolumne 'Dear Abby', Los Angeles Times, 22.07.1986, S. OC D6.

[38] „Rick" im Fanforum, http://forum.allinthefamilyit.com/read.hp?1,5145,page=2, gesehen am 23.07.2012.

[39] Vgl. Eugene D. Tate/Stuart H. Surlin, Agreement with Opinionated TV Characters across Cultures (1976), Manuskript, Tabelle 1, in: Archives of the History of American Psychology (Akron, Ohio), Nachlass Milton Rokeach, box M1567, folder 'All in the Family'.

[40] Vgl. Thompson, A Descriptive Study, S. 218.

Zu tausenden schrieben gerade weibliche Zuschauer, die an Ediths Schicksal Anteil nahmen, an die Produzenten. Drehbuchautor Bernie West beschrieb diese Briefe im Jahr 1974: „There have been a lot of statements saying, as a woman, who is she? [...] She's too naïve, too dumb, too obedient and subservient to Archie". Sogar eine Gruppe von Nonnen protestierte schriftlich: „Their big complaint was they don't like the way Archie treats Edith." Wests Kollege Mickey Ross fügte hinzu, dass zahlreiche Briefschreiber sich auch über die Rolle der Tochter beschwerten: „We have had lots of letters from a year ago ... what the hell does Sally [Sally Struthers, die Darstellerin der Gloria] do? She sits around the house all day." Daraufhin beschlossen die Autoren, die Tochter als Kosmetikverkäuferin arbeiten zu lassen. „In response to a lot of women lib type letters [...] we sat down and said, ‚They are absolutely right'."[41] Auch Edith-Darstellerin Jean Stapleton erhielt regelmäßig Post von Zuschauerinnen, die ihre Rolle aus feministischer Sicht kritisierten[42]. Weil erwachsene Frauen sowohl die wichtigste Zielgruppe der Fernsehwerbung als auch die treuesten Fans der Serie darstellten, hatten solche Interventionen Gewicht. Tatsächlich erlebte das Publikum nun einen langsamen Emanzipationsprozess von Edi und ihrer Tochter Gloria.

Der Chefproduzent der amerikanischen Serie, Norman Lear, bezeugte im siebten Jahr der Erfolgsserie: „You could probably trace the whole women's movement just following Edith Bunker [...]. She was dominated by Archie at first, but she slowly, gradually, became undominated."[43] Schauspielerin Jean Stapleton bemerkte, „my character, Edith, has changed [...] she's smarter and more aware of women's rights, and she even stands up to Archie now."[44] Unübersehbar wurde Ediths Emanzipation von Archie während der Saison 1975/76, als sie gegen seinen Willen eine ehrenamtliche Tätigkeit in der Altenpflege aufnahm.

Ediths Entwicklung wurde im Publikum genauestens verfolgt und gab Anlass zu heißen Diskussionen. Greifen wir zwei Beispiele heraus: die Debatte darüber, ob Edith ihrem Mann ein Bier holen sollte, und die Frage, ob sie einen Nebenjob ausüben dürfe. Die Auseinandersetzung über das Bierholen begann mit einer Intervention der United States Commission on Civil Rights. In einem Bericht zur Darstellung von Frauen und Minderheiten im Fernsehen hatte die Kommission kritisiert, dass „the women in situation comedies still tend to be subordinate to the men in their lives [...]. Edith scoots into the kitchen to

---

[41] Ross und West waren seit 1972 *head writers* der Serie, zusammen mit Don Nicholl. Michael Ross/Bernie West, Writing For 'All in the Family'. Audiotaped Interview by John Brady, Cincinnati 1974.
[42] Vgl. Washington Post, 30.09.1973, S. K1.
[43] Milwaukee Journal, 28.08.1977, S. 6.
[44] Zit. in TV Guide, 12.11.1977, S. 29.

fetch Archie a beer and rarely fails to have dinner on the table by 6 p.m."[45]. Die Kommission bat die Federal Communications Commission (FCC), die die Sendegesellschaften lizensierte, strikt darauf zu achten, ob die jeweiligen Unterhaltungsprogramme der Sender stereotype Geschlechterdarstellungen enthielten. Die FCC widersprach: Dies sei Zensur und zudem unpraktikabel[46]. Dann griff die Presse den Streit auf. Lokale Zeitungen schlugen sich auf die Seite der FCC: Solle Edith vielleicht Atomphysikerin werden? Oder solle Archie womöglich demnächst selbst sein Bier holen? Solche Szenarien seien einfach lächerlich[47].

Hintergrund dieser Auseinandersetzung war ein Rechtsstreit über die Darstellung von Frauen im Fernsehen, den die National Organization for Women (NOW) im Jahr 1976 gegen das FCC und den Sender ABC angestrengt hatte[48]. NOW war die größte Vereinigung der Frauenbewegung und verbreitete sich in den 1970er Jahren blitzschnell in allen amerikanischen Staaten. Ihre regionalen Ableger kämpften engagiert, aber letztlich vergebens für eine Verfassungsänderung im Sinne der Gleichberechtigung von Frauen, das sogenannte „Equal Rights Amendment" (ERA).

Wo die Frauenbewegung vor Gericht erfolglos blieb, triumphierte sie in der Fernsehfamilie. Edith begann tatsächlich, beim Bierholen zu bocken. Als Archie seiner Frau ihren Nebenjob im Altersheim zu verbieten versuchte, reagierte sie mit einem trotzigen „I ain't taking no orders". Die Küche blieb kalt, und sie knallte ihm die Tür ins Kreuz[49]. Diese Episode veränderte dauerhaft Ediths Rolle, denn sie hatte nicht nur ihren Willen gegen ihren Mann durchgesetzt, sondern auch ihr Hausfrauendasein gegen einen neuerdings bezahlten Nebenjob eingetauscht. Diese dramatische Veränderung des Serienformats war vom Autorenteam zuvor gründlich erwogen worden. Denn *All in the Family* bezog hier Stellung im heftigen öffentlichen Streit über die Misere unglücklicher Hausfrauen, der 1963 von Betty Friedans Bestseller „The Feminine Mystique" angefacht worden war[50].

Ein wörtliches Diskussionsprotokoll belegt, wie die Serienproduzenten die

---

[45] U.S. Commission on Civil Rights, Window Dressing on the Set. Women and Minorities in Television, Washington, D.C. August 1977, S. 23.
[46] Vgl. Kommentar der FCC, 16.05.1977, und Antwort der Civil Rights Commission, zit. n. ebenda, S. 172.
[47] Vgl. Nashua Telegraph (New Hampshire), 16.12.1977, S. 4. Gazette (Emporia, Kansas), 09.07.1977.
[48] NOW argumentierte, die FCC solle jenen Kanälen, die konsequent Frauen als „serving their husbands and children" und als „incompetent, dependent, over-emotional and irresponsible" darstellten, die Lizenz entziehen. NOW verlor den Prozess jedoch im April 1977. Vgl. 555 F.2d 1002, NOW et al. v. FCC, Sl. O74–1853, D.C. Cir., April 11, 1977, S. 31.
[49] Vgl. Episode IV/4 (November 1975).
[50] Vgl. Peter N. Carroll, It Seemed Like Nothing Happened. America in the 1970s, New Brunswick 1990, S. 31f.

Publikumsreaktionen vorauszuahnen versuchten. Die geplante Folge sollte vor allem zeigen, wie unausgelastet sich Edith mit der ewig gleichen Hausarbeit fühlte, nachdem Tochter und Schwiegersohn ausgezogen waren[51]. Die Fernsehautoren sorgten sich nun, ob das Publikum möglicherweise kritisch auf Ediths Vernachlässigung häuslicher Pflichten reagieren würde. Die Produzenten Hal Kanter und Norman Lear vermuteten jedoch nach einiger Diskussion, dass 90 Prozent der Zuschauer sich am Ende wohl auf Ediths Seite schlagen würden. Dann war strittig, ob Edith ehrenamtlich oder bezahlt, und als Pflegerin oder Bürokraft arbeiten sollte. Das Team entschied sich für eine bezahlte Tätigkeit mit sozialem Charakter (Lear: „I love the two dollars an hour because she is not gonna continue indefinitely doing volunteer work which is a drag to women everywhere")[52].

Die Fernsehproduzenten griffen damit bestimmte Ideen der mittelschichtsgeprägten Frauenbewegung auf – die Verbindung von freier Persönlichkeitsentwicklung mit der Teilnahme am Arbeitsleben, und die Verknüpfung von Ehrenamt mit Ausbeutung. Aber sie wollten Edith auch nicht zu sehr emanzipieren, um männliche Fans nicht vor den Kopf zu stoßen. Was zu radikal klang, wurde aus dem Entwurf gestrichen. Ediths Aussagen „I can't spend the whole day just dusting and mopping and cooking" und „The ring's on my finger not on my nose [...]. I'm a human being not an animal" wurden nie ausgestrahlt[53]. Trotzdem, oder vielleicht gerade deswegen, fand die Episode begeisterte Aufnahme bei Zuschauern. Das Studiopublikum bei der Live-Aufzeichnung reagierte mit ungewöhnlich lautem Applaus, Pfiffen und Jubelrufen, jedes Mal wenn Edith sich gegen Archie durchsetzte[54]. Noch fünf Jahre danach erinnerte das Modemagazin *Vogue* seine Leser an diese Folge, als es der Serienfigur einen langen Nachruf widmete: „Perhaps our attachment to Edith grew in those episodes when she tried to defend herself against him. In one sequence, Archie made fun of Edith for being [...] a volunteer worker with the ill and elderly [...] she was even so furious she told him she wasn't going to 'volunteer' to put his dinner on the table."[55]

Wie *Vogue* hielt auch *All in the Family* Abstand zu radikalem Feminismus, während ein gemäßigter, langsamer Emanzipationsprozess vorsichtig bejaht wurde. Die Darstellung der Fernsehhausfrau Edith und die Verwendung solcher *frames* in den öffentlichen Werteverhandlungen der Zeit unterstützten

---

[51] Vgl. Protokoll der *story conferences* vom 04.08. und 08.08.1975, in: Wisconsin Historical Society (Madison), Nachlass Hal Kanter, box 39, folder 5.
[52] Protokoll vom 04.08.1975, in: Wisconsin Historical Society (Madison), Nachlass Hal Kanter, box 39, folder 5.
[53] Vgl. ebenda, auch Protokoll vom 08.08.1975.
[54] Das passierte auch bei Folgeepisoden, etwa V/19, „All's Fair"; VI/24, „Edith's Night Out"; VIII/6, „Unequal partners" (Lear, in: Milwaukee Journal, 28.08.1977, S. 6).
[55] Vogue, Juli 1980, S. 36.

die moderaten, liberalen Feministinnen, die die Frustration verheirateter Hausfrauen und die Gefahren traditioneller Unterwürfigkeit in der Ehe anprangerten. Aber sie verwarf radikale feministische Kritik, denn Edith war über ihren unterbezahlten Wohltätigkeitsjob in der Altenpflege glücklich, ohne auf „equal pay" zu bestehen. Sie stellte die Dominanz ihres Ehemannes weder grundsätzlich in Frage noch beklagte sie sich über seine Beschimpfungen und die allein ihr zugewiesene Hausarbeit. Und Scheidung kam selbstverständlich nicht in Frage.

Die Produktionsfirma hinter *All in the Family* ging sogar noch weiter, um die Figur der Edith zur Ikone der liberalen Frauenbewegung zu machen. Sie produzierte eine schmale Ratgeberbroschüre, in der sie Frauen ermutigte, gemeinsam mit Edith ihr emanzipatorisches Potential zu entdecken. Wer wie Edith das Hausfrauendasein jenseits der vierzig als „dead end" erlebe, solle nun die eigenen „options for growth" erkunden und sich von verklemmten gesellschaftlichen Erwartungen frei machen. Echte Emanzipation sei kein Kampf der Frauen gegen die Männer, sondern eine Bewegung, in der Frauen und Männer sich gemeinsam zu stärker ausbalancierten Menschen entwickeln sollten. Der erste Schritt für Hausfrauen sei mithin, ihre Persönlichkeit weiterzuentwickeln – etwa durch Klavierstunden, Reisen, kreatives Werken, Weiterbildung oder auch „assertiveness training" und Karriere. Bemerkenswerterweise wurden Klavierstunden hier zum Dienst an der Befreiungsbewegung: „We are in the middle of a revolution that is slowly bringing about equal rights and equal opportunity for women [...] and when one woman acts on her option [for growth], the revolution benefits because that one encourages the many."[56] Von den radikalen Varianten der amerikanischen Frauenbewegung, die die Trennung von oder den Kampf gegen Männer propagierten, oder die Marxismus und Lesbianismus ins Zentrum stellten, war „Edith the Good" himmelweit entfernt. Die Broschüre ebenso wie die Sitcom-Serie vertrat einen gemäßigten Typus des Selbsthilfe-Feminismus, bei dem individuelle Persönlichkeitsbildung und nicht kollektive Aktion den Schlüssel zum Erfolg darstellte. Diese Strategie war nicht nur für *All in the Family*, sondern auch für andere Erfolgsserien der 1970er typisch (*Mary Tyler Moore, One Day at a Time*). Das Unterhaltungsfernsehen propagierte „therapeutic feminism" und wählte damit „a particular variation of feminism from the available options" für die massenmediale Verbreitung aus[57].

---

[56] Spencer Marsh, Edith the Good. The Transformation of Edith Bunker from Total Woman to Whole Person, New York 1977, S. vii, xi, 1ff., 27ff., 65ff. Der Autor war Pastor in Los Angeles. Vgl. Sarasota Journal, 20.06.1975, S. 4B; Gazette (Montreal), 08.05.1976, S. 12.
[57] Vgl. Bonnie J. Dow, Prime-Time Feminism. Television, Media Culture and the Women's Movement since 1970, Philadelphia 1996, S. 82f.

Agenda-Setting

Das Engagement der Sendereihe für die gemäßigte Strömung der amerikanischen Frauenbewegung kam nicht von ungefähr. Die Produzenten verfolgten eine Politik des gezielten *agenda-setting*, indem sie mit bestimmten *pressure groups* eng zusammenarbeiteten. Sie wandten sich insbesondere Vorreitergruppen zu, die mit neuen Werten experimentierten, um auf diese Weise Material für die Sendereihe zu gewinnen. Die Auswahl der Kooperationspartner zeigt erneut, dass radikale Emanzipationsvorstellungen gemieden wurden.

Chefproduzent Norman Lear verfolgte eine klare Strategie, um seiner Sendereihe einen steten Fluss frischen Materials aus den neuen sozialen Bewegungen der 1970er Jahre zu sichern. Er wollte die kreative Energie kritischer Minderheiten anzapfen und bemühte sich deshalb besonders um schwarze, homosexuelle und feministische Autoren und Mitarbeiter. Die größte Organisation der gemäßigten Frauenbewegung, die National Organization for Women (NOW), erlangte auf diese Weise besonderen Einfluss auf den Inhalt von *All in the Family*. Nicht nur war Lear mit der engagierten Feministin Frances Lear verheiratet[58]. Durch sie lernte er auch Virginia Carter kennen, Physikerin und Ex-Vorsitzende von NOW in Los Angeles. Seit 1973 fungierte Carter als Norman Lears rechte Hand und „director of creative affairs". Als aktive Feministin, Lesbe und ehemalige Brustkrebspatientin sollte Virginia Carter Lear und seine Produktionsteams „about the fledgling women's movement" aufklären und den Kontakt zu Aktivisten verschiedener Schattierungen herstellen. Es war ihre Aufgabe, zwischen *pressure groups* und Drehbuchautoren zu vermitteln. Denn schon Mitte der 1970er Jahre wurde Lears Produktionsfirma geradezu von Lobbyisten und Aktivisten belagert[59]. Carter sollte die Spreu vom Weizen trennen: Auf der einen Seite sollte sie geeignete Kontroversen um neue Werte identifizieren, auf der anderen Seite Verfechter übermäßig radikaler Werte abwimmeln. Damit war Lears Produktionsfirma die erste, die dauerhafte Strukturen zur produktiven Abschöpfung gegenkultureller Minderheiten entwickelte[60].

Virginia Carter war nicht die einzige im Produktionsteam, die enge Verbindungen zur National Organization of Women unterhielt. Lear und seine Frau spendeten der NOW im Jahr 1980, kurz nach Ediths Fernsehtod, 500.000 US-Dollar für einen „Edith Bunker Memorial Fund for the ERA and Women's Rights". Dies war damals das grösste Geldgeschenk, das die Frauenbewegung

---

[58] Vgl. Interview mit Norman Lear (AATV), Teil 4, 6, in: New York Times, 11.04.1980, S. A 16.
[59] Vgl. Newsweek, 02.06.1975, S. 78f. Vgl. Esquire, August 1981.
[60] Vgl. Helen Dyer, From Aerospace to Archie Bunker. The Surprising Career of Virginia Carter, in: McGill News, Alumni Quarterly (Fall 2002). Vgl. Kathryn C. Montgomery, Target Prime Time. Advocacy Groups and the Struggle over Entertainment Television, Oxford 1989, S. 42f., 71f.

jemals aus der Privatwirtschaft erhalten hatte[61]. Und auch die Darstellerin der Edith, Jean Stapleton, wurde mit der Zeit „somewhat of an activist"[62]. Im Los Angeles Ableger von NOW amtierte sie von 1972 bis 1975 mal als coordinator, mal als communications officer und vice president. Sie engagierte sich in einer „task force on the image of women in the media"[63] und trat sogar im Jahr 1977 bei der von 20.000 Frauen besuchten National Women's Conference in Houston auf, um für das Equal Rights Amendment zu sprechen[64]. Stapleton lehnte es stets ab, für die Fernsehwerbung Edith in der Küche zu mimen. Aber sie erlaubte feministischen Anzeigen, Bilder von Edith zu benutzen – in dieser Werbung stand „Edith" für die Idee, dass Frauen noch immer Bürger zweiter Klasse seien[65].

Kreativdirektorin Virginia Carter nutzte ihre Position dazu, feministische Storylines zu entwickeln, diese mit Soziologen und Frauenrechtlern abzusprechen und dann an die Serienautoren zu vermitteln. Sie betonte, dass *All in the Family* vor allem „real entertainment" bieten musste, aber: „Once we got people watching, we could add the kind of content that would give substance to the plots."[66] Einzelne Episoden wurden sogar Sozialexperten und Aktivisten vor der Ausstrahlung vorgeführt, um die Wirkung zu testen und dann Änderungen an den Drehbüchern vorzunehmen[67]. Beispielsweise lud Carter eine Hebamme ein, die dem Autorenteam die Lamaze-Methode der natürlichen Geburtstechnik erklärte. Danach wurde Bunker-Tochter Gloria schwanger, führte auf dem Bildschirm Atemtechnik-Übungen vor und verwickelte Archie in heiße Diskussionen über die Rolle des Vaters bei der Geburt[68]. Eine ähnlich aufwendig vorbereitete Episode zeigte 1974 eine in Panik geratene Edith, die einen Knoten in ihrer Brust gefunden hatte. Vierzig Millionen Zuschauer sahen zu, wie Edith mit ihrer Nachbarin über die Tabuthemen Brustkrebs und Brustamputation sprach. Danach meldeten die lokalen Abteilungen der American Cancer Society tausende Telefonanrufe besorgter Frauen und die Serie

---

[61] Vgl. NOW Presseerklärung, o.D. (1980), in: Schlesinger Library, Cambridge (Massachusetts), NOW records X, subseries A, Nancy Thompson, 87.8. Vgl. New York Times, 11.04.1980, S. A 16.
[62] Interview mit Jean Stapleton (AATV), Teil 3.
[63] Sitzungsprotokolle aus Juni 1972, März 1973, Oktober 1974, Februar 1975, März 1975, Dezember 1975: Schlesinger library, NOW records XIV, subseries B, 169.36.
[64] Vgl. San Francisco Bay Guardian, 08.12.1977, S. 8.
[65] Vgl. Interview mit Jean Stapleton (AATV), Teil 3, 2.
[66] Dyer, Aerospace.
[67] Vgl. Newsweek, 02.06.1975, S. 78f.
[68] Vgl. Saison 6. Korrespondenz mit dem Los Angeles Chapter der American Society for Psycho-Prophylaxis in Obstetrics sowie Protokoll des Treffens mit Hebamme Elise Diusse, 20.06.1975, 1–2: Wisconsin Historical Society (Madison), Nachlass Hal Kanter, box 39, folder 5.

bekam wenig später einen Preis verliehen „for the fear-reducing message put across"[69].

Eine besonders umstrittene Folge, in der Edith im Jahr 1977 Opfer einer versuchten Vergewaltigung wurde, hatten Carter und die Drehbuchautoren Bob Schiller und Bob Weiskopf mehr als ein Jahr lang in Zusammenarbeit mit dem Santa Monica Rape Treatment Center vorbereitet[70]. Zusammen entwickelte man nicht nur das Drehbuch, sondern auch ein Handbuch und Studienbuch, das an Polizeireviere und „rape treatment centers" in ganz Amerika verschickt wurde. Die Episode selbst führten Frauenrechtsaktivisten und die New Yorker Polizei bei Schulungsabenden vor. Virginia Carter war besonders stolz auf diese Intervention[71]. Es ging darum, Vergewaltigung nicht als Verfehlung aus Leidenschaft, sondern als Gewalttat gegen Frauen zu charakterisieren. Mit Edith war das Opfer weder jung noch schön und die Handlung machte es unmöglich, der Frau die Schuld zuzuschieben. Ediths Traumatisierung und ihre Angst vor der Konfrontation mit Polizisten und dem Täter sollten Betroffene zu polizeilichen Anzeigen ermutigen sowie das Publikum dazu auffordern, Vergewaltigung als Verbrechen zu verstehen und die Not der Opfer nachzuempfinden[72]. Dies war eine klare Abkehr von den gängigen Vergewaltigungshandlungen im amerikanischen Unterhaltungsfernsehen der 1970er Jahre, die die Grenzen zwischen Leidenschaft und Gewalt verwischten und in denen sich die Opfer gern in den Täter verliebten[73]. *All in the Family* mutete den Zuschauern emotional entschieden mehr zu. Das Studiopublikum keuchte und schrie während der Liveaufführung und sowohl in der Presse als auch auf Fanforen im Internet gilt diese Folge als die umstrittenste aller 208 gesendeten Folgen[74]. Typische Zuschauerkommentare lauteten: „I about cried when I saw that happen", „that was tough", „watching what happened to Edith is like watching it happen to your mother"[75].

So verhalf Lears Sitcom neuen Einstellungen zum Thema Vergewaltigung zum Durchbruch, indem sie zwischen dem Massenpublikum und einer feministischen Minderheit – dem *anti rape movement* – vermittelte. Diese Bewegung

---

[69] Brief von Jean Stapleton, in: TV Guide, 04.55.1974, S. A-5. Episode IV/15, 'Edith's Christmas Story'. Lear zit. n. Adler (Hrsg.), All in the Family, S. 256.
[70] Vgl. Los Angeles Times, 18.10.1981, S. E1; Interview mit Schiller und Weiskopf (AATV), Teil 7.
[71] Vgl. Dyer, Aerospace; Montgomery, Target, S. 238; Donna McCrohan, Archie and Edith, Mike and Gloria. The Tumultuous History of All in the Family, New York 1987, S. 75.
[72] Vgl. VIII/3-4, 'Edith's 50th birthday'.
[73] Vgl. Elana Levine, Wallowing in Sex. The New Sexual Culture of 1970s American Television, Durham 2007, S. 14, S. 210ff. u. S. 219ff; Vgl. TV Guide, 06.05.1978, S. 9.
[74] Vgl. Los Angeles Times, 13.10.1977, S. H1; Vgl. TV Guide, 03.09.1983, S. 35.
[75] Fanaussagen auf www.tv.com/shows/all-in-the-family/forums/most-controversial-episode-306-237150/, gesehen am 30.01.2012.

war schon 1971 in Schwung gekommen; „rape speak-outs" und organisierte Kampagnen (NOW National Task Force on Rape, Feminist Alliance Against Rape) hatten stattgefunden. Im Jahr 1975 hatte dann ein viel diskutierter Bestseller von Susan Brownmiller Vergewaltigung als ein Symptom der patriarchalen Gesellschaft und ein männliches Komplott zur Einschüchterung von Frauen dargestellt[76]. Mit der Fernsehvergewaltigung von Edith Bunker sprangen die Produzenten also auf einen fahrenden Zug auf. Sie beschleunigte den Niedergang alter Mythen (Vergewaltigung als Ausdruck sexuellen Begehrens und als vom Opfer verursacht), aber beteiligte sich auch an der Entradikalisierung des Diskurses, weil weder die Kritik am Patriarchat noch das Thema Vergewaltigung in der Ehe vom Fernsehen aufgegriffen wurden.

Alle diese Beispiele zeigen, dass Fernsehen zwar Themen auf die gesamtgesellschaftliche Agenda setzen konnte, aber es folgte dabei mit zeitlicher Verzögerung jenen gegenkulturellen Minderheiten, die bereits mit neuen Werten experimentiert hatten. Fernsehunterhaltung war nicht Pionier, sondern Trittbrettfahrer der Lebensstilrevolution. Es griff neue Werte – wie partnerschaftliche Ehemuster oder die Teilnahme des Vaters am Geburtsprozess – erst dann auf, wenn sie in Vorreitergruppen bereits ausprobiert worden und damit sozusagen sturmreif geschossen waren. Neben dem Thema Vergewaltigung ist auch die Durchbrechung des großen Schweigens über Brustkrebs ein gutes Beispiel, denn amerikanische Patientinnengruppen hatten sich bereits im „women's health movement" zu organisieren begonnen, bevor *All in the Family* sich im Dezember 1973 des Themas annahm. Ähnliches gilt für die Lamaze-Methode natürlichen Gebärens, die bereits während der 1940er Jahre entwickelt worden und seit 1959 in den USA auf dem Vormarsch war. Wo es um langfristige Werteinstellungen geht, ist Fernsehen mithin weniger Trendsetter denn Katalysator: Es verbreitet und verstärkt die Aufnahme neuer Werte.

Die Übergangsmehrheit

Es ist ein gängiges Theorem der Kommunikationsforschung, dass einzelne Medienbotschaften nicht in der Lage sind, Menschen umzustimmen und Haltungen zu verändern, etwa Vorurteile abzubauen. Allerdings können Medientexte bereits bestehende Haltungen und Wahrnehmungsmuster verstärken[77]. Mithin konnte das Fernsehen während des Wertewandelsschubs der 1960er und 1970er Jahre vermutlich nur die bereits Überzeugten auf seine Seite ziehen. Gleichwohl wurde deutlich, wie Unterhaltungsfernsehen als Katalysator und Beschleuni-

---

[76] Vgl. Levine, Wallowing, S. 210f.
[77] Vgl. David Gauntlett, Moving Experiences. Media Effects and Beyond, Eastleigh 2005.

ger der Durchsetzung neuer Werte agierte. Dieser Widerspruch lässt sich unter Hinzuziehung des neuen Konzepts der „transitional majority" oder Übergangsmehrheit erklären.

Der Begriff der *transitional majority* zielt auf die große Mehrheit der Fernsehzuschauer, die weder klare Befürworter noch klare Gegner der Lebensstilrevolution war. Während der 1970er Jahre hatten die allermeisten im Publikum in sich widersprüchliche Ansichten. Ihre Werthaltungen waren bereits in Fluss geraten und sie nutzten das Fernsehen wenn nicht als Entscheidungshilfe, so doch als Diskussionsstoff und Steinbruch für die private Aushandlung neuer Werte. Auf diese Weise unterfütterte und beschleunigte Fernsehunterhaltung die Lebensstilrevolution.

Die empirischen Sozialforscher der Zeit widmeten sich zwar ausführlich den Wirkungen kontroverser Fernsehreihen (wie *All in the Family*) auf das Publikum. Aber sie interessierten sich wenig für jene, die irgendwo in der Mitte standen und auf dem Weg hin zur Akzeptanz moderner Lebensstile waren. Weil sie direkt vom Fernsehen verursachte Einstellungsänderungen beweisen wollten, nahmen sie zwei Gruppen besonders ins Visier: die jungen Progressiven, die alles Moderne begrüßten und die komplementäre Gruppe der älteren Traditionalisten, die die Moderne eindämmen wollten. Fast alle der zahlreichen empirischen Publikumsbefragungen der 1970er Jahre waren daraufhin angelegt, die Verstärkung illiberaler Einstellungen in der Gruppe der traditionalistischen Archie-Fans oder aber die liberalisierende Wirkung der Serie in der Gruppe der Fans des progressiven Schwiegersohns Michael zu messen. Dabei stolperten die Meinungsforscher über die Tatsache, dass der Großteil der Zuschauer eben nicht zu diesen beiden Gruppen zählte, sondern in sich widersprüchliche Ansichten zu neuen Werten und Lebensstilen vertrat. Die weitaus meisten Zuschauer neigten mal zu Archie, mal zu Michael und lachten über beide. Eine vom Sender CBS ausgeführte Untersuchung fand im Februar 1971 ganze 20 Prozent der Zuschauer in Michaels Lager, 19 Prozent in Archies und 61 Prozent im Zwischenraum[78]. Eine akademische Studie aus dem Jahr 1975 machte im ländlichen Kleinstadtpublikum 16 bis 18 Prozent rassistische Traditionalisten, 23 Prozent Liberale und 58 bis 60 Prozent „moderate dogmatics" aus[79]. Studien zu der britischen und westdeutschen Variante desselben Serienformats kamen zu ähnlichen Ergebnissen; dort waren sogar 80 beziehungsweise 75 Prozent des Publikums der *transitional majority* zuzurech-

---

[78] Vgl. Joseph T. Klapper, Paper Delivered at Meeting of the Society for the Study of Social Problems. Denver, Colorado, August 29, 1971, S. 9, in: Archives of the History of American Psychology (Akron, Ohio), Nachlass Milton Rokeach, box M1567, folder 'All in the Family'.
[79] Vgl. Eugene D. Tate/Stuart H. Surlin, A Cross-Cultural Comparison of Viewer Agreement with Opinionated Television Characters, S. 3f. u. S. 5f.; Manuskript in Nachlass Milton Rokeach, ebenda.

nen[80]. Viele Antworten der Befragten passten nicht ins dichotomische Schema dieser Studien: etwa dass die meisten Zuschauer Archie Bunker „mochten", aber ihm eben nicht „zustimmten", oder dass ein Großteil die Protagonisten *beider* Lager nett fand – sowohl den traditionalistischen Antihelden Archie als auch seine progressiven Gegenspieler Michael, Gloria und Lionel.[81]

Ein konkretes Beispiel für diesen Mechanismus der Übergangsmehrheit ist eine Befragung zu den in der amerikanischen Serie gezeigten Ehemustern. *All in the Family* kontrastierte die traditionelle Ehe von Archie und Edith – der Patriarch am Hebel, die asexuelle Hausfrau, die Verbindung „bis dass der Tod Euch scheide" – mit Michaels und Glorias oft konfrontativen Verhandlungen um eine moderne, postpatriarchalische Ehe. Im Jahr 1974 wurden 278 Zuschauer in Atlanta und 225 in Chicago befragt, ob sie Archie und Edith oder aber eher Mike und Gloria als „a proper example for the way a husband and wife should treat each other" ansahen. Das Archie-Edith-Modell erhielt 3,6 Punkte auf einer Likert-Skala (1 „strongly agree" bis 5 „strongly disagree"), wurde also überwiegend abgelehnt. Das Gloria-Mike Modell wurde vorsichtig angenommen (2,8). Mithin dominierte noch keines der beiden Ehemodelle. Unabhängig von Region, Rassen- und Schichtzugehörigkeit stimmten Zuschauer dem Mike und Gloria-Ehemodell nur mit 2,7 bis 2,8 von 5 Punkten zu, auch wenn sie die patriarchalische Ehe mit 3,4 bis 3,8 Punkten schon deutlicher ablehnten[82]. Die Mehrheitseinstellungen waren also im Fluss; die meisten waren nicht mehr glücklich mit den alten Werten, hatten sich den neuen aber noch nicht vollständig geöffnet. Hier lag die Wirkungschance des Fernsehens.

Fernsehunterhaltung erreichte mithin die große Zahl der im Übergang befindlichen Zuschauer. Dadurch, und durch die Schaffung von Reichweite, ermöglichte das Fernsehen die besondere Schnelligkeit des Wertewandelsschubs der 1960er und 1970er Jahre. Jetzt wurden ohne Zeitverzögerung auch solche Gruppen medial berührt, die früher nur langsam auf sozialen Wandel reagiert hatten: Landbevölkerung, Ungebildete, politisch Uninteressierte, Ältere, Hausfrauen und Kinder. Um für solche „Einsteiger" der Kulturrevolution attraktiv zu

---

[80] Vgl. Untersuchung des BBC über 'Till Death Us Do Part', in: BBC Written Archives Centre, Reading-Caversham, R9/757/1, S. 9, 11. Vom WDR in Auftrag gegeben: Institut für Empirische Psychologie, Wirkungsanalyse der Sendereihe Ein Herz und eine Seele, Köln 1974, in: Westdeutscher Rundfunk, Historisches Archiv, Köln.

[81] Vgl. Stuart H. Surlin, Bigotry on Air and in Life. The Archie Bunker Case, in: Public Telecommunications Review (1974), S. 34–41, hier S. 38.

[82] Vgl. Stuart H. Surlin, 'All in the Family' and 'Sanford and Son'. Communication and Social Effects (1975), S. 5f. u. S. 8, Tabellen 5–6, in: Archives of the History of American Psychology (Akron, Ohio), Nachlass Milton Rokeach, box M1567, folder 'All in the Family'; John D. Leckenby/Stuart H. Surlin, Race and Social Class Difference in Perceived Reality of Socially Relevant Television Programs for Adults in Atlanta and Chicago (1975), S. 6f. u. S. 9f., in: Nachlass Milton Rokeach, ebenda.

sein, mussten Fernsehunterhaltungsserien neue Normen etwas abschwächen. Der auf Mehrheitsfähigkeit bedachte, kommerziell motivierte Produktionskontext entradikalisierte also notwendig den Wertewandelsprozess, ließ aber ein gezieltes Agenda-Setting moderater, gerade noch mehrheitsfähiger neuer Werte zu. Die Produzenten trafen eine gezielte Auswahl der zu verbreitenden Werte und kooperierten dabei mit gegenkulturellen Pioniergruppen, deren Wertexperimente bereits begonnen hatten, bestimmte traditionelle Werte ihrer gesellschaftlichen Selbstverständlichkeit zu entkleiden.

Fazit

Am Beispiel der mit der neuen Frauenrolle verbundenen Werte in den USA der 1970er Jahre lässt sich zeigen, dass populäre Fernsehserien wie *All in the Family* eine aktive Rolle bei der Beschleunigung und inhaltlichen Ausrichtung des Wertewandels spielten. Fernsehen trug experimentelle Wertekritik aus elitären Minderheiten in die Massengesellschaft, verwässerte dabei aber die Botschaft und privilegierte den gemäßigten liberalen Feminismus. Die individuell und therapeutisch denkende Richtung des Feminismus wurde jenen Strömungen vorgezogen, die auf kollektive Solidarität, kollektiven Protest oder den Kampf gegen die Männer oder den Kapitalismus abzielten. Diese Entscheidung ging einerseits auf diejenigen Mitglieder des Produktionsteams zurück, die selbst für den liberalen Feminismus standen, wie Norman und Frances Lear, Jean Stapleton und Virginia Carter. Andererseits reagierten die Produzenten ihrerseits auf den Druck aus dem Publikum. Es waren die tausende Briefe weiblicher Zuschauer (die nicht zufällig zur lukrativsten Zielgruppe der Fernsehwerbung gehörten), die den Emanzipationsprozess der weiblichen Hauptfiguren in *All in the Family* lostraten. In der Folge entdeckten die Produzenten, dass sich aus den zeitgenössischen Konflikten um neue Geschlechterrollen viel Humor schlagen ließ, und dass das Massenpublikum auf solche Themen bestens ansprach. Die Serie wurde zu einem gesamtgesellschaftlich stark beachteten Forum, in dem veränderte Vorstellungen des geschlechterspezifisch Wünschenswerten vorgestellt und ausgehandelt wurden.

Fernsehen war in dieser Hinsicht mehr als ein Spiegel des zeitgenössischen sozialen Wandels. In der einschlägigen Forschung dominiert die Ansicht, dass das amerikanische Fernsehen der 1970er und 1980er Jahre die feministische Welle leicht zeitverzögert begleitete, indem es langsam selbstbewusstere Frauen in *prime time*-Programme einführte[83]. Entweder wird diese Entwicklung als

---

[83] Vgl. Dow, Prime-time Feminism, S. 83; Todd Gitlin, Inside Prime Time, London 1994, S. 215; Ozersky, Archie Bunker's America, S. 15f., 84ff.

reine Spiegelung gesellschaftlichen Wandels eingestuft[84]. Oder es wird argumentiert, dass Fernsehen auf die bereits erzielten Erfolge der Frauenbewegung reagierte, indem es dominante Werte hervorhob und radikale Auffassungen verschwieg[85]. Beide Narrative unterschätzen die Rolle des Fernsehens. Es war mehr als ein Spiegel: Es war Akteur und Katalysator des Wertewandels.

---

[84] Vgl. Serafina Bathrick, The Mary Tyler Moore Show. Women at Home and at Work, in: Jane Feuer u. a. (Hrsg.), MTM Quality Television, London 1984, S. 99–131 (100, 118); Lynn C. Spangler, Television Women from Lucy to Friends. Fifty Years of Sitcom and Feminism, Westport 2003, S. 103–120.
[85] Vgl. Dow, Prime-Time Feminism, S. xv-xvi. Ella Taylor, Prime-Time Families. Television Culture in Postwar America, Berkeley 1989, S. 1, 3, 16.

Ann-Katrin Gembries
Von der Fortpflanzungspflicht zum Recht auf Abtreibung. Werte und Wertewandel im Spiegel französischer Parlamentsdebatten über Geburtenkontrolle 1920–1974

Einleitung

In keinem anderen europäischen Land wurde Geburtenkontrolle so früh und so erfolgreich praktiziert wie in Frankreich. Die weite Verbreitung von Methoden der Empfängnisverhütung[1] und der Abtreibung[2] lässt sich an der Tatsache ablesen, dass die Geburtenrate in Frankreich zwischen 1800 und 1914 um 40 % sank[3]. Doch dieser Wandel der sozialen Praxis begann erst zu Beginn des 20. Jahrhunderts die öffentliche Meinung zu interessieren[4], und erst nach dem Ersten Weltkrieg wurde er zum Gegenstand parlamentarischer Debatten.

Zwei Gesetzentwürfe standen in den 1920er Jahren zur Diskussion: 1920 beschloss das Parlament, die „Anstiftung" zur Abtreibung und zur Empfängnisverhütung unter Strafe zu stellen. Verboten wurden der Verkauf und die Vergabe von Abortiva und weiblicher Kontrazeptiva[5], sowie jegliche Form der öffentlichen oder privaten „antikonzeptionellen Propaganda", worunter auch die Weitergabe von Informationen über Techniken der Geburtenkontrolle fiel[6].

---

[1] Der einzig verfügbaren zeitgenössischen Befragung zufolge waren es vor allem der Coitus Interruptus, Vaginalspülungen und Präservative. Vgl. J. Bertillon, La dépopulation de la France. Ses conséquences, ses causes. Mesures à prendre pour la combattre, Paris 1911, S. 99.
[2] Insbesondere die Einnahme (harmloser bis hochgiftiger) Mixturen, das Injizieren verschiedener Flüssigkeiten in die Gebärmutter oder das Durchstechen der Fruchtblase mit Haushaltsgegenständen. Vgl. Jean-Yves Le Naour/Catherine Valenti, Histoire de l'avortement. XIXe-XXe siècle, Paris 2003, S. 93–99.
[3] Vgl. Jean-Pierre Bardet/J. Dupâquier, Contraception: les Français les premiers, mais pourquoi?, in: Communications 44 (1986), S. 4.
[4] Vgl. Christiane Dienel, Kinderzahl und Staatsräson. Empfängnisverhütung und Bevölkerungspolitik in Deutschland und Frankreich bis 1918, Münster 1995, S. 32f.
[5] Vom Verbot betroffen waren das Diaphragma, Scheidenschwämmchen „sowie alle vergleichbaren Apparate die den Spermien den Zugang zum Gebärmutterhals versperren". Präservative dagegen blieben weiter frei verkäuflich, weil sie für die Bekämpfung von Geschlechtskrankheiten als unabkömmlich betrachtet wurden.
[6] Vgl. *Loi tendant à réprimer la provocation à l'avortement et la propagande anticonceptionnelle*, 31.07.1920, in: Journal Officiel de la République Française [im Folgenden: JO] 208 (1920), S. 0934.

1923 wurde die Abtreibung vom Verbrechen zum Vergehen heruntergestuft[7]. Diese neu geschaffene Gesetzeslage blieb jahrzehntelang weitgehend unverändert[8], bis 1967 infolge einer breiten zivilgesellschaftlichen Mobilisierung die Abgeordneten der Nationalversammlung (*Assemblée Nationale*) die Legalisierung weiblicher Kontrazeptiva diskutierten und beschlossen: Der Verkauf von hormonellen und mechanischen Kontrazeptiva an volljährige Frauen auf ärztliches Rezept wurde erlaubt[9]. Im Jahre 1974 schließlich verabschiedeten die Abgeordneten nach langen und hitzigen Diskussionen ein Gesetz, das die Abtreibung unter bestimmten Voraussetzungen (bis zur 10. Schwangerschaftswoche, Beratungspflicht, medizinischer Eingriff) legalisierte[10].

Am gesetzgeberischen Ergebnis der verschiedenen Parlamentsdiskussionen wird deutlich, dass sich die Bewertung der sozialen Praxis der Geburtenkontrolle durch französische Abgeordnete zwischen 1920 und 1974 grundlegend gewandelt hat. Zwar lässt sich für sämtliche Parlamentsdebatten dieses Zeitraums feststellen, dass Angehörige linker Parteien tendenziell eher für Geburtenkontrolle eintraten, während Angehörige rechter Parteien sich häufiger dagegen aussprachen. Doch jenseits dieser traditionellen Aufteilung zeichnet sich eine gemeinsame lagerübergreifende Entwicklung ab: Obwohl in allen betreffenden Legislaturperioden Mitte-Rechts-Parteien die absolute Mehrheit im Parlament stellten, sprachen sich in den zwanziger Jahren sehr breite, lagerübergreifende Mehrheiten für eine staatliche Repression der Geburtenkontrolle aus[11], wäh-

---

[7] Vgl. *Loi sur la correctionnalisation de l'avortement*, 27.03.1923, in: JO, 28.03.1923, S. 1526.
[8] 1939 wurde per Dekret das Strafmaß für die Beihilfe zur Abtreibung erhöht (*Décret relatif à la famille et à la natalité française*, 29.07.1939, in: JO, 30.07.1939, S. 9606–9626.), während 1942 das Vichy-Regime die Beihilfe zur Abtreibung zum „Verbrechen gegen das französische Volk" erklärte und mit hohen Zuchthausstrafen oder dem Tode bestrafte (*Décretloi relatif à la répression de l'avortement*, 15.02.1942, in: JO, 07.03.1942, S. 938). Letzteres Dekret wurde zwei Jahre später, mit der Gründung der IV. Republik, wieder aufgehoben.
[9] Vgl. *Loi n° 67–1176 relative à la régulation des naissances*, 28.12.1967, in: JO, 29.12.1967, S. 12861.
[10] Vgl. *Loi n° 75–17 relative à l'interruption volontaire de grossesse*, 17.01.1975, in: JO, 18.1.1975, S. 739. Das Gesetz enthielt auch eine Regelung für die medizinisch und eugenisch indizierte Abtreibung (jederzeit auf Empfehlung zweier Ärzte durchführbar, bei schwerwiegender Gesundheitsgefährdung für die Frau und bei schwerer Fehlbildung des Embryos), die jedoch in den Parlamentsdebatten kaum angesprochen wurde.
[11] 1920 stimmten 500 Abgeordnete für die Reform und 53 dagegen. Mit Ausnahme der sozialistischen Abgeordneten stimmen die Mitglieder aller Parteien (selbst der Mitte-Links-Opposition) mehrheitlich dafür. Vgl.: Chambre, 23.07.1920, in: Annales de la Chambre des Députés 111 (1920), S. 2722f. 1923 stimmten bei gleicher Zusammensetzung des Parlaments 495 Abgeordnete für die Reform und 90 dagegen. Vgl. Chambre, 12.01.1923, in: Annales de la Chambre des Députés 134 (1923), S. 49. Mit dem Gesetz von 1923 wurde die Abtreibung zwar vom Verbrechen zum Vergehen heruntergestuft, doch dadurch erhofften sich die Reformer eine effizientere Strafverfolgung und somit eine wirksamere Abschreckung: Entsprechend dem bislang gültigen Artikel 317 des Code Pénal von 1810 wurden Abtreibungsfälle als Verbrechen vor Geschworenengerichten gehandelt, denen allzu große

rend 1967 und 1974 wiederum zwar weniger breite, aber doch entscheidende lagerübergreifende Mehrheiten für die Legalisierung empfängnisverhütender Mittel und der Abtreibung eintraten[12].

Was aber hat diesen Meinungswandel der französischen Abgeordneten gegenüber der Geburtenkontrolle möglich gemacht? Wie lässt er sich erklären? Bisher hat die Forschung bei der Beantwortung dieser Frage vor allem den Einfluss individueller und kollektiver Akteure auf den Gesetzgebungsprozess in den Blick genommen und die Bemühungen einzelner Politiker, Ärzte, Juristen und Wissenschaftler untersucht oder den Druck von Seiten entsprechender zivilgesellschaftlicher Interessenverbände wie dem *Mouvement Français pour le Planning Familial* oder dem *Mouvement pour la Liberté de l'Avortement et de la Contraception* beleuchtet[13]. Der vorliegende Artikel nimmt eine andere Perspektive ein: Es soll hier herausgearbeitet werden, inwiefern diese Entwicklung auch auf einem grundlegenden Wandel der Parlamentsdebatten strukturierenden kollektiven Werthaltungen beruht.

Werte werden hier in Anlehnung an den US-amerikanischen Kulturanthropologen Clyde Kluckhohn als allgemeine und grundlegende Orientierungsstandards und Ordnungsvorstellungen aufgefasst, die für das Denken, Reden und Handeln auf individueller und kollektiver Ebene als verbindlich akzeptiert werden[14].

Ein analytischer Zugriff auf kollektive Werthaltungen und ihren Wandel wurde auf der Grundlage diskurstheoretischer Überlegungen gewonnen. Der Begriff *Diskurs* bezeichnet in diesem Zusammenhang eine institutionell

---

Milde vorgeworfen wurde, während die Strafrichter, denen mit der Reform die Urteilskompetenz übertragen wurde, „zuverlässiger" strafen sollten. Vgl. J. A. Doléris (Mitte-Links), Chambre, 12.01.1923, in: Annales 134 (1923), S. 42f. G. Thibout (fraktionslos), Chambre, 12.01.1923, in: Annales 134 (1923), S. 46. R. Lafarge (Mitte-Rechts, Gutachter), Chambre, 12.01.1923, in: Annales 134 (1923), S. 46.

[12] 1967 wurde per Handzeichen abgestimmt, so dass keine nachträgliche Aufschlüsselung des Abstimmungsverhaltens möglich ist. Bekannt ist aber, dass die sozialistische und die kommunistische Fraktion geschlossen für die Reform stimmten, während die Mitglieder der regierenden Mitte-Rechts-Parteien geteilter Meinung waren. Vgl. Janine Mossuz-Lavau, Les lois de l'amour. Les politiques de la sexualité en France (1950–2002), Paris 2002, S. 66. 1974 stimmten 277 der Abgeordneten für die Reform und 192 dagegen. Kommunisten und Sozialisten stimmten geschlossen dafür, aus dem Mitte-Rechts-Lager unterstützte etwa ein Drittel der Abgeordneten die Reform. Vgl. AN, 20.12.1974, in: JO 107 (1974), S. 8266f.

[13] Vgl. insbesondere Mossuz-Lavau, Les lois de l'amour; Le Naour, Valenti, Histoire de l'avortement; Bibia Pavard, Contraception et avortement dans la société française (1956–1979). Histoire d'un changement politique et culturel. Unveröffentlichte Dissertationsschrift, Paris 2010.

[14] Vgl. Clyde Kluckhohn, Values and Value-Orientations in the Theory of Action. An Exploration in Definition and Classification, in: Talcott Parsons/Edward A. Shils (Hrsg.), Toward a General Theory of Action, Cambridge (MA) 1962, 388–433.

gefestigte Sprachpraxis zu einem bestimmten Themenkomplex[15], hier der Geburtenkontrolle. Die dem Diskurs zugrunde liegenden Regeln, Kategorien, Ordnungsbegriffe, Wertsetzungen und -hierarchien bilden den kollektiv anerkannten – zugleich kognitiven und normativen – Rahmen für das Denken, Sprechen und Handeln von Individuen innerhalb einer Gesellschaft, sie konstituieren die „symbolische Ordnung, die das gemeinsame Sprechen und Handeln erlaubt"[16]. Diskurse funktionieren unter anderem als narrative Erklärung und Rechtfertigung gesellschaftlicher Ordnungen[17]. Gleichzeitig determinieren ihrerseits die gesellschaftlichen Verhältnisse und die individuellen (aber kollektiv geteilten) historischen Erfahrungen die Akzeptabilität eines Diskurses und somit seine Durchsetzungskraft zu einem gegebenen Zeitpunkt[18].

Ausgehend von diesen Theorieelementen wird mit Blick auf die französischen Parlamentsdebatten von 1920 bis 1974 über Geburtenkontrolle[19] gefragt: Welche kollektiven Wertsetzungen lassen sich innerhalb der einzelnen Parlamentsdebatten identifizieren? Welche implizit oder explizit wertsetzenden Schlüsselbegriffe, Kategorisierungen, Hierarchisierungen, Argumentationsschemata und Deutungsmuster kehren partei- und lagerübergreifend wieder? Wie nutzen die verschiedenen Akteure ihren Gestaltungsspielraum innerhalb des diskursiven Konsens? Warum tauchen in einer bestimmten gesellschaftshistorischen Situation ausgerechnet diese diskursiv transportierten Wertsetzungen auf? Welche kollektiven Erfahrungen machen sie zu einem bestimmten Zeitpunkt akzeptabel? Wie, wann und warum verändern sie sich? In welchem Verhältnis stehen sie zu prägenden historischen Erlebnissen und zum gesellschaftlichen Modernisierungsprozess?

Anhand dieser Leitfragen wird im ersten Teil des vorliegenden Aufsatzes der Wertewandel, der den zwischen 1920 und 1974 stattfindenden französischen Parlamentsdebatten über Geburtenkontrolle zugrunde lag, als eine progressive Verschiebung der normativen Vorstellungen vom Verhältnis zwischen Individuum und Kollektiv charakterisiert und im Lichte des historischen Kontextes analysiert. Im zweiten Teil dieses Aufsatzes dagegen soll es darum gehen zu

---

[15] Vgl. Jürgen Link, Was ist und was bringt Diskurstaktik, in: kultuRRevolution 2 (1983), S. 60–66, hier S. 60.
[16] Michel Foucault, Die Ordnung der Dinge, [10]Frankfurt a.M. 1991, S. 32.
[17] Vgl. Peter Berger/Thomas Luckmann, Die gesellschaftliche Konstruktion der Wirklichkeit. Eine Theorie der Wissenssoziologie, Frankfurt a.M. 1980, S. 69.
[18] Vgl. Siegfried Jäger, Kritische Diskursanalyse, eine Einführung, Duisburg 1993, S. 155.
[19] Für diesen Zeitraum wurden alle Debatten des französischen Unterhauses (3. Republik: Chambre des Députés; 5. Republik: Assemblée Nationale) berücksichtigt, die zur Verabschiedung eines Gesetzes über Geburtenkontrolle geführt haben. Spätere Parlamentsdebatten über eine weitere Liberalisierung des Abtreibungsgesetzes (1979, 1982, 1992, 2001) werden im Rahmen dieses Aufsatzes nicht mit aufgeführt, da sie im Wesentlichen die bereits für 1974 konstatierte Entwicklung fortführen.

zeigen, dass die Bewertung der Geburtenkontrolle untrennbar mit einer Bewertung des gesellschaftlichen Wandels als solchem verbunden ist. Der Wandel der Haltung der Abgeordneten gegenüber der Geburtenkontrolle kann – so die These – als partielle Aussöhnung mit einem zentralen Phänomen der Moderne aufgefasst werden.

Geburtenkontrolle und das Verhältnis zwischen Individuum und Kollektiv

Eine Reform zur Rettung der Nation (1920/23)

In den Parlamentsdebatten der frühen zwanziger Jahre war das demographische Wohl Frankreichs der oberste Maßstab für die Beurteilung der Geburtenkontrolle. Angesichts des damals seit mehr als hundert Jahren andauernden Geburtenrückgangs, sowie der circa 1.400.000 französischen Weltkriegsopfer wurde die „Entvölkerung"[20] Frankreichs in nahezu allen Wortbeiträgen als zentrales Problem benannt. Ihr sollte durch die gesetzliche Einführung von Repressionsmaßnahmen gegen (weibliche) Empfängnisverhütung und Abtreibung entgegengewirkt werden[21], damit wieder „so viele Kinder geboren werden wie Frankreich benötigt"[22].

Es ist kein Zufall, dass diese Gesetzentwürfe trotz jahrzehntelanger Bemühungen einflussreicher pronatalistischer Lobbyisten und Verbände[23] erst kurz nach dem Ersten Weltkrieg vom Parlament zur Kenntnis genommen[24], diskutiert und verabschiedet wurden, denn nur im Hinblick auf das traumatische Kriegserlebnis ließ sich ein staatlicher Eingriff in die wohlgehüteten „Geheimnisse des Alkoven"[25] in Frankreich politisch legitimieren[26].

---

[20] Alle folgenden Übersetzungen durch die Verfasserin.
[21] Exemplarisch: E. Ignace (Mitte-Rechts, Autor des Reformvorschlags), Chambre, 23.07.1920, in: Annales 111 (1920), S. 2696; R. Lafarge (Mitte-Rechts, Gutachter), Chambre, 12.01.1923, in: Annales 134 (1923), S. 46; A. Pinard (Mitte-Links), Chambre, 23.07.1920, in: Annales 111 (1920), S. 2698; J. A. Doléris (Mitte-Links), Chambre, 12.01.1923, in: Annales 134 (1923), S. 43.
[22] J. A. Doléris (Mitte-Links), Chambre, 12.01.1923, in: Annales 134 (1923), S. 43.
[23] Allen voran die 1896 gegründete *Alliance Nationale pour l'accroissement de la population française* und ihr langjähriger Vorsitzender, der Sozialstatistiker Jacques Bertillon.
[24] Tatsächlich gehen beide Gesetzestexte auf einen globaleren Gesetzesvorschlag „zur Bekämpfung der Entvölkerung" des Senators Lannelongue aus dem Jahr 1910 zurück, der es jedoch bisher nicht auf die Tagesordnung geschafft hatte.
[25] A. Berthon (Sozialist), Chambre, 23.07.1920, in: Annales 111 (1920), S. 2699.
[26] Vgl. Pavard u. a., Les lois Veil, S. 25.

Für die Abgeordneten, unter denen sich zahlreiche neu ins Parlament gewählte Kriegsveteranen befanden[27], erhielt die Entwicklung der französischen Geburtenrate eine existentielle Dimension: Wie zu Zeiten des Krieges ging es auch hier um nichts Geringeres als um den „Fortbestand der Nation"[28], die „Zukunft der Rasse"[29]. Dabei fand eine diskursive Verschränkung von demographischen und militärischen Argumentationsmustern statt, indem das demographische Ungleichgewicht zwischen Deutschland und Frankreich als permanente militärische Bedrohung dargestellt wurde. Schon der Ausbruch des Ersten Weltkriegs wurde auf demographische Ursachen zurückgeführt: „Weil die Deutschen [...] sich wie die Hasen vermehrten [...], haben sie alle Orte des Universums erobert"[30]. Das bevölkerungsstärkere Deutschland war zwar fürs Erste besiegt, doch die Aussicht auf einen möglichen militärischen Vergeltungsschlag ließ die Anstiftung zur Empfängnisverhütung und zur Abtreibung als „nationalen Gefahr"[31], als „Verbrechen gegen die Nation"[32] erscheinen. Durch wiederholte Andeutungen über den „nicht französischen [d. h. deutschen] Ursprung" dieser zu verbietenden „antinatalistischen Propaganda"[33] wurde suggeriert, dass Deutschland bereits dabei sei, Frankreich mit demographischen Mitteln aktiv zu bekämpfen. Diese Darstellung einer kriegsähnlichen Situation wurde durch die gehäufte Verwendung von Kampfmetaphern im Umgang mit dem Thema Geburtenkontrolle sprachlich untermauert. So beklagte etwa 1920 der Justizminister, dass die staatlichen Autoritäten der antinatalistischen Propaganda „unbewaffnet" gegenüberstünden[34], während der Autor des Gesetzentwurfs forderte, den Gerichten endlich die „notwendigen Waffen" zu verschaffen, um die „Entvölkerung durch die Repression der kriminellen Abtreibung" zu „bekämpfen"[35].

Rhetorische Strategien der Personifizierung Frankreichs dienten dazu, eine ausschließlich auf das nationale Interesse ausgerichtete Geburtenpolitik zu legitimieren. So wurde die französische Nation vielfach implizit als organische

---

[27] Vgl. Jean-Jacques Becker/Serge Berstein, Victoire et frustrations. 1914–1929. Paris 1990, S. 192.
[28] A. Pinard (Mitte-Links), Chambre, 12.01.1923, in: Annales 134 (1923), S. 45.
[29] E. Ignace (Mitte-Rechts, Autor des Reformvorschlags), Chambre, 23.07.1920, in: Annales 111 (1920), S. 2698.
[30] P. Morucci (Sozialist), Chambre, 23.07.1920, in: Annales 111 (1920), S. 2702.
[31] E. Ignace (Mitte-Rechts, Autor des Reformvorschlags), Chambre, 23.07.1920, in: Annales 111 (1920), S. 2696.
[32] A. Pinard (Mitte-Links), Chambre, 12.01.1923, in: Annales 134 (1923), S. 45.
[33] E. Ignace (Mitte-Rechts, Autor des Reformvorschlags), Chambre, 23.07.1920, in: Annales 111 (1920), S. 2696; ebenso: J. A. Doléris (Mitte-Links), Chambre, 12.01.1923, in: Annales 134 (1923), S. 42.
[34] G. Lhopiteau (Justizminister), Chambre, 23.07.1920, in: Annales 111 (1920), S. 2697.
[35] E. Ignace (Mitte-Rechts, Autor des Reformvorschlags), Chambre, 23.07.1920, in: Annales 111 (1920), S. 2698; S. 2696.

Einheit dargestellt, die von einer „fürchterlichen Plage"[36] oder „Krankheit"[37] „infiziert"[38] sei, nämlich der Abtreibung. Die zur Debatte stehenden Maßnahmen wurden zur „Abtreibungsprophylaxe"[39], zum „Heilmittel gegen die Entvölkerungskrise"[40] erklärt, während die zu verabschiedenden Reformen das „öffentliche"[41] oder „nationale Wohl"[42] wieder herstellen sollten. An anderer Stelle wiederum wurde Frankreich zum zentralen Subjekt erhoben, das über das „Recht auf ein Leben in Unabhängigkeit und Ehre"[43] verfüge und dessen „Schicksal"[44] von der Steigerung seiner Geburtenrate abhinge.

Die Individuen hingegen wurden primär danach bewertet, ob sie ihrer „Fortpflanzungspflicht"[45] nachzukommen bereit waren. Als gesellschaftliches Vorbild wurden die kinderreichen Familien gelobt, die nicht nur ihre Fortpflanzungspflicht reichlich erfüllten, sondern auch die damit einhergehenden finanziellen und militärischen Lasten übernähmen[46]. Ihnen gegenübergestellt und harsch kritisiert wurden diejenigen, die sich ihrer Fortpflanzungspflicht entzögen, indem sie auf Mittel der Geburtenkontrolle zurückgriffen[47] – also die schweigende Mehrheit der Franzosen. Einige linke Abgeordnete nutzen lediglich die Gelegenheit, darauf zu verweisen, dass vor allem das Bürgertum sich dieser Pflicht entziehe: „Die Reichsten bekommen am wenigsten Kinder"[48].

---

[36] A. Pinard (Mitte-Links), Chambre, 04.07.1922, in: Annales 117 (1922), S. 648; ähnlich: J. A. Doléris (Mitte-Links), Chambre, 12.01.1923, in: Annales 134 (1923), S. 42; S. 43.
[37] A. Pinard (Mitte-Links), Chambre, 04.07.1922, in: Annales 117 (1922), S. 647.
[38] A. Pinard (Mitte-Links), Chambre, 04.07.1922, in: Annales 117 (1922), S. 646.
[39] P. Strauss (Mitte-Rechts, Sozialminister), Chambre, 12.01.1923, in: Annales 134 (1923), S. 48; ebenso: A. Pinard (Mitte-Links), Chambre, 04.07.1922, in: Annales 117 (1922), S. 647.
[40] R. Lafarge (Mitte-Rechts, Gutachter), Chambre, 12.01.1923, in: Annales 134 (1923), S. 47; ebenso: P. Strauss (Mitte-Rechts, Sozialminister), Chambre, 12.01.1923, in: Annales 134 (1923), S. 48.
[41] E. Ignace (Mitte-Rechts, Autor des Reformvorschlags), Chambre, 23.07.1920, in: Annales 111 (1920), S. 2698; ebenso: P. Strauss (Mitte-Rechts, Sozialminister), Chambre, 12.01.1923, in: Annales 134 (1923), S. 48; ähnlich: J. A. Doléris (Mitte-Links), Chambre, 12.01.1923, in: Annales 134 (1923), S. 43.
[42] R. Lafarge (Mitte-Rechts, Gutachter), Chambre, 23.07.1920, in: Annales 111 (1920), S. 2697.
[43] E. Ignace (Mitte-Rechts, Autor des Reformvorschlags), Chambre, 23.07.1920, in: Annales 111 (1920), S. 2696.
[44] R. Lafarge (Mitte-Rechts, Gutachter), Chambre, 23.07.1920, in: Annales 111 (1920), S. 2697; ebenso: P. Strauss (Mitte-Rechts, Sozialminister), Chambre, 12.01.1923, in: Annales 134 (1923), S. 48.
[45] J. A. Doléris (Mitte-Links), Chambre, 12.01.1923, in: Annales 134 (1923), S. 43.
[46] Vgl. A. Isaac (Mitte-Rechts), Chambre, 12.01.1923, in: Annales 134 (1923), S. 47.
[47] Vgl. A. Pinard (Mitte-Links), Chambre, 04.07.1922, in: Annales 117 (1922), S. 646.
[48] A. Berthon (Sozialist), Chambre, 12.01.1923, in: Annales 134 (1923), S. 46; ähnlich: A. Pinard (Mitte-Links), Chambre, 12.01.1923, in: Annales 134 (1923), S. 45.

Aus dem absoluten Primat der Nation unter kriegerischen Vorzeichen folgte, dass ihr (demographisches) Interesse zur Not auch auf Kosten der einzelnen Individuen durchgesetzt werden konnte. So nahm die Mehrheit der Abgeordneten in Kauf, dass die 1920 und 1923 verabschiedeten Repressionsmaßnahmen viele Frauen und Familien in wirtschaftliche und soziale Bedrängnis bringen würden, weil diese ungewollte Schwangerschaften nicht mehr vermeiden konnten. Von den Sozialisten eingeforderte Präventionsmaßnahmen zum Mutterschutz und zur finanziellen Förderung der Familien[49] wurden auf später vertagt, weil die Reformbefürworter sich von ihnen nur eine langfristige Wirkung auf die Geburtenentwicklung versprachen, während die Repressionsmaßnahmen ein sofortiges Ergebnis bringen sollten[50].

Indem sie mit der Reform von 1920 der Staatsmacht erlaubten, jegliche Form der privaten und öffentlichen Äußerung über Geburtenkontrolle als „antikonzeptionnelle Propaganda" zu verfolgen, akzeptierte die Mehrheit der Abgeordneten ohne Weiteres eine Beschneidung der Meinungsfreiheit und die Wiedereinführung der Zensur als legitimes Mittel im Kampf gegen die Entvölkerung. Nur die Sozialisten sahen hier eine „Verletzung individueller Freiheitsrechte"[51], sie vermochten es jedoch nicht, die Verabschiedung dieser Maßnahmen zu verhindern, die fortan in Frankreich den öffentlichen Diskurs über Geburtenkontrolle prägten und erst knapp fünfzig Jahre später wieder aufgehoben werden sollten.

Eine Reform für das Glück der Familien (1967)

Im Mittelpunkt der Parlamentsdebatten über die Legalisierung der (mechanischen und hormonellen) Kontrazeptiva für die Frau stand das Wohl der Familien.

Damit knüpften die Abgeordneten an den Diskurs des *Mouvement Français pour le Planning Familial* (MFPF) an, einer von Frauen und Ärzten gegründeten zivilgesellschaftlichen Initiative, die sich seit 1956 medienwirksam für einen freien Zugang zur Empfängnisverhütung einsetzte. Der MFPF umging seit 1961 das geltende Gesetz, indem in seinen Beratungsstellen Kontrazepti-

---

[49] „Wenn man Säuglinge haben will, so darf die Schwangerschaft für die Frau keine Katastrophe mehr darstellen; die Öffentlichkeit darf außereheliche Geburten nicht mehr verurteilen, und der Staat muss die Wiege bereiten, bevor er nach dem Kind verlangt." – P. Morucci (Sozialist), Chambre, 23.07.1920, in: Annales 111 (1920), S. 2701. Ähnlich: A. Berthon (Sozialist), Chambre, 23.07.1920, in: Annales 111 (1920), S. 2700; A. Pinard (Mitte-Links), Chambre, 12.01.1923, in: Annales 134 (1923), S. 45.
[50] Exemplarisch: G. Thibout (fraktionslos), Chambre, 12.01.1923, in: Annales 134 (1923), S. 47.
[51] A. Berthon (Sozialist), Chambre, 23.07.1920, in: Annales 111 (1920), S. 2700; ähnlich: P. Morucci (Sozialist), Chambre, 23.07.1920, in: Annales 111 (1920), S. 2701.

va ausgegeben wurden – zwar nur an Vereinsmitglieder, doch deren Zahl stieg rasch zu einer regelrechten Massenbewegung an[52]. Um nicht gegen das Verbot „antinatalistischer Propaganda" zu verstoßen, verlagerten die Gründer des MFPF die Frage der Empfängnisverhütung diskursiv aus dem politisierten Bereich nationaler Interessen in den privaten Raum der Familie. Gleichzeitig bot ihnen die Fokussierung auf das Wohl der Familien die Möglichkeit, ihre Bürgerlichkeit und Traditionsgebundenheit zu betonen und auf diese Weise ihr Anliegen respektabel erscheinen zu lassen. Diese diskursive Strategie machten sich auch 1967 die Reformer im Parlament zu eigen. Indem sie die Frage der Empfängnisverhütung an das Wohl der Familie knüpften, stellten sie zudem in einer Zeit, in der die französische Politik ihre tiefe Zerrissenheit angesichts des Algerienkriegs 1954–1962 zu überwinden suchte, ihre Forderungen auf einen konsensfähigen Boden. Familie war in Frankreich während der zwanzig Nachkriegsjahre nicht nur das gesellschaftlich dominierende Lebensmodell – der Sozialstatistiker Desplanques spricht gar vom „Goldenen Zeitalter der Familie"[53] – sondern auch eine politische Priorität für Katholiken, nationalistische und gemäßigte Rechte, Sozialisten und Kommunisten gleichermaßen[54], die keinen Anlass zu ideologischen Kontroversen bot.

So versprachen sich linke wie rechte Reformer von der Legalisierung der Kontrazeptiva für die Frau (und insbesondere dem freien Verkauf der jüngsten medizinisch-technischen Errungenschaft auf diesem Gebiet: der sogenannten „Antibabypille") eine „harmonische Entwicklung"[55] und „freie Entfaltung"[56], einen Zugewinn an „Ausgewogenheit" und „Wohlbefinden"[57] in erster Linie für die Familien, manchmal auch für die Paare[58], während Reformgegner eben dieses Gleichgewicht und Wohlbefinden in den Familien durch den Zugang zur Empfängnisverhütung bedroht sahen[59].

Parteiübergreifend wurde die Reform dadurch begründet, dass sie den Paaren die Möglichkeit geben sollte, frei über die Größe und Entwicklung ihrer

---

[52] Während der MFPF 1961 nur 6000 Mitglieder zählte, waren es Anfang 1966 schon an die 75.000. Vgl. Pavard u. a., Les lois Veil, S. 40. Zur Geschichte des MFPF vgl. Christine Bard (Hrsg.), Le planning familial. Histoire et mémoire (1956–2006), Rennes 2007.
[53] Guy Desplanques, Histoire de la population française, Bd. 4, Paris 1988, S. 301.
[54] Vgl. Jörg Requate, Frankreich seit 1945, Göttingen 2011, S. 187.
[55] P. Lacavé, (Kommunist), AN, 14.12.1967, in: JO 114 (1967), S. 5889; ähnlich: J. Thome-Patenôtre (Sozialistin), AN, 14.12.1967, in: JO 114 (1967), S. 5885
[56] P. Mainguy (Gaullist), AN, 14.12.1967, in: JO 114 (1967), S. 5894 ; ähnlich: J. Thome-Patenôtre (Sozialistin), AN, 14.12.1967, in: JO 114 (1967), S. 5885
[57] P. Lacavé, (Kommunist), AN, 14.12.1967, in: JO 114 (1967), S. 5889 ; ähnlich: M. Habib-Deloncle (Gaullist), AN, 01.07.1967, in: JO 60 (1967), S. 2580
[58] L. Neuwirth (Gaullist, Autor des Reformvorschlags), AN, 01.07.1967, in: JO 60 (1967), S. 2558.
[59] Exemplarisch: J. Fontanet (Zentrist), AN, 01.07.1967, in: JO 60 (1967), S. 2561.

Familie zu entscheiden, das heißt die Anzahl ihrer Kinder, den Zeitpunkt der Geburten und den Abstand zwischen den Geburten selbst zu wählen[60]. Dass dies nicht nur im Interesse der verheirateten Paare[61], sondern auch im Interesse der Kinder sei, wurde mit dem Argument begründet, dass Kinder, die aus einer unerwünschten Schwangerschaft hervorgingen, häufig unter schlechten Bedingungen aufwachsen müssten, was ihrer Entwicklung schade: „Eine neue Geburt ist manchmal eine Katastrophe oder wird zumindest so betrachtet, und dies belastet sehr die Entwicklung des Kindes. [...] Auch wenn es keine direkte Kausalität gibt, sind unerwünschte oder schlecht akzeptierte Kinder häufig schwererziehbar, kriminell und leider manchmal misshandelte Kinder."[62] Demgegenüber könnten Mütter, deren Gesundheit nicht durch allzu häufige Schwangerschaften beeinträchtigt sei, ihren Kindern eine bessere Erziehung zukommen lassen[63].

Ein breiter Konsens zwischen Kommunisten und Konservativen herrschte darüber, dass den Paaren neben dem Zugang zur Empfängnisverhütung vor allem die materiellen Bedingungen zur Verfügung gestellt werden sollten, die es ihnen ermöglichten, auch tatsächlich „so viele Kinder zu bekommen wie sie es wünschten"[64]. Dies sollte über ein weitreichendes familienpolitisches Förderprogramm erreicht werden[65]. Nur so könne die zu Anfang postulierte harmonische „Entfaltung der Familie" gewährleistet werden[66].

Dass die Legalisierung der Kontrazeptiva auch die Möglichkeit eröffnete, gar keine Kinder zu bekommen, wurde nur von einem einzigen Abgeordneten positiv hervorgehoben[67], während ein anderer vorschlug, diese Möglichkeit auszuschließen, indem Kontrazeptiva „nur an Mütter von mindestens zwei Kindern" verschrieben werden dürften[68]. Auch wurde immer wieder betont, dass es um

---

[60] Vgl. L. Neuwirth (Gaullist, Autor des Reformvorschlags), AN, 01.07.1967, in: JO 60 (1967), S. 2557; C. Peyret (Gaullist), AN, 01.07.1967, in: JO 60 (1967), S. 2566; J. Thome-Patenôtre (Sozialistin), AN, 14.12.1967, in: JO 114 (1967), S. 5885; D. Benoist (Sozialist), AN, 14.12.1967, in: JO 114 (1967), S. 5885; G. Millet (Kommunist), AN, 01.07.1967, in: JO 60 (1967), S. 2573; J. Prin (Kommunistin), AN, 14.12.1967, in: JO 114 (1967), S. 5888.

[61] Vgl. P. Mainguy (Gaullist), AN, 14.12.1967, in: JO 114 (1967), S. 5894; J. Thome-Patenôtre (Sozialistin), AN, 01.07.1967, in: JO 60 (1967), S. 2559.

[62] J. Thome-Patenôtre (Sozialistin), AN, 01.07.1967, in: JO 60 (1967), S. 2559; ebenso: G. Vinson (Sozialist), AN, 01.07.1967, in: JO 60 (1967), S. 2562.

[63] Vgl. Baclet (Gaullistin), AN, 01.07.1967, in: JO 60 (1967), S. 2568.

[64] Fontanet (Zentrist), AN, 01.07.1967, in: JO 60 (1967), S. 2562; ebenso: G. Millet (Kommunist), AN, 01.07.1967, in: JO 60 (1967), S. 2573; L. Neuwirth (Gaullist, Autor des Reformvorschlags), AN, 14.12.1967, in: JO 114 (1967), S. 5884.

[65] Exemplarisch: L. Neuwirth (Gaullist, Autor des Reformvorschlags), AN, 01.07.1967, in: JO 60 (1967), S. 2557; J. Prin (Kommunistin), AN, 14.12.1967, in: JO 60 (1967), S. 5888. Zu den vorgeschlagenen familienpolitischen Maßnahmen siehe weiter unten im Text.

[66] J. Moulin (Zentrist), AN, 14.12.1967, in: JO 114 (1967), S. 5888–89.

[67] Vgl. G. Vinson (Sozialist), AN, 14.12.1967, in: JO 114 (1967), S. 5894.

[68] M. Habib-Deloncle (Gaullist), AN, 01.07.1967, in: JO 60 (1967), S. 2580.

die zeitliche „Planbarkeit" und „Regulierung" der Geburten gehen solle, nicht aber um ihre numerische „Beschränkung"[69].

Hier wird deutlich, dass der die Parlamentsdebatten der zwanziger Jahre dominierende Pronatalismus auch 1967 noch sehr präsent war. Zwar hatte sich die französische Geburtenrate seit dem Zweiten Weltkrieg gut erholt[70], doch wirkte das Trauma der gerade erst überwundenen „Entvölkerungskrise" in den Köpfen der Abgeordneten nach und prägte weiterhin den Diskurs über Geburtenkontrolle. So wurden auch 1967 die meisten Abgeordneten nicht müde, die zentrale Wichtigkeit einer hohen Geburtenrate zu betonen und ihre Beunruhigung über den jüngst eingetretenen leichten Geburtenrückgang zu äußern[71]. Sie waren auch immer noch sehr darauf bedacht, nicht als „Antinatalisten"[72] wahrgenommen zu werden und sprachen sich aus diesem Grund mehrheitlich für die Beibehaltung des Verbots jeglicher Form von antinatalistischer Propaganda aus[73].

Doch ging mit der weiter oben beschriebenen diskursiven Verschiebung der Wertehierarchie zugunsten der Familie auch eine Neudefinierung des demographischen Diskurses einher.

Erstens wandelte sich seit den zwanziger Jahren die Argumentation, mit der die Notwendigkeit einer hohen Geburtenrate erklärt wurde. Es ging nun nicht mehr um das Überleben der Nation, sondern um den Fortbestand des Wirtschaftswachstums als Garant für „Wohlstand und sozialen Fortschritt"[74] und

---

[69] L. Neuwirth (Gaullist, Autor des Reformvorschlags), AN, 01.07.1967, in: JO 60 (1967), S. 2558; J. Coumaros (Gaullist), AN, 01.07.1967, in: JO 60 (1967), S. 2569; M. Dreyfus-Schmidt (Sozialist), AN, 01.07.1967, in: JO 60 (1967), S. 2575.

[70] Während die französische Geburtenrate trotz der repressiven Gesetzgebung von 1920/23 in den Jahren 1936–39 auf einen historischen Tiefstand gesunken war (14,5 Geburten pro 1000 Einwohner), stieg sie nach dem Zweiten Weltkrieg rapide an und lag zwischen 1945 und 1965 bei durchschnittlich 18 Geburten pro 1000 Einwohner. Dieser „Babyboom" führte, zusammen mit dem Rückgang der Kindersterblichkeit und einem Anwachsen der durchschnittlichen Lebenserwartung, dazu, dass im selben Zeitraum die französische Bevölkerung um etwa 22 % anwuchs. Vgl. Michel Hubert, Démographie, femmes et familles entre spécificité et similitudes, in: Hélène Miard-Delacroix/Rainer Hudemann (Hrsg.), Mutations et intégration. Les rapprochements franco-allemands dans les années cinquante, München 2005, S. 361–378, hier S. 366f.

[71] Exemplarisch: J. Fontanet (Zentrist), AN, 01.07.1967, in: JO 60 (1967), S. 2561; J. Prin (Kommunistin), AN, 14.12.1967, in: JO 114 (1967), S. 5888.

[72] M. Dreyfus-Schmidt (Sozialist), AN, 01.07.1967, in: JO 60 (1967), S. 2575; ähnlich: C. Peyret (Gaullist), AN, 01.07.1967, in: JO 60 (1967), S. 2567; G. Vinson (Sozialist), AN, 01.07.1967, in: JO 60 (1967), S. 2562; J. Thome-Patenôtre (Sozialistin), AN, 14.12.1967, in: JO 114 (1967), S. 5885.

[73] Vgl. Art. 5: „Jede Form von antinatalistischer Propaganda ist verboten", in: JO, 29.12.1967, S. 12861.

[74] M. Georges (Gaullist), AN, 14.12.1967, in: JO 114 (1967), S. 5887; ähnlich: L. Neuwirth (Gaullist, Autor des Reformvorschlags), AN, 14.12.1967, in: JO 114 (1967), S. 5884.

um die Risiken einer gesellschaftlichen „Überalterung"[75]. In dieser nunmehr sozio-ökonomischen Perspektive verschmolzen die demographischen Interessen des Kollektivs mit denen des Individuums.

Zweitens fand ein Umdenken in Bezug auf die zu ergreifenden Maßnahmen für eine pronatalistische Geburtenpolitik statt. Wenn es auch noch einige Abgeordnete gab, die sich aus demographischen Gründen gegen die Legalisierung der Kontrazeptiva aussprachen[76], oder forderten, sie im Falle eines Geburtenrückgangs wieder zu verbieten[77], war die überwiegende Mehrheit der Ansicht, dass die Entwicklung der Geburtenrate maßgeblich von anderen Faktoren abhänge. So wurde mehrfach darauf verwiesen, dass das Gesetz von 1920 sein pronatalistisches Ziel verfehlt habe[78], während erst infolge der familienpolitischen Maßnahmen seit 1938 ein demographisches Wachstum entstanden sei[79]. Nunmehr wurden psychosoziale Faktoren wie die Angst der Eltern vor Verarmung und Verelendung sowie die Aussicht auf Perspektivlosigkeit für ihre Kinder als Hauptgründe für Geburtenbeschränkung und somit als die Hauptursache für Geburtenrückgang identifiziert[80]. So lautete der neue, parteiübergreifende Konsens, dass die beste Geburtenpolitik in einer großzügigen Familien- und Sozialpolitik bestehe[81].

Während linke Abgeordnete auf der Grundlage dieses Konsenses die Gelegenheit nutzten, um eine umfangreiche Kritik an der Politik der Regierung zu üben[82], kritisierten rechte Abgeordnete den diskutierten Gesetzesvorschlag zur Legalisierung weiblicher Kontrazeptiva, weil er keine entsprechenden fami-

---

[75] L. Neuwirth (Gaullist, Autor des Reformvorschlags), AN, 14.12.1967, in: JO 114 (1967), S. 5884; ebenso: J. Fontanet (Zentrist), AN, 01.07.1967, in: JO 60 (1967), S. 2561.
[76] Vgl. C. Peyret (Gaullist), AN, 01.07.1967, in: JO 60 (1967), S. 2578; J.M. Jeanneney (Gaullist, Sozialminister), AN, 01.07.1967, in: JO 60 (1967), S. 2577
[77] Vgl. M. Georges (Gaullist), AN, 14.12.1967, in: JO 114 (1967), S. 5887.
[78] Vgl. L. Neuwirth (Gaullist, Autor des Reformvorschlags), AN, 14.12.1967, in: JO 114 (1967), S. 2557; J. Thome-Patenôtre (Sozialistin), AN, 01.07.1967, in: JO 60 (1967), S. 2560; G. Vinson (Sozialist), AN, 01.07.1967, in: JO 60 (1967), S. 2562.
[79] Vgl. J. Thome-Patenôtre (Sozialistin), AN, 01.07.1967, in: JO 60 (1967), S. 2560.
[80] Vgl. L. Neuwirth (Gaullist, Autor des Reformvorschlags), AN, 01.07.1967, in: JO 60 (1967), S. 2557; J. Fontanet (Zentrist), AN, 01.07.1967, in: JO 60 (1967), S. 2561; J. Thome-Patenôtre (Sozialistin), AN, 01.07.1967, in: JO 60 (1967), S. 256; J. Prin (Kommunistin), AN, 14.12.1967, in: JO 114 (1967), S. 5888.
[81] Vgl. C. Peyret (Gaullist), AN, 01.07.1967, in: JO 60 (1967), S. 2566; L. Neuwirth (Gaullist, Autor des Reformvorschlags), AN, 01.07.1967, in: JO 60 (1967), S. 2557; J. Thome-Patenôtre (Sozialistin), AN, 01.07.1967, in: JO 60 (1967), S. 2560; D. Benoist (Sozialist), AN, 01.07.1967, in: JO 60 (1967), S. 2563.
[82] Vgl. G. Vinson (Sozialist), AN, 01.07.1967, in: JO 60 (1967), S. 2562; D. Benoist (Sozialist), AN, 14.12.1967, in: JO 114 (1967), S. 5885; J. Prin (Kommunistin), AN, 14.12.1967, in: JO 114 (1967), S. 5888.

lienpolitischen Maßnahmen beinhalte, die den erwarteten Geburtenrückgang kompensieren könnten[83].

Allen gemeinsam war jedoch der dringende Ruf nach umfangreichen familienpolitischen Maßnahmen. Parteiübergreifend wurden hierzu eine Erhöhung der Familienbeihilfe[84] und Maßnahmen gegen die herrschende Wohnungsnot[85] gefordert. Rechte Abgeordnete forderten zusätzlich eine Erhöhung der Beihilfe für Ein-Verdiener-Familien[86] und eine bessere Ausbildungsförderung für Kinder und Jugendliche[87]. Linke, insbesondere kommunistische Abgeordnete sprachen dagegen auch allgemeine sozialpolitische Forderungen aus[88] und schlugen eine Reihe Maßnahmen vor, um die Vereinbarkeit von Beruf und Kindererziehung für Mütter zu verbessern[89], mit der Begründung, dass der „doppelte Arbeitstag" die Gesundheit der Mütter und somit die „Harmonie der Familie" belaste[90].

So wurde die Forderung nach einem Ausbau der (bereits in den ersten Nachkriegsjahren begründeten, auf einem lagerübergreifenden Konsens basierenden und im europäischen Vergleich sehr großzügigen[91]) Familienpolitik zu einem wesentlichen integrativen Element des Diskurses über Geburtenkontrolle: Sie versöhnte bevölkerungspolitische Erfordernisse und Familienglück, nationales und individuelles Interesse[92], rechte und linke Positionen sowie Reformbefürworter und Reformgegner miteinander. Auf diese Weise wurden auch die diskursiv der Familie zugrunde gelegten Werte des Ausgleichs und der Harmonie implizit zur normativen Grundlage für die parlamentarische Debatte über die Legalisierung weiblicher Kontrazeptiva im Jahre 1967 erhoben.

---

[83] Vgl. J. Fontanet (Zentrist), AN, 01.07.1967, in: JO 60 (1967), S. 2561; B. Flornoy (Gaullist), AN, 01.07.1967, in: JO 60 (1967), S. 2568.
[84] Exemplarisch: J. Fontanet (Zentrist), AN, 01.07.1967, in: JO 60 (1967), S. 2562; J. Thome-Patenôtre (Sozialistin), AN, 01.07.1967, in: JO 60 (1967), S. 2560; G. Millet (Kommunist), AN, 01.07.1967, in: JO 60 (1967), S. 2573.
[85] Exemplarisch: L. Neuwirth (Gaullist, Autor des Reformvorschlags), AN, 14.12.1967, in: JO 114 (1967), S. 5884; M. Dreyfus-Schmidt (Sozialist), AN, 01.07.1967, in: JO 60 (1967), S. 2575; J. Prin (Kommunistin), AN, 14.12.1967, in: JO 114 (1967), S. 5888.
[86] Exemplarisch: L. Neuwirth (Gaullist, Autor des Reformvorschlags), AN, 14.12.1967, in: JO 114 (1967), S. 2557.
[87] Exemplarisch: J. Fontanet (Zentrist), AN, 01.07.1967, in: JO 60 (1967), S. 2562.
[88] Exemplarisch: J. Prin (Kommunistin), AN, 14.12.1967, in: JO 114 (1967), S. 5888; G. Millet (Kommunist), AN, 01.07.1967, in: JO 60 (1967), S. 2573.
[89] Exemplarisch: J. Thome-Patenôtre (Sozialistin), AN, 14.12.1967, in: JO 114 (1967), S. 5885; J. Prin (Kommunistin), AN, 14.12.1967, in: JO 114 (1967), S. 5888f.
[90] J. Prin (Kommunistin), AN, 14.12.1967, in: JO 114 (1967), S. 5888.
[91] Vgl. Antoine Prost, L'évolution de la politique familiale en France de 1938 à 1981, in: Le Mouvement Social 129 (1984), S. 7–28.
[92] Vgl. J. Fontanet (Zentrist), AN, 01.07.1967, in: JO 60 (1967), S. 2562.

Dass darüber hinaus der Zugang zur Empfängnisverhütung ein Zugewinn an „Freiheit" für die Individuen bedeuten[93], gar die „Selbstverwirklichung"[94] und die „Emanzipation der Frauen"[95] fördern solle – diese Argumente verweisen schon auf die Wertsetzungen der späterer Debatten.

Eine Reform zum Schutz des Individuums (1974)

Die Frage einer Liberalisierung der Abtreibungsgesetzgebung bot 1974 im französischen Parlament Anlass zu extrem polarisierenden Stellungnahmen. Doch ihnen allen gemeinsam ist, dass sie den Schutz des Individuums in den Mittelpunkt ihrer Argumentationen stellten.

Das Hauptaugenmerk der Debatte lag dabei in erster Linie auf der Frau. Dieser Umstand mag aus heutiger Sicht banal erscheinen, kam jedoch 1974 in Frankreich einem Paradigmenwechsel im parlamentarischen Diskurs über Geburtenkontrolle gleich. Möglich wurde er, weil die aus der gesellschaftlichen Aufbruchsstimmung der 1968er hervorgegangene zweite Frauenbewegung die Legalisierung der Abtreibung zu ihrer zentralen Forderung erhoben hatte[96] (wohingegen die erste Frauenbewegung in den 1920er Jahren vollauf damit beschäftigt gewesen war, sich für das Frauenwahlrecht einzusetzen[97]). Durch öffentlichkeitswirksame Aktionen wie 1971 das im Magazin *Nouvel Observateur* publizierte Manifeste des 343 *femmes*, in dem sich prominente und weniger prominente Frauen zu einer illegalen Abtreibung bekannten, war es den französischen Feministinnen gelungen, die Frage der Abtreibung als ein die Frauen betreffendes Thema diskursiv zu etablieren und die politische Diskussion über eine Strafrechtsreform anzustoßen[98]. Zwar blieben 1974 dezidiert feministische Argumente im Parlament eher die Ausnahme, doch die Berücksichtigung einer weiblichen Perspektive auf die Abtreibung wurde für die Abgeordneten nun unumgänglich, zumal durch die Einführung des Frauenwahlrechts 1944 weibliche Stimmen wahlentscheidend wirken konnten. Auch äußerten sich die im Unterschied zu 1967 etwas zahlreicheren weiblichen Abgeordneten nun explizit mit Bezug auf ihr Geschlecht und im Namen aller französischen Frau-

---

[93] Exemplarisch: J. Fontanet (Zentrist), AN, 01.07.1967, in: JO 60 (1967), S. 2562; A. Baclet (Gaullistin), AN, 01.07.1967, in: JO 60 (1967), S. 2569; J. Thome-Patenôtre (Sozialistin), AN, 01.07.1967, in: JO 60 (1967), S. 2560.
[94] J. Thome-Patenôtre (Sozialistin), AN, 14.12.1967, in: JO 114 (1967), S. 5885.
[95] A. Baclet (Gaullistin), AN, 01.07.1967, in: JO 60 (1967), S. 2568; ähnlich: G. Vinson (Sozialist), AN, 01.07.1967, in: JO 60 (1967), S. 2562; D. Benoist (Sozialist), AN, 14.12.1967, in: JO 114 (1967), S. 5885.
[96] Vgl. Françoise Picq, Libération des femmes. Les années-mouvement, Paris 1993; B. Pavard, Contraception et avortement, S. 322f.
[97] Vgl. Christine Bard, Les filles de Marianne. Histoire des féminismes 1914–1940, Paris 1995.
[98] Vgl. Pavard u. a., Les lois Veil, S. 65–92.

en⁹⁹ (und zwar mehrheitlich, aber nicht ausschließlich im Sinne der Reform). Schließlich wurde die Reform symbolträchtig von Simone Veil, der einzigen (und insgesamt ersten französischen) Ministerin der Regierung ausgearbeitet und im Parlament vorgetragen. In den Parlamentsdebatten wurde fast schon leitmotivartig in allen Wortbeiträgen die illegale Abtreibung als ein „Drama" beschrieben, das jährlich um die 300.000 Frauen betreffe¹⁰⁰. Dieses Drama wurde in einem Abtreibungs-Narrativ zusammengefasst, das sich im Wesentlichen auf die zuvor in den Medien breit publizierten, persönlichen Erlebnisberichte der betroffenen Frauen stützte. Immer wieder wurde betont, wie Frauen durch eine ungewollte Schwangerschaft in eine unüberwindbare „Notlage"¹⁰¹ geraten könnten, wie sie sich angesichts einer schwierigen materiellen oder psychosozialen Lebenssituation außerstande sähen, ihr Kind auszutragen¹⁰². In ihrer „Verzweiflung"¹⁰³ würden sie sich auch durch eine mögliche strafrechtliche Verfolgung nicht abschrecken lassen und unterzögen sich heimlich „unter unmenschlichen Bedingungen"¹⁰⁴ den „unvorstellbarsten Verfahren"¹⁰⁵, um ihre Schwangerschaft abzubrechen oder suchten zu diesem Zwecke „furchtbare Engelmacherinnen"¹⁰⁶ auf. Die Prozedur der illegalen Abtreibung wurde von den Abgeordneten nicht nur als „erniedrigend" und „traumatisch", sondern auch einstimmig als eine „Gefahr für Leib und Leben" der Betroffenen verurteilt¹⁰⁷.

---

⁹⁹ Vgl. A.-M. Fritsch (Zentristin), AN, 27.11.1974, in: JO 93 (1974), S. 7115; S. Veil (Gaullistin, Gesundheitsministerin), AN, 26.11.1974, in: JO 92 (1974), S. 6998; H. Missoffe (Gaullistin), AN, 26.11.1974, in: JO 92 (1974), S. 7002; G. Moreau (Kommunistin), AN, 26.11.1974, in: JO 92 (1974), S. 7027; J. Chonavel (Kommunistin), AN, 27.11.1974, in: JO 93 (1974), S. 7110.

¹⁰⁰ Die meisten Abgeordneten übernahmen in etwa die vom Gutachter H. Berger und von der Gesundheitsministerin S. Veil angegebenen Zahlen, wobei die Reformkritiker tendenziell niedrigere Angaben machten als die Reformer.

¹⁰¹ Auch dieser Begriff findet sich in nahezu allen Wortbeiträgen wieder.

¹⁰² Exemplarisch: S. Veil (Gaullistin, Gesundheitsministerin), AN, 26.11.1974, in: JO 92 (1974), S. 7001; M. Debré (Gaullist), AN, 27.11.1974, in: JO 93 (1974), S. 7105; L. Darinot (Sozialist), AN, 26.11.1974, in: JO 92 (1974), S. 7083; H. Constans (Kommunistin), AN, 27.11.1974, in: JO 93 (1974), S. 7139.

¹⁰³ Exemplarisch: C. Peyret (Gaullist), AN, 27.11.1974, in: JO 93 (1974), S. 7088; A. Crépin (Zentristin), AN, 28.11.1974, in: JO 94 (1974), S. 7172; L. Besson (Sozialist), AN, 28.11.1974, in: JO 94 (1974), S. 7174; G. Moreau (Kommunistin), AN, 26.11.1974, in: JO 92 (1974), S. 7025.

¹⁰⁴ H. Missoffe (Gaullistin), AN, 26.11.1974, in: JO 92 (1974), S. 7003.

¹⁰⁵ L. Neuwirth (Gaullist), AN, 26.11.1974, in: JO 92 (1974), S. 7015.

¹⁰⁶ H. Missoffe (Gaullistin), AN, 26.11.1974, in: JO 92 (1974), S. 7002.

¹⁰⁷ Exemplarisch: J. Chaumont (Gaullist), AN, 27.11.1974, in: JO 93 (1974), S. 7128; L. Besson (Sozialist), AN, 28.11.1974, in: JO 94 (1974), S. 717; J. Chambaz (Kommunist), AN, 26.11.1974, in: JO 92 (1974), S. 7007.

Gegen diese „bedauernswerte und dramatische Situation"[108] der Frauen müsse etwas unternommen werden, so lautete der allgemeine Konsens im Parlament. Einigkeit herrschte darüber, dass in erster Linie verhindert werden solle, dass Frauen überhaupt in eine derart verzweifelte Lage gerieten, die eine Abtreibung als notwendig erscheinen ließe. So wurde von Abgeordneten aller Fraktionen gefordert, durch die flächendeckende Einführung von Beratungsangeboten, Informationskampagnen und Sexualerziehung eine Generalisierung des Zugangs zu Empfängnisverhütung zu ermöglichen[109], um die Zahl der ungewollten Schwangerschaften zu reduzieren. Um den schwangeren Frauen eine echte Alternative zur Abtreibung zu bieten, wurden daneben umfangreiche Maßnahmen im Bereich des Mutterschutzes, der Familien- und der Sozialpolitik gefordert, die mit denen von 1967 mehr oder weniger identisch waren. Dabei fällt auf, dass nun auch konservative Abgeordnete (und insbesondere Reformgegner) sich für eine bessere Kompatibilität von Beruf und Kindererziehung aussprachen[110], während dieselben Maßnahmen von zahlreichen linken Abgeordneten nun im Namen des Ideals der „frei gewählten Mutterschaft"[111] statt in dem der „glücklichen Familie" gefordert wurden. Konservative Abgeordnete verlangten darüber hinaus die Einrichtung von Schwangerschaftsberatungen[112], an die sich Schwangere in einer Notlage wenden können sollten, um professionellen Trost und Beistand zu erhalten. Die Gaullistin Hélène Missoffe etwa machte geltend, dass „wenn eine schwangere Frau unterstützt, ermutigt und betreut wird, wenn ihr keine unüberwindbaren materiellen Hindernisse in den Weg gelegt werden, dann erscheint ihr das zu gebärende Kind als erwünscht, auch wenn es nicht gewollt war"[113]. Dieser von zahlreichen konservativen Abgeordneten geteilten Ansicht lag die Vorstellung zugrunde, dass die „natürliche Berufung der Frau zur Mutter"[114] nur durch äußere Umstände beeinträchtigt werden könne.

Während die Liberalisierungskritiker diese Präventionsmaßnahmen als ausreichend betrachteten, um die illegalen Abtreibungen zum Verschwinden zu bringen, begründeten die Reformer ihr Projekt damit, dass es trotz allem immer

---

[108] S. Veil (Gaullistin, Gesundheitsministerin), AN, 26.11.1974, in: JO 92 (1974), S. 6999.
[109] Exemplarisch: L. Neuwirth (Gaullist), AN, 26.11.1974, in: JO 92 (1974), S. 7013; L. Darinot (Sozialist), AN, 26.11.1974, in: JO 92 (1974), S. 7083; H. Constans (Kommunistin), AN, 27.11.1974, in: JO 93 (1974), S. 7139.
[110] Exemplarisch: M. Debré (Gaullist), AN, 27.11.1974, in: JO 93 (1974), S. 7104; R. Feit (Unabhängige Rechte), AN, 26.11.1974, in: JO 92 (1974), S. 7031.
[111] Exemplarisch: J. Chambaz (Kommunist), AN, 26.11.1974, in: JO 92 (1974), S. 7008; J.-A. Gau (Sozialist), AN, 26.11.1974, in: JO 92 (1974), S. 7005.
[112] Exemplarisch: S. Veil (Gaullistin, Gesundheitsministerin), AN, 26.11.1974, in: JO 92 (1974), S. 7001; R. Feit (Unabhängige Rechte), AN, 26.11.1974, in: JO 92 (1974), S. 7031.
[113] H. Missoffe (Gaullistin), AN, 26.11.1974, in: JO 92 (1974), S. 7002.
[114] R. Feit (Unabhängige Rechte), AN, 26.11.1974, in: JO 92 (1974), S. 7031.

Frauen gebe, die sich in einer derart ausweglosen Situation befänden, dass sie um jeden Preis abtrieben[115]. Ihnen galt die Reform: Zu ihrem Schutz sollte die Abtreibung, wenn sie denn nicht vermieden werden könne, wenigstens unter den bestmöglichen (also insbesondere medizinischen) Bedingungen stattfinden[116]; für sie müsse eine „humane Lösung" gefunden werden[117].

Die zur Abtreibung entschlossene Frau hatte dem im Dezember 1974 letztlich verabschiedenden Gesetz zufolge zwar die Pflicht, sich einer Schwangerschaftsberatung zu unterziehen[118], aber die letzte Entscheidung blieb ihr selbst überlassen. Dies begründeten rechte Reformer pragmatisch damit, dass nur so der Praxis der illegalen Abtreibungen ein Ende bereitet werden könne[119].

Ein Teil der Reformer ging in der Diskussion jedoch argumentativ einen Schritt weiter und knüpfte vorsichtig an den Diskurs der Frauenbewegung an. Mit der Liberalisierung der Abtreibungsgesetzgebung sollte für sie die Emanzipation der Frauen vorangebracht werden. Sie forderten für die Frauen das Recht ein, frei über ihren Körper, ihre Reproduktion und ihre Mutterschaft bestimmen zu dürfen[120]. Ein generalisierter Zugang zur Empfängnisverhütung wurde hierfür als zentral, die Abtreibung als eine bedauernswerte aber notwendige Ergänzung erachtet[121]. Indem der Frau die alleinige Entscheidungskompetenz über die Abtreibung zuerkannt wurde, sollte sie die Möglichkeit bekommen, „die volle Verantwortung für sich selbst zu übernehmen"[122], „ihr Schicksal frei zu wählen"[123], und so endlich als „mündiges, dem Manne ebenbürtiges" Mitglied der Gesellschaft anerkannt zu werden[124].

Die von den Reformern beanspruchte Freiheit der schwangeren Frau endete für die Reformkritiker beim Lebensrecht des ungeborenen Kindes. Wenn auch das Prinzip der bedingungslosen Achtung vor dem Leben das Herzstück der von der katholischen Kirche im Vorfeld der Parlamentsdebatten vertretenen Argumentation gegen die Legalisierung der Abtreibung bildete[125], führten Ab-

---

[115] Exemplarisch: S. Veil (Gaullistin, Gesundheitsministerin), AN, 26.11.1974, in: JO 92 (1974), S. 6999; L. Darinot (Sozialist), AN, 27.11.1974, in: JO 93 (1974), S. 7084.
[116] Exemplarisch: S. Veil (Gaullistin, Gesundheitsministerin), AN, 26.11.1974, in: JO 92 (1974), S. 7001; J.-A. Gau (Sozialist), AN, 26.11.1974, in: JO 92 (1974), S. 7007.
[117] S. Veil (Gaullistin, Gesundheitsministerin), AN, 26.11.1974, in: JO 92 (1974), S. 6998.
[118] Vgl. Artikel L. 162-4 des Gesetzes, in: JO, 18.01.1974, S. 739.
[119] Exemplarisch: S. Veil (Gaullistin, Gesundheitsministerin), AN, 26.11.1974, in: JO 92 (1974), S. 7000.
[120] Exemplarisch: J.-P. Cot (Radikalsozialist), AN, 27.11.1974, in: JO 93 (1974), S. 7108; H. Constans (Kommunistin), AN, 27.11.1974, in: JO 93 (1974), S. 7140.
[121] Vgl. S. Veil (Gaullistin, Gesundheitsministerin), AN, 26.11.1974, in: JO 92 (1974), S. 7001.
[122] Y. Le Foll (Sozialist), AN, 27.11.1974, in: JO 93 (1974), S. 7085.
[123] Exemplarisch: C. Peyret (Gaullist), AN, 27.11.1974, in: JO 93 (1974), S. 7089.
[124] H. Constans (Kommunistin), AN, 27.11.1974, in: JO 93 (1974), S. 7140.
[125] In den Enzykliken *Gaudium et Spes* (1965) und *Humanae Vitae* (1968), aber auch in den

geordnete nur sehr vereinzelt explizit religiöse Begründungen an[126]. In einer laizistischen politischen Kultur wie der französischen wurde der Schutz des Lebens lieber als übergeordnetes, „naturrechtliches Prinzip"[127] bezeichnet, das als „Fundament der christlich-abendländischen Zivilisation"[128] und als „Wirbelsäule unserer pluralistischen Demokratie"[129] diene. Verbreitet war auch die juristische Argumentation, nach der das Recht des Menschen auf Leben zu den in der Europäischen Menschenrechtskonvention und in der UNO-Kinderrechtskonvention garantierten Grundrechten gehöre[130].

Damit dieses Recht auf Leben auch den Embryo mit einschloss, musste dessen Menschsein nachgewiesen werden. Die Reformkritiker argumentierten hier biologisch: das menschliche Leben beginne „mit der Befruchtung der Eizelle"[131], denn von diesem Zeitpunkt an sei mit seinem „genetischen Potential" auch sein „Schicksal" als Individuum determiniert[132]. Darüber hinaus wurde geltend gemacht, dass das französische Zivilrecht in Sachen Erb- und Schenkungsrecht den Embryo vom Zeitpunkt der Empfängnis an als juristische Person betrachte[133]. Zwei Abgeordnete appellierten an die Emotionen der Diskussionsteilnehmer, indem sie Tonbandaufnahmen abspielten, auf denen der Herzschlag von Embryonen zu hören war[134]. Verniedlichend wurde der Embryo zudem als „Menschenjunges"[135], als „Däumling, der jeder von uns einmal war" bezeichnet[136].

Erklärungen der französischen Bischofskonferenz (1969, 1973, 1974). Vgl. Martine Sévegrand, Les enfants du bon Dieu. Les catholiques français et la procréation, Paris 1995.

[126] Vgl. A. Liogier (Gaullist), AN, 28.11.1974, in: JO 94 (1974), S. 7182; R. Feit (Unabhängige Rechte), AN, 26.11.1974, in: JO 92 (1974), S. 7029.

[127] H. Baudouin (Unabhängige Rechte), AN, 27.11.1974, in: JO 93 (1974), S. 7134; ebenso: M. Cointat (Gaullist), AN, 28.11.1974, in: JO 94 (1974), S. 7225; A. Liogier (Gaullist), AN, 28.11.1974, in: JO 94 (1974), S. 7182.

[128] H. Laudrin (Gaullist), AN, 27.11.1974, in: JO 93 (1974), S. 7129.

[129] R. Montagne (Zentrist), AN, 27.11.1974, in: JO 93 (1974), S. 7131f.

[130] Exemplarisch: J. Foyer (Gaullist), AN, 26.11.1974, in: JO 92 (1974), S. 7010; C. Gerbet (Unabhängige Rechte), AN, 27.11.1974, in: JO 93 (1974), S. 7083; P. Weber (Unabhängige Rechte), AN, 28.11.1974, in: JO 94 (1974), S. 7165.

[131] R. Feit (Unabhängige Rechte), AN, 26.11.1974, in: JO 92 (1974), S. 7028; ähnlich: M. Debré (Gaullist), AN, 27.11.1974, in: JO 93 (1974), S. 7104.

[132] Exemplarisch: J. Chambon (Zentrist), AN, 26.11.1974, in: JO 92 (1974), S. 7035; P. Weber (Unabhängige Rechte), AN, 28.11.1974, in: JO 94 (1974), S. 7164.

[133] Exemplarisch: L. Bouvard (Zentrist), AN, 26.11.1974, in: JO 92 (1974), S. 7034; R. Feit (Unabhängige Rechte), AN, 26.11.1974, in: JO 92 (1974), S. 7030; E. Hamel (Gaullist), AN, 28.11.1974, in: JO 94 (1974), S. 7170.

[134] Vgl. R. Feit (Unabhängige Rechte), AN, 26.11.1974, in: JO 92 (1974), S. 7029; E. Hamel (Gaullist), AN, 28.11.1974, in: JO 94 (1974), S. 7170.

[135] L. Bouvard (Zentrist), AN, 26.11.1974, in: JO 92 (1974), S. 7034.

[136] R. Feit (Unabhängige Rechte), AN, 26.11.1974, in: JO 92 (1974), S. 7028.

Dieser Logik folgend, wurde nun die Abtreibung zum Verstoß gegen das „Recht eines jedes Menschen auf Geburt und Leben"[137], zum „Mord"[138] erklärt, der besonders zu verurteilen sei, weil er an „unschuldigen, wehrlosen Wesen" begangen werde[139]. Die diskutierte Liberalisierung der Abtreibung wurde in dieser Perspektive als „Lizenz zu töten"[140] vehement abgelehnt.

Auf diese ethischen Einwände reagieren die Reformer, indem sie sich ebenfalls zum Prinzip der Achtung vor dem menschlichen Leben bekannten[141], seine Anwendung aber auch und zuerst auf die bereits Geborenen einforderten („Man hat uns nicht den Herzschlag sterbender Frauen hören lassen, die der illegalen Abtreibung zum Opfer fallen"[142]; „Wenn man behauptet, das Leben zu achten, darf man nicht schweigen angesichts der Genozide in Vietnam, [...] der Folter in Algerien, der verhungernden Kinder in der dritten Welt"[143]). Zudem wurde der menschliche Status des Embryos in Zweifel gezogen[144] und dem biologistischen Lebensbegriff der Reformkritiker eine ethische Konzeption vom menschlichen Leben als „bewusstem und würdigen Leben" entgegenstellten[145]. Nicht zuletzt betonten die Reformbefürworter, dass mit dem neuen Gesetz niemand zur Abtreibung gezwungen werde, dass die für die Frauen eingeforderte Wahlfreiheit auch die Möglichkeit beinhalte, sich aus Gewissensgründen gegen die Abtreibung zu entscheiden[146].

Abschließend sei noch auf die demographischen Einwände hingewiesen, die auch in dieser Diskussion gegen die Liberalisierung der Abtreibung vorgebracht wurden[147], sich aber seit 1967 nicht substantiell gewandelt hatten, außer dass (vielleicht im Rahmen einer allgemeinen dramatisierenden Aufladung der

---

[137] J. Médecin (Zentrist), AN, 26.11.1974, in: JO 92 (1974), S. 7037.
[138] Exemplarisch: J. Chambon (Zentrist), AN, 26.11.1974, in: JO 92 (1974), S. 7035; J. Médecin (Zentrist), AN, 26.11.1974, in: JO 92 (1974), S. 7035; A. Liogier (Gaullist), AN, 28.11.1974, in: JO 94 (1974), S. 7182.
[139] Exemplarisch: R. Montagne (Zentrist), AN, 27.11.1974, in: JO 93 (1974), S. 7132; R. Feit (Unabhängige Rechte), AN, 26.11.1974, in: JO 92 (1974), S. 7028.
[140] R. Feit (Unabhängige Rechte), AN, 26.11.1974, in: JO 92 (1974), S. 7028.
[141] Exemplarisch: H. Constans (Kommunistin), AN, 27.11.1974, in: JO 93 (1974), S. 7139; L. Neuwirth (Gaullist), AN, 26.11.1974, in: JO 92 (1974), S. 7014.
[142] L. Besson (Sozialist), AN, 28.11.1974, in: JO 94 (1974), S. 7173.
[143] H. Constans (Kommunistin), AN, 27.11.1974, in: JO 93 (1974), S. 7139; ähnlich: L. Besson (Sozialist), AN, 28.11.1974, in: JO 94 (1974), S. 7174.
[144] Exemplarisch: S. Veil (Gaullistin, Gesundheitsministerin), AN, 26.11.1974, in: JO 92 (1974), S. 7001; J. Bastide (Sozialist), AN, 28.11.1974, in: JO 94 (1974), S. 7162.
[145] Exemplarisch: L. Besson (Sozialist), AN, 28.11.1974, in: JO 94 (1974), S. 7174; ähnlich: G. Moreau (Kommunistin), AN, 26.11.1974, in: JO 92 (1974), S. 7024.
[146] Exemplarisch: H. Berger (Gaullist), AN, 26.11.1974, in: JO 92 (1974), S. 6998; L. Besson (Sozialist), AN, 28.11.1974, in: JO 94 (1974), S. 7173; H. Constans (Kommunistin), AN, 27.11.1974, in: JO 93 (1974), S. 7139.
[147] Exemplarisch: J. Foyer (Gaullist), AN, 26.11.1974, in: JO 92 (1974), S. 7012; R. Feit (Unabhängige Rechte), AN, 26.11.1974, in: JO 92 (1974), S. 7030.

Debatte) nun neben den sozio-ökonomischen Folgen eines Geburtenrückgangs wieder, wie in den zwanziger Jahren, seine gefährlichen Auswirkungen auf die nationale Sicherheit angemahnt wurden[148]. Doch vergleichbar mit 1967 wirkte auch 1974 die Forderung nach umfassenden familien- und sozialpolitischen Fördermaßnahmen als integratives Element, knüpfte sie doch an eine lange Tradition des lagerübergreifenden Grundkonsens über die zentrale Rolle des Wohlfahrtsstaates an. Umgesetzt wurden die meisten dieser Maßnahmen erst in den 1980er Jahren, unter der Präsidentschaft des Sozialisten Mitterand. Insbesondere die in dieser Zeit forcierte „Politik des dritten Kindes" sowie die besonderen Bemühungen, durch die Schaffung von flächendeckenden Angeboten zur Kinderbetreuung und entsprechende Finanzhilfen Frauen eine Verbindung von Berufstätigkeit und Kindererziehung zu ermöglichen, werden von Experten als Gründe für den Erfolg der französischen Geburtenpolitik genannt[149]. Fest steht jedenfalls, dass es Frankreich als einzigem europäischen Land gelungen ist, seine Geburtenrate in den vergangenen zwanzig Jahren zu stabilisieren.

Doch wenn auch 1974 über die zentrale Rolle des Wohlfahrtsstaates im Parlament Einigkeit herrschte, wurde in Bezug auf die Frage der Abtreibung nur ein provisorischer Kompromiss erreicht: Entgegen den Gewohnheiten der französischen Gesetzgebung wurde die Geltung des neuen Gesetzes zunächst auf fünf Jahre begrenzt[150]. Erst nach einer erneuten Bestätigung durch das Parlament im Jahre 1979 erhielt es einen dauerhaften Charakter[151].

Die Bewertung des Wandels

Die Parlamentsdebatten über Geburtenkontrolle waren nicht nur ein Ausdruck gesellschaftlichen Wandels, sondern auch ein zentraler „Ort" der normativen Auseinandersetzung mit dem gesellschaftlichen Wandel, den die Geburtenkontrolle symbolisierte. Dabei standen insbesondere Phänomene wie die seit der Jahrhundertwende zu beobachtende Liberalisierung der Sitten[152], der (sehr

---

[148] Vgl. M. Debré (Gaullist), AN, 27.11.1974, in: JO 93 (1974), S. 7106.
[149] Vgl. Corinna Onnen-Isemann, Deutsche Perspektive: Kinderlosigkeit – französische Perspektive: Elternschaft?, in: Diana Auth/Barbara Holland-Cunz (Hrsg.), Grenzen der Bevölkerungspolitik. Strategien und Diskurse demographischer Steuerung, Opladen 2007, S. 165–180; Olivier Thévenon, Les politiques familiales des pays développés: des modèles contrastés, in: Population et sociétés 448 (2008), S. 1–4.
[150] Vgl. Pavard u. a., Les lois Veil, S. 129.
[151] Vgl. *Loi n° 79–1204 relative à l'interruption volontaire de grossese*, in: JO 1 (1980), S. 2f.
[152] Seit Anfang des 20. Jahrhunderts veränderte sich in Frankreich das Sexualverhalten in dem Sinne, dass Geschlechtsbeziehungen zunehmend auch außerhalb des institutionali-

viel langsamere) Wandel der Geschlechterverhältnisse[153], die Säkularisierung und der medizinisch-technische Fortschritt im Mittelpunkt der Aufmerksamkeit.

Der Wandel als Krise (1920–1974)

Sittenverfall

In den Debatten der 1920er Jahre wurde die tiefere Ursache für die Verbreitung von Empfängnisverhütung und Abtreibung vielfach in einem Verfall der Sitten gesehen. Dieser „Wandel der Mentalitäten"[154], der „alle gesellschaftlichen Gruppen gleichermaßen"[155] betreffe, und als eine fortschreitende „Sittenlosigkeit"[156], „Lasterhaftigkeit"[157], „Gewinnsucht"[158] und ein hedonistisches „Genussstreben"[159] beschrieben wurde, führe dazu, dass die Individuen ihrer Fortpflanzungspflicht nicht mehr nachkommen wollten[160], während die Geschworenen der „sozialen Schädlichkeit" der Abtreibung keine Beachtung mehr schenkten[161]. Als Ursachen dieses Verfalls der Sexualmoral wurden (vereinzelt) die zunehmende Säkularisierung[162], vor allem aber der verheerende Einfluss von „pornographischer" Literatur und Presse, von Film und Theater[163], und von antinatalistischen Schriftstellern, Wissenschaftlern und Ärzten[164] genannt.

Auch 1967 und 1974 gaben viele konservative Abgeordnete der Verbreitung von pornographischen und erotischen Inhalten durch die Massenmedien die Hauptschuld für den auch jetzt wieder beklagten „Sittenverfall"[165]. Einige

sierten Rahmens der Ehe stattfanden. Vgl. Anne-Marie Sohn, Le corps sexué, in: Alain Corbin u. a. (Hrsg.), Histoire du corps au XXe siècle, Paris 2006, S. 93–128.
[153] Zur Geschichte der mühsamen Emanzipation der Frauen in Frankreich vgl. Christine Bard, Die Frauen in der Französischen Gesellschaft des 20. Jahrhunderts, Köln 2008.
[154] G. Thibout (fraktionslos), Chambre, 12.01.1923, in: Annales 134 (1923), S. 45 ; ähnlich: A. Pinard (Mitte-Links), Chambre, 04.07.1922, in: Annales 117 (1922), S. 646; J. A. Doléris (Mitte-Links), Chambre, 12.01.1923, in: Annales 134 (1923), S. 42.
[155] A. Pinard (Mitte-Links), Chambre, 04.07.1922, in: Annales 117 (1922), S. 646; ähnlich: J. A. Doléris (Mitte-Links), Chambre, 12.01.1923, in: Annales 134 (1923), S. 43.
[156] A. Isaac (Mitte-Rechts), Chambre, 12.01.1923, in: Annales 134 (1923), S. 47; ebenso: J. A. Doléris (Mitte-Links), Chambre, 12.01.1923, in: Annales 134 (1923), S. 43.
[157] Vgl. J. A. Doléris (Mitte-Links), Chambre, 12.01.1923, in: Annales 134 (1923), S. 43.
[158] G. Thibout (fraktionslos), Chambre, 12.01.1923, in: Annales 134 (1923), S. 45.
[159] A. Isaac (Mitte-Rechts), Chambre, 12.01.1923, in: Annales 134 (1923), S. 47; ebenso: G. Thibout (fraktionslos), Chambre, 12.01.1923, in: Annales 134 (1923), S. 45.
[160] Vgl. J. A. Doléris (Mitte-Links), Chambre, 12.01.1923, in: Annales 134 (1923), S. 43.
[161] R. Lafarge (Mitte-Rechts, Gutachter), Chambre, 12.01.1923, in: Annales 134 (1923), S. 47.
[162] Vgl. G. Thibout (fraktionslos), Chambre, 12.01.1923, in: Annales 134 (1923), S. 45.
[163] G. Thibout (fraktionslos), Chambre, 12.01.1923, in: Annales 134 (1923), S. 46.
[164] Vgl. J. A. Doléris (Mitte-Links), Chambre, 12.01.1923, in: Annales 134 (1923), S. 43.
[165] Exemplarisch: J. Fontanet (Mitte-Rechts), AN, 01.07.1967, in: JO 60 (1967), S. 2561; J. Chambon (Mitte-Rechts), AN, 26.11.1974, in: JO 92 (1974), S. 7035.

Reformkritiker äußerten 1967 die Befürchtung, die Legalisierung der Kontrazeptiva für die Frau könne diesen Sittenverfall noch verstärken[166]. Der Pille wurde vorgeworfen, dass sie sexuelle Freizügigkeit, sittenwidrige Liebschaften und Gelegenheitsprostitution fördere[167]. Vor allem aber befürchtete man einen schädlichen Einfluss auf die Jugend: Mädchen, die bislang aus Angst vor ungewollten Schwangerschaften auf dem „Pfad der Tugend" geblieben seien, würden nun dazu verleitet, voreheliche sexuelle Erfahrungen zu sammeln, so dass die Ehe zu „einer Erfahrung unter vielen" werde[168].

1974 wiederum erzeugte die sich in vollem Gange befindende „sexuelle Revolution" bei vielen konservativen Abgeordneten starke Abwehrreaktionen. Scharf kritisierten sie den „Erotikwahn"[169] und die „Sexbesessenheit"[170] einer Gesellschaft, in der mit Hilfe des Fernsehens „das fleischliche Verlangen künstlich angeheizt", die „schlafende Bestie in jedem Individuum geweckt"[171] werde. Die Abtreibung wurde dabei wahlweise als notwendige Bedingung oder als logische Konsequenz einer neuen „Permissivität" dargestellt[172], unter deren Einfluss sich „Wollust"[173], „Laster" und „Ausschweifung"[174] verbreiteten.

Werteverfall

Mit dem Sittenverfall ging für die Reformkritiker von 1967 und 1974 auch ein allgemeiner „Werteverfall"[175] einher, zu dem ihrer Ansicht nach die nunmehr auch gesetzlich erlaubte Trennung von Sexualität und Fortpflanzung nicht unwesentlich beitrug. Die zu legalisierenden Kontrazeptiva ermöglichten doch, dass in Bezug auf den Sexualakt „Selbstbeherrschung, Opferbereitschaft und Barmherzigkeit durch das Streben nach hedonistischer Befriedigung ersetzt" würden[176], dass die Frau zum reinen „Lustobjekt" degradiert werde[177], wäh-

---

[166] Exemplarisch: J. Fontanet (Mitte-Rechts), AN, 01.07.1967, in: JO 60 (1967), S. 2561; C. Peyret (Gaullist), AN, 01.07.1967, in: JO 60 (1967), S. 2567.
[167] Vgl. C. Peyret (Gaullist), AN, 01.07.1967, in: JO 60 (1967), S. 2567f; J. Coumaros (Gaullist), AN, 01.07.1967, in: JO 60 (1967), S. 2569.
[168] L. Neuwirth (Gaullist, Autor des Reformvorschlags), AN, 01.07.1967, in: JO 60 (1967), S. 2558; ähnlich: M. Habib-Deloncle (Gaullist), AN, 01.07.1967, in: JO 60 (1967), S. 2580.
[169] R. Feït (Unabhängige Rechte), AN, 26.11.1974, in: JO 92 (1974), S. 7029
[170] A. Liogier (Gaullist), AN, 28.11.1974, in: JO 94 (1974), S. 7184.
[171] R. Feït (Unabhängige Rechte), AN, 26.11.1974, in: JO 92 (1974), S. 7029.
[172] Vgl. P. Weber (Unabhängige Rechte), AN, 28.11.1974, in: JO 94 (1974), S. 165; R. Feït (Unabhängige Rechte), AN, 26.11.1974, in: JO 92 (1974), S. 7029; E. Hamel (Gaullist), AN, 28.11.1974, in: JO 94 (1974), S. 7168.
[173] J. Chambon (Mitte-Rechts), AN, 26.11.1974, in: JO 92 (1974), S. 7035.
[174] E. Hamel (Gaullist), AN, 28.11.1974, in: JO 94 (1974), S. 7169.
[175] Exemplarisch: A. Zeller (Zentrist), AN, 27.11.1974, in: JO 93 (1974), S. 7138.
[176] E. Hamel (Gaullist), AN, 28.11.1974, in: JO 94 (1974), S. 7169.
[177] J. Coumaros (Gaullist), AN, 01.07.1967, in: JO 60 (1967), S. 2569; ebenso: A. Liogier (Gaullist), AN, 28.11.1974, in: JO 94 (1974), S. 7184.

rend ihre „natürlichste und wichtigste Aufgabe" doch darin bestehe, „Leben zu spenden"[178]. Auch die Autorität des Mannes als *Pater Familias* sah man in Frage gestellt: „Haben die Ehemänner daran gedacht, dass von nun an die Frau die absolute Macht darüber haben wird, Kinder zu bekommen oder nicht?"[179]. Hier gilt es zu bedenken, dass die am häufigsten praktizierten und vom einstigen gesetzlichen Verbot nicht betroffenen Verhütungsmethoden (*Coitus interruptus* und Präservativ) vollständig von der Initiative des Mannes abhingen, während die zur Debatte stehenden Kontrazeptiva (insbesondere Pille und Spirale) erst eine weibliche Kontrolle über die Fortpflanzung ermöglichten. Zu einem Leitmotiv wurde jedoch vor allem die Klage über den Verfall der Familie, deren Zusammenhalt und gesellschaftliche Wertschätzung durch die Legalisierung von Empfängnisverhütung und Abtreibung weiter „untergraben" würden[180].

Zivilisationsbruch

Nur implizit, aber dafür mit umso drastischeren Mitteln machte sich die Kritik katholischer Abgeordneter am gesellschaftlichen Säkularisierungsprozess in den Debatten über die Legalisierung der Abtreibung 1974 bemerkbar. Da in einem dem laizistischen Politikverständnis verpflichteten Parlament mit dezidiert religiösen Argumenten offensichtlich nicht viel zu erreichen war, wurde auf einer sehr abstrakten Ebene mit einem Zivilisationsbruch argumentiert. Durch die Liberalisierung der Abtreibungsgesetzgebung würden die „Grundlagen der Zivilisation bedroht"[181], deren bisherige Entwicklung durch ein „ständiges Bemühen um die Bewahrung menschlichen Lebens" charakterisiert gewesen sei[182]. Die Reformkritiker entwarfen ein Schreckensszenario, in dem das zivilisatorische Prinzip der bedingungslosen Achtung vor dem Leben durch ein „Recht der Stärkeren über Leben und Tod der Schwächeren"[183] abgelöst würde. Um dem Ausmaß des heraufbeschworenen Zivilisationsbruchs Gewicht und Dramatik zu verleihen, griffen sie wiederholt auf drastische historische Vergleiche zurück. Besonders häufig wurden zu diesem Zwecke nationalsozialistische Verbrechen angeführt: So sahen mehrere Abgeordnete eine qualitative Kontinuität zwischen der Abtreibung unerwünschter Föten und der Tötung von „Verrückten, Asozialen, Behinderten, Alten, schwererziehbaren Kindern

---

[178] J. Foyer (Gaullist), AN, 26.11.1974, in: JO 92 (1974), S. 7011.
[179] J. Coumaros (Gaullist), AN, 01.07.1967, in: JO 60 (1967), S. 2569.
[180] Exemplarisch: J. Coumaros (Gaullist), AN, 01.07.1967, in: JO 60 (1967), S. 2569; L. Bouvard (Zentrist), AN, 26.11.1974, in: JO 92 (1974), S. 7034.
[181] Exemplarisch: L. Donnadieu (Gaullist), AN, 27.11.1974, in: JO 93 (1974), S. 7143; ähnlich: R. Feit (Unabhängige Rechte), AN, 26.11.1974, in: JO 92 (1974), S. 7030; J. Chambon (Zentrist), AN, 26.11.1974, in: JO 92 (1974), S. 7035.
[182] Vgl. M. Debré (Gaullist), AN, 27.11.1974, in: JO 93 (1974), S. 7104.
[183] R. Feit (Unabhängige Rechte), AN, 26.11.1974, in: JO 92 (1974), S. 7035.

und unnützen Mäulern"[184], führte die Legalisierung der Abtreibung in ihren Augen über kurz oder lang zur Legalisierung der Euthanasie[185], zur „gesetzlich autorisierten und organisierten Barbarei, wie vor dreißig Jahren unter den Nationalsozialisten"[186]. Andere Abgeordnete verglichen das Geschehen in den Abtreibungskliniken mit den nationalsozialistischen Konzentrationslagern, Menschenexperimenten und Verbrennungsöfen[187]. Diese absichtlich schockierenden Vergleiche entsprangen weniger einem geschichtsrevisionistischem Bedürfnis[188], als vielmehr dem Versuch, gewaltsam die eigene, moralisch-christliche Deutungshoheit über die Abtreibung durchzusetzen, in einem gesellschaftlichen Kontext, in dem die Kirche ebenjene Deutungshoheit verloren hatte. Auch sollte so auf die existentielle Bedrohung aufmerksam gemacht werden, die der (bereits weit fortgeschrittene) Säkularisierungsprozess für die Gesellschaft von einem christlich-konservativen Standpunkt aus bedeutete.

Gesundheitsrisiken

Als jüngste Errungenschaften des medizinisch-technischen Fortschritts bündelten die hormonellen Kontrazeptiva (Pille und Hormonspirale) schließlich eine Reihe von Befürchtungen, die in Form von gesundheitlichen Einwänden geäußert wurden. Unter Berufung auf verschiedene Experten wurde insbesondere ein erhöhtes Krebs- und Thromboserisiko für die Frauen angeführt[189], während man sich sorgte, dass die Einnahme der Pille im Falle einer nicht diagnostizierten Schwangerschaft foetale Fehlbildungen hervorrufen würde[190]. Daneben wurden genetische Risiken für spätere Generationen befürchtet[191] und man sah darin eine Gefährdung des biologischen Erbes der Franzosen insgesamt[192]. Es wurde geltend gemacht, dass all diese Risiken nicht ausgeschlossen werden

---

184 P. Bas (Gaullist), AN, 27.11.1974, in: JO 93 (1974), S. 7123.
185 Exemplarisch: J. Médecin (Zentrist), AN, 26.11.1974, in: JO 92 (1974), S. 7036; A. Bolo (Gaullist), AN, 26.11.1974, in: JO 92 (1974), S. 70; P. Bas (Gaullist), AN, 27.11.1974, in: JO 93 (1974), S. 7122; G. de Poulpiquet (Gaullist), AN, 27.11.1974, in: JO 93 (1974), S. 7136; L. Donnadieu (Gaullist), AN, 27.11.1974, in: JO 93 (1974), S. 7143.
186 J. Médecin (Zentrist), AN, 26.11.1974, in: JO 92 (1974), S. 7036.
187 Exemplarisch: J.-M. Daillet (Zentrist), AN, 27.11.1974, in: JO 93 (1974), S. 7128 ; J. Médecin (Zentrist), AN, 26.11.1974, in: JO 92 (1974), S. 7036.
188 Zumindest ist über mögliche nationalsozialistische Sympathien der entsprechenden Abgeordneten nichts bekannt.
189 Vgl. J. Hébert (Gaullist), AN, 01.07.1967, in: JO 60 (1967), S. 2564; M. Georges (Gaullist), AN, 01.07.1967, in: JO 60 (1967), S. 2577.
190 Vgl. C. Peyret (Gaullist), AN, 01.07.1967, in: JO 60 (1967), S. 2578; J. Hébert (Gaullist), AN, 01.07.1967, in: JO 60 (1967), S. 2565; M. Georges (Gaullist), AN, 14.12.1967, in: JO, 15.12.1967, S. 5887.
191 Vgl. J. Hébert (Gaullist), AN, 01.07.1967, in: JO 60 (1967), S. 2565; P. Vertadier (Gaullist), AN, 01.07.1967, in: JO 60 (1967), S. 2566.
192 Vgl. M. Georges (Gaullist), AN, 14.12.1967, in: JO, 15.12.1967, S. 5887; C. Peyret (Gaullist), AN, 01.07.1967, in: JO 60 (1967), S. 2567.

könnten, weil die Wirkung dieser Produkte noch nicht ausreichend erforscht worden sei[193]. Die diesen Einwänden zugrunde liegende Angst vor technischem Fortschritt fasste ein Abgeordneter so zusammen: „Der Mensch riskiert, seinem unbeherrschbaren Genie zum Opfer zu fallen"[194].

Der Wandel als Fortschritt (1967–1974)

Ab 1967 wurde der gesellschaftliche Wandel nicht mehr ausschließlich kritisch gesehen, sondern in einem fortschrittsoptimistischen Lichte betrachtet. So war für zahlreiche Unterstützer der Reformen von 1967 und 1974 die aktuelle, repressive Gesetzeslage „anachronistisch"[195], „überholt und rückschrittlich"[196] und „aufklärungsfeindlich"[197]. Sie attestierten den Reformgegnern „mehrere Jahrhunderte Verspätung"[198], während deren Befürchtungen angesichts der Pille als ebenso irrational beurteilt wurden wie jene, die Modernisierungsgegner im 19. Jahrhundert bei der Einführung der Eisenbahn vorgebracht hatten[199]. Die Reformen zur Legalisierung der Geburtenkontrolle hingegen wurden vielfach als „fortschrittlich"[200] gelobt, weil sie das Recht an den gesellschaftlichen Wandel anpassten[201], und weil sie die neuen medizinisch-technischen Errungenschaften im Bereich der Geburtenkontrolle für alle zugänglich machten[202].

Diese Reformen wiederum wurden als positiv gewertet, nicht nur weil sie, wie weiter oben bereits ausgeführt, dem Glück der Familien und dem Schutz

---

[193] Vgl. C. Peyret (Gaullist), AN, 01.07.1967, in: JO 60 (1967), S. 2578; J. Hébert (Gaullist), AN, 01.07.1967, in: JO 60 (1967), S. 2565.

[194] J. Coumaros (Gaullist), AN, 01.07.1967, in: JO 60 (1967), S. 2569; ähnlich: L. Besson (Sozialist), AN, 28.11.1974, in: JO 94 (1974), S. 7174.

[195] J. Chambaz (Kommunist), AN, 26.11.1974, in: JO 92 (1974), S. 7007; ähnlich: H. Berger (Gaullist, Gutachter), AN, 26.11.1974, in: JO 92 (1974), S. 6997.

[196] J. Thome-Patenôtre (Sozialistin), AN, 14.12.1967, in: JO 114 (1967), S. 5884; ähnlich: G. Millet (Kommunist), AN, 01.07.1967, in: JO 60 (1967), S. 2573; M. Debré (Gaullist), AN, 27.11.1974, in: JO 93 (1974), S. 7103.

[197] D. Benoist (Sozialist), AN, 01.07.1967, in: JO 60 (1967), S. 2563.

[198] M. Dreyfus-Schmidt (Sozialist), AN, 01.07.1967, in: JO 60 (1967), S. 2575; ähnlich: L. Neuwirth (Gaullist), AN, 26.11.1974, in: JO 92 (1974), S. 7013.

[199] Vgl. M. Dreyfus-Schmidt (Sozialist), AN, 01.07.1967, in: JO 60 (1967), S. 2576.

[200] Exemplarisch: P. Vertadier (Gaullist), AN, 01.07.1967, in: JO 60 (1967), S. 2566; H. Missoffe (Gaullistin), AN, 26.11.1974, in: JO 92 (1974), S. 7004; P. Joxe (Sozialist), AN, 27.11.1974, in: JO 93 (1974), S. 7143; D. Benoist (Sozialist), AN, 01.07.1967, in: JO 60 (1967), S. 2563; G. Millet (Kommunist), AN, 01.07.1967, in: JO 60 (1967), S. 2575.

[201] Exemplarisch: C. Peyret (Gaullist), AN, 01.07.1967, in: JO 60 (1967), S. 2566; H. Berger (Gaullist, Gutachter), AN, 26.11.1974, in: JO 92 (1974), S. 6996; G. Vinson (Sozialist), AN, 01.07.1967, in: JO 60 (1967), S. 2562.

[202] Exemplarisch: P. Vertadier (Gaullist), AN, 01.07.1967, in: JO 60 (1967), S. 2566; J. Thome-Patenôtre (Sozialistin), AN, 01.07.1967, in: JO 60 (1967), S. 2559.

und der Emanzipation der Frauen förderlich seien, sondern auch, weil sie dem Menschen als solchem die Möglichkeit gäben, sich von der Fatalität biologischer Zwänge zu befreien und so zum bewussten Gestalter seiner reproduktiven Biographie zu werden[203]. Nur vereinzelt wurde zudem darauf hingewiesen, dass auch eine durch die Geburtenkontrolle von der Fortpflanzung losgelöste Sexualität der Selbstverwirklichung des Menschen zuträglich sei[204].

Fazit

Die französischen Parlamentsdebatten über Geburtenkontrolle zwischen 1920 und 1974 bieten ein ergiebiges Material für die historische Untersuchung von Wertewandelsprozessen, wurde in ihnen doch einerseits viel mit expliziten und impliziten Wertsetzungen argumentiert, andererseits auch der gesellschaftliche Wandel selbst zum Thema gemacht. Ihre gesamtgesellschaftliche Relevanz liegt unter anderem darin, dass aus ihnen die gesetzlichen Rahmenbedingungen hervorgingen, die im zwanzigsten Jahrhundert die soziale Praxis der Geburtenkontrolle regelten. Ein gewisser Grad an gesellschaftlicher Repräsentativität der den Parlamentsdebatten zugrunde gelegten Werthaltungen kann vorausgesetzt werden, weil die entsprechenden Gesetzesprojekte jeweils von einer fraktionen- und lagerübergreifenden Mehrheit getragen wurden. Zudem wurde im Rahmen dieser Untersuchung insbesondere nach Wertschemata gefragt, die sowohl von Befürwortern als auch von Gegnern der jeweiligen Reformen geteilt wurden.

Im ersten Teil dieses Aufsatzes wurde gezeigt, dass sich hinter den teilweise sehr kontrovers geführten Parlamentsdiskussionen ein allgemeiner Wertewandel abzeichnete, der als eine Verschiebung von kollektivistischen zu individualistischen Wertschemata charakterisiert werden kann. Während 1920 und 1923 die Nation als oberster Maßstab für die Beurteilung der Geburtenkontrolle galt, wurde 1974 die Frage der Legalisierung der Abtreibung im Lichte ihrer Auswirkungen auf die Individuen bewertet, wenn auch Legalisierungsbefürworter eher das Interesse der Frauen in den Blick nahmen und Legalisierungsgegner eher das der Embryonen. Die Familie, deren Wohl 1967 in den Debatten über die Legalisierung der weiblichen Kontrazeptiva im Vordergrund stand, diente hierbei als konsensfähiges Übergangsvehikel, weil sie sich sowohl mit kollektivistischen als auch mit individualistischen Wertsetzungen verbinden ließ.

---

[203] Vgl. L. Neuwirth (Gaullist), AN, 26.11.1974, in: JO 92 (1974), S. 7013; J. Fontanet (Gaullist), AN, 01.07.1967, in: JO 60 (1967), S. 2560f.; C. Peyret (Gaullist), AN, 27.11.1974, in: JO 93 (1974), S. 7089.
[204] Vgl. L. Neuwirth (Gaullist), AN, 26.11.1974, in: JO 92 (1974), S. 7014.

In Übereinstimmung mit dieser allgemeinen Entwicklung der Werthaltungen ging, wenn dies auch im begrenzten Rahmen dieses Aufsatzes nur angedeutet werden konnte, die Ablösung eines autoritären durch ein liberales Staatsideal (unter gleichbleibend demokratischen Bedingungen, wohlgemerkt) einher. Gleiches gilt für die den Diskussionen zugrunde gelegten Vorstellungen von Mutterschaft, die sich von einer Bürgerpflicht und einem Naturgesetz zu einem frei gewählten Lebensentwurf wandelten.

Diese in den französischen Parlamentsdebatten über Geburtenkontrolle in Erscheinung tretende mentale Modernisierung spiegelte sich auch in der Art und Weise wider, wie die Abgeordneten den mit der sozialen Praxis der Geburtenkontrolle eng verbundenen gesellschaftlichen Wandel bewerteten. Über den gesamten Untersuchungszeitraum verurteilten Kritiker der Geburtenkontrolle zwar immer wieder vehement den Wandel der Sexualmoral als Sitten- und Werteverfall, die Säkularisierung als Zivilisationsbruch und den technischen Fortschritt als Gefahr für die Menschheit. Doch 1967 und 1974 setzten die Liberalisierungsbefürworter eine entschieden optimistische Sicht dagegen, indem sie auf das emanzipatorische Potential der Geburtenkontrolle als Produkt und als Beschleunigungsfaktor gesellschaftlicher Modernisierung verwiesen. Hier zeichnete sich also eine vorsichtige Aussöhnung mit dem gesellschaftlichen Wandel als solchem ab, der im Falle der Geburtenkontrolle in Frankreich durch eine späte Anpassung der Werte und Institutionen an eine veränderte soziale Praxis charakterisiert werden kann.

5. Thematische Ausblicke

Anna Kranzdorf

Vom Leitbild zum Feindbild? Zum Bedeutungswandel des altsprachlichen Unterrichts in den 1950er/1960er Jahren der Bundesrepublik Deutschland

Einleitung

„Abitur: falsche Auslese?" titelte der „Spiegel" im Dezember 1964. Der dazugehörige Leitartikel kritisierte die Auslesepraxis an deutschen Gymnasien und kam zu dem Ergebnis: „[D]ie falsche Auslese wird an den deutschen Gymnasien fast ausschließlich im Unterricht der Fremdsprachen betrieben. Und der Lateinunterricht ist die Klippe, an der die absolute Mehrheit der vorzeitigen Schulabgänger scheitert."[1]

Noch 1956, in Folge des ersten Abkommens zwischen den Bundesländern zur Vereinheitlichung des Schulwesens, hatte die Bonner Rundschau eine Lanze für das Fach Latein gebrochen:

„Der Einfluß des Lateinischen wird weiterhin zurückgedrängt, obwohl nicht nur die Vertreter der Wissenschaft und der Kirchen, sondern auch Männer der Industrie und Wirtschaft den bildenden Wert gerade dieser Sprache betonen. Es ist sogar möglich, daß es in Zukunft höhere Schulen in unserem Land gibt, an denen Latein überhaupt nicht mehr gelehrt wird. Zwar ist es heute noch nicht soweit, aber die Gefahr droht."[2]

Diskussionen um Bildungsinhalte wurden (und werden) in der Bundesrepublik oft leidenschaftlich geführt. Besonders das Für und Wider des altsprachlichen Unterrichts im Allgemeinen und des Lateinunterrichts im Besonderen bot immer wieder Anlass zu kontroversen Debatten und die Urteile konnten je nach gesamtgesellschaftlicher Lage ganz unterschiedlich ausfallen – das spiegelt sich in den beiden Eingangszitaten wider. Im Folgenden sollen die bildungspolitischen und die damit zusammenhängenden gesellschaftlichen Veränderungen der 1950/60er Jahre nachgezeichnet werden. Dabei wird ein besonderes Augenmerk auf dem altsprachlichen Unterricht liegen. Konkret soll gefragt werden, wie sich gesellschaftliche Wandlungsprozesse auf den altsprachlichen Unterricht auswirkten. Dabei wird von der These ausgegangen, dass die Bedeutung des altsprachlichen Unterrichts eng mit den jeweiligen bildungspolitischen Leitvorstellungen in der Bundesrepublik Deutschland zusammenhing und auch von deren Wandel nicht unbeeinflusst blieb.

---

[1] Die letzte Hürde, in: Der Spiegel 50 (1964), S. 73–87, hier S. 78.
[2] Kalte Schulreform, in: Bonner Rundschau, 03.02.1956.

Schnell fällt auf, dass sich die Debatten über den altsprachlichen Unterricht nicht nur auf die Anzahl von Schulstunden im Curriculum beschränkten, sondern in ihnen Konzeptionen und Vorstellungen von Bildungsidealen zum Vorschein kommen. Das Argument des „Bildungswertes" der alten Sprachen sowie das Rekurrieren auf das „(neu)humanistische Bildungsideal" tauchen bei den Befürwortern der alten Sprachen immer wieder auf. Der Neuhumanismus war ein „grundlegend neues Phänomen der klassischen Bildung", das an der Wende vom 18. zum 19. Jahrhundert entstand und dessen bekanntester Vertreter Wilhelm von Humboldt ist. Ihm kam es auf zweckfreie Bildung an, die vor allem durch das Erlernen der antiken Sprachen und durch die Auseinandersetzung mit der antiken Kultur die eigene Persönlichkeit erziehen sollte. Die allseitige Förderung und harmonische Entwicklung individueller Anlagen sollte zur Selbstständigkeit und Selbstverantwortung erziehen. Vor allem sollten nicht mehr Geburt und Herkunft, sondern Bildung und Leistung über den Werdegang eines Menschen entscheiden.[3] Doch dies kann nicht als trennscharfe und allgemeingültige Definition für das gesehen werden, was Politiker, Schulvertreter oder Journalisten meinen, wenn sie vom „humanistisches Bildungsideal" oder von „humanistischer Bildung" sprechen. Hier lohnt es sich genauer hinzuschauen, wie dieser Begriff von unterschiedlichen Akteuren in unterschiedlichen Zeiten inhaltlich gefüllt wurde. Vor allem auf sein Verhältnis zur altsprachlichen Bildung soll im folgenden Aufsatz der Fokus liegen.

Zunächst werden also die Entwicklungen des altsprachlichen Unterrichts und seines gesellschaftlichen Stellenwerts anhand von Bildungsreformen zwischen 1955 und 1972 dargestellt sowie die darauf folgenden Debatten in Fachwissenschaft und Presse nachgezeichnet. Damit wird ein Zeitraum behandelt, der sich vom Düsseldorfer Abkommen 1955 als der ersten bundesweiten Bildungsreform der Nachkriegszeit, bis zur Oberstufenreform von 1972 erstreckt, als die Reformdynamik der sechziger Jahre ihren Höhepunkt erreichte.[4] In einem zweiten Teil soll das „humanistische Bildungsideal" genauer betrachtet werden, dessen inhaltliche Füllung – so die These – nämlich ebenfalls einem Wandel unterlag. Hier soll abschließend die Frage geklärt werden, ob und wie die beiden Wandlungsprozesse mit einander zusammenhängen und ob sich Rückschlüsse auf einen gesamtgesellschaftlichen Wandel ziehen lassen. Ob diese verschiedenen Bündel an Wandlungsprozesse mit dem von den Sozialwissenschaften konstatierten „Wertewandel" in Verbindung zu bringen sind, soll abschließend geklärt werden.

---

[3] Vgl. Stefan Rebenich, Klassische Bildung, in: Michael Masser/Gerrit Walther (Hrsg.), Bildung. Ziele und Formen, Traditionen und Systeme, Medien und Akteure, Stuttgart 2011, S. 51–55, Zitat S. 52.

[4] Vgl. Axel Schildt/Detlef Siegfried, Deutsche Kulturgeschichte. Die Bundesrepublik – 1945 bis zur Gegenwart, München 2009, S. 194.

Entwicklungen des altsprachlichen Unterrichts

Latein als „Muttersprache des Abendlandes". Die starke Stellung der alten Sprachen bei der Restitution des Schulwesens von der Nachkriegszeit bis Ende der 50er Jahre

Nach dem Ende des Zweiten Weltkriegs wurde auch der Wiederaufbau des deutschen Schulwesens kontrovers diskutiert. Es war lange Zeit offen, ob es zu einer Wiederherstellung des Schulsystems der Weimarer Republik oder zu einer grundlegenden Neuorientierung kommen würde[5]. Das Schulsystem von Weimar glich dem des Kaiserreichs. Einzige grundlegende Neuerung war damals die Einführung einer vierjährigen verpflichtenden gemeinsamen Grundschule gewesen. Nach der Grundschule gab es drei weiterführende Schulen: die vierjährige Volksschule, die fünf- beziehungsweise sechsjährige Mittelschulen und die zum Abitur führenden höheren Schulen. Die höheren Schulen wiederum teilten sich ebenfalls in drei Typen, die sich vor allem im Fremdsprachenangebot unterschieden: die Oberrealschule ohne Lateinunterricht, das Realgymnasium mit Lateinunterricht und das Gymnasium mit Latein- und Griechischunterricht[6].

Wäre es nach den Sozialdemokraten gegangen, wäre durch die Abschaffung des gegliederten Schulsystems und die Einführung einer Einheitsschule eine gänzliche Neuorientierung erfolgt. Dies war eine alte sozialdemokratische Idee, die schon während des Ersten Weltkrieges eine erste Hochphase erlebt hatte und in den bildungspolitischen Diskussionen zu Beginn der Weimarer Republik zur Debatte stand. Nach einer gemeinsamen Grundschule sollten die Schüler eine angegliederte Mittel- oder Oberschule besuchen. Wichtig war den Reformern auch einen einheitlichen Lehrerstand zu schaffen. Doch nur die Einführung der vierjährigen gemeinsamen Grundschule konnte quasi als Torso dieser Forderungen 1920 durchgesetzt werden[7].

---

[5] Vgl. beispielsweise Gotthard Jasper, Die Schulreformdiskussion in Württemberg-Baden 1957–1950 und der Einfluß der Kirchen, in: Gotthard Jasper (Hrsg.), Tradition und Reform in der deutschen Politik. Gedenkschrift für Waldemar Besson, Frankfurt a.M. u. a. 1976, S. 253–285.

[6] Vgl. Gerd Geißler, Schulgeschichte in Deutschland. Von den Anfängen bis in die Gegenwart, Frankfurt a.M. u. a. 2011, S. 401.

[7] Vgl. Geißler, Schulgeschichte, S. 345–347 u. S. 358f; Christoph Führ, Zur Schulpolitik der Weimarer Republik. Darstellung und Quellen, Weinheim u. a. 1970, S. 20f. Zur Geschichte des Einheitsschulgedankens vgl. Helmut Sienknecht, Der Einheitsschulgedanke. Geschichtliche Entwicklung und gegenwärtige Problematik, Weinheim/Berlin 1968, S. 121–193; Detlef Oppermann, Gesellschaftsreform und Einheitsschulgedanke. Zu den Wechselwirkungen politischer Motivation und pädagogischer Zielsetzungen in der Geschichte des Einheitsschulgedankens, Frankfurt a.M. 1982, v.a. S. 207–338.

Auch nach dem Ende des Zweiten Weltkrieges war es wieder allen voran die SPD, die einen Umbau des Schulwesens in Richtung Einheitsschule forderte. Unterstützt wurden sie dabei von den Alliierten, vor allem von den Amerikanern. Den Amerikanern war das dreigliedrige Schulsystem im Allgemeinen und das klassisch-humanistische Gymnasium mit seiner starken Betonung der alten Sprachen im Besonderen ein Dorn im Auge. Sie wollten die soziale Ungleichheit des Schulwesens und dessen autoritären Erziehungsstil abschaffen. Im Elitecharakter der höheren Schule sahen sie eine Grundlage, „auf denen das Führerprinzip gedieh"[8].

Für die Beibehaltung des alten Systems sprachen sich viele Philologen, Vertreter der CDU/CSU[9] sowie der Kirchen aus. Für sie war die Zeit des Nationalsozialismus gleichbedeutend mit einer Epoche der Abwendung von den „alten Werte von Religion, Kultur und Bildung"[10], die erst durch eine Rückbesinnung auf eben diese alten Werte überwunden werden konnte. Gerade das humanistische Gymnasium galt ihnen beim Übergang zu einer freiheitlich-demokratischen Gesellschaft als „beste[r] Garant für einen Neuanfang"[11]. Da das prägende Merkmal des humanistischen Gymnasiums die alten Sprachen waren, hielten die Verfechter des alten Schulsystems vor allem an einer starken Betonung des Lateinunterrichts fest. So setzte beispielsweise in Nordrhein-

---

[8] Der gegenwärtige Stand der Erziehung in Deutschland. Bericht der Amerikanischen Erziehungskommission, hrsg. v. Die Neue Zeitung, München 1946 (= Veröffentlichung der Deutschen Pädagogischen Arbeitsstelle 1), S. 27. Siehe auch Dietrich Thränhardt, Bildungspolitik in der Bundesrepublik. Eine historisch-strukturelle Analyse der Entwicklungen seit 1945, in: Gerhard Gerdsmeier/Dietrich Thränhardt (Hrsg.), Schule. Eine berufsvorbereitende Einführung in das Lehrerstudium, Weinheim/Basel 1979, S. 91–134; Torsten Gass-Bolm, Das Gymnasium 1945–1980. Bildungsreform und gesellschaftlicher Wandel in Westdeutschland, Göttingen 2005 (= Moderne Zeit, Bd. 7), S. 82; Margret Kraul, Das deutsche Gymnasium 1780–1980, Frankfurt a.M. 1984, S. 186.

[9] Allerdings gab es auch innerhalb der CDU Fürsprecher für Erneuerungen im Schulsystem, vor allem für längeres gemeinsames Lernen, vgl. Kraul, Gymnasium, S. 189. Casper Kuhlmann, Schulreform und Gesellschaft in der Bundesrepublik Deutschland 1946–1966. Die Differenzierung der Bildungswege als Problem der westdeutschen Schulpolitik, in: Saul B. Robinsohn (Hrsg.), Schulreform im gesellschaftlichen Prozeß. Ein interkultureller Vergleich, Stuttgart 1970, S. 1/38f., 1/86–94.

[10] Gass-Bolm, Gymnasium, S. 83.

[11] Ebenda. Vgl. Josef Schnippenkötter, Rede zur Wiedereröffnung der höheren Schule in der Nordrhein-Provinz, Bonn 1945, S. 7: „Wenn man das Wort Humanismus ausspricht, so wird für den Kenner eine ganze Welt lebendig [...] die große Welt eines ganz bestimmten eindeutigen Lebensgefühls [...]. Humanismus ist uns das besinnliche Bekenntnis zu ewigen Werten, zu bewährten Erkenntnissen, zu gesunder Geistigkeit [...]. Wenn man das betrachtet, so weiß man, daß mit dieser gesunden Rückbesinnung auch der Heilungsprozeß für die so schwer erkrankte und außerdem brutal verwundete Seele des deutschen Volkes eingeleitet werden kann. Dann weiß man, daß damit auch die Erziehung der deutschen Jugend [...] für eine lange Zukunft am besten und erfolgreichsten eingewiesen werden kann."

Westfalen der konservative Schulpolitiker Josef Schnippenkötter 1947 durch, dass Latein erste Fremdsprache für alle Typen der höheren Schule wurde[12]. Vor allem die Kirchenvertreter beharrten auf dem traditionellen Schulsystem und auf einer Beibehaltung des grundständigen Lateinunterrichts. Durch ein „Lateindefizit"[13] in der Unterstufe des Gymnasiums sah die katholische Kirche die Priesterausbildung ernsthaft gefährdet und generell galt das humanistische Gymnasium als der „'katholische' Typ der höheren Schule"[14].

Dass sich letztlich das dreigliedrige Schulsystem durchsetzen konnte, lag vor allem an Wahlniederlagen der SPD. Zudem wurde die Idee der Einheitsschule durch den Vorwurf der bürgerlichen Parteien, die SPD wolle die „demokratische Einheitsschule" der DDR nachahmen, auch öffentlich diffamiert[15]. Endgültig festgeschrieben wurde das dreigliedrige Schulsystem mit dem sogenannten „Düsseldorfer Abkommen" vom 17. Februar 1955. Das Abkommen zielte auf eine „Vereinheitlichung auf dem Gebiete des Schulwesens" zwischen den einzelnen Bundesländern, war doch durch verschiedene Parteizugehörigkeit der Landesväter und lokale Traditionen ein regelrechtes „Schulchaos"[16] entstanden. Vor allem die Schulbezeichnung und die Fremdsprachenfolge sorgten für reichlich Verwirrung. Das Abkommen legte fest, dass alle höheren Schulen die Bezeichnung „Gymnasium" tragen sollten und sich in einen altsprachlichen, neusprachlichen oder mathematisch-naturwissenschaftlichen Typ aufgliedern konnten. Das altsprachliche Gymnasium sollte in der fünften Klasse mit Latein beginnen, in der siebten Klasse kam Englisch, in der achten Klasse Griechisch hinzu. Die mathematisch-naturwissenschaftlichen und neusprachlichen Gymnasien begannen verpflichtend mit Englisch und ließen

---

[12] Vgl. Josef Schnippenkötter, Zum Nordwestdeutschen Plan für höhere Schulen, Bonn 1947 (= Bildungsfragen der Gegenwart, Bd. 15), S. 20f.; Klaus-Peter Eich, Schulpolitik in Nordrhein-Westfalen 1945–1954, Düsseldorf 1987 (= Düsseldorfer Schriften zur Neueren Landesgeschichte und zur Geschichte Nordrhein-Westfalens, Bd. 20), S. 56–70.
[13] Thränhardt, Bildungspolitik, S. 100.
[14] Jasper, Schulreformdiskussion, S. 266–268, Zitat S. 267. Ähnliche Argumentation aber auch bei der evangelischen Kirche zu finden, vgl. Isa Huelsz, Schulpolitik in Bayern zwischen Demokratisierung und Restauration in den Jahren 1945–1950, Hamburg 1970, S. 79–81. Insgesamt lässt sich in den ersten Nachkriegsjahren ein starker Einfluss der Kirchen feststellen. Im Rahmen der „Christlichen Kulturpolitik" konnten die Kirchen unter anderem die kurzzeitige Wiedereinführung der Konfessionsschulen erwirken, vgl. Silke Hahn, Zwischen Re-education und Zweiter Bildungsreform. Die Sprache der Bildungspolitik in der öffentlichen Diskussion, in: Kontroverse Begriffe. Geschichte des öffentlichen Sprachgebrauchs in der Bundesrepublik Deutschland, Berlin 1994, S. 163–209, hier S. 170f.
[15] Thränhardt, Bildungspolitik, S. 101f.
[16] Endlich Schluss mit dem Schulchaos?, in: Freie Presse, 15.02.1955; Schulbeginn und Schultyp einheitlich. Westdeutsche Ministerpräsidenten beseitigen das Schulchaos, in: General-Anzeiger, 18.02.1955; Schulwirrwarr wird beseitigt, in: Die Welt, 18.02.1955; Walter Görlitz, Wider das Schul-Chaos, in: Die Welt, 16.02.1955. Vgl. dazu auch Hahn, Re-education, S. 169.

in der siebten Klasse die Wahl zwischen Französisch und Latein. Das Fach Latein konnte im Düsseldorfer Abkommen seinen Status nicht nur festigen, sondern sogar ausbauen: Vor dem Abkommen war nämlich längst nicht in allen Ländern Latein als erste Fremdsprachen an altsprachlichen Gymnasien Pflicht gewesen[17]. Insgesamt war Mitte der 1950er Jahre die Zahl der Schüler, die Latein und Griechisch lernten, „die höchste, die jemals in Deutschland erreicht wurde"[18].

Die Zeitgenossen empfanden dies jedoch anders: Dass es durch die Wahlmöglichkeit der zweiten Fremdsprache an neusprachlichen Gymnasien nun möglich war, das Abitur ohne das Erlernen des Lateinischen zu erwerben, war vor allem für den Philologenverband, die Hochschulvertreter und die deutschen Bischöfe Anlass zur Kritik[19], aber auch in vielen Zeitungskommentaren traten Bedenken und Kritik an der so empfundenen „Zurückdrängung" des altsprachlichen Unterrichts hervor[20].

Torsten Gass-Bolm hat den Begriff des „christlichen Humanismus" für die 50er Jahre als bildungspolitische Leitvorstellung herausgearbeitet[21]. Hiernach

---

[17] So z. B. nicht in Hamburg, Bremen, Berlin und Niedersachsen, vgl. Hans-Werner Fuchs, Gymnasialbildung im Widerstreit. Die Entwicklung des Gymnasiums seit 1945 und die Rolle der Kultusministerkonferenz, Frankfurt a.M. 2004, S. 217. Setzt man das mathematisch-naturwissenschaftliche Gymnasium mit der Oberrealschule des alten Systems gleich, erfuhr auch hier Latein eine Aufwertung: Hier konnte Latein nun als Wahlfremdsprache in der 7. Klasse gewählt werden, wohingegen die Oberrealschule völlig lateinlos gewesen war, vgl. dazu Geißler, Schulgeschichte, S. 263, 401f.; vgl. auch Gass-Bolm, Gymnasium S. 89f.

[18] Kjeld Matthiesen, Historische Perspektiven zum altsprachlichen Unterricht in den Fächern Latein und Griechisch. Versuch einer integrierten Fragestellung, in: Anneliese Mannzmann (Hrsg.), Geschichte der Unterrichtsfächer, Bd. 1, München 1983, S. 143–178, hier S. 173.

[19] Vgl. Endlich Schluß mit dem Schulchaos?, in: Freie Presse vom 15.02.1955. Im Einzelnen: Deutscher Philologenverband, Stellungnahme zum Düsseldorfer Schulabkommen vom 17. Februar 1955, Bremen 20. Mai 1955, in: Georg Ried (Hrsg.), Dokumente zur Schulpolitik. Stellungnahmen des Deutschen Philologenverbandes und anderer Verbände und Einrichtungen 1949–1955, München 1956, S. 75–77, hier S. 76; zu Hochschulen vgl. Fuchs, Gymnasialbildung, S. 236; vgl. zu deutschen Bischöfen Eich, Schulpolitik, S. 161.

[20] Brigitte Beer, Kulturpolitik im Sprachunterricht, in: FAZ, 24.02.1955: „Die lateinische Sprache wird also stark zurückgedrängt [...] Wir können auf diese Form der Vorbereitung zur Hochschule nicht verzichten."; Bruno Lenz, Höhere Schule, in: Hannoversche Allgemeine, 23.02.1955: „Dieser Plan sieht, genau betrachtet, ein weitgehendes Zurückdrängen der lateinischen Sprache vor, und zwar zugunsten von Englisch. Der Bildungswert des Lateinischen gerade für zehnjährige Kinder, die die ersten Schritte ins logische Denken tun sollen, ist aber unbestritten viel größer als der des Englischen."

[21] Gass-Bolm, Gymnasium, S. 84. Ähnlich auch Doris von der Brelie-Lewien, Abendland und Sozialismus. Zur Kontinuität politisch-kultureller Denkhaltungen im Katholizismus von der Weimarer Republik zur frühen Bundesrepublik, in: Detlef Lehnert (Hrsg.), Politische Teilkulturen zwischen Integration und Polarisierung, Opladen 1990, S. 188–218, besonders S. 208–212. Zum Begriff eines „christlichen Humanismus" in Theologie und Philosophie im 20. Jahrhundert vgl. August Buck, Humanismus. Seine europäische Ent-

beruhte gute Bildung auf der „Trias von Antike, Christentum und deutscher Kultur"[22]. Das „Abendland", der politisch-kulturelle Topos der frühen Bundesrepublik, wie Axel Schildt schlüssig belegt[23], war als „Synonym für die Verschmelzung von Antike und Christentum"[24] auch in der Bildungspolitik das prägende Schlagwort der 50er Jahre[25]. Durch die Bildung einer charaktervollen Persönlichkeit sollte der Einzelne immun werden gegen die „Gefahren der Gegenwart"[26]. Somit richtete sich das Gymnasium gegen „drei Gegner"[27]: den Nationalsozialismus, den Sozialismus und die Moderne. Im technisierten Dasein, dem Materialismus, dem Bedeutungsgewinn der Ökonomie und dem Spezialisten sahen die Zeitgenossen Auswüchse der Moderne, die den Menschen bedrängten. Ihn sollte eine universalistische Bildung vor derartiger Entfremdung schützen und zum „wahren Menschen" bilden.[28] Wie prägend dieses Leitbild für die 1950er Jahre war, erkennt man auch daran, dass dieser Vorstellung nicht nur die konservativen Gymnasialvertreter anhingen, sondern auch die reformorientierten Kräfte[29].

Latein und Griechisch kam in diesem ganzen Vorstellungsbündel eine besondere Rolle zu: Vor allem Latein als antike Sprache und Sprache der katholischen Kirche galt als „Muttersprache des Abendlandes"[30]. Als Sinnbild der zweck-

---

wicklung in Dokumenten und Darstellungen, Freiburg/München 1987, S. 441–448. Dazu Hans Urs von Bathasar, Christlicher Humanismus, in: Studium Generale 1 (1948), S. 63–70; Rudolf Bultmann, Humanismus und Christentum, in: Studium Generale 1 (1948), S. 70–77. Hier wurde allerdings keine Verbindung zum altsprachlichen Unterricht gezogen, ein Anklang am ehesten bei Rudolf Bultmann, Humanismus und Christentum, in: Studium Generale 1 (1948), S. 77. Die Diskussion um einen christlichen Humanismus in Bezug auf Bildung ist viel älter, vgl. Ernst Hoffmann, Die Anfänge des christlichen Humanismus in Deutschland, in: Karl Heinrich Bauer (Hrsg.), Vom neuen Geist der Universität. Dokumente, Reden und Vorträge 1945/46, Berlin/Heidelberg 1947, S. 143–157. Vgl. auch Fritz Blättner, Das Gymnasium, Heidelberg 1960, S. 30–33.

[22] Gass-Bolm, Gymnasium, S. 84.
[23] Axel Schildt, Zwischen Abendland und Amerika. Studien zur westdeutschen Ideenlandschaft der 50er Jahre, München 1999, S. 197–199.
[24] Ebenda.
[25] Vgl. Hans Paul Bahrdt, Das Erbe der Antike, in: Neuer Vorwärts, 11.09.1950; Das geht die Eltern von 20.000 Schülern an. Wollen Sie bei der Diskussion über die neuen Lehrpläne mitreden? Versuch einer Einführung in die wichtigsten Einzelheiten, in: Stuttgarter Nachrichten, 22.10.1955; Bruno Lenz, Höhere Schule, in: Hannoversche Allgemeine, 23.02.1955; Wilhelm Flitner, Hochschulreife und Gymnasium. Vom Sinn wissenschaftlicher Studien und von den Anfängen einer gymnasialen Oberstufe, Heidelberg 1959, S. 19.
[26] Gass-Bolm, Gymnasium, S. 85.
[27] Ebenda, S. 87.
[28] Ebenda, S. 87f.; Schildt, Abendland, S. 198.
[29] Ausführlich dazu vgl. Gass-Bolm, Gymnasium, S. 84, FN 7. Vgl. auch Herbert Strohmeyer, Soll das Gymnasium verschwinden?, in: Neuer Vorwärts, 11.09.1950; Bahrdt, Erbe.
[30] Schnippenkötter, Plan, S. 21. Ähnlich Heinrich Kanz, Der Bildungswert des Lateinischen und die moderne Pädagogik, in: Gymnasium 64 (1957), S. 425–444, vor allem S. 443f.: „Die

freien und allgemeinen Bildung schienen Latein und Griechisch die Heilmittel gegen die technisierte Moderne[31] und den Sozialismus[32].

Mit dem „christlichen Humanismus" verband sich noch eine weitere Aufgabe, die die höhere Schule erfüllen sollte: die Bildung einer geistigen Elite.

„Wenn die intellektuelle Kraft im [sic!] Weiterschreiten eines Volkes führen soll, kann nur die Elitenbildung gefordert werden. Sinkt aber das ‚Kulturelle' zum Appendix irgendwelcher Belange ab, wird es zur Dekoration, zur Begleitmusik des zivilisatorischen Fortschritts, so primitiviere man getrost und sinngemäß auch die Schulen und ihre alten, sinngemäßen Aufgaben."[33]

Den alten Sprachen, insbesondere Latein, kam dabei als Ausleseinstrument eine herausragende Rolle zu. Dies stellte auch der Lehrer Karl Glöckner heraus, als er in einer Festschrift zum 350-jährigen Jubiläum des altsprachlichen Gymnasiums in Gießen hervorhob, man wolle „keine leichte Schule sein; die Mathematik ist hier nicht leichter als anderswo, Latein und Griechisch aber sind schwerer"[34]. Und so sollten die Schüler des altsprachlichen Gymnasiums auch jene jungen

Weltansicht des Lateins umfaßt wie keine andere abendländische Sprache den Ideenkreis des Abendlandes." Vgl. auch Gass-Bolm, Gymnasium, S. 84.

[31] Vgl. Strohmeyer, Gymnasium: „Die durch die Fülle der Erkenntnisse und die stürmische Entwicklung von Wissenschaft und Technik zwangsläufig erfolgte Heranbildung von Spezialisten ist mit ein Grund für die Erschütterung unserer Kultur und unseres politischen Lebens. Wir brauchen ja nicht nur ameisenartige Spezialisten, sondern auch Staatsbürger und Träger unserer Kultur [...] Die Kenntnis fremder und alter Sprachen soll dem jungen Menschen Einblick in die Denkweise anderer Völker und der Vergangenheit geben. Gerade uns Deutschen geht zum größten Teil das Einfühlungsvermögen in die geistige Welt fremder Nationen ab, und dies hat uns immer unendlich geschadet." Ähnlich auch Schnippenkötter, Rede, S. 10. Vgl. Das geht die Eltern von 20.000 Schülern an. Wollen Sie bei der Diskussion über die neuen Lehrpläne mitreden? Versuch einer Einführung in die wichtigsten Einzelheiten, in: Stuttgarter Nachrichten, 22.10.1955: „Durch die logische Klarheit des Lateins wird sein Denken geschult und das von hoher Ethik bestimmte Weltbild der Griechen [...] macht ihn innerlich frei von jeder Schablone [...]. Außerdem bietet die Begegnung mit diesen Geistesmächten den heutzutage nur allzuoft notwendigen Ausgleich, das Ausruhen im hastigen Tempo unserer Zeit sowie eine kritische Einstellung gegen jede Überbewertung unseres weitgehend technisierten Daseins."

[32] Vgl. Schnippenkötter, Plan, S. 21; vgl. auch Gass-Bolm, Gymnasium, S. 88.

[33] Heinrich Hahne, Die Schule ist kein Rummelplatz, in: FAZ, 25.09.1954; dazu einige Leserbriefe in FAZ vom 18.10.1954: „Es gehört zu den größten Gefahren der heutigen parlamentarischen Demokratie, daß sie die Elitenbildung nicht nur nicht fördert, sondern vielfach direkt verhindert durch ihre gefährliche Neigung zu geistloser Gleichmacherei." [Friedrich Henner (Oberstudienrat)]; „Nach psychologischen Erhebungen Prof. Huths, München, sind nur fünf Prozent der heutigen Jugend so begabt, daß sie zum Abitur reif werden können. Zehn Prozent kämen [...] für die mittlere Reife in Frage. Aus diesen Feststellungen ergeben sich wichtige Folgerungen für das Ausleseverfahren." [Alfred Roedl (Schulrat)].

[34] Karl Glöckner, Rückblick auf 75 Jahre Landgraf-Ludwig-Gymnasium, in: Charisteria. Festschrift zum 350jährigen Bestehen des Landgraf-Ludwigs-Gymnasiums Gießen, Gießen 1955, S. 37–71, hier S. 65.

Menschen sein, „die auf Grund ihrer besonderen geistigen Fähigkeiten einmal zu der geistig führenden Schicht des Volkes gehören wollen"[35]. Dass die Vorstellungen vom christlichen Abendland und Elitenbildung eng zusammenhingen, zeigt ein Auszug aus einem Artikel der Rheinischen Volksblätter, in dem der Autor über die Ursachen „des allgemeinen Absinkens des europäischen Bildungsniveaus" sinniert:

> „[L]ateinische Bildung ist und kann immer nur die Bildung von wenigen sein. Sie ist nun einmal keine Volksbildung in einem allgemeinen Sinn des Wortes, sondern muß ihrem Sinn und Wesen nach Bildung einer geistigen Elite bleiben. Wir glauben, daß wir wieder intensiv Latein lernen müssen, wenn wir die europäische Kulturkrise überwinden wollen und wenn wir wieder eine abendländische Einheit im Geiste antiker und christlicher Kulturwerte werden wollen. Aber diese Einheit kommt nicht von den Massen, sondern von den Wenigen, die erkannt haben, daß es ohne Sokrates und ohne Christus kein Abendland und kein neues Europa geben wird."[36]

Wie wirkmächtig der „christliche Humanismus" bei bildungspolitischen Entscheidungen war, zeigt sich auch in einer weiteren Reform der 1950er Jahre, in den sogenannten „Tutzinger Gesprächen" zwischen der Westdeutschen Rektorenkonferenz (WRK) und der Kulturministerkonferenz (KMK). Die Gespräche fanden zwischen 1958 und 1960 statt und hatten die Aufgabe, Kernkompetenzen für die Hochschulreife festzulegen[37]. Da die WRK ganz im Sinne der Elitenbildung die Auslesefunktion der höheren Schulen stärken

---

[35] Max Krüger/Georg Hornig, Methodik des altsprachlichen Unterrichts, Frankfurt a.M. u. a. 1959, S. 22.

[36] Latein und die Bildungskrise unserer Zeit, in: Rheinische Volksblätter, 2. Aprilheft 1949. Die Notwendigkeit einer „natürlichen Siebung" im Bildungsbereich war auch in den 1950er Jahren noch wissenschaftlicher Konsens, vgl. K. Valentin Müller, Begabung und soziale Schichtung in der hochindustrialisierten Gesellschaft, Köln/Opladen 1956, v.a. S. 19f. Diese Meinungen bestimmten zwar den öffentlichen Diskurs, dennoch gab es vereinzelt Gegenstimmen: Vgl. Ernst Ahrens, Latein als zweite Fremdsprache an Oberschulen, in: AU 8 (1956), S. 43–68, hier S. 44: „Die Sprache selbst verlangt schon Härte genug; wir brauchen diese nicht auch durch unsere Unterrichtsweise zu steigern. Denn wohl in keinem Fach liegt die Gefahr der Entmutigung so nahe wie gerade hier". Vgl. auch Bruno Snell, Neun Tage Latein, Göttingen 1955: „[...] es ist nicht zu leugnen, daß der Lateinunterricht die Schüler in mancherlei Fallgruben gelockt hat, als da sind: Pedanterie, Weltfremdheit, Rhetoreneitelkeit, Bildungsstolz". Leserbriefe in FAZ vom 18.10.1954 zum Artikel Heinrich Hahne, Die Schule ist kein Rummelplatz, in: FAZ, 25.09.1954: „Warum sollen in Zukunft nicht alle Kinder auf die höhere Schule gehen dürfen?" [Kersten Trautner (Student)]; „Es mag möglich sein, daß der überdurchschnittliche Schüler durch seine mittelmäßigen Mitschüler ‚gebremst' wird. Sollte er deswegen aber, wie von Herrn Hahne gesagt, in der mit mittelmäßigen Anlagen versehenen Schülermenge untergehen, dann wird ihm das sicherlich auch im öffentlichen Leben geschehen" [Helmut Ringe (Schüler)].

[37] Vgl. dazu Hans Scheuerl, Probleme der Hochschulreife. Bericht über die Verhandlungen zwischen Beauftragten der ständigen Konferenz der Kultusminister und der westdeutschen Rektorenkonferenz 1958–1960, Heidelberg 1962; Fuchs, Gymnasialbildung, S. 306–317.

wollte, die KMK jedoch von der Notwendigkeit einer Steigerung der Abiturientenzahlen überzeugt war, verliefen die Tutzinger Gespräche keineswegs harmonisch[38]. Beide Lager fanden zwar einen Kompromiss, im Ergebnis spiegeln sich aber stark die bildungspolitischen Leitideen des „christlichen Humanismus" wider: Das Lateinische war zusammen mit dem Französischen die von den Hochschulrektoren bevorzugte erste Fremdsprache, da beide Sprachen ihrer Meinung nach „einen sprachlichen Zugang zu den wichtigen inhaltlichen Grundlagenbereichen der europäischen Geisteswelt"[39] boten. Das altsprachliche Gymnasium käme im Allgemeinen „dem in Tutzingen gemeinten Kernbereich der Hochschulreife am nächsten"[40]. Ein anhaltender Kulturpessimismus schlug sich in der Skepsis gegenüber den Naturwissenschaften nieder, den die in Tutzingen erarbeiteten „Kriterien der Hochschulreife" vermittelten[41]. Die stark geisteswissenschaftliche und klassische Prägung trägt die Handschrift Wilhelm Flitners, Pädagogikprofessor und maßgeblicher Schultheoretiker der 50er Jahre. Seine Vorstellung von Bildung orientierte sich deutlich am klassisch-humanistischen Bildungsideal samt Hochschätzung des altsprachlichen Unterrichts[42]. Dabei ließ sich dieses Bildungskonzept schon Ende der 1950er Jahre entweder gar nicht mehr[43] oder aber zumindest nicht mehr so unwidersprochen durchsetzen wie noch im Düsseldorfer Abkommen 1955[44]. Die Tutzinger Kriterien könnten somit ein Beispiel dafür sein, dass starke Einzelpersönlichkeiten auch Ideen durchsetzen konnten, die aktuellen bildungspolitischen Trends nicht mehr entsprachen. Denn die „Saarbrücker Rahmenvereinbarung" von 1960 – eine gesetzliche Reformierung der Oberstufe, die nach den Kriterien des Tutzinger Maturitätskatalogs den Natur-

---

[38] Vgl. Fuchs, Gymnasialbildung, S. 312, 316.
[39] Scheuerl, Probleme, S. 54.
[40] Scheuerl, Probleme, S. 98f.
[41] Vgl. Der „Tutzinger Maturitätskatalog" vom 28./30.04.1958, in: Scheuerl, Probleme, S. 155–157, hier S. 156: „Verständnis für das Wesen der exakt-naturwissenschaftlichen Methode, für die Beschränkung der Aussagemöglichkeiten auf das Quantitative und damit für die Grenzen der naturwissenschaftlichen Methode."
[42] Vgl. vor allem Flitner, Hochschulreife, beispielsweise S. 49: „Ein Deutscher, der die Times oder eine französische literarische Zeitschrift verstehen will, wird trotz guter Kenntnisse der fremden Umgangssprache vor einer verschlossenen Geisteswelt stehen, wenn er nicht Homer, Virgil [sic!], Dante wenigstens in Übersetzungen gelesen hat oder wenn er die christliche Gedankenwelt nicht mehr kennt"; ders., Die gymnasiale Oberstufe, Heidelberg 1961.
[43] So forderte die WRK beispielsweise Latein und Französisch verbindlich als erste Fremdsprache an höheren Schulen durchzusetzen, was die KMK aber entschieden ablehnte, vgl. Scheuerl, Probleme, S. 55.
[44] Vgl. Fuchs, Gymnasialbildung, S. 311f. Rainer Bölling, Kleine Geschichte des Abiturs, Paderborn 2010, S. 103.

wissenschaften wenig Platz einräumte – rief beispielsweise bei den Vertretern der Naturwissenschaften starken Protest hervor[45].

Ein „Kompromiß zwischen Tradition und Fortschrittlichkeit": Der Rahmenplan 1959 als Wendepunkt

Im Februar 1959 veröffentlichte der „Deutsche Ausschuss für das Erziehungs- und Bildungswesen" – ein von der KMK und Bundesinnenministerium einberufenes Expertengremium – seinen kontrovers diskutierten „Rahmenplan zur Umgestaltung und Vereinheitlichung des allgemeinbildenden öffentlichen Schulwesens". Der sogenannte Rahmenplan war ein bildungspolitischer Zwitter, ein „Kompromiß zwischen Tradition und Fortschrittlichkeit", wie der Zeitgenosse Jürgen Habermas damals anmerkte[46]. „Fortschrittlich" war laut Meinungen der Zeitgenossen beispielsweise die Einführung einer Förderstufe in den Klassen fünf und sechs. Erst danach würde über die weiterführende Schule entschieden. Somit sollte die Förderstufe „ständische Schranken abtragen helfen"[47] und dazu dienen „daß nach den Maßen der sozialen Gerechtigkeit und des steigenden Bedarfs unserer Gesellschaft an höher gebildetem Nachwuchs jedem Kinde der Weg sich öffnet, der seiner Bildungsbefähigung entspricht"[48].

Dennoch entzog sich auch der Rahmenplan dem Streben nach Elitenbildung nicht komplett. Die Herausforderungen der Gegenwart bedürften einer „geistig tragenden Schicht von hohem Niveau", weswegen das Schulsystem „die Aufgabe der Auslese nicht abweisen könne"[49]. Daher sollten die besonders begabten Schüler nicht erst in Klasse sieben auf ein Gymnasium gehen, sondern bereits ab Klasse fünf auf die so genannte „Studienschule". Dies war ein Teil des doppelten Auftrags, den der Rahmenplan dem Schulsystem zuwies: neben der Bereitstellung von Nachwuchskräften sollte es nach wie vor „im Dienst ihres altes Bildungszieles stehen: der Überlieferung der klassischen Gehalte der europäischen Kultur"[50]. Die Studienschule sollte also die „Schule der europäischen Bildungstradition" werden mit Latein als erster Fremdsprache, denn „Latein ist nicht nur

---

[45] Vgl. Wolfgang Pewesin, Zur Rahmenvereinbarung über die Gestaltung der Gymnasialoberstufe, in: Bildung und Erziehung 14 (1961), S. 742–748; Rudolf Lennert, Die Kritik an der Saarbrücker Rahmenvereinbarung, in: Zeitschrift für Pädagogik 8 (1962), S. 305–318.
[46] Josef Derbolav, Strukturfragen unseres Bildungswesens, in: Zeitschrift für Pädagogik 5 (1959), S. 242–273, hier S. 252.
[47] Deutscher Ausschuß für das Erziehungs- und Bildungswesen, Rahmenplan zur Umgestaltung und Vereinheitlichung des allgemeinbildenden öffentlichen Schulwesens, Tuttlingen 1959 (= Empfehlungen und Gutachten des deutsche Ausschusses für das Erziehungs- und Bildungswesen, Folge 3), S. 14.
[48] Deutscher Ausschuß für das Erziehungs- und Bildungswesen, Rahmenplan, S. 24.
[49] Ebenda, S. 12.
[50] Ebenda, S. 31.

die Sprache der römischen Antike; es ist bis in die Neuzeit hinein die universale Sprache der christlichen Welt"[51]. Diese knappe Darstellung der Inhalte des Rahmenplanes zeigt sehr deutlich, dass die Motive des christlichen Humanismus – Abendland und Elitenbildung – immer noch dominant waren, aber bereits von neuen Leitvorstellungen überlagert wurden, nämlich Chancengleichheit und Bildungsexpansion.

Dies wird auch in der öffentlichen Diskussion des Rahmenplanes ersichtlich. Vor allem die „konservativ und fortschrittlich so merkwürdig miteinander kontrastierenden Elemente"[52] Studienschule und Förderstufe standen im Zentrum der Kritik. Der konservativ ausgerichtete Philologenverband lehnte die Förderstufe am vehementesten ab und verneinte auch das Vorhandensein von „Begabungsreserven"[53]. Allerdings kritisierten auch Teile der Wirtschaft die Förderstufe, da sie einen Leistungsabfall befürchteten[54]. Weit größere Kritik jedoch rief die Idee der Studienschule hervor. Die Befürworter des traditionellen Schulsystems sorgten sich um die Einheit der höheren Schule. Sie befürchteten, dass das Gymnasium eine „Schule minderen Ranges"[55] und die Studienschule zu einer „Schule der feinen Leute"[56] oder eine „neue Standesschule"[57] werden könne, an der sich der „alte[...] Humanistenhochmut"[58] noch stärker ausbilden werde. Die Vertreter der naturwissenschaftlichen Fächer fühlten sich in der Studienschule an den Rand gedrängt und empfanden dies einmal mehr als eine Herabsetzung ihrer Fächer[59]. Der Deutsche Altphilologenverband (DAV) und der Verband der katholischen Lehrerschaft hingegen begrüßten den Vorschlag einer Studienschule, werde doch so „trotz aller dieser notwendigen Auflocke-

---

[51] Ebenda, S. 49.
[52] Derbolav, Strukturfragen, S. 256.
[53] Deutscher Philologenverband, Entschließungen zum Rahmenplan, in: Die Höhere Schule 7 (1959), S. 131.
[54] Vgl. Gewerbliche Wirtschaft des Landes Hessen, Zum Rahmenplan des Deutschen Ausschusses für das Erziehungs- und Bildungswesen, Mai 1960, in: Alfons Otto Schorb (Hrsg.), Für und wider den Rahmenplan, Stuttgart 1960, S. 159–163, hier S. 162.
[55] Über die Denkschrift zum Rahmenplan des Hessischen Philologenverbandes, in: Hersfelder Zeitung, 23.07.1959.
[56] Helmut Becker, Sozialforschung und Bildungspolitik, in: Zeitschrift für Politik 6 (1959), S. 218–230, zitiert nach: Schorb (Hrsg.), Rahmenplan, S. 96–97, hier S. 97.
[57] Hans Wenke, Kritik an den Kritikern des neuen Schulplanes, in: Die Sammlung 14 (1959), S. 505–508, hier S. 507; Kultusminister Schütter begrüßt Schulreformplan, in: Frankfurter Neue Presse, 01.06.1959; Zerstört die Einheit der höheren Schule nicht!, in: Landshuter Zeitung, 04.07.1959.
[58] Heinrich Weinstock, Wann wird eine Schulreform ihrer Zeit gerecht?, in: FAZ, 14.11.1959.
[59] Vgl. Oscar Höfling, Umgestaltung und Vereinheitlichung des allgemeinbildenden öffentlichen Schulwesens, in: Der mathematisch und naturwissenschaftliche Unterricht 3 (Juli 1959), S. 136–140, zitiert nach: Schorb (Hrsg.), Rahmenplan, S. 40–45.

rungen unseres Schulsystems die humanistische Tradition unsere Bildung"[60] fortgesetzt. Die Verbände kritisierten lediglich die Randstellung sowie den Verlust des Namen Gymnasiums[61]. Ganz anders die progressiv ausgerichteten Kräfte, die die traditionelle Dreiteilung stets kritisierten: Sie lobten die Idee einer Förderstufe sehr und empfanden die Studienschule als „Fremdkörper"[62], als „Konzession" an die Traditionalisten[63] und Besitzstandswahrung des alten Bildungsbürgertums[64].

Die Volksschullehrervertretung „Arbeitsgemeinschaft Deutscher Lehrerverbände" (AGDL) legte im Nachgang des Rahmenplanes den nach ihrem Tagungsort benannten „Bremer Plan" vor. Die Arbeitsgemeinschaft wollte die – ihrer Meinung nach – positiven Grundforderungen des Rahmenplanes nach sozialer Gerechtigkeit und längerem gemeinsamen Lernen mit größerer Konsequenz durchsetzen. Sie forderte eine Verlängerung der Grundschulzeit auf sechs Jahre, die daran anschließende Oberschule gliederte sich dem Bremer Plan zufolge zwar in die bekannten Schultypen auf, sollte aber in einem Schulgebäude zusammengefasst werden[65]. Somit knüpfte der Bremer Plan an die Ideen der Einheitsschulbewegung an[66] und rief – auch wenn er längst nicht so radikal war, wie seine Gegner proklamierten – starke Proteste hervor[67]. In den Meinungen der Gegner spiegelten sich die Angststereotypen

---

[60] Ettlinger Kreis, Entschließungen des vierten und fünften Ettlinger Gesprächs, in: Schorb (Hrsg.), Rahmenplan, S. 22–24, hier S. 23.
[61] Vgl. Stellungnahme des Deutschen Altphilologenverbandes zum „Rahmenplan zur Umgestaltung des allgemeinbildenden öffentlichen Schulwesens" des Deutschen Ausschusses für das Erziehungs- und Bildungswesen vom 14. Dez. 1959, in: Schorb (Hrsg.), Rahmenplan, S. 127– 130; Stellungnahme des Verbandes der Katholischen Lehrerschaft Deutschlands zum „Rahmenplan zur Umgestaltung und Vereinheitlichung des allgemeinbildenden öffentlichen Schulwesens" vom 14. Februar 1959, in: Schorb (Hrsg.), Rahmenplan, S. 58–63.
[62] Weinstock, Schulreform.
[63] Helmut Wiese, Der neue „Bildungsplan und die Erziehungssorgen unserer Tage". Das Gutachten des „Deutschen Ausschusses" – sozialpädagogisch gesehen, in: Unsere Jugend 11 (1959), S. 401–407, zitiert nach: Schorb (Hrsg.), Rahmenplan, S. 82–83.
[64] Vgl. Wolfgang Edelstein, Gesellschaftsstruktur, Begabtenauslese und Schulreform. Bemerkungen zum Rahmenplan des „Deutschen Ausschusses", in: Die neue Gesellschaft 7 (1960), S. 112–120, zitiert nach: Schorb (Hrsg.), Rahmenplan, S. 150–152.
[65] Vgl. Arbeitsgemeinschaft Deutscher Lehrerverbände, Plan zur Neugestaltung des deutschen Schulwesens, 4. Fassung, Frankfurt a.M. 1960, S. 10–12, S. 20f.
[66] Vgl. Gass-Bolm, Gymnasium, S. 179.
[67] Vgl. Karl Bungardt (im Auftrag des Vorstandes der Arbeitsgemeinschaft Deutscher Lehrerverbände zusammengestellt), Der „Bremer Plan" im Streit der Meinungen. Eine Dokumentation, Frankfurt a.M. 1962; Gass-Bolm, Gymnasium, S. 179.

der Nachkriegszeit wider: Vermassung[68], Materialismus[69] und Sozialismus[70]. Interessant ist allerdings die Beobachtung, dass sowohl der altsprachliche als auch neusprachlich-naturwissenschaftliche Zweig der „gymnasiale Oberschule" laut Bremer Plan ein Bildungsziel verfolgte, das sich nicht explizit von traditionellen Vorstellungen löste: die „Überlieferung der klassischen Gehalte der abendländischen Kultur und die Einführung in die heutige Welt und Zeitgeschichte"[71]. Latein wurde als Fach in keinem Fall marginalisiert und konnte „unter besonderen Umständen" sogar erste Fremdsprache sein[72]. Dass selbst ein in der gesellschaftlichen Wahrnehmung „radikaler" Bildungsplan den „christlichen Humanismus" nicht verwarf, deutet auf die Wirkmächtigkeit dieses Leitbildes hin. Ein Kritiker aus Kirchenkreisen bezeichnete den Plan als „Neuhumanismus mit sozialistischer Färbung"[73].

Ende der 1950er Jahre begannen sich die bildungspolitischen Leitvorstellungen bereits zu wandeln. Die alten Leitvorstellungen vom christlichen Abendland und Elitenbildung blieben zwar bestehen und wirkmächtig, aber das altsprachliche Gymnasium hatte schon zu dieser Zeit eher eine Sonderrolle als einen Leitcharakter. Die Diskussion um Reformbedürftigkeit des Schulsystems hatte bereits eingesetzt[74], aber viele Vorschläge, beispielsweise die Förderstufe, ließen sich noch nicht durchsetzen.

---

[68] Vgl. Heinrich Mahrenholtz, Die Tendenz ist nur allzu deutlich, in: Kieler Nachrichten, 02.07.1960, zitiert nach: Bungardt, Bremer Plan, S. 21.

[69] Vgl. Der Bremer Plan „vollendetes Bekenntnis zu Materialismus", in: Oldenburger Volkszeitung, 15.10.1960, zitiert nach: Bungardt, Bremer Plan, S. 40

[70] Vgl. Alfred Becker, Bremer Plan, in: Kieler Nachrichten, 25.06.1960: Der Bremer Plan sei „kommunistisch infiltriert". Schleswig-Holsteins Kultusminister Edo Osterloh (CDU): Der Bremer Plan sei nicht zu unterscheiden vom „System der ‚Einheitsschule' Ulbrichtscher Prägung", zitiert nach Heinz Schröder, Auf der Suche nach der Schule von morgen, in: Weser Kurier (Bremen), 24.06.1960, zitiert nach: Bungardt, Bremer Plan, S. 15f. Ähnliches zu finden bei Rudolf Stobbe, Aufbruch ins Bildungsland Utopia, in: Hamburger Echo, 14.06.1960, zitiert nach: Bungardt, Bremer Plan, S. 10f. Für eine ähnliche Argumentation vgl. Georg Willers, Die Einheitsschule als Gespenst?, in: Kieler Nachrichten, 25.06.1960, zitiert nach: Bungardt, Bremer Plan, S. 20; Hans Schm., Keine Schulreform östlicher Prägung, in: Kieler Nachrichten, 09.07.1960, zitiert nach: Bungardt, Bremer Plan, S. 23f.; Hermann Körner, Kongreß der Lehrer und Erzieher, in: Frankfurter Rundschau, 22.06.1960, zitiert nach: Bungardt, Bremer Plan, S. 25.

[71] Arbeitsgemeinschaft Deutscher Lehrerverbände, Neugestaltung, S. 0f.; Zitat S. 21.

[72] Vgl. Arbeitsgemeinschaft Deutscher Lehrerverbände, Neugestaltung, S. 10.

[73] Mit katholischer Auffassung unvereinbar. Direktor Krisinger, Bremer Plan Neuhumanismus mit sozialistischer Färbung, in: Oldenburger Volkszeitung, 15.10.1960, zitiert nach: Bungardt, Bremer Plan, S. 40.

[74] Vgl. Alfons Kenkmann, Von der bundesdeutschen „Bildungsmisere" zur Bildungsreform in den 60er Jahren, in: Karl Christian Lammers u. a. (Hrsg.), Dynamische Zeiten. Die 60er Jahre in den beiden deutschen Gesellschaften, Hamburg ²2003, S. 402–423, hier S. 403f; Hahn, Re-education, S. 174.

Die Dekade der Reform und die „Krise" des altsprachlichen Unterrichts

Gesetzlich festgeschrieben wurden neue Ideen erstmals 1964 im sogenannten „Hamburger Abkommen". Nicht zuletzt durch die von Georg Pichts prophezeite „Bildungskatastrophe" nahm die bildungspolitische Diskussion in der Bundesrepublik in den 1960er Jahren so richtig Fahrt auf[75]. Aus Angst in der wirtschaftlichen Entwicklung ins Hintertreffen zu geraten und befeuert durch die anhaltende Systemkonkurrenz mit der DDR, wurde die „bildungsökonomische Leistungsfähigkeit" der Bundesrepublik zum Maßstab bei der Ausgestaltung des Schulwesens[76]. Dies hatte zwei Denkfiguren zur Folge, die die Bildungspolitik in der nächsten Dekade bestimmen sollten: Bildungsökonomie und Chancengleichheit[77].

Da das Düsseldorfer Abkommen nur auf einen Zeitraum von zehn Jahren geschlossen worden war, unterzeichneten die Ministerpräsidenten am 28. Oktober 1964 die „Neufassung des Abkommen zwischen den Ländern der Bundesrepublik zur Vereinheitlichung auf dem Gebiet des Schulwesens". Das sogenannte „Hamburger Abkommen" charakterisiert eine – im Vergleich zu seinem Vorgänger – größere Offenheit. Pluralisierung und Bildungsexpansion waren die Leitlinien, denen das Hamburger Abkommen folgte. So wurde beispielsweise eine „Förder- und Beobachtungsstufe" für die Schuljahre fünf und sechs zugelassen. Die Einteilung in Gymnasialtypen wurde schließlich ganz abgeschafft. Dies war der Tatsache geschuldet, dass neben den drei traditionellen Gymnasialtypen nun auch wirtschaftliche, musische und sozial- und erziehungswissenschaftliche Schule als Gymnasien der „Normalform" betrachtet wurden. Hinzu kamen außerdem sogenannte Aufbauformen des Gymnasiums, die an Realschulen angegliedert werden konnten. Mit dem Wegfall der Gymnasialtypen war auch die Wahl der ersten Fremdsprache nicht mehr an die Schulform gebunden. So heißt es im Abkommen schlicht „die erste Fremdsprache ist in der Regel Englisch oder Latein"[78]. Die dritte Fremdsprache sollte nun in allen Gymnasien frühestens in der neunten Klasse beginnen, was für die ehemals altsprachlichen Gymnasien

---

[75] Vgl. Hermann Korte, Eine Gesellschaft im Aufbruch. Die Bundesrepublik in den sechziger Jahren, Frankfurt a.M. 1987, S. 49–58.
[76] Zitat: Kenkmann, Bildungsmisere, S. 411; vgl. ebenda, S. 405f.
[77] Vgl. Hahn, Re-education, S. 176.
[78] Auf Drängen der französischen Regierung, die auf eine Gleichberechtigung der französischen Sprache bestand, wurde 1971 der Passus in „Die erste Fremdsprache ist eine lebende Fremdsprache oder Latein" geändert. Vgl. Neufassung des Abkommens zwischen den Ländern der Bundesrepublik zur Vereinheitlichung auf dem Gebiete des Schulwesens vom 19./20.10.1965 („Hamburger Abkommen"), § 13a, in der Fassung vom 14.10.1971, http://www.kmk.org/fileadmin/veroeffentlichungen_beschluesse/1964/1964_10_28-Hamburger_Abkommen.pdf, gesehen am 21.05.2013.

die Kürzung des Griechischunterrichts um ein Jahr bedeutete[79]. Auch „pädagogische Versuche", wie beispielsweise Gesamtschulen, erlaubte das Hamburger Abkommen ausdrücklich[80]. Das Schulwesen sollte flexibler und durchlässiger gemacht werden, um die Zahl der Abiturienten zu steigern.

Chancengleichheit als Ziel wurde überparteilicher Konsens[81]. Dazu wurden auch solche Bildungsinhalte in den Kanon des Gymnasiums aufgenommen, die vorher nicht dazu gehört hatten, wie höhere Schulen mit wirtschaftlichem, sozialwissenschaftliche oder erziehungswissenschaftlichem Schwerpunkt, die nun auch als Gymnasien bezeichnet wurden[82]. Die Abkehr vom Leitbild des christlichen Humanismus war unübersehbar. Allerdings setzte sich an diese Stelle kein anderes dominierendes Konzept. Vielmehr existierten verschiedene Ansichten nebeneinander.[83] Die beiden Denkfiguren Chancengleichheit und Bildungsökonomie standen völlig konträr zum Elitegedanken und dem Feindbild der technischen Moderne, wie es noch einige Zeit vorher bestanden hatte. Die gesellschaftlichen Leitvorstellungen hatten sich stark gewandelt.

Wie sehr dieses neue gesellschaftliche Leitbild das Fach Latein in Bedrängnis brachte, zeigt der bereits eingangs erwähnte Leitartikel im SPIEGEL aus dem Jahr 1964 anlässlich der anstehenden Abiturprüfungen mit dem Titel „Die letzte Hürde":

„45.000 Oberprimaner rüsten sich gegenwärtig nach langjährigem Klassenkampf zur letzten Schulschlacht [...] Sie haben gelitten unter Tacitus und Livius. Die 45.000 sind der Rest von 140.000, die vor knapp einem Jahrzehnt auf ihre Oberschultauglichkeit staatlich geprüft und mithin ausersehen waren, zur geistigen Elite der Nation aufzurücken. Ausgewählt wurden zu wenige und nicht immer die besten."[84]

In dem Artikel meldete sich der Frankfurter Pädagoge Friedrich Edding zu Wort und konstatierte, dass der größte Teil der Jugend in der Bundesrepublik Deutschland „keine faire Chance" erhalte „sich entsprechend seiner besonderen Begabung zu bilden"[85]. Das Gymnasium, so resümiert der Autor des Artikels, schrecke vor allem Schüler aus ländlichen Regionen und Arbeiter-

---

[79] Zur Diskussion darüber später mehr.
[80] Vgl. Neufassung des Abkommens zwischen den Ländern der Bundesrepublik zur Vereinheitlichung auf dem Gebiete des Schulwesens vom 19./20.10.1965 („Hamburger Abkommen"), in: Robert Ulshöfer (Hrsg.), Die Geschichte des Gymnasiums seit 1945. Dokumente und Kommentare, Heidelberg 1967, S. 65–70.
[81] Vgl. Kenkmann, Bildungsmisere, S. 414; Hahn, Re-education, S. 180f.
[82] Vgl. Gass-Bolm, Gymnasium, S. 211; Gass-Bolm zeichnet dies besonders deutlich am Beispiel des Wirtschaftsgymnasiums nach, vgl. ebenda, S. 212.
[83] Vgl. ebenda, S. 213.
[84] Die letzte Hürde, in: Der Spiegel 50 (1964); S 73–87, hier S. 73.
[85] Ebenda, S. 74.

vierteln ab. Ausgelesen werde „eine viel zu kleine Elite"[86]. Am Lateinunterricht scheitere die absolute Mehrheit der vorzeitigen Schulabgänger[87]. Auch aus den Reihen von Erziehungswissenschaftlern hagelte es immer mehr Kritik am altsprachlichen Unterricht. Als Saul B. Robinsohn, Direktor des Max-Planck-Instituts für Bildungsforschung, den Anstoß zu einer grundlegenden Revision der Lehrpläne gab, indem er forderte, dass nur solche Fächer in den Bildungskanon aufgenommen werden sollten, die ihre aktuelle Relevanz und eine wissenschaftliche Begründung ihrer Bildungskraft nachweisen konnten, geriet der Lateinunterricht endgültig in die Schusslinie. Die Auswahl der Bildungsinhalte aus „diffuser Tradition" seien passé, konstatierte Robinsohn[88]. Eine Reihe anderer Pädagogen stimmten in die Kritik mit ein[89]. Latein war vom Leitbild zum Feindbild geworden.

Zwei Argumente brachten Latein als Schulfach unter Rechtfertigungsdruck: Als Ausleseinstrument par exellence stand es dem Prinzip der Chancengleichheit entgegen. Auch sein Nutzen für das Wirtschaftswachstum lag nicht auf der Hand. Die Befürworter der altsprachlichen Bildung wurden jedoch in diesem Zusammenhang nie müde zu betonen, dass die zahlreichen Schüler altsprachlicher Gymnasien, die einen technischen Beruf erlernten, bei ihren Dozenten sehr beliebt seien und immer zu den Besten gehören würden[90].

---

[86] Ebenda.
[87] Vgl. ebenda, S. 78.
[88] Vgl. Saul B. Robinsohn, Bildungsreform als Revision des Curriculum, Neuwied/Berlin 1967, S. 1. Vgl. auch ebenda, S. 18: „Die klassisch-humanistische Bildungsvorstellung jedenfalls hat diesen Zielen gegenüber versagt."
[89] Vgl. Hans Tütken, Lehrplan und Begabung, in: Heinrich Roth (Hrsg.), Begabung und Lernen. Ergebnisse und Folgerungen neuer Forschungen, Stuttgart 51970 (= Deutscher Bildungsrat. Gutachten und Studien der Bildungskommission, Bd. 4), S. 461–471, hier S. 468. Eine erste empirische Untersuchung lieferte Udo Undeutsch, Zum Problem der begabungsgerechten Auslese beim Eintritt in die Höhere Schule und während der Schulzeit, in: Roth (Hrsg.), Begabung, S. 377–405: „Ist Latein Anfangssprache, liegt der Anteil der ersten Fremdsprache am Sitzenbleiben auffällig höher, als wenn mit Englisch begonnen wird. Wenn mit Latein begonnen wird, sind mangelhafte Leistungen in der ersten Fremdsprache in 82 % der Fälle an der Nichtversetzung beteiligt, wenn mit Englisch begonnen wird, beträgt der Anteil der ersten Fremdsprache nur 61 %." Ähnlich auch Carl-Heinz Evers, Versäumen unsere Schulen die Zukunft?, Düsseldorf 1971, S. 174: „Kinder aus unteren sozialen Schichten, denen Latein noch fremder ist als denen der Mittel- und Oberschicht, werde durch Lateinunterricht zusätzlich abgeschreckt oder abermals benachteiligt."
[90] Vgl. Denkschrift der Gesellschaft für humanistische Bildung, Frankfurt a.M. vom 25. Januar 1965, in: Ein Jahr Griechisch weniger? Eltern, Erzieher, Hochschullehrer und Vertreter der Kirchen zur Verkürzung des Griechisch-Unterrichts nach dem Hamburger Abkommen, Frankfurt a.M. u. a. 1965 (= Probleme der humanistischen Bildung 7), S. 21–25, hier S. 25. Memorandum der Philosophischen Fakultät der Universität Heidelberg, in: Ein Jahr Griechisch weniger?, S. 39–45, hier S. 41; Offener Brief des bayerischen Landesbischofs Dietzfelbinger an Kultusminister Mainz vom 6. Dezember 1964, in: Ein Jahr Griechisch

Der Deutsche Altphilologenverband setze sich kritischen mit den Vorwürfen auseinander und begann das lateinische Curriculum nach den Vorgaben Robinsohns zu reformieren. 1969 gründete der DAV einen „Didaktischen Ausschuss", zunächst als Kommission zum Thema „Zeitgenössische Motivierung des Lernens der alten Sprachen"[91]. Vielen Fachvertretern war bewusst geworden, dass die „[b]loße Behauptung vom Wert altsprachlicher Bildung" nicht ausreiche, um die Relevanz des Faches zu begründen[92]. Sie sahen die „Zeit einer Generalrevision" gekommen, waren bereit „Gegenstände, die [...] nichts leisten" abzuschreiben und „Methoden, die versagen, aufzugeben"[93]. Lernziele und Unterrichtsinhalte wurden neuformuliert. Der DAV gab die Einheit von Griechisch und Latein als *die* alten Sprachen sowie die Fixierung auf das altsprachliche Gymnasium auf. Somit konnte vor allem das Fach Latein auch an den anderen Gymnasialtypen – ganz im Sinne des Pluralismus – als eine Möglichkeit unter vielen verstanden werden. Zudem wurde der DAV der Vorstellung von Chancengleichheit gerecht, indem er den Habitus des Elitären ablegte und Latein gar durch seine allgemeine Schulung des Sprachvermögens eine „sozialkompensatorische" Wirkung zusprach[94]. Dazu gehörte auch, dass Latein nun als Kulturfach verstanden wurde, in dem neben dem Übersetzen auch „Kulturverständnis, Interpretationsfähigkeit, Sprachfähigkeit" mitbewertet werden sollten[95]. Auch das Leitbild des „christlichen Humanismus" verschwand aus den Argumentationsmustern des DAV. In seiner Erklärung zum Bildungsziel des altsprachlichen Gymnasiums von 1951 war noch in pathetischem Grundtenor von „abendländischer Kultur", Christentum und „überzeitlichen Werten" die Rede gewesen[96]. Die Neuformulierung von 1970 verzichtete auf alle die-

---

weniger?, S. 46–47, hier S. 46; Gleichberechtigung für das humanistische Gymnasium gefordert, dpa 140, 09.06.1965 (ACDP 9/926).
[91] Deutscher Altphilologenverband, Sitzung des DAV-Vorstandes in Hannoversch-Münden 15.-17.5.1969, in: MDAV 12/2 (1969), S. 1–2.
[92] Vgl. Klaus Westphalen, Prolegomena zum lateinischen Curriculum, in: Die Alten Sprachen im Unterricht 19/1 (1971), S. 6–14, zitiert nach: Rainer Nickel (Hrsg.), Didaktik des Altsprachlichen Unterrichts. Deutsche Beiträge 1961–1973, Darmstadt 1974 (= Wege der Forschung, Bd. 461), S. 32–45, hier S. 39.
[93] Karl Bayer, Curricula in den Alten Sprachen, in: Karl Bayer/Klaus Westphalen (Hrsg.), Kollegstufenarbeit in den Alten Sprachen, München 1971, S. 7–18. Bayer war damals Vorsitzender des Didaktischen Ausschusses im DAV.
[94] Vgl. Adolf Clasen, Neuformulierung von Lernzielen. Zehn Grundsätze zu Strategie des DeutschenAltphilologenverbandes, in: Ausschuss für didaktische Fragen im DAV (Hrsg.), Materialien zur Curriculum-Entwicklung im Fach Latein, Augsburg 1971, S. 4–5, Zitat S. 5. ders., Wozu Latein? Wie ist sein Platz im modernen Curriculum zu begründen?, in: Bayer/Westphalen, Kollegstufenarbeit, S. 26–33.
[95] Vgl. Klaus Westphalen, Lateinunterricht und Curriculumforschung, in: Karl Bayer im Auftrag des DAV (Hrsg.), Lernziele und Fachleistungen. Ein empirischer Ansatz zum Latein-Curriculum, Stuttgart 1973, S. 7–17.
[96] Vgl. Deutscher Altphilologenverband, Das Bildungsziel des altsprachlichen Gymnasiums,

se Schlagwörter und betonte die emanzipatorische Bildungsaufgabe der Schule sowie die motivierende Kraft des Latein- und Griechischunterrichts und seine Orientierung an der Lebenswirklichkeit der Schüler[97].

In den 60er Jahren mochten die alten Sprachen zunächst nicht mehr zum sich verändernden gesellschaftlichen Leitbild passen. Eine fachinterne Umpositionierung ermöglichte es aber, dass man sich dem Leitbild wieder annäherte und einen Platz im Curriculum bewahrte.

Auch als 1972 mit der Einführung der reformierten Oberstufe die Gliederung in Gymnasialtypen endgültig aufgegeben wurde, Latein also selbst an altsprachlichen Gymnasien kein verpflichtendes Abiturfach mehr war, konnte es als Wahlfach seinen Platz im Fächerkanon bewahren[98]. Da das Latinum für viele Studiengänge immer noch unabdingbar war, boten viele Schulen sogar Latein als in der elften Klasse einsetzende dritte Fremdsprache an[99].

Die Wandlung des humanistischen Bildungsideals

Parallel zum Bedeutungswandel des altsprachlichen Unterrichts lassen sich auch Veränderungen der inhaltlichen Füllung des humanistischen Bildungsideals verfolgen. In den 1950er Jahren war das humanistische Bildungsideal in weiten Teilen der Öffentlichkeit noch exklusiv mit den alten Sprachen verbunden[100]. Als im Zuge des Düsseldorfer Abkommens alle höheren Schulen die Bezeichnung Gymnasium erhalten sollten, kommentierte sogar ein Redakteur der linksliberalen Frankfurter Rundschau:

in: Gymnasium 58 (1951), S. 383; vgl. auch Deutscher Altphilologenverband, Das Unterrichtsziel der alten Sprachen, in: Gymnasium 58 (1951), S. 383–384.

[97] Vgl. Deutscher Altphilologenverband, Ziele des Latein- und Griechisch-Unterrichts, in: Mitteilungsblatt des DAV 14/1 (1971), S. 1–2.

[98] Vgl. Vereinbarung zur Neugestaltung der gymnasialen Oberstufe in der Sekundarstufe II, mit einem einführenden Bericht, am 7. Juli 1972 von der Ständigen Konferenz der Kultusminister der Länder in der Bundesrepublik Deutschland beschlossen („Bonner Vereinbarung"), Neuwied 1972, S. 13.

[99] Vgl. Bildungskommission des Deutschen Bildungsrates, Reform der Sekundarstufe II. Teil A: Versuche in der gymnasialen Oberstufe, Bonn 1971 (= Materialien zur Bildungsplanung, Heft 1), S. 14, 21, 23, 31, 51, 120, 213.

[100] Vgl. Das geht die Eltern von 20.000 Schülern an. Wollen Sie bei der Diskussion über die neuen Lehrpläne mitreden? Versuch einer Einführung in die wichtigsten Einzelheiten, in: Stuttgarter Nachrichten, 22.10.1955. „Das altsprachliche Gymnasium will durch Pflege der beiden alten Sprachen Latein und Griechisch dem jungen Menschen die Begegnung mit der Welt des Humanismus ermöglichen." Arnold Bork/Theodor Litts, Angriff auf das humanistische Bildungsideal, in: Gymnasium 64 (1957), S. 391–405, v.a. S. 398, 400, 403f. Hans-Paul Bahrdt, Das Erbe der Antike, in: Neuer Vorwärts, 11.09.1950; Deutscher Altphilologenverband, Das Bildungsziel des altsprachlichen Gymnasiums, in: Gymnasium 58 (1951), S. 383.

"Wir wollen nicht den approbierten Gralshütern und Erbpächtern des Abendlandes ins Handwerk pfuschen, aber es mutet uns doch unbehaglich an, daß sich von nun an Generationen von Abiturienten stolz als Gymnasiasten bezeichnen werden, die vom Geist der Antike und derer, die sich im Abendland um das antike Erbe bemüht haben, keinen Hauch verspüren."[101]

Die Kultusminister der Länder sahen dies – bis auf den bayerischen[102] – allerdings anders. Im Vorfeld des Düsseldorfer Abkommens war im Schulausschuss der KMK nämlich ausgehandelt worden, dass es

"völlig unmöglich sei, dem altsprachlichen Zug der Höheren Schule einen besonderen Namen zu geben, durch den er sich grundsätzlich von den anderen Höheren Schulen unterscheide, also z. B. diese Schule allein als Gymnasium oder gar als Humanistisches Gymnasium zu bezeichnen".[103]

Dort wurde betont, "daß alle Höheren Schulen eine humanistische Bildung vermitteln und daß der Begriff der humanistischen Bildung nicht ausschließlich mit dem Erlernen der alten Sprachen verknüpft werden könne"[104].

Aufschluss über den Stellenwert des klassischen Bildungsideals in den 1950er Jahren können die Argumentationsmuster der Vertreter der naturwissenschaftlichen Fächer geben, die sich durch die Bildungsreformen in den ersten Jahren der Bundesrepublik stark benachteiligt fühlten. Sie rekurrierten beim Kampf um Gleichberechtigung gerade nicht auf Nützlichkeit und Praxisbezug, sondern bedienten sich humanistischer Argumentationsmuster. In der modernen technisierten Welt müssten vor allem die spätere Führungskraft einen Überblick über die Naturwissenschaften erhalten, ansonsten würde er "für die ihn ubiquitär umgebende technisch bestimmte Welt [kein] Verständnis aufbringen können und ihnen [den Naturwissenschaften A.K.] hilflos gegenüberstehen"[105]. Bezeichnend ist auch, dass die Vertreter der Naturwissenschaften ihre Randstellung in der vom Rahmenplan vorgesehen Studienschule deshalb bedauerten, da sie in ihr den einzig verbleibenden Typ "echter höherer Schule" sahen[106].

---

[101] Erich Lissner, Die Düsseldorfer Schulbeschlüsse, in: Frankfurter Rundschau, 19.02.1955. Vgl. Karl Glöckner, Rückblick auf 75 Jahre Landgraf-Ludwig-Gymnasium, in: Charisteria. Festschrift zum 350jährigen Bestehen des Landgraf-Ludwigs-Gymnasiums Gießen, Gießen 1955, S. 37–71, v.a. S. 71.

[102] Vgl. Schreiben der Abteilung II Nr. VIII 11379, Betreff: Bezeichnung der höheren Schule in Bayern; Konferenz der Ministerpräsidenten – Kultusministerkonferenz, 17.02.1954 (Bayerisches Hauptstaatsarchiv, Bestand Akten des Bayer. Staatsministeriums für Unterricht und Kultus. Schulreform. Neugestaltung des höheren Schulwesens, Band 9 (1953–1954), MK 53211).

[103] Schreiben des Baden-Württembergischen Kultusministeriums an Württembergischer Verein der Freunde des humanistischen Gymnasiums, 11. Mai 1954 (Bayerisches Hauptstaatsarchiv, Bestand Akten des Bayer. Staatsministeriums für Unterricht und Kultus. Schulreform. Neugestaltung des höheren Schulwesens, Band 9 (1953–1954), MK 53211).

[104] Ebenda.

[105] Rudolf Lennert, Die Kritik an der Saarbrücker Rahmenvereinbarung, in: Zeitschrift für Pädagogik 8 (1962), S. 305–318, hier S. 314.

[106] Vgl. Oskar Höfling, Umgestaltung und Vereinheitlichung des allgemeinbildenden öffent-

Vom Leitbild zum Feindbild? 357

Anfang der sechziger Jahre setzte sich die Ansicht immer mehr durch, dass humanistische Bildung und altsprachliche Bildung nicht in eins zu setzen seien. Das humanistische Bildungsideal löste sich mehr und mehr vom klassischen Bildungskanon und wurde auf alle Fächer übertragen. So war der Deutsche Ausschuss für das Erziehungs- und Bildungswesen 1965 der Meinung, dass die moderne Pädagogik gerade in der Gymnasialreform den Grundgedanken des klassischen Bildungsideals wieder aufgenommen habe. Die Reduzierung der Abiturfächer durch die Saarbrücker Rahmenvereinbarung sei nämlich nichts anderes als die Prämisse der klassischen Bildung, „die Kräfte des jungen Menschen an einer möglichst geringen Zahl von Gegenständen zu üben, die von allen Seiten ergriffen werden müssen"[107]. Die unterschiedlichen Fachvertreter waren sich in ihrer Bildungskonzeption doch erstaunlich einig. Man forderte die „Wiederherstellung des individuellen Denkens", proklamierte „gebildet ist, wer Probleme vernünftig löst" und fragte sich: „Kritisches Bewusstsein, ein neues Bildungsziel?"[108] Auch Hildegard Hamm-Brücher forderte 1970: „Ein fortschrittliches Bildungswesen darf nicht nur die gegebenen gesellschaftlichen Anforderungen erfüllen – also zur Anpassung erziehen –, es muß auch zur Entwicklung von gesellschaftlichen Alternativen beitragen, das heißt, zum kritischen Engagement ermutigen."[109]

1961 hatte der damalige Kultusminister von Hessen Ernst Schütte in einer Radiodiskussion ausdrücklich darauf bestanden, statt von humanistischer von altsprachlicher Bildung zu sprechen, denn „humanistische Bildung gibt es in allen deutschen Gymnasien"[110].

Der Humanismus als Bildungsideal wurde nicht aufgegeben[111], sondern zu einem „neuen Humanismus in der Industriegesellschaft"[112] modifiziert. Auf-

---

lichen Schulwesens, in: Der mathematisch und naturwissenschaftliche Unterricht 3 (Juli 1959), S. 136–140, zitiert nach: Schorb (Hrsg.), Rahmenplan, S. 40–45, hier S. 43.
[107] Plan für „Gymnasium von morgen". Abkehr von dem reinen Fachunterricht in den beiden Primanerklassen, in: Bonner Rundschau, 18.03.1965.
[108] So der Philosoph Marcuse, der Naturwissenschaftler Karl Steinbuch sowie der Pädagoge Walter Hoeres, zitiert nach: Westphalen, Prolegomena, S. 37.
[109] Der Bundesminister für Bildung und Wissenschaft, Mitteilung für die Presse, Erziehung für eine offene Zukunft, 09.09.1970 (ACDP 9/920 Allgemein).
[110] Hessischer Rundfunk, „Frankfurter Gespräch" (ACDP 9/92/9–10), S. 7.
[111] Vgl. hierzu auch den Kommentar von Edgar Traugott im Rahmen der Rahmenplandiskussion: „Jene Reformer [...] begründen ja ihre Vorschläge mit der Überzeugung, daß diese allein die Zukunft der humanistischen Bildung in der veränderten technischen Welt ermöglichten. Die Konservativen befürchten, daß solche Reformen der Anfang vom Ende seien. Beide haben jedoch ihre Ziele und ihre Feinde gemeinsam. Beide wünschen das Fortleben unserer humanistischen Bildung, beide kennen die große Drohung über unseren Häuptern: die perfekte Vermassung, die reine und unpersönliche Verfügbarkeit als Erziehungsziel, der Mensch als bloßer Funktionsträger, Nietzsches ‚letzter Mensch'." Edgar Traugott, Die falschen Fronten im Schulstreit, in: Christ und Welt vom 15.10.1959, S. 7.
[112] Hermann Krings, Abitur für alle? Bildungsplanung zwischen Plantechnokratie und Hu-

gegeben wurde nur seine Gleichsetzung mit altsprachlicher Bildung[113]. Saul B. Robinsohn, Leiter des Max-Planck-Instituts für Bildungsforschung, forderte beispielsweise 1967: „Überhaupt mag die Zeit gekommen sein, auch in der Pädagogik auf einen Wortgebrauch zu verzichten, der [...] das ‚Humanistische' mit der abendländischen Antike exklusiv identifiziert."[114]

In der Tat hatte sich diese Gleichsetzung als „untragbare Hypothek" erwiesen[115]. Von einer humanistischen Funktion der alten Sprachen im Sinne einer kritischen Bewusstseinsbildung konnte man nämlich erst ernsthaft sprechen, wenn der Schüler fähig war die Originaltexte auch wirklich zu lesen. Allerdings erreichten nur die wenigsten Lateinlernenden diese Fähigkeit, dafür waren die Stundenzahlen oft nicht mehr ausreichend[116]. Infolgedessen reduziere sich, nach Meinung des Journalisten Karl Korn, das Kennzeichen der sogenannten Humanisten auf die „Zitiererei vor und bei Kommersen auf öffentlichem Platz alter Universitätsnester"[117]. Hinzu kam, dass die neuhumanistische Bildungsidee eigentlich „eine für jeden wünschbare Bildung meinte", tatsächlich aber nur die einer kleinen Elite war[118]. Der Humanismus in seiner traditionellen Form wurde unglaubhaft. Dies erkannten auch die Befürworter klassischer Bildung und trennten sich vom alten Leitgedanken,

„daß der Bildungsgegenstand Haltung, Fähigkeiten, Werte fast selbsttätig und zwangsläufig vermittle, daß man also nur Latein treiben zu brauche, damit das Fach vermöge seines inneren Gehalts den Menschen bilde, ihn mit denjenigen Fähigkeiten und Eigenschaften ausstatte,

---

manitätsmissionaren, in: Publik, 27.08.1971. Vgl. auch Thomas Hitpass, Die historische und rechtliche Entwicklung des Reifeprüfung unter besonderer Berücksichtigung des Problems ihrer Gleichrangigkeit an verschiedenen Schulformen nach der Oberstufenreform von 1972, Bonn 1986, S. 59.

[113] Diese Ineinssetzung ist beispielsweise bei einer Tagung der Gesellschaft für humanistische Bildung 1965 noch sehr stark ausgeprägt, vgl. Gerhard Ringhausen, Humanisten in der modernen Welt? Kultusminister Schütte, Altsprachliche Züge sind eine berechtigte Forderung. Eine Tagung in Arnoldsheim (Taunus), in: FAZ, 18.02.1965.

[114] Robinsohn, Bildungsreform, S. 20.

[115] Vgl. Clemens Menze, Altsprachlicher Unterricht, in: Neues Lexikon für Pädagogik 1, Freiburg 1970, S. 38-40, zitiert nach: Nickel (Hrsg.), Didaktik, S. 3–9, hier S. 8: „Der altsprachliche Unterricht verliert im allgemeinen Bewusstsein zunehmend an Bedeutung. Die Gründe für diesen Vorgang sind neben einer allgemein zu beobachtenden Enthistorisierung darin zu sehen, daß die dem altsprachlichen Unterricht zugeschriebenen Bildungswirkungen nicht einlösbar waren." Vgl. auch ebenda, S. 5: „Die kurze Renaissance nach 1945, bedingt durch die nationalsozialistische Polemik gegen den Humanismus überhaupt und durch die Suche nach echter Humanität nach Jahren der Missachtung des Menschlichen, wird abgelöst durch eine immer stärker werdende Kritik, die die Differenz zwischen Idealvorstellungen und den im Unterricht erreichten Zielen deutlich macht."

[116] Vgl. Jürgen Leonhardt, Latein. Geschichte einer Weltsprache, München 2009, S. 291.

[117] Karl Korn, Kein Ende mit dem Latein, in: FAZ, 05.01.1972.

[118] Vgl. Harald Patzer, Aktuelle Bildungsziele und altsprachlicher Unterricht, in: MDAV 15,1 (1972), S. 1-14, S. 2.

kraft derer er ein ‚homo humanus' wird, *dieser Leitgedanke ist in der völlig veränderten Situation nicht mehr brauchbar.*"[119]
Die „gehäufte tagespolitische Apologetik der ‚Bildungswerte'" hatte ihr Rechtfertigungspotential ausgeschöpft[120]. Auch beanspruchten die Verfechter der alten Sprachen die Fähigkeit zu humanistischer Bildung nicht mehr nur für ihre eigenen Disziplinen. Sie gestanden auch anderen Fächern zu, humanistisch zu sein:

„[…] umgekehrt heißt ‚altsprachliche' Bildung auch nicht eo ipso ‚humanistisch'. Zwar ist keine tiefgreifende humanistische Bildung […] ohne die Antike möglich, aber auch keine ohne moderne Sprachen, moderne Klassiker, Mathematik, Naturwissenschaften, Geschichte, Philosophie, theoretische Politik, Musik und bildende Kunst"[121].

Wie eng in manchen Kreisen dennoch die Verbindung von altsprachlichem Unterricht und humanistischem Bildungsideal blieb, zeigte sich in Folge des Hamburger Abkommens von 1964. Diese vermeintliche Kürzung des Griechischunterrichts um ein Jahr rief zwar nur bei wenigen Protest hervor (es gab verschiedene Initiativen und Schreiben von Eltern, Lehrern, Fakultäten und Verbänden), dieser war aber dafür umso heftiger. Im Oktober 1965 wurde eine von 2400 Personen aus dem ganzen Bundesgebiet, darunter auch einige bekannte Professoren, unterzeichnete Resolution, die sich gegen die Verkürzung des Griechischunterrichts aussprach an die Ministerpräsidenten übergeben[122]. Im selben Jahr hatte die Gesellschaft für humanistische Bildung eine Sammlung von Dokumenten herausgegeben, in denen Eltern, Lehrer, Hochschullehrer und Vertreter der Kirchen gegen die Verkürzung protestierten[123]. In der Analyse der Argumentationen fällt auf, dass hier wieder auf altbewährte Argumentationsmuster zurückgegriffen wurde: Das fehlende Jahr bewirke eine „Verwässerung des humanistischen Bildungsideals" und stelle einen weiteren Schritt „zum Verfall abendländischer Kultur" dar.[124] Die Befürworter des Griechischunterrichts sahen die „Substanz des humanistischen Gymnasiums"

---

[119] Eberhard Hermes, Latein in unserer Welt. Ein Beitrag zum Selbstverständnis des gegenwärtigen Lateinunterrichts, in: Gymnasium 73 (1966), S. 110–125, hier S. 112, Hervorhebung d. V. Eine ähnliche Meinung vertritt auch Harald Patzer, Die alten Sprachen im Gymnasium, in: Die alten Sprachen im Gymnasium, München 1968, S. 7–28, hier S. 14: „Da nun für das altsprachliche Gymnasium der frühere Name des humanistischen Gymnasiums noch in Erinnerung ist, […] stellt sich durch die Kombination schnell die Meinung her, ‚humanistische Bildung' sei eben im wesentlichen soviel wie ‚auf die Pflege der geistigen Überlieferung, besonders der antiken gerichtete Bildung'. […] Doch ist es sehr die Frage, ob damit die humanistische Bildung richtig bestimmt ist oder auch nur dieser Zugang zu ihr der angemessene ist."
[120] Harald Weinrich, Die Altphilologen und ihr Glück. Tagung des Deutschen Altphilologen Verbandes in Münster, in: FAZ, 24.06.1965.
[121] Patzer, Alte Sprachen, S. 20. Vgl. auch ebenda, S. 20–26.
[122] Vgl. Gegen die Aushöhlung der Gymnasialbildung, in: Die Welt, 12.10.1965.
[123] Vgl. Ein Jahr Griechisch weniger.
[124] Elternausschuss des Gymnasiums zu Berlin-Steglitz, in: Ein Jahr Griechisch weniger?,

gefährdet[125], witterten gar „Bestrebungen, das humanistische Gymnasium als anachronistisch abzuschaffen"[126]. Die Bezeichnung „humanistisches" und „altsprachliches" Gymnasium wurden synonym verwendet, obwohl ja bereits neun Jahre zuvor die Bezeichnung „humanistisches Gymnasium" offiziell abgeschafft worden war. Altsprachliche Bildung und humanistische Bildung wurden hier also wieder in eins gesetzt und gerade dem Griechischen wurde als das eigentlich charakteristische und typenprägende Fach des altsprachlichen Gymnasiums eine exponierte Stellung zugeschrieben[127]. Auch der Elitegedanke wurde als Argument in die Waagschale geworfen. Trotz alles sinnvollen Strebens nach sozialer Gerechtigkeit, sei doch „eine Schule mit besonders hohem Leistungsstand ein unbestreitbares Bedürfnis" und es dürfe nicht versäumt werden, „für die zeitsparende Förderung und Ausnützung der höheren Begabungsreserven zu sorgen"[128]. Deshalb sei es völlig legitim auch „anspruchsvolle

S. 8–10, hier S. 9. Vgl. auch Kein Platz mehr für Homer?, in: Mainzer Allgemeine Zeitung, 04.11.1964.

[125] Elternausschuss des Gymnasiums zu Berlin-Steglitz, S. 8. Ähnlich Dieterich, HamburgerSchulabkommen, S. 56: „Diese Entscheidung über das Griechische greift tief in die Substanz dieser Schulformein". Für eine ähnliche Argumentation vgl. Erklärung der Professoren des Seminars für Klassische Philologie der Freien Universität Berlin, in: Mitteilungsblatt der Landesverbandes Berlin im DAV 11/1 (1965), S. 1; Stellungnahme von Rektor und Senat der Johannes-Gutenberg-Universität Mainz zur Einschränkung des Griechischen auf den altsprachlichen Gymnasien (Senatsbeschluss vom 08.01.1965), in: Mitteilungsblatt der Landesverbandes Berlin im DAV 11/1 (1965), S. 5–6, hier S. 5.

[126] Gleichberechtigung für das humanistische Gymnasium gefordert, dpa 140, 09.06.1965 (ACDP 9/926). Vgl. auch Denkschrift der Gesellschaft für humanistische Bildung, S. 24; vgl. auch Resolution des Elternbeirates des Lessing-Gymnasiums Frankfurt a.M., S. 27: „Die in dem Abkommen vorgesehene Einschränkung des Griechischen ist demgegenüber ein Beitrag nicht nur zur Reform, sondern zur Denaturierung und letztenendes Zerstörung des altsprachlichen Gymnasiums." Ähnlich auch Memorandum der Philosophischen Fakultät der Universität Heidelberg, S. 41: „Auf dem Hintergrund dieser Vorgänge erscheint die jüngst beschlossene Verkürzung des griechischen Gymnasialunterrichts eine weitere, den Fortbestand der klassischen Bildung gefährdende Maßnahme."

[127] Vgl. Denkschrift der Gesellschaft für humanistische Bildung, S. 23; Resolution des Elternbeirates des Lessing-Gymnasiums Frankfurt a.M. vom 14. Januar 1965, in: Ein Jahr Griechisch weniger?, S. 25–28, hier S. 26; Resolution des Elternbeirates des Friedrichs-Gymnasiums Kassel, in: Ein Jahr Griechisch weniger?, S. 30–32, hier S. 32; Entschließung des Lehrerkollegiums des Gymnasiums Philippinum Marburg a. d. Lahn vom 23. März 1965, in: Ein Jahr Griechisch weniger?, S. 33–39, hier S. 34; Hermann Dieterich zum Hamburger Schulabkommen, in: Rundschreiben 1964 des Vereins der Freunde des Humanistischen Gymnasiums in Heidelberg e. V., S. 15–22, hier zitiert nach: Ein Jahr Griechisch weniger?, S. 48–57, hier S. 51.

[128] Memorandum der Philosophischen Fakultät der Universität Heidelberg, S. 43; vgl. dort auch S. 45; ebenso Denkschrift der Gesellschaft für humanistische Bildung, S. 25; Gegen die Aushöhlung der Gymnasialbildung, in:Die Welt, 12.10.1965: „Die Zurückdrängung der humanistischen Gymnasien und ihre innere Aushöhlung haben bereits zu eine unverkennbaren Minderung unserer Leistungsfähigkeit geführt. Man verkenne die Pflicht,

Schultypen zu fördern"¹²⁹, wie das altsprachliche Gymnasium, welches in der Schullandschaft eine Sonderstellung habe und nicht in ein einheitliches System eingegliedert werden könne¹³⁰. Dies war allerdings ein neues Argument: Das altsprachliche Gymnasium war auch bei seinen Verfechtern nicht mehr die Normalform des Gymnasiums, sondern eine Sonderform, für die auch Sonderrechte eingefordert wurden.

Die Vorstellung eines humanistischen Bildungsideals löste sich also im Laufe der 60er Jahre von Inhalt der altsprachlichen Bildung – hierbei kann der Politik eine gewisse Vorreiterrolle zugeschrieben werden. Interessant ist allerdings, dass in konkreten Aushandlungssituationen sich die Befürworter altsprachlicher Bildung doch wieder der alten, eigentlich unzeitgemäßen Argumente bedienen. Im konkreten Fall jedoch ohne Erfolg.¹³¹

Fazit

Die Bedeutung des altsprachlichen Unterrichts hing in der Bundesrepublik in den 1950er und 60er Jahren eng mit den jeweiligen bildungspolitischen Leitvorstellungen in der Gesellschaft zusammen. Die Vorstellungen des „christlichen Humanismus" in den 1950er Jahren mit seinem Leitmotiv vom „christlichen Abendland" und einer Vorstellung von Elitenerziehung hatte vor allem dem Lateinischen als „Muttersprache des Abendlandes" große Bedeutung beigemessen und den öffentlichen Diskurs bestimmt. Im Zuge der Bildungsexpansion der 1960er Jahre verschwanden diese beiden Motive Elite und Abendland jedoch vollkommen aus der öffentlichen Diskussion. Das Prinzip der Chancengleichheit entwickelte sich bis in die 70er Jahre zum überparteilichen Konsens. Vor allem das Fach Latein, das als „Ausleseinstrument" in den 50er Jahren dem Motiv der Elitenbildung Rechnung getragen hatte, geriet gerade deshalb unter starken Legitimationsdruck. Seine Legitimationsstrategien passten nicht mehr mit dem gesellschaftlichen Leitbild zusammen. Etwa zur gleichen Zeit lösten sich auch die Vorstellungen von humanistischer Bildung von den alten Sprachen. Das humanistische Bildungsideal war zwar noch zeitgemäß, aber in

---

den Hochbegabten und zu schöpferischen Leistungen jeglicher Art Veranlagten die ihnen gemäße Förderung und Bildung angedeihen zu lassen."

[129] Memorandum der Philosophischen Fakultät der Universität Heidelberg, S. 43; vgl. auch ebenda, S. 45: „Stundenzahl und Lehrplan sollten nicht unbedingt an die Anforderungen des Durchschnitts anderer Schulen gebunden sein [...] so wären auch vier Sprachen für einen sprachlich Begabten nicht zu viel."

[130] Vgl. Entschließung des Lehrerkollegiums des Gymnasiums Philippinum Marburg a. d. Lahn, S. 37f.

[131] Vgl. Fuchs, Gymnasialbildung, S. 261.

seiner inhaltlichen Füllung nicht mehr allein dem altsprachlichen Unterricht vorbehalten. Abendland, Elitenbildung und „humanistische Bildung" als Argumente für den altsprachlichen Unterricht fielen weg. Eine Überwindung der Krise zeichnete sich ab, als die klassischen Philologen ihre Argumentationsstrategien dem gesellschaftlichen Leitbild anpassten. Statt nur auf das klassische humanistische Bildungsideal zu rekurrieren, begannen sie neue Argumente für den Bildungswert der alten Sprachen zu finden. Dennoch ließ der Deutsche Altphilologenverband (DAV) das humanistische Bildungsideal nicht komplett fallen, sondern passte sich auch hier den neuen dominierenden Vorstellungen an. Auch wenn alle anderen Fächer ebenfalls humanistisch bildeten, so leisteten doch auch die alten Sprachen ihren „Beitrag zur Selbstverwirklichung des Menschen im Rahmen seiner individuellen Möglichkeiten und der gesellschaftlichen Gegebenheiten"[132], so der DAV in seinen überarbeiteten Zielen des altsprachlichen Unterricht von 1972. Darüber hinaus lässt sich festhalten, dass alte Argumentationsstrategien, die humanistische Bildung und altsprachliche Bildung in eins setzten, auch Mitte der 1960er Jahre bei der Diskussion um den Griechischunterricht noch Anwendung fanden.

Im Gegensatz zu dem von den Sozialwissenschaften konstatierten Wertewandel der 1960er und 1970er Jahre kann für die bildungspolitischen Leitvorstellungen gesagt werden, dass ein Wandel bereits Mitte/Ende der 1950er Jahre einsetzte. Vor allem die Debatten um den „Rahmenplan" zeigen recht eindrücklich, wie alte und neue Leitvorstellungen nebeneinander existierten. Erst im Laufe der 1960er Jahre wurden die alten Leitvorstellungen komplett abgelöst und die neuen konnten auch in bildungspolitische Realität umgesetzt werden.

Dass der Lateinunterricht diesen Wandlungsprozessen nicht zum Opfer fiel, hat vermutlich mehrere Ursachen: die clevere strategisch Neuaufstellungen durch den DAV wird genauso dazu beigetragen haben, wie Verfechter altsprachlicher Bildung in den Entscheidungsgremien der Politik. Dazu darf die Bedeutung von langfristigen Strukturen und Traditionen nicht unterschätzt werden. Dies genauer nachzuvollziehen wird Aufgabe einer tiefergehenden Studie sein.

---

[132] Deutscher Altphilologenverband, Ziele, S. 1.

Dirk Thomaschke

„Eigenverantwortliche Reproduktion"
Individualisierung und Selbstbestimmung in der Humangenetik zwischen den 1950er und 1980er Jahren in der BRD

Einleitung

Der „Wertewandel" der Bundesrepublik Deutschland stellt sich heutzutage kaum mehr als „eindimensionale Befreiungsgeschichte" dar[1]. Vielmehr ist von einem heterogenen Entwicklungsgefüge in verschiedenen gesellschaftlichen Teilbereichen auszugehen. Hierbei sind zudem unterschiedliche Rhythmen in Rechnung zu stellen. Nichtsdestoweniger ist davon auszugehen, dass die Werte unterschiedlicher Gesellschaftsbereiche ebenso wie ihr Wandel in Wechselwirkung miteinander stehen – freilich ohne deshalb eine übergreifende Entwicklungsrichtung oder gar Teleologie voraussetzen zu müssen[2]. In der Folge wird der Wandel von Werten in der bundesrepublikanischen Humangenetik im Mittelpunkt stehen. Ich konzentriere mich hierbei auf Individualisierungsprozesse, da die „Individualisierung" als eines der zentralen Themen Historischer Wertewandelsforschung im Blick auf die 1960er bis 1980er Jahre gelten kann[3]. Eine prominente Bestimmung dessen, was „Individualisierung" in der zweiten Hälfte des 20. Jahrhunderts bedeuten kann, hat Ulrich Beck bereits vor zweieinhalb Jahrzehnten vorgenommen. Im Zentrum dieser Definition steht die „Freisetzung des Individuums" aus sozialen Klassenlagen und damit einhergehend festen Arbeits- und Beziehungsverhältnissen[4]. Laut Beck wecken diese Prozesse „Erwartungen auf ‚ein Stück eigenes Leben'"[5], was deutlich macht, dass Individualisierung stets mit einer emphatischen Diskussion um Werte assoziiert ist, in deren Mittelpunkt die persönliche Autonomie

---

[1] Andreas Rödder/Wolfgang Elz, Vorwort, in: dies. (Hrsg.), Alte Werte – Neue Werte. Schlaglichter des Wertewandels, Göttingen 2008. Die Autoren sprechen stattdessen von einem „Gestaltwandel von Wertordnungen".

[2] „Der gesamtgesellschaftliche Wertewandel" stellt eine mediale, wissenschaftliche oder auch politische Konstruktion dar, die allerdings, sobald sie zirkuliert, wiederum Rückwirkungen auf die Entwicklungen in den einzelnen Teilbereichen zeitigt.

[3] Andreas Rödder, Wertewandel und Postmoderne. Gesellschaft und Kultur der Bundesrepublik Deutschland 1965–1990, Stuttgart 2004, S. 33.

[4] Ulrich Beck, Risikogesellschaft. Auf dem Weg in eine andere Moderne, Frankfurt a.M. 1986, S. 115–120.

[5] Ebenda, S. 119.

steht. Individualisierung heißt dann im Allgemeinen: Selbstbestimmung statt staatlicher bzw. autoritärer Lenkung, Pluralisierung von Lebensstilen an der Stelle vorgegebener Verhaltensmuster, Selbstverwirklichung statt Einpassung in bestehende Ordnungen.

Die individuelle Selbstbestimmung spielte in den Debatten deutscher Humangenetiker, die sich auf die praktische Anwendung und die gesellschaftlichen Konsequenzen ihrer Wissenschaft bezogen, eine wesentliche Rolle. Einige Beispiele: Bis Ende der 1960er Jahre forderten Ärzte, Juristen und Wissenschaftler gleichermaßen die Legalisierung der Sterilisation aus eugenischen Gründen. In betonter Abgrenzung vom nationalsozialistischen Sterilisationswesen hoben sie immer wieder die Freiwilligkeit der geforderten Maßnahmen sowie die Orientierung an individuellen anstelle von kollektiven Interessen hervor. Die Schaffung eines entsprechenden Gesetzes sollte das genetisch aufgeklärte Individuum von staatlicher Bevormundung befreien und ihm die vermeintlich selbstbestimmte Umsetzung seines „Willens zur Eugenik" ermöglichen[6]. In den 1970er Jahren behaupteten humangenetische Berater, dass ein selbstbestimmtes Fortpflanzungsverhalten des Individuums so lange unmöglich sei, bis die Pränataldiagnostik flächendeckend verfügbar sei. Ein Jahrzehnt später hingegen betonte der Berufsverband Medizinische Genetik das „individuelle Recht einer jeden Person, für sich selbst Untersuchungen im Sinne von Genomanalysen zu verlangen oder abzulehnen."[7] Obwohl es in allen Fällen um die Stärkung der „reproduktiven Autonomie" des Individuums geht, sind die Unterschiede zwischen den Beispielen allzu augenfällig. Es ist die Aufgabe dieses Artikels eine historische Differenzierung dessen zu leisten, was Individualisierung – in der Zuspitzung auf den Wert der Selbstbestimmung bzw. Selbstverwirklichung im Zusammenhang mit der Humangenetik in den Jahrzehnten zwischen ca. 1950 und 1990 jeweils bedeutete und in welchen fachlichen Kontexten sie stand. Auch wird zu zeigen sein – die genannten Beispiele deuten dies bereits an –, dass die „Freisetzung" des Individuums nicht ohne neue, gegenläufige „institutionelle Abhängigkeiten" vorzufinden ist, ohne die ihre Verwirklichung nicht denkbar erscheint[8]. Es geht folglich nicht um eine Geschichte

---

[6] Die Formulierung stammt von dem Genetiker Hans Nachtsheim, Das Zweite Deutsche Fernsehen und die Eugenik, [1963/1964], in: Archiv der Max-Planck-Gesellschaft (künftig: MPG-Archiv), Abt III Rep 20A Nr. 142-4, S. 2.
[7] Walther Vogel, Stellungnahme des Berufsverbandes Medizinische Genetik zu dem Abschlußbericht der Bund-Länder-Arbeitsgruppe „Genomanalyse", in: Hessisches Hauptstaatsarchiv Wiesbaden (künftig: HHStAW), Abt. 511 Nr. 1097.
[8] Diesen Zusammenhang formulierte bereits Beck, Risikogesellschaft, S. 119. Ein entsprechender Nachweis für die Humangenetik ist zudem von dem derzeit im Graduiertenkolleg „Selbst-Bildungen" an der Universität Oldenburg laufenden Forschungsprojekt von Silja Samerski mit dem Titel „Vom Leidenden zum Entscheidenden. Eine Genealogie des Patienten als Entscheider-Subjekt" zu erwarten.

der fortgesetzten Befreiung des Individuums aus überkommenen, autoritären und institutionellen Beschränkungen, sondern vielmehr um die Skizze des Wandels dieser Bindungen[9]. Ebenso wenig geht es darum, den tatsächlichen Grad an individueller Selbstbestimmung in einem sozialstrukturellen Sinne zu rekonstruieren, sondern ihre Konstruktion im humangenetischen Diskurs zu verfolgen[10].

Die Individualisierung der Humangenetik in der Historiografie

Vorab sei jedoch ein Blick auf den Topos der Individualisierung in der bisherigen Forschung zur Geschichte der Humangenetik in Deutschland geworfen. Für die Anfänge der Geschichtsschreibung in den 1980er Jahren, die die „Individualisierung" der Humangenetik in der Bundesrepublik im Unterschied zur „Rassenhygiene" der vorangehenden Jahrzehnte beschrieb, war genau der eingangs erwähnte fortschrittsgeschichtliche Charakter einer „Befreiungsgeschichte" prägend. Das narrative Schema, das hierbei zugrunde lag, findet sich in Reinform in einer kleinen Skizze im Nachlass des Humangenetikers Helmut Baitsch (1921-2007)[11]. In einer Tabelle, die vermutlich 1985 angefertigt worden ist, sind verschiedene Begriffspaare anhand der beiden zeitlichen Kategorien „vor" bzw. „nach 1945" gegenübergestellt. Die „menschliche Erblehre" wird hierbei mit dem Untergang des „Dritten Reichs" zur „Humangenetik". Die rassenhygienischen Aspekte der Erbforschung fielen dabei ersatzlos weg: ein entsprechender Gegenpart für die Zeit nach 1945 fehlt. Stattdessen lässt sich der Tabelle entnehmen, dass die neue Genetik „medizinisch" orientiert gewesen sei. Diese Konzentration auf einzelne Patienten habe dazu geführt, dass nicht mehr das „Volk" im Vordergrund stand. Es wurde durch den vermeintlich neutralen

---

[9] Ich verwende „Individualisierung" darüber hinaus nicht als normativen oder als Entwicklungsbegriff, d. h. nicht als Instrument zur Beurteilung, wann der Individualisierungsprozess richtig bzw. vollständig abgeschlossen ist.

[10] Für weitere methodologische Überlegungen siehe Abschnitt 3 sowie die voraussichtlich 2014 erscheinende Dissertation des Verfassers zur Diskursgeschichte der Humangenetik in Deutschland und Dänemark, die im Rahmen des Projekts „,Bevölkerung': Die ,Bevölkerungsfrage' und die soziale Ordnung der Gesellschaft, ca. 1798-1987" an der Universität Oldenburg angefertigt wurde.

[11] Vgl. Helmut Baitsch, Biologische Existenz des Menschen, [1985/86], in: Archiv der Medizinischen Hochschule Hannover (künftig: ArchMHH), Dep. 1 acc. 2011/1 Nr. 2. Es handelt sich um ein DIN-A4-Blatt mit maschinenschriftlichen Stichwörtern und per Hand hinzugefügten grafischen Elementen. Die Versatzstücke dürften mit hoher Wahrscheinlichkeit in der umfassenden Vortragstätigkeit Baitschs zur Geschichte der Anthropologie und Humangenetik während der NS-Zeit Verwendung gefunden haben.

Begriff der „Population" verdrängt. Zudem gehe es der Humangenetik um das Wohl des „Individuums". Diese Kategorisierung ist typisch für die damaligen Anfänge der Geschichtsschreibung der Humangenetik, deren Autoren meist selbst Genetiker waren. Großes, nicht allein fachinternes Aufsehen erregte das 1984 von dem Kölner Genetiker Benno Müller-Hill publizierte Buch „Tödliche Wissenschaft"[12]. In diesen Studien wird im Wesentlichen der Neustart einer nach 1945 medikalisierten, individualisierten Humangenetik beschrieben. Berücksichtigt wurden einige retardierende Momente: So habe die deutsche Humangenetik einen internationalen Forschungsrückstand aufholen müssen, sie habe gegen ihr durch das Bündnis von Nationalsozialismus und Rassenhygiene gründlich diskreditiertes Image anzukämpfen gehabt und sie habe unter einer schlechten institutionellen und personellen Ausstattung gelitten. Der grundlegende Paradigmenwechsel habe sich vor diesem Hintergrund als Prozess vollzogen, der sich bis in die 1960er Jahre erstreckte. Das vorherrschende Erklärungsmodell in den frühen Schriften zur Geschichte der Humangenetik war hierbei der Generationswechsel – von den alten Ordinarien à la Otmar Freiherr von Verschuer (1896–1969), Friedrich Lenz (1887–1976) und Hans Nachtsheim (1890–1979) zu der neuen Generation von Helmut Baitsch (1921–2007), Friedrich Vogel (1925–2006), Peter Emil Becker (1908–2000), Gerhard Wendt (1921–1987) und anderen – sowie die Abschaffung überkommener und die Etablierung neuer Institutionen[13].

---

[12] Benno Müller-Hill, Tödliche Wissenschaft. Die Aussonderung von Juden, Zigeunern und Geisteskranken 1933–1945, Reinbek 1984. Müller-Hills Thesen, die im Einzelnen nicht unumstritten waren, wurden zum Gegenstand engagierter Debatten auf der 18. Jahrestagung der Gesellschaft für Anthropologie und Humangenetik 1983 in Münster, Radio Bremen, „Traum und Alptraum der Genetik", Sendung vom 22. November 1983.

[13] In der Retrospektive stilisierte Helmut Baitsch beispielsweise die von ihm und Friedrich Vogel betriebene Verdrängung Otmar Freiherr von Verschuers aus der Herausgeberschaft der Zeitschrift „Humangenetik" in der ersten Hälfte der 1960er Jahre und die 1965 erfolgte Zusammenführung der Gesellschaften für Anthropologie bzw. Konstitutionsforschung in der neugegründeten Gesellschaft für Anthropologie und Humangenetik zu entscheidenden Ereignissen im Zuge des Neubeginns der Humangenetik in der Bundesrepublik, Brief von Helmut Baitsch an Wolfgang Engel, 15.6.1989, in: ArchMHH, Dep. 1, acc. 2011/1 Nr. 11. Siehe des Weiteren Peter Emil Becker, Wege ins Dritte Reich, 2 Bde., Stuttgart 1988/1990 und Gerhard Koch, Die Gesellschaft für Konstitutionsforschung. Anfang und Ende 1942–1965, Erlangen 1985; ders., Humangenetik und Neuro-Psychiatrie in meiner Zeit (1932–1978). Jahre der Entscheidung, Erlangen/Jena 1993. Das Periodisierungsschema findet sich allerdings auch in den viel zitierten Studien „Rasse, Blut und Gene" des Wissenschaftssoziologen Peter Weingart (zusammen mit Jürgen Kroll und Kurt Bayertz, Frankfurt a.M. 1988) und „Die Internationale der Rassisten" von Stefan Kühl (Frankfurt a.M./New York 1997) sowie in der institutionengeschichtlichen Arbeit des Medizinhistorikers Hans-Peter Kröner, Von der Rassenhygiene zur Humangenetik. Das Kaiser-Wilhelm-Institut für Anthropologie, menschliche Erblehre und Eugenik nach dem Kriege, Stuttgart u. a. 1998. Siehe auch ders., Von der Eugenik zum genetischen Screening. Zur Geschichte der Humangenetik in Deutschland, in: Franz Petermann u. a. (Hrsg.), Perspektiven der

Im Laufe der 1990er Jahre etablierte sich eine dezidiert machtkritische Geschichtsschreibung der Humangenetik – vorrangig von Sozialwissenschaftlern betrieben[14]. Diese Arbeiten griffen die These einer Individualisierung der Humangenetik aus der disziplineigenen Historiografie auf, nach der die rassisch motivierte Orientierung am Volkswohl durch eine medizinisch motivierte Orientierung am Wohl des Individuums ersetzt wurde. Im Mittelpunkt stand jedoch ein ideologiekritisches Interesse: Es ging darum, die Kontinuität eines eugenisch-selektionistischen Denkens „in individualisierter Form" bis in die Gegenwart nachzuweisen. Die Arbeiten zeigten, dass die Humangenetik weiterhin zum Fortbestand eugenischen Gedankenguts beitrug: trotz der Entwicklung zu einer naturwissenschaftlichen und medizinischen Laborwissenschaft, der Ablehnung alter Technologien wie der Sterilisation und der Propagierung neuer wie der Pränataldiagnostik, der Distanzierung von gesetzlichem Zwang, der Umorientierung vom gemeinschaftlichen auf das individuelle Wohl. Einige dieser Studien sind hierbei von Michel Foucault inspiriert und beschreiben die Individualisierung der Eugenik als Übergang von disziplinarischen Technologien zu Selbsttechnologien der Macht im Bereich der Eugenik[15].

Drei Phasen der Individualisierung

Auf der einen Seite bezeichnet Individualisierung folglich die Medikalisierung der Humangenetik im Sinne einer Überordnung individueller Gesundheitsinteressen über Erwägungen, die das Gemeinwohl betreffen. Auf der anderen Seite bedeutet Individualisierung die Verschiebung von Machttechnologien. Angesichts dieser Forschungslage zur Geschichte der Humangenetik und Eugenik in der Bundesrepublik Deutschland lässt sich keine

---

Humangenetik – medizinische, psychologische und ethische Aspekte, Paderborn 1997, S. 23–47.

[14] Vgl. Anne Waldschmidt, Das Subjekt in der Humangenetik. Expertendiskurse zu Programmatik und Konzeption der genetischen Beratung 1945–1990, Münster 1996; Andreas Lösch, Tod des Menschen/Macht zum Leben. Von der Rassenhygiene zur Humangenetik, Pfaffenweiler 1998; Daphne Hahn, Modernisierung und Biopolitik. Sterilisation und Schwangerschaftsabbruch in Deutschland nach 1945, Frankfurt a.M. 2000; Dorothee Obermann-Jeschke, Eugenik im Wandel. Kontinuitäten, Brüche und Transformationen. Eine diskursgeschichtliche Analyse, Münster 2008 sowie für Österreich: Maria A. Wolf, Eugenische Vernunft. Eingriffe in die reproduktive Kultur durch die Medizin 1900–2000, Wien u. a. 2008.

[15] Vgl. Waldschmidt, Subjekt; Lösch, Tod des Menschen; Hahn, Modernisierung. Siehe auch Michel Foucault, Sexualität und Wahrheit, Bd. 1: Der Wille zum Wissen, Frankfurt a.M. 1977.

konsensfähige Periodisierung für die Nachkriegszeit bis zur Gegenwart ausmachen[16]. Gerade weil nicht nur in der Historiografie, sondern auch in der Primärliteratur selbst viel von Individualisierung die Rede ist, bleiben die indizierten Entwicklungen zeitlich und sachlich relativ unscharf. Gemein ist beiden Forschungssträngen allerdings ein Zwei-Phasen-Schema, das wie gezeigt von einem einstufigen Wandel einer volksorientierten Rassenhygiene hin zu einer individualisierten Humangenetik nach 1945 ausgeht. Ich möchte in der Folge ein Periodisierungsmodell vorschlagen, das drei, zwar ineinander verschränkte, doch deutlich unterscheidbare Phasen vorsieht. Dadurch lassen sich meiner Meinung nach einige Differenzierungsgewinne im Blick auf die Geschichte der Humangenetik in der Bundesrepublik einfahren. Zugleich wäre es mit dem vorgeschlagenen Modell schwieriger bestehende Narrative aufrechtzuerhalten, die entweder eine lineare Fortschrittsgeschichte annehmen oder sich auf die Entlarvung eugenischer Kontinuitäten konzentrieren.

Vorab zusammengefasst lassen sich die drei Phasen (ca. 1950er/60er Jahre, 1970er Jahre, 1980er Jahre) durch folgende Signaturen kennzeichnen: In den 1950er und 1960er Jahren waren es Experten, die allgemeinmenschliche Bedürfnisse und Normen im Bereich der menschlichen Reproduktion bestimmten. In einer Mischung aus direktiven Maßnahmen und pädagogisch verstandener Aufklärung sollten die Individuen dazu angehalten werden, ihr eigenes Interesse in einer Weise zu verfolgen, die sich mit dem Interesse der Allgemeinheit als kompatibel erwies. Im Verlauf der 1970er Jahre wurde das Potential des Individuums, die Verantwortung für die Vermeidung von Erbkrankheiten in der eigenen Familie zu übernehmen, in euphorischer Weise in den Vordergrund gerückt. Eingriffe auf gesamtgesellschaftlicher Ebene wurden überflüssig, da sich das Wohl der Allgemeinheit aus der Summe individueller Handlungen automatisch zu aggregieren schien. Hierfür galt es, das Individuum von seinen institutionellen Einschränkungen und seiner mangelhaften Informationslage zu befreien. Die handlungsleitenden Ziele, insbesondere die unbedingte Vermeidung von durch Erbkrankheiten verursachtem Leid und Kosten, standen allerdings kaum zur Disposition und wurden weiterhin als Konsens vorausgesetzt. Knapp zehn Jahre später – am Beginn der 1980er Jahre – wurde diese zuvor propagierte eugenische Autonomie des Individuums selbst problematisiert. Der Nutzen eines ständig weitergetriebenen Fortschritts, und zwar auf der Ebene humangenetischer Technologien einerseits und auf der Ebene individueller Aufklärung und Information andererseits, wurde zunehmend in Frage gestellt. Die „Betroffenen" dieses Fortschritts wurden entdeckt.

---

[16] Siehe hierzu auch Heike Petermann, Die biologische Zukunft des Menschen. Der Kontext des CIBA-Symposiums „Man and his Future" (1962) und seine Rezeption, in: Rainer Mackensen u. a. (Hrsg.), Ursprünge, Arten und Folgen des Konstrukts „Bevölkerung" vor, im und nach dem „Dritten Reich", Wiesbaden 2009, S. 393–415, hier S. 412.

In der Konzeption der humangenetischen Beratung beispielsweise gewannen Fragen der psychologischen Belastung von prospektiven Eltern durch eben diese Beratung enorm an Gewicht. Durch Programme wie die „nicht-direktive Beratung" sollte nun die tatsächliche Ergebnisoffenheit humangenetischer Beratung sichergestellt werden. Ob sich nach dieser Phase, also ab den 1990er Jahren oder dem neuen Jahrtausend, weitere Veränderungen einstellten, muss hierbei offen bleiben.

Diese Periodisierung ergibt sich jeweils aus einem Zusammenspiel von Entwicklungen der humangenetischen Forschung und Technologie mit ihren institutionellen Rahmenbedingungen, ihrer praktischen Anwendung und den Erwartungen, Zielen und Werten, die damit assoziiert werden[17]. So werde ich im Folgenden vor allem zeigen, dass sich die Werte, die die Einführung der Pränataldiagnostik Anfang der 1970er Jahre oder die Gendiagnostik am Ende desselben Jahrzehnts in der Bundesrepublik Deutschland leiteten, im Laufe ihrer Verbreitung nachhaltig veränderten. Diese Veränderungen wirkten sodann wiederum auf die Praxis und die institutionellen Rahmenbedingungen zurück[18]. Um den Kontrast zwischen den Erwartungen, die mit den neuen Technologien zum Zeitpunkt ihrer Einführung und im Laufe ihres Bestehens verbunden wurden, deutlich zu machen, widmen sich zwei Abschnitte den Erwartungen, die mit der Einführung der Pränataldiagnostik beziehungsweise der Gendiagnostik am Ende der ersten bzw. der zweiten Phase einhergingen. Die sich jeweils anschließenden Kapitel hingegen zeigen ausführlicher, welche Wertverschiebungen sich in der jeweiligen Phase einstellten und wie sich dadurch auch die Bewertungen dieser Technologien veränderten. Die beiden nun folgenden Abschnitte befassen sich einleitend mit der ersten Phase.

---

[17] Es handelt sich bei dieser Aufzählung um eine leichte Variation der von Andreas Rödder, Bernhard Dietz und Christopher Neumaier in Anlehnung an Hans Joas vorgeschlagenen Erklärungsfaktoren des Wandels von Wertordnungen: „Wie in einem Dreieck wirken Werte, Praktiken und institutionelle Rahmenbedingungen beim Veränderungsprozess von Wertvorstellungen aufeinander ein, ohne dass einer der Faktoren apriorisch vorgeordnet wäre." Bernhard Dietz/Christopher Neumaier, Vom Nutzen der Sozialwissenschaften für die Zeitgeschichte. Werte und Wertewandel als Gegenstand historischer Forschung, in: VfZ 60/2 (2012), S. 293–304, hier S. 302–303.

[18] Für die Genomanalyse und die mit ihr verbundenen Leitwerte hat Elisabeth Beck-Gernsheim diese Wechselwirkung als „spiral-shaped process" bezeichnet: „Then, through the spread of genome analysis, the values themselves are changed. Seen like this, genome analysis is not just a neutral means for reaching a predefined end, but rather the rapid expansion of this technology will affect the end itself." Health and Responsibility. From Social Change to Technical Change and Vice Versa, in: Barbara Adam (Hrsg.), The risk society and beyond. Critical issues for social theory, London 2000, S. 122–135, hier S. 122–123. Beck-Gernsheim entlehnt den Begriff von Barbara Mettler von Meibom (Mit High-Tech zurück in eine Autoritäre Politische Kultur?, Essen 1990).

„Die Annäherung an die Gene" in den 1950er und 1960er Jahren (1. Phase)

Von 1953 bis 1963 finanzierte die Deutsche Forschungsgemeinschaft (DFG) das Schwerpunktprogramm „Genetik"[19]. Es sollte dazu dienen, die genetische Forschung in Deutschland aufzubauen und an den internationalen Forschungsstand anzuschließen. Man wollte teilhaben an dem „Vordringen" der Forschung in die Zellen des menschlichen Körpers und der „Annäherung" an die materiellen Gene. Die beteiligten Wissenschaftler und Förderer wähnten sich in einer Umbruchphase von „klassischer" zu „moderner Genetik". Im DFG-Senat hieß es 1963 resümierend über die ausgehende „klassische" Genetik: „Dieses Zeitalter hat uns die Erkenntnis gebracht, dass alle Eigenschaften eines Organismus von erblichen Einheiten, den Genen, gesteuert werden, die wie die Perlen einer Perlenkette auf den Chromosomen hintereinander gereiht liegen müssen. Sie werden von Zellteilung zu Zellteilung bzw. von Generation zu Generation weitgehend unverändert weitergegeben. Jeder Organismus besitzt Tausende von Genen, die im Zuge der geschlechtlichen Vermehrung zu immer neuen Kombinationen zusammengestellt werden."[20] Das Modell der Gene als einer „Perlenkette" entsprach einer Vorstellung jener als distinkten, räumlich trennbaren und einzeln zu untersuchenden Einheiten. Diese Vorstellung schlug sich beispielsweise auch in der noch wenig kybernetischen Metapher des „Morse-Kodes" wieder, die der Humangenetiker Friedrich Vogel in den 1960er Jahren verwendete[21]. Die „moderne" Genetik, so heißt es in dem Senatsprotokoll weiter, „versucht, die Frage nach der Natur der Gene zu beantworten und gleichzeitig den Weg zu erfassen, welcher von den unsichtbar im Kern bzw. in den Chromosomen liegenden Genen zu den sichtbaren Eigenschaften führt. Dieses zweite Zeitalter ist das der molekularen oder chemischen Genetik."[22] Man könne in diesem Zeitalter die Entzifferung der „Geheimschrift des Organismus" unmittelbar miterleben[23].

Die Gene waren bis dahin „unsichtbar". Ende der 1950er und vor allem in den 1960er Jahren hatte die biochemische Humangenetik jedoch aufsehenerregende Erfolge zu verzeichnen, inspiriert durch die experimentelle Forschung

---

[19] An dem Programm war neben Mikrobiologen, Zoologen, Botanikern, Biochemikern und Biophysikern mit Hans Nachtsheim nur ein Humangenetiker beteiligt. Das SPP prägte die Vorstellung der genetischen Verhältnisse des Menschen allerdings entscheidend mit. Bundesarchiv Koblenz (künftig: BA), 1863K – 731, 17, Heft 1 bis 5).
[20] J. Straub, Senatsprotokoll vom 20.2.1963, in: BA, 1863 K – 731, 17, 5.
[21] Friedrich Vogel, Vortrag Rotterdam, [1964], in: Universitätsarchiv Heidelberg (künftig: UAH), Acc 12/95 – 10a.
[22] J. Straub, Senatsprotokoll vom 20.2.1963, in: BA, 1863 K – 731, 17, 5.
[23] Ebenda.

an Mikroorganismen. Diese Fortschritte erlaubten es, sich – im Rahmen eines räumlichen Denkens – den Genen immer weiter „zu nähern"[24]. Beispielsweise ließen sich nun Proteine, als primäre Genprodukte, trennscharf voneinander unterscheiden und sequenzieren. Wichtige Fortschritte stellten sich auch in der menschlichen Chromosomenforschung ein. 1956 wurde die genaue Chromosomenanzahl menschlicher Zellen bestimmt und im Laufe des Jahres 1959 wurden Chromosomenaberrationen als Ursachen des Down-Syndroms sowie des Klinefelter- und Turner-Syndroms gefunden. Damit schienen erste Schritte auf dem Weg zu einer „direkten" Sichtbarkeit der Gene als unterscheidbare, lokalisierbare Einheiten getan zu sein[25].

„Die Überwachung von Erbströmen" – Mutationsraten und genetische Behälter

Es empfiehlt sich, den räumlichen Vorstellungen der Humangenetik der 1950er und 1960er Jahre noch etwas weiter nachzuspüren, um sich dem eugenischen Denken dieser Zeit zu nähern. Denn der räumliche Einheitscharakter der Genvorstellung spiegelte sich auf den Ebenen des Individuums, der Familie und der Bevölkerung wider. Individuen nahmen die am humangenetischen Diskurs Beteiligten wie einen Behälter für eine Ansammlung von Erbeinheiten wahr. Dieser konnte als Ganzer entweder als normal oder als abweichend beurteilt werden. Deshalb setzten sich führende Humangenetiker, Ärzte und Juristen immer wieder öffentlich für die Legalisierung der freiwilligen Sterilisation, vor allem nach dem Vorbild Dänemarks, ein[26]. Hierdurch sollte

---

[24] Dieses Näherungskonzept prägte auch Baitschs wegweisenden Vortrag über die Proteinforschung auf der 7. Tagung der Deutschen Gesellschaft für Anthropologie: „Stellen doch die Proteine geradezu ideale Merkmale dar, da sie sehr wahrscheinlich unmittelbare (oder nahezu unmittelbare) Genprodukte sind und deshalb wie kein anderes Merkmal Einblick in die genetische Struktur und in die primäre Genwirkung geben können. Hier hätten wir es endlich einmal mit solchen Merkmalen zu tun, die sozusagen ganz nahe am Gen liegen." Die Serumproteine in ihrer Bedeutung für die Anthropologie, in: Deutsche Gesellschaft für Anthropologie (Hrsg.), Bericht über die 7. Tagung der Deutschen Gesellschaft für Anthropologie, Göttingen 1961, S. 95–115, hier S. 98.

[25] Hiervon unbenommen bleibt, dass die Gene tatsächlich zu keinem Zeitpunkt zu einem eindeutig greifbaren Gegenstand geworden sind und die forschungspraktische Operationalität des Genbegriffs gerade in seiner Offenheit und Uneindeutigkeit lag, Staffan Müller-Wille/Hans-Jörg Rheinberger, Das Gen im Zeitalter der Postgenomik. Eine wissenschaftshistorische Bestandsaufnahme, Frankfurt a.M. 2009; C. Kenneth Waters, What was classical genetics?, in: Studies in History and Philosophy of Science 35 (2004), S. 783–809.

[26] Vgl. einzelne Beiträge auf der Tagung „Genetik und Gesellschaft" von 1969, G. Gerhard Wendt (Hrsg.), Genetik und Gesellschaft. Marburger Forum Philippinum, Stuttgart 1970.

in der humangenetischen Beratung und im psychiatrischen Anstaltswesen ermittelten Risikopersonen die Unfruchtbarmachung ermöglicht werden, um einen „Austritt" schadhaften Erbgut aus dem Behälter zu verhindern. Die angedachten Maßnahmen sahen im Unterschied zum Nationalsozialismus freilich von gesetzlichem Zwang ab, jedoch ging es in den 1950er und 1960er Jahren um eine vorrangig im Bündnis von Experten in Wissenschaft, Verwaltung und Politik diskutierte Rationalisierung des Fortpflanzungsverhaltens zum Wohl der Gesamtheit[27]. Die Mitarbeit der Bürger wurde mehr vorausgesetzt als freigestellt[28]. Dem Individuum oblag es zwar durchaus, selbst die Verantwortung für sein Reproduktionsverhalten zu übernehmen, doch sollte es durch direktive Aufklärung und Information hierzu erzogen werden[29]. Diese verpflichtende Belastung ging Hand in Hand mit einer individuellen Angst auf Seiten der „Belasteten", aus dem relativ starren und relativ engen Normalbereich zu fallen[30].

Die belasteten Individuen wiederum „steckten in" Familien, die über Familienanamnesen oder Karteien erfassbar waren. Die Bevölkerung dachten

---

Für das breite Engagement Hans Nachtsheims in dieser Frage reicht ein Blick in: Kampf den Erbkrankheiten, Stuttgart 1966. Siehe auch Stefanie Westermann, Verschwiegenes Leid. Der Umgang mit den NS-Zwangssterilisierten in der Bundesrepublik Deutschland, Köln 2010; Henning Tümmers, Anerkennungskämpfe. Die Nachgeschichte der nationalsozialistischen Zwangssterilisationen in der Bundesrepublik, Göttingen 2011; Hahn, Modernisierung.

[27] Vgl. Waldschmidt, Subjekt, S. 94–96; siehe als Beispiel Otmar Freiherr von Verschuer, Eugenik, biologisch und ethisch. Referat auf der Tagung der westfälischen Arbeitsgemeinschaft „Arzt und Seelsorger" in Hamm, 17.11.1956, in: MPG-Archiv, Abt. III Rep. 86A Nr. 74.

[28] „Der Gedanke der Verhütung der Geburt von Erbkranken durch Beratung und Empfängnisverhütung oder sogar Ausmerzung, ist einfach und unmittelbar einleuchtend", postulierte Lionel Penrose 1969 in Marburg, Genetik und Gesellschaft, in: Wendt, Gesellschaft, S. 3–9, hier S. 6.

[29] Vgl. z. B. Hans Nachtsheim, Kampf den Erbkrankheiten, Stuttgart 1966, S. 98; Friedrich Vogel, Über Sinn und Grenzen praktischer Eugenik, in: Ruperto Carola 16/35 (1964), S. 242: „Man greift ein, indem man den im Volke vorhandenen Willen zur praktischen Eugenik ermutigt und durch individuelle Beratung in die richtigen Wege zu lenken versucht." Symptomatisch ist, dass gerade die besonders gefährdeten Gruppen, wie beispielsweise die „Schwachsinnigen", eines besonderen Maßes an Führung/Unterstützung bedurften, da sie zur eugenischen Verantwortungsschwäche neigten, vgl. z. B. Helmut Baitsch, Das eugenische Konzept – einst und jetzt, in: Wendt, Gesellschaft, S. 59–71, hier S. 64.

[30] Ich denke hier an Jürgen Links Charakterisierung der Ära des „Protonormalismus", Versuch über den Normalismus. Wie Normalität produziert wird, Göttingen 2006. Dieser „Denormalisierungsangst" entspricht, die Zeugung „erbkranker" Kinder vor dem Hintergrund der zunehmenden Verfügbarkeit genetischen Wissens als „gewissermaßen selbstverschuldet" aufzufassen, Hans Grünberg, Das Problem der Mutationsbelastung, in: Wendt, Gesellschaft, S. 72–77, hier S. 74. Einige Beispiele besorgter Patientenanfragen finden sich in dem Ordner „Briefwechsel mit Patienten-Gutachten" aus den Unterlagen des Instituts für Anthropologie und Humangenetik der Universität Heidelberg, in: UAH, Acc 12/95 – 4.

humangenetische Experten als Nebeneinander solcher „Familienbehälter", deren Fortpflanzung untereinander Gegenstand von Kontrollfantasien werden konnte, die einer ausgeprägt räumlichen Metaphorik verhaftet waren. Hans Nachtsheim schrieb über die sogenannte Paarungssiebung bei erblich bedingter Taubstummheit: „Eugenisch betrachtet ist es durchaus erwünscht, wenn das krankhafte Gen in den kranken Familien bleibt und nicht auch noch in gesunde hineingetragen wird."[31] Die Humangenetik der 1950er und 1960er Jahre ging zudem von einem vergleichbaren Behältercharakter auf der Ebene von Bevölkerungen aus. Eines der vielen Beispiele hierfür ist das Erbkrankheitsregister des Regierungsbezirks Münster, das Otmar Freiherr von Verschuer ab 1951 an der Universität Münster anlegte[32]. Es sollten nach Möglichkeit alle Träger inklusive Familienangehöriger von etwa 200 Erbkrankheiten in der damals ca. 2,2 Millionen Einwohner zählenden Bevölkerung zusammengetragen werden. Die Region wurde unter dem Gesichtspunkt der vergleichsweise stabilen Reproduktion der ansässigen Bevölkerung betrachtet. Zugezogene Bevölkerungsanteile wurden nach Möglichkeit identifiziert und getrennt berechnet[33]. Die Hintergrundannahme dieses Vorgehens war, dass sich die einheimische Bevölkerung in Zeiträumen langer Dauer mit geringer sozialer und sexueller Mobilität in evolutionären Selektionsprozessen geformt hatte. Erst im Laufe des 19. Jahrhunderts – im Zuge von Industrialisierung und Urbanisierung – waren die Migration und damit die genetische Durchmischungsrate der Population in bis dahin ungekanntem Ausmaß angewachsen. Noch konnte diese moderne Mobilität jedoch nach Meinung der Populationsgenetiker mit sorgfältiger Methodik markiert und berechnet werden[34].

Man hatte es im humangenetischen Diskurs also mit distinkten Einheiten auf der Ebene der Gene und einer Staffelung von entsprechenden Containern vom Individuum über die Familie bis zur Bevölkerung zu tun. Dieses Paradigma korrespondierte mit spezifischen Überwachungs-, Kontroll- und

---

[31] Hans Nachtsheim, Erbhygienisches Gutachten, 17.2.1959, in: MPG-Archiv, Abt III Rep 20A Nr. 100–6. Eine ähnliche Wortwahl findet sich auch bei seinem Schüler Friedrich Vogel, der im Zusammenhang mit der humangenetischen Beratung von Familien schreibt, „die Erbkranke enthalten", Sinn, S. 240.

[32] Vgl. Otmar Freiherr von Verschuer/Hans Christian Ebbing, Die Mutationsrate des Menschen. Forschungen zu ihrer Bestimmung. I. Mitteilung, in: Zeitschrift menschlicher Vererbungswissenschaft und Konstitutionslehre 35 (1959), S. 93–99.

[33] Siehe die statistischen Klassifikationen „Häufigkeit in bezug auf die im Bezirk Münster Geborenen" und „Häufigkeit in bezug auf die Wohnbevölkerung", in: Otmar Freiherr von Verschuer, Die Mutationsrate beim Menschen. Forschungen zu ihrer Bestimmung. IV. Mitteilung: Die Häufigkeit erbkranker Erbmerkmale im Bezirk Münster, in: Zeitschrift menschlicher Vererbungswissenschaft und Konstitutionslehre 36 (1962), S. 386–392.

[34] Siehe zu Westfalen auch Ilse Schwidetzky, Das „Aufbrechen der Isolate" und die Erweiterung am Beispiel Westfalens, in: Hans Freyer u. a. (Hrsg.), Akten des XVII. Internationalen Soziologenkongresses. Bd. IV, Meisenheim 1963, S. 105–110.

Regulationsstrategien. Eine dieser Maßnahmen stellte die umfassende staatlich geförderte „Mutationsforschung" dar, die sich im Laufe der 1950er Jahre in Westdeutschland etablierte. Das Bundesministerium für Atomkernenergie und Wasserwirtschaft finanzierte einige Forschungsvorhaben zur Bestimmung der „Mutationsrate" beim Menschen[35]. Zudem stand ihm der „Arbeitskreis Strahlenbiologie" beratend zur Seite, in dem regelmäßig die humangenetischen Folgen der Nutzung von Kernenergie diskutiert wurden. Mediziner und Wissenschaftler sowie Politiker und Verwaltungsbeamte waren gleichermaßen der Ansicht, dass die zivilisatorischen Errungenschaften im medizinischen und sozialen Bereich unweigerlich zu einem Anstieg der Frequenz „kranker Gene" in der menschlichen Population führen mussten. Sie befürchteten, dass die zunehmende Nutzung ionisierender Strahlung diese Entwicklung beschleunigen würde[36]. Anhand großangelegter Register möglichst aller „Erbkranker" einer Region oder einer bestimmten demografischen Gruppe, wie z. B. aller Schulkinder, sollte ermittelt werden, wie die normale Mutationsrate einer Bevölkerung ausfiel und wie diese sich eventuell bedrohlich veränderte. Friedrich Vogel formulierte diese Zusammenhänge 1960 folgendermaßen: „Leider wissen wir nicht, welcher Teil der normalerweise auftretenden "spontanen" Mutationen durch die natürliche Strahlenbelastung entsteht, und deshalb können wir auch nicht vorhersagen, wie stark die Zahl der Neumutationen infolge der erhöhten Strahlenbelastung ansteigen wird. [...] Das Problem muß am Menschen selbst untersucht werden, was theoretisch nicht schwierig ist: Man muß nur für bestimmte Testmutationen die Häufigkeit ihres Vorkommens in der Zeit und unter verschiedenen örtlichen Bedingungen vergleichen."[37] Bereits laufende Untersuchungen in einzelnen Bundesländern sollten, so Vogel weiter, „möglichst bald auf das ganze Bundesgebiet ausgedehnt werden."[38]

---

[35] Hierunter befand sich auch das oben bereits skizzierte Münsteraner Register von Otmar Freiherr von Verschuer.

[36] Die Vertretbarkeit solcher Thesen stand damit in Einklang, dass man sich zugleich unkompliziert von allzu belasteten Begrifflichkeiten wie „Degeneration" oder „Entartung" abgrenzen konnte. Vgl. für viele: „Wenn man nun noch berücksichtigt, daß sich die Mutationshäufigkeit durch Strahlenwirkung wie wahrscheinlich auch durch chemische Stoffe mehr oder weniger stark erhöhen dürfte, und daß diese Erhöhung im Endeffekt wesentlich mehr Schaden als Nutzen bringen dürfte, so erscheint die Befürchtung begründet, die in neuerer Zeit veränderten Lebensbedingungen könnten langsam aber sicher dazu führen, daß sich der Erbanlagenbestand der Menschheit der Qualität nach verschlechtert. Wenn man auf der einen Seite nicht denjenigen zustimmen kann, die das Schreckgespenst nahenden „Gentodes" der Menschheit an die Wand malen, so wäre es doch auf der anderen Seite unverantwortlich die Dinge einfach treiben zu lassen in der Erwartung, daß sich mit der Zeit schon alles von selbst regulieren wird." Friedrich Vogel, Sinn, S. 239.

[37] Brief von Friedrich Vogel an Brieskorn, 23.3.1960, in: UAH, Acc 12/95–8.

[38] Ebenda. Vgl. Alexander von Schwerin: Humangenetik im Atomzeitalter. Von der Mutationsforschung zum genetischen Bevölkerungsregister, in: Anne Cottebrune/Wolfgang U.

Solch aufwändige, in engen Expertenkreisen geplante Mutationsratenbestimmungen waren nicht ohne eingrenzbare genetische Behälterräume denkbar. Auf der anderen Seite brachten sie diese überhaupt erst hervor. Zusammenfassend lässt sich sagen, dass sich das Denken in bevölkerungsbezogenen Behälterräumen gegenseitig mit entsprechenden Behältervorstellungen auf den Ebenen von Familien und Individuen, die jeweils mosaikartig ineinander enthalten waren, stabilisierte. Auf allen Ebenen galt es durch mit ausgeprägt räumlicher Metaphorik aufgeladene Programme zu den jeweiligen Grundlagen – den Kleinsteinheiten – vorzudringen. Um die mühsam erhobenen Erbströme in einem geordneten Gleichgewicht zu halten, musste zwar am Individuum angesetzt werden. Es ging allerdings in erster Linie darum, Risikogruppen und -personen zu bestimmen und ihnen „vernünftiges" Verhalten anzuempfehlen. Die nachhaltige Ausschaltung der Reproduktionsfähigkeit mittels Sterilisation blieb noch lange nach dem Zweiten Weltkrieg das probateste eugenische Mittel für viele Humangenetiker.

Die Anfänge der Pränataldiagnostik

Mit dem Beginn der 1970er Jahre trat die Pränataldiagnostik ihren Siegeszug an. In Deutschland wurde die erste Fruchtwasserentnahme 1970 durchgeführt. 1973 wurde das DFG-Schwerpunktprogramm „Pränatale Diagnose genetisch bedingter Defekte" eingerichtet, das diese Technologie bundesweit etablieren sollte.[39] Weitere institutionelle Ziele, die dieses Schwerpunktprogramm von Beginn an mitverfolgte, wurden bald darauf Wirklichkeit: 1974 wurde der Schwangerschaftsabbruch nach einer pränatalen Diagnose aus eugenischen Gründen legalisiert und am Ende des Jahrzehnts ging die Pränataldiagnostik, nicht zuletzt aufgrund eines rasanten Anstiegs der Nachfrage, nach und nach in die Finanzierung durch die jeweiligen Länderhaushalte über.

Die neuen diagnostischen Möglichkeiten waren zunächst keineswegs gleichbedeutend mit einem grundlegenden Wandel des eugenischen Denkens. Die Pränataldiagnostik wurde von den humangenetischen Experten anfangs mit-

---

Eckart (Hrsg.), Das Heidelberger Institut für Humangenetik. Vorgeschichte und Ausbau (1962–2012), Heidelberg 2012, S. 82–105. Als weiteres Beispiel kann ein Konzeptpapier der „DFG-Kommission für Mutagenitätsfragen" dienen, in dem die „Suche nach Möglichkeiten des Mutationsnachweises beim Menschen" gefordert wurde. Mittels eines Verbunds verschiedenartiger „monitoring-systems" sollte die „Normalsituation" erfasst und durch dieses Erfassungssystem zugleich ein „Warnsystem" gegenüber abweichenden Tendenzen eingerichtet werden, Kommission für Mutagenitätsfragen: Protokoll 2/71 der Sitzung der Mutagenitäts-Kommission vom 3./4.12.1971, in: BA, B 227/225090.

[39] BA, B 227/225090 bis B 225/225099.

nichten als Mittel gesehen, die reproduktive Freiheit oder Selbstbestimmung zu steigern. Sie wurde in erster Linie vorangetrieben, da sie eine Steigerung der Diagnosesicherheit im Rahmen der hergebrachten „Bekämpfung von Erbkrankheiten" versprach.[40] Die Pränataldiagnostik ermöglichte scheinbar eine weitere Annäherung an die Gensubstanz im oben beschriebenen räumlichen Sinne. Was man sich Ende der 1960er und Anfang der 1970er Jahre von der Pränataldiagnostik versprach, zeigt sich in dem folgenden Zitat des Freiburger Genetikers Carsten Bresch. Im Zusammenhang mit der Vorbereitung des DFG-Schwerpunktes schreibt er 1971 über die „Gefährdung des menschlichen Erbguts": „Nachlässigkeit oder Sorglosigkeit auf diesem Gebiet mag bezahlt werden müssen mit Tausenden und Abertausenden von bedauernswerten menschlichen Kreaturen, deren körperliche oder geistige Funktionen durch defekte Erbanlagen gestört sind. Der Schutz des menschlichen Erbguts vor der Gefahr einer laufenden Anreicherung von genetischen Defekten infolge von Umwelt-Mutagenität ist daher jede wissenschaftliche Anstrengung wert."[41] So sei es unter anderem notwendig, „Verfahren zur laufenden Reinigung des Erbguts der menschlichen Population von schädlichen Defekten [zu entwickeln, D.T.], um im Ernstfall wirksame Maßnahmen zur Verfügung zu haben, einer steigenden Häufigkeit von Mißgeburten entgegenwirken zu können."[42] Bresch plädierte dafür, die jüngst in den USA entwickelte Amniozentese zu nutzen: „Hierbei werden durch die Entnahme einiger ml Amnionflüssigkeit nach der 15. Schwangerschaftswoche Zellen des Foeten gewonnen, die kultiviert und dann sowohl der zytologischen Untersuchung als auch diversen biochemischen Testverfahren zugeführt werden können."[43] Die automatische Verkettung einer pränatalen Diagnose mit dem sich anschließenden Abbruch der Schwangerschaft problematisierte Bresch nicht. Die neuen Methoden wie die Amniozentese wurden als weiteres, nunmehr vielversprechendstes Mittel zur Eindämmung des Anstiegs von „Erbkrankheiten" verstanden. Dies galt vor allem auch im Hinblick auf die Fortschreibung volkswirtschaftlicher Begründungen der Eu-

---

[40] Vgl. hierzu die im Rahmen des DFG-Schwerpunktprogramms omnipräsente These: „Pränatale Diagnostik bedeutet alternativ Nachweis oder Ausschluß einer angeborenen Krankheit der in der Gebärmutter heranwachsenden Frucht zu einem frühen Zeitpunkt der Entwicklung, und zwar zwischen der 15. und 18. Schwangerschaftswoche. Die diagnostischen Methoden gestatten eine präzise Aussage darüber, ob ein normales oder ein mit einem angeborenen Defekt behaftetes Kind zu erwarten ist. Damit tritt die sichere Diagnose anstelle der bisher empirisch ermittelten Erkrankungswahrscheinlichkeit." Deutsche Forschungsgemeinschaft, Pränatale Diagnose genetisch bedingter Defekte, in: Umschau in Wissenschaft und Technik 77/9 (1977), S. 281–284, hier S. 281.
[41] Carsten Bresch, Antrag auf Bewilligung von Mitteln zur Durchführung einer Pilot-Studie zum Thema: Computer-Analyse menschlicher Chromosomen, 25.11.1971, in: BA, B 227/225090, S. 1.
[42] Ebenda.
[43] Ebenda, S. 2.

genik. Der Marburger Humangenetiker Gerhard Wendt schrieb 1976 an den Hessischen Kultusminister über „Das Behinderten-Problem und die genetische Beratung": „Die Zahl der Behinderten wird von Jahr zu Jahr größer, schon wegen der steigenden Lebenserwartung. Die Betreuung der Behinderten kostet von Jahr zu Jahr mehr Geld [...]. Die Feststellung, daß wir schon heute keine Chance haben, alle Behinderten lebenslang optimal zu betreuen, zwingt zur Vorbeugung. Im Rahmen solcher Vorbeugung könnte eine umfassend angebotene genetische Diagnostik [gemeint ist Pränataldiagnostik, D.T.] und Beratung einen Teil derjenigen Behinderungen, die eine genetische Ursache haben, künftig verhindern und so die Belastung für unsere Gesellschaft mindern helfen."[44]

Die Pränataldiagnostik – als technologisches Epizentrum der Humangenetik am Beginn der 1970er Jahre – ging also keineswegs mit einem Mentalitätswandel in eugenischen Fragen einher. Anfangs stand das Wohl der Bevölkerung weiterhin im Zentrum. Die drohende Zunahme von Erbdefekten in der deutschen Bevölkerung konnte mittels pränatalen Diagnosen auf vermeintlich elegante Weise mit dem als selbstverständlich vorausgesetzten, individuellen Interesse an der Vermeidung von Leid in der eigenen Familie zur Deckung gebracht werden. Die Kongruenz von Expertenratio und einem „vernünftigen" Verhalten der Individuen im Eigeninteresse erschien als selbstverständlich[45]. Wie in dem Zitat von Gerhard Wendt bereits angedeutet ging es im Wesentlichen um die Bereitstellung der Infrastruktur, in die sich die prospektiven Eltern dann schon von selbst einfügen würden.[46] Aufklärung über genetische Diagnoseangebote war gleichzeitig auch Appell zur Inanspruchnahme. Folglich führte die Pränataldiagnostik mitnichten zu einem „Individualisierungsschub" im Sinne einer Entkoppelung von individuellem Reproduktionsverhalten und vermeintlichen Gemeinschaftsinteressen, wie sie sowohl von den zeitgenössischen Humangenetikern als auch in der facheigenen Historiografie suggeriert wurde. Vor allem blieb auch die stark asymmetrische Bindung des individuellen Entscheidungsverhaltens an eine „objektive", humangenetische Expertenautorität erhalten.

---

[44] Brief von G. Gerhard Wendt an den Hessischen Kultusminister, 12.05.1976, in: HHStAW, Abt. 504 Nr. 13.111.
[45] Vgl. hierzu die Erläuterungen, die Friedrich Vogel 1973 einer interessierten Primanerin schreibt: „Dagegen ist es eine wichtige Aufgabe der Humangenetik, ihnen[den Menschen] zu helfen, daß sie sich in ihrer Fortpflanzung sinnvoll verhalten, wenn man heute etwa der Geburt vieler kranker und mißgebildeter Kinder vorbeugen kann.", in: UAH, Acc 12/95 – 15.
[46] Vgl. hierzu auch G. Gerhard Wendt, Vererbung und Erbkrankheiten. Ihre gesellschaftliche Bedeutung, Frankfurt a.M. 1974, insbes. S. 115: „Bedenkt man, daß eine nachdrücklich geförderte Forschung auf diesem Gebiet anläuft, dann kann man es als wahrscheinlich bezeichnen, daß in absehbarer Zukunft die Amniozentese tatsächlich eine Routinemethode wird. Besteht dann noch die Möglichkeit in jedem entsprechenden Fall die Schwangerschaft zu unterbrechen, dann wird sich die Anzahl Neugeborener mit schweren Leiden und Defekten verringern."

Pränataldiagnostik wird zum Angebot (2. Phase)

Im Laufe der 1970er Jahre etablierte sich die Pränataldiagnostik und breitete sich in der Praxis aus. Es stellten sich hierbei deutliche Verschiebungen in den Werten ein, die ihre Anwendung leiteten, ohne dass dies von den Akteuren intendiert oder reflektiert wurde[47]. Das Konzept der pränatalen Diagnose als sichere und präzise Aussage, die den Schwangeren an die Hand gegeben werden konnte, wurde zentral[48]. Durch diese neue Sicherheit schien den Patientinnen eine derart eindeutig vorstrukturierte Orientierungsmarke zur Verfügung zu stehen, dass die zusätzliche Handlungsanleitung durch direktive Experten nach und nach überflüssig werden konnte. Die Lenkungs- und Regulierungsfunktion des humangenetischen Beraters schien fast vollständig in der Vermittlung der objektiven Diagnose aufzugehen. Entsprechende Entscheidungsmechanismen (positive Diagnose – Schwangerschaftsabbruch) liefen vermeintlich automatisch ab. Parallel dazu ließ sich das persönliche Interesse der Patienten viel konkreter ansprechen. Die Entscheidung zur Zeugung eines möglicherweise erbkranken Kindes konnte bis nach der Empfängnis aufgeschoben werden. Es ging um tatsächliche Embryonen und nicht um hypothetische Kinder, die durch eine präventive Sterilisation hätten „verhindert" werden sollen.

Vor diesem Hintergrund schoben sich bestimmte Topoi in den Vordergrund, während andere nach und nach zurücktraten. An erster Stelle ist hier zu nennen, dass Humangenetiker die Diagnosesicherheit, die sie mit der Pränataldiagnostik assoziierten und die sie eingangs in erster Linie als Maßnahme

---

[47] Im Hintergrund stand hier eine kontroverse gesellschaftliche Diskussion um die Lockerung der Gesetzeslage zum Schwangerschaftsabbruch. An dieser Debatte waren nicht nur zahlreiche Akteure beteiligt, es wurden auch vielfältige Themenfelder berührt, insbesondere religiöse, geschlechterpolitische, wirtschaftliche und arbeitsmarktbezogene sowie freiheitsrechtliche Erwägungen, siehe Michael Schwartz, Abtreibung und Wertewandel im doppelten Deutschland, in: Thomas Raithel u. a. (Hrsg.), Auf dem Weg in eine neue Moderne? Die Bundesrepublik Deutschland in den siebziger und achtziger Jahren, München 2009, S. 113–128. Selbstverständlich stand der Wandel des humangenetischen Diskurses hierzu in einer wechselseitigen Beziehung. Das individuelle Recht auf reproduktive Selbstbestimmung, das eine wichtige Rolle in der gesellschaftlichen Diskussion spielte, fand jedoch in stark gefilterter Form Eingang in den humangenetischen Diskurs, die im Vordergrund der folgenden Ausführungen stehen wird. Zudem deutet vieles darauf hin, dass Humangenetiker die „Öffentlichkeit" sowie Interessengruppen jenseits politischer und administrativer Institutionen nicht vor Ende der 1970er Jahre und somit erst in der dritten Phase als direkte Ansprechpartner akzeptierten, siehe weiter unten.

[48] Wendt schrieb über die Pränataldiagnostik des Down-Syndroms: „Es ist damit zu rechnen, daß die Anwendung dieser Methode, mit der man in bestimmten Fällen die Angabe dieser Risikoziffer für die Geburt eines kranken Kindes durch eine sichere Aussage über Gesundheit oder Krankheit der Kinder im Mutterleib ersetzen kann, rasch zunimmt." Brief von G. Gerhard Wendt an den Hessischen Kultusminister, 12.5.1976, in: HHStAW, Abt. 504 Nr. 13.111.

zur besseren Eindämmung von Erbkrankheiten gepriesen hatten, zunehmend als Möglichkeit auffassten, das subjektive Sicherheitsgefühl von Patientinnen zu erhöhen, und zwar unabhängig davon, ob eine Erbkrankheit diagnostiziert oder ausgeschlossen wurde: „Nach international übereinstimmenden Ergebnissen wird bei 4 bis 5 % aller pränataldiagnostischen Untersuchungen eine Anomalie der Frucht aufgedeckt, so daß ein Schwangerschaftsabbruch indiziert ist. Das besagt auf der anderen Seite, daß – bezogen auf das Gesamtkollektiv der genetischen Risikoschwangerschaften – in etwa 95 % normale Befunde erhoben werden. Gerade dieser Tatsache kommt besonders Gewicht zu, bedeutet doch der Ausschluß eines angeborenen Defektes in der frühen Schwangerschaft gerade für diese Frauen die Befreiung von Angst und Sorgen um das Ungeborene."[49] Diesem Bedürfnis nach subjektiver Sicherheit entspricht die Figur des „ratsuchenden Jedermann", die Anne Waldschmidt in den programmatischen Schriften zur humangenetischen Beratung der 1970er Jahre identifiziert hat – einem abgesehen von seiner Besorgnis um die Gesundheit seiner Nachkommen noch recht eigenschaftslosen, zugleich aktiv und passiv agierenden Subjekts[50].

Parallel wurde der Topos der Vermeidung von individuellem Leid, bei dem die humangenetische Beratung die Fortpflanzungswilligen zu unterstützen hatte, omnipräsent. Freilich war diese Argumentation älter, doch gewann sie in den 1970er Jahren ganz erheblich an Bedeutung, da die Pränataldiagnostik diese Aufgabe vermeintlich ohne sichtbare Nebenwirkungen für das Individuum erfüllen konnte. Es änderten sich die Prioritäten: Wurde in den 1950er und 1960er Jahren noch die Verhinderung eines gesellschaftsbedrohenden Anstiegs von Erbkrankheiten zuerst genannt und sodann in seiner Vereinbarkeit mit der Vermeidung individuellen Leids präsentiert, so kehrte sich die Reihenfolge nun um. Das individuelle Interesse an der Prävention von Leid in der eigenen Familie ging voran; die Deckungsgleichheit mit Interessen an einer positiven Bevölkerungsentwicklung oder Kosteneinsparungen im Gesundheitswesen folgten nach – gewissermaßen als leicht anrüchige, aber durchaus erfreuliche Nebenfolge[51].

---

[49] Deutsche Forschungsgemeinschaft, Pränatale Diagnose, S. 281. Es folgt der Hinweis, dass diese positiven Auswirkungen auf das individuelle Befinden im Nebeneffekt einer pronatalistischen Politik zuarbeiteten.
[50] Waldschmidt, Subjekt, S. 157.
[51] Vgl. als Beispiel aus dem Sonderforschungsbereich „Klinische Genetik" an der Universität Heidelberg: Klaus Altland, Zur primären Prävention hereditärer Erkrankungen mit hoher Genfrequenz am Beispiel der Sichelzell-Erkrankung und der Cystischen Fibrose, Januar 1974, in: BA, B 227/011399; Friedrich Vogel, Vom Nutzen der genetischen Beratung, in: Universitas 4 (1977), S. 365–371, hier S. 371: „Am Beispiel der genetischen Beratung können wir sehen, was an unmittelbarem Nutzen für den Einzelnen uns die Forschung bringen kann [...]. Der Nutzen ist für die betroffenen Familien wie die Gesellschaft als ganze so unmittelbar deutlich wie in kaum einem anderen Bereich der vorbeugenden Medizin."

Des Weiteren wurde die auf Pränataldiagnostik basierende humangenetische Beratung zunehmend als eine Art „Angebot" beschrieben, das auf eine „Nachfrage" seitens der „Klientel" reagierte. Nicht zuletzt dadurch erodierte nach und nach das technokratische Selbstverständnis des Humangenetikers als Politikberater und Volksgesundheitsplaner. Vielmehr ging es darum, einem vermeintlich stetig steigenden „Bedarf" der Bevölkerung an humangenetischer Beratung nachzukommen, entsprechende Versorgungsangebote auszubauen, Gelder zu organisieren, Institutionen zu errichten, Kapazitäten zu erhöhen. Beispielsweise legte die Stiftung Rehabilitation 1977 ein „Modell zur ausreichenden Versorgung der Bevölkerung einer Region mit genetischer Präventiv-Medizin" für den Rhein-Neckar-Raum vor. Der „Erfolg dieses Modells" sollte sich keineswegs in erster Linie an epidemiologischen oder volksgesundheitlichen Effekten messen. Der primäre Maßstab war, dass „der Ansturm der Beratungen und Untersuchungen von der genetischen Beratungsstelle abgefangen werden kann", insbesondere vor dem Hintergrund der Prognose, „daß in kurzer Zeit die genetischen Beratungen und die Fälle für pränatale Diagnostik das Dreifache des jetzigen Bedarfes erreichen" werden[52]. Die Bevölkerung eines bestimmten Gebietes trat nunmehr kaum noch als Behälter bestimmter, möglicherweise aus dem Gleichgewicht geratener Genverteilungen auf. Sie wurde zuallererst zum Anspruchshalter eines Rechts auf angemessene Versorgung mit humangenetischen Präventivleistungen. Hierbei wurde in aller Regel ein kaum bekannter, doch umso wirkmächtigerer Bedarf der Bevölkerung für diese Leistungen vorausgesetzt. Die nicht thematisierte, selbstverständlich erscheinende Gleichsetzung von statistischen Aussagen über Erbkrankheiten, Schwangerschaften, Geburten etc. mit einem „erheblichen Bedarf" an humangenetischer Beratung im Allgemeinen und Pränataldiagnostik im Besonderen ist typisch für diese Phase der Humangenetik[53]. Ebenso typisch ist der nicht thematisierte Zirkelschluss, dass der unabhängig vom Vorhandensein humangenetischer Beratungsstellen existierende Bedarf an der tatsächlichen Inanspruchnahme solcher Stellen nach ihrer Errichtung gemessen werden kann. Inwieweit das Angebot die Nachfrage erzeugte, stand nicht zur Debatte[54].

[52] Stiftung Rehabilitation, Antrag auf Förderung eines Modellvorhabens – Modell zur ausreichenden Versorgung der Bevölkerung einer Region mit genetischer Präventiv-Medizin in Kooperation zwischen einer Genetischen Beratungsstelle und dem Öffentlichen Gesundheitsdienst – Entwicklung eines Satellitensystems für den Rhein-Neckar-Raum, Oktober 1977, in: UAH, Acc 12/95 – 24, S. 9.
[53] Vgl. als einschlägiges Beispiel Werner Schloot, Humangenetische Beratungsstelle an der Universität Bremen, 24.5.1976, in: Zentrales Archiv der Universität Bremen (künftig: BUA), 2/AkAn – Nr. 4994a.
[54] Dies hält erst in den 1980er Jahren Einzug in die Fachdiskussionen. Siehe hierzu retrospektiv zusammenfassend im Hinblick auf die Pränataldiagnostik: Irmgard Nippert, Entwicklung der pränatalen Diagnostik, in: Gabriele Pichlhofer (Hrsg.), Grenzverschie-

Die bislang skizzierten diskursiven Transformationen standen mit dem Aufbrechen der „genetischen Behälterräume" der 1950er und 1960er Jahre in Wechselwirkung. Der zuvor durch möglichst vollständige Register und aufwendige Mutationsratenerhebungen angestrebte Überblick über den Genbestand eines bestimmten evolutionär mehr oder weniger homogenen Gebietes büßte sein epistemologisches und eugenisches Primat zugleich ein. Die Regulierung von Erbströmen durch Identifikation und Separierung erbkranker Individuen oder Familien im Sinne der Stabilisierung der Mutationsrate der Gesamtheit verschwand ebenso rasch wie lautlos aus der Agenda der Humangenetik. Stattdessen trat mit der Ausweitung des pränataldiagnostischen Angebotes das Denken in „Versorgungsräumen" in den Vordergrund. Das einschlägigste Beispiel hierfür stellen die Informationsblätter des bereits erwähnten DFG-Schwerpunktprogramms „Pränatale Diagnose genetisch bedingter Defekte" dar[55]. Sie wurden jeweils mit einer Karte der BRD eingeleitet, die alle Standorte verzeichnete, an denen bereits pränatale Diagnosen durchgeführt wurden. Außer der politischen Grenzen des Bundesgebiets wurden keine Unterteilungen vorgenommen. Von Ausgabe zu Ausgabe zeichnete sich ausschließlich die Verdichtung eines Versorgungsnetzes über der Bundesrepublik ab (unterstützt durch eine Fortschrittszählung der Gesamtzahl durchgeführter Diagnosen). Derartige Abbildungen fanden sich in den 1970er Jahren mit variierenden regionalen Bezügen wieder[56]. Stets ging es um die ausreichende bzw. noch nicht ausreichende Versorgung von „Einzugsgebieten", also Räumen in denen eine bestimmte individuelle Nachfrage nach Pränataldiagnostik vermutet wurde.

Die „Individualisierung", die im Laufe der 1970er Jahre mit der Pränataldiagnostik einherging – und die eine deutliche Änderung der Erwartungen, mit denen die Pränataldiagnostik ursprünglich entwickelt wurde, bedeutete –, lässt sich innerhalb der bislang skizzierten Koordinaten verorten (Sicherheit für verunsicherte Ratsuchende, Vermeidung individuellen Leids, Angebot-Nachfrage-Konzepte, flächendeckende Versorgung). Das Individuum – vorwiegend in der Form schwangerer Frauen – blieb hierbei in seinen Bedürfnissen eindi-

---

bungen. Politische und ethische Aspekte der Fortpflanzungsmedizin, Frankfurt a.M. 1999, S. 63–81.

[55] Insgesamt erschienen 16 „Informationsblätter", die die Koordinationsstelle des SPP unter der Redaktion von Jan Murken und Sabine Stengel-Rutkowski zwischen 1973 und 1982 herausgab, in: BA, B 227/22504 und B 227/225095.

[56] Vgl. nur für die „Einzugsgebiete" der Universitäten Heidelberg und Bremen: Friedrich Vogel, Genetische Prävention in Kooperation zwischen einer Genetischen Beratungsstelle und dem öffentlichen Gesundheitsdienst, in: Bundesministerium für Jugend, Familie und Gesundheit (Hrsg.), Forschung im Geschäftsbereich des Bundesministers für Jugend, Familie und Gesundheit. Jahresbericht 1978/1979, Stuttgart u. a. 1980, S. 134–140; Werner Schloot, Einrichtung einer genetischen Untersuchungsstelle an der Universität Bremen, 28.9.1974, in: BUA, 1/AS–2906.

mensional, seine Entscheidungsfreiheit wurde im humangenetischen Diskurs als stark vorstrukturiert betrachtet[57]. Ein etwaiger Zugewinn an Selbstbestimmung ist nur sehr begrenzt zu beobachten; er bestand im Kern vor allem in der Eigeninitiative des Nachfragens und dem Anrecht auf Diagnosesicherheit bei der selbstsorgerischen Vermeidung genetisch verursachten Leids. Ethische, psychologische und soziologische Fragen danach, ob humangenetisches Wissen generell von Wert ist, wie es kommuniziert werden sollte, wie Individuen es bewältigen etc., kamen zwar rasch ins Gespräch. Sie blieben unter Humangenetikern jedoch noch exotisch gegenüber einem weiterhin ungebrochenen Fortschrittsglauben in Bezug auf das Wissen und dessen Anwendung.

Die Anfänge der Gendiagnostik

Bereits 1970 wurden die sogenannten „Restriktionsenzyme" entdeckt, mit denen es zwei Jahre später gelang erstmals „rekombinante DNA" von Viren und Bakterien herzustellen. Ab den späten 1970er Jahren wurde immer deutlicher: DNA lässt sich in vitro kopieren, auseinandernehmen, wieder zusammensetzen, über Speziesgrenzen hinweg kombinieren und wieder zum Funktionieren bringen. Mittels DNA-Technologie konnten beispielsweise medizinisch verwertbare Proteine hergestellt werden. Zudem ließen sich genetisch modifizierte, pflanzliche und tierische Organismen im industriellen Maßstab produzieren. Auch schien es in Bälde machbar zu sein, das menschliche Genom vollständig zu sequenzieren. Ebenso machte die künstliche Befruchtung beim Menschen große Fortschritte und führte 1978 zur Zeugung des ersten sogenannten „Retortenbabies" in Großbritannien. In Deutschland kam diese Technologie erstmals 1982 zur Anwendung. An der Wende zu den 1990er Jahren überschritt die Präimplantationsdiagnostik, bei der durch künstliche Befruchtung entstandene Embryonen vor der Einpflanzung in die Gebärmutter genetisch getestet werden, die Schwelle der Anwendbarkeit.

Die ersten molekulargenetischen Diagnosemethoden in der Pränataldiagnostik waren Ende der 1970er Jahre verfügbar. Vorerst stellte sich allerdings auch diesmal durch diese neuen Technologien kein Umdenken ein: Sie galten wiederum als Mittel zur Steigerung der Diagnosesicherheit und Präzision im Rahmen bestehender Strategien. Der Würzburger Professor Tiemo Grimm schrieb 1984 in einem Forschungsantrag zu „DNA-Techniken in der Pränataldiagnostik":

---

[57] In diese Richtung deuten auch die Ausführungen Regula Argasts zur genetischen Beratung der 1970er Jahre in der Schweiz, Eine arglose Eugenik? Hans Moser und die Neupositionierung der genetischen Beratung in der Schweiz, 1974–1980, in: Traverse 3 (2011), S. 85–103, hier S. 96.

„Die Anwendung der Methoden der DNA-Technik (Gentechnologie) auf das menschliche Genom erlaubt es erstmalig, das Erbmaterial selbst, die DNA, zu analysieren. Damit ist es möglich geworden, Gendefekte direkt zu diagnostizieren. Bisher waren Defekte der Erbsubstanz nur an ihren Störungen des normalen Stoffwechsels bzw. der normalen Morphogenese zu erkennen. Bei einer Reihe von klinisch bedeutenden Erbkrankheiten unterstützt bzw. ersetzt die DNA-Analyse bereits heute die herkömmliche klinische und biochemische Diagnostik."[58] Die Möglichkeiten der Pränataldiagnostik waren durch die Molekulargenetik schlicht noch „direkter" geworden[59]. Sie schienen jetzt auf „das Erbmaterial selbst" zuzugreifen[60]. Vor diesem Hintergrund ergab sich auch durch die Gendiagnostik keineswegs „von selbst" eine Veranlassung, die bisherigen Koordinaten individueller Entscheidungsfreiheiten im humangenetischen Diskurs zu überdenken. Der Wandel stellte sich erst im Laufe der dritten Phase im Wechselspiel zwischen der verstärkten Anwendung der Gentechnologie sowie diskursiven Verschiebungen ein.

„Die Kehrseiten der Individualisierung" (3. Phase)

Mit der Gentechnologie wurden Zweifel an dem Wert einer immer weiter fortschreitenden Ausweitung genetischen und humangenetischen Wissens laut. Für weltweites Aufsehen sorgte die Konferenz von Asilomar in Kalifornien 1975. Dort beschlossen US-amerikanische Wissenschaftler ein selbst auferlegtes Moratorium gentechnologischer Forschung. Anlass zu diesem Entschluss gab die verbreitete Sorge vor Infektionsrisiken durch genetisch modifizierte Organismen. Auch in Deutschland brachte nicht zuletzt die Neue Soziale Bewegung die Diskussion um mögliche krankheitsauslösende, genmanipulierte Viren oder Bakterien auf die Tagesordnung[61]. Ende der 1970er Jahre erließ das Bundesjustizministerium erstmals „Richtlinien zum Schutz vor Gefahren durch in-

---

[58] Tiemo Grimm, DNA-Techniken in der Pränataldiagnostik. Heterozygoten-Erkennung und vorgeburtliche Diagnostik erblicher Muskelerkrankungen, 21.12.1984, in: BA, B 227/225093.

[59] Siehe zu dieser Formulierung z. B. Hans-Peter Vosberg, Überblick über neue Möglichkeiten zur Analyse menschlicher Gene, 2.7.1982, in: DFG-Archiv, 322 256.

[60] Vergleichbar ist die Rede von der Erreichbarkeit „molekularer Ursachen" von Krankheiten: Karl Sperling, Antrag auf Einrichtung eines neuen DFG-Schwerpunktprogrammes „Analyse des menschlichen Genoms mit gentechnologischen Methoden", 8.9.1983, in: DFG-Archiv, 322 256. Ein komplexeres Genmodell, das zudem eine echte Wechselseitigkeit zwischen Genen und Umwelt annimmt, setzte sich erst in den 1990er Jahren nachhaltig durch, Staffan Müller-Wille/Hans-Jörg Rheinberger, Postgenomik.

[61] Vgl. nur A. Pühler, Gentechnologie. Keine größeren biologischen Risiken (Interview), in: Medizinische Welt 32/9 (1981), S. 54–55; „Gen-Ängste im öffentlichen Dialog aufarbei-

vitro neukombinierte Nukleinsäuren". Die Angst vor einer Umweltkatastrophe durch gentechnologische „Seuchenherde" trat allerdings in der ersten Hälfte der 1980er Jahre bereits wieder zurück[62]. Was blieb, war ein grundlegender öffentlicher Diskussionsbedarf über die Risiken der Gentechnologie für den Menschen. Die Pränataldiagnostik blieb hiervon nicht verschont. Je präsenter die Molekulargenetik in der Pränataldiagnostik tatsächlich wurde, desto mehr erschien sie als grundlegend begründungsbedürftig. Der ständige gentechnologische Fortschritt und seine Anwendung wurden zunehmend ambivalent wahrgenommen[63].

Anfangs verbreitete sich unter den humangenetischen Experten eine zunehmende Skepsis gegenüber einer „vernünftigen" Entwicklung der Nachfrage nach Pränataldiagnostik. Die humangenetische Beratung der 1970er Jahre hatte vor allem auf eines gezielt: möglichst weitgehende Aufklärung der Bevölkerung über genetische Risiken. Es galt vereinfacht gesagt: Je mehr Aufklärung, desto besser informierte und somit rationalere, individuelle Fortpflanzungsentscheidungen. Stand noch in der zweiten Hälfte der 1970er Jahre der Ausbau der Diagnosekapazitäten angesichts einer quantitativen Überlastung mit Anfragen nach Pränataldiagnostik im Vordergrund[64], bekam diese Überlastung nun zusätzlich eine qualitative Dimension. Am Horizont zeichnete sich eine ‚Über-Inanspruchnahme' pränataler Diagnostik ab. Humangenetische Berater trafen immer öfter auf Patientinnen, bei denen weder aus der Familiengeschichte noch aus dem Schwangerschaftsverlauf oder dem Alter und den Lebensumständen der Schwangeren ein erhöhtes Risiko abzuleiten wäre[65]. Innerhalb der Expertenkreise gewann ein Schreckensszenario an Bedrohlichkeit, das dort

---

ten" – Ein Gespräch mit Bundesforschungsminister Dr. Heinz Riesenhuber, in: bild der wissenschaft (April 1984), S. 122–128.

[62] Hans-Jörg Rheinberger/Staffan Müller-Wille, Vererbung. Geschichte und Kultur eines biologischen Konzepts, Frankfurt a.M. 2009, S. 251–252.

[63] Einige Titel der ab 1984 erscheinenden Schriftenreihe „Gentechnologie – Chancen und Risiken" zeugen durch ihre Kontrastierungen und Fragezeichen deutlich von der neuen Unsicherheit im Umgang mit dem humangenetischen Fortschritt, z. B. Friedrich-Naumann-Stiftung (Hrsg.), Genforschung und Genmanipulation, München 1985; dies. (Hrsg.), Biotechnik und Gentechnologie – Freiheitsrisiko oder Zukunftschance?, München 1985; Rainer Flöhl (Hrsg.), Genforschung – Fluch oder Segen?, München 1985; Hans-Böckler-Stiftung (Hrsg.), Biotechnologie – Herrschaft oder Beherrschbarkeit einer Schlüsseltechnologie?, München 1985; Hertha Däubler-Gmelin (Hrsg.), Forschungsobjekt Mensch. Zwischen Hilfe und Manipulation, München 1986.

[64] Vgl. z. B. Christa Führus, Mehr genetische Beratung – Aber wie? Möglichkeiten und Schwierigkeiten dargestellt am Beispiel Niedersachsens, in: Udo Schlaudraff (Hrsg.), Genetik und Gesundheit. Tagung vom 31.10.-2.11.1975, Loccumer Protokolle 13 (1975), S. 69–73.

[65] Vgl. Irmgard Nippert, Die Angst, ein mongoloides Kind zu bekommen – oder Risikoverhalten und der Weg zur genetischen Beratung, in: Medizin Mensch Gesellschaft 9 (1984), S. 111–115.

zuvor als irrational und bloß nicht sachverständige Laien beeindruckend angesehen wurde: Ermöglichte die Pränataldiagnostik etwa die bewusste Selektion 'normaler' Nachkommen, indem mit ihrer Hilfe zukünftig bereits geringfügige genetische Abweichungen verhindert würden? Auch wenn der utopische Charakter dieser Szenarien für medizinische Praktiker außer Frage stand, etablierte sich doch ein beunruhigendes Bewusstsein für den Konstruktionscharakter aller „Risikogruppen"-Bestimmungen und die nicht vollständig kontrollierbare Eigenlogik des Risikoempfindens der Schwangeren[66].

Die Beobachtung der vermeintlich irrationalen Entwicklung der Nachfrage der Pränataldiagnostik am Übergang von den 1970er zu den 1980er Jahren verstärkte sich gegenseitig mit weiteren Entwicklungen. Neue Problemquellen psychologischer und sozialer Art wurden entdeckt[67]. Die zuvor rein medizinische Technologie gewann auch in den Augen ihrer Befürworter erstmals eine psychische und gesellschaftliche Dimension. Im vorangegangenen Jahrzehnt wurde ein allgemeinmenschlicher Bedarf an humangenetischen Informationen für die Familienplanung sowie ein allgemeinmenschliches Interesse an der Vermeidung von durch „Erbkrankheiten" erzeugtem Leid noch im Wesentlichen unhinterfragt vorausgesetzt. Doch nun traten Fragen der psychologischen Belastung von prospektiven Eltern durch die genetische Beratung ins Zentrum der Debatten. Potentielle Ängste und Risikoempfindungen, die durch eben diese Beratung – oder nur deren Angebot – selbst erzeugt wurden, wurden zum Problem. Der Erweiterung molekulargenetischer Möglichkeiten, die die Transparenz des Individuums bis in seinen Bauplan hinein zu steigern versprach, haftete eine neuartige Ambivalenz an. Das erhöhte Maß an Selbstbestimmung, was man hierdurch ursprünglich gewinnen wollte, offenbarte eine unerwartete Kehrseite. Die Diagnosesicherheit ließ sich anscheinend nicht steigern, ohne zugleich die individuelle Unsicherheit in ungekannte Höhen zu schrauben[68]. Der

---

[66] Christine Scholz u. a., Psychosoziale Aspekte der Entscheidung zur Inanspruchnahme pränataler Diagnostik – Ergebnisse einer empirischen Untersuchung, in: Öffentliches Gesundheitswesen 51 (1989), S. 278–284.

[67] Im Rahmen des DFG-Schwerpunktprogramms „Pränatale Diagnose genetisch bedingter Defekte" wird Ende 1976 ein neuer Teilantrag gestellt: „Außerdem soll mit Prof. Dr. Lohmann und Dr. Voges (Psychosomatische Abteilung der Universität Köln) eine psychologische Studie bei Frauen mit erhöhtem Risiko für die Geburt eines Kindes mit genetisch bedingten Defekten durchgeführt werden. Dabei sollen insbesondere die Auswirkungen der Möglichkeit einer pränatalen Diagnose bei der Familienplanung, bei der Einstellung zur Schwangerschaft und die psychische Einstellung einer Schwangeren vor und nach Kenntnis der pränatalen Diagnose untersucht werden.", in: BA, B 227/225097.

[68] Friedrich Vogel und Peter Propping z. B. stellen in ihrem Buch „Ist unser Schicksal mitgeboren?" von 1981 vor dem Hintergrund einer rasch anwachsenden Zahl bekannter genetischer Polymorphismen für die Diagnostik die qualitativ neuen Fragen: „Wird der Mensch durch dieses Wissen überfordert?" und „Kann solches Wissen nicht auch zur Belastung werden?", Berlin 1981, S. 345. Auch wenn sie letztlich für herkömmliche

Abschlussbericht des vom Bundesministerium für Forschung und Technologie eingesetzten Arbeitskreises „Ethische und soziale Aspekte der Erforschung des menschlichen Genoms" beschrieb die Wissenssteigerung im Blick auf die humangenetische Beratung Ende der 1980er Jahre drastisch als „überwältigende Informationsflut". Der Abschlussbericht fragt: „Wieviel Rationalität verträgt der Mensch bei seiner Lebensplanung?" und „Wieviel Angst erzeugen wir durch Tests?"[69] In Reaktion auf derartige Zweifel wurde das „Recht auf Nicht-Wissen" und die „nicht-direktive Beratung" entwickelt[70]. Im Zuge dieser psychologischen Perspektive auf das Beratungssubjekt hält auch der soziale Kontext der Betroffenen in einer neuen Weise Einzug in die humangenetische Beratung: nämlich als potentielle Quelle sozialen Drucks, der aus der Verbreitung neuer technologischer Möglichkeiten wie der Gendiagnostik oder später der Präimplantationsdiagnostik entstehen konnte.

Wiederum wurde die Gendiagnostik mit Erwartungen in die Pränataldiagnostik eingeführt, die sich im Laufe ihrer Etablierung deutlich verschoben. Aus dem Angebotsparadigma der 1970er Jahre entstand das „bioethische" Denken der 1980er Jahre.[71] Damit ist eine Entwicklung markiert, die abermals wesentliche Auswirkung auf die „Individualisierung" der Humangenetik hatte. Aus dem vergleichsweise technokratischen Berater der 1970er, der ratsuchenden Patien-

---

Instrumente plädieren – ein Mehr an Forschung, ein Mehr an „Aufklärung" und standeseigene Ethiken – wird deutlich, dass „Chancen" genetischen Wissens nun nicht mehr ohne gleichzeitige „Risiken" zu haben waren, S. 349. Diese Zweischneidigkeit technologischen Fortschritts im Allgemeinen sowie seine Entdeckung als Quelle – nicht allein als Lösung – von Problemen spiegelte sich auch in Ulrich Becks prominenter Analyse der „Risikogesellschaft" von 1986 wider.

[69] Abschlußbericht des Arbeitskreises „Ethische und soziale Aspekte der Erforschung des menschlichen Genoms" – Einberufen durch den Bundesminister für Forschung und Technologie, 1990, zit. nach HHStAW, Abt. 511 Nr. 1096).

[70] Helmut Baitsch/Maria Reif, Genetische Beratung – Hilfestellung für eine selbstverantwortliche Entscheidung?, Berlin 1986. Hierbei wurde die Beratungssituation auch nach und nach als „Kommunikationsproblem" entdeckt, das spezifische, nicht originär medizinische Anforderungen an Berater und Beratene stellte. Dieser Prozess ist nachgezeichnet bei Waldschmidt, Subjekt, insbes. S. 235–238.

[71] Die Institutionalisierung der humangenetischen Bioethik – mit ihrem Blick auf die psychologischen und sozialen Dimensionen der Humangenetik – stellte das Korrektiv zu einem unreflektierten Fortschritt dar. Sie reagierte unter anderem auf das Orientierungsbedürfnis einer nun zur Belastung gewordenen Verantwortlichkeit des Individuums für die Erbgesundheit seiner Familie. Eine Geschichtsschreibung der Bioethik in Deutschland, die der US-amerikanischen Entwicklung um ein gutes Jahrzehnt nachfolgt, steht noch aus; siehe Andreas Frewer, Zur Geschichte der Bioethik im 20. Jahrhundert. Entwicklungen – Fragestellungen – Institutionen, in: Tina-Louise Eissa/Stefan Lorenz Sorgner (Hrsg.), Geschichte der Bioethik. Eine Einführung, Paderborn 2011, S. 415–437; Reneé C. Fox/Judith P. Swazey, Observing Bioethics, New York 2008 sowie die entsprechenden Beiträge in Robert B. Baker/Laurence B. McCullough (Hrsg.), The Cambridge World History of Medical Ethics, New York 2009.

ten möglichst genaue Informationen lieferte, wurde ein Betreuer, der betroffenen „Eltern bei schweren Entscheidungen zu helfen" versuchte.[72] Im Zuge dieser Entwicklung wurde die humangenetische Beratung zu einer vermeintlich „ergebnisoffenen Kommunikationssituation". Entscheidungen konnten zudem nur in Berücksichtigung individueller Lebensumstände getroffen werden.[73]

Zusammenfassung

Der Göttinger Humangenetiker Peter Emil Becker schrieb 1986 im Ruhestand an Helmut Baitsch, einen der einflussreichsten Verfechter psychologischer, sozialer, ethischer und kommunikativer Aspekte in der humangenetischen Beratung der 1980er Jahre: „Wenn ich bei Ihnen lese, über was alles man sich bei der genetischen Beratung Gedanken macht, wundere ich mich, mit welcher Naivität ich selbst früher Patienten behandelt habe und die Ärzte es heute noch tun."[74] Was sich Becker in der Rückschau als Verlust der Naivität darstellte (der Wandel einer vorbehaltlosen Angebotsausweitung für den „ratsuchenden Jedermann" hin zu einer psychologisch, sozial und ethisch reflektierten Beratungssituation), ließe sich vermutlich als weiterer Schritt auf dem Weg zu einer normativ verstandenen Individualisierung der Verantwortung für die Erbgesundheit beschreiben (mehr Entscheidungsautonomie, mehr Berücksichtigung der individuellen Lebenswelt etc.). Analog ließe sich auch der Wandel am Übergang von den 1960er zu den 1970er Jahren als Fortschritt beschreiben: von direktiven Wertsetzungen, von technokratischen Experteneliten zu einer Orientierung an der individuellen Nachfrage, zum Ausbau der Versorgung

---

[72] Klaus Zerres, Humangenetik als präventive Medizin. Bemerkungen zu dem Beitrag von Wolfgang Storm, in: der kinderarzt 15/12 (1984), S. 1590. Der Beitrag ist Teil einer in der Zeitschrift „der kinderarzt" dokumentierten Diskussion um das Selbstverständnis humangenetischer Berater und der Ziele der humangenetischen Beratung im Allgemeinen. In dieser Debatte wird deutlich, dass der Automatismus von Diagnose und Handlungskonsequenz nicht mehr funktionierte und somit sowohl auf Seiten der Ärzte als auch der Patienten neue Subjektformen im Entstehen begriffen waren.

[73] Helmut Baitsch sieht für die humangenetische Beratung „offensichtlich keine eindeutigen und für alle Fälle gleichermaßen gültigen Ergebnisse. Insbesondere sollten wir bedenken, daß die konfligierenden Werte ein unterschiedliches Gewicht bekommen können, jeweils in Abhängigkeit von den individuellen und den gesellschaftlichen Bedingungen objektiver und subjektiver Art, mit denen wir es zu tun haben." Helmut Baitsch, Anmerkungen zum Vortragsentwurf „Humangenetik und die Verantwortung des Arztes" von F. Vogel, 26.8.1986, in: ArchMHH, Dep. 1 acc. 2011/1 Nr. 14.

[74] Brief von Peter Emil Becker an Helmut Baitsch, 3.7.1986, in: ArchMHH, Dep. 1 acc. 2011/1 Nr. 14. Becker bezieht sich auf einen Sonderdruck des Artikels Maria Reif/Helmut Baitsch, Psychological issues in genetic counselling, in: Human Genetics 70 (1985), S. 193–199, den Baitsch ihm zuvor zugeschickt hatte.

etc. Es empfiehlt sich jedoch stattdessen, diese Entwicklung nicht als linearen Individualisierungsprozess nachzuzeichnen, sondern vielmehr als Wechselspiel der Technologieentwicklung, der Anwendungspraxis und Inanspruchnahme sowie der Werte, Versprechen und Erwartungen, die damit verbunden wurden, aufzufassen. Die beispielsweise mit der Pränataldiagnostik assoziierten Werte beeinflussten ihre Institutionalisierung und praktische Anwendung, wurden aber durch diese Prozesse selbst immer wieder entscheidend umgeschrieben. Neue Konzepte am Beginn der 1970er sowie am Beginn der 1980er Jahre entstanden in erster Linie als Eröffnung neuartiger, unerwarteter Problemfelder und nicht als Lösungen ursprünglicher Probleme und Fragen. Genau in dem Moment, als im konventionellen Fortschrittsnarrativ zur Geschichte der Humangenetik die „wirkliche" Selbstbestimmung durchgesetzt worden war, insbesondere durch das nicht-direktive, psychologische und soziale Zwänge berücksichtigende Beratungskonzept der 1980er Jahre, deckten Humangenetiker genau diese viel gepriesene individuelle Entscheidungsfreiheit als eigentliche Problemquelle individueller Belastung auf.

Die Autorinnen und Autoren

Ernest Albert, Dr. phil., geb. 1967, seit 2012 wissenschaftlicher Mitarbeiter am Lehrstuhl von K. Rost am Soziologischen Institut der Universität Zürich, 2007–2012 Assistent am Lehrstuhl H. Geser ebenda. Wichtigste Publikation: Wandel schweizerischer Arbeitswerte. Eine theoriegeleitete empirische Untersuchung, Wiesbaden 2011.

Fiammetta Balestracci, Ph.D., geb. 1972, seit 2012 Post-Doc-Fellow am Institute for Advanced Studies Lucca, 2006–2012 wissenschaftliche Mitarbeiterin am Italienisch-Deutschen Historischen Institut in Trient. Wichtigste Publikation: La Prussia tra reazione e rivoluzione 1918–1920. La riorganizzazione degli interessi agricoli tra esperienze consiliari e modelli corporative, Torino 2004.

Bernhard Dietz, Dr. phil., geb. 1975, seit 2010 wissenschaftlicher Mitarbeiter im DFG-Projekt „Historische Wertewandelsforschung" am Historischen Seminar der Johannes Gutenberg-Universität Mainz, 2012 Gastdozent an der University of Glasgow. Wichtigste Publikation: Neo-Tories. Britische Konservative im Aufstand gegen Demokratie und politische Moderne (1929–39), München 2012.

Ann-Katrin Gembries, M.A., geb. 1982, seit 2011 Doktorandin am Historischen Seminar der Johannes Gutenberg-Universität Mainz im Rahmen des DFG-Projekts „Historische Wertewandelsforschung", Studium der Mittleren und Neueren Geschichte, Philosophie und Allgemeinen und Vergleichenden Literaturwissenschaft an der Johannes Gutenberg-Universität Mainz und der Université de Bourgogne in Dijon.

Thomas Großbölting, Dr. phil., geb. 1969, seit 2009 Professor für Neuere und Neueste Geschichte an der Westfälischen Wilhelms-Universität Münster, 2008–2009 Distinguished Visiting Professor am Munk Centre for International Studies an der University of Toronto. Publikationen (Auswahl): Der verlorene Himmel. Glaube in Deutschland seit 1945, Göttingen 2013; „Im Reich der Arbeit". Die Repräsentation gesellschaftlicher Ordnung in den deutschen Industrie- und Gewerbeausstellungen 1790–1913, München 2008; SED-Diktatur und Gesellschaft: Bürgertum, Bürgerlichkeit und Entbürgerlichung in Magdeburg und Halle, Halle 2001.

Norbert Grube, Dr. phil., geb. 1969, sei 2012 Dozent, ab 2006 wissenschaftlicher Mitarbeiter an der PH Zürich, 1997–2006 Leiter des Archivs am Institut für Demoskopie Allensbach. Wichtigste Publikation: Das niedere und mittlere Schulwesen in den Propsteien Stormarn, Segeberg und Plön 1733 bis 1830. Realisierung von Sozialdisziplin?, Frankfurt am Main 1999.

Isabel Heinemann, Dr. phil., geb. 1971, seit 2009 Juniorprofessorin für Neuere und Neueste Geschichte an der Westfälischen Wilhelms-Universität Münster und Leiterin der Nachwuchsgruppe „Familienwerte im gesellschaftlichen Wandel. Die US-amerikanische Familie im 20. Jahrhundert" im Emmy Noether-Programm der DFG, 2002–2009 Wissenschaftliche Assistentin am Lehrstuhl für Neuere und Neueste Geschichte der Albert-Ludwigs-Universität Freiburg. Publikationen (Auswahl): Sammelband: Inventing the Modern American Family: Family Values and Social Change in 20th Century United States, Frankfurt am Main 2012; Monographie: „Rasse, Siedlung, deutsches Blut". Das Rasse- und Siedlungshauptamt der SS und die rassenpolitische Neuordnung Europas, Göttingen 2003.

Christina von Hodenberg, Dr. phil., geb. 1965, seit 2006 Professorin für Europäische Geschichte an der Queen Mary University of London, 2002–2005 Visiting Assistant/Associate Professor an der University of California at Berkeley. Publikationen (Auswahl): Konsens und Krise. Eine Geschichte der westdeutschen Medienöffentlichkeit, 1945 bis 1973, Göttingen 2006; Aufstand der Weber. Die Revolte von 1844 und ihr Aufstieg zum Mythos, Bonn 1997; Die Partei der Unparteiischen. Der Liberalismus der preußischen Richterschaft, 1815–1848/49, Göttingen 1996.

Anna Kranzdorf, geb. 1986, seit 2011 wissenschaftliche Mitarbeiterin und Doktorandin im DFG-Projekt „Historische Wertewandelsforschung" am Historischen Seminar der Johannes Gutenberg-Universität Mainz, 2006–2011 Studium der Geschichte und Lateinischen Philologie für das gymnasiale Lehramt an der Universität Mainz.

Jörg Neuheiser, Dr. phil., geb. 1974, seit 2009 wissenschaftlicher Mitarbeiter am Historischen Seminar der Eberhard Karls Universität Tübingen, 2008–2009 wissenschaftlicher Mitarbeiter im DFG-Projekt „Historische Wertewandelsforschung" am Historischen Seminar der Johannes Gutenberg-Universität Mainz. Publikationen (Auswahl): Krone, Kirche und Verfassung. Konservatismus in den englischen Unterschichten 1815–1867, Göttingen 2010; Erinnerung von unten. Die Paraden des Oranierordens in Irland (1796–1846) aus kulturgeschichtlicher Sicht, Trier 2002.

Christopher Neumaier, Dr. phil., geb. 1978, seit 2012 wissenschaftlicher Mitarbeiter am Zentrum für Zeithistorische Forschung Potsdam, dort seit Juni 2013 kommissarischer Leiter der Abteilung „Wirtschaftliche und soziale Umbrüche im 20. Jahrhundert"; 2008–2012 wissenschaftlicher Mitarbeiter im DFG-Projekt „Historische Wertewandelsforschung" am Historischen Seminar der Johannes Gutenberg-Universität Mainz. Wichtigste Publikation: Dieselautos in Deutschland und den USA. Zum Verhältnis von Technologie, Konsum und Politik, 1949–2005, Stuttgart 2010.

Andreas Rödder, Dr. phil., geb. 1967, seit 2005 Professor für Neueste Geschichte an der Johannes Gutenberg-Universität Mainz, 2012–2013 Gerda Henkel-Gastprofessor an der London School of Economics und am Deutschen Historischen Institut London. Publikationen (Auswahl): Deutschland einig Vaterland. Die Geschichte der Wiedervereinigung, München 2009; Die Bundesrepublik Deutschland 1969–1990, München 2003; Die radikale Herausforderung. Die politische Kultur der englischen Konservativen zwischen ländlicher Tradition und industrieller Moderne 1846–1868, München 2002.

Michael Schäfer, Dr. phil., geb. 1957, seit 2012 Bearbeiter des Forschungsprojekts „Der Eucken-Kreis: Bildungsbürgerliche Kulturkritik und neoidealistische Gesellschaftsreform, 1900–1950" an der TU Dresden, 2001 Habilitation an der Universität Bielefeld. Publikationen (Auswahl): Geschichte des Bürgertums. Eine Einführung, Köln 2009; Familienunternehmen und Unternehmerfamilien. Zur Sozial- und Wirtschaftsgeschichte der sächsischen Unternehmer 1850–1940, München 2007; Bürgertum in der Krise. Städtische Mittelklassen in Edinburgh und Leipzig 1890–1930, Göttingen 2003.

Dirk Thomaschke, M.A., geb. 1981, seit 2013 wissenschaftlicher Mitarbeiter im Projekt „Geschichte im Dorf lassen. Der Nationalsozialismus in deutschen Ortschroniken" im Rahmen des Förderprogramms PRO*Niedersachsen; 2009–2012 wissenschaftlicher Mitarbeiter im DFG-Projekt „Bevölkerung: Die ,Bevölkerungsfrage' und die soziale Ordnung der Gesellschaft, ca. 1798–1987".

Helmut Thome, Dr. rer. pol., geb. 1945, seit 1993 Professor für Soziologie an der Martin-Luther-Universität Halle-Wittenberg, seit 2011 Leiter des DFG-Projekts „Ausdrucksformen und Funktionsweisen des Gewissens im Alltag". Publikationen (Auswahl): Sozialer Wandel und Gewaltkriminalität. Deutschland, England und Schweden im Vergleich, 1950 bis 2000, Wiesbaden 2007 (zusammen mit Christoph Birkel); Zeitreihenanalyse. Eine Einführung für Sozialwissenschaftler und Historiker, München 2005.